Ingolf Ulrich Dalferth
Existenz Gottes und christlicher Glaube

Beiträge zur evangelischen Theologie
Theologische Abhandlungen. Begründet von Ernst Wolf
Herausgegeben von Eberhard Jüngel und Rudolf Smend

Band 93

INGOLF U. DALFERTH

Existenz Gottes und christlicher Glaube

Skizzen zu einer eschatologischen Ontologie

CHR. KAISER VERLAG MÜNCHEN
1984

Gedruckt mit Unterstützung der Deutschen Forschungsgemeinschaft

CIP-Kurztitelaufnahme der Deutschen Bibliothek

Dalferth, Ingolf U.:
Existenz Gottes und christlicher Glaube: Skizzen
zu e. eschatolog. Ontologie / Ingolf U. Dalferth. –
München: Kaiser, 1984.
(Beiträge zur evangelischen Theologie; Bd. 93)
ISBN-3-459-01536-5
NE: GT

Umschlag: Ingeborg Geith.
Satz und Druck: Buch- und Offsetdruckerei Sommer, Feuchtwangen.
Printed in Germany.

FÜR UTA

Inhalt

Vorwort

Die vorliegenden Skizzen zur eschatologischen Ontologie des christlichen Glaubens verstehen sich als Beitrag zur längst fälligen Rehabilitation ontologischer Fragestellungen in der Theologie. Theologische Reflexion kann sich nicht auf Dauer der begrifflichen Anstrengung entziehen, die ontologischen Implikationen des christlichen Glaubens zu explizieren und als eschatologischen Kontrapunkt im vielstimmigen Konzert relativer Ontologien zur Geltung zu bringen. Auf der Ebene narrativer Assoziationen und appellativer Beschwörung von Erfahrung ist das nicht zu leisten. Theologische Reflexion ist vielmehr als dogmatische Bemühung gefordert, die auch das ausdrücklich thematisch zu machen hat, was dem Glauben eigens zu konstatieren in der Regel nicht in den Sinn kommt: daß Gott existiert. Die systematische Entfaltung des Sinns dieser Grundvoraussetzung aller christlichen Glaubensrede zu, von und über Gott ist der hier eingeschlagene Weg, der ontologischen Aufgabe gerecht zu werden. Daß dieser Weg keinen Absolutheitsanspruch erhebt, versteht sich von selbst: er ist, wie alles theologische Denken, die Ausarbeitung eines Modells, das durch andere Modelle ergänzt und korrigiert zu werden verlangt. Nur der Anspruch wird erhoben, daß ontologische Probleme zu bedenken sind, wie immer der Glaube modellhaft rekonstruiert wird, und daß dabei dem Thema der Existenz Gottes zentrale Bedeutung zukommt.

Die Untersuchungen dieses Buches wurden 1981 abgeschlossen und im darauffolgenden Jahr von der Evangelisch-theologischen Fakultät der Universität Tübingen als Habilitationsschrift angenommen. Für warnende Zustimmung und hilfreiche Kritik danke ich den beiden Gutachtern Professor Dr. E. Jüngel und Professor Dr. J. Moltmann sowie den Freunden und Kollegen Johannes Fischer, Christine Janowski und Michael Welker. Ihr kritisches Interesse hat mich ermutigt, diesen fundamentaltheologischen Orientierungsversuch zur Diskussion zu stellen. Denn wer nichts wagt, verliert nichts, und wo nichts mehr verloren wird, stellt Neues nur spärlich sich ein.

Die Drucklegung wäre nicht möglich gewesen ohne einen namhaften Zuschuß der Deutschen Forschungsgemeinschaft. Dafür sei ihr auch an dieser Stelle gedankt.

Gewidmet ist das Buch meiner Frau, die mich stets nachdrücklich an die Priorität gemeinsamer Existenz vor einsamer Existenzreflexion zu erinnern wußte.

Tübingen, im Juni 1983 I.U.D.

KAPITEL I

Zur Problematik einer theologischen Ontologie

Teil A Theologie

§ 1 Ontologische Implikationen des christlichen Glaubens

Der christliche Glaube beansprucht, eine Wirklichkeit zu sein und von einer Wirklichkeit zu handeln, die mehr ist als eine bloße Konstruktion des menschlichen Geistes. Wenn er von Gott, Jesus Christus, dem heiligen Geist oder dem gerechtfertigten Sünder redet, dann thematisiert er seinem Selbstverständnis zufolge keine bloß begrifflichen Konstrukte des menschlichen Verstandes oder mehr oder weniger eindrückliche Gebilde der menschlichen Einbildungskraft, sondern reale Gegenstände, über die sich nichttriviale Wahrheitsansprüche aufstellen lassen. Seine vielfältigen Artikulationen in Gebet, Bekenntnis und Verkündigung zeichnen sich daher dadurch aus, daß sie *ontologische Implikationen* zu besitzen beanspruchen.

Daß sie das tun, ist nicht unbestritten. Wer es bestreitet oder von diesem Anspruch absieht, für den reduziert sich die wissenschaftliche Beschäftigung mit dem christlichen Glauben auf das Studium einer charakteristischen Ausprägung menschlicher Religiosität. Gegenstand der wissenschaftlichen Bemühung ist dann nur noch das anthropologische Phänomen glaubender Christen in seiner ganzen Komplexität, jedoch nicht mehr das, was deren Glaube als Wirklichkeit zur Sprache zu bringen beansprucht. Denn wie es zwar eine wissenschaftliche Beschäftigung mit der griechischen Mythologie, nicht jedoch mit den mythologischen Gegenständen Pegasus, Poseidon oder Prometheus geben kann, so kann unter dieser Voraussetzung auch nur der Glaube der Christen, nicht jedoch das, was sie glauben, wissenschaftlich studiert werden.

Wird der ontologische Anspruch des christlichen Glaubens dagegen ernst genommen, dann muß neben das anthropologische (und damit soziologische, psychologische, religionsgeschichtliche, kulturhistorische usf.) Studium des *Glaubens der Christen* die wissenschaftliche Beschäftigung mit den Gegenständen des *christlichen Glaubens* treten. Diese Wissenschaft vom christlichen Glauben (und nicht nur vom Glauben der Christen) ist die *Theologie*. Es ist gerade der ontologische Anspruch des christlichen Glaubens, der gegenüber aller Religionswissenschaft Theologie notwendig macht. Ohne ihn wäre diese überflüssig und als eigenständige wissenschaftliche Disziplin unnötig.[1]

1 K. Barth, *Einführung in die evangelische Theologie*, München/Hamburg 1968 (²1977), S. 79f. hat sich aus eben diesem Grund mit Recht gegen ein neuprotestantisches Verständnis von Theologie als »Pisteologie« abgegrenzt. Vgl. zur Sache auch P. Widmann, *Thetische Theologie. Zur Wahrheit der Rede von Gott*, München 1982, S. 13ff.

Zu den zentralen Aufgaben der theologischen Rekonstruktion und Reflexion des christlichen Glaubens gehört es deshalb, dessen ontologische Implikationen aufzudecken und Rechenschaft über sie abzulegen.[2] Das heißt nicht, daß sie den ontologischen Anspruch des Glaubens gegenüber seinen Bestreitern zu vindizieren hätte. Das kann sie der Natur dieses Gegenstandes zufolge gar nicht. Es heißt aber sehr wohl, daß sie diesen Anspruch kritisch explizieren und so klar und deutlich wie möglich formulieren muß. Sich hier mit Vagheiten, Zweideutigkeiten oder gar denkerischer Enthaltsamkeit zufrieden zu geben, kann der Sache der Theologie nur schaden. Gerade von dieser Sache her erweist sich vielmehr die Aufgabe ontologischer Reflexion theologisch weder als überflüssig noch als nebensächlich.[3] Wer sie für überflüssig hält, steht in Gefahr, theologische Arbeit einseitig an Effizienzgesichtspunkten zu orientieren und Theologie so funktionalistisch zu kirchlicher Technologie zu degradieren.[4] Wer sich ihr aber nur nebenbei zuwendet, scheint den Kern des christlichen Glaubens für eine Nebensache zu erachten. Steht mit dieser Aufgabe doch die Triftigkeit und Tragweite des *Wahrheitsanspruchs*[5] zur Debatte, mit dem der christliche

2 Das muß nicht bedeuten, daß die Theologie den Geheimnischarakter des Glaubens aufzulösen hat. Sie könnte das gar nicht. Vgl. E. Jüngel, *Gott als Geheimnis der Welt. Zur Begründung der Theologie des Gekreuzigten im Streit zwischen Theismus und Atheismus*, Tübingen ³1978, 340ff. Als die vom Glauben selbst geforderte Bemühung, den Glauben zu denken, kann sie aber vor ontologischen Aussagen nicht zurückschrecken, ohne ihre Denkaufgabe zu verfehlen. Es ist daher ein falscher Gegensatz und eine irreführende Folgerung, wenn behauptet wird: »L'expression de la foi ... doit respecter le mystère de la foi et se garder de toute affirmation ontologique.« Le christianism aux XXe siècle, 16 juin 1966. Zitiert in H. de Lubac, *La Foi Chrétienne. Essai sur la structure du Symbole des Apôtres*, Paris ²1970, S. 107.

3 Sie ist es schon deshalb nicht, weil – wie Tertullian treffend formuliert hat – »Dominus noster Christus veritatem se, non consuetudinem cognominat«. *De virginibus velandis* I, c. 1, CChr II, 1209.

4 Ein solches »technologisches« Theologieverständnis scheint aus E. Herms Formulierung zu sprechen, »Sache der Theologie sei, diejenigen theoretischen Mittel bereitzustellen, welche zur Bewältigung, also zum Erkennen und erfolgreichen Lösen, der mannigfachen Aufgaben erforderlich sind, mit denen das gegenwärtige Christentum in unserer Gesellschaft den theologischen Praktiker konfrontiert«. E. Herms, *Theologie – eine Erfahrungswissenschaft*, München 1978, S. 26. Daß er diese »theoretischen Mittel« aber in einem alles anderen als technologischen Sinn versteht, zeigt die zusammen mit W. Härle verfaßte Studie *Rechtfertigung. Das Wirklichkeitsverständnis des christlichen Glaubens*, Göttingen 1980 und sein Aufsatzband *Theorie für die Praxis – Beiträge zur Theologie*, München 1982.

5 Theologischer Reflexion geht es vor allem anderen um die *Wahrheit* des christlichen Glaubens, ohne diesen deshalb auf den von ihm erhobenen Wahrheitsanspruch reduzieren zu wollen. Das gilt auch für die »ontologische Besinnung«, die sich darum nicht darauf beschränken läßt, »den Zugang zur Erfahrung freizulegen«. G. Ebeling, *Dogmatik des christlichen Glaubens*, Band I, Tübingen 1979, S. 355. Es ist daher nicht unproblematisch, wenn behauptet wird, das »Interesse der Theologie an der Ontologie konzentriert sich ... darauf, daß die Konkretion des Ontischen wirklich erfaßt wird, daß echte Erfahrung möglich wird, daß der Lebensbezug des Glaubens zur Geltung kommt, daß er der Wirklichkeit gerecht wird« (aaO., S. 347). Die *Wahrheit* des Glaubens geht nicht in dessen Lebens- und Erfahrungsbezug auf, und solange die ontische *Wirklichkeit* die des Sünders ist, geht die Wahrheit zwangsläufig über sie hinaus. Das aber heißt, daß sich auch eine Ontologie, die der Wahrheit verpflichtet ist, nur be-

Glaube steht und fällt und der exemplarisch in der – nur in einem komplexen System von Behauptungen angemessen entfaltbaren – Behauptung der lebenschaffenden Liebe Gottes formuliert werden kann, die durch Jesus Christus allen Menschen und der ganzen Schöpfung zugute kommen will. Erst durch diesen Wahrheitsanspruch wird kirchliches Handeln als christlich legitimiert. Und nur aufgrund dieses Wahrheitsanspruchs ist nicht nur der Glaube der Christen, sondern der christliche Glaube selbst ein Interesse beanspruchender und verdienender Gegenstand menschlicher Wissenschaft.

§ 2 Glaube und Theologie

Gerade die *theologische Wissenschaft* hat sich nun allerdings (selbst)kritisch darüber im klaren zu sein, *in welcher Weise* der christliche Glaube und der ihm eigene Wahrheitsanspruch Gegenstand ihres Fragens ist und sein kann. Denn an diesem Modus entscheidet sich, wie sie als institutionalisierte Selbstreflexion des christlichen Glaubens im Dienst der Kirche, die über diesen Glauben öffentlich und argumentativ Rechenschaft abzulegen hat, sich selbst entwerfen muß und welche Ansprüche sie infolgedessen zu Recht erheben kann bzw. nicht zu erheben vermag.

Grundsätzlich ist davon auszugehen, daß Theologie als menschliche Bemühung um methodisch gewonnene und argumentativ verantwortete Einsicht in den ihr in der Kirche vorgegebenen Glauben diesen Glauben selbst nicht hervorbringt. Sie kann ihn vielmehr nur, ihm nachdenkend, hermeneutisch auslegen, um ihn so sich und anderen verständlich zu machen, indem sie klarzulegen sucht, was er sagt, warum er es sagt und weshalb er gerade das und nichts anderes sagt. In diesem Sinn ist sie ein prinzipiell nachgeordnetes Unternehmen, das auf ein ihm vorausliegendes und unabhängig (wenn auch nicht unbeeinflußt) von ihm in Gang befindliches Geschehen als seinen Gegenstand bezogen ist.

Gerade dieses Glaubensgeschehen ist ihr nun aber nicht unmittelbar gegeben und methodisch direkt erschließbar. Vielmehr ist es ihr als solches (und nicht nur in seinen Auswirkungen) nicht anders als in Gestalt seiner sprachlichen Objektivationen[1] und damit von vornherein in einer kaum

dingt an der Erfahrungswirklichkeit orientieren kann. Sie hat sich an der Rede des Glaubens auszurichten, und diese »spricht der Wirklichkeit notwendigerweise mehr zu, als das jeweils Wirkliche aufzuweisen hat und als Wirklichkeit überhaupt aufzuweisen vermag«. E. Jüngel, Metaphorische Wahrheit. Erwägungen zur theologischen Relevanz der Metapher als Beitrag zur Hermeneutik einer narrativen Theologie, in: ders., *Entsprechungen: Gott-Wahrheit-Mensch. Theologische Erörterungen*, München 1980, S. 103–157, S. 103.

1 Das ist einer der Aspekte, auf die K. Barth mit seiner Unterscheidung von *Credo* und *credo* aufmerksam zu machen suchte. Vgl. K. Barth, *Fides quaerens intellectum. Anselms Beweis der Existenz Gottes im Zusammenhang seines theologischen Programms* (1931), Zürich [3]1981, S. 23ff. – Daß der Glaube sich über die Frömmigkeit und Religiosität auch in mannigfachen For-

überschaubaren Mannigfaltigkeit von Glaubens-Texten zugänglich.[2] Beides ist methodisch und theologisch von nicht zu unterschätzender Bedeutung.

Die unhintergehbar *sprachliche Gegebenheitsweise des Glaubens für die Theologie* gründet nicht etwa darin, daß es sich beim Glauben um einen nichtsprachlichen, etwa rein innerpsychischen oder doch intrasubjektiven Vorgang handelte, der erst aufgrund seiner sprachlichen Manifestation zu einer intersubjektiv greifbaren und wissenschaftlich thematisierbaren Größe würde. Sie gründet vielmehr darin, daß das Glaubensgeschehen selbst intrinsisch sprachlich ist, insofern es sich als Kommunikationsgeschehen zwischen dem den Menschen durch menschliche Rede anredenden Gott und dem darauf in Gebet und Bekenntnis antwortenden Menschen vollzieht.

So bestimmt, scheint der Gegenstand theologischer Rekonstruktion und Reflexion dem methodischen Zugriff wissenschaftlichen Fragens aber schlechterdings entzogen zu sein. Denn unter den Bedingungen von Raum und Zeit läßt sich dieses Kommunikationsgeschehen nicht anders denn als menschliches Reden verifizieren und thematisieren. Gottes Anrede kommt allenfalls so in den Blick, daß (bestimmte) menschliche Rede *als* Gottes Anrede identifiziert und ausgegeben wird. Daß hier aber tatsächlich *Gott* redet und daß *ihm* geantwortet (und nicht nur zu antworten vorgegeben und gemeint) wird, ist schlechthin allgemeinverbindlich nicht aufweisbar. Es kann nur als der Anspruch christlicher Rede selbst zur Kenntnis genommen werden, in all ihren Vollzügen menschliche Rückrede auf ergangene Anrede Gottes zu sein. Dieser *Modus assertorischen Anspruchs* ist das grundlegende und irreduzible Kennzeichen aller christlichen Glaubensrede, damit zugleich aber auch – je nach Standpunkt – die endemische Schwäche oder die eigentliche Stärke der Theologie im Ensemble der Wissenschaften. Ihr Gegenstand, das wesentlich zugleich als opus hominum *und* opus Dei bestimmte und in diesem Sinn *eschatologische* Glaubensgeschehen (vgl. §§ 139.156–158), läßt sich im Horizont von Raum und Zeit nie als sich vollziehendes Geschehen, sondern immer nur als (dem Anspruch der Christen zufolge) Geschehenes verifizieren und damit eben immer nur als *Anspruch* eines Geschehens ausweisen, und zwar genau daran, daß es zu assertorischer Glaubensrede in Gebet, Bekenntnis und Verkündigung

men nichtsprachlich manifestiert, ist unbestritten. Dennoch hat sich die Theologie primär an seinen sprachlichen Objektivationen zu orientieren, da allein in ihnen der Glaube sich selbst als Glaube verständlich macht und interpretiert.

2 Zum Problem der Identifizierung von Glaubens-Texten vgl. I. U. Dalferth, *Religiöse Rede von Gott*, München 1981, Teil II. Der Textbegriff ist hierbei primär nicht in dem eingeschränkten Sinn des schriftlich Fixierten zu verstehen, sondern in seinem pragmatischen Sinn als Text-in-Situation. Vgl. H. Weinrich, *Sprache in Texten*, Stuttgart 1976, S. 11ff. Denn es geht ja nicht einfach nur um gewisse sprachliche Gebilde, sondern vor allem um den *Redevollzug* und das *sprachliche Geschehen*, das mit ihnen in den Blick kommt.

kommt. Daß es christlichen Glauben (und nicht nur den Glauben von Christen) gibt und daß die Theologie tatsächlich einen Gegenstand hat, läßt sich infolgedessen nur den Glaubens-Texten entnehmen, die sich als menschliche Antworten der Anrede Gottes zu verdanken beanspruchen.

§ 3 Glaubens-Texte

Dieser Anspruch ist nun allerdings keineswegs völlig willkürlich und ohne Kriterium, an dem er sich messen lassen könnte. Dieses erlaubt zwar nicht, über seinen Wahrheitsgehalt und Wahrheitswert zu entscheiden, wohl aber darüber, ob er als Wahrheitsanspruch des christlichen Glaubens gelten kann und als solcher ernst genommen werden muß. Gäbe es ein solches Kriterium nicht, wäre die Mannigfaltigkeit von Glaubens-Texten der Beliebigkeit menschlicher Rede ausgeliefert, sich als Glaubensrede zu gebärden. Die Folge wäre, daß sich der Gegenstand theologischer Bezugnahme sachlich gänzlich diffus und ohne distinktive Konturen präsentierte, da diese Texte nurmehr als Glaubens*ansprüche*, nicht mehr aber als *Glaubens*ansprüche charakterisiert werden könnten. Doch daß ein Anspruch Glaubens-Anspruch ist, ist nicht in die Beliebigkeit dessen gestellt, der ihn erhebt; und ob er es ist, ist der Beurteilung anderer nicht gänzlich entnommen. Denn zur Glaubens-Rede in Gebet, Bekenntnis und Verkündigung kommt es nach christlichem Verständnis nicht beliebig, sondern in ganz spezifischen, theologisch charakterisierbaren Zusammenhängen und Situationen (Röm 10,13–15, 1Kor 12,3).

Nicht jede Rede ist Glaubens-Rede, und nicht jeder Anspruch, Glaubens-Text zu sein, ist auch gerechtfertigt. Christliche Glaubens-Texte lassen sich vielmehr gerade daran identifizieren, daß sie *in der Kirche* ihren Ort haben, insofern sie in dieser entstehen und in sie zurücklenken. Kirche ist dabei zunächst nicht in einem äußerlichen, soziologischen oder institutionellen Sinn verstanden, sondern ursprünglich als der Ort des Geschehens, in dem menschliche Rede als Gottes gerade mir geltende und mich als Gesetz und Evangelium betreffende Anrede vernommen wird.[1] Wo es zu diesem betroffenen Vernehmen kommt und dieses in die Homologie »κύριος Ἰησοῦς« (1Kor 12,3) aller Betroffenen mündet, geschieht Kirche, insofern es unter den Bedingungen von Raum und Zeit zum eschatologischen Geschehen des Glaubens und damit zur antwortenden und gemeinschaftsbildenden Glaubens-Rede der Menschen in Gebet, Bekenntnis und Verkündigung kommt. Dieses Kirche konstituierende eschatologische Geschehen ist (als menschliche Rede) weder gänzlich unfaßbar noch (als göttliche

1 Zum Kirchenbegriff vgl. § 151. Ähnlich auch O. Bayer, Theologie, Glaube und Bildung, in: ders., *Zugesagte Freiheit. Zur Grundlegung theologischer Ethik*, Gütersloh 1980, S. 20–36, S. 29.

Rede) menschlich manipulierbar. Vielmehr läßt es sich als eschatologisches Geschehen in Raum und Zeit so charakterisieren, daß zwar die Erfüllung seiner notwendigen, nicht aber auch seiner hinreichenden Bedingungen in der Macht des Menschen steht. So wird Gottes Anrede nur dort vernommen, wo menschliche Rede als Verkündigung Jesu Christi geschieht; daß diese Verkündigung aber als Anrede Gottes vernommen wird, steht nicht in der Macht und Verfügbarkeit des verkündigenden Menschen, sondern ist gänzlich auf das Wirken des Heiligen Geistes zurückzuführen, »qui fidem efficit, ubi et quando visum est Deo, in his, qui audiunt evangelium«.[2]

Die Mannigfaltigkeit christlicher Glaubens-Texte ist somit einheitlich dadurch bestimmt, daß sie im Kontext dieses Kirche konstituierenden Geschehens ihren Ort hat. Damit sind diese prinzipiell gegen alle nur vorgebliche Glaubensrede abgegrenzt und auch (epistemisch) abgrenzbar. Der Gegenstand theologischen Fragens bekommt so eine klare Kontur, da zu ihm alle und nur die Texte gehören, die diesem Kriterium genügen.

§ 4 Glaubens-Texte und kirchlicher Konsens

Der so bestimmbare komplexe Gegenstand ist nun aber nicht nur sachlich nicht diffus, sondern auch nicht amorph und nicht ohne innere Ordnung. Er besitzt vielmehr dadurch eine gewisse innere Struktur, daß Glaubens-Texte in unterschiedlichem Maß den *homologischen Konsens der congregatio sanctorum* fördern, fordern und zum Ausdruck bringen. Diese konstituiert sich im Glaubensgeschehen, mißt und orientiert sich an ihm und hat ihre vornehmste Aufgabe darin, dieses kirchenkonstituierende Glaubenensgeschehen immer wieder neu zu ermöglichen. Glaubens-Texte lassen sich dementsprechend, ohne daß dies ein Urteil über die Stichhaltigkeit ihres Wahrheitsanspruchs implizierte, durchaus nach dem Grad ihrer *kirchlichen Verbindlichkeit* differenzieren, den sie in einem komplexen historischen Prozeß als normative, genormte oder an diesen Normen zu messende Texte der congregatio sanctorum gewonnen haben. Die Theologie hat diese innere Struktur ihres Gegenstandes zu berücksichtigen und die ihr vorgegebenen Glaubens-Texte nicht undifferenziert über einen Leisten zu schlagen, da sich ihr diese ihrem eigenen Selbstverständnis nach nicht alle gleichrangig, sondern in einer Abstufung grundlegender Texte einerseits und von diesen in unterschiedlicher Weise bestimmter Texte andererseits präsentieren. Ihr Interesse wird sich dementsprechend im besonderen auf diejenigen Glaubens-Texte konzentrieren, deren hohe Verbindlichkeit ihre Bedeutung für den kirchlichen Konsens bezeugt.

Diese Verbindlichkeit ist allerdings nicht etwa eine rigide Charakteristik dieser Texte als solcher, sondern verweist auf deren Rolle und Funktion in

2 CA 5. Vgl. I. U. Dalferth, Luther on the experience of faith, *Heythrop Journal* 21, 1980, S. 50–56.

der congregatio sanctorum. Sie ist Resultat kirchlicher Konsensbildung und muß sich in der immer wieder neuen Konsensbildung der Kirche bewähren. Deren Kontinuität und Identität als christliche Kirche entscheidet sich dabei nicht zuletzt daran, daß sie sich selbst Identifikationskriterien in Gestalt und auf der Grundlage maßgeblicher Texte gibt, welche die kirchenkonstituierende Glaubenserfahrung Jesu als der allen Menschen geltenden endgültigen Anrede Gottes verbindlich und immer wieder neuen Konsens ermöglichend formulieren. Maßgebliche Glaubens-Texte dieser Art sind für die christliche Kirche die Schriften der Bibel und die den dort artikulierten Glauben bezeugenden Bekenntnisse. Sie haben daher auch für die Theologie den Status von Grundtexten.

Daß es Glauben gibt, läßt sich dementsprechend vorzüglich solchen Texten entnehmen, die ihren Anspruch, sich als menschliche Antworten der Anrede Gottes zu verdanken, der Kritik und Konsensbildung der congregatio sanctorum aussetzen, damit vor allem aber den maßgeblichen Grundtexten der christlichen Kirche, die für deren Konsensbildung konstitutiv sind. Zum assertorischen Modus christlicher Glaubensrede tritt so wesentlich ihr homologischer und damit kirchlicher Charakter. Beides hat die Theologie konstitutiv zu berücksichtigen.

§ 5 Theologie als Wissenschaft

Die spezifische Gegebenheitsweise und der eigentümliche Charakter ihres Gegenstands zwingen die Theologie, sich selbst als Wissenschaft auf eine ganz bestimmte Weise zu entwerfen. Denn einerseits hat sie ihren Gegenstand nie ohne die Sprachlichkeit und Textualität menschlicher Glaubensäußerungen im Horizont der Kirche, andererseits erschöpft sich ihr Gegenstand nicht in der Textualität und Sprachlichkeit dieser Äußerungen. Infolgedessen ist sie zwar immer auch *Textwissenschaft* dieser spezifischen Texte, die ihre Aufgabe ohne die Mittel und Methoden dieser Wissenschaft (bzw. Wissenschaften) nicht erfüllen könnte und die sich daher immer auch als Texthermeneutik und Theorie christlicher Rede konzipieren muß.[1] Sie ist es aber nie nur, da sie sich aufgrund ihrer funktionalen Ausrichtung auf das Verkündigungs- und Glaubensgeschehen der Kirche diesen Glaubens-

1 Insofern haben E. Güttgemanns mit seiner Konzeption der Theologie als der »Grammatik des Verstehens der Verkündigungssprache« (Theologie und Kirche – semiotisch betrachtet, *Linguistica Biblica* 47, 1980, S. 73–91, S. 78) und O. Bayer mit seiner Auffassung der systematischen Theologie als der »Sprachlehre« bzw. »Formenlehre« im Sinn einer »Art Grammatik zur Sprache der ausgelegten Bibel« (Einführung, aaO., (§ 3 Anm. 1), S. 8) durchaus recht. Welche Mindestanforderungen allerdings an die methodische Ausführung eines solchen Ansatzes und Programms zu stellen sind, zeigen die noch immer unüberholten und unerreichten Überlegungen F. D. E. Schleiermachers in seiner *Hermeneutik und Kritik mit besonderer Beziehung auf das Neue Testament*, hg. v. M. Frank, Frankfurt 1977.

Texten mit einem ganz spezifischen *theoretischen* und *praktischen Sachinteresse* zuwendet. So fragt sie einerseits nach dem, was in und mit diesen Texten assertorisch zur Sprache kommt: dem spezifischen Wahrheitsanspruch des christlichen Glaubens, den sie hermeneutisch zu erheben (Was beansprucht der Glaube?) und argumentativ zu verantworten (Warum und mit welcher Begründung beansprucht er das?) sucht. Andererseits untersucht und reflektiert sie die *praktischen Implikationen*, die dieser Wahrheitsanspruch für das Handeln der Menschen als (potentielle und tatsächliche) Glieder der Kirche hat und haben soll. Letzteres tut sie als theologische Ethik, ersteres als theologische Dogmatik. Nur dieser gilt im folgenden mein Interesse.[2]

Sofern die Theologie den Wahrheitsanspruch des christlichen Glaubens in (sprach)kritischer Explikation begrifflich zu erhellen, in einer systematischen Theorie zusammenhängend zu entfalten und eben so argumentativ Rechenschaft über ihn abzulegen sucht, ist sie nicht nur Theorie christlicher Rede, sondern dezidiert *dogmatische Theorie*. Dieser Prozeß hermeneutischer Verdeutlichung, begrifflicher Präzisierung, systematischer Darstellung und argumentativer Verantwortung des christlichen Glaubens in einer dogmatischen Theorie ist unerläßlich für eine Theologie, die sich als wissenschaftlich reflektierender Vollzug der *fides quaerens intellectum* im Dienst der Kirche begreift. Nur so vermag sie den in den Texten des christlichen Glaubens artikulierten Wahrheitsanspruch so öffentlich vertretbar und diskutierbar zu machen, daß es zunächst zu einem kirchlichen, darüber hinaus tendenziell aber auch zu einem universellen Konsens kommen kann.

§ 6 Theologie zwischen Häresie und Orthodoxie

Zur Bewältigung dieser Aufgabe genügt es keineswegs, die mannigfachen Artikulationen des Glaubens im Gebet, Bekenntnis und Verkündigung im Horizont der Theologie schlicht und einfach zu wiederholen.[1] Damit würde nicht nur die spezifische Aufgabenstellung der Theologie verfehlt und die Differenz zwischen christlicher Glaubensrede und deren theologischer Reflexion in unsachlicher Weise nivelliert. Es würde vielmehr vor allem auch die Gefahr befördert, daß christliche Glaubensrede ohne das kritische Korrektiv theologischer Reflexion bliebe und damit entweder die Grenze zum Aberglauben und Unglauben nicht mehr klar bestimmen könnte oder – zur Vermeidung eben dieser Gefahr – in der rituellen Rezitation überlieferter

2 Zum Problem theologischer Ethik vgl. J. Fischer, *Anrede als Handlung. Skizze zu einer handlungstheoretischen Rekonstruktion der logischen Struktur christlicher Ethik*, unveröffentlichte Diss., Tübingen 1982; ders., *Handlung als Grundbegriff christlicher Ethik. Zur Differenz von Ethik und Moral*, *Theologische Studien* 127, Zürich 1983.

1 Das führte nur zu einer ›Papageientheologie‹, die sich selbst überflüssig machte. Vgl. E. Jüngel, Theologie in der Spannung zwischen Wissenschaft und Bekenntnis, aaO., (§ 1 Anm. 5), S. 37–51, S. 50.

Glaubens-Texte erstarrte. Häretische Verirrung oder orthodoxes Verstummen[2] wären die gleichermaßen inakzeptablen Konsequenzen.

Diese Gefahren sind nicht schon dadurch gebannt, daß die charakteristischen Redeformen und Textgestalten, in denen sich der christliche Glaube artikuliert, im Rahmen einer Theorie christlicher Rede identifiziert, deskriptiv erhoben, typologisch klassifiziert und hermeneutisch analysiert werden. So unerläßlich diese Aufgabe ist, so unzureichend ist sie zur Bewältigung der eigentlichen theologischen Aufgabe. Denn diese erschöpft sich nicht darin, die Mannigfaltigkeit christlicher Redevollzüge systematisch zu beschreiben, vielmehr hat sie aufgrund ihrer Verpflichtung zur Rechenschaftsablegung den darin auf vielfältige Weise sich aussprechenden Glauben – nicht etwa unter Abstraktion von seiner spezifisch sprachlichen Gegebenheitsweise, sondern vielmehr gerade unter deren ständiger Berücksichtigung und Reflexion – theologisch sowohl *anders* als auch *immer wieder neu* zu formulieren. Das erfordert nicht nur die hermeneutische Vermittlung des christlichen Wahrheitsanspruchs zu den variablen Verständnishorizonten je anderer Subjekte und Zeiten, die theologische Reflexion immer auch zu leisten hat. Das ist vielmehr vor allem auch deshalb notwendig, um die Einheitlichkeit des christlichen Glaubens gegenüber der Mannigfaltigkeit seiner Artikulationen in einer expliziten dogmatischen Theorie zur Darstellung zu bringen und so die Einheitlichkeit kirchlicher Verkündigung in all ihrer Mannigfaltigkeit zu gewährleisten.[3] Theologie ist deshalb niemals nur Deskription, sondern in wesentlicher Hinsicht immer auch *rationale Rekonstruktion von Form (Sprachgestalt) und Inhalt (Sachgehalt) des christlichen Glaubens*, in der das, was der Glaube sagt, so zur Darstellung kommt, daß deutlich wird, warum er gerade das und warum er es gerade so sagt. Nur so kann sie, so aber muß sie auch ihrer kirchlichen Verpflichtung nachkommen, indem sie die particula veri der Häresie gegenüber der Orthodoxie und die particula veri der Orthodoxie gegenüber der Häresie zur Geltung bringt.

2 Rituelle Rezitation ist nur graduell vom völligen Verstummen verschieden. Wo die Angst um Orthodoxie das Glaubensreden zu beherrschen beginnt, hat das Verstummen der Glaubensrede begonnen. Zu Recht betont Jean-Pierre Deconchy, *L'orthodoxie religieuse: Essai de logique psycho-sociale*, Paris 1971, S. 116: »Finalement, dans un système de limite, un orthodoxe parfait, c'est quelqu'un qui se tait.«

3 Dogmatische Theorie ist so verstanden nicht die ektypisch-näherungsweise Artikulation einer überzeitlich gültigen theologia archetypa, so daß es streng genommen nur *eine* richtige, in ihrer Unveränderlichkeit in der Unveränderlichkeit Gottes selbst begründete dogmatische Theorie geben könnte. Vgl. W. Maas, *Unveränderlichkeit Gottes. Zum Verhältnis von griechisch-philosophischer und christlicher Gotteslehre*, München/Paderborn/Wien 1974, bes. S. 189ff. Als explizite Rekonstruktion empirisch erhebbarer Glaubensartikulationen hat sie vielmehr selbst an der hermeneutischen Bewegung dieser Glaubensartikulationen und ihrer zeitlichen und situativen Variabilität teil. Sie ist der Glaube ihrer Zeit für ihre Zeit in Begriffe ihrer Zeit gefaßt – ohne daß der Glaube dadurch zu einer Funktion der Zeit würde, da er als Glaube an Jesus Christus gerade umgekehrt die Zeit als eine Funktion des im Glauben zum Ziel kommenden Kommens des dreieinigen Gottes einsichtig macht.

§ 7 Dogmatische Theorie

Als rationale Rekonstruktion christlicher Glaubensrede geht die Theologie *nicht nur notwendig von dieser aus, sondern ebenso notwendig über sie hinaus*. Nicht, weil sie von etwas anderem redete als diese, sondern weil sie von demselben anders reden muß, wenn sie ihrer Aufgabe der hermeneutischen Erschließung und Vermittlung und der begrifflichen Durchdringung und Präzisierung des christlichen Wahrheitsanspruchs genügen will.[1] Denn um das überprüfbar und in kirchlich wie wissenschaftlich verantwortbarer Weise zu tun, darf sie materialiter zwar nichts anderes als der Glaube sagen, sie muß dies aber formaliter in anderer Weise tun. Dazu bedarf sie zum einen einer klaren theologischen Theoriesprache von konsistenter begrifflicher Struktur, die mittels möglichst präziser theologischer Termini aufgebaut ist.[2] Diese lassen sich so im Horizont der sprachlichen Artikulationen des Glaubens in Gebet, Bekenntnis und Verkündigung in der Regel ebensowenig finden und müssen sich dort auch nicht finden lassen (obgleich sie durchaus darauf zurückwirken können und auch immer wieder darauf zurückgewirkt haben[3]) wie gegebenenfalls notwendige begriffliche Unterscheidungen, logisch-argumentative Strukturmuster und Kriterien zur Überprüfung und Anwendung theologischer Behauptungen. Darüber hinaus benötigt sie Regeln und Kriterien, welche die adäquate Übersetzung der Glaubensrede und ihrer spezifischen Textstrukturen in die theologische Theorie und damit die sachgemäße (d. h. salva veritate vorgenommene und das Selbstverständnis des Glaubens nicht verfälschende) Rekonstruktion des Glaubens im Medium des Begriffs gewährleisten. Denn nur dann kann sie gewiß sein, formale Differenz und materiale Identität zu vereinbaren.

Sofern sich die Theologie in dieser Weise entwirft, hat sie bezüglich des ihr vorgegebenen Datum christlicher Glaubensrede einen sowohl deskriptiven als auch normativen Charakter. Denn obgleich sie als dogmatische Theorie nichts anderes zu tun beansprucht, als diesen Glauben in der systematischen Reflexion seiner sprachlichen Gegebenheitsweise begrifflich zu rekonstruieren, dienen ihre begrifflichen Rekonstruktionen – entsprechend des Grads theologisch-wissenschaftlichen und vor allem kirchlichen Konsenses, durch den sie als sachlich adäquate und kirchlich verbindliche Rekonstruktionen legitimiert werden – im nachhinein als Kriterien zur

1 P. Stuhlmachers Replik auf E. Gräßers Befürchtung, »daß wir in Tübingen nicht mehr zwischen Lehr- und Predigtstuhl unterscheiden können«, ist daher – zumindest ihrem Wortlaut nach – mit Vorsicht zu genießen. Es geht eben doch darum, »im Hörsaal, am Schreibtisch und auf der Kanzel« jeweils »anders zu reden« – aber das muß gerade nicht bedeuten, von etwas anderem zu reden. P. Stuhlmacher, ». . . in verrosteten Angeln«, *Zeitschrift für Theologie und Kirche* 77, 1980, S. 222–238, S. 236f.

2 Vgl. O. Bayer, (§ 3 Anm. 1), S. 33.

3 Man denke nur an das Verhältnis zwischen dem Symbolum Quicumque und der augustinischen Trinitätstheologie.

Überprüfung der Sachgemäßheit neuer Glaubensäußerungen und als Normen zur Bewertung der Adäquatheit der Transformation von Glaubensäußerungen in die dogmatische Theorie. Im Verlauf dieses Prozesses kommt es mit innerer Folgerichtigkeit zu einer mehr oder weniger ausgeprägten innertheologischen Unterscheidung von Grundnorm (Schrift), abgeleiteten Normen (Bekenntnissen), Adäquatheitsregeln zur Überprüfung rationaler Rekonstruktionen des Glaubens (Dogmen), verschiedenen systematischen Strategien zur kohärenten Darstellungsweise der theologischen Rekonstruktionen (dogmatische Entwürfe) usf., die eine immer komplexere, facettenreichere und differenzierendere begriffliche Durchstrukturierung der dogmatischen Theorie nach sich ziehen. Da all das selbst wieder Gegenstand theologischer Reflexionen werden kann und muß, besteht bei diesem Prozeß begrifflicher Differenzierung allerdings die Gefahr, daß es zu einer Art Eigendynamik dogmatischer Theoriebildung kommt, die ohne stete Rückbindung sowohl an die Glaubensrede, die es zu rekonstruieren gilt, als auch an die Kirche, deren Amt zur verantwortlichen Ermöglichung immer neuer Glaubensrede diese Rekonstruktionen dienen sollen, zu hypertrophen begrifflichen Spekulationen ohne ausweisbaren Anhalt an der Wirklichkeit des christlichen Glaubens führen kann. Daß dies keine bloß theoretische Möglichkeit, sondern eine sich faktisch immer wieder einstellende Wirklichkeit ist, lehrt ein Blick in die Geschichte der Theologie und erklärt die Notwendigkeit nicht nur kirchlicher, sondern gerade auch theologischer Reformen.

§ 8 Dogmatik und Dogmatismus

Für die Einschätzung einer dogmatischen Theorie ist es nun allerdings nicht unerheblich, daß die Rekonstruktion des Glaubens im Medium des Begriffs durchaus verschieden vorgenommen werden kann. *Die theologische Nötigung zur dogmatischen Theorie ist also alles andere als eine Nötigung zum Dogmatismus*. Das läßt sich in doppelter Hinsicht begründen.

Ein Grund für die unbestreitbare Tatsache, daß es verschiedene Theologien und miteinander konkurrierende dogmatische Systeme gibt, ist sicher darin zu suchen, daß das jeweils zur Rekonstruktion gewählte theoretische Begriffs- und Regelsystem in nicht nur einer Hinsicht verschieden sein kann und in verschiedenen Epochen und verschiedenen christlichen Kirchen auch höchst verschieden war und ist. Es gibt niemals nur eine Rekonstruierungsmöglichkeit des christlichen Glaubens. Da aber keineswegs jeder theoretische Ansatz dem vorgegebenen Gegenstand gleich angemessen ist, ist es eine wesentliche Aufgabe jeder Theologie als dogmatische Theorie, sich über ihre eigene Begrifflichkeit Rechenschaft abzulegen und mit der Sensibilität für die Eigenart ihres Gegenstands ein Höchstmaß an Bereitschaft zur Selbstrevision zu verbinden.

Doch die historische und systematische Variabilität der theologischen bzw. dogmatischen Theorie ist nicht der einzige Grund für die theologische und dogmatische Vielfalt. Vielmehr spricht auch seitens des in ihr zu rekonstruierenden Glaubens alles gegen die wirklichkeitsfremde Annahme, daß dessen theologische Rekonstruktion ein für allemal und auf nur eine Weise geschehen könnte. So ist im Glauben als dem eschatologischen Sein in via das Eschaton unverstellter Gemeinschaft mit Gott in patria einerseits noch nicht endgültig realisiert und daher auch nur in vorläufiger Form darstellbar, andererseits wird es in ihm nicht uniform, sondern in einer apriorisch nicht bestimmbaren Pluriformität präformiert. Es kann daher gar nicht *die* Theologie und *die* theologische Rekonstruktion des Glaubens geben. Dogmatismus verbietet sich infolgedessen von selbst. Stattdessen ist Theologie als dogmatische Theorie der immer wieder neu und auf neue Weise zu vollziehende Prozeß der Identifizierung, hermeneutischen Erschließung, kritischen Rekonstruktion und systematischen Darstellung des christlichen Glaubens im Horizont begrifflichen Denkens, durch den dieser gegenüber der Beschränktheit seiner phänomenalen Gestalten und der Partikularität seiner sich ändernden Artikulationen stets aufs neue in seinem universalen und umfassenden Wahrheitsanspruch und damit im Hinblick auf das, was ihn wesentlich auszeichnet, zur Geltung gebracht wird.

§ 9 Zum Status dogmatischer Rekonstruktionen

Gerade wenn sich Theologie in dieser Weise als rationale Rekonstruktion christlicher Glaubensrede ganz auf die ihr vorgegebenen Artikulationen des christlichen Glaubens bezogen weiß, hat dies Folgen für den Status ihrer dogmatischen Rekonstruktionen und den Anspruch, den sie mit ihrem eigenen Reden verbinden kann.

Wir sahen: Für ihre Rekonstruktion ist die Theologie auf die ihr in der Kirche vorgegebene Glaubensrede angewiesen. Diese ist ihr aber auch bei Berücksichtigung der in § 3 betonten Unterschiede in ihrem Verbindlichkeitsanspruch von vornherein nur in einer kaum überschaubaren Mannigfaltigkeit keineswegs immer und in jeder Hinsicht übereinstimmender Glaubens-Texte zugänglich. Die sachliche Einheitlichkeit des christlichen Glaubens wird durch diese Mannigfaltigkeit seiner Artikulationen, die sich mit seiner sprachlichen Manifestation zwangsläufig einstellt und die auch durch den kirchlichen Konsens zwar (partiell) strukturiert, nicht aber reduziert wird, nicht nur verdeckt, sondern immer auch entstellt. Denn keine Artikulation vermag alles, sondern jede nur einen Teilaspekt des Glaubens zur Sprache zu bringen.[1] Eine Hauptaufgabe der Theologie ist es daher, auf

1 Man muß freilich nicht immer alles sagen, um das Ganze zum Ausdruck zu bringen. Das lehren nicht nur die Evangelien, sondern sämtliche christlichen Bekenntnisse.

der Grundlage der disparaten Mannigfaltigkeit des ihr vorliegenden Materials die *Einheitlichkeit* des christlichen Glaubens zu rekonstruieren.

Das kann auf verschiedenen Wegen versucht werden, die ihre je eigenen Schwierigkeiten mit sich bringen. So hat – um nur ein Beispiel zu nennen – die Geschichte der Auseinandersetzung um christliche Fundamentalartikel und das Wesen des Christentums gezeigt, daß diese Einheitlichkeit nicht einfach durch Fixierung eines Minimums oder Maximums an Übereinstimmung unter den gegebenen Glaubensartikulationen dingfest gemacht werden kann.[2] Doch entscheidend sind nicht die Schwierigkeiten einzelner Wege und Verfahrensweisen, sondern ein grundsätzliches und sie alle betreffendes Problem: Auch die theologische Rekonstruktion, wie immer sie ausfällt, kann die sachliche Einheitlichkeit des Glaubens nicht entsprechend (d. h. einheitlich) aussprechen, sondern nurmehr versuchen, sie in *komplexen begrifflichen Modellen* zur Darstellung zu bringen. Ihr Ergebnis kann dementsprechend niemals eine Darbietung, sondern immer nur eine Darstellung, ja noch genauer: der *Versuch* einer Darstellung dieser Einheitlichkeit im Medium des Begriffs sein. Die Rekonstruktionen dogmatischer Theorie sind nicht nur prinzipiell begrifflicher Art[3] und mit allen Problemen begrifflicher Arbeit belastet, sie sind auch immer nur ein möglicher Darstellungsentwurf unter anderen, der als Entwurf zudem immer Hypothese und damit prinzipiell revidierbar bleibt.

Als revidierbare Hypothesen haben die Rekonstruktionen der dogmatischen Theorie einen prinzipiell anderen Status und Charakter als die von ihnen rekonstruierten Texte und Äußerungen des christlichen Glaubens. So vertreten diese ihren Wahrheitsanspruch nicht etwa hypothetisch, sondern mit voller Gewißheit, ohne daß diese mit der Sicherheit demonstrierbarer Wahrheiten verwechselt werden dürfte.[4] Zum andern sind sie keine (deskriptiven) Feststellungen von Sachverhalten, sondern Artikulationen spezifischer Erfahrungen von Sachverhalten. Ihre prädikative Oberflächenstruktur, sofern eine solche vorliegt, darf daher nicht über ihre interpretativ-hermeneutische Tiefenstruktur hinwegtäuschen, die den Glaubens-Texten ihren spezifisch metaphorischen, parabolischen und narrativen Charakter verleiht.[5] Die Rekonstruktionen der dogmatischen Theorie ha-

2 Vgl. H. Wagenhammer, *Das Wesen des Christentums. Eine begriffsgeschichtliche Untersuchung*, Mainz 1973.

3 Es gibt auch andere Darstellungsarten. Man denke nur an die Ikonen. Doch sind diese nicht treffender charakterisiert als sekundäre Darstellungen theologischer Rekonstruktionen und insofern gerade nicht als primäre Darstellungen anderer Art des dort schon Rekonstruierten?

4 Mit Recht wendet sich O. Bayer dagegen, daß man »den hypothetischen Charakter, den die wissenschaftlich-theologischen Sätze unbestreitbar haben, auch der Glaubenserfahrung selbst zuschreibt«. Die Gegenwart der Güte Gottes. Zum Problem des Verhältnisses von Gottesfrage und Ethik, aaO., (§ 3 Anm. 1), S. 77–100, S. 96. Nicht Sicherheit, d. i. securitas, wohl aber certitudo, d. i. »Gewißheit ist die Heimat des Glaubens«. E. Jüngel, Gottesgewißheit, aaO., (§ 1 Anm. 5), S. 252–264, S. 252. Vgl. I. U. Dalferth, aaO., (§ 2 Anm. 2), bes. S. 517ff.679ff.

5 Vgl. Dalferth, (§ 2 Anm. 2), S. 648ff.

ben gerade diesen ausdrücklich zu berücksichtigen, nicht jedoch zu imitieren, sondern zeichnen sich selbst im Unterschied dazu durch ihre logisch reflektierte Sprachform und ihre terminologische Begrifflichkeit aus. Denn als Versuche des Glaubens, sich selbst verständlich zu werden, bemühen sie sich, die Differenz zwischen Oberflächenstruktur und Tiefenstruktur der Glaubenstexte hermeneutisch zu überwinden und das, was dort zur Sprache kommt, klar und unmißverständlich in einer Sprachform zur Darstellung zu bringen, die genau das sagt, was sie meint, und nicht mehr meint, als sie sagt. Leitende Einsicht ist dabei, daß die »Schärfe des Denkens gewinnt, wenn den logischen Verhältnissen auch die grammatischen genau entsprechen«. Indem sich dogmatische Reflexion um solche Schärfe bemüht, kann sie gar nicht umhin, ihren Gegenstand immer stärker begrifflich zu durchdringen, denn »der Geist wird immer stärker zum formalen, und mithin reinen Denken hingezogen, wenn ihn die Sprache an scharfe Sonderung der grammatischen Formen gewöhnt«.[6]

Insofern dogmatische Rekonstruktion im Unterschied zu der von ihr rekonstruierten Glaubensrede explizite Begriffsarbeit ist, steht sie in einer natürlichen Affinität zur Begriffsreflexion der Philosophie. Zwar kann sie deren Ergebnisse nicht unreflektiert in die eigene Arbeit eintragen, aber um der Präzision und Klarheit ihrer eigenen Formulierungen willen wird sie diese auch nur zu ihrem eigenen Schaden ignorieren. Benützt sie doch in vielen Bereichen nicht nur theologisch verwendete Begriffe und bedient sich zur Formulierung ihrer Rekonstruktionen keiner Sondersprache, sondern präzisierter Sprach- und Redeformen, die durchaus auch anderweitig verwendet werden (können). Das zu bedenken und bei der dogmatischen Arbeit zu berücksichtigen, heißt nicht, die Differenz zwischen philosophischer und theologischer Rede aufzuheben, sondern der faktischen Sachlage Rechnung zu tragen.

§ 10 Das Risiko dogmatischer Rekonstruktion

Durch ihren hypothetischen Status und ihren begrifflichen Charakter unterscheidet sich theologische Rekonstruktion in entscheidender Hinsicht von der christlichen Glaubensrede in all ihren Formen. Das hat Konsequenzen gerade auch für die Bewertung der theologischen Versuche zur Rekonstruktion der Einheitlichkeit des christlichen Glaubens. Denn die Partikularität einzelner Glaubensäußerungen wird durch ihre systematische Integration in einen begrifflichen Darstellungszusammenhang zwar überwunden, doch die Einheitlichkeit dieses Zusammenhangs darf mit der

6 W. von Humbold, Über das Entstehen der grammatischen Formen, und ihren Einfluß auf die Ideenentwicklung (1822), *Werke*, Bd. III: *Schriften zur Sprachphilosophie*, hg. von A. Flitner/K. Giel, Darmstadt ^{4}1972, S. 31–63, S. 41.

Einheitlichkeit des Glaubens gerade nicht einfach gleichgesetzt werden. Das zeigt sich schon daran, daß es nicht nur *einen* theologischen Entwurf und nicht nur *einen* begrifflichen Zusammenhang gibt, in dem die Einheitlichkeit des Glaubens systematisch zur Darstellung zu bringen versucht wird. Jede theologische Rekonstruktion bleibt vielmehr ein mehr oder minder gelungener Versuch der Darstellung dieser Einheitlichkeit, in der das, was im Glauben zusammengehört, in den einzelnen Glaubensäußerungen aber auseinandertritt, so aufgegriffen, entfaltet, präzisiert und aufeinander bezogen wird, daß im systematischen Nacheinander eines Begriffszusammenhangs eine Entsprechung dessen, was ursprünglich in einem Ereigniszusammenhang beieinander und verbunden ist, zur Darstellung kommen soll.

Diese mit der ersten sprachlichen Artikulation einsetzende und sich in der Begriffsarbeit theologischer Reflexion enorm verschärfende *diskursive Transformation des Glaubens* ist nie ohne das Risiko, dessen Wahrheitsanspruch zu verfehlen oder zu verkürzen, so sehr sie sich auch darum bemühen mag, in anderen Worten dasselbe zu sagen wie dieser.[1] Doch das ist unvermeidlich, solange man – was dem Glauben selbst ebenso widerspräche wie ihn überhaupt nicht zur Sprache kommen zu lassen – nicht gewillt ist, auf theologisches Denken ganz zu verzichten. Als notwendige Funktion des nach Einsicht strebenden Glaubens will Theologie diesen jedoch weder ersetzen noch von etwas ganz anderem reden als dieser. Gerade deshalb aber muß sie anders reden als der Glaube. Diese sachliche Nötigung zeigt sich nicht nur an der gegenüber christlicher Glaubensrede besonderen theologischen Begrifflichkeit und Systematik, sondern pointiert auch daran, daß die Theologie Probleme explizit zu thematisieren hat, die sich so im Glauben gar nicht stellen. Nicht, weil sie mit diesem überhaupt nichts zu tun hätten und ihm nur von außen her oktroyiert würden, sondern weil sie ihm so selbstverständlich und unproblematisch sind, daß es für ihn in der Regel keinen Anlaß gibt, sie als Probleme wahrzunehmen und ausdrücklich zu thematisieren.

1 Die Mannigfaltigkeit von Theologien ist also keineswegs Beleg für die Willkürlichkeit theologischer Reflexion. Sie ist nicht Zeichen einer vorläufigen Mangelhaftigkeit und noch unüberwundenen Inadäquatheit theologischer Theoriebildung, sondern eine unüberholbare Notwendigkeit, die mit dem nach Einsicht strebenden Glauben selbst gesetzt ist. Dieses Streben vollzieht sich konkret zu bestimmter Zeit und in bestimmten Zusammenhängen mit den dort zur Verfügung stehenden Mitteln. Es gibt daher nicht *die* Einsicht in *den* Glauben, sondern nur den Prozeß der Einsichtnahme, der sich zu jeder Zeit als Streit um die rechte Einsicht in dieser Zeit vollzieht.

Teil B Ontologie

§ 11 Die ontologische Problematik

Zu diesen im Glauben selbstverständlichen, theologisch aber ausdrücklich zu thematisierenden Problemen gehört insbesondere die *ontologische Problematik*. Sie ist mit dem Wahrheitsanspruch des Glaubens gesetzt und kann von der Theologie infolgedessen nicht ignoriert werden. Doch im Unterschied zur epistemologischen Frage nach der Begründung des christlichen Wahrheitsanspruchs und damit nach der Erkennbarkeit und Ausweisbarkeit an der Erfahrung der vom Glauben beanspruchten Wahrheit geht es in ihr um die fundamentalere Frage, *unter welchen ontologischen Voraussetzungen der christliche Glaube seinen Wahrheitsanspruch faktisch erhebt und als wirklichen Wahrheitsanspruch überhaupt nur erheben kann, wenn seine Behauptungen wahr sein können sollen.*

In der systematischen Beantwortung dieser Frage besteht die Aufgabe theologischer Ontologie. Um verständlich zu machen, welchen Problemen sie dabei konfrontiert ist, haben wir uns in der hier gebotenen Abbreviatur die Konzeption von Ontologie zu verdeutlichen, die hinter dieser Formulierung der ontologischen Problematik steht. Dazu skizziere ich nach einer Funktionsbestimmung ontologischer Reflexion (§§ 12–22) deren spezifische Aufgaben (§§ 23–25) und charakteristische Probleme (§§ 26–33).

§ 12 Ontologische Voraussetzungen

Unter ›Ontologischen Voraussetzungen‹ verstehe ich in der seit W.V.O. Quine üblich gewordenen Weise zunächst ganz allgemein dasjenige, was eine Rede, Sprache oder Theorie (im allgemeinsten und ganz untechnischen Sinn als eine Gesamtheit von Behauptungen und damit im Grenzfall auch eine einzige Behauptung) als seiend oder existierend voraussetzt.[1] Die ontologischen Voraussetzungen einer Behauptung sind damit identisch mit den subjektiven Existenzpräsuppositionen derer, die diese Behauptung aufstellen. Denn die Gegenstände, über die sich ein Sprecher behauptend äußert, sind mit der zumindest vorläufig selbstverständlichen Annahme verknüpft, daß es sie gibt.

1 W. V. O. Quine, Das Sprechen über Gegenstände, in: ders., *Ontologische Relativität und andere Schriften*, Stuttgart 1975, S. 7–40, S. 7ff. Wenn in den folgenden §§ von ›Theorie‹ die Rede ist, geschieht dies im Anschluß an den weiten Sprachgebrauch Quines. Man könnte jeweils auch ›Behauptung‹ lesen.

Keineswegs selbstverständlich hingegen ist auch immer schon das Verständnis dessen, was der jeweils vorausgesetzte Gegenstand ist und in welchem Sinn bzw. als was es ihn gibt, wenn es ihn gibt.[2] Denn Gegenstände sind damit rein funktional bestimmt als dasjenige, auf das identifizierend durch Designatoren wie Namen oder Kennzeichnungen oder durch Ostension Bezug genommen werden kann und dem in propositionalen Akten Prädikatoren zu- oder abgesprochen werden können. In diesem Sinn gibt es aber nichts, was nicht Gegenstand sein könnte. Doch daraus folgt keineswegs, daß es alle Gegenstände auch gibt. Denn Gegenstand ist alles und nur das, was wir als Referenzobjekt unseres Redens semiotisch konstruieren und damit in einem Prozeß der Vergegenständlichung *als Gegenstand* konstituieren. *Was* wir so als Gegenstand thematisieren, muß aber keineswegs selbst semiotisches Konstrukt sein. Unsere Gegenstände sind als semiotische Resultate der Vergegenständlichungsprozesse, die transzendentale Reflexion zu erhellen sucht, zwar immer Konstrukte, sie sind aber nicht notwendig und in jedem Fall Vergegenständlichungen von Konstrukten. Gerade als Konstrukte können sie vielmehr bloße semantische *Konstruktionen* oder aber *Rekonstruktionen* von etwas sein, das entweder selbst Konstruktion bzw. Rekonstruktion von etwas ist oder aber nicht. *Diese Unterscheidung* – das ist meine ontologische Grundthese – *bildet eine vollständige Disjunktion*. Denn die Totalität aller Gegenstände ist die logische Summe der Konstruktionen und Rekonstruktionen, insofern sich jeder Gegenstand so klassifizieren läßt und es keinen Gegenstand gibt, der sich nicht so klassifizieren ließe. Die möglichen und wirklichen Gegenstände unseres Redens lassen sich daher grundsätzlich in *ideale* und *reale* Gegenstände unterscheiden, insofern sie entweder bloße Konstrukte (formale oder ideale Gegenstände) sind oder aber Rekonstruktionen von Konstrukten (reale Kulturgegenstände) bzw. Rekonstruktionen von Nicht-Konstrukten (reale Naturgegenstände).

Das Konzept der ontologischen Voraussetzungen ist dann aber gegenüber Quines undifferenziertem Verständnis kritisch zu präzisieren. Alle Behauptungen präsupponieren die Existenz bestimmter Gegenstände. Doch nur diejenigen Behauptungen, welche die Existenz *realer* Gegenstände präsupponieren, machen ontologische Voraussetzungen im strengen Sinn. Nur sie erheben einen Wahrheitsanspruch über die Wirklichkeit selbst, die in realer Beziehung zu uns steht und damit auch dort, wo sie ihre Genese uns verdankt, ohne uns Bestand hat, und nicht nur einen Wahrheitsanspruch über unsere begrifflichen Artefakte der Wirklichkeit oder anderer, möglicher Wirklichkeiten, die in bloß intentionaler Relation zu uns stehen und damit abgesehen von uns keinen Bestand haben. Ontologi-

2 Hegels phänomenologische Dialektik versucht nicht zuletzt diesem Problem gerecht zu werden. Vgl. H. F. Fulda, Hegels Dialektik als Begriffsbewegung und Darstellungsweise, in: R. P. Horstmann, *Seminar: Dialektik in der Philosophie Hegels*, Frankfurt 1978, S. 124–174.

sche Reflexion hat diesen grundlegend verschiedenen Verhältnissen Rechnung zu tragen. Sie kann sich daher nicht damit begnügen, die Existenzpräsuppositionen von Behauptungen zu erheben, sondern muß darüberhinaus immer auch kritisch prüfen, ob es sich bei ihnen um ideale oder reale Gegenstände handelt. Daß sie diese kritische Aufgabe ignoriert, ist der entscheidende Mangel von Quines Ontologiekonzeption. Um dies deutlich zu machen, haben wir klarzustellen, was reale Gegenstände eigentlich auszeichnet.

§ 13 Reale Gegenstände

Reale Gegenstände sind als *Gegenstände* semiotische Konstrukte des menschlichen Geistes, die als *reale* Gegenstände etwas unabhängig von diesem Existierendes symbolisch repräsentieren. Real ist daher jeder Gegenstand, dessen Existenz sich nicht dem verdankt, daß er von uns als Gegenstand intendiert wird, von dem also gilt, daß es möglich ist, daß er als Konstrukt nicht existiert, das mit ihm (mehr oder weniger adäquat) Vergegenständlichte aber existiert. Umgekehrt ist jeder Gegenstand ideal, dessen Existenz mit seinem von uns Intendiertsein zusammenfällt, so daß ohne ihn auch das von ihm Vergegenständlichte nicht existiert. Damit wird hinsichtlich der wirklichen und möglichen Gegenstände unseres Redens sowohl eine semiotische als auch eine ontologische Differenz gedacht, die es zu erläutern gilt.

Der funktionale Gegenstandsbegriff von § 12 bestimmt Gegenstände als die relativ zu sprachlichen Handlungen oder entsprechenden nichtsprachlichen Operationen funktional differenzierten und dadurch konstruktiv isolierten Momente möglicher und wirklicher Propositionen. Sie sind damit nichts unabhängig und für sich bestehendes Seiendes, keine ontologischen Elementarpartikel und als solche (absoluter) Ausgangspunkt epistemischer Prozesse, sondern Produkte der Semiose und damit konstruktives Resultat der individuellen und sozialen Differenzierungs- und Synthetisierungsprozesse, welche die Transzendentalphilosophie zu erhellen sucht. Als semiotische Größen stehen sie im Horizont der fundamentalen semiotischen Differenz zwischen Signifikant und Signifikat[1], insofern sie als Signifikate von Signifikanten *innerhalb* eines Zeichensystems wie Bezeichnetes vom Bezeichnenden unterschieden sind. Sie sind keine systemtranszendierenden Korrelate unserer symbolischen Darstellungen, sondern das in diesen Darstellungen in symbolischer Form Dargestellte. Von Gegenständen kann daher gar nicht geredet werden, ohne daß zugleich ein Zeichensystem thematisiert wird, das aufgrund seiner signifikativen Struktur in ein System der Signifikanten und der Signifikate differenziert ist und aufgrund seiner signifi-

1 R. Barthes, *Elemente der Semiologie*, Frankfurt 1979, S. 36ff.

zierenden Struktur immer schon im Bezug auf (mögliche) Erkenntnis- und Handlungssubjekte steht. Das aber bedeutet, daß Gegenstände als semantische Referenzobjekte unserer propositionalen Akte nicht nur konstitutiv Konstruktcharakter haben, sondern daß sie eben dadurch auch konstitutiv durch eine doppelte Relativität im System der Signifikanten und der Signifikate ausgezeichnet sind: sie sind semantische Objekte nur im Zusammenhang mit und in der Abgrenzung zu anderen semantischen Objekten; sie kommen als distinktive semantische Objekte aber nur im Horizont eines Rahmensystems in den Blick, in dem die verschiedenen semantischen Kategorien funktional differenziert sind.

Daß Gegenstände immer Konstrukte sind, heißt nicht, daß sie nur Konstrukte vergegenständlichten oder alle Konstrukte der gleichen Art wären. Wir haben zu ihrem Verständnis vielmehr nicht nur die *semiotische Differenz* zwischen *Darstellung* und *Dargestelltem* zu beachten, sondern nicht weniger intensiv auch die *ontologische Differenz* zwischen dem *in symbolischer Form* Dargestellten und dadurch *Dargestellten*, auch und gerade wenn uns dieses nie anders denn als in symbolischer Form Dargestelltes zugänglich ist. Erst dort, wo Gegenstände nicht nur als semantische Größen im Horizont der Darstellungs-Dargestelltes-Differenz betrachtet werden, sondern ontologisch nach der Differenz zwischen dem Dargestellten als semantischem Objekt und dem dadurch (gegebenenfalls) repräsentierten oder zu repräsentieren gesuchten außersemantischen Objekt gefragt wird, wird der tatsächlichen Sachlage unseres Redens Rechnung getragen. Denn nicht alles, von dem wir reden oder reden können, erschöpft seine Wirklichkeit darin, daß wir von ihm reden oder reden können. Wir sind vielmehr durchaus in der Lage, in und mit unseren semantischen Konstrukten eine diese transzendierende Wirklichkeit zu thematisieren, die nicht Resultat und Produkt unserer semiotischen und sprachlichen Aktivitäten ist, obgleich sie sich nur durch diese als Wirklichkeit bestimmen und charakterisieren läßt. Konstrukte wie Begriffe, Propositionen, Mengen, Kategorien, Modelle, Theorien und Gedichte sind Artefakte des menschlichen Geistes und haben keine von diesem unabhängige Existenz. Sie sind formale oder ideale Objekte, ob sie nun wie die Gebilde der Mathematik, Logik, reinen Semantik oder auch der Dichtkunst *Konstruktionen* darstellen oder ob sie wie die Gegenstände der Realwissenschaften *Rekonstruktionen* zu sein beanspruchen. Während aber Konstruktionen als hypothetische Objekte keine ihnen jenseitige Wirklichkeit thematisieren, sondern ganz das sind, was sie sagen, sind Rekonstruktionen als Abstraktionen und isolierende Typisierungen konkreter Objekte der unterschiedlichsten Art und Komplexität Modelle einer von ihnen selbst verschiedenen Wirklichkeit. Das heißt nicht, daß nicht auch die Konstruktionen des menschlichen Geistes Gegenstand von Rekonstruktionen werden könnten.[2] Auch sie gehören zur Wirklichkeit,

2 So gibt es – um ein Beispiel zu nennen – neben der (konstruktiven) reinen Semantik die (re-

wenn auch zu einer Dimension, die es ohne den Menschen und seine Aktivität nicht gäbe. Es heißt aber sehr wohl, daß wir ohne stete Beachtung der Differenz zwischen Konstruktionen und Rekonstruktionen die Realität unserer Konstrukte mit der Realität verwechselten und damit die Grenzen unserer Zeichensysteme als die Grenzen der Wirklichkeit (und nicht nur unserer Wirklichkeitskonzeption) mißverstünden. Vor diesem theoretisch und praktisch gleichermaßen gefährlichen ontologischen Mißverständnis zu bewahren ist die Aufgabe der *ontologischen Reflexion*.

§ 14 Ontologische Reflexion

Ontologische Reflexion ist das Bemühen, im Horizont der semiotischen bzw. semantischen Konstrukte des menschlichen Geistes die fundamentale Differenz zwischen Wirklichkeit und Wirklichkeitskonzeption (d. h. symbolisch konzipierter Wirklichkeit) immer wieder kritisch zur Geltung zu bringen. Denn nur wo die für alle Rede von Wahrheit und nicht bloß formaler Richtigkeit konstitutive Differenz zwischen *Wirklichkeit* und *Modell der Wirklichkeit* (im Sinn des in unseren Modellen als Wirklichkeit Modellierten) nicht aus den Augen verloren wird, kann nicht nur zwischen den Konstruktionen möglicher Wirklichkeiten und möglichen Rekonstruktionen der Wirklichkeit unterschieden werden, sondern auch zwischen mehr oder weniger adäquaten und damit auch mehr oder weniger wahren Rekonstruktionen der Wirklichkeit. Denn obgleich es der menschliche Geist niemals mit der Wirklichkeit als solcher zu tun hat, sondern immer mit einer ihm zeichenhaft erschlossenen und von ihm symbolisch rekonstruierten Wirklichkeit, hat er es doch keineswegs nur mit seinen eigenen Konstrukten zu tun: die Wirklichkeit – und genau das meinen wir mit diesem regulativen Begriff – ist nicht identisch mit ihrer symbolischen Rekonstruktion, sie ist mehr als das, was wir in unseren Darstellungen als Wirklichkeit darstellen. Das belegt nicht nur die Möglichkeit, ein und denselben Sachverhalt ganz verschieden zu rekonstruieren, sondern das wird ebenso durch die Möglichkeit symbolischer Konstruktionen bestätigt, die ihre gesamte Wirklichkeit in sich selbst haben. Ontologische Reflexion ist, so gesehen, der im System unserer semantischen Konstrukte und damit systemintern vollzogene kritische Versuch, systematisch zwischen Wirklichkeit und Wirklichkeitskonzeption, phänomenal Gegebenem und semiotischem Konstrukt, Realität de re und Realität de dicto zu differenzieren. Denn ohne diese Differenz und ihre kritische Beachtung gibt es weder rationale Praxis noch nichttriviale Wahrheitserkenntnis.

konstruktive) empirische Semantik der natürlichen Sprachen. Zieht man die damit angesprochenen Linien aus, dann ist in eben diesem Sachverhalt die Differenz zwischen – traditionell gesprochen – Geisteswissenschaften begründet, die sich mit idealen Gegenständen befassen, und solchen, die sich wie die Historik mit realen Gegenständen beschäftigen, welche gerade nicht Gegenstände der Naturwissenschaften sind.

Ontologische Reflexion ist daher überhaupt nur insofern ein eigenständiges Unternehmen, als sie eine in allem wissenschaftlichen und vorwissenschaftlichen Erkennen operative fundamentale Differenz systematisch und kritisch zu erhellen sucht, indem sie nicht nur semiotisch zwischen Darstellung und Dargestelltem unterscheidet, sondern auch ontologisch zwischen Dargestelltem, insofern dieses semantisches Konstrukt und damit Artefakt des menschlichen Geistes ist, und dem damit u. U. Dargestellten, ob dieses nun selbst konstruktives Artefakt ist (wie die Gegenstände der Kulturwissenschaften) oder nicht (wie die Gegenstände der Naturwissenschaften). Damit ist sie einerseits selbst im Vollzug ein Prozeß kognitiver Operationen und im Resultat ein Konstrukt des menschlichen Geistes. Sie ist es aber andererseits nicht als fundamentale Realwissenschaft im Sinne M. Bunges[1], die im Unterschied zu den partikularen und partiellen Wirklichkeitsrekonstruktionen der einzelnen Realwissenschaften ein umfassendes und integratives Wirklichkeitsmodell zu formulieren sucht. Ontologie ist keine metaphysische Superwissenschaft, sondern das kritische Bemühen, die ontologische Fundamentaldifferenz zwischen Wirklichkeit und Wirklichkeitsmodell als Prüfstein aller wissenschaftlichen und vorwissenschaftlichen Erkenntnis- und Wissensansprüche zur Geltung zu bringen. Sie tut dies, indem sie die Existenzvoraussetzungen unseres Redens und Theoretisierens daraufhin befragt, ob sie nur den Status semantischer Konstruktionen oder aber den ontologisch eigentlich interessierenden Status von Rekonstruktionen besitzen. Dazu benötigt sie einerseits ein hermeneutisches Prinzip *(Ontologiekriterium)*, das ihr die Existenzvoraussetzungen unseres Redens präzis zu erschließen erlaubt, andererseits aber auch ein normativ-diakritisches Prinzip *(Existenzprinzip)*, das ihr zwischen Konstruktionen und Rekonstruktionen, idealen und realen Gegenständen zuverlässig zu unterscheiden ermöglicht (vgl. § 27 und § 32). In der Formulierung und Rechtfertigung dieser Prinzipien besteht die zentrale theoretische Aufgabe ontologischer Reflexion, in ihrer Anwendung auf unsere Behauptungen und Theorien dagegen ihre praktische Relevanz. Denn eben so nötigt sie dazu, unser Wissen und unsere Wissensansprüche an der Differenz von Wirklichkeit und mehr oder weniger adäquater Wirklichkeitskonzeption immer wieder kritisch zu überprüfen.

Als systematisches Insistieren auf der ontologischen Fundamentaldifferenz zwischen *de dicto* und *de re* im Medium des Begriffs vollzieht sich ontologische Reflexion selbst als Setzen fundamentaler Unterscheidungen. Das kann in durchaus verschiedener Weise geschehen, wie die verschiedenen ontologischen Systeme belegen. In jedem Fall aber wird sie der ontologischen Fundamentaldifferenz begrifflich Rechnung zu tragen haben. Was

1 M. Bunge, *Treatise on Basic Philosophy*. Vol. 3. *Ontology I: The Furniture of the World*, Dordrecht/Boston 1977, S. 5: Ontologie oder Metaphysik »is *general cosmology or general science*: it is the science concerned with the whole of reality«.

dies bedeutet, sei in den folgenden §§ 15–22 am Beispiel einiger ontologischen Grundkategorien verdeutlicht.

§ 15 Sachverhalt vs. Proposition

1. *Proposition und Sachverhalt* Die Differenz zwischen Wirklichkeit und Modell der Wirklichkeit (= modellierter Wirklichkeit) ist für alle praktischen Belange eine Differenz zwischen Wirklichkeitsausschnitt und dessen Modell. Modelle können begrifflich oder nicht begrifflich sein. Um Modelle sein zu können, müssen sie aber in jedem Fall eine Struktur, und d. h. einen Sinn besitzen. Das kleinste begriffliche Modell mit einer vollständigen Sinnstruktur ist der Satz oder die *Proposition*. Ihr entsprechend ist die grundlegende ontologische Kategorie der *Sachverhalt*. Propositionen können als semantische Größen Sachverhalte repräsentieren, sie müssen es aber nicht. Umgekehrt sind Sachverhalte das, was wahre Propositionen über reale (und nicht nur ideale) Gegenstände mehr oder weniger adäquat repräsentieren. Daß auch über ideale Gegenstände propositional geredet werden kann, ohne daß dadurch etwas anderes als (andere) Propositionen repräsentiert würden, belegt, daß zwischen Sachverhalten und Propositionen keine Isomorphie besteht. Während Propositionen als begriffliche bzw. semantische Größen immer nur relativ zu sprachlichen Handlungen oder entsprechenden nichtsprachlichen Operationen spezifizierbar sind, haben Sachverhalte, obgleich nur über und als Propositionen thematisierbar, nicht nur begrifflichen bzw. semantischen Status. Sie sind der Fall oder nicht der Fall ganz unabhängig davon, ob sie behauptet, bezweifelt, erkannt, bestritten oder sonst epistemisch und damit propositional thematisiert sind oder nicht. Entsprechend ist zwar alles, was sprachlich thematisiert werden kann, Moment einer Proposition, damit aber keineswegs auch schon Moment eines Sachverhalts. Denn nicht alles, von dem geredet wird, existiert auch. Und vieles, von dem geredet werden kann, hat nur die hypothetische Existenz formaler Objekte im Kontext einer Proposition. Als Momente von Propositionen sind Gegenstände rein begrifflich (semantisch) bestimmt als Subjekte der Prädikation, ohne daß ersichtlich würde, ob es sich bei ihnen um ideale oder reale Gegenstände handelt und damit um Konstrukte oder das durch sie (angeblich) Rekonstruierte. Gerade dieser Differenz aber gilt das ontologische Interesse.

2. *Möglichkeit de re und de dicto* Sachverhalte sind entweder der Fall oder nicht der Fall, und kein Sachverhalt ist sowohl der Fall als auch nicht der Fall. Sachverhalte, die der Fall sind, sind das entweder notwendig oder kontingent. Sachverhalte, die nicht der Fall sind, sind entweder möglich oder unmöglich. Notwendig ist ein Sachverhalt, wenn es unmöglich ist, daß er nicht der Fall ist, unmöglich dagegen, wenn es unmöglich ist, daß er der

Fall ist. Entsprechend ist ein Sachverhalt kontingent, wenn es möglich ist, daß er nicht der Fall ist, und möglich, wenn es möglich ist, daß er der Fall ist. Wie die Verschränkung von de re und de dicto Notwendigkeit/Möglichkeit in diesen Formulierungen zeigt, ist ontologisch mit möglichen und wirklichen Sachverhalten zu rechnen und nicht nur semantisch mit möglichen und wirklichen Propositionen: Möglichkeit ist auch eine ontologische und nicht nur eine semantische Kategorie, denn die Wirklichkeit selbst und nicht nur unsere Modelle der Wirklichkeit sind durch sie ausgezeichnet.

3. *Sachverhalt und Sache* Wie Propositionen in semantischen Verknüpfungen auftreten können, um komplexe Modelle zu bilden, so stehen Sachverhalte in Sachverhaltszusammenhängen, die die Wirklichkeit als ein komplexes Gefüge von Relationen einsichtig werden lassen. Wir versuchen, dieses Relationsgefüge in unserem semiotisch differenzierenden und propositional synthetisierenden Zugriff auf die Wirklichkeit epistemisch zu erfassen, indem wir bestimmte Zusammenhänge isolieren und modellhaft rekonstruieren. Sachverhalte lassen sich von uns daher nur als Propositionen, und d. h. nicht sprach- oder theorieunabhängig bestimmen, obgleich dadurch kein Sachverhalt bestimmt würde, wenn die in der entsprechenden Proposition thematisierte Sache der Sprache oder Theorie nicht vorausläge. Zwischen der propositionalen Gegebenheits- und Zugangsweise einer Sache im Medium und Horizont der Sprache und deren Sachverhalten ist aber auch dann grundsätzlich zu unterscheiden, wenn wir nur zwischen verschiedenen Gegebenheits- und Zugangsweisen derselben Sache zu unterscheiden vermögen, nicht jedoch zwischen Sachverhalt und Sache selbst.[1] Denn auch wenn uns eine Sache immer nur so gegeben ist, wie sie uns zugänglich ist, und umgekehrt, so folgt daraus doch keineswegs, daß sie nur im Zusammenhang derjenigen Sachverhalte ist, die wir faktisch propositional erfassen oder möglicherweise so erfassen können. Wir bekommen eine Sache zwar nie anders als in der Perspektive unserer propositionalen Zugangsweise zur Wirklichkeit in den Blick. Aber das heißt nicht, daß diese nur so ist, wie sie uns in den Blick kommt. Weil hier differenziert werden muß, sind auch die epistemischen und ontologischen Implikationen unserer Wirklichkeitskonzeptionen gerade aufgrund ihres Bezugs aufeinander kritisch voneinander zu unterscheiden.

§ 16 Realer Gegenstand und Relation vs. Subjekt und Prädikat

1. *Gegenstand, Eigenschaft, Relation* Propositionen haben eine Sinnstruktur, die sich logisch in ein ein- oder mehrstelliges Subjekt-Prädikat-Gefüge

1 Vgl. L. B. Puntel, Wahrheit, *Handbuch philosophischer Grundbegriffe*, Bd. III, München 1974, S. 1649–1668, S. 1660f.

analysieren läßt. Sachverhalte haben als wirkliche oder mögliche Lage einer Sache ebenfalls eine Struktur: sie lassen sich in reale Gegenstände und Eigenschaften bzw. Relationen (ein- und mehrstellige Relationen) differenzieren.

Reale Gegenstände sind diejenigen Subjekt der Prädikation, die nicht nur Momente von Propositionen sind, sondern die sich identifizierend und damit operational als Momente von Sachverhalten isolieren lassen, indem man designatorisch auf sie Bezug nimmt und sie dadurch als Gegenstände auszeichnet, von denen prädiziert wird bzw. prädiziert werden kann, die aber selbst nicht prädizierbar sind.

Eigenschaften und *Relationen* sind entsprechend diejenigen Momente von Sachverhalten, die übrig bleiben, wenn von den als Gegenständen thematisierten Momenten eines Sachverhalts abgesehen wird.

Die vergegenständlichten Momente einerseits und die dadurch als Eigenschaften/Relationen ausgezeichneten Momente von Sachverhalten andererseits werden daher zwar durch Subjekte und Prädikate begrifflich repräsentiert, wiederum aber kann keine Rede von einem isomorphen Verhältnis zwischen beiden Ebenen sein, da durchaus Verschiedenes vergegenständlicht und ein und derselbe Gegenstand durchaus verschieden thematisiert werden kann.

2. *Relativität und Strukturierung* Gegenstände und Relationen lassen sich nicht absolut, sondern immer nur im Horizont einer doppelten Relativität bestimmen. Einerseits sind sie nur relativ zu den Sachverhalten, in denen sie fungieren, als Momente gegeneinander differenziert, so daß man nicht von Gegenständen bzw. Relationen per se, sondern immer nur von mehr oder weniger komplizierten Gegenstand-Relation-Komplexen (Sachverhalten) reden kann. Andererseits sind sie als solche nur relativ zu einer Rahmentheorie differenzierbar, in der die Prädikatoren ›– ist ein Sachverhalt‹, ›– ist ein Gegenstand‹ und ›– ist eine Eigenschaft/Relation‹ funktional voneinander unterschieden sind. Das bedeutet epistemisch, daß das, was wir als Gegenstand und als Relation thematisieren, ebenso wie das, als was wir das so Thematisierte charakterisieren, prinzipiell möglicher Revision und veränderter Bestimmung ausgesetzt ist. Es bedeutet aber auch ontologisch, daß Gegenstände und Relationen, wie F. P. Ramsey gezeigt hat[1], keine grundsätzlich verschiedenen und ontologisch selbständigen Arten von Gegenständen sind, so daß sich ein Sachverhalt gleichsam von selbst in Gegenstand und Relation differenzierte und sich dementsprechend aus diesen ontologisch grundlegenderen Elementen aufgebaut erwiese. Gegen-

1 F. P. Ramsey, Universalien (1925), in: ders., *Grundlagen. Abhandlungen zur Philosophie, Logik, Mathematik und Wirtschaftswissenschaft*, Stuttgart-Bad Cannstatt 1980, S. 24–40, S. 32f. Vgl. L. Nemirow, No Argument against Ramsey, *Analysis* 39, 1979, S. 201–209; D. H. Mellor, Necessities and Universals in Natural Laws, in: *Science, Belief and Behaviour. Essays in Honour of R. B. Braithwaite*, hg. v. D. H. Mellor, Cambridge 1980, S. 105–125, S. 123f.

stand und Relation sind funktional differenzierte Momente der durch Propositionen modellhaft repräsentierten Wirklichkeit. Sie sind begriffliche Konstrukte, aber sie sind es als Resultate propositionaler Strukturierungen der (nicht nur begrifflichen) Wirklichkeit. Was als Gegenstand (Einzelding) und was als ein- oder mehrstellige Relation (Universale) an einem Sachverhalt in den Blick gefaßt wird, ist daher durchaus variabel und wesentlich durch die erkenntnisleitenden Interessen der Strukturierung bestimmt.[2] Doch das heißt nicht, daß durch diese Strukturierung der Sachverhalt selbst erst hervorgebracht oder konstituiert würde. Aufgrund der in und mit einer propositionalen Perspektive (Theorie) verfolgten Absicht[3] wird vielmehr der unter ihrem Gesichtspunkt thematisierte Sachverhalt in Gegenstand und Relation differenziert. Das kann bei ein und demselben Sachverhalt durchaus verschieden geschehen und richtet sich nach dem leitenden Interesse, z. B. dem, quantifizierend generalisieren zu können. Der propositional strukturierte Sachverhalt »›*aRb*‹ beispielsweise unterteilt sich nicht von sich aus in ›*a*‹ und ›*Rb*‹«. Diese Differenz wird vielmehr erst »in Verbindung mit der Generalisierung« bedeutsam. »Nicht ›*aRb*‹, sondern ›*(x).xRb*‹ läßt *Rb* hervortreten. Wenn wir (x).xRb schreiben, verwenden wir den Ausdruck *Rb*, um die Menge der Sätze *xRb* zusammenzufassen, die wir als wahr behaupten möchten«.[4] Um so generalisieren zu können, müssen wir aber über Identifikationskriterien verfügen, die dasjenige Moment eines Sachverhalts als Gegenstand zu isolieren erlauben, über das wir quantifizieren möchten. Und wir bestimmen das als Gegenstand eines Sachverhalts, was wir im Verfolg unseres Interesses mit den einfachsten Mitteln identifizieren können.

3. *Lage und Sache* Sachverhalte werden daher von uns zwar nicht konstituiert, wohl aber nach Gegenstand und Relation hin differenziert. Relationen sind dementsprechend keine selbständigen Entitäten, sondern Derivate der Sachverhalte, bei denen durch identifizierende Bezugnahme ein Moment (oder mehrere) vergegenständlicht und damit als Gegenstand isoliert wurde(n) bzw. werden kann (können). Aber auch Gegenstände sind keine selbständigen Entitäten, da ein Gegenstand, der nicht Moment eines Sachverhalts ist, und damit mindestens eine Relation exemplifiziert, nicht vergegenständlicht werden kann. Als verschieden strukturierbare Gegen-

2 Ramsey, (Anm. 1), S. 38ff.

3 AaO., S. 40: Der mathematische Logiker z. B. »wählt sich irgendeinen beliebigen Typ von Gegenständen zum Gegenstand seines Nachdenkens und nennt diese Individuen, womit er einfach sagen will, daß er sich diesen Typ gewählt hat, um über ihn nachzudenken, obgleich er ebensogut jeden anderen Typ hätte wählen und diese Gegenstände Individuen hätte nennen können. Die Ergebnisse der Ersetzung von Namen dieser Individuen durch Variable in Sätzen nennt er dann Funktionen, ohne Rücksicht darauf, ob der konstante Teil der Funktion ein Name oder ein unvollständiges Symbol ist, da dies ohne Bedeutung für die Klasse ist, die die Funktion definiert.«

4 AaO., S. 32f.

stand-Relation-Komplexe sind Sachverhalte die *Lage* einer Sache, die wir eben dadurch von der Sache selbst unterscheiden, daß wir Sachverhalte nach Gegenständen und Relationen funktional differenzieren. Eine *Sache* läßt sich entsprechend als die Totalität ihrer möglichen und wirklichen Lagen definieren, und das wiederum erlaubt, die Wirklichkeit als die Gesamtheit aller Sachen in der Totalität ihrer Lagen zu bestimmen.

4. *Identitätsmerkmale und Identifikationskriterien* Sachverhalte können sowohl hinsichtlich ihrer Gegenstände als auch hinsichtlich ihrer Relationen übereinstimmen. Dieselben Gegenstände können somit verschiedene Relationen exemplifizieren, dieselben Relationen aber von verschiedenen Gegenständen exemplifiziert werden. Sachverhalte stimmen hinsichtlich ihrer Gegenstände überein, wenn diese in verschiedenen Sachverhalten dieselben sind; sie stimmen dagegen in ihren Relationen überein, wenn sie sich unter Absehung von ihren jeweiligen Gegenständen nicht unterscheiden. Der entscheidende Unterschied hinsichtlich der Identität von Gegenständen und der von Relationen besteht dabei darin, daß zwar Gegenstände, nicht aber Relationen Identitätsmerkmale besitzen. So liegt dieselbe Relation vor, wenn sich zwei Sachverhalte nur aufgrund ihrer jeweiligen Gegenstände unterscheiden; und zwei Relationen sind verschieden, wenn ihre Exemplifizierung durch denselben Gegenstand (dieselben Gegenstände) in zwei verschiedenen Sachverhalten resultiert. Zwei Gegenstände hingegen sind verschieden, wenn trotz Exemplifizierung derselben Relation zwei verschiedene Sachverhalte vorliegen, während es sich in zwei verschiedenen Sachverhalten nur dann um denselben Gegenstand handelt, wenn die Differenz beider Sachverhalte einzig aus der Verschiedenheit der Relation resultiert. Die aber ist durch die Identität bzw. Differenz der sie exemplifizierenden Gegenstände definiert. Nur wenn Gegenstände daher Identitätsmerkmale besitzen, durch die sie eindeutig von anderen Gegenständen unterschieden sind, läßt sich von gleichen/verschiedenen Sachverhalten und gleichen/verschiedenen Relationen sprechen.

Nun sind reale Gegenstände durch identifizierende Bezugnahme isolierte Momente von Sachverhalten. Dieselben *Gegenstände* sind sie daher nur, wenn sie *Identifikationskriterien* besitzen, aufgrund derer sie in der Differenz unterschiedlicher Bezugnahmen auf sie als *dieselben* Gegenstände *einer bestimmten Gegenstandsart* ausgezeichnet sind.

§ 17 Gegenstandsart vs. Stereotyp

1. *Gegenstandsart, Stereotyp* Jeder Gegenstand gehört im Horizont seiner Sachverhalte zu einer *Gegenstandsart*.[1] Durch diese ist festgelegt, in wel-

1 Vgl. Bunge, (§ 14 Anm. 1), S. 140ff.

chen Relationen er stehen *muß*, um der Gegenstand zu sein, der er im Horizont der für ihn gültigen Sachverhalte ist. Sie entscheidet darüber hinaus aber auch, welche Relationen er als eben dieser Gegenstand haben *kann*, ohne seine Identität zu verlieren, in welchen anderen Sachverhalten er als Gegenstand eines bestimmten Sachverhalts(komplexes) also vorkommen kann. Sokrates etwa gehört zur Gegenstandsart *Mensch*. Was immer von ihm wahrhaft gesagt werden kann, muß daher von ihm als Mensch gesagt werden können oder es ist nicht von ihm die Rede, und nichts kann wahrhaft von ihm gesagt werden, was unvereinbar damit ist, daß er Mensch ist. Die Gegenstandsart eines Gegenstands entscheidet somit über dessen *Identität*. Infolgedessen gilt: K (= kind bzw. Art) ist genau dann die Gegenstandsart eines Gegenstands a, wenn es unmöglich ist, daß a existiert und K nicht exemplifiziert.

Was wir im jeweiligen Fall als Gegenstandsart bestimmen, ist davon freilich wiederum streng zu unterscheiden. Da wir Sachverhalte epistemisch nie anders als in einer bestimmten propositionalen Perspektive thematisieren können, ist unsere Bestimmung der Gegenstandsart und damit der Identität eines Gegenstands nie mehr als ein hypothetisches Konstrukt bzw. ein *Stereotyp*. Stereotypen sind unsere aufgrund von Erfahrung gebildeten Konstrukte der Gegenstandsart bestimmter Gegenstände.[2] Sie sind epistemisch-semantische Größen und als solche nicht nur prinzipiell modifizierbar und fallibel, sondern auch durch ganz andere Eigenschaften ausgezeichnet als das, was sie zu erfassen suchen. (Menschen können sich vermehren, Stereotype vom Menschen nicht.) Wie daher ontologisch zwischen Gegenstandskonstrukten und durch Identitätskriterien ausgezeichneten Momenten von Sachverhalten unterschieden werden muß, so ist auch zwischen unseren Stereotypen und den dadurch hypothetisch repräsentierten Gegenstandsarten zu unterscheiden.

2. *Wesen, wesentliche Attribute* K ist das, was a exemplifiziert und durch das er sich von allen anderen Gegenständen nicht nur numerisch unterscheidet. Seine Gegenstandsart ist damit identisch mit seinem *Wesen*. Zum Wesen eines Gegenstands gehören genau diejenigen *wesentlichen Attribute* (Eigenschaften und Relationen), von denen gilt, daß es unmöglich ist, daß dieser Gegenstand existiert und diese Attribute nicht exemplifiziert.

Insofern K selbst als Attribut bzw. als Komplex von Attributen bestimmt werden kann, dieselben Attribute aber immer auch in den Sachverhalten anderer Gegenstände auftreten können, kann K auch von anderen Gegenständen exemplifiziert werden. Obgleich daher Gegenstände hinsichtlich ihres Wesens ununterscheidbar sein können, resultiert doch jede Exempli-

2 Vgl. I. U. Dalferth, Homo definiri nequit. Logisch-philosophische Bemerkungen zur theologischen Bestimmung des Menschen, *Zeitschrift für Theologie und Kirche* 76, 1979, S. 191–224, S. 214f.218f.

fizierung einer Gegenstandsart eo ipso in numerisch verschiedenen Gegenständen, nämlich genau den Gegenständen, die zu dieser Art gehören.[3] Denn gehören zwei Gegenstände zur Gegenstandsart *Mensch*, dann sind sie *eben dadurch* numerisch verschieden, obgleich sie hinsichtlich ihrer Gegenstandsart ununterscheidbar sind.

3. *Individuelles Wesen, Wesensattribut, Individualität* Seine wesentlichen Attribute kann ein Gegenstand nur um den Preis des Verlusts seiner Identität nicht exemplifizieren. Unter den wesentlichen Attributen eines Gegenstands sind aber immer auch solche, die er mit keinem anderen Gegenstand gemeinsam haben kann, der von ihm verschieden ist, sondern die ihm allein zukommt. Solche Attribute könnte man im Anschluß an Leibniz als die *Wesensattribute* bezeichnen, die das *individuelle Wesen* eines Gegenstands konstituieren, also nicht nur die *Gegenstandsart* von a (und damit möglicherweise auch von b, c..), sondern gleichsam die *Gegenstandsart von a*. Zu dieser gehört jedes Attribut, von dem gilt, daß es unmöglich ist, daß a existiert und dieses Attribut nicht exemplifiziert und daß ein von a verschiedener Gegenstand existiert, der dieses Attribut exemplifiziert. In diesem Sinn ist das Attribut *mit Sokrates identisch sein* ein Wesensattribut und nicht nur ein wesentliches Attribut des Sokrates, da es von ihm exemplifiziert werden muß und von niemand anderem exemplifiziert werden kann.[4]

Die Wesensattribute konstituieren die *Individualität* eines Gegenstands. Denn mit Schleiermacher ist zu betonen, daß das Individuelle als Besonderes eines Allgemeinen nicht zureichend bestimmt ist. Ein Gegenstand käme damit allenfalls als Exemplar einer bestimmten Art, nicht jedoch in seiner Individualität in den Blick. Diese besteht für Sokrates nicht in der Exemplifizierung von Eigenschaften und Relationen, die auch von anderen exemplifiziert werden können, sondern im Besitz der allein ihm zukommenden Wesensattribute, die sich in dem Attribut zusammenfassen lassen: *die faktische Geschichte des Sokrates leben*. Nun sind der Geschichtsbegriff ebenso wie der Lebensbegriff im Handlungsbegriff fundiert. Individualität kann daher im strengen Sinn nur Gegenständen zugesprochen werden, die zu handeln vermögen, also *Personen*. Denn Individualität ist »reine Tat*handlung (actus purus)*, ohne daß die von ihr gegründete Tat*sache* in einer vollständigen Gleichung mit dem Akt zusammenfiele«.[5] Entsprechend ist die Individualität einer Person nur über die Narration ihrer Geschichte näherungsweise zu fassen, nicht aber durch den Versuch, sie durchgängig be-

3 Vgl. M. J. Loux, *Substance and Attribute. A Study in Ontology*, Dordrecht 1978, S. 163.

4 Damit ergibt sich allerdings – daran sei hier nur erinnert – das Problem, wie sich die Exemplifizierung dieses Wesensattributs von der Exemplifizierung des Wesensattributs *mit Plato identisch sein* unterscheidet. Ohne Zirkularität scheint sich darauf keine Antwort geben zu lassen. Vgl. Loux, (Anm. 3), S. 177f. Leibniz wurde durch eben diese Aporie zum Rekurs auf Gott genötigt.

5 M. Frank, *Das Sagbare und das Unsagbare. Studien zur neuesten französischen Hermeneutik und Texttheorie*, Frankfurt 1980, S. 197.

grifflich zu bestimmen. Und da sich die Geschichte einer Person nicht erzählen läßt, ohne deren eigenes Selbstverständnis und damit ihre autobiographische Innenperspektive mit der biographischen Außenperspektive des Betrachters zu verbinden, um sich so in dialektischem Prozeß ihrer Individualität anzunähern, ist jede materiale Thematisierung von Individualität auf die Selbstexplikation der Person angewiesen und dementsprechend nur möglich, wo es (sprachliche) Kommunikation gibt.

4. *Wesen, Individuum, Sein* Aus der Einführung des Wesensbegriffs relativ zu einem Gegenstand und dessen Bestimmung relativ zu einem Sachverhalt folgt, daß es keine Gegenstandsart gibt, die nicht exemplifiziert bzw. realisiert ist. Es gibt keine Gegenstandsart *Mensch* unabhängig davon, daß es Menschen gibt, obgleich es – und hier wird die ontologische Fundamentaldifferenz wieder relevant – die verschiedensten Konstrukte von Gegenstandsarten gibt, die durch keinen Gegenstand exemplifiziert werden. Jede Gegenstandsart hat darüber hinaus einen generischen Kern. Alle Konstrukte von Gegenstandsarten lassen sich daher im Horizont der von ihnen repräsentierten Perspektive dem Konstrukt eines Gegenstandsgenus zuordnen, also Stereotype vom *Menschen* etwa denen des *Lebewesens*. Und wie nichts Mensch ist, ohne ein bestimmter Mensch, etwa Sokrates, zu sein, so kann nichts Lebewesen sein, ohne Mensch, Tier, . . . zu sein.[6]

Als Gegenstand einer bestimmten Gegenstandsart, etwa als Mensch, ist ein Gegenstand *ein Wesen*. Jeder Gegenstand ist ein Wesen, weil er ein Wesen hat, da jeder Gegenstand eine Gegenstandsart exemplifiziert. Er exemplifiziert und *individuiert* sie eben dadurch, daß er existiert, denn *omne individuum sua existentia individuatur*. Da aber keineswegs jedes Gegenstandskonstrukt als Moment einer wirklichen oder möglichen Proposition auch Moment eines wirklichen oder möglichen Sachverhalts ist und damit existiert, verdient Individuum nur derjenige Gegenstand genannt zu werden, der existiert. (Pegasus ist kein Individuum, wohl aber meine Vorstellung (mein Konstrukt) von Pegasus). Schließlich: Existiert ein Wesen, kann auch von seinem *Sein* gesprochen werden, also etwa dem *Menschsein* des Sokrates. Die Rede vom Sein ist daher immer eine Kurzformel für die Existenz eines bestimmten Gegenstands einer bestimmten Gegenstandsart *und Gegenständlichkeit*.

§ 18 Gegenständlichkeit

Die zuletzt genannte Kategorie der *Gegenständlichkeit* verdient genauer betrachtet zu werden. Die Gegenständlichkeit eines Gegenstandes unterscheidet sich von dessen Gegenstandsart wie seine Identifizierbarkeit von seiner Identität. Sie ist damit ein paradigmatischer Fall für die im Medium

6 Vgl. Aristoteles, *Metaphysik* Z 14, 1039 a 24 – 1039 b 19; I 8, 1058 a 1–8.

des Begriffs und damit *de dicto* zu vollziehende ontologische Fundamentaldifferenz zwischen *de dicto* und *de re*. Das ist zu erläutern.

Jeder von uns thematisierbare reale Gegenstand ist durch eine doppelte Relativität ausgezeichnet. Einerseits ist er Gegenstand nur als vergegenständlichtes Moment der für ihn gültigen wirklichen und möglichen Sachverhalte. Andererseits kommt er als ein solches Moment nur im Horizont des Bezugssystems in den Blick, von dem her diese Sachverhalte propositional thematisiert und nach Gegenstands- und Relationsmomenten hin strukturiert sind. Kein Gegenstand ist daher ohne eine Gegenständlichkeit, in deren Horizont er *als Gegenstand* in den Blick kommt und als *ganz bestimmter* Gegenstand identifiziert und charakterisiert werden kann. Denn wie es zum Begriff eines *realen* Gegenstands gehört, daß er Identitätsmerkmale besitzt, durch die er von allen anderen Gegenständen eindeutig unterschieden ist, so gehört es zum Begriff eines realen *Gegenstands*, daß es Identifikationskriterien gibt, die ihn von anderen Gegenständen unmißverständlich zu unterscheiden erlauben. Beides ist zwar nicht im Fall idealer, wohl aber realer Gegenstände durchaus zu unterscheiden. Denn aufgrund welcher Kriterien ein Gegenstand identifiziert werden kann, entscheidet sich von dem Bezugssystem her, in dessen Horizont die für ihn gültigen Sachverhalte propositional thematisiert werden und er selbst als Gegenstandsmoment isoliert und modellhaft rekonstruiert wird. Worin aber seine Identität besteht, ist damit noch keineswegs entschieden, sondern bleibt durch den hypothetischen Entwurf eines Stereotyps seiner Gegenstandsart zu entdecken. Die Gegenständlichkeit eines Gegenstands liefert uns so zwar die Kriterien seiner Vergegenständlichung, nicht aber den Schlüssel zu seiner Gegenstandsart.

So fungiert – um ein Beispiel zu nennen – a in dem Sachverhalt ›a ist F‹ gerade insofern als Gegenstand, als mit dem Ausdruck ›a‹ identifizierend auf ihn Bezug genommen wird. Um ›a‹ in dieser Weise designatorisch verwenden zu können, muß sein Sachbezug festgelegt sein. Diese *Festlegung der Referenz von ›a‹* ist, wie S. Kripke gezeigt hat[1], sowohl von der definitorischen Angabe eines Synonyms für ›a‹ als auch von dem aposteriorisch erworbenen Wissen um a streng zu unterscheiden. Denn zum einen brauchen wir nicht zu wissen, um einen Gegenstand welcher Art es sich bei a handelt oder wie auf a sonst noch Bezug genommen werden kann, um identifizierend auf a Bezug nehmen zu können. Andererseits genügt ein Wissen um die Gegenstandsart von a und der Besitz einer deskriptiv spezifizierenden Beschreibung nicht, um a tatsächlich auch identifizieren zu können. Denn mit ›a‹ soll ja nicht auf irgendeinen (und sei es auch nur einen einzigen) Gegenstand Bezug genommen werden, der einer Liste deskriptiv spezifizierter Merkmale genügt, sondern gerade auf *dieses* a im Unterschied zu allen anderen Gegenständen möglicher Bezugnahme. Wir benötigen also Identifi-

1 S. A. Kripke, Naming and Necessity, in: *Semantics of Natural Language*, hg. v. D. Davidson/G. Harman, Dordrecht 1972, S. 253–355.763–769.

kationskriterien für *diesen ganz bestimmten* Gegenstand. Diese müssen derart sein, daß mit der Festlegung der semantischen Referenz von ›a‹ der mit ›a‹ intendierte Referent a eindeutig identifiziert ist. Das aber leistet weder eine Kennzeichnung von a noch die stereotypische Spezifikation der die Identität von a konstituierenden Gegenstandsart. Die würde nur angeben, *was* a – unserer Auffassung nach – notwendig sein muß, um der Gegenstand zu sein, der er ist. Es stünde aber weder fest, ob unser Stereotyp die Gegenstandsart von a auch wahrhaft wiedergib, noch wäre damit gesagt, *wer* dieses a ist und *von welchem* Gegenstand genau das gilt, daß es unmöglich ist, daß er existiert und die spezifizierte Gegenstandsart nicht exemplifiziert. Um die Referenz von ›a‹ so festzulegen, daß der damit intendierte Referent a eindeutig identifiziert ist, muß nicht über a geredet werden, sondern a sprachlich oder nichtsprachlich *indiziert* werden. Eben diese Indizierung ist nur möglich unter Rekurs auf die spezifische Gegenständlichkeit von a. Durch seine Gegenständlichkeit ist a so ausgezeichnet, daß er in ihrem Horizont und in ihrer Perspektive nicht nur als *Gegenstand* von den Relationen, die er exemplifiziert, unterschieden ist, sondern auch als *dieser* Gegenstand unverwechselbar von allen anderen Gegenständen derselben und anderer Gegenstandsart unterschieden werden kann. Die Gegenständlichkeit eines Gegenstands ist somit nicht anderes als dessen *Identifikationssystem*.

Als solche ist sie nicht wie die Gegenstandsart eines Gegenstands eine zu rekonstruierende Dimension der Wirklichkeit, sondern intrinsisches Moment unserer Wirklichkeitserfassung: sie ist unser *Prinzip der Vergegenständlichung* und damit Prinzip unserer propositionalen Strukturierung der Wirklichkeit. Nur aufgrund der Gegenständlichkeit von Gegenständen sind uns überhaupt Gegenstände gegeben, aus eben demselben Grund sind sie uns aber auch immer schon und ausschließlich im Horizont möglicher Propositionen über sie gegeben. Denn mit der Gegenständlichkeit von Gegenständen wird nicht nur festgelegt, nach welchen Kriterien wir Gegenstände identifizierend konstituieren, sondern zugleich auch der Horizont möglicher (begrifflicher) Modelle und Rekonstruktionen der so konstituierten Gegenstände und ihrer unter dieser Perspektive in den Blick kommenden Sachverhalte markiert. Diese Modelle und Rekonstruktionen können mehr oder weniger adäquat sein, und zwar nicht nur im Horizont ein und derselben Gegenständlichkeit, sondern auch im Vergleich verschiedener Gegenständlichkeiten derselben Gegenstände. Denn daß es Gegenstände nicht ohne das sie als solche konstituierende *principium identificationis* einer Gegenständlichkeit gibt, heißt weder, daß es nur ein solches Prinzip für sie geben könnte, noch, daß ihre Thematisierung und Konzeptualisierung im Horizont des einen nicht adäquater und damit wahrer sein könnte als im Horizont eines anderen.[2] Der Streit um die rechte Konzeption der

2 Es ist daher durchaus angebracht und notwendig, von einer *Steigerungsfähigkeit der Wahrheit* zu sprechen.

Wirklichkeit ist daher in entscheidender Hinsicht immer auch ein Streit um die adäquateste Gegenständlichkeit und damit das zutreffendste System zur identifizierenden Konstitution und begrifflichen Rekonstruktion realer Gegenstände.

§ 19 Identifikationssystem

Als Identifikationssystem ist jede Gegenständlichkeit wesentlich in doppelter Hinsicht ausgezeichnet. Zum einen ist sie das Bezugssystem, relativ zu dem ein Gegenstand als *Gegenstand* thematisch ist und als *dieser* Gegenstand identifiziert werden kann. Sie legt damit nicht nur fest, was überhaupt als Gegenstand in den Blick kommen kann, sondern spezifiziert eben damit auch die Art und Weise, wie sich Gegenstände in ihrem Horizont eindeutig voneinander unterscheiden lassen. Nur aufgrund dieser Außendifferenz gegenüber anderen Arten der Gegenständlichkeit und Innendifferenzierbarkeit zwischen verschiedenen Gegenständen ihrer Gegenständlichkeit vermag sie als Identifikationssystem zu fungieren. Erst ein in diesem Sinn (wie unvollkommen auch immer) gegenständlich identifizierter Gegenstand ist – ohne daß man wissen müßte, was für ein Gegenstand er ist – als ein ganz bestimmter Gegenstand indiziert, der sich dann auch daraufhin befragen und untersuchen läßt, von welcher Gegenstandsart er ist, d. h. worin sein Wesen und damit seine Identität besteht. Ohne daß dies geklärt ist, läßt er sich nicht als derselbe reidentifizieren. Aber dies läßt sich nicht klären, ohne ihn zunächst einmal zu identifizieren. Identifikation ist daher notwendige Voraussetzung von Reidentifikation. Nur wer weiß, wer oder was mit ›a‹ gemeint ist, kann sagen, verstehen und entscheiden, ob in der Differenz unterschiedlicher referentieller Akte mit ›a‹ auf dasselbe a Bezug genommen wird oder nicht.

Zum anderen aber ist jede Gegenständlichkeit eines Gegenstands das Bezugssystem, relativ zu dem dieser als ganz bestimmter Gegenstand *identifiziert werden kann*. Von identifizieren zu reden ist jedoch nur sinnvoll, wenn und insofern es jemand gibt oder geben kann, der diese Identifikation vornimmt. Denn Identifikation ist wesentlich ein epistemischer Vorgang, durch den die Aufmerksamkeit der Gesprächsteilnehmer auf einen bestimmten Gegenstand bzw. etwas Bestimmtes als Gegenstand gelenkt wird. Es genügt also nicht, daß ein Gegenstand eindeutig individuiert und damit per se von allen anderen Gegenständen unterschieden ist, die wie er in Sachverhalten derselben Systemebene als Gegenstände fungieren (können). Er muß durch diesen Systembezug vielmehr zugleich quoad nos in einem eindeutigen Bezug zu dem stehen, der ihn identifiziert bzw. für den er identifiziert wird. Dies ist nicht der Fall, wenn jener den Gegenstand nur deskriptiv spezifiziert und so gegen andere Gegenstände derselben und anderer Gegenstandsart abgrenzt. Der Identifizierende muß vielmehr sich selbst konstitutiv ins Spiel bringen und in ein konkretes (potentielles oder reales) Verhältnis zu dem zu identifizierenden Gegenstand setzen, indem er ihn so kennzeichnet oder indiziert, daß dieser aufgrund eines eindeutigen Bezugs zu ihm unmißverständlich als Sachbezug seiner Rede festgelegt ist. Das ist bei der deiktischen Festlegung der Referenz eines Designators immer schon situativ gewährleistet und muß bei situationsunabhängiger Rede ausdrücklich durch Indexwörter, lokalisierende Beschreibungen oder Daten und damit durch Bezugnahme auf Identifikationssysteme verschiedenen Abstraktionsniveaus gewährleistet werden. Das aber bedeutet, daß notwendige Bedingung der Identifizierbarkeit eines Gegenstands ist, daß es mindestens einen gemeinsamen (relationalen) Sachverhalt für den zu identifizierenden Gegenstand und das identifizierende Subjekt gibt, daß also letzteres selbst in einem (möglichen oder wirklichen) Strukturzusammenhang mit dem zur Diskussion stehenden Gegenstand steht oder stehen kann. Daraus folgt, daß es ein Identifikationssystem geben muß, das *sowohl* für das zu Identifizierende *als auch* für den Identifizierenden Geltung besitzt. Denn Identifikationssystem eines Gegenstands ist es überhaupt nur insofern, als jemand in seinem Horizont diesen Gegenstand für sich und für andere zu identifizieren vermag. Gerade das aber kann er immer nur, sofern er sich selbst in diesem System identifizieren läßt. Das heißt nicht, daß jeder Gegenstand nur ein Identifikationssystem haben oder von nur einer Gegenständlichkeit sein könnte. Es heißt aber sehr wohl, daß er ohne mindestens eine mit dem Identifizierenden gemeinsame Gegenständlichkeit als Gegenstand nicht thematisierbar wäre, da jedes Identifikationssystem einen intrinsischen Bezug sowohl zu der Instanz hat, um deren Identifikation es geht, als auch zu der Instanz, die diese Identifikation vornimmt bzw. vornehmen können soll. Aufgrund seiner Gegenständlichkeit ist dann aber jeder Gegenstand schon immer potentiell auf andere Gegenstände derselben Gegenständlichkeit bezogen. Und eben diese intrinsische Relativität unterscheidet die Gegenständlichkeit eines Gegenstands wesentlich von dessen Gegenstandsart.

Mit dieser Unterscheidung wird die ontologische Fundamentaldifferenz gegenüber einer gewichtigen Tradition zur Geltung gebracht, die – aus unterschiedlichen Gründen – gerade nicht zwischen Gegenstandsart und Gegenständlichkeit differenziert, damit auch nicht zwischen Identität und Identifizierbarkeit, principium individuationis und principium identificationis, Merkmal (wesentlichem Attribut) und Kriterium. Ich beschränke mich auf einige kurze Andeutungen.

§ 20 Principium individuationis

Auf die Frage, was *Sokrates* und *Plato* trotz ihrer gemeinsamen menschlichen Gegenstandsart zu zwei unverwechselbaren Individuen macht, sind in der Tradition zwei typologisch verschiedene Antworten gegeben worden, die sich in mannigfachen Variationen durch die Geschichte verfolgen lassen. Die eine versucht das Problem von der Kategorie der Gegenstandsart her zu lösen und konzentriert sich auf die Spezifikation eines *Individuationsprinzips*. Die andere geht das Problem umgekehrt von der Kategorie der Gegenständlichkeit her an und orientiert sich an einem *Identifikationsprinzip*. Beide verfallen immer dann in einen analogen Fehler, wenn sie ihren Ansatz auf Kosten des anderen durchzuführen versuchen.

Porphyrios etwa würde die obige Frage mit dem Verweis auf die Gesamtheit der *Sokrates* und *Plato* jeweils zukommenden Eigentümlichkeiten beantworten.[1] Denn obgleich sie einzelne davon auch gemeinsam exemplifizieren und andere auch von anderen Gegenständen exemplifiziert werden können, gilt dies von der *Gesamtheit* der ihnen zukommenden Eigentümlichkeiten nicht, da diese auch immer solche Prädikate umfaßt, die nur von dem jeweiligen Individuum, also etwa *Sokrates*, ausgesagt werden können.[2] Jedes Individuum muß dann aber sein Individuationsprinzip nicht äußerlich, sondern intrinsisch in sich selbst haben, es ist, wie F. Suárez formulierte, durch sich selbst Individuationsprinzip.[3] Leibniz brachte dies auf die Formel: »omne individuum sua tota Entitate individuatur«.[4] *Plato* und *Sokrates* sind eben deshalb unterschiedliche Individuen, weil sie trotz gemeinsamer wesentlicher Attribute verschiedene Wesensattribute haben. Faßt man daher *all* ihre Attribute in den Blick, sind sie eindeutig unterschieden, denn »il n'y a jamais dans la nature deux Etres, qui soyent parfaitement l'un comme l'autre, et où il ne soit possible de trouver une difference interne, ou fondée sur une denomination intrinseque«[5], wie er es im *principium identitatis indiscernibilium* formulierte. Jedes Individuum ist daher eine prinzipiell von jedem anderen unterschiedene »substance individuelle«, wie auch wir sehen würden, wenn wir wie Gott seine »notion individuelle« und damit zugleich »le fondement et la raison de tous les predicats qui se peuvent dire de luy veritablement« kannten.[6]

Genau die aber wissen wir nicht und können sie als endliche Wesen auch gar nicht wissen. Auch wenn Individuen daher *als solche* (per se) individu-

1 Porphyrios, Isagoge, *Commentaria in Aristotelem Graeca*, Vol. IV, Pars I, Berlin 1887, 7, 21–23: ἄτομα οὖν λέγεται τὰ τοιαῦτα, ὅτι ἐξ ἰδιοτήτων συνέστηκεν ἕκαστον, ὧν τὸ ἄθροισμα οὐκ ἄν ἐπ' ἄλλου ποτὲ τὸ αὐτὸ γένοιτο.

2 AaO., 2, 17f: τῶν γὰρ κατηγορουμένων τὰ μὲν καθ' ἑνὸς λέγεται μόνου, ὡς τὰ ἄτομα οἷον Σωκράτης καὶ τὸ οὗτος καὶ τὸ τοῦτο . . .

3 Suárez konstatiert, »unamquamque entitatem per seipsam esse suae individuationis principium«. *Über die Individualität und das Individuationsprinzip. Fünfte metaphysische Disputation*, hg. v. R. Specht, Hamburg 1976, S. 208 (Disp. met. V, sect. 6, n. 1).

4 G. W. Leibniz, Disputatio metaphysica de principio individui, in: *Die philosophischen Schriften von Gottfried Wilhelm Leibniz*, hg. v. C. J. Gerhardt, Bd. 4, Berlin 1880=Hildesheim 1978, S. 15–26, S. 18 (§ 4).

5 G. W. Leibniz, (Monadologie), aaO., Bd. 6, S. 607–623, S. 608 (§ 9).

6 G. W. Leibniz, (Discours de metaphysique), aaO., Bd. 4,S. 427–463, S. 433 (§ VIII).

iert sein mögen, *für uns* (quoad nos) sind sie als solche nicht identifizierbar. Indem die Gegenstandsart eines Gegenstands auch die zu seiner Identifikation notwendige Funktion seiner Gegenständlichkeit absorbiert, so daß dieser durch deren Exemplifikation sich selbst individuiert, treten *Individuation* und *Identifizierbarkeit* faktisch so auseinander, daß Gegenstände als individuelle Substanzen zu ontologisch eigenständigen Entitäten (Monaden) werden, die sich nur noch sub specie dei als solche identifizieren lassen: Die Nichtunterscheidung von Individuation und Identifizierbarkeit resultiert in der für alle praktischen Belange unüberwindlichen *Nichtidentifizierbarkeit dieser Individuen*.

Eine Konsequenz dieses Sachverhalts ist unter anderem, daß damit das Sein und die Erkennbarkeit von Gegenständen so auseinandertreten, daß metaphysischer Spekulation über angebliche Gegenstände keine Grenzen gesetzt sind. Eben dagegen wendet sich Kants kritische Insistenz, daß wir es beim Erkennen nur mit Phänomenen, mit Gegenständen-für-uns zu tun haben können. Nicht ihre Individuation, sondern ihre Identifizierbarkeit ist deshalb das, was eigentlich interessiert. Denn Individuation garantiert keine Identifizierbarkeit, nur identifizierbare Gegenstände aber sind Gegenstände möglicher Erfahrung und damit möglicher Erkenntnis. Die Reduktion der Identifizierbarkeitsproblematik auf die Individuationsproblematik ist also sachlich unzulässig und unhaltbar. Denn ist es richtig, daß Gegenstände als Gegenstände immer nur relativ zu unserem Bezugssystem vergegenständlichend konstituiert sind, dann genügt es nicht, sie absolut definitorisch individuiert sein zu lassen, sondern sie müssen im Horizont dieses Systems kriteriologisch von uns identifiziert werden können.

§ 21 Principium identificationis

Eben davon geht der zweite Typ von Antwort auf die oben gestellte Frage aus. So bestimmt etwa Marius Victorinus Individuen als das, »quod oculis digitoque monstratur«.[1] *Plato* und *Sokrates* sind gerade deshalb zwei verschiedene Individuen, weil man auf Verschiedenes hinweisen muß, wenn man sie aufweisen will. Solche Individuation durch Deixis (Ostension) ist aber immer schon als solche Identifikation durch und für denjenigen, der die Deixis ausführt. Sie ist Identifizierung durch eindeutige *Lokalisierung*. Solche operationale Lokalisierung leistet neben der eindeutigen Unterscheidung des indizierten Gegenstands von allen anderen Gegenständen in der fraglichen Situation zugleich die unmißverständliche Inbeziehungsetzung des identifizierenden Subjekts und des identifizierten Gegenstands. Vollzieht sie sich doch in einem vom Handlungssubjekt her strukturierten

1 M. Victorinus, *Ars rhetorica* 1, 22, hg. V. C. Halm, *Rhetores Latini Minores*. . ., Leipzig 1863, S. 211, 38ff.

Bezugssystem, wie sich markant an den sprecherrelativen Indexwörtern ›dies‹, ›das‹, ›hier‹, ›dort‹, ›jetzt‹, ›gestern‹, ›morgen‹ usf. zeigt. Eben deshalb kann sie als »individuation by acquaintance« bzw. genauer »perceptual individuation«[2] charakterisiert werden, deren besonderes Kennzeichen es ist, daß sie mit der Identifikation zugleich die Existenz des Identifizierten gewährleistet sein läßt.[3]

Daß dieser verifikatorische Aspekt identifizierender Lokalisierung verloren geht, muß in Kauf genommen werden, wenn man zur Überwindung der Situationsgebundenheit der Zeigehandlung ein System lokalisierender Kriterien als Identifikationsprinzip zu spezifizieren und an die Stelle der Deixis zu setzen sucht. Das wird immer dort notwendig, wo situationsunabhängig und situationstranszendierend von Gegenständen geredet wird, so daß zu ihrer Identifikation nicht auf Deixis rekurriert werden kann. Zur Festlegung der Referenz der Rede wird in solchen Fällen auf eine Vielzahl verschiedener Kriteriensysteme auf unterschiedlichem Abstraktionsniveau zurückgegriffen, indem man den zur Debatte stehenden Gegenstand z. B. durch Angaben geographischer, genealogischer, familiärer, nationaler, räumlicher, zeitlicher usf. Art zu identifizieren sucht. Sieben solche Kriterien stellt beispielsweise der scholastische Merkvers zusammen:

> Forma, figura, locus, tempus, cum nomine sanguis,
> Patria: sunt septem, quae non habet unus et alter.[4]

Wie ungleichgewichtig und auf welch verschiedenem Abstraktionsniveau diese Kriterien angesiedelt sind, springt freilich sofort ins Auge, wenn man sie unter dem Gesichtspunkt betrachtet, welche von ihnen nicht nur Gegenstände in manchen oder vielen Fällen eindeutig voneinander zu unterscheiden erlauben, sondern zugleich auch den in der Deixis faktisch immer schon situativ mitgesetzten Bezug von zu identifizierendem Gegenstand und identifizierendem Subjekt am allgemeinsten und durchgängigsten gewährleisten. Daß dies *locus* und *tempus* sind, liegt auf der Hand. Sie haben sich in der Folgezeit auch als die wichtigsten, weil abstraktesten und damit am allgemeinsten verwendbaren lokalisierenden Kriterien durchgesetzt. Denn auch deiktisch identifizierbare Gegenstände lassen sich durch Bezugnahme auf ihre räumliche und/oder zeitliche Position situationsunabhängig lokalisieren, indem die sprecherbezogenen Indexwörter und nichtsprachlichen Operationen der deiktischen Identifikationssituation sprachlich durch Orts- und Zeitdaten ersetzt werden.

2 J. Hintikka, Knowledge by Acquaintance – Individuation by Acquaintance, in: *Bertrand Russell. A Collection of Critical Essays*, hg. v. D. F. Pears, New York 1972, S. 52–79, S. 63f. Vgl. ders., On the Logic of Perception, in: ders., *Models for Modalities*, Dordrecht 1969, S. 151–183.

3 Dalferth, (§ 2 Anm. 2), S. 583ff.

4 Johannes A S. Thoma, *Ars Logica seu de Forma et Materia Ratiocinandi*, II, q. 9, a. 1, hg. v. B. Reiser, Turin ²1948, S. 425.

Dieses vertraute Verfahren setzt nun allerdings ein ganz bestimmtes Verständnis von Raum und Zeit voraus. Denn zur Identifizierung eines Gegenstands taugen Orts- und Zeitangaben nur dann, wenn sie nicht als absolute Eigenschaften dieses Gegenstands selbst vestanden werden. Sie müssen vielmehr relative Kriterien sein, die den Gegenstand nicht als solchen charakterisieren, sondern bezüglich eines Systems lokalisieren, in dem sich das identifizierende Subjekt orientieren kann, und das heißt immer: in dem es sich selbst eindeutig zu lokalisieren vermag. Erst durch diesen Bezug auf ein raumzeitliches System sind Orts- und Zeitangaben mögliche Kandidaten identifizierender Kriterien. Diese Funktion aber üben sie nicht nur vage und potentiell, sondern präzis und umfassend erst als Orts- und Zeit*daten* aus. Doch von Orts- und Zeitdaten zu reden ist nur möglich, wenn Raum und Zeit nach irgendeiner (konventionellen) Regel *meßbar quantifiziert* sind. Erst gemessener Raum und gemessene Zeit erlauben es, einen Gegenstand zu datieren und damit relativ zu dem nach diesem Maß quantifizierten Raum-Zeit-System eindeutig zu lokalisieren. Aber auch hier gilt, daß diese lokalisierende Askription von Orts- und Zeitdaten nur dadurch *identifizierende* Kraft erhält, daß sie den Gegenstand in einem raumzeitlichen Bezugssystem lokalisiert, in dem sich auch der Identifizierende selbst orten können muß.

Es genügt also nicht, anstelle eines absoluten Raum-Zeit-Ortes einem Gegenstand einen Bezug auf ein Raum-Zeit-System zuzuschreiben, selbst wenn dieses meßbar quantifiziert ist. Dadurch allein ist ein Gegenstand noch nicht identifiziert. Außerdem kann man dieses System selbst und damit auch den Bezug auf ihn ganz unterschiedlich begreifen. So wurde es von I. Newton und S. Clarke als ein unendliches, von einem Punkt absoluter Ruhe aus konzipiertes System begriffen, in dem sich alle Gegenstände irgendwo orten lassen, auch wenn nicht überall Gegenstände geortet werden müssen. Was immer es gibt, muß sich dann aber in diesem System und damit in Raum und Zeit lokalisieren lassen: Raum und Zeit sind die Grenzen alles Existierenden, die auch dann bestünden, wenn nichts in ihren Grenzen existierte. Schon J. Locke hatte in diesem Sinn behauptet, daß eigentlich nur raumzeitlich lokalisierbare Gegenstände existieren, da das principium individuationis »so much inquired after« nichts anderes sei als »existence itself . . . which determines a being of any sort to a particular time and place, incommunicable to two beings of the same kind«.[5] Gegenüber diesem absoluten Konzept hob G. W. Leibniz auf die intrinsische Relativität dieses Bezugssystems ab und bestimmte Raum und Zeit als die Ordnungen des möglichen Beieinander und Nacheinander.[6] Raum und Zeit werden nicht als quantifizierte, absolute Koordinaten aller Gegenstände begriffen,

5 J. Locke, *An Essay Concerning Human Understanding* (1690), hg. v. A. C. Fraser, London 1894 = New York 1959, II, 27, § 4 (S. 441f).

6 G. W. Leibniz, Streitschriften zwischen Leibniz und Clarke (1715–1716), aaO., (§ 20 Anm. 4), Bd. 7, S. 345–440, S. 363 (§ 4).

sondern als der spezifische Ordnungszusammenhang von Gegenständen, durch den diese immer schon auf alle anderen (möglichen) Gegenstände in diesem System bezogen sind. Diese scheinbare Alternative von absolutem Bezugssystem und intrinsisch relativem Ordnungssystem wird von D. Hume[7], vor allem aber von I. Kant so überwunden, daß sie die Relativität von Raum und Zeit radikalisieren, indem sie das ganze System von Raum und Zeit auf das erkennende und identifizierende Subjekt hin relativieren und damit faktisch anthropologisch zentrieren: Wir lokalisieren Gegenstände in Raum und Zeit, weil diese das für uns unhintergehbare System semiotischer Identifikation und synthetischer Konstitution von Gegenständen sind. Mit dieser Zentrierung des Identifikationssystems von Raum und Zeit ist allerdings seine Partikularisierung und Relativierung auf das einzelne Subjekt tendenziell mitgesetzt. Bei A. Einstein führt dies, wenn auch eher im Gegenzug zu dieser subjektivistischen Tendenz zur Ersetzung des einen Bezugssystems durch das Verhältnis zweier Bezugssysteme, die jeweils für den zu identifizierenden Gegenstand und das identifizierende Subjekt gelten. Diese lassen sich nach Maßgabe der Signalgeschwindigkeit nur relativ in ihrem Verhältnis zueinander, nicht aber bezüglich eines absoluten Raum-Zeit-Systems oder eines absoluten Raum-Zeit-Punktes bestimmen. Statt mit dem einen System von Raum und Zeit, in dem sich alle Gegenstände eindeutig lokalisieren lassen, hat man daher nunmehr mit relativistisch bezogenen raumzeitlichen Bezugs*systemen* zu rechnen, wenn es um die raumzeitliche Identifizierung von Gegenständen geht. Und identifiziert ist ein Gegenstand nicht schon dann, wenn er in seinem Bezugssystem lokalisiert ist, sondern erst dann, wenn er samt seinem System in ein (meßbares) Verhältnis zum raumzeitlichen Bezugssystem dessen gesetzt ist, der ihn zu identifizieren sucht. In diesem Sinn ist ein Gegenstand ein *raumzeitlicher Gegenstand*, wenn er in einem für ihn gültigen System raumzeitlicher Verhältnisse zu anderen Gegenständen durch Orts- und/oder Zeitdaten so lokalisierbar ist, daß er in einem meßbaren räumlichen und/oder zeitlichen Verhältnis zu dem Ort bzw. der Zeit dessen steht, der ihn im Horizont seines Raum-Zeit-Systems zu identifizieren sucht.

§ 22 Kritik

Diese grobe Skizze genügt als Folie zur Präzisierung der uns beschäftigenden Frage nach der Berechtigung der Unterscheidung von Gegenstandsart und Gegenständlichkeit eines Gegenstands. Denn offensichtlich besteht

7 D. Hume, *A Treatise of Human Nature*, hg. v. L. A. Selby-Bigge, Oxford 1888 = 1973, Book I, Part IV, Sect. 2 (S. 201): »... the principle of individuation is nothing but the *invariableness* and *uninterruptedness* of any object, thro' a suppos'd variation of time, by which the mind can trace it in the different periods of its existence, without any break of the view, and without being oblig'd to form the idea of multiplicity or number«.

das Problem dieses Antworttyps auf die in § 20 gestellte Frage darin, daß die Frage, wie ein Gegenstand von anderen eindeutig unterschieden werden kann, die Frage, was ein Gegenstand ist bzw. um einen Gegenstand welcher Art es sich handelt, zu verdrängen droht. Im Überwiegen des Interesses an der Identifizierbarkeit eines Gegenstands tendiert man dazu, die Gegenständlichkeit eines Gegenstands dessen Gegenstandsart ersetzen zu lassen. Gegenstände werden auf das reduziert, wodurch sie sich identifizieren lassen, ihr Wesen mit den Grundbedingungen ihrer Identifizierbarkeit verwechselt. Die Frage, was einen Gegenstand *als Gegenstand* auszeichnet, wird so mit der ganz anderen Frage vermengt, *was* in einem gegebenen Fall als Gegenstand in diesem Sinn thematisiert wird. Beispielhaft deutlich wird das bei Descartes. In polemischer Wendung gegen die aristotelische Tradition[1] wird z. B. das ›Wesen‹ körperlicher Substanzen einheitlich als deren »Ausdehnung in die Länge, Breite und Tiefe«[2] bestimmt. Es ist die Extension eines Gegenstands, die man auf jeden Fall festhalten muß, wenn man von allen ihm zukommenden Atrributen abstrahiert, um überhaupt noch etwas und nicht vielmehr nichts übrig zu haben. Aufgrund seiner Extension erweist sich ein Gegenstand als Körper, läßt er sich als Körper bestimmen und von anderen Körpern unterscheiden. Indem so die Grundbedingungen räumlicher Identifizierbarkeit und damit die räumliche Gegenständlichkeit eines Körpers zu seinem Wesen erklärt werden, eröffnet sich die Möglichkeit, alle Körper ganz einheitlich zu behandeln, insofern sie sich auf geometrische Verhältnisse reduzieren und mathematisch traktieren lassen. Man verliert dabei zwar die Mannigfaltigkeit raumzeitlicher Phänomene aus dem Auge, an der Aristoteles gerade besonders gelegen war, gewinnt damit aber eine einheitliche Theorie all dieser verschiedenartigen Körper. Denn ein unter diesem reduzierenden Gesichtspunkt betrachteter Gegenstand kommt relativ zu einem Bezugssystem in den Blick, in dessen Horizont er sich auch ohne inhaltliche Bestimmung seiner Eigenart von anderen Gegenständen (eindeutig) unterscheiden läßt. Und wird die Relativität auf eben dieses Bezugssystem als sein Wesen verstanden, wird jede Frage nach einem ›Wesen‹ im Sinne der definierten Gegenstandsart überflüssig. Von einem Problem der Individuation ist infolgedessen konsequenterweise nicht mehr die Rede.

Nun sagt uns die Identifikation nur, *um welchen* Gegenstand es sich handelt, klärt uns aber nicht darüber auf, *was für* ein Gegenstand er ist. Entsprechend können wir den Kriterien des Identifikationssystems eines Gegenstands nur entnehmen, *wie* Gegenstände dieses Systems zu identifizieren sind, nicht aber, *welche* Gegenstände wir so zu identifizieren vermögen. Wir werden also nur über die identifizierende und erkennende Zugangs-

1 Vgl. P. H. J. Hoenen, Descartes Mechanism, in: *Descartes. A Collection of Critical Essays*, hg. v. W. Doney, London 1968, S. 353–368, S. 360ff.

2 R. Descartes, *Die Prinzipien der Philosophie*, übers. v. A. Buchenau, Hamburg [7]1965, S. 18 (I, 53); S. 32f. (II, 4); vgl. S. 23 (I, 63).

weise aufgeklärt, die wir in diesem Fall einzuschlagen haben, aber nicht darüber, was wir auf diese Weise identifizieren und erkennen können. Eben deshalb läßt sich die Frage nach der Gegenstandsart eines Gegenstands nicht auf die nach seiner Gegenständlichkeit reduzieren. Denn eine Antwort auf die letztere ist keineswegs auch schon eine Antwort auf die erste, wie für den von Descartes thematisierten Bereich gerade die Naturwissenschaften belegen. Damit, daß wir wissen, wie wir einen Gegenstand kriteriologisch identifizieren können, (was wir also als Gegenstand intendieren) wird die Frage erst akut, um einen Gegenstand welcher Art es sich bei ihm denn handelt, was das also ist, was sich an dem und dem Ort und zu der und der Zeit lokalisieren läßt. Denn bloße Identifikation, das gilt schon für die Deixis, provoziert geradezu die Frage: Und was ist das?

Das aber bedeutet, daß jeder Gegenstand hinsichtlich seiner Gegenstandsart und hinsichtlich seiner Gegenständlichkeit befragt werden kann und muß, da diese beiden Fragen nicht identisch sind. Im ersten Fall nötigt die Beachtung der ontologischen Fundamentaldifferenz dabei zur kritischen Differenzierung von Gegenstandsart und Stereotyp (§ 17). Im zweiten Fall hingegen ist sie als die grundsätzlichere Frage zur Geltung zu bringen, welche unserer vergegenständlichend-propositionalen Strukturierungen der Wirklichkeit diese am adäquatesten, und d. h. am wahrsten (und nicht nur für bestimmte Zwecke am brauchbarsten) zu rekonstruieren erlaubt. Diese Frage läßt sich nicht dogmatisch beantworten, da ontologische Reflexion im erläuterten Sinn kein abstraktes Gegenstandsuniversum und keine apriorische Konzeption dessen impliziert, was ontologisch vorausgesetzt werden kann und muß, um die Wirklichkeit adäquat zu rekonstruieren. Das ist vielmehr aposteriorisch durch kritische Sichtung der Präsuppositionen unseres Wissens und Redens herauszufinden. Um diese Sichtung jedoch vornehmen zu können, müssen die Präsuppositionen zunächst einmal erhoben und dann auf ihre ontologische Relevanz hin befragt werden (§ 14). Damit stellen sich ontologischer Reflexion einige spezifische Aufgaben, die genauer zu erläutern sind.

§ 23 Die Relativität ontologischer Reflexion

Ontologische Reflexion steht methodisch grundsätzlich vor einem doppelten Problem. Einerseits hat sie die hermeneutische Aufgabe zu lösen, welche Existenzpräsuppositionen in vorgegebener Rede überhaupt gemacht werden. Andererseits hat sie diakritisch zu prüfen, ob dabei tatsächlich reale Gegenstände oder nur semantische Konstrukte präsupponiert werden. Wir konzentrieren uns zunächst auf die hermeneutische Dimension der ontologischen Problematik.

Mit der Unumgänglichkeit der hermeneutischen Aufgabe ist gesetzt, daß es ontologische Reflexion niemals ohne semiotische Reflexion geben kann, auch wenn sie sich nicht darin erschöpft. Denn man kann die ontologischen Voraussetzungen einer Theorie nicht klären, ohne die Ausdrücke, die zu ihrer sprachlichen Kennzeichnung dienen, sprachkritisch zu explizieren und zu präzisieren. Nur dem, was eine Theorie *sagt*, läßt sich entnehmen, *daß* etwas als Gegenstand fungiert und *was* sie als Gegenstand voraussetzt, auch wenn damit noch keineswegs entschieden ist, daß sie ihn als realen Gegenstand voraussetzt. Doch um ihr das zu entnehmen, genügt es nicht, in dem, was sie sagt, nach Namen oder Kennzeichnungen von Gegenständen Ausschau zu halten. Das Vorkommen solcher Eigennamen ist noch kein Kriterium für die Funktion ihrer Träger als Gegenstände in dieser Theorie und schon gar nicht für ihren Status als reale Gegenstände. Dazu gilt es vielmehr zu zeigen, »daß diese Eigennamen der Gegenstände in der Theorie *als* Eigenname dieser Gegenstände verwandt werden«[1], also tatsächlich etwas als Gegenstand identifizieren, auf dessen Existenz die Theorie angewiesen ist. Das aber läßt sich nicht ohne ein brauchbares *Ontologiekriterium* zeigen und entscheiden (§ 27), auch wenn damit noch keineswegs entschieden ist, ob diese Theorie von realen oder idealen Gegenständen handelt.

Mit der hermeneutischen Notwendigkeit dieses sprachkritischen Zugangs hängt die wesentliche *Relativität* aller ontologischen Reflexion zusammen. Daß etwas und was in einer Theorie als Gegenstand fungiert, können wir nicht nur immer nur relativ zu dem, was diese Theorie selbst sagt, bestimmen. Wir können auch das, was sie sagt, nicht absolut, sondern immer nur in einem relativen Sinn verstehen und daher auch nur relativ klären, worüber die Theorie spricht und die Existenz welcher Gegenstände sie voraussetzt. Denn um eine Theorie zu verstehen, haben wir sie auf ein Koordinatensystem, eine *Bezugstheorie* hin zu relativieren, von der her wir sie interpretieren, indem wir sie zum einen in einer bestimmten Form logisch rekonstruieren (also entscheiden, was in ihr als Gegenstand usf. fungiert) und zum anderen semantisch interpretieren (also festlegen, was das ist, was in ihr als Gegenstand usf. fungiert). Diese im Interpretationsvorgang enthaltene doppelte Relativierung[2] heißt aber de facto nichts anderes, als daß wir immer »schon unsere ontologische Sehweise«[3] in die vorgegebene Theorie (Objekttheorie) hineinlesen. Wir erheben die ontologischen Voraussetzungen der Theorie, um die wir uns hermeneutisch bemühen, »*relativ* zu unseren eigenen Worten und relativ zu unserer heimischen Gesamttheorie, die hinter ihnen steht. Dadurch werden jedoch die Gegenstände der beschriebenen Theorie nur relativ zu denen der heimischen Theorie festgelegt; und diese können nach Belieben wieder in Frage gestellt werden«.[4]

1 W. V. O. Quine, Existenz und Quantifikation, in: ders., (§ 12 Anm. 1), S. 127–156, S. 130
2 Quine, Ontologische Relativität, in: ders., (§ 12 Anm. 1), S. 41–96, S. 77f.
3 Quine, (§ 12 Anm. 1), S. 10.
4 Quine, (§ 23 Anm. 2), S. 74.

Klären lassen sich die ontologischen Voraussetzungen einer Theorie also nur, indem man sie sprachkritisch in eine Bezugs- oder Rahmentheorie mit einer – für diesen Zweck – »vorgängig angeeigneten und letztlich unerforschlichen Ontologie«[5] *übersetzt*. Diese kann zwar selbst auch wieder in Frage gestellt werden, jedoch gleichfalls nicht absolut, sondern entsprechend relativ zu einer anderen Rahmentheorie. Ontologische Reflexion gibt es dementsprechend nicht ohne *sprachliche Übersetzung* und damit immer nur in der *unaufhebbaren Relativität* zweier im Verhältnis zueinander als Objekttheorie und Rahmentheorie bestimmter Systeme.

Die hermeneutische Rekonstruktion der ontologischen Voraussetzung einer vorgegebenen Theorie geschieht daher immer unter zwei grundsätzlichen und kritisch in Rechnung zu stellenden Bedingungen. Zum einen findet sie im Horizont einer *doppelten Relativierung* statt, nämlich der »Relativität zur gewählten Rahmentheorie« und der »Relativität zum gewählten Verfahren zur Übersetzung der Objekttheorie in die Rahmentheorie«.[6] Zum anderen geschieht sie im Horizont eines potentiellen *Regresses ontologischer Reflexion*, insofern die Ontologie der Rahmentheorie immer wieder selbst in Frage gestellt werden kann. Ein solcher Regress wird nur dann vermeidbar, wenn wir die *Objekttheorie selbst als Rahmentheorie verwenden*. Das aber ist nur dann möglich, wenn wir diese Theorie und damit ihren Wahrheitsanspruch selbst – und sei es hypothetisch – akzeptieren und uns ausschließlich um die explikative *Klärung* ihrer ontologischen Voraussetzungen bemühen, ohne methodisch an einer ontologischen Reduktion (§ 25) interessiert zu sein.[7] Da sich aber niemand so beschränken muß, wird sich ein solcher Regress immer nur pragmatisch, niemals dagegen prinzipiell vermeiden lassen. Ontologische Rekonstruktionen haben infolgedessen wesentlich und in mehrfacher Hinsicht *hypothetischen Charakter*, sind auf *Konsensbildung* über die Rahmentheorie und das adäquate Übersetzungsverfahren angewiesen und bleiben grundsätzlich möglicher *Revision* gegenüber offen.

In der in diesem Sinn kritischen und selbstkritischen Rekonstruktion der Existenzvoraussetzungen einer Theorie durch ihre Interpretation oder Reinterpretation in einer anderen besteht die erste Aufgabe ontologischer Reflexion.

§ 24 Ontologischer Strukturzusammenhang

Doch mit der Rekonstruktion des in den Behauptungen einer Theorie faktisch Vorausgesetzten ist die ontologische Problematik noch keineswegs hinreichend beantwortet. Das Resultat solcher Rekonstruktion ist zunächst

5 Ebd.
6 AaO., S. 94.
7 AaO., S. 94f.

nicht mehr als die relativ zur gewählten Rahmentheorie vollzogene Bestimmung der Gegenstände, über die im gegebenen Fall quantifiziert wird und die damit in der Objekttheorie als existierend angenommen werden. Doch ganz abgesehen davon, daß die ontologisch eigentlich entscheidende Differenz zwischen bloßen Konstrukten und realen Gegenständen damit noch gar nicht in den Blick gekommen ist, kann sich die ontologische Rekonstruktion nicht mit der Konstatierung einer Menge von Gegenständen begnügen, auf die eine Theorie, um wahr zu sein, angewiesen ist, die Elemente dieser Menge dann aber als selbständige Entitäten eines vorgegebenen Gegenstandsuniversums behandeln. Sie hat vielmehr daran festzuhalten, daß diese Gegenstände nur relativ konstituiert sind als operational differenzierte und isolierte Momente von Sachverhalten/Propositionen, und muß dementsprechend den mit diesen Gegenständen und ihren Sachverhalten/Propositionen gesetzten *ontologischen Strukturzusammenhang* rekonstruieren.

Unter ›ontologischen Strukturzusammenhang‹ verstehe ich das System von Funktionalitäten und Beziehungen, das zwischen den *als existierend* vorausgesetzten Gegenständen besteht und *durch die diese* im Kontext von Sachverhalten *konstituiert sind.* ›System‹ ist dabei ganz allgemein als ein »Netz von Funktionalitäten zwischen fixierten Elementarpunkten«[1] verstanden, eben den Gegenständen, auf die in (sprachlich) isolierender Form in den Behauptungen der Theorie(n) über diesem System bzw. Teilsystem Bezug genommen werden kann. Diese Möglichkeit sprachlich isolierender Bezugnahme impliziert aber gerade nicht die ontologische Isoliertheit und Selbständigkeit dieser Gegenstände. Denn zum einen bleiben sie trotz ihrer sie isolierenden Identifizierung Momente von Sachverhalten/Propositionen im Horizont eines Systems, die selbst wiederum nur relativ zu einer Theorie über dieses System als Sachverhalte/Propositionen bestimmt sind. Theorien im wissenschaftlichen Sinn lassen sich von daher als symbolische oder sprachliche Systeme und damit als Konstrukte charakterisieren, die eine möglichst adäquate logisch-semantische Repräsentation der Struktur des von ihnen jeweils thematisierten und rekonstruierten Systems bzw. Systembereichs zu geben versuchen. Zum anderen aber impliziert ihre funktionale Konstitution in der doppelten Relativität zu einem System, in dem sie als Gegenstände fungieren, und zu einem System, von dem her sie als Gegenstände identifiziert werden, keineswegs ihre Existenz (nicht alle Gegenstände existieren!).[2] Es ist vielmehr in jedem Fall kritisch zwischen der Gegenstands-Konstitutionsleistung eines Strukturzusammenhangs und der

1 H. Rombach, *Strukturontologie. Eine Phänomenologie der Freiheit*, Freiburg 1971, S. 29.

2 Die Möglichkeit dazu gründet in der metasprachlichen Qualität und der damit gesetzten (potentiellen) Selbstreflexivität der Sprache und entsprechender symbolischer Systeme. Sie vermag, eben weil sie sich auf sich selbst zu beziehen in der Lage ist, nicht nur das zu thematisieren, was es gibt, sondern darüber hinaus auch das, was es geben könnte, ja selbst das, was es niemals zu geben vermag.

Existenz dieser so konstituierten Gegenstände zu unterscheiden.[3] Als fixierte Elementarpunkte sind Gegenstände zwar immer Resultate semiotischer Konstitutionsprozesse, durch welche sie aus funktionalen Momenten einer Struktur zu relativ selbständigen Elementarpunkten eines Systems werden. Eben als solche aber können sie sowohl bloße semantische Konstruktionen als auch mehr oder weniger gelungene Rekonstruktionen vorgegebener Wirklichkeit sein.

Als ›Struktur‹ kann hierbei jedes geordnete Funktionsganze (Einheit, Identität) von Momenten (Differenzen) gelten, als ›Moment‹ jeder durch das Gesamt seiner Mitmomente funktional bestimmte Inbegriff von Funktionen in ein und derselben Struktur.[4] Strukturen als solchermaßen in sich differenzierte und sich ausdifferenzierende Funktionsganzheiten können von beliebiger Komplexität sein und dabei nicht nur Substrukturen eines niedereren Strukturniveaus als Momente in sich integrieren, sondern selbst als solche Sub- und Mikrostrukturen in Makrostrukturen höheren Niveaus integriert sein oder werden. Entsprechend der hierarchischen Ordnung von Strukturen können auch Systeme auf unterschiedlichen Niveauebenen und mit entsprechend verschiedener innerer Differenziertheit und Komplexität angesetzt werden. Eben das nötigt nicht nur zur Annahme von Systemen von Systemen bzw. von Hierarchien von Systemen mit der damit gesetzten Unterscheidung von Systemen und Teil- bzw. Subsystemen, sondern auch zur Differenzierung von System und Umwelt, Innen- und Außenperspektive, und zwar gerade nicht in einem absoluten, sondern immer in einem Niveau-relativen Sinn.

Auch Gegenstände sind dementsprechend immer relativ zu einem bestimmten Niveau als Gegenstände konstituiert und stehen in einem für dieses Niveau gültigen Strukturzusammenhang, von dem her sie zu verstehen sind. Das gilt für ideale Gegenstände nicht weniger als für reale. M. Heidegger hat dies z. B. für das (menschliche) Dasein systematisch aufgezeigt, indem er es ontologisch als *»In-der-Welt-sein«* kennzeichnete und analysierte.[5] Und in einem diese Analyse verallgemeinernden Sinn spricht H. Glockner davon, daß Gegenstand in der Welt zu sein immer bedeute, »Gegen-

3 Das erübrigt sich auch dann nicht, wenn man die Existenzfrage (durchaus richtig) weiter faßt und fragt: »Was existiert?, d. h.: *welche Systeme existieren*?« E. und W. Leinfellner, *Ontologie, Systemtheorie und Semantik*, Berlin/München 1978, S. 214 – meine Hervorhebung. Gerade die Existenz von Sprachsystemen ermöglicht es, auch von nichtexistierenden Gegenständen zu reden. – Eine entsprechende Ausweitung des Ding- bzw. Gegenstandsbegriffs auf das *System* findet sich auch bei M. Bunge, *Treatise on Basic Philosophy*. Vol. 4. *Ontology II: A World of Systems*, Dordrecht/Boston 1979.

4 Rombach, (Anm. 1), S. 28: »Die Momente sind die Darstellungen der Beziehungen, und somit die Beziehungen selbst, sofern diese nicht an sich, sondern im Hinblick auf wieder andere Beziehungen betrachtet werden. Beziehungen beziehen sich auf Beziehungen; in ihrem Schnittpunkt ›erscheint‹ das Moment, das nur die ›Erscheinung‹ anderer Beziehungen für eine Beziehung ist.«

5 M. Heidegger, *Sein und Zeit*, Gesamtausgabe, Bd. 2, 1977, S. 71ff.

stand unter Gegenständen sein, Etwas sein, d. h. etwas Bestimmtes, etwas durch anderes in bestimmter Weise Bestimmtes und seinerseits Bestimmendes. Jeder Gegenstand modifiziert andere«.[6] Das aber bedeutet, daß die Rekonstruktion ontologischer Voraussetzungen ihre Aufgabe verfehlt, wenn sie die von ihr thematisierten Gegenstände nicht in dem für sie gültigen Strukturzusammenhang auf der Systemebene, auf der sie als existierend vorausgesetzt werden, in den Blick faßt. Denn nur wenn das geschieht, läßt sich die diakritische Frage nach dem ontologischen Status dieser Gegenstände als reale oder ideale Gegenstände überhaupt aufwerfen.

Die zweite Aufgabe ontologischer Reflexion besteht dementsprechend darin, die ontologischen Voraussetzungen einer Theorie als Momente der von dieser Theorie *vorausgesetzten Ontologie*, und d. h. als Momente der für ihre wechselseitige Bestimmung und Bestimmtheit konstitutiven Struktur zu rekonstruieren. Erst wenn sie das leistet und damit das System spezifiziert, über dem die Theorie formuliert ist, genügt sie den Anforderungen ontologischer Rekonstruktion.

§ 25 Ontologische Integration

Ontologische Rekonstruktion ohne ergänzende ontologische Integration bleibt freilich Stückwerk. Denn nicht allein die Fragen, welche Bereiche von Gegenständen Theorien voraussetzen und welche aktuellen und virtuellen Relationen zwischen den Gegenständen eines jeden Bereichs bestehen, hat ontologische Reflexion zu beantworten, sondern darüber hinaus auch die Frage nach den Beziehungen, in welchen diese Bereiche und ihre jeweiligen Gegenstände und Relationen zueinander stehen.[1] Dritte und vielleicht entscheidende Aufgabe ontologischer Reflexion ist es daher, die rekonstruierte Pluralität sprachrelativer Ontologien aufeinander zu beziehen und zu prüfen, inwiefern sie sich in einem ontologischen Gesamtentwurf integrieren lassen, der unter kritischer Ausscheidung aller nur idealen Präsuppositionen alle und nur diejenigen Existenzannahmen berücksichtigt, die von Behauptungen mit einem echten Wahrheitsanspruch gemacht werden.

Die Notwendigkeit einer solchen ontologischen Integration ergibt sich daraus, daß sich die semiotischen Selektions- und Konstitutionsprozesse, durch welche Gegenstände als Momente eines Systems relativ fixiert werden, selbst auf verschiedenen Strukturebenen abspielen können und damit

6 H. Glockner, *Gesammelte Schriften. Erster Band. Gegenständlichkeit und Freiheit. I. Fundamentalphilosophie*, Bonn 1963, S. 43.

1 Daß Quine die Frage, wie die Gegenstände des Bezugsbereichs einer Theorie ontologisch zu interpretieren sind, überhaupt nicht thematisiert, wird zu Recht von R. W. Trapp, *Analytische Ontologie. Der Begriff der Existenz in Sprache und Logik*, Frankfurt 1976, S. 105ff kritisiert.

im Resultat zu Gegenständen führen, die sich nicht nur ihrer Art, sondern auch ihrem Strukturniveau nach unterscheiden. Die von Theorien vorausgesetzten Gegenstände können daher aufgrund der für sie konstitutiven, aber jeweils anderen zweifachen Relativität nicht nur von verschiedener Art, sondern auch von unterschiedlichem ontologischem Charakter sein. Das gilt nicht nur für die Grunddifferenz zwischen konstruierten und rekonstruierten, also idealen und realen Gegenständen, sondern ebenso für unterschiedliche Arten realer Gegenstände. Denn was in der einen Theorie als Gegenstand fungiert, muß deshalb in der anderen keineswegs auch als ein solcher auftreten. Dennoch ist nicht ausgeschlossen, daß sich beide Theorien in einer potenteren Theorie integrieren lassen. Sofern es sich bei ihnen um Theorien über Gegenstände unterschiedlichen ontologischen Charakters handelt, wird diese potentere Theorie sich allerdings nicht nur durch einen quantitativ umfangreicheren Gegenstandsbereich von ihnen unterscheiden können. Die Differenz verschieden komplexer Theorien liegt im allgemeinen nicht daran, daß die komplexere Theorie einen umfassenderen Gegenstandsbereich hat.[2] Vielmehr ist die Integration einer Theorie in eine komplexere Theorie in der Regel mit der *ontologischen Reduktion* ihres Gegenstandsbereichs auf den Gegenstandsbereich der anderen verbunden. »Dabei wird durch eine Reinterpretation des ersten Bereichs gezeigt, wie man auf ihn verzichten und allein mit dem zweiten auskommen kann, der vielleicht ein echter Teil des ersten ist.«[3] Nur wenn diese ontologische Reduktion nicht gelingt, werden die Gegenstände der ersten Theorie auch in der anderen wesentlich, und d. h. *als* Gegenstand fungieren. Doch auch wenn sie gelingt, heißt das keineswegs, daß es die eliminierten Gegenstände ›eigentlich‹ nicht gibt. Vielmehr gibt ontologische Reduktion nur Auskunft über die von uns gebrauchten und gewählten Verfahren der Vergegenständlichung von Existierendem, tangiert also nicht dessen Existenz, sondern seine Vergegenständlichung durch uns: es handelt sich bei ontologischer Reduktion immer nur um eine methodische, nicht jedoch um eine ontologische Elimination.

Mit der ontologischen Integration von Ontologien verschiedener Theorien durch ontologische Reduktion oder Inklusion ihrer Gegenstandsbereiche werden Beziehungen zwischen Bereichen konstatiert, die zunächst isoliert nebeneinander standen. Denn es gilt nicht nur für jede Theorie, die über mehr als einen Gegenstand spricht oder die sich in eine weitergreifendere (allein deshalb aber noch keineswegs komplexere) Theorie integrieren läßt, die mindestens einen weiteren, vom Gegenstand der ersten Theorie numerisch oder der Art nach verschiedenen Gegenstand thematisiert, daß diese Gegenstände in einem relational spezifizierbaren Strukturzusammen-

2 Quine, (§ 23 Anm. 2), S. 76.
3 AaO., S. 79. Über die Technik und die Möglichkeiten solcher ontologischer Reduktion informiert Quine auf den folgenden Seiten.

hang stehen. Dasselbe gilt vielmehr auch für Theorien, die Gegenstände ganz unterschiedlichen ontologischen Charakters auf ganz verschiedenem Strukturniveau thematisieren, sofern sich diese in einer gemeinsamen Theorie integrieren lassen. Denn es handelt sich dann zwar um Gegenstände, die ursprünglich Momente nicht nur verschiedener Sachverhalte, sondern von Sachverhalten auf verschiedenen Systemebenen sind, für die sich aber eben deshalb, weil beide Sachverhalte bzw. Mengen von Sachverhalten nunmehr in derselben Theorie thematisch sind, mindestens ein gemeinsamer (relationaler) Sachverhalt formulieren läßt.

Die Bemühung um ontologische Integration ist dann aber alles andere als ein Unternehmen abstrakter Vereinheitlichung. Es ist vielmehr der Versuch, gegenüber der Disparatheit unserer Wirklichkeitserfahrungen den Zusammenhang und die Komplexität der Wirklichkeit dadurch zur Geltung zu bringen, daß man das isolierte Nebeneinander verschiedenster Erfahrungen, Theorien und Ontologien theoretisch zu überwinden versucht. Dies wird aufgrund des Prinzips der Relativität ontologischer Reflexion nie anders geschehen können, als in der steten Bemühung, die echten Wahrheitsansprüche der verschiedensten Bereiche in einer integrativen und möglichst einfachen Strukturontologie systematisch zu rekonstruieren. Aber damit wird weder der Anspruch verbunden sein können, die Wirklichkeit, wie sie ist, theoretisch abzubilden (warum sollte sie so einfach sein, wie wir unsere Theorien methodisch zu konzipieren suchen?), noch der Irrtum verbunden sein dürfen, die ontologische Grundstruktur absolut formuliert zu haben.[4]

Die Suche nach der Grundstruktur, in der sich die Gegenstände und Struktursysteme verschiedener Theorien als Momente integrieren lassen und in dessen Horizont das sie konstituierende und durch sie konstituierte Netz von Funktionalitäten und Beziehungen systematisch rekonstruiert werden kann, ist daher unverzichtbare *Aufgabe*. Über die Frage nach den jeweils vorausgesetzten Ontologien hinaus ist die Frage nach der sie integrierenden *Ontologie* zu stellen, um der ontologischen Problematik gerecht zu werden.

4 Quine hält dies sogar für prinzipiell unmöglich: »Everything to which we concede existence is a posit from the standpoint of a description of the theory-building process, and simultaneously real from the standpoint of the theory that is being built . . . we can never do better than occupy the standpoint of some theory or other, the best we can muster at the time.« Dieser prinzipiellen Relativität vermag sich auch die Wissenschaft nicht zu entziehen. »For . . . we have no reason to suppose that man's surface irritations even unto eternity admit of any one systematization that is scientifically better or simpler than all possible others. . . . Scientific method is the way to truth, but it affords even in principle no unique definition of truth«. *Word and Object*, Cambridge, Mass. ^{8}1973, S. 22f. Vgl. dazu die kritische Diskussion der sich daraus ergebenden Probleme bei R. Trigg, *Reality at Risk: A Defense of Realism in Philosophy and the Sciences*, Brighton 1980, Kap. 3.

§ 26 Die drei Probleme ontologischer Rekonstruktion

Jede der in den §§ 23–25 genannten Aufgaben wirft eine Reihe von Problemen auf. Im Fall der unter dem Stichwort ›ontologische Rekonstruktion‹ zusammengefaßten ersten beiden Aufgaben sind es vor allem drei Fragen, die bedacht werden müssen: (1) Welche (ontologischen) Voraussetzungen werden von einer gegebenen Theorie oder Behauptung gemacht? (2) In welcher Struktur sind sie als Momente integriert bzw. integrierbar? (3) Mit welchen begrifflichen Mitteln lassen sich diese Voraussetzungen und ihr Strukturzusammenhang am angemessensten rekonstruieren?

Um die erste Frage beantworten zu können, ist ein *Ontologiekriterium* nötig, das über die (ontologischen) Voraussetzungen einer gegebenen Behauptung bzw. Gesamtheit von Behauptungen zu entscheiden erlaubt. Die Beantwortung der zweiten Frage erfordert eine *Ontologiehypothese*, welche einen systematischen Funktionszusammenhang für die erhobenen Voraussetzungen vorschlägt, in dem diese sich gegenseitig durch ihre Differenzen und Beziehungen bestimmen und in dessen Horizont sich ihre Differenzen und Beziehungen einsichtig machen lassen. Die dritte Frage schließlich nötigt zu einer *Ontologieentscheidung*, da man sich für die ontologische Rekonstruktion auf ein bestimmtes System begrifflicher Schemata (und in diesem Sinn auf eine bestimmte Ontologie) festzulegen hat, dessen Wahl in der Auseinandersetzung mit anderen möglichen Systemen unter Abwägung aller relevanten Gründe methodisch zu rechtfertigen ist.

§ 27 Ontologiekriterium

Der wichtigste und folgenreichste Vorschlag für ein Ontologiekriterium wurde von W. V. O. Quine unterbreitet und in seiner bekannten Formel »To be is to be the value of a bound variable«[1] schlagwortartig formuliert. Sie besagt, daß man sich bei Behauptungen auf die Existenz genau derjenigen Gegenstände festlegt, die bei der Rekonstruktion dieser Behauptungen in der kanonischen Logiksprache in den Wertbereich der gebundenen Variablen dieser Behauptungen zu rechnen sind, um diese wahr zu machen.

Daß Quines Formel kein diakritisches ontologisches Prinzip an die Hand gibt, wurde schon betont (§ 12). Sie will kein Kriterium sein für das, was es real gibt, sondern zur Aufdeckung dessen anleiten, was die zur Debatte stehenden Behauptungen sagen, daß es gebe, und auf dessen Existenz sich diejenigen festlegen, die diese Behauptungen aufstellen. Es wird also nicht etwa unterstellt, das, was ist, sei von dem abhängig, was gesagt wird, daß es

1 W. V. O. Quine, On What there is, in: ders., *From a Logical Point of View. Logico-Philosophical Essays*, Cambridge, Mass. [2]1964, S. 1–19, S. 15. Vgl. R. A. Eberle, *Nominalistic Systems*, Dordrecht 1970, Kap. 3.

sei, sondern darauf hingewiesen, daß sich jemand in dem, was er sagt – und zwar ganz unabhänig davon, ob er konstruierend oder rekonstruierend redet –, auf die Existenz genau derjenigen Gegenstände festlegt, die zu den Werten der gebundenen Variablen der von ihm behaupteten Sätze zu rechnen sind, damit diese wahr sind. Denn alle und nur die Gegenstände oder Arten von Gegenständen werden von einer Behauptung oder Theorie vorausgesetzt, für die gilt, »daß diese Theorie falsch wäre, wenn dieser Gegenstand nicht existierte oder wenn diese Klasse leer wäre«.[2] Welche der vorausgesetzten Gegenstände dabei wirklich ontologisch relevant sind, weil sie nicht nur Konstruktionen sind, bleibt damit freilich ganz ungeklärt. Denn diesem Kriterium genügt jeder – reale und ideale Gegenstand – a, für den die existenzquantifizierte Identitätsaussage ›(Ex)(x=a)‹ in dieser Theorie wahr ist.

Quines Ontologiekriterium ist somit strenggenommen ein *hermeneutisches Kriterium*. Es bietet ein heuristisches Instrument, durch sprachkritischen Aufweis des Wertbereichs, über dem ein Sprecher in seinen Behauptungen quantifiziert, dessen Existenzvoraussetzungen sprachrelativ zu rekonstruieren. Es stellt aber selbst kein diakritisches Instrument zur Durchführung der ontologischen Fundamentalunterscheidung dar. In diesem kritisch eingeschränkten Sinn kann es aber durchaus zur Rekonstruktion der ontologischen Voraussetzungen des christlichen Wahrheitsanspruchs herangezogen werden.

§ 28 Ontologiehypothese

Quines Kriterium als solches läßt nicht nur die ontologische Grundfrage ungeklärt, sondern entscheidet auch noch keineswegs darüber, in welchem Strukturzusammenhang die erhobenen Voraussetzungen stehen (können) und welche vorausgesetzte Ontologie (§ 24) der Sprecher damit in Anspruch nimmt. Um das festzustellen, sind die Wahrheitsansprüche zu prüfen, die hinsichtlich der als existierend vorausgesetzten Gegenstände gemacht werden. Denn ihnen läßt sich entnehmen, wie diese Gegenstände im Unterschied voneinander und in Bezug aufeinander charakterisiert werden. Dies wiederum kann systematisch nicht ohne eine semantische Theorie geleistet werden, welche den Sinn und Sinnzusammenhang der begrifflichen Schemata, bezüglich derer in diesen Texten quantifiziert wird, zu explizieren erlaubt. Das aber bedeutet nichts anderes, als daß auch den (ein- und mehrstelligen) Prädikatoren, die in diesen Behauptungen zur Formulierung der erhobenen Wahrheitsansprüche verwendet werden, ontologische Relevanz zugesprochen werden muß. Freilich nicht in dem irreführenden Sinn, als müßten neben Einzelgegenständen auch allgemeine Gegen-

2 Quine, (§ 23 Anm. 1), S. 129f.

stände oder Universalien als die Designate dieser Prädikatoren zu den ontologischen Voraussetzungen von Behauptungen gerechnet werden. Dies implizierte den Fehler, die Funktion von Prädikatoren mit der von Designatoren gleichzusetzen und so mißzuverstehen. Wohl aber in dem Sinn, daß sich ihrer spezifischen semantischen Funktion entnehmen läßt, *was* die ontologisch vorausgesetzten Gegenstände sind (bzw. *als was* sie vom Sprecher angesehen werden) und in welchem Sinn es sie *gibt*. Die ontologische Relevanz der Prädikate von Behauptungen besteht nicht in der Einführung oder Annahme einer weiteren Klasse existierender Gegenstände einer prinzipiell anderen Art, sondern in der semantischen Spezifizierung der Beziehungen und Differenzen zwischen den als existierend angenommenen Gegenständen, auf deren Grundlage sich der Strukturzusammenhang hypothetisch rekonstruieren läßt, der diese Gegenstände als Momente funktional integriert.

Für die Rekonstruktion der vorausgesetzten Ontologie des christlichen Wahrheitsanspruchs bedeutet das, daß sie nicht ohne eine semantische Analyse christlicher Glaubensrede geschehen kann. *Die ontologische Reflexion der Theologie ist konstitutiv auf eine Theorie christlicher Rede angewiesen*. Denn ohne hermeneutische Klärung der Sinn-Struktur dieser Rede bleibt dunkel, *wovon* die Rede ist, *was* davon gesagt wird und in welchem Strukturzusammenhang die dort beredeten und als existierend angenommenen Gegenstände hypothetisch loziert und dementsprechend verstanden werden (müssen).

§ 29 Ontologieentscheidung

Weder die Anwendung von Quines Ontologiekriterium noch die hypothetische Konzeption eines ontologischen Strukturzusammenhangs aufgrund des Sinns der verwendeten Prädikatoren ist von einem absoluten Standpunkt aus möglich. Beides geschieht vielmehr notwendig relativ zu einem selbst wiederum relativierbaren theoretischen Horizont (§ 23). Wie dieser auszusehen hat, im Licht welcher ontologischen Annahmen die Ontologie der vorgegebenen Behauptungen zu rekonstruieren bzw. zu kritisieren ist, wird von ihnen her nicht festgelegt. Wir werden durch das Ontologiekriterium und die Ontologiehypothese zwar über die ontologischen Voraussetzungen und die möglicherweise oder wahrscheinlich vorausgesetzte Ontologie unseres Untersuchungsgegenstands aufgeklärt; und diese Aufklärung geschieht immer schon relativ zu der von uns faktisch in Anspruch genommenen Rahmentheorie und relativ zu dem von uns gewählten Verfahren zur Übersetzung der Objekttheorie in diese Rahmentheorie. Es wird uns aber nicht vorgeschrieben, welche Ontologie und welches Übersetzungsverfahren wir bei unserer Rekonstruktionsbemühung vorauszusetzen bzw. anzuwenden *haben*. Insbesondere bleibt offen, ob (und wenn ja, aus welchen Gründen) es sich empfiehlt, den Wertbereich unserer Rekonstruktionen nominalistisch zu fassen und in ihm nur Individuen, aber keine Universalien zuzulassen, oder ihn partikularistisch zu konzipieren und in ihn nur konkrete, aber keine abstrakten Gegenstände aufzunehmen,[1] ob man universalienrealistisch auch über Allgemeinbegriffe quantifizieren sollte oder ob solche Quantifikationen konstruktivistisch zu reduzieren sind usf. Je nach dem, wie die eigene Ontologieentscheidung im Horizont dieser Fragen und der damit thematischen Alternative von platonistischen, konstruktivistischen oder nominalistischen Ontologien ausfällt,[2] wird sich auch die Rekonstruktion der in einem bestimmten Fall vorausgesetzten Ontologie als deren Kritik, Transformation, Reduktion oder Übernahme gestalten. Und man wird sich nach sorgfältiger Abwägung der Argumente für und gegen die angedeuteten ontologischen Grundpositionen unter methodologischen Gesichtspunkten für diejenige Ontologie entscheiden, die am leistungsstärksten und am einfachsten ist – oder diesem Ideal am nächsten kommt.

Wenn wir uns im Rahmen unserer Fragestellung mit diesen allgemeinen Bemerkungen begnügen und für die dogmatische Theorie in der Universalienfrage über die Betonung der Differenz zwischen idealen und realen Gegenständen hinaus keine methodische Vorentscheidung treffen, dann hat das einen guten Grund. Dieser besteht darin, daß sich die Theologie in dieser methodischen Frage einzig von dem Gesichtspunkt leiten zu lassen hat, wie sie den komplexen Wahrheitsanspruch des christlichen Glaubens am angemessensten rekonstruieren kann. Ihre Ontologie wird sich dementsprechend ganz an der des Glaubens orientieren.[3] Denn zum einen ist sie an keiner ontologischen Reduktion des Glaubens interessiert, sondern nur an einer Klärung der ontologischen Voraussetzungen, unter denen der christliche Glaube seinen Wahrheitsanspruch faktisch erhebt.[4] Zum anderen geht sie davon aus, daß dieser tatsächlich einen Wahrheitsanspruch erhebt, und unterstellt dementsprechend, daß die Quantifikationen in der Glaubensrede referentiell sind (§ 45), also einen ontologisch relevanten Gegenstandsbereich einführen und sich nicht bloß in idealen Substitutionen auf sprachlicher Ebene erschöpfen. *Sie wird daher den Glauben selbst als ontologische Rahmentheorie verwenden* (§ 23). Denn bei der Rekonstruktion

1 Vgl. N. Goodman, Eine Welt von Individuen, in: *Das Universalien-Problem*, hg. v. W. Stegmüller, Darmstadt 1978, S. 226–247; ders., *The Structure of Appearance*, Cambridge, Mass. ²1966.

2 Vgl. W. Stegmüller, *Metaphysik, Skepsis, Wissenschaft*, Berlin u. a. ²1969, S. 150ff; ders., *Glauben, Wissen und Erkennen & Das Universalienproblem einst und jetzt*, Darmstadt ³1974, S. 48–118.

3 Das impliziert keine hypothetische Identität von Glaube und Theologie, sondern erfordert nur, daß sich Glaubensaussagen in theologische Aussagen transformieren lassen.

4 Die sie allenfalls interessierende Reduktion ist nicht die der Ontologie des Glaubens auf eine andere Ontologie, sondern – wenn überhaupt – die anderer Ontologien auf die des Glaubens.

der ontologischen Implikationen des Glaubens geht es der Theologie um nichts anderes, als *dessen* Ontologie aufzudecken und diese salva veritate und in dessen Sinn systematisch zu entfalten. Sie wird daher bei ihren Rekonstruktionen in jedem Fall eine solche Ontologie und ein solches System begrifflicher Schemata voraussetzen, das ihr den Wahrheitsanspruch des ihr vorgegebenen Glaubens in Übereinstimmung mit dessen Selbstverständnis darzustellen erlaubt. Und die Entscheidung für eine platonistische, konstruktivistische, nominalistische oder sonstige Ontologie wird sie ausschließlich unter dem Gesichtspunkt interessieren, welche von ihnen die Ontologie des Glaubens am einfachsten zu rekonstruieren und die anderen echten Ontologien am klarsten zu integrieren erlaubt. Denn insofern dessen Wahrheitsanspruch ihre fundamentale sachliche Voraussetzung ist, ist jede ihrer ontologischen Optionen gerechtfertigt, solange sie ermöglicht, diesen Wahrheitsanspruch gemäß des Selbstverständnisses des Glaubens salva veritate zu rekonstruieren.[5] Ob sie das aber tut, läßt sich erst der faktischen Durchführung entnehmen.

§ 30 Ontologie und Ontologien

Angenommen, die Rekonstruktion der Ontologie eines Systems von Behauptungen sei gelungen. Dann ist damit die dritte Aufgabe ontologischer Reflexion, das Problem der ontologischen Integration, noch keineswegs gelöst. Das, was Sprecher in ihren Behauptungen und Theorien voraussetzen, ist ja von Fall zu Fall nicht nur durchaus verschieden, sondern auch ganz unterschiedlichen Systemen zuzurechnen und dementsprechend in ganz unterschiedlichen Strukturzusammenhängen zu integrieren (§ 25). Das Programm sprach- bzw. theorierelativer Rekonstruktion der Ontologie von Behauptungen führt so faktisch zu einer *diversen Pluralität von Ontologien*. Die Frage ist dann aber, ob und inwiefern sich diese Pluralität in einem einheitlichen ontologischen Entwurf integrieren läßt, der alle und nur die Existenzannahmen berücksichtigt, die von Behauptungen gemacht werden, die einen echten Wahrheitsanspruch über die Wirklichkeit selbst und nicht nur über unsere begrifflichen Wirklichkeitsartefakte erheben.[1]

5 Daß das im Ergebnis in jedem Fall zum Streit mit andersgearteten ontologischen Ansätzen führen muß, ist eine selbstverständliche und unvermeidliche Konsequenz.

1 Die faktischen Schwierigkeiten, diese Frage zu beantworten, sollten nicht vorschnell als die prinzipielle Unmöglichkeit einer Antwort ausgegeben werden. Vgl. Leinfellner, (§ 24 Anm. 3), S. 150: »Aus der Tatsache, daß alles jeweilige Wissen an bestimmte Bereiche (Extensionen) gebunden ist, folgt, daß man heute keine Ontologie oder Semantik aufstellen kann, die für das Wissen schlechthin, die Welt oder das Universum als Ganzes, inklusive die Phantasiewelt, gültig sein soll«. Gerade weil es die hypothetischen Ontologien von Phantasiewelten im Zuge der ontologischen Reflexion aufzudecken und auszublenden gilt, kann auf die Bemühung um ontologische Integration nicht verzichtet werden.

Damit stellt sich eine Reihe von Problemen. Zum einen erhebt eine Behauptung dann und nur dann einen *echten* Wahrheitsanspruch, wenn aus der Behauptung, daß p, folgt, daß p entweder wahr oder falsch *ist*. Die Echtheit eines Wahrheitsanspruchs ist also nicht davon abhängig, daß p als wahr oder falsch *erkannt* werden kann. Bei der hypothetischen Ausarbeitung eines ontologischen Gesamtentwurfs sind infolgedessen nicht nur die ontologischen Voraussetzungen der als wahr oder falsch erwiesenen und/oder erweisbaren Behauptungen zu berücksichtigen, sondern auch derjenigen Behauptungen, die wahr oder falsch sein können, ohne daß ihre Wahrheit bzw. Falschheit je erkannt und verifiziert (falsifiziert) werden könnte. Dazu gehören alle und nur die Behauptungen, deren ontologische Voraussetzungen nicht selbstwidersprüchlich oder als falsch erwiesen sind, so daß es die von ihnen als real vorausgesetzten Gegenstände gar nicht gibt oder überhaupt nicht geben kann. Das aber bedeutet methodisch: Solange die Selbstwidersprüchlichkeit oder Falschheit einer hermeneutisch rekonstruierten ontologischen Voraussetzung nicht erwiesen ist, ist diese ein Kandidat, der im ontologischen Gesamtentwurf zu berücksichtigen ist. Kann aber auch das, was möglicherweise wahr oder falsch ist, ontologisch relevant sein, dann hat es die ontologische Integration immer auch mit *Möglichkeiten* und möglichen Wahrheitsansprüchen zu tun.

Nun ist die Echtheit eines Wahrheitsanspruchs allerdings nur ein notwendiges, keineswegs aber auch schon ein hinreichendes Kriterium für seine ontologische Relevanz. Beim Versuch ontologischer Integration sind daher zum andern aus der rekonstruierten Pluralität von Ontologien die allenfalls semantisch interessierenden Systeme idelaer Konstruktionen auszuscheiden. Denn ein einheitlicher ontologischer Entwurf kann auf keinen Fall gleichermaßen ideale und reale Gegenstände umfassen.[2] Wie aber lassen sich die Systeme idealer Konstruktionen ausscheiden, wenn doch ontologisch relevante Wahrheitsansprüche immer auch Behauptungen über real mögliche und nicht nur über aktuelle Gegenstände einschließen? Anders gefragt: Wie können Behauptungen über ideale und über real mögliche Gegenstände unterschieden werden?

Jedenfalls nicht so, daß man ein System als existierend erwiesener Gegenstände als absolute Norm ansetzt. Systeme sind immer auf einem bestimmten Strukturniveau angesiedelt, auf dem sie sich durch (unter Umständen hochkomplexe) strukturierende Operationen der Reduktion von Komplexität gegenüber einer komplexeren Umwelt konstituieren und stabilisieren. Zur Beurteilung der Idealität (und d. h. nur logischen Möglichkeiten) bzw. der realen Möglichkeit einer ontologischen Voraussetzung ist deren systeminterne Ausweisbarkeit (Erfahrbarkeit) ein, aber sicher nicht das einzige Kriterium. Um konsequent zwischen nur möglichen (idealen) und real möglichen ontologischen Voraussetzungen zu unterscheiden, ist

2 Vgl. Bunge, (§ 14 Anm. 1), S. 116ff.

vielmehr immer zu prüfen, ob der als existierend angenommene Gegenstand auf einem anderen (höheren oder tieferen) Strukturniveau lokalisiert bzw. lokalisierbar ist, dessen realer Bezug zu der Ebene, auf der wir selbst operieren, zunächst einmal zu klären ist, ehe man begründet entscheiden kann, ob von einem idealen oder real möglichen Gegenstand die Rede ist. Denn real möglich sind alle und nur die Existenzannahmen, die auf einer Ebene der Gesamtstruktur angesiedelt sind, zu der wir selbst gehören (§ 32).

§ 31 Ontologie und reale Möglichkeit

Im Problemhorizont ontologischer Integration manifestiert sich die ontologische Fundamentaldifferenz damit als die Nötigung, zwischen *Möglichkeit* und *realer Möglichkeit* zu unterscheiden. Als der Versuch, die Differenz zwischen begriffener Wirklichkeit und Wirklichkeit im Medium des Begriffs systematisch zu denken, ist die anvisierte integrale Ontologie dann aber weder eine unter den verschiedenen speziellen Ontologien (Regionalontologien) noch einfach die Gesamtheit aller faktisch rekonstruierten Ontologien. Ihr geht es vielmehr um die kritische Bestimmung der Makrostruktur, die alle übrigen echten Ontologien und damit insbesondere diejenigen, zu denen wir selbst als existierende Gegenstände gehören, als Mikrostruktur umfaßt. Diese Makrostruktur wird sich niemals als die bloße Summe der faktischen Ontologien bestimmen lassen. Ist sie doch wesentlich ein Entwurf möglicher und nicht nur faktischer Existenz, und zwar nicht nur im Sinn des Inbegriffs »aller Aussagen, die das welthaft Seiende bloß als solches, also als welthaft Existierendes beschreiben«,[1] da sie damit allenfalls von der möglichen faktischen Existenz redete, sondern im Sinn aller real möglichen Existenz überhaupt.

Real mögliche Existenz ist die mögliche Existenz realer Gegenstände, und das ist etwas anderes als die Existenz möglicher Gegenstände. Mögliche Gegenstände sind Konstrukte und damit konzeptuelle Möglichkeiten, die allein dem Widerspruchsprinzip unterliegen, durch welches sie von unmöglichen (selbstwidersprüchlichen) Konstrukten unterschieden sind. Doch nicht jeder Gegenstand, der nicht unmöglich ist, ist deshalb schon ein möglicher realer Gegenstand. Deren Möglichkeit ist zwar wie die idealer Gegenstände als Möglichkeit de dicto formuliert, dennoch handelt es sich bei ihnen nicht um eine formulierte Möglichkeit de dicto, sondern um eine de dicto formulierte Möglichkeit de re.

Die Differenz zwischen Möglichkeit de dicto (begrifflicher Möglichkeit) und Möglichkeit de re (realer Möglichkeit) läßt sich nur um den Preis einer Verwischung des Unterschieds zwischen Semantik und Ontologie und da-

1 Härle/Herms, (§ 1 Anm. 3), S. 45.

mit einer Konfusion von Sprachfragen und Sachfragen ignorieren. Doch daß hier ein fundamentaler Unterschied besteht, wird schon daran deutlich, daß z. B. mögliche Sachverhalte über existierende Gegenstände wie deren dispositionelle oder kontrafaktische Möglichkeiten, ihre unrealisierten künftigen oder nicht realisierten vergangenen Möglichkeiten von grundsätzlich anderer Art sind als Sachverhalte über mögliche Gegenstände (= hypothetische Existenz).[2] Während es letztere nur aufgrund ihrer Sprachabhängigkeit geben kann, ist dies etwa bei der Zerbrechlichkeit eines Glases sicher nicht so. Die Differenz zwischen Möglichkeiten de dicto und Möglichkeiten de re besteht somit gerade darin, daß erstere unseren Konstrukten zukommen, letztere hingegen demjenigen, was wir mit ihnen – im Fall von Rekonstruktionen – zu rekonstruieren suchen. Die unseren Konstrukten zukommenden Möglichkeiten de dicto sind dabei durchgängig relative Möglichkeiten, insofern sie ein Verhältnis zwischen Konstrukten und keinen inhärenten Charakterzug eines Konstrukts für sich genommen betreffen. Sie sind relationale Eigenschaften von Konstrukten, wie sie z. B. durch die logischen, mathematischen oder epistemischen Möglichkeiten exemplifiziert werden. So ist eine Proposition p bezüglich einer Menge von Propositionen K logisch möglich, wenn K nicht ~ p impliziert; p ist bezüglich K mathematisch möglich, wenn es in K ein Modell M gibt, in dem p formal wahr ist; p ist bezüglich K epistemisch möglich, wenn p und K wechselseitig kompatibel sind.[3] Reale oder de re Möglichkeiten hingegen lassen sich nicht auf begriffliche Möglichkeiten reduzieren. ›Das Glas ist zerbrechlich‹ schreibt nicht dieser Proposition, sondern dem Glas, von dem diese redet, eine Möglichkeit zu. Denn im Unterschied zu ›Es ist möglich, daß das Glas zerbricht‹ ist diese Aussage keine Metaaussage über P (= die Aussage: ›Das Glas ist zerbrechlich‹), sondern eine Objektaussage über das Glas. Oder anders gesagt: die de re Möglichkeit ist eine Eigenschaft des betreffenden Gegenstands, nicht einer Proposition über ihn.

Die Annahme von de re Möglichkeiten ist notwendig, weil die Wirklichkeit sich verändert. Gegenstände sind nicht einfach das, was sie sind, sondern sie können sich verändern und anders werden, und zwar nicht völlig willkürlich, sondern nach erforschbaren Gesetzen und Regeln. Die Wirklichkeit ist daher nicht mit dem identisch, was jeweils gerade aktuell ist, sondern umfaßt immer auch das, was real möglich ist. Ontologische Reflexion hat infolgedessen nicht nur im Horizont unserer Konstrukte und Wirklichkeitskonzeptionen, sondern auch im Horizont der Wirklichkeit selbst mit Möglichkeiten zu rechnen. Sie tut dies, indem sie sich nicht auf die kritische Bestimmung dessen, was ist, beschränkt, sondern die Wirklichkeit hinsichtlich ihrer Aktualität *und* ihrer realen Möglichkeiten thematisiert. Diese realen Möglichkeiten lassen sich allerdings nicht absolut, sondern im-

2 N. Rescher, *Conceptual Idealism*, Oxford 1973, S. 27ff.46ff.
3 Bunge, (§ 14 Anm. 1), S. 165ff.

mer nur relativ zu einem bestimmten Strukturniveau und zu den dieses konstituierenden Reduktions- und Selektionsoperationen bestimmen. Und auf jedem Niveau besitzen die so in den Blick kommenden Möglichkeiten die von N. Luhmann diagnostizierte »Doppelstruktur von Komplexität und Kontingenz«,[4] insofern es immer mehr reale Möglichkeiten gibt, als im Horizont dieser Struktur aktualisiert werden können, und die Aktualisierung einer Möglichkeit immer auch anders ausfallen kann, als im Horizont der Aktualität dieser Struktur erwartet wurde. Was als real mögliche Existenz in den Blick kommt, stellt sich dann aber auf jeder Ebene der für uns gültigen Strukturhierarchien anders dar. Und von *aller* real möglichen Existenz kann angesichts dieses Sachverhalts nur unter Bezugnahme auf ein *dynamisches* Prinzip gesprochen werden, das die Niveaudifferenzen, ohne sie aufzuheben, zu überwinden ermöglicht und die Komplexität und Kontingenz der Möglichkeiten aller Strukturebenen in einer *immer wieder komplexeren* Makrostruktur zu integrieren erlaubt. Denn was es überhaupt gibt und geben kann, ergibt sich von der höchsten Strukturebene des dynamischen Sinnganzen her, zu dem wir gehören und in der alle übrigen Strukturebenen funktional integriert sind.

§ 32 Das Existenzprinzip

Zentrale Aufgabe eines ontologischen Gesamtentwurfs im Sinn einer integrativen Gesamtstruktur aller möglichen Existenz ist dann aber die Angabe eines *Prinzips real möglicher Existenz überhaupt*, das sich bezüglich der einzelnen Strukturebenen spezifizieren läßt, aber einzig an dem höchsten Strukturniveau normiert ist. Dieses Prinzip muß zwar auch, darf aber nicht nur für welthaft Existierendes gelten, da sich die Gesamtheit echter Wahrheitsansprüche ohne dogmatische Voreingenommenheit nicht auf den Bereich des welthaft Seienden und der erfahrbaren Wirklichkeit einschränken läßt. Denn obgleich nichts erfahren werden kann, was nicht ist, ist doch das, was ist, keineswegs mit dem identisch, was erfahren werden kann.

Das gesuchte Existenzprinzip ist somit kein heuristisches Kriterium, sondern ein normatives ontologisches Prinzip. Im Unterschied zum Ontologiekriterium (§ 27) soll es nicht die Rekonstruktion sprachrelativer Ontologien ermöglichen, sondern erlauben, den Gesamtrahmen real möglicher im Unterschied zu bloß möglicher Existenz diakritisch zu bestimmen. Es hat also einerseits den Horizont der Makrostruktur zu markieren, die alle und nur die Ebenen als Mikrostruktur integriert, auf welche sich die ontologisch relevanten echten Wahrheitsansprüche beziehen. Es muß sich aber darüber hinaus für jede Strukturebene so spezifizieren lassen, daß deutlich gemacht

4 N. Luhmann, Sinn als Grundbegriff der Soziologie, in: J. Habermas/N. Luhmann, *Theorie der Gesellschaft oder Sozialtechnologie*, Frankfurt 1971, S. 25–100, S. 34.

werden kann, wie diese auf die Gesamtstruktur bezogen und in dieser integriert ist. In beiden Fällen muß es die Fundamentaldifferenz zwischen Konstrukt und Wirklichkeit zuverlässig gewährleisten.

Nichts von alldem ist geleistet, wenn man »als Grundsatz aller Ontologie« formuliert, »daß es alles, von dem man sagen kann, daß es es ›gebe‹, nur im Zusammenhang einer Geschichte gibt«.[1] Denn die relative Richtigkeit dieses »›holistischen‹ Ontologiebegriff[s]« wird durch die gefährliche Irrtümlichkeit des ihm inhärenten ontologischen Relativismus bei weitem überboten.[2] Diese Gefahr wird erst dort vermieden, wo die Nichtbeliebigkeit und Nichtaustauschbarkeit dieser Geschichten gewährleistet ist, wo also zwischen der Mannigfaltigkeit möglicher und faktischer Geschichten und der einen Geschichte, in der sie alle ihr Fundament haben, unterschieden wird. Dazu muß nicht nur geklärt werden, auf welcher Strukturebene bzw. auf welchen Strukturebenen sich diese Geschichten jeweils abspielen, sondern auch und vor allem, wie diese Ebene[n] auf den für uns gültigen und konstitutiven Strukturzusammenhang bezogen sind. Denn damit, daß man »immer, wenn man sagt, daß es etwas ›gibt‹, eine *ganze* Geschichte ›holistisch‹ für wahr halten«[3] muß, ist noch in keiner Weise entschieden, welche aus der damit sich ergebenden Mannigfaltigkeit von Geschichten denn dann selbst für wahr zu halten sind. Um das entscheiden zu können, ist die umfassendere Geschichte zu spezifizieren, in der es diese Geschichten gibt, und eben diese ergibt sich »für uns erst von der Tatsache her, daß *wir* uns in ihr vorfinden«.[4] So ist es beispielsweise ontologisch ganz unzureichend festzustellen, »Götter oder Dämonen ›gibt‹ es, wenn man darunter Gegenstände versteht, nur ›in‹ Götter- oder Dämonengeschichten, wie z.B. im griechischen Mythos«,[5] wenn man nicht sofort präzisiert, daß es dann gerade nicht sie, sondern nur ihre Geschichten gibt, da es nur diese, nicht aber sie im Zusammenhang unserer Geschichte gibt. Im Horizont unserer Geschichte gehören nicht Dämonen und Götter zu den Gegenständen, auf welche die Behauptungen dieser Geschichte, um wahr zu sein, angewiesen sind, sondern die Geschichten dieser Götter und Dämonen. Nicht Zeus, sondern das homerische Werk ist Gegenstand in der Geschichte, in der wir als Gegenstände existieren.

Ist es aber unsere Existenz, die einer Geschichte ontologische Relevanz verleiht, dann kann von allem und nur dem zu Recht gesagt werden, daß es

1 J. Simon, Zum wissenschafts-philosophischen Ort der Theologie, *Zeitschrift für Theologie und Kirche* 77, 1980, S. 435–452, S. 449. ›Geschichte‹ ist hier funktional äquivalent zu dem, was in § 24 ›System‹ und ›Struktur‹ genannt wurde.

2 Ontologischer Relativismus ist die falsche Konsequenz aus dem Prinzip der Relativität ontologischer Reflexion. Vgl. § 23 und § 57.

3 Simon, (Anm. 1), S. 449.

4 AaO., S. 451 (meine Hervorhebung).

5 AaO., S. 449. Auch das geht auf Quine zurück, vgl. etwa: Two Dogmas of Empiricism, in: ders., (§ 27 Anm. 1), S. 20–46, S. 44.

es »gebe«, was es im Zusammenhang *unserer* Geschichte gibt.[6] Nicht der holistische, sondern dieser anthropologische Ontologiebegriff ist der Grundsatz aller Ontologie. Ihn gilt es systematisch zu explizieren.

§ 33 Die These

Als Existenzprinzip könnte dieser Grundsatz in der Terminologie Simons und im Anklang an Quine auf die Formel gebracht werden: *to be is to be related to our story*. Offensichtlich erläuterungsbedürftig sind hier allerdings die Wendungen ›to be related to‹ und ›our story‹. Das wird – wenn auch zum Teil in anderer Terminologie – im weiteren Verlauf der Überlegungen zu leisten sein. Hier sei daher nur vorläufig festgehalten: Letzteres meint uns als Menschen, und zwar in der zweifachen Weise der konkreten Geschichte, die uns macht und die wir machen.[1] Ersteres meint die Art von Beziehungen, in denen etwas zu dieser Geschichte steht und stehen kann. Diese sind höchst vielfältig und müssen, soll das obige Prinzip nicht nichtssagend werden, präzisiert werden. Geht man davon aus, daß sich diese Beziehungen unter einem wesentlichen Gesichtspunkt grundsätzlich in *reale* und *intentionale* Relationen unterscheiden lassen, scheint all demjenigen Sein zuzusprechen zu sein, das real oder intentional in Beziehung zu uns steht. Während jedoch alles, auf das wir intentional bezogen sind, möglich ist, ob es nun wirklich war, ist, sein wird oder sein kann, existiert im eigentlichen Sinn nur das, was in realer Relation zu uns steht, ob wir darauf intentional bezogen sind oder nicht. Möglich sind alle idealen und realen Gegenstände, die widerspruchsfrei angenommen werden (können). Ihre Möglichkeit besteht gleichermaßen darin, daß sie in einer intentionalen Relation zu einem realen Gegenstand, der existiert, stehen oder stehen können. Damit existieren freilich nicht sie, sondern es existiert nur ihre Annahme durch uns. Nur diejenigen der so angenommenen Gegenstände existieren auch selbst, die real auf uns bzw. unsere Geschichte bezogen sind. Dieser Bezug kann direkt sein oder vermittelt über andere Gegenstände, die selbst in realer Relation zueinander stehen. Die Realität des Verhältnisses und nicht dessen räumlicher und zeitlicher Charakter ist dann aber der entscheidende Gesichtspunkt. So existiert ein Gegenstand, wenn er in realer Beziehung zu einem Gegenstand steht, zu dem ich selbst in realer Beziehung stehe. Er existierte, wenn er in realer Beziehung zu einem Gegenstand stand, zu dem

6 Alles andere, wie die Rede von der »*Existenz* anderer möglicher Welten als der unseren ... ist eine Mystifikation: Ein Mann, der ein möglicher Papst ist, erfreut sich keiner doppelten Staatsbürgerschaft – in einer Welt, in der er Papst ist, und in einer Welt, in der er es nicht ist.« P. Geach, Existenz, *Handbuch wissenschaftstheoretischer Grundbegriffe*, hg. v. J. Speck, Bd. 1 (A-F), Göttingen 1980, S. 205f, S. 205.

1 Vgl. I. U. Dalferth/E. Jüngel, Person und Gottebenbildlichkeit, in: *Christlicher Glaube in Moderner Gesellschaft*, hg. v. F. Böckle u. a., Bd. 24, Freiburg 1981, S. 57–99, S. 69ff.

ich selbst in realer Beziehung stehe. Und er wird existieren, wenn er in einer realen Beziehung zu einem Gegenstand stehen wird, auf den ich selbst real bezogen bin. Nur Gegenstände, die in diesem symmetrischen, transitiven und reflexiven realen Verhältnis zu mir stehen, sind reale Gegenstände. Und nur wenn ich solche Gegenstände annehme, thematisiere ich nicht nur einen möglichen, sondern einen real möglichen Gegenstand. Reale Gegenstände zeichnen sich damit genau dadurch aus, daß es möglich ist, daß es sie gibt, uns aber nicht gibt, während es ideale Gegenstände überhaupt nur dann gibt, wenn es auch uns gibt. Denn real ist ein Gegenstand genau dann, wenn er als *Gegenstand* von uns zwar intendiert und identifiziert werden kann, seine *Existenz* sich aber nicht diesem von uns Intendiertsein bzw. Identifiziertsein verdankt, so daß Gegenständlichkeit und Existenz bei ihm nicht zusammenfallen.

Die entscheidende ontologische Frage ist dann, was es heißt, *real* auf uns bzw. unsere Geschichte bezogen zu sein. Das wird im Folgenden zu klären sein. Die Pointe des obigen Prinzips ist jedenfalls, daß alles und nur das existierend genannt zu werden verdient, was mit der Geschichte, die wir sind und die wir machen, in realem Zusammenhang steht, sei es, daß es in diese Geschichte integriert ist, sei es, daß diese Geschichte in seine Geschichte integriert ist. Wie immer daher die ontologische Makrostruktur als Gesamtrahmen aller möglichen echten Existenz letztlich zu bestimmen sein mag, sie wird von der Art sein müssen, daß sie unsere menschliche Geschichte als reales Moment einschließt und nichts als Moment hat bzw. haben kann, was nicht, wenn es existierte, in einer realen Beziehung zu uns stünde.

Die Tragfähigkeit dieser These wird im Folgenden daran zu erproben sein, ob und inwiefern sie sich in der Ausbildung einer theologischen Ontologie bewährt und fruchtbar machen läßt.

Teil C Gottes Existenz

§ 34 Ontologie und Theologie

Die Theologie kann dem in § 11 formulierten und in Teil B erläuterten »Problem der Ontologie nicht ausweichen«,[1] ohne sich selbst gründlich mißzuverstehen und am vielleicht entscheidensten Punkt ihrer dogmatischen Aufgabe zu versagen. Denn um wahr (oder um falsch) zu sein und damit einen echten Wahrheitsanspruch zu erheben, müssen die Behauptungen des christlichen Glaubens wenigstens wahr *oder* falsch sein können. In der Klärung der Voraussetzungen, unter denen dieses bei ihnen der Fall ist, besteht die eine Aufgabe ontologischer Reflexion in der Theologie. Die andere ist, die so rekonstruierte Ontologie des christlichen Glaubens daraufhin zu prüfen, ob sie nur eine Regionalontologie darstellt, die in einer umfassenderen Ontologie zu integrieren ist, oder ob sie selbst einen begrifflichen Rahmen zur Integration aller und nicht nur der christlichen Wahrheitsansprüche abzugeben vermag.

Zur Lösung der ersten Aufgabe kann die Theologie keine wie auch immer geartete »Ontologie sozusagen als ein philosophisches Fertigfabrikat beziehen«[2] und bei der Explikation und Rekonstruktion des Glaubens zur Anwendung bringen. Sie würde damit dem Glauben faktisch vorschreiben, was er ontologisch vorauszusetzen hat und über welche Gegenstände in seinen Behauptungen quantifiziert werden dürfte. Das aber hieße, den spezifischen Beitrag des christlichen Glaubens zu einem sachgemäßen Wirklichkeitsverständnis in unsachlicher Weise zu präjudizieren und den christlichen Wahrheitsanspruch durch ein ihm unter Umständen ganz unangemessenes ontologisches Korsett a limine falsch zu rekonstruieren.

Doch die Alternative von ontologischer Abstinenz und ontologischem Import ist keineswegs erschöpfend. Die Theologie wird beide Fehlleistungen vielmehr genau und auch nur dann vermeiden, wenn sie sich im Sinn der in den vorausgehenden §§ skizzierten Ontologiekonzeption der ontologischen Problematik in sachlich und methodisch strengem Bezug auf den

1 G. Ebeling, Dogmatik und Exegese, *Zeitschrift für Theologie und Kirche* 77, 1980, S. 269–286, S. 284. Ebeling orientiert sich dabei allerdings an einem Seinsbegriff, der durch die »drei Seinsbestimmungen«: »Zusammensein . . . Sprachlichsein . . . Verantwortlichsein« (§ 1 Anm. 5), S. 352f in höchst idiosynkratischer, weil Aspekte ganz unterschiedlicher Ebenen ohne erkennbares Prinzip bündelnder Weise bestimmt ist. Diese Bestimmung erlaubt ihm, sämtliche Betrachtungen phänomenaler Aspekte am Lebensvollzug als *ontologische Besinnungen* auszugeben (aaO., S. 346ff.219ff). Ontologische Reflexion wird dadurch aber statt strenger Arbeit am Begriff auf weite Strecken zur bloßen Appellation an die Lebenserfahrungen der Leser. Die Ausführungen über das Gesicht (aaO., S. 350) seien als ein Beispiel für viele genannt.

2 Ebeling, (Anm. 1), S. 284.

ihr vorgegebenen Glauben stellt. Nicht, um eine bloß regionale Ontologie des Glaubens auszuarbeiten, sondern um die universelle Fragestellung der Ontologie von vornherein im Horizont des Glaubens zu verhandeln. Sie wird dann freilich in Kauf nehmen müssen, daß sie nicht den (abstrakten) Anspruch erheben kann, sie lege dar, *was es gibt*, sondern nur den (scheinbar schwächeren, theologisch geurteilt aber gerade stärkeren) Anspruch, sie stelle klar, was der Glaube *sagt*, daß es gebe. Oder anders gesagt: sie kann das, was es gibt, nur als das darlegen und entfalten, was der Glaube sagt, daß es gebe.

§ 35 Eschatologische Ontologie

Indem die Theologie rekonstruiert, was der Glaube sagt, daß es gebe, beansprucht sie zugleich, die zweite Aufgabe ontologischer Reflexion dahingehend zu beantworten, daß damit klargestellt sei, was es in Wahrheit gebe und worüber daher echte Wahrheitsansprüche überhaupt nur aufgestellt werden können. Die Ontologie des Glaubens ist dann nicht nur eine Ontologie unter anderen, sondern diejenige Ontologie, die den Gesamtrahmen für alle anderen abgibt. Und entsprechend wird sich vor allem in ihr die in § 33 aufgestellte These bewähren müssen. Durch diese Konzeption der Ontologie *sub specie fidei* wird freilich die Ontologie selbst dem Streit ausgesetzt, dem die *assertiones fidei* im Horizont gegenwärtiger Weltwirklichkeit notwendig ausgesetzt sind. Die Ontologie wird dann gerade nicht den allgemeinen und quasi neutralen Rahmen abgeben können, in dem der Streit um den Wahrheitsanspruch des Glaubens zu entscheiden oder doch wenigstens auszufechten ist und auf den sich die streitenden Parteien unabhängig von ihrer Einschätzung dieses Wahrheitsanspruchs einigen könnten und müßten. Der ontologische Rahmen ist vielmehr gerade selbst der Gegenstand dieses Streits, insofern dieser als kontroverse Auseinandersetzung um die wahre Ontologie geführt wird.[1] Entsprechend besteht die Universalität der von der Theologie zu vertretenden Ontologie nicht in dem generellen Anspruch eines für jedermann einsichtigen, erschließbaren und akzeptablen kategorialen Systems einer umfassenden Wirklichkeitskonzeption, in das sich auch der Glaube einzeichnen lassen müßte. Es ist vielmehr die Univer-

1 Das hat durchaus auch Folgen für die phänomenale Ausweisbarkeit theologischer Gedankengänge. Gerade wenn man die ontologische Aufgabe mit G. Ebeling ernst nimmt, sind ernsthafte Bedenken gegen das von ihm praktizierte phänomenologische Verfahren anzumelden. *Theologisch relevant sind die von ihm dargelegten und explikativ in Anspruch genommenen menschlichen Erfahrungen nur und allein insofern, als sie theologisch interpretiert sind.* Vgl. meinen Aufsatz: Theological Fallacies: A Contribution, *Heythrop Journal* 16, 1975, S. 389–404. Gerade insofern sie aber theologisch interpretiert sind, stehen sie im Horizont des Streites mit dem Unglauben und taugen nicht zu einer phänomenologischen Einleitung bzw. Hinführung zum Glauben. In Ebelings *Dogmatik* herrscht so gerade dort eine gefährliche Ambivalenz, wo ihre besondere Eigenart liegt.

salität der zwangsläufig Widerspruch provozierenden *Universalisierung des besonderen Anspruchs des Glaubens*, der gegenüber der faktischen Verfassung der welthaften Wirklichkeit deren eschatologische (d. h. durch die Nähe Gottes konstituierte und zur Erfahrung gebrachte) Wahrheit zur Geltung zu bringen beansprucht. Die Theologie, die sich an diesem Anspruch orientiert, bringt infolgedessen die ontologische Fundamentaldifferenz zwischen Wirklichkeit und Wirklichkeitskonzeption gerade so zur Geltung, daß sie diese im Horizont eschatologischer Gegenständlichkeit thematisiert, von der sie mit dem Glauben behauptet, daß in ihr die Wirklichkeit in ihrer eigentlichen Wahrheit erscheine, weil sie so in den Blick komme, wie Gott selbst sie sieht. Ontologie in diesem Sinn ist dann aber dezidiert *eschatologische Ontologie*. Gerade und nur als solche ist sie auch theologisch zu thematisieren.[2]

§ 36 Zur Methode ontologischer Rekonstruktion

Der sich vom Glauben her stellenden ontologischen Problematik vermag die Theologie aufgrund der sprachlichen Gegebenheitsweise ihres Gegenstands nur als zugleich *hermeneutisch operierende Textwissenschaft* und *sprachkritisch konzipierte dogmatische Theorie* gerecht zu werden. Denn nur über (a) die Bestimmung und Rekonstruktion der ontologischen Voraussetzungen der ihr vorgegebenen Glaubens-Texte und (b) die explizite Strukturierung dieser Glaubens-Ontologie durch die Ausarbeitung der systematischen Bezüge und Zusammenhänge zwischen den verschiedenen erhobenen ontologischen Voraussetzungen kann sie die im Glauben implizierte eschatologische Ontologie erschließen, hypothetisch rekonstruieren und systematisch entfalten.

Methodisch muß dabei in Grundzügen folgendermaßen verfahren werden: Zunächst sind die der Theologie in den verschiedenen Redevollzügen des christlichen Glaubens vorgegebenen Glaubens-Texte zu identifizieren und hermeneutisch zu erschließen. Das hat die Theologie als Theorie christlicher Rede zu leisten (§ 4), deren spezifische Probleme hier nicht zu erörtern sind.[1] Steht fest, um welche Texte es geht und was diese behaupten, hat die Theologie als dogmatische Theorie die Aufgabe, (a) die *ontologischen Voraussetzungen und Annahmen* dieser Texte zu rekonstruieren

2 So verstandene ontologische Reflexion berücksichtigt dann auch die Warnung E. Käsemanns, *An die Römer*, Tübingen 1973, S. 27: »Die Brücke von der Rechtfertigungsbotschaft zu einer Ontologie kann einzig spekulativ geschlagen werden. Dann wird jedoch notwendig das Wort vom Kreuz in den Hintergrund gedrängt, und der Glaube wird, statt Annahme dieses Wortes und nichts sonst zu sein, zum Stadium in einem unter Umständen apokalyptischen Entwicklungsprozeß.« Theologische Ontologie vermeidet genau dann, apokalyptische Spekulation zu werden, wenn sie sich eschatologisch, und d. h. immer: christologisch konzipiert.

1 Vgl. Dalferth, (§ 2 Anm. 2), Teil II.

und explizit zu formulieren und diese dann (b) systematisch aufeinander zu beziehen, um sie so als Momente einer gemeinsamen *ontologischen Grundstruktur*, eben der eschatologischen Ontologie des Glaubens, einsichtig zu machen. Erst wenn das geschehen ist, wird der ontologische Streit mit dem Unglauben scharf und in voller Klarheit geführt werden können.

Nun läßt sich der zweite Schritt allerdings nicht unmittelbar an den ersten anschließen. Denn das durch jenen gewonnene höchst heterogene Material kann nicht einfach systematisiert werden, um so die gesuchte ontologische Grundstruktur zu erhalten. Das erhellt schon daraus, daß die selbstverständliche Annahme, daß es die betreffenden Gegenstände gibt, keineswegs auch schon selbstverständlich ein Verständnis dessen impliziert, was sie eigentlich sind und als was es sie gibt. Die erhobenen Voraussetzungen stellen daher nur das Rohmaterial für eine theologische Theorie der im Glauben implizierten eschatologischen Ontologie dar, das es zunächst kritisch zu sichten gilt. Dies geschieht so, daß die aus den verschiedenen Texten erhobenen ontologischen Annahmen und Voraussetzungen sprachkritisch daraufhin überprüft werden, ob und inwiefern sie unabhängig von den faktischen und gegebenenfalls zufälligen sprachlichen Formulierungen der untersuchten Glaubens-Texte tatsächlich unaufgebbare ontologische Relevanz für den christlichen Glauben besitzen.[2] Denn nicht alles, dessen Existenz in diesen Texten angenommen zu sein scheint, ist allein schon deshalb, weil es in ihnen sprachlich thematisiert wird, auch ontologisch relevant. Tatsächlich ontologische Relevanz besitzt vielmehr nur das, von dessen Existenz der christliche Glaube nicht absehen kann, ohne sich selbst unverständlich zu werden, weil es ihn auf die Wahrheitsfähigkeit seiner Behauptungen zu verzichten zwänge.[3]

Um allerdings entscheiden zu können, wann dies der Fall ist, benötigt die Theologie klare ontologische Kriterien und eine normative Konzeption des Wesens des Glaubens und der Struktur seines Wahrheitsanspruchs. Denn nur unter Voraussetzung eines solchen Bezugssystems kann sie klarstellen, was überhaupt *ontologisch relevant* ist (und nicht nur dafür gehalten wird) und was *für den christlichen Glauben* (und nicht für etwas, was für den christlichen Glauben gehalten wird) ontologisch relevant ist.

2 Als Paradigma einer solchen kritischen Sichtung für einen Teilbereich soteriologischer Texte, nämlich diejenigen, welche zum Ausdruck der christlichen Erlösungserfahrung von dem Bild des Loskaufs aus der Gefangenschaft des Teufels Gebrauch machen, sei auf Anselm von Canterbury, *Cur deus homo*, Kap. 6 und 7 verwiesen.

3 Es geht keineswegs darum, den unleugbaren Zusammenhang zwischen Sprachgestalt und Sprachgehalt, Glaube und Sprache in Frage zu stellen. Aber daß der Glaube nicht anders als sprachlich gegeben ist, heißt noch lange nicht, daß jede sprachliche Gegebenheitsweise des Glaubens diesem angemessen sein muß. Vor einem unkritischen Positivismus hinsichtlich der sprachlichen Formulierungen der Glaubens-Texte hat man sich daher zu hüten. Gerade im Horizont ontologischer Reflexion des christlichen Glaubens zeigt sich damit, wie aktuell und unumgänglich die seit einem Jahrzehnt eher in den Hintergrund getretene Frage der Notwendigkeit und Berechtigung theologischer Sachkritik ist.

Beides hat sie nicht zur Verfügung ohne das Begriffs- und Regelsystem einer dogmatischen Theorie. Die dogmatische Theorie ist somit das unerläßliche Bezugssystem, relativ zu dem ontologische Reflexion und Rekonstruktion des Glaubens überhaupt nur möglich ist. Aus den in § 5 genannten Gründen ist diese allerdings weder ein für allemal noch auf nur eine Weise formulierbar. Sie befindet sich vielmehr selbst stets im Prozeß der Veränderung ihrer geschichtlich gewordenen Gestalt, um das Wesen des Glaubens, die Struktur seines Wahrheitsanspruchs und die mannigfachen Konsequenzen, die sich daraus ergeben, immer wieder neu, adäquater und verständlicher zu explizieren und zu rekonstruieren. Die Auseinandersetzung um die Frage der ontologischen Relevanz von Existenzvoraussetzungen in Glaubens-Texten und die sich daraus ergebenden Konsequenzen für die theologische Ausarbeitung der eschatologischen Ontologie des Glaubens ist daher keine Frage der bloßen Applikation vorgegebener theologisch-dogmatischer Kriterien. Sie vollzieht sich vielmehr faktisch als innertheologischer Prozeß einer ständigen Überprüfung der in Anspruch genommenen dogmatischen Theorie an den Texten des Glaubens und deren Prüfung an der dogmatischen Theorie. Das ist kein schlechterdings zirkulärer Prozeß. Denn einerseits zeichnet die dogmatische Theorie selbst bestimmte Grundtexte wie die biblischen Schriften und die darauf gegründeten Bekenntnisse als Normen und Kriterien aus, an denen sie selbst gemessen sein will und die als Grundnormen ihres eigenen Urteilens fungieren. Andererseits wird kontinuierlich versucht, die Auslegung dieser Normen durch kirchliche Grundentscheide gegen den Glauben verfälschende Interpretationen zu sichern, was wiederum zu einer Stabilisierung der an diesen Entscheidungen orientierten und neue Entscheide dieser Art vorklärenden dogmatischen Theorie führt. Dennoch bleibt es immer ein Wechselprozeß, da weder der kirchliche Auslegungskonsens noch die normativen Grundtexte davon ausgenommen sind, im Licht dogmatischer Reflexion immer wieder neu gelesen und beurteilt zu werden, diese neue Lektüre aber wiederum der dogmatischen Reflexion Anlaß und Grund zur Veränderung gibt.

All das belegt, daß das theologische Problem der Ontologie auf das engste mit der Frage nach der Adäquatheit des Begriffs- und Regelsystems verknüpft ist, das die Theologie im Verlauf der Geschichte ihrer dogmatischen Reflexion entwickelt und zugrundegelegt hat, um die eschatologische Erfahrung des christlichen Glaubens im weitesten Sinn aufzunehmen und begrifflich angemessen zur Darstellung zu bringen. Und in der Tat lehrt ja nicht zuletzt die Geschichte, daß ontologische Meinungsverschiedenheiten in der Theologie immer auch grundlegend Meinungsverschiedenheiten über die Begrifflichkeit und die sich darin niederschlagenden systematischen Grundunterscheidungen der jeweils vertretenen dogmatischen Theorie sind. In diesem Sinn ist die ontologische Problematik für die Theologie zugleich der wesentlichste Prüfstein ihres dogmatischen Begriffssystems.

§ 37 Gott existiert

Die Absicht der folgenden Kapitel ist es, einen konkreten Beitrag zu der angedeuteten theologischen Aufgabe der Ausarbeitung einer eschatologischen Ontologie des Glaubens zu leisten. Dabei gehe ich methodisch von zwei Voraussetzungen aus. Zum einen unterstelle ich, daß die Identifizierung und hermeneutische Erschließung eines relevanten Korpus von Glaubens-Texten gelungen ist. Zum anderen konzentriere ich mich exemplarisch auf *eine* ontologische Voraussetzung dieser Texte, die zugleich die *fundamentale* ontologische Voraussetzung *aller* christlichen Rede ist: die *Existenz Gottes*. Dies ist keineswegs die einzige ontologische Voraussetzung christlicher Rede.[1] Sie ist aber eine, die in jedem Fall notwendig gemacht wird und dementsprechend – und vielleicht gerade in einer Zeit zunehmender ›Anthropologisierung‹ der Theologie – besondere theologische Aufmerksamkeit verdient. Denn wie in einem Prisma gebündelt führt ihre dogmatische Rekonstruktion die Grundstruktur der eschatologischen Ontologie vor Augen, die im Glauben impliziert ist und um deren Explikation sich die Theologie bemüht.

Gerade in diesem Fall wird nun allerdings besonders deutlich, daß die Theologie explizit thematisch zu machen hat, was dem Glauben ganz unproblematisch und selbstverständlich ist. Denn daß Gott existiert, ist dem Glauben ausgesprochen selbstverständlich.[2] Er ist sich dessen so gewiß, daß ihm nichts gewisser ist. Es kommt ihm daher in der Regel nicht in den Sinn, Gottes Existenz in Gebet, Bekenntnis oder Verkündigung ausdrücklich zu thematisieren.[3] Doch das heißt keineswegs, daß er ihr gegenüber gleichgültig wäre oder sein könnte. Im Gegenteil: *daß Gott existiert, ist die ontologische Grundvoraussetzung all seines Redens zu, von und über Gott.* Denn ohne die – selbstverständlich angenommene – Wahrheit dieser Vor-

1 Weitere habe ich in dem Aufsatz: Christian Discourse and the Paradigmatic Christian Experience: An Essay in Hermeneutics, *New Studies in Theology* 1, 1980, S. 46–73 kurz analysiert.

2 Es ist daher zumindest fragwürdig, wenn behauptet wird, »daß wir Gottes nie so gewiß sind wie einer uns bekannten Sache oder Person. Wir sind nur ›auf dem Weg‹, somit gehört es zu unserem Wesen, daß wir immer wieder in das ›Gottesverhältnis‹ des Gesetzes zurückfallen, das heißt Gott und Welt verwechseln.« G. Rödding, *Dogmatik im Grundriß*, Gütersloh 1974, S. 61. Wir sind uns seiner viel gewisser, wiewohl nicht sicherer als eines verifizierbaren Sachverhalts in dieser Welt.

3 G. Rödding, (Anm. 2), S. 58: »Die Frage, ob Gott existiert, ist eine vortheologische Frage, die entschieden ist, wenn der Dogmatiker zur Feder greift.« (Entschieden kann hier freilich – soll diese Feststellung nicht absurd werden – nur das sein, daß der Dogmatiker Gottes Existenz bei seiner Arbeit präsupponiert, nicht aber, daß Gott existiert.) – Ähnlich bemerkt auch H. Lübbe, Religion nach der Aufklärung, in: *Religion als Problem der Aufklärung. Eine Bilanz aus der religionstheoretischen Forschung*, hg. v. T. Rendtorff, Göttingen 1980, S. 165–184, S. 182: »... die Frage, ob Gott existiert, ist gar keine religiöse Frage, und ersichtlich war Religion real nie von einer positiven Beantwortung dieser Frage seitens irgendeines Experten für Gottesbeweise abhängig.« Daß sie keine religiöse Frage ist, heißt aber gerade nicht, daß sie deshalb auch keine theologische Frage sein könnte und sein müßte.

aussetzung stünde es schlecht um seine Rationalität und die Echtheit und Tragfähigkeit seines Wahrheitsanspruchs.

Weil Gottes Existenz im Glauben notwendig vorausgesetzt und angenommen wird, gilt es, sie auch theologisch zu verstehen. Denn was heißt es, anzunehmen und damit implizit und gegebenenfalls auch explizit zu behaupten, daß Gott existiert?[4] Ohne Beantwortung dieser Frage kann es nicht zu der verstehenden Einsicht kommen, um die sich der Glaube in seiner theologischen Reflexion bemüht.

§ 38 Gottes Existenz in der evangelischen Theologie

Man kann sich dieser Frage allerdings nicht zuwenden, ohne die auffällige Zurückhaltung der neueren evangelischen Theologie gegenüber dem Thema der Existenz Gottes zu registrieren.[1] In der Regel kommt sie auf dieses traditionell wesentliche Lehrstück christlicher Gotteslehre allenfalls in theologiegeschichtlichen Exkursen zurück und überläßt seine systematische Behandlung weithin der Religionsphilosophie und katholischen Apologetik. Hinter dieser Haltung steht eine theologische Ansicht, die von Paul Tillich prägnant in der These resümiert wurde: »Man kann die Frage nach der Existenz Gottes weder stellen noch beantworten ... Es ist ebenso Atheismus, die Existenz Gottes zu behaupten, wie es Atheismus ist, sie zu leugnen.«[2] Von Gottes Existenz zu handeln kann demnach in keinem Sinn Aufgabe der Theologie sein.

Die Begründung für diese These Tillichs ist in dem ihr zugrunde liegenden Verständnis von Existenz zu suchen. Dieses ist wesentlich geprägt durch die im deutschen Idealismus entwickelten und in theologischem Kontext wohl am pointiertesten von J. G. Fichte[3] und L. Feuerbach[4] vertrete-

4 Meine Frage ist also nicht, *ob* Gott existiert. So kann Theologie, die den Glauben expliziert, nicht fragen. Ich frage vielmehr, was der Glaube mit seiner Behauptung der Existenz Gottes eigentlich behauptet – und versuche so, den Glauben theologisch zu verstehen.

1 G. Ebeling bildet hier eine ausdrücklich zu vermerkende Ausnahme, auch wenn er das Problem im Horizont des Seins- und nicht des Existenzbegriffs erörtert.

2 P. Tillich, *Systematische Theologie*, Bd. 1, Stuttgart ³1956, S. 274f. Vgl. auch R. Bultmann, Welchen Sinn hat es, von Gott zu reden? (1925), in: ders., *Glauben und Verstehen*, (Bd. I), Tübingen 1933, S. 26–37, S. 27: »... so würde z. B. der etwaige *Atheismus* einer Wissenschaft nicht darin bestehen, daß sie die Wirklichkeit Gottes leugnet, sondern sie wäre ebenso atheistisch, wenn sie sie als Wissenschaft behauptete«. Die Pointe ist hier freilich insofern eine andere, als Bultmann von der Wissenschaft, nicht von der Theologie redet und sich dabei vor allem gegen die *Abstraktheit* solcher Rede von (über) Gott wendet, da »sie von der konkreten Situation des Redenden« absieht.

3 J. G. Fichte, Rückerinnerungen, Antworten, Fragen, *Fichtes Werke*, hg. v. J. H. Fichte, Bd. 5, Berlin 1845 ≐ 1971, S. 335–373, S. 359: »Das Wort *Seyn* bedeutet unmittelbar immer ein Object des Denkens, ein Gedachtes. Nun kommt ihm entweder auch eine Existenz, ein *Bestehen* und *Dauern*, ausser dem Denken zu, in der sinnlichen Wahrnehmung: dann ist ein reelles Seyn bezeichnet, und man kann vom Gegenstande sagen: er *ist*. Oder es kommt ihm ausser

nen Existenzauffassungen. Spätestens seit ihren Ausführungen ist der Existenzbegriff theologischem Denken suspekt geworden. Kann Existenz sinnvoll nur von möglichen Erfahrungsgegenständen in Raum und Zeit behauptet oder bestritten werden, dann ist alle Rede von Gottes Existenz oder Nichtexistenz sinnlos. Denn Gott ist kein Seiendes, sondern – wie Tillich sagt – »das Sein-Selbst«.[5]

Die in dieser Argumentation zum Ausdruck kommende theologische These, daß Gott kein Erfahrungsgegenstand unter anderen, kein Seiendes unter anderem Seienden ist, ist freilich nur die halbe Wahrheit. Theologie, die den ihr vorgegebenen Glauben nicht zu ignorieren und damit sich selbst aufzugeben bereit ist, hat darüber hinaus zu betonen, daß Gott, obschon nicht Erfahrungsgegenstand in Raum und Zeit, dennoch nach dem Selbstverständnis des christlichen Glaubens von Menschen in Raum und Zeit erfahren wurde und immer wieder erfahren wird; daß er also, obschon nicht raumzeitlich lokalisierbar, doch über raumzeitlich lokaliserbare Gegenstände (Dinge, Personen, Ereignisse) identifizierbar ist. Kann ihm dann aber Existenz wirklich kategorisch und in jeder Weise abgesprochen werden oder ist sie ihm nicht auch in irgendeiner Weise zuzusprechen – zumal die philosophische Restriktion des Existenzbegriffs auf Gegenstände in Raum und Zeit ja keineswegs zwingend ist?

Tillich und viele andere mit ihm wollen Gott Existenz nicht sowohl zu- als auch absprechen, sondern weder zu- noch absprechen. Ihnen zufolge ist der Existenzbegriff auf Gott weder positiv noch negativ anwendbar. Dennoch aber wollen auch sie daran festhalten, daß sie von etwas und nicht von nichts reden, und zwar nicht nur von etwas Erdachtem, Fiktivem, Möglichem, dem – wie die Tradition sagte – formale Existenz (d.h. Widerspruchsfreiheit in seiner begrifflichen Bestimmung)[6] zukommt, sondern von etwas Wirklichem, dessen Begriff nicht nur nicht widersprüchlich, sondern nicht leer ist: dem »Sein-Selbst«. Terminologisch schlägt sich dies darin nieder, daß statt von Gottes Existenz von Gottes Leben, Gottes Sein oder Gottes Wirklichkeit gesprochen wird. Doch wenn man von Gott nicht

dem Denken kein anderes Seyn zu; dann ist die Bedeutung des Seyns bloss die logische.« Auf Gott angewandt bedeutet dies: »Der Begriff Gottes lässt sich überhaupt nicht durch Existentialsätze, sondern nur durch Prädicate eines Handelns bestimmen« (aaO., S. 371). Denn »der Begriff von Gott, als einer besonderen Substanz« ist »unmöglich und widersprechend«. Über den Grund unseres Glaubens an eine göttliche Weltregierung, aaO., Bd. 5, S. 175–189, S. 188. »Substanz nemlich bedeutet nothwendig ein im Raum und der Zeit sinnlich existierendes Wesen ...« Appellation an das Publicum, aaO., Bd. 5, S. 191–238, S. 216. Vgl. E. Jüngel, (§ 1 Anm. 2), S. 180ff.

4 L. Feuerbach, Vorläufige Thesen zur Reform der Philosophie, *Sämtliche Schriften*, hg. v. W. Bolin/F. Jodl, Bd. 2, Stuttgart-Bad Cannstatt ²1959, S. 222–244, S. 232: »Nur die Existenz in Raum und Zeit ist Existenz.«

5 Tillich, (§ 38 Anm. 2), S. 275.

6 Vgl. A. Menne, The Logical Analysis of Existence, in: *Logico-Philosophical Studies*, hg. v. A. Menne, Dordrecht 1962, S. 88–96, S. 94f.

sagen kann, daß er existiert, wie kann man dann von ihm sagen, daß er lebt, daß er ist oder daß er wirklich ist?[7] Und wenn es gleichermaßen Atheismus ist, Gottes Existenz zu behaupten und zu bestreiten, ist es dann nicht auch Atheismus, Gottes Sein, Leben und Wirklichkeit zu behaupten oder zu bestreiten?

§ 39 Die Aufgabe

Die Situation scheint aporetisch zu sein. Der Schein dieser Aporie läßt sich nicht anders aufdecken als über eine *theologische Neuverhandlung der Existenzproblematik*. Dabei geht es nicht um eine differenzierende Abgrenzung des Existenzbegriffs gegenüber dem Lebens-, Seins- und Wirklichkeitsbegriffs. Das ist allenfalls von sekundärem Interesse. Zur Debatte steht nicht ein terminologisches Problem, sondern der ontologisch relevante Sachverhalt, daß Gott in christlicher Rede weder als bloßes Konstrukt noch als nichts, sondern als ein ganz bestimmtes Wesen thematisiert wird, das es der Erfahrung und darauf gegründeten Gewißheit des Glaubens zufolge gibt – mit welchen Begriffen auch immer dies zum Ausdruck gebracht wird.

Überlegungen zur so verstandenen Existenzproblematik haben sich dann aber an zwei Gesichtspunkten zu orientieren. Bei der Explikation des im Glauben bzw. in den Glaubensäußerungen implizierten Verständnisses der Existenz Gottes ist sowohl dessen Differenz von allem übrigen Existierenden, Seienden, Lebenden o. ä. zu berücksichtigen als auch von allem nur Erdachten, Fiktiven oder bloß Möglichen. Befriedigen wird eine solche Explikation aber nur dann, wenn es ihr zu zeigen gelingt, daß dieses Existenzverständnis des Glaubens kein theologisches Sonderverständnis ist, sondern als Verständnis von Existenz überhaupt konzipiert werden kann. Die philosophischen Beiträge und Anfragen zur Existenzproblematik sind deshalb gerade auch bei der theologischen Explikation und Rekonstruktion ständig mitzubedenken. Denn der Glaube artikuliert sich nicht in einer besonderen, sondern der allgemein zugänglichen und gebrauchten Sprache,

7 »Das Leben ist. . .ein Sonderfall des Existierens, derjenige, in dem in dem betreffenden Wesen ein Prozeß erforderlich ist, um sich an der Existenz zu erhalten, also ein Prozeß der Selbsterhaltung.« E. Tugendhat, *Selbstbewußtsein und Selbstbestimmung. Sprachanalytische Interpretationen*, Frankfurt 1979, S. 175ff. Vgl. auch G. Tschauder, *Existenzsätze. Eine textgrammatische Untersuchung vor dem Hintergrund bestimmter Positionen der modernen Sprachphilosophie*, München 1979, S. 69: »Zwar kann die Existenz eines Individuums fraglich sein und somit *behauptet* werden (*Das Ungeheuer von L. N. existiert*), nachdem jedoch die Existenz als solche (innerhalb einer bestimmten Textgemeinschaft) nicht mehr bezweifelt wird – was für jede Vorkommensaussage eine notwendige Voraussetzung ist –, muß in der folgenden Existenztypologisierung, vorausgesetzt, man behält diesen Terminus für den hier diskutierten Beispieltypus als Hyperonym bei, das Existenzverb ersetzt werden, und zwar ersetzt werden durch eine finite Form von *leben, sich befinden* etc.«

auch und gerade dort, wo er Gottes Existenz zur Sprache bringt. Sofern die philosophische Bemühung der grundsätzlichen Erhellung des *Redens* von Existenz gilt, besitzt sie folglich auch für die theologische Bemühung um die Erhellung der *Glaubens*rede von Gottes Existenz nicht zu unterschätzende Bedeutung. Nicht, weil sie über deren rechtes Verständnis entscheiden könnte, wohl aber, weil deren rechtes Verständnis zum Prüfstein der Adäquatheit philosophischer Existenzanalyse[1] wird, in deren Horizont sich der christliche Glaube mit Notwendigkeit begibt, indem er öffentlich von Gott redet.

Daraus ergeben sich für die angestrebte theologische Verhandlung der Problematik von Gottes im Glauben behaupteter Existenz methodisch zwei Überlegungsgänge. In einem ersten Gang (Kapitel II) werden – immer schon orientiert an der christlichen Behauptung der Existenz Gottes – Vorschläge und Probleme der philosophischen Analyse von Existenzbehauptungen zu bedenken sein, sofern sie für unsere Fragestellung relevant sind. In einem zweiten Gang (Kapitel III) wird dann – unter Berücksichtigung der vorangehenden Diskussion philosophischer Analyseansätze und ihrer Ergebnisse – der Versuch einer theologischen Rekonstruktion der christlichen Behauptung der Existenz Gottes unternommen. Philosophische Analyse und theologische Rekonstruktion sind dabei so aufeinander bezogen, daß erstere die allgemeine Redeform zu erhellen sucht, deren sich auch der Glaube bedient, um seine besondere Sache zur Sprache zu bringen, so daß letztere hermeneutisch nicht gegen diese, sondern nur mit ihr diese Sache adäquat zu explizieren vermag.

1 *Existenzanalyse* meint hier und im Folgenden immer *Analyse der Rede von Existenz*, nicht Analyse der Existenz – was immer darunter verstanden werden könnte.

KAPITEL II

Zur philosophischen Analyse von Existenzbehauptungen

Teil A Existenz

§ 40 ›Gott existiert‹ als Grundvoraussetzung christlicher Rede

Christliche Rede ist wesenhaft assertorisch und stellt in metaphorischer, parabolischer und narrativer Form Behauptungen auf, die einen spezifischen *Wahrheitsanspruch* erheben.[1] Das gilt auch und insbesondere von christlicher Rede von Gott. Sofern diese von prädikativer Struktur ist,[2] stellt sie Behauptungen der Form ›Gott ist F‹ auf, in denen ›Gott‹ als Designator und ›F‹ als Prädikator fungieren. Mit ›Gott‹ wird dabei ein Akt der Referenz vollzogen, bei dem präsupponiert wird, daß Gott existiert. Diese Präsupposition hat eine zweifache, pragmatische und semantische Funktion: sie ist notwendige Voraussetzung sowohl zum Vollzug des assertorischen Sprechakts als auch für die Wahrheitsfähigkeit der damit aufgestellten Behauptung. Nur wenn der Sprecher voraussetzt, daß Gott existiert, liegt überhaupt ein referentieller Akt vor; und nur wenn diese Voraussetzung wahr ist, ist der referentielle Akt gelungen und auf das mit ›Gott‹ intendierte Wesen tatsächlich Bezug genommen. Denn Prädikationen der Form ›a ist F‹ haben überhaupt nur dann assertorischen Charakter, wenn der Sprecher die Existenz von a voraussetzt, da sonst kein Gegenstand intendiert wäre, von dem F ausgesagt würde; und sie sind überhaupt nur dann wahr oder falsch, wenn ›a existiert‹ wahr ist, da es andernfalls nichts gäbe, von dem ›F‹ zu Recht oder Unrecht prädiziert würde.

Daß Gott existiert, ist somit eine ebenso notwendige Voraussetzung aller assertorischen Rede über ihn wie seine Existenz eine notwendige Bedingung der Wahrheit der über ihn aufgestellten Behauptungen ist. Existiert er nicht, ist nichts von dem wahr, was der christliche Glaube ihm zuschreibt und metaphorisch, parabolisch und narrativ von ihm aussagt. Und umgekehrt wäre die Wahrheit auch nur einer dieser Aussagen und Behauptungen eine hinreichende Bedingung seiner Existenz und damit der Wahrheit der Behauptung: ›Gott existiert‹.

§ 41 Existenz, Wahrheit und Sinn

Zwischen Wahrheit, Prädikation und Existenz besteht demnach eine intime Verbindung. Diese Verbindung wird mißverstanden, wenn man Gottes

1 Vgl. Dalferth, (§ 2 Anm. 2), bes. S. 473ff.648ff.

2 In ihrer Tiefengrammatik, also in dem, was sich bei hermeneutischer und logischer Analyse als ihre semantische Struktur ergibt.

Existenz zur notwendigen Bedingung des *Sinns* der über ihn aufgestellten Behauptungen erklärt. Auch von Nichtexistierendem kann sinnvoll geredet werden, ja es ist geradezu einer der grundlegenden Charakterzüge der Sprache, dies möglich zu machen.

Man muß sich daher hüten, die ontologisch relevante Verbindung zwischen Wahrheit, Prädikation und Existenz durch die falsche sprachlogische Theorie zu trivialisieren, alles, von dem man reden könne, müsse auch in irgendeiner Weise existieren.[1] Diese Theorie ist keineswegs nur ein Relikt der sprachphilosophischen Prähistorie, sondern tief in unserem Sprachdenken und seiner gegenstandstheoretischen Bedeutungsauffassung verwurzelt. Seit Platos *Sophistes*[2] wird sie insbesondere immer wieder mit dem Paradox negativer Existenzsätze begründet: Wer sagt, daß etwas nicht existiert, sagt, daß es etwas gibt, was es nicht gibt. Das aber ist ein Widerspruch. Folglich existiert alles.[3] Doch zu sagen, daß es a gibt, heißt nicht, daß es a gibt, sondern nur, daß die Existenz von a behauptet wird; und das kann, wie alle Behauptungen, wahr oder falsch sein. Und entsprechend ist die Bestreitung der Existenz von a nichts anderes als die Behauptung, daß es a nicht gibt, und nicht die selbstwidersprüchliche doppelte Behauptung, daß es a gibt und daß es a nicht gibt. Denn Behauptungen sind immer Behauptungen einer Proposition, die auch nichtbehauptet in anderen Zusammenhängen vorkommen kann.[4] Die Behauptung der negativen Existenz-

1 Vgl. R. Marten, *Existieren, Wahrsein und Verstehen. Untersuchungen zur ontologischen Basis sprachlicher Verständigung*, Berlin/New York 1972, S. 48: »Existenz ist niemals radikal und absolut zu negieren. Allein eine bestimmte existenziale Zuordnung kann bestritten werden.« Anders gesagt: ». . . von etwas, dem kein Sein zukommt, kann man nicht reden«. A. Keller, Sein, *Handbuch philosophischer Grundbegriffe*, Bd. III, München 1974, S. 1288–1304, S. 1293. Muß aber allem, von dem man reden kann, auch Sein zukommen, dann ist »der Seinsbegriff . . . auch auf Nichtexistentes anwendbar« (aaO., S. 1292f), ja »selbst dem Nichts, sofern wir davon reden, müssen wir noch Sein zuerkennen, nämlich das Gedachtsein oder das (in der Aussage) Intendiertsein« (aaO., S. 1294). Damit aber werden einerseits der Begriff des Seins und der Begriff des Gegenstands ununterscheidbar, andererseits wird der Begriff der Existenz auf raumzeitliches Wirklichsein eingeschränkt: Wir nennen »das existent, was nicht nur als Wunschbild, als angezielter Plan, als Inhalt oder apriorische Form des Denkens und Vorstellens oder als in unserem Sprechen Gemeintes vorkommt, sondern wirklich ist«, und zwar so wirklich ist, wie man nicht sagen kann, »daß es eine Zahl gibt oder nicht gibt« (aaO., S. 1292). Man kann ›sein‹ und ›existieren‹ natürlich so unterscheiden. Nur ist dann die Feststellung, daß Gott ist, ganz uninteressant, und die Feststellung, daß er existiert, falsch. Man kann im Horizont dieser Unterscheidung das uns beschäftigende Problem damit noch nicht einmal adäquat thematisieren.

2 Plato, *Sophistes* 236 e ff; vgl. *Theaitetos* 189 a ff.

3 Vgl. W. O. V. Quine, *Mathematical Logic*, Cambridge, Mass. ²1951, S. 150; ders., (§ 27 Anm. 1), S. 1ff; G. Frege, Dialog mit Pünjer über Existenz, in: ders., *Nachgelassene Schriften*, hg. v. H. Hermes u. a., Hamburg 1969, S. 60–75, S. 73; A. J. Ayer, *Language, Truth and Logic*, London ²1946, S. 42ff; E. K. Specht, *Sprache und Sein. Untersuchungen zur sprachanalytischen Grundlegung der Ontologie*, Berlin 1967, §§ 9–13.

4 Vgl. P. Geach, Assertion, in: ders., *Logic Matters*, Oxford 1972, S. 254–269. Dazu G. Frege, Einleitung in die Logik, aaO., (Anm. 3), S. 201–212, bes. S. 201–203.

proposition ›a existiert nicht‹ aber ist weder die Behauptung zweier Propositionen ›a existiert‹ und ›a existiert nicht‹, noch die Behauptung einer Konjunktion ›a existiert und a existiert nicht‹, sondern die *eine* Behauptung der *einen* Proposition ›a existiert nicht‹, und als solche kann sie entweder wahr oder falsch sein. Man kann demnach keineswegs nur von Gegenständen, die es gibt, behaupten oder bestreiten, daß es sie gibt, vielmehr ist mit jeder positiven oder negativen Behauptung die Wahrheitsfrage bezüglich der behaupteten Proposition aufgeworfen, keineswegs damit aber auch schon beantwortet. Entsprechend ist die Behauptung ›Gott existiert‹ ebensowenig tautologisch und damit selbstverständlich wahr wie die Behauptung ›Gott existiert nicht‹ selbstwidersprüchlich und damit selbstverständlich falsch, vielmehr ist in beiden Fällen ein unterschiedlicher und keineswegs mit der jeweiligen Behauptung schon entschiedener Wahrheitsanspruch erhoben. Daß von Gott geredet wird, ist kein Beweis dafür, daß er existiert.

§ 42 Ontological commitment

Daß man nicht nur von existierenden Gegenständen reden kann, heißt nun aber nicht, daß nicht in allem Reden die Existenz bestimmter Gegenstände angenommen würde. W.V.O. Quine hat dies in seiner bekannten These vom »ontological commitment« jeder Theorie, Sprache oder Rede formuliert (vgl. § 12).[1] Demnach legt man sich in jeder Rede auf die Existenz genau derjenigen Gegenstände fest, die bei der Übersetzung dieser Rede in die kanonische Logiksprache in den Wertbereich ihrer Variablen gerechnet werden müssen, um ihre Sätze wahr zu machen.[2] Wer also behauptet, Gott habe die Welt erschaffen, sagt damit, daß es Gott gibt und daß er die Welt erschaffen hat, und legt sich somit auf eine Ontologie fest, die mit der Existenz Gottes rechnet.

Das darf nun freilich nicht im Sinne der erwähnten falschen sprachlogischen Theorie verstanden werden. Denn in Quines These geht es nicht um »the ontological state of affairs, but the ontological commitments of a discourse«.[3] Daß aber eine Rede – vereinfacht gesagt – die Existenz der Gegenstände annimmt, auf die sie sich in ihren Sätzen bezieht, heißt weder, daß diese existieren, noch, daß nur von existierenden Gegenständen geredet werden könnte. Es heißt deshalb auch nicht, daß alle Gegenstände, von

1 Quine, (§ 27 Anm. 1); ders., (§ 25 Anm. 4), Kap. 7; ders., (§ 23 Anm. 1), S. 129ff. Wie vielfältig diese These selbst verstanden werden kann, zeigt L. Stevenson, On What Sorts of Thing There Are, *Mind* 85, 1976, S. 503–521. Vgl. auch die Kritik von R. L. Cartwright, Ontology and the Theory of Meaning, *Philosophy of Science* 21, 1954, S. 316–355 und von I. Scheffler/ N. Chomsky, What is said to be, *Proceedings of the Aristotelian Society* 59, 1958/59, S. 71–82.

2 Quine, (§ 27 Anm. 1). S. 13f; ders., Logic and the Reification of Universals, aaO., S. 102–129, S. 103.

3 AaO., S. 103.

denen geredet wird oder werden kann, ob es sich nun um Menschen, Ereignisse, Zahlen, Pegasus oder Gott handelt, existieren, nur auf je andere Weise. Daraus läßt sich allenfalls folgern, daß von Gegenständen – und zwar jeweils anderen Gegenständen – die Rede ist, deren Existenz angenommen wird, und auch das ist nur der Fall, wenn der Sprecher wahrheitsfähige Behauptungen aufstellen will und keine anderen Sprechhandlungen vollzieht oder zu vollziehen beabsichtigt. Doch Existenzannahmen sind noch lange keine Existenzerweise, und auch die Annahme der Existenz verschiedenartiger Gegenstände ist kein Grund, diese grundsätzliche Differenz dadurch zu verwischen, daß man zwischen verschiedenen Weisen des Existierens, Subsistierens oder potentiellen und aktualisierten Seins unterscheidet.[4] Die ontologische Grundfrage nach der Wahrheit der Existenzannahme und damit nach der tatsächlichen Existenz des (als existierend) angenommenen Gegenstands bleibt vielmehr in all diesen Fällen bestehen und wird gerade erst dringlich. Und obgleich wir in der Lage sind, jeden von uns intendierten Gegenstand zu benennen, und von allem, von dem wir widerspruchslos reden können, einen Begriff zu bilden vermögen, ist die Existenz eines Namens kein Garant für die Existenz eines bzw. des Trägers dieses Namens und die Existenz eines Begriffs etwas anderes als die Existenz des mit ihm (angeblich) Begriffenen bzw. eines Gegenstands, auf den dieser Begriff wahrheitsgemäß zuträfe. Daß wir über den Namen und/oder Begriff eines Gegenstands verfügen, berechtigt infolgedessen nicht im geringsten dazu, diesem deshalb irgendeine Art oder Weise der Existenz zuzusprechen.

§ 43 Die Irreduzierbarkeit von ›Gott existiert‹

Daß Gottes Existenz in aller Rede von Gott vorausgesetzt wird, ist somit zwar ein Grundtatbestand dieser Rede, sagt aber nichts darüber aus, daß Gott auch tatsächlich existiert. Die Wahrheit dieser Grundannahme ist vielmehr hypothetisch in Anspruch zu nehmen, um christliche Rede von Gott als wahr oder falsch charakterisieren bzw. kategorisch behaupten zu können, damit der Wahrheitsanspruch christlicher Rede mit Recht aufrechterhalten werden kann. Doch sowohl die hypothetische Inanspruchnahme dieser Wahrheit seitens der analysierenden Philosophie als auch ihre kategorische Behauptung seitens der rekonstruierenden Theologie un-

4 Vgl. B. Russell, *The Principles of Mathematics*, London ²1937, S. 449f. A. Meinong, *Über Annahmen*, Leipzig 1902; ders. u. a., *Untersuchungen zur Gegenstandstheorie und Psychologie*, Leipzig 1904; ders., *Über die Stellung der Gegenstandstheorie im System der Wissenschaften*, Leipzig 1907; dazu die kritische Besprechung dieser Arbeiten durch Russell in Teil II der von D. Lackey herausgegebenen Aufsatzsammlung B. Russell, *Essays in Analysis*, London 1973, S. 21–93.

terstreicht nur die prinzipielle Differenz zwischen Wahrheitsbehauptung und Wahrheit oder gar Wahrheitserweis.

Doch nicht allein die Wahrheit, sondern auch die ontologische Relevanz von ›Gott existiert‹ als der Grundannahme christlicher Rede ist noch durchaus offen. Denn handelt es sich dabei tatsächlich um ein irreduzibles »ontological commitment« dieser Rede und nicht nur um eine ontologisch irreführende façon de parler, die sich durch sprachlogische Reduktion beseitigen läßt?[1] Könnte durch solche Elimination nicht größere ontologische Ökonomie erzielt werden, ohne dem Wahrheitsanspruch dieser Rede Abbruch zu tun? Anders gefragt: Muß in christlicher Rede tatsächlich von *Gott* geredet werden oder kann nicht alles, was sie sagt, ausgedrückt werden, ohne von ihm zu reden?

Entmythologisierungsprogramme dieser Art haben nicht nur in der jüngsten theologischen Vergangenheit eine beachtliche Rolle gespielt.[2] Sie verfahren gemeinhin entweder so, daß sie den Ausdruck ›Gott‹ explizit definieren, so daß er durch sein Definiens systematisch ersetzt und damit aus christlicher Rede eliminiert werden kann. Beispiele für dieses Verfahren sind die altprotestantischen Bestimmungen von ›deus‹ als ›essentia spiritualis infinita‹[3] oder als ›spiritus independens‹.[4] Oder aber sie suchen keinen für ›Gott‹ substituierbaren Ausdruck(skomplex), sondern versuchen Transformationsregeln anzugeben, die jeden Zusammenhang, in dem von Gott die Rede ist, in einen anderen zu übersetzen erlauben, in dem dieser Ausdruck eliminiert ist. Beispiele für das letztere Verfahren finden sich in Brauns Rede von der Mitmenschlichkeit,[5] van Burens Ansatz, christliche Rede als Rede über »the goal of human existence«, über »the truth about

1 Vgl. Quine, (§ 42 Anm. 1), S. 260f.

2 Vgl. R. B. Braithwaite, Die Ansicht eines Empiristen über die Natur des religiösen Glaubens, in: *Sprachlogik des Glaubens*, hg. v. I. U. Dalferth, München 1974, S. 167–189; H. Braun, Der Sinn der neutestamentlichen Christologie, in: *Gesammelte Studien zum Neuen Testament und seiner Umwelt*, Tübingen ²1967, S. 243–282; ders., Die Problematik einer Theologie des Neuen Testaments, aaO., S. 325–341; vgl. dazu H. Gollwitzer, *Die Existenz Gottes im Bekenntnis des Glaubens*, München ⁵1968 und H. Braun, Gottes Existenz und meine Geschichtlichkeit im Neuen Testament. Eine Antwort an H. Gollwitzer, in: *Zeit und Geschichte. Dankesgabe an Rudolf Bultmann zum 80. Geburtstag*, Tübingen 1964, S. 399–421; P. van Buren, *The Secular Meaning of the Gospel Based on an Analysis of its Language*, London 1963(=Harmondsworth 1968); R. W. Hepburn, *Christianity and Paradox*, London 1958; F. Kambartel, Theologisches, *Zeitschrift für Evangelische Ethik* 15, 1971, S. 309–311.

3 J. Gerhard, *Loci Theologici*, hg. v. E. Preuss, Berlin 1863, S. 287: »Deus est essentia spiritualis simplicissima, infinita, immensae bonitatis, sapientiae et potentiae, justa, verax ...«. Vgl. L. Hutter, *Compendium Locorum Theologicorum*, hg. v. W. Trillhaas, Berlin 1961, S. 4: »DEUS est essentia spiritualis, intelligens, aeterna, verax, bona, pura, iusta, misericors, liberrima, immensae potentiae et sapientiae ...«.

4 D. Hollatz, *Examen theologicum acroamaticum*, Vol. I, Darmstadt 1971, S. 323. Genauer definiert er (im Sinn einer descriptio, nicht einer logisch perfekten definitio Dei): »DEUS est essentia spiritualis independens trium personarum Patris, Filii & Spiritus Sancti.«

5 AaO., (Anm. 2).

man and the world« oder über »the key to the meaning of life« zu paraphrasieren[6] oder Kambartels Versuch, Grundtermini christlicher Rede von Gott synkategorematisch durch ein System definierter Begriffe zu ersetzen, die nicht mehr von Gott, sondern ausschließlich von einem in bestimmter Weise qualifizierten Leben und dessen Konsequenzen reden.[7] Die Problematik dieser Eliminationsversuche besteht darin, daß es ihnen entweder nicht gelingt, das mit der Rede von Gott verbundene »ontological commitment« aufzulösen, indem sie nur einen anderen Ausdruckskomplex an die Stelle von ›Gott‹ setzen, ohne auch seine sprachlogische Funktion zu verändern, oder aber, daß ihre Transformationsregeln zentrale Bereiche christlicher Rede, insbesondere ihre eschatologischen Wahrheitsbehauptungen, nicht erfassen und damit wesentlich reduktionistisch sind. Doch selbst wenn von Gott nicht geredet werden müßte, sondern die Bezugnahme auf ihn systematisch durch die Bezugnahme auf andere Gegenstände ersetzt werden könnte, würde daraus nicht folgen, daß er nicht existiert. Im Gegenteil: die bei solcher Elimination anzunehmende Identität der Bezugsgegenstände, ohne welche die ersetzende Übersetzung nicht adäquat wäre, hat geradezu zur Folge, daß die Existenz der letzteren die Existenz Gottes impliziert.[8]

Die Frage, ob mit ›Gott existiert‹ ein irreduzibles »ontological commitment« christlicher Rede artikuliert wird, entscheidet sich demnach nicht am Wort ›Gott‹ und dessen definitorischer Ersetzbarkeit, sondern an der Funktion dieses Wortes und seiner Äquivalente in Prädikationen der Form ›Gott ist F‹. Ist diese designatorische Funktion von ›Gott‹ und der damit intendierte referentielle Akt für christliche Rede konstitutiv, oder kann sie systematisch durch Quantifikationen ersetzt werden, in deren Variablenbereich nicht mehr Gott, sondern nur noch andere Gegenstände fallen, ohne den Wahrheitsanspruch christlicher Rede aufzulösen? Orientiert man sich an Quines drastisch reduzierter Ontologie, der als Werte der gebundenen Variablen seiner extensionalen kanonischen Sprache nur Dinge (Gegenstände in Raum und Zeit) und Mengen zuläßt, dann erscheint eine solche Reduktion theologisch unmöglich. Doch gerade weil ein besonderes theologisches Interesse daran besteht, Gott weder als raumzeitlichen Gegenstand noch als Menge und damit als Konstrukt zu verstehen und seiner Existenz dennoch grundlegende und irreduzible ontologische Relevanz zuzusprechen, empfiehlt es sich, dieses Interesse im Licht der beiden ontologischen Prinzipien, mit denen Quine seine sparsame Ontologie begründet, auf seine Haltbarkeit zu prüfen. Quine hat diese Prinzipien in die beiden bekannten Schlagworte gefaßt: »Existence is what the existential quantifier

6 AaO., (Anm. 2), S. 151.
7 AaO., (Anm. 2).
8 Vgl. dazu in anderem Zusammenhang D. H. Mellor, Materialism and Phenomenal Qualities, *Aristotelian Society Supplementary Volume* XLVII, 1973, S. 107–119, S. 112f.

expresses«[9] und »No entity without identity«.[10] Ich wende mich ihnen in umgekehrter Reihenfolge zu.

§ 44 No entity without identity

Die letztgenannte These ist der Grund für Quines stereotypen Rekurs auf das *Problem der Individuation und Identität* bei der Diskussion ontologischer Fragen.[1] »Identität und Ontologie sind ... aus demselben Holze geschnitzt«,[2] denn um zu wissen, wie sich ein Gegenstand von anderen unterscheidet, müssen wir wissen, was er ist. Nur wenn wir das wissen und damit über Kriterien der Individuation für Entitäten einer bestimmten Sorte verfügen, können wir entscheiden, wo eine Entität dieser Art aufhört und eine andere beginnt.[3] Und nur Entitäten, die sich so eindeutig individuieren und damit identifizieren und reidentifizieren lassen,[4] können ontologische Relevanz besitzen und in der logischen Grammatik der kanonischen Sprache eine Rolle spielen. Andernfalls fallen sie Ockhams Rasiermesser zum Opfer, denn ›*entia non sunt multiplicanda praeter necessitatem*‹. Sätze, in denen diese Scheinentitäten zur Sprache kommen, sind daher systematisch und salva veritate in andere Sätze zu transformieren, in denen von diesen nicht mehr die Rede ist. Mit Hilfe des Prinzips der Individuation wird so ontologische Präzision als Elimination durch Transformation erreicht.

Die auf diesem Weg angestrebte ontologische Präzision ist die Anforderung an unsere Sprache oder Theorie, alle relevanten Wahrheiten eines Sachbereichs in möglichst konziser und präziser Weise zu formulieren, also nur die Gegenstände in den Wertbereich unserer gebundenen Variablen aufzunehmen, die wir aufnehmen müssen, um ihre Sätze wahr zu machen bzw. den Wahrheitsanspruch der in die kanonische Sprache übersetzten Behauptungen zu wahren. Diese Einstellung ist für Quine nicht etwa Ausdruck einer empiristischen Vorliebe für konkrete, sinnlich erfahrbare Gegenstände und einer daraus resultierenden dogmatischen Abneigung gegenüber allen abstrakten Entitäten. Denn daß er beispielsweise die Annahme der Existenz von Eigenschaften oder Propositionen ablehnt,[5] gründet nicht in einer prinzipiellen Aversion gegen abstrakte Gegenstände, sondern darin, daß sie im Gegensatz zu raumzeitlichen Gegenständen (Dingen

9 Vgl. Quine, (§ 23 Anm. 1), S. 134.

10 Vgl. Quine, (§ 12 Anm. 1), S. 37.

1 Vgl. Quine, (§ 12 Anm. 1), S. 16ff.31ff; ders., (§ 23 Anm. 2), S. 47ff; ders., Natürliche Arten, aaO. (§ 12 Anm. 1), S. 157–189, S. 170ff; ders., Propositionale Gegenstände, aaO., (§ 12 Anm. 1), S. 190–218, S. 193ff.

2 Quine, (§ 23 Anm. 2), S. 79.

3 AaO., S. 48ff.

4 Zum austauschbaren Gebrauch von ›Individuation‹ und ›Identifikation‹ vgl. J. Hintikka, (§ 21 Anm. 2), S. 62f.

5 Vgl. Quine, *Philosophy of Logic*, Englewood Cliffs, N. J. 1970, Kap. 1.

und Ereignissen) über kein brauchbares Individuationsprinzip verfügen. Und entsprechend akzeptiert er abstrakte Entitäten wie Mengen oder Klassen gerade deshalb, weil sie mit Hilfe des Extensionalitätsaxioms zuverlässig individuiert und identifiziert werden können.

Gerade hier wird allerdings auch eine prinzipielle Schwäche seiner Ontologiekonzeption deutlich: indem er nicht zwischen präsupponierten Konstrukten (abstrakten Gegenständen) und realen Gegenständen unterscheidet, reduziert er ontologische Reflexion insgesamt auf die Spezifizierung des Gegenstandsbereichs, über den eine Theorie quantifiziert, und konfundiert damit faktisch *semantische* und *ontologische* Fragen.[6] Denn daß Gegenstände, deren Existenz wir in unserem Reden annehmen und auf die wir uns ontologisch festlegen, als Gegenstände einer bestimmten Sorte identifiziert und individuiert werden können sollen, ist ein plausibles Postulat für alles Reden, das sich um Präzision, Eindeutigkeit und Verständlichkeit bemüht. Es ist freilich eher ein semantisches Postulat bezüglich der Klarheit unseres Redens als ein ontologisches Prinzip zur adäquaten Darstellung der Struktur vorgegebener Wirklichkeit. Seine Bedeutung wird dadurch aber in keiner Weise gemindert, da man das, was es gibt, niemals anders feststellen und vermitteln kann als dadurch, daß man sagt, was es gibt. Und obgleich das, was es gibt, nicht davon abhängt, was man sagt, hängt das, von dem man sagt, daß es dies gebe, sehr wohl davon ab.[7] Will man daher feststellen, welche ontologischen Ansprüche jemand erhebt und mit welchem Recht sie erhoben werden, ist man nicht nur darauf angewiesen zu verstehen, was mit der Behauptung ihrer Existenz eigentlich behauptet wird, sondern vor allem auch, von welchen Gegenständen er behauptet, daß sie existieren. Denn kann er uns nicht verständlich machen, wovon er redet und wie sich das von anderem derselben Art und anderen Arten unterscheidet, werden wir ihn selbst dann nicht verstehen können, wenn uns klar wäre, was mit Existenzbehauptung überhaupt zum Ausdruck gebracht werden soll.

Das gilt auch für christliche Rede von Gott. Diese ist durchaus nicht unverständlich, solange Gottes Existenz nicht erwiesen ist; sie bleibt aber mindestens mißverständlich, solange Gottes Identifizierbarkeit nicht gewährleistet wird. Erst wenn gezeigt ist, daß und wie der mit ›Gott‹ oder einem äquivalenten Ausdruck intendierte Referent christlicher Rede identifiziert werden kann, wird sich die Annahme von Gottes Existenz als irreduzibel und damit ontologisch relevant erweisen lassen.

6 Vgl. dazu die Kritik von R. Trigg, (§ 25 Anm. 4), Kap. 3.

7 Quine, (§ 42 Anm. 2), S. 103: »I am not suggesting a dependence of being upon language. What is under consideration is not the ontological state of affairs, but the ontological commitments of a discourse. What there is does not in general depend on one's use of language, but what one says there is does.«

§ 45 Existenz und Existenzquantor

Doch damit ist noch ganz ungeklärt, was mit Existenzbehauptungen eigentlich behauptet wird. Im Unterschied zur Identifizierbarkeitsforderung ist jedoch Quines andere These, Existenz sei genau das, was der Existenzquantor zum Ausdruck bringe, weit weniger plausibel. Zwar ist die in der Prädikatenlogik üblicherweise erlaubte Regel der Existenzgeneralisierung, die aus singulären Sätzen der Form ›a ist F‹ auf quantifizierte Sätze der Form ›Es gibt ein x und x ist F‹ zu schließen erlaubt, zweifellos nur gültig, wenn a existiert, so daß durch den Existenzquantor die zur Debatte stehende Existenz in der Tat ausgedrückt wird. Doch die Existenzquantifikation (Ex)Fx kann durchaus verschieden gedeutet werden, wie die Auseinandersetzung zwischen der etwa von Quine vertretenen referentiellen bzw. existentiellen und der von C. Lejewski[1] und R. Marcus[2] vorgeschlagenen substitutionellen Auslegung des Existenzquantors belegt. Dieser Auseinandersetzung läßt sich zumindest entnehmen, daß es nicht nur Existenzquantifikationen gibt, die bei referentieller Deutung falsch, bei substitutioneller hingegen wahr sind, sondern daß sich auch bestimmte, offensichtlich wahre Sätze bei referentieller Deutung überhaupt nicht durch (Ex)Fx ausdrücken lassen. So kann aus dem Satz ›Peter sagt, Pegasus könne fliegen‹ zwar nicht nach referentieller, wohl aber nach substitutioneller Deutung durchaus mit Recht gefolgert werden ›(Ex) (Peter sagt, x könne fliegen)‹, obgleich es Pegasus nicht gibt, während die offensichtlich korrekte Folgerung, daß Peter etwas sagt, referentiell nicht als ›(Ex) (Peter sagt x)‹ ausgedrückt werden kann, da man sich mit dieser Folgerung ja keineswegs auf die Existenz von Propositionen o. ä. festlegt, wie es diese Übersetzung nahelegen würde. Es hilft in diesem Fall auch nicht, wenn man mit Quine von einem »prima facie commitment to certain objects« spricht, die »can be . . . explained away as convenient fictions, manners of speaking«,[3] da der Rekurs auf ein ontologisches Reduktionsprogramm nicht darüber hinwegtäuschen kann, sondern geradezu belegt, daß der Existenzquantor nicht generell als adäquater Ausdruck des Sinns von ›existieren‹ bzw. ›existiert‹ verstanden werden kann. Ehe man Existenzbehauptungen durch Existenzquantifikationen ausdrückt, muß klar sein, was mit ›existieren‹ in ihnen gemeint ist und ob es mit dem, was der Existenzquantor formuliert, übereinstimmt bzw. durch diesen akzeptabel expliziert wird. Die bloße Übersetzung in die quantifizierte Sprache der Prädikatenlogik kann diese Frage nicht beantworten, sondern setzt sie, soll sie adäquat geschehen können, als beantwortet voraus.

1 C. Lejewski, Logic and Existence, *British Journal for the Philosophy of Science* 5, 1954/55, S. 104–119.

2 R. Barcan Marcus, Modalities and Intensional Languages, *Synthese* 13, 1961, S. 303–322; dies., Interpreting Quantification, *Inquiry* 5, 1962, S. 252–259. Vgl. dazu auch die Arbeiten in *Reference and Modality*, hg. v. L. Linsky, Oxford 1971.

3 Quine, (§ 42 Anm. 2), S. 103f.

Es ist demnach nicht von vornherein ausgemacht, daß ›existiert‹ in ›Gott existiert‹ im Sinne des Existenzquantors verstanden werden muß oder auch nur verstanden werden kann. Die bloße Übersetzung dieses Satzes in die Sprache der Prädikatenlogik ist folglich nicht schon eine zureichende Antwort auf die Frage nach dem Sinn der mit diesem Satz in christlicher Rede aufgestellten Behauptung. Dennoch können solche Übersetzungsversuche dazu beitragen, wenn schon keine Antwort, so doch eine präzisere Formulierung der Frage zu finden.

§ 46 Der logische Status von ›Gott existiert‹

Wie ist die Behauptung ›Gott existiert‹ logisch zu analysieren? Diese Frage impliziert nicht, daß es nur eine mögliche logische Analyse gibt. Wir haben daher ebenfalls zu fragen, welche logische Analyse, wenn überhaupt eine, den in christlicher Rede mit dieser Behauptung intendierten Sinn am adäquatesten expliziert.

Wie der Satz ›Gott existiert‹ logisch zu analysieren ist, entscheidet sich daran, ob man ihn als einen *singulären* oder *generellen* Existenzsatz auffaßt. Dies ist keineswegs nur ein sprachlogisches Problem, sondern eine Frage von erheblicher theologischer Relevanz. Impliziert sie doch eine Entscheidung darüber, ob ›Gott‹ in christlicher Rede als singulärer oder als genereller Term, als Name oder als Begriff verwendet wird. Nicht wenige Theologen sehen hier ein sprachlogisches Kriterium, das grundsätzlich zwischen christlicher und metaphysischer, theologischer und philosophischer Rede von Gott zu unterscheiden erlaubt. Grundsätzlich, weil die Verwendung von ›Gott‹ als Name oder als Begriff H.G. Geyer zufolge keine logische Disjunktion, sondern eine totale Alternative darstellt,[1] eine Ansicht, die auch W. Elerts Postulat zugrundeliegt, wir dürften (als Theologen) das Wort ›Gott‹ nur gebrauchen, »wenn wir ›Gott selbst‹ meinen. Es kann also ... niemand und nichts und in keinerlei Sinn als Prädikat beigelegt werden«.[2]

Diese Position wird keineswegs von allen Theologen geteilt. Thomas von Aquin z. B. argumentiert, daß die »propositio ... *Deus est*« eine als wahr behauptete Proposition darstelle, insofern »*esse*« hier »significat compositionem propositionis, quam anima adinvenit coniungens praedicatum subjecto«.[3] Das aber bedeutet, daß ›deus‹ hier nicht als Eigenname im logischen Sinn fungieren kann, sondern als nomen naturae oder, wie Geach

1 H. G. Geyer, Metaphysik als kritische Aufgabe der Theologie, in: *Theologie zwischen Gestern und Morgen. Interpretationen und Anfragen zum Werk Karl Barths*, hg. v. W. Dantine/K. Lüthi, München 1968, S. 247–260, S. 258.

2 W. Elert, *Der christliche Glaube. Grundlinien der Lutherischen Dogmatik*, Hamburg ^{5}1960, S. 201.

3 Thomas von Aquin, *Summa theologica* I, q. 3, a. 4, ad 2.

sagt, als »a descriptive, predicable, term«[4] verstanden werden muß. Denn es müßte sonst nicht nur ›esse‹ in dieser Prädikation als semantisches Prädikat fungieren, sondern der Ausdruck ›deus‹ wäre auch gänzlich inkommunikabel[5] und man könnte nicht fragen, ob es einen Gott oder mehrere Götter gibt. Geach faßt dementsprechend Thomas von Aquins Ansicht dahingehend zusammen, daß in »›God exists‹ we are not predicating something of God, but predicating the term ›God‹ itself; ›Got exists‹ means ›something or other is God‹«.[6]

Daß ›Gott‹ in ›Gott existiert‹ als Prädikator fungiert, schließt sprachlogisch allerdings nicht aus, daß er in Äußerung der Form ›Gott ist F‹ nicht auch designatorisch verwendet werden kann. Die von H.G. Geyer konstatierte totale Alternative beider Gebrauchsweisen ist daher sprachlogisch nicht haltbar. Denn »a definite description can significantly take the place of a proper name, as subject of a proposition«.[7] ›Gott‹ muß in ›Gott ist F‹ dann aber genauer expliziert werden als »the one and only God«,[8] da er nur in diesem oder einem entsprechenden Verständnis als bestimmte Beschreibung zum Vollzug eines referentiellen Aktes verwendet werden kann.

§ 47 ›Gott existiert‹ als singulärer Existenzsatz

Die von Geach im Anschluß an Thomas von Aquin vorgeschlagene Interpretation von ›Gott‹ als eines Prädikators und damit generellen Terms ist zwar eine sprachlogisch mögliche, aber christliche Rede von Gott nicht adäquat explizierende Auffassung. Denn christliche Rede verwendet mit dem

4 P. Geach, Form and Existence, in: ders., *God and the Soul*, London 1969, S. 42–64, S. 57.
5 Thomas von Aquin, S. th. I, q. 13, a. 9 crp.
6 Geach, (Anm. 4), S. 57. – Thomas orientiert seine Analyse an einem doppelten Gebrauch von *esse*: einerseits dient es substantiell gebraucht zur Bezeichnung des *actus essendi*, andererseits akzidentell gebraucht zur Bildung eines Subjekt-Prädikat-Satzes (S. th. I, q. 3, a. 4, ad 2). Insofern es in *deus est* in letzterem Sinn gebraucht ist, ist dieser Satz nach dem Modell von *caecitas est* zu analysieren: »dicimus quod caecitas est, quia verum est hominem esse caecum« (De pot., q. 7, a. 2, ad 1). Sein fungiert hier als akzidentelles Prädikat, das klarstellt, daß es sich bei caecitas um kein leeres Prädikat handelt. In dem Satz *Socrates est* hingegen ist *esse* ein substantielles Prädikat, insofern das Sein »quod in sui natura unaquaeque res habet, est substantiale« (In V Metaph. lect. 9 [nr. 896]). Gemäß Aristoteles (*Metaphysik* △ 7, 1017 a 22–35) kann man ›sein‹ also »entweder gebrauchen, um das Sein auszudrücken, das einem *Seienden* in dem Sinn zukommt, daß es einer der zehn Kategorien gemäß *verwirklicht* ist, oder man kann es gebrauchen, um das Sein auszudrücken, das einem *Satz* in dem Sinne zukommt, daß die mit ihm gemachte Aussage *wahr* ist«. H. Weidemann, »Socrates est«: Zur Logik singulärer Existenzaussagen nach Thomas von Aquin, in: *Miscellanea Mediaevalia*, Band 13/2, *Sprache und Erkenntnis im Mittelalter*, Berlin/New York 1981, S. 753–758, S. 753; vgl. ders., »Socrates est«/»There is no such thing as Pegasus«: Zur Logik singulärer Existenzaussagen nach Thomas von Aquin und W. van Orman Quine, *Philosophisches Jahrbuch* 86, 1979, S. 42–59.
7 Geach, (Anm. 4), S. 58.
8 Ebd.

Ausdruck ›Gott‹ zwar einen auch andersweitig und durchaus auch anders gebrauchten Ausdruck, auf den sie kein Monopol besitzt, sie verwendet ihn aber in einem ganz präzisen Sinn und zur Bezugnahme auf ein ganz bestimmtes Wesen. Gerade das aber kann im Horizont der von Geach vorgeschlagenen Analyse nicht einsichtig gemacht werden. Ich begnüge mich damit, dies an zwei Überlegungen zu verdeutlichen.

Zum einen erfordert die reflektierte Verwendung eines generellen Terms, daß er durch Beispiel und Gegenbeispiel so eingeführt werden kann, daß deutlich wird, worauf er zutrifft und worauf er nicht zutrifft. Versucht man aber ›Gott‹ so einzuführen, dann wird sofort deutlich, daß man zwar eine unbegrenzte Zahl von Gegenständen nennen kann, auf die er prädikativ nicht zutrifft, daß man aber nicht anzugeben vermag, worauf er positiv zutrifft.[1] Die Folge ist, daß die Verwendung von ›Gott‹ rein negativ geregelt ist und damit offen bleibt, ob er überhaupt auf irgendetwas und nicht vielmehr auf nichts zutrifft. Das aber bedeutet, daß man auch bei designatorischer Verwendung von ›Gott‹ im Rahmen einer bestimmten Beschreibung wie z. B. »the one and only God« nicht in der Lage ist, den Referenten dieser Wendung positiv zu spezifizieren.[2] Es bleibt damit nicht nur offen, ob mit dieser Wendung ein referentieller Akt überhaupt vollzogen und nicht nur intendiert wird, sondern selbst die Möglichkeit einer solchen Intention erscheint fragwürdig, solange man den intendierten Bezugsgegenstand nicht zu spezifizieren und damit zu identifizieren vermag.[3] Mit dieser Konsequenz aber ist die Pointe christlicher Rede von Gott gänzlich verfehlt, weil diese geradezu davon lebt, von einem nicht nur negativ charakterisierbaren und damit überhaupt nicht identifizierbaren Wesen zu reden, sondern von einem ganz bestimmten Gott, dessen Existenz sie in all ihrem Reden präsupponiert und behauptet.

Doch selbst wenn man von dieser Konsequenz der Auffassung von ›Gott‹ als eines generellen Terms absieht und eine Paraphrasierung der von Geach vorgeschlagenen Art für möglich hält, weil man glaubt, imstande zu sein, den in Äußerungen der Form ›Gott ist F‹ mit ›Gott‹ intendierten Referenten positiv durch eine Menge von Beschreibungen charakterisieren zu können, so daß man sagen kann, daß mit ›the one and only God‹ und mit anderen Beschreibungen wie z. B. ›der Vater Jesu Christi‹ auf *dasselbe* Wesen Bezug genommen wird, so ist man immer noch mit einem anderen, grundlegenden Einwand konfrontiert. Denn wie B. Miller gezeigt hat, vermag in diesem Fall nicht die Differenz zwischen der »uniqueness of a *precise* indivi-

1 Vgl. M. Gatzemeier, *Theologie als Wissenschaft*, Bd. II: *Wissenschafts- und Institutionenkritik*, Stuttgart-Bad Cannstatt 1975, S. 33.

2 Vgl. M. Durrant, *The Logical Status of ›God‹*, London 1973, S. 58f.

3 Daß *identifizieren* etwas anderes ist als *erkennen*, wurde und wird im Gefolge des Logischen Empirismus immer wieder übersehen. Vgl. R. S. Heimbeck, *Theology and Meaning. A Critique of Metatheological Scepticism*, London 1969, S. 106ff.

dual« und der »uniqueness of *precisely one* individual« gewahrt zu werden.[4] Dieser Unterschied aber ist in allen Fällen, in denen wir nicht nur von fiktionalen Wesen reden, entscheidend. Denn wenn wir von Sokrates oder christlich von Gott reden, dann meinen wir ein ganz bestimmtes Individuum und nicht irgendeines, und sei es nur eines, das einer Liste von uns spezifizierter Beschreibungen genügt. Aber während »›Socrates exists‹ can be made true only by a precise individual, its putative reparsing could be made true by any (though only one) individual that is a philosopher, a Greek, etc.«.[5] Entsprechend ist dann aber auch Geachs Analysevorschlag unzureichend, weil in christlicher Rede von Gott nicht nur von einem, sondern von einem ganz bestimmten und in ganz bestimmter Weise erfahrenen Wesen geredet wird. Dieses bestimmte, mit ›Gott‹ nach dem Verständnis des christlichen Glaubens in christlicher Rede intendierte Wesen ist das Subjekt der rettenden und neuschaffenden Anrede, als die Jesus von Nazareth erfahren wurde und immer wieder erfahren wird. Sofern mit ›Gott‹ in christlicher Rede auf dieses bestimmte Wesen Bezug genommen wird, wird der auch andersweitig verwendete Ausdruck ›Gott‹ zu einem neuen Gebrauch gesetzt, der dazu nötig, ihn nicht mehr länger als generellen, sondern als singulären Term zu charakterisieren. Denn die Charakterisierung eines Ausdrucks als generell oder singulär ist eine Auskunft über seine *sprachlogische Funktion in einem bestimmten Redekontext* und nicht die Konstatierung eines ihm inhärenten Wesenszugs. Nicht seine sprachliche Gestalt, sondern seine sprachliche Verwendungsweise weisen einen Ausdruck als singulär oder generell aus. Dagegen spricht auch nicht, daß bestimmte Ausdrücke wie ›Peter‹ oder ›Hans‹ in unserem Sprachsystem konventionell ausschließlich als Namen fungieren, weil dies eben nichts anderes als eine Folge ihrer ausschließlich designatorischen Verwendung ist. Und umgekehrt spricht die Tatsache, daß der Ausdruck ›Gott‹ im Deutschen sowohl prädikativ als auch designatorisch verwendet wird, nicht im geringsten gegen die aus der Explikation des christlichen Glaubens resultierende theologische These, daß ›Gott‹ in *christlicher* Rede ausschließlich als Designator zur Bezugnahme auf ein ganz bestimmtes Individuum fungiert. Denn man »muß sich nicht dadurch täuschen lassen, daß die Sprache manchmal dasselbe Wort teils als Eigennamen, teils als Begriffswort gebraucht«,[6] aber ebensowenig darf man sich darüber täuschen, daß der

4 B. Miller, In Defense of the Predicate ›Exists‹, *Mind* 84, 1975, S. 338–354. Derselbe Gegensatz könnte auch anhand des von Schleiermacher betonten Unterschieds zwischen *Individuum* und *Exemplar* aufgezeigt werden: auch daß er einziges Exemplar einer bestimmten Gattung bzw. Art wäre, würde einen Menschen noch nicht als bestimmtes Individuum kennzeichnen. Vgl. F. D. E. Schleiermacher, *Die christliche Sitte*, hg. v. L. Jonas, Berlin ²1884, § 51, S. 17. Zum Problem vgl. auch M. Frank, (§ 17 Anm. 5), bes. S. 190ff.

5 Miller, (Anm. 4), S. 341.

6 G. Frege, Über Begriff und Gegenstand, in: ders., *Funktion, Begriff, Bedeutung. Fünf logische Studien*, hg. v. G. Patzig, Göttingen ³1969, S. 66–80, S. 75.

sprachlich teils auch als Begriffswort gebrauchte Ausdruck ›Gott‹ in christlicher Rede ausschließlich wie ein Eigenname gebraucht wird.

Ich komme daher zu dem Schluß, daß ›Gott‹ in christlicher Rede als *singulärer Term* fungiert und ›Gott existiert‹ dementsprechend als *singulärer Existenzsatz* verstanden werden muß. Damit ist die in § 46 gestellte Frage dahingehend zu präzisieren, wie die Behauptung des singulären Existenzsatzes ›Gott existiert‹ logisch zu analysieren und hermeneutisch zu verstehen sei.

Teil B Singuläre Existenzsätze

§ 48 Die Problematik singulärer Existenzsätze

Daß ›Gott existiert‹ theologisch als singulärer Existenzsatz zu verstehen ist, macht seine logische Analyse problematisch. Denn singuläre Existenzsätze der Form ›a existiert‹ werfen im Horizont der schon von I. Kant[1] und B. Bolzano[2] vertretenen und von G. Frege[3] und B. Russell[4] zu kanonischer Geltung gebrachten Existenzanalyse grundsätzliche Probleme auf. Diese geht davon aus, daß Existenzsätze im Unterschied zu Sätzen der Form ›a ist F‹ keine Subjekt-Prädikat-Sätze sind. Dafür werden in der Regel mindestens zwei Gründe angeführt, und zwar die Paradoxien, die sich angeblich aus negativen Existenzsätzen und aus der Auffassung der Existenz als einer Eigenschaft ergeben.

Das angebliche Paradox negativer Existenzsätze haben wir oben schon kurz betrachtet und zurückgewiesen (§ 41). Doch es tritt nicht nur im Zusammenhang der dort diskutierten falschen sprachlogischen Theorie auf, alles, von dem man reden könne, müsse auch in irgendeiner Weise existieren. In der neueren Diskussion wird es vielmehr vor allem als eine Konsequenz der seit Frege und Russell üblichen hypothetischen Interpretation affirmativer Sätze wie ›Tiger sind gestreift‹ eingeführt, bei denen an Subjektstelle ein genereller Term auftritt. Denn Sätze dieser Form werden in der kanonischen Logiksprache paraphrasiert als ›Für jedes x gilt: wenn x ein Tiger ist, dann ist x gestreift‹ oder kurz ›Wenn es ein x gibt, das ein Tiger ist, dann ist x gestreift‹. Wären nun Existenzsätze wie ›Tiger existieren‹ von derselben Form, müßten sie entsprechend paraphrasiert werden können. Das aber führt bei negativen Existenzsätzen wie ›Tiger existieren nicht‹ zu einem Widerspruch, da dieser nunmehr lauten würde ›Wenn es ein x gibt, das ein Tiger ist, dann existiert x nicht‹. Folglich können Existenzsätze nicht von derselben logischen Form wie Prädikationen sein.[5]

1 Am deutlichsten in *Der einzig mögliche Beweisgrund zu einer Demonstration des Daseyns Gottes* (1763), *Werke in zehn Bänden*, hg. v. W. Weischedel, Bd. 2, Darmstadt ³1968, A 4ff.

2 B. Bolzano, *Wissenschaftslehre*, Bd. 2, 2. Neudruck der 2. Aufl. Leipzig 1929–31 = Aalen 1981, § 137 und §§ 171–173.

3 G. Frege, *Die Grundlagen der Arithmetik*, Breslau 1884 = Darmstadt 1961, S. 64f. Vgl. ders., (§ 41 Anm. 3), S. 74f.

4 B. Russell/A. N. Whitehead, *Principia Mathematica*, Cambridge ²1927, S. 174f; B. Russell, The Philosophy of Logical Atomism, in: ders., *Logic and Knowledge. Essays 1902–1950*, hg. v. R. C. Marsh, London 1971, S. 175–281, S. 228ff.

5 Vgl. G. E. Moore, Is Existence a Predicate?, in: ders., *Philosophical Papers*, London 1959, S. 115–126; D. F. Pears and J. Thomson, Is Existence a Predicate?, in: *Philosophical Logic*, hg. v. P. F. Strawson, Oxfort 1967, S. 97–102 und S. 102–106.

Doch der Widerspruch tritt offensichtlich erst in der logischen Paraphrase auf und ist Resultat einer referentiellen oder existentiellen Interpretation des Quantors. Stellt man aber in Rechnung, daß im Antecedens eines hypothetischen Konditionals nicht affirmiert wird, dann reduziert sich der scheinbare Widerspruch auf die Pointe, daß ›es gibt‹ und ›existiert‹ nicht gleichbedeutend sind. Aus der Tatsache, daß der Existenzquantor kein Prädikat (erster Ordnung) ist, folgt daher nicht, daß auch ›existiert‹ kein Prädikat (erster Ordnung) sein kann. Der negative Existenzsatz ›Tiger existieren nicht‹ läßt sich vielmehr durchaus so verstehen, daß von Tigern prädiziert (wenn auch nicht affirmativ behauptet) wird, daß sie existieren, und daß die Prädikation ›Tiger existieren‹ dann negiert und damit affirmativ behauptet wird, daß es nicht der Fall sei, daß Tiger existieren. Man muß sich daher nur klar machen, daß bei Prädikationen nicht immer schon eine Behauptung vorliegt, da sie auch als Antecedentia in hypothetischen Konditionalsätzen und damit nicht affirmiert vorkommen können. Denn auch bei hypothetischen Sätzen wird der *gesamte* Satz und nicht Vorder- und Hintersatz getrennt behauptet, so daß sich das angebliche Paradox negativer Existenzsätze als Schein auflöst, da man nicht zuerst behauptet,[6] was dann bestritten wird.

Die eben vorgetragene Überlegung erweist zugleich auch die Auffassung als irrtümlich, Existenz könne nicht als Eigenschaft verstanden werden, weil man dann dazu gezwungen sei, auch Nichtexistenz als Eigenschaft anzuerkennen. Denn wer behauptet ›Sokrates existiert nicht‹, schreibt diesem selbst dann keine Eigenschaft Nichtexistenz zu, wenn man ›existieren‹ als Prädikat auffaßt, da er nichts anderes feststellt, als daß es nicht der Fall sei, daß das Prädikat ›existieren‹ auf Sokrates zutrifft.

§ 49 Kants These

Die gemeinhin gegebenen Begründungen für die Ansicht, Existenz könne nicht als Eigenschaft aufgefaßt werden, so daß Existenzsätze grundsätzlich anders zu behandeln seien als Subjekt-Prädikat-Sätze (Prädikationen), sind somit hinfällig. Doch das bedeutet noch nicht unbedingt, daß deshalb auch die Grundthese der neueren (kanonischen) Existenzanalyse, Existenzsätze seien entgegen ihrer grammatischen Oberflächenstruktur in ihrer logischen Tiefenstruktur nicht prädikativ, falsch sein müßte. Ihr liegt vielmehr eine durchaus richtige intuitive Einsicht zugrunde, auch wenn sie in den angeführten Argumenten nur unangemessen zur Darstellung kommt.

Kant hat diese Einsicht pointiert in der These formuliert, daß ›existieren‹

6 Geach, (§ 41 Anm. 4).

bzw. ›sein‹ zwar ein logisches, aber kein »reales Prädikat«[1] sei. Denn im Unterschied zu anderen Prädikaten kann es bei der »Bestimmung eines Dinges«, und d. h. bei seiner Beschreibung und der Definition seiner Sachhaltigkeit (Realität), grundsätzlich keine Rolle spielen. Einem Gegenstand a, der durch die Eigenschaften F, G und H charakterisiert ist, wird keine weitere charakterisierende Eigenschaft zugesprochen, wenn man von ihm behauptet, daß er existiert, wie Kants berühmtes Beispiel von den hundert Talern illustrieren will. Das Prädikat ›existieren‹ ist daher kein »Begriff von irgend etwas, was zu dem Begriff eines Dinges hinzukommen könne«, da sonst der Gegenstand a und der existierende Gegenstand a zwei verschiedene Gegenstände wären. Dennoch aber sind die Sätze ›a ist F, G und H‹ und ›a ist F, G und H und a existiert‹ nicht einfach gleichbedeutend und die Existenzaussage damit redundant und uninformativ. Kant betont vielmehr ausdrücklich, »daß ein jeder Existentialsatz synthetisch sei«, so daß man mehr weiß, wenn man mitgeteilt bekommt, ›a ist F, G und H und a existiert‹ als wenn man nur erfährt ›a ist F, G und H‹. Doch worin besteht dieses Mehr an Information? Darin, daß man nicht nur über die *Bestimmungen* (F, G, H) von a, sondern auch über seine *Position* in Kenntnis gesetzt wird und damit nicht nur weiß, *was*, sondern auch, *daß* a ist. Durch Existenzsätze wie ›a existiert‹ wird man über »die Position eines Dinges . . . an sich selbst mit allen seinen Prädikaten« informiert und bekommt damit im Unterschied zu ›a ist F, G und H‹ nicht nur einen *Begriff* von a mitgeteilt, sondern erhält die Versicherung, daß dieser Begriff *nicht leer* sei. Daß der Begriff von a nicht leer ist, ist aber keine Eigenschaft, die unter den Begriff von a fällt und unter diesem zusammengefaßt wird, da damit nichts über den Gegenstand a, sondern über dessen Begriff ausgesagt ist. Es besteht daher ein prinzipieller Unterschied zwischen den Bestimmungsprädikaten (realen Prädikaten) F, G, H von a und dem Positionsprädikat ›existiert‹, denn es ist – wie Kant an anderer Stelle formuliert – »das Dasein in den Fällen, da es im gemeinen Redegebrauch als ein Prädikat vorkömmt, nicht so wohl ein Prädikat von dem Dinge selbst, als vielmehr von dem Gedanken, den man davon hat«.[2] In Existenzsätzen wie ›Gott existiert‹ wird also nicht so sehr etwas von Gott, als vielmehr (unser Begriff) ›Gott‹ von etwas prädiziert und damit gesagt: » Etwas Existierendes ist Gott, das ist, einem existierenden Dinge kommen diejenigen Prädikate zu, die wir zusammen genommen durch den Ausdruck, Gott, bezeichnen«.[3]

1 I. Kant, *Kritik der reinen Vernunft*, aaO., (§ 48 Anm. 1), Bd. 3 und 4, B 626. Die folgenden Zitate finden sich auf den Seiten B 626ff.

2 Kant, (§ 48 Anm. 1), A 6.

3 AaO., A 12. Vgl. oben § 46.

§ 50 Die kanonische Existenztheorie

Es ist eben diese Existenzauffassung, die auch G. Frege[1] und B. Russell[2] vertreten, wenn sie Existenz als ein Prädikat zweiter Ordnung und damit als eine Eigenschaft nicht von Gegenständen, sondern von Begriffen bzw. Satzfunktionen charakterisieren. ›Menschen existieren‹ heißt demzufolge nicht, daß Existenz, sondern daß ›Mensch‹ prädiziert wird. Damit wird behauptet, daß der Begriff ›Mensch‹ nicht leer, sondern in wenigstens einigen Exemplaren instantiiert ist bzw. daß es unter allen Gegenständen einige gibt, die Menschen sind. Existenzsätze erweisen sich analytischer Betrachtung dann aber nicht als Prädikationen, sondern als generelle Sätze der Form ›Es gibt ein x und x ist ...‹ [›(Ex) ...x...‹]. Der Sinn des Existenzprädikats wird dabei auf das reduziert, was der Existenzquantor ausdrückt, und da dieser prinzipiell nicht prädikativ gebraucht wird, scheint Kants Einsicht, daß ›existieren‹ kein reales Prädikat ist, in präzisierter Weise gewahrt.

Doch das ist nur zum Teil richtig. Denn mit der seit Frege und Russell kanonischen These, daß Existenz kein Prädikat erster, sondern zweiter Stufe oder Ordnung sei, ist allenfalls ein sekundärer, nicht aber der primäre Aspekt von Kants Existenzanalyse logisch präzisiert.[3] Das zeigt sich am klarsten an der Behandlung singulärer Existenzsätze der Form ›a existiert‹. Im Horizont der kantischen Konzeption stellen diese kein prinzipielles Problem dar. Reduziert man aber, wie die kanonische Existenztheorie, den Sinn von ›existieren‹ auf den Existenzquantor, ergibt sich eine folgenreiche Aporie. Ist nämlich Existenz ein Prädikat zweiter Ordnung und sind damit alle Existenzsätze generelle Sätze, wie kann man dann von einem individuellen Gegenstand überhaupt sinnvoll sagen, daß er existiert? Ein Widerspruch scheint sich nur auf zwei Weisen vermeiden zu lassen, die auch beide ihre Vertreter haben: Entweder man bestreitet, daß es einen solchen Widerspruch gibt, sei es, indem man die Existenz singulärer Existenzsätze leugnet, sei es, indem man ihre Vereinbarkeit mit der kanonischen Theorie aufzuweisen sucht. Oder aber man schränkt den universellen Anspruch der kanonischen Theorie, alle Existenzsätze seien generelle Sätze, kritisch ein und unterstellt »that ›exists‹ is ambiguous, being sometimes a first level predicate and only sometimes (not always) a second level one«.[4]

1 Vgl. § 48 Anm. 3. Frege ist sich dessen durchaus bewußt. In einem undatierten Brief an Peano bemerkt er, daß »bei den meisten Logikern große Unklarheit über das Wesen dieser Existentialurteile zu herrschen scheint, und zwar bei den Nachfolgern Booles ebenso wie bei den psychologischen Logikern, obwohl schon Kant in seiner Kritik des ontologischen Beweises vom Dasein Gottes auf der richtigen Fährte gewesen zu sein scheint«. *Wissenschaftlicher Briefwechsel*, hg. v. G. Gabriel u. a., Hamburg 1976, S. 176.

2 Vgl. § 48 Anm. 4, S. 232: »Existence is essentially a property of a propositional function.«

3 Das ist insbesondere gegenüber E. Morscher, Ist Existenz ein Prädikat? Historische Bemerkungen zu einer philosophischen Frage, *Zeitschrift für Philosophische Forschung* 28, 1974, S. 120–132 kritisch zu betonen.

4 Miller, (§ 47 Anm. 4), S. 338.

§ 51 Freges Vorbehalt

Daß singuläre Existenzsätze nur scheinbar der kanonischen Theorie widersprechen, wird auf verschiedene Weisen zu zeigen gesucht, an die hier nur kurz zu erinnern ist. So wird verschiedentlich behauptet, Existenzsätze der Form ›a existiert‹ seien trotz ihrer grammatikalischen Korrektheit sprachlogisch falsch gebildet und daher sinnlos. Ausdrücklich findet sich diese Ansicht bei Russell, der feststellt, daß »›*a* exists‹ (where *a* is a term satisfying φ) is a mere noise or shape, devoide of significance«.[1] Vor ihm hatte dies ähnlich schon Frege formuliert und zugleich begründet: »Der Satz ›es gibt Julius Cäsar‹ ist weder wahr noch falsch, sondern sinnlos«. Denn es »kann das nie von einem Gegenstande ausgesagt werden, was ... von dem Begriffe ausgesagt wird«, und zwar aufgrund der sprachlich-grammatisch zwar oft verwischten, sprachlogisch aber entscheidenden prinzipiellen Differenz zwischen Begriff und Gegenstand.[2]

Von beiden wird die These von der Sinnlosigkeit singulärer Existenzsätze freilich differenzierter vertreten, als es diese Sätze nahelegen. Bei Frege zeigt sich das schon darin, daß er nicht dem Satz ›Julius Cäsar existiert‹, sondern ›Es gibt Julius Cäsar‹ vorwirft, sinnlos zu sein.[3] Denn fragt man sich, »ob in dem Worte ›existiert‹ des ersten Satzes im wesentlichen derselbe Inhalt liege wie in dem ›es gibt‹ des zweiten«,[4] so hat man das Frege zufolge entschieden zu verneinen. Denn die durch den Existenzquantor und damit »durch das Wort ›es gibt‹ ausgedrückte Existenz ist nicht in dem Worte ›existieren‹, sondern in der Form des partikulären Urteils enthalten«.[5] Der Sinnlosigkeitsvorwurf reduziert sich dann aber auf die Feststellung, daß der singuläre Existenzsatz ›Julius Cäsar existiert‹ nicht als partikuläres Urteil verstanden werden kann. Frege unterscheidet damit faktisch zwei Vorkommensweisen des Ausdrucks ›existieren‹, nämlich einmal seine Funktion »als ein bloßes Formwort«,[6] das bei Sätzen wie ›Menschen existieren‹ deren Form als partikuläre Urteile signalisiert, zum anderen aber sein Vorkommen in singulären Existenzsätzen, wo es »etwas vollkommen Selbstverständliches bedeutet«,[7] nämlich »die selbstverständliche Voraussetzung bei allen unseren Worten ..., daß die gebrauchten Worte nicht leer sind«, daß also der Ausdruck ›Julius Cäsar‹ kein »leerer Schall« ist, »sondern etwas bezeichnet«.[8]

1 B. Russell, *Introduction to Mathematical Philosophy*, London [13]1970, S. 165.

2 Frege, (§ 47 Anm. 6), S. 75.

3 Tschauder, (§ 38 Anm. 7), S. 107ff argumentiert vom Sprachgebrauch her genau umgekehrt, indem er z. B. Sätze wie ›Julius Caesar existiert‹ oder ›Goethe existiert‹ als textologisch inakzeptabel ablehnt.

4 Frege, (§ 41 Anm. 3), S. 68.

5 AaO., S. 74.

6 AaO., S. 69.

7 AaO., S. 74.

8 AaO., S. 67. Diese ›semantische‹ Interpretation singulärer Existenzsätze vertreten auch R.

§ 52 Russells Programm und Quines Radikalisierung

Frege begnügt sich mit dieser Feststellung und geht dem Sinn singulärer Existenzsätze, die sich nicht als partikuläre Urteile paraphrasieren lassen, nicht weiter nach. Doch was heißt es, Sätze der Form ›a existiert‹ würden zum Ausdruck bringen, daß ›a‹ kein leerer Schall ist? Russell hatte ja gerade diesen Sätzen vorgeworfen, daß sie »a mere noise« seien. Dennoch können seine weiteren Überlegungen als Beitrag zur Aufklärung gerade dieser Frage verstanden werden. Denn er behauptet, daß ›a existiert‹ ein bloßer leerer Schall sei, nur für den Fall, daß ›a‹ ein logischer Eigenname ist, also etwas, das näherungsweise durch die Demonstrativpronomina ›dies‹ oder ›das‹ ausgedrückt werden kann.[1] Für alle übrigen Fälle und damit auch für die von Frege erörterten Sätze wie ›Cäsar existiert‹ schlägt er mit seiner Theorie der Beschreibung[2] einen technisch genialen Ausweg vor, der nicht nur der grammatikalisch untadeligen Korrektheit solcher Sätze Rechnung trägt, sondern im Unterschied zu Frege die kanonische Theorie, Existenzsätze seinen immer generelle Sätze, auch für die von Frege aus dem Bereich dieser Theorie ausgeklammerten Existenzsätze zur Geltung zu bringen vermag. So liegt es für ihn trotz seines Sinnlosigkeitsverdikts über Sätze der Form ›a existiert‹ auf der Hand, daß Sätze wie ›Cäsar existiert‹ oder ›Pegasus existiert nicht‹ »are perfectly significant, are perfectly sober, true, decent propositions«.[3] Beides zusammen zu behaupten ist aber nur möglich, wenn diese Sätze gegen ihren grammatikalischen Schein nicht von der logischen Form ›a existiert‹ sind. Eben dies zeigt Russell, indem er die Ausdrücke ›Cäsar‹ oder ›Pegasus‹ in diesen Sätzen nicht als Namen von Gegenständen, sondern als verkappte Beschreibungen interpretiert.[4] Wird ›Pegasus‹ aber nicht als Eigenname, sondern als eine Beschreibung interpretiert, die sich als eine Liste von Eigenschaften spezifizieren läßt, durch die wir Pegasus charakterisieren, dann läßt sich ›Pegasus existiert nicht‹ im Rahmen der kanonischen Theorie problemlos formulieren als ›Es gibt (unter allen Gegenständen) keinen Gegenstand, dem die Eigenschaften eines geflügelten Pferdes zukommen‹. Und entsprechend erweist sich ›Cäsar existiert‹ als der generelle Satz ›Es gibt einen und nur einen Gegenstand, der ein römischer Feldherr war, den Rubikon überschritt, erdolcht wurde usf.‹.

B. Redmon, ›Exists‹, *Mind* 82, 1973, S. 56–72, S. 64.72: »... ›*a* exists‹ is a metalinguistic means of pointing out that ›a‹ has *a* use«, so »that ›exists‹ represents a metalinguistic concept – namely that the word preceding it has a use as a name«, und W. L. Gombocz, *Über E! Zur Semantik des Existenzprädikates und des ontologischen Argumentes für Gottes Existenz von Anselm von Canterbury*, Diss. der Universität Graz, Wien 1974, S. 45f. Zu Freges Auffassung vgl. auch H. D. Sluga, *Gottlob Frege*, London 1980, S. 87ff.

1 Zum Problem der logischen Eigennamen vgl. D. F. Pears, *Bertrand Russell and the British Tradition in Philosophy*, London ²1972, S. 46ff.119ff; Dalferth, (§ 2 Anm. 2), S. 78f.

2 Vgl. Dalferth, (§ 2 Anm. 2) S. 87ff.260f.

3 Russell, (§ 48 Anm. 4), S. 248.

4 AaO., S. 241ff.

Freges Bemerkung, ›Cäsar‹ würde in solchen Sätzen nicht nur als leerer Schall behauptet, wird damit von Russell dahingehend präzisiert, daß dies nichts anderes bedeute, als daß ›Cäsar‹ bzw. die diesen Ausdruck ersetzende Menge von Beschreibungen von etwas und nicht etwa Existenz von Cäsar prädiziert wird bzw. werden kann. Er muß dabei allerdings in Kauf nehmen, offensichtliche Namen als Kurzformeln für Beschreibungen auszugeben und damit zu eliminieren, obgleich er nicht so weit geht, damit die logische Funktion von Namen überhaupt zu bestreiten, wie seine Theorie der logischen Eigennamen belegt. Diese, wie er meint, Inkonsequenz beseitigt Quine, indem er Russells Ansatz im Rahmen der durch die Identität erweiterten kanonischen Prädikatenlogik radikalisiert und für alle Sätze der Form ›a existiert‹ konsequent durchführt, indem er diese als ›(Ex) (x=a)‹ paraphrasiert. Scheinbar singuläre Existenzsätze wie ›Cäsar existiert‹ lassen sich so durch Quantifikation und Identität mittels des Prädikators ›= Cäsar‹ (d. h. ›ist identisch mit Cäsar‹) als generelle Sätze erweisen und damit in die kanonische Existenztheorie integrieren.[5]

Die Problematik der Quineschen Radikalisierung für das Problem der Wahrheit solcher Sätze liegt auf der Hand, ist aber hier nicht zu erörtern. Für die gegenwärtige Fragestellung genügt es festzuhalten, daß so verschieden die Verfahren der erwähnten Autoren auch sind, das Ziel doch immer dasselbe bleibt: *singuläre Existenzsätze sollen als Scheinsätze eliminiert werden, indem man sie entweder in die kanonische Theorie integriert oder gar nicht als echte Existenzsätze akzeptiert.*[6]

§ 53 Die theologische Problematik der kanonischen Analyse

Wäre das generell richtig und durchführbar, hätte das erhebliche und theologisch relevante Konsequenzen für das Verständnis der Existenz Gottes. Denn entweder wäre die Behauptung ›Gott existiert‹ ein Satz, zu dessen Verständnis die kanonische Existenzanalyse nichts beizutragen hat und der (in ihrem Horizont zumindest) als Existenzsatz fragwürdig bleibt. Oder aber sie läßt sich in einen Existenzsatz in ihrem Sinn auf einem der vorgeschlagenen Wege paraphrasieren, käme dann aber mit dem dargelegten fundamentalen theologischen Interesse in Konflikt, von Gott als einem ganz bestimmten Wesen und nicht nur von einem bestimmten Wesen als Gott zu reden. Für Russell jedenfalls steht fest, daß die Tatsache »that you

5 Quine, (§27 Anm. 1), S. 7f.

6 Daran ändert sich auch nichts, wenn man wie S. Reid, ›Exists‹ is a Predicate, *Mind* 89, 1980, S. 412–417 zwar am Prädikatcharakter von ›existiert‹ festhält, dieses Prädikat aber auf *attributiven Gebrauch* (vgl. K. Donnellan, Reference and Definite Descriptions, *Philosophical Review* 75, 1966, S. 281–304) beschränkt, demzufolge gilt: »It speaks not of a thing in particular, but of whatever is of such and such a sort« (aaO., S. 416). Denn damit fällt es unter die in § 47 geäußerte Kritik.

can discuss the proposition ›God exists‹ is a proof that ›God‹, as used in that proposition, is a description and not a name. If ›God‹ were a name, no question as to existence could arise«.[1] Er plädiert damit ebenso wie Kant für die Auffassung, ›Gott existiert‹ bedeute, »einem existierenden Dinge kommen diejenigen Prädikate zu, die wir zusammen genommen durch den Ausdruck, Gott, bezeichnen«.[2] Das aber ist eine theologisch inakzeptable Explikation, weil sie den für christliche Rede von Gott unaufhebbaren Unterschied zwischen der Einzigartigkeit eines ganz bestimmten Wesens und der Besonderheit genau eines, einer Liste von uns spezifizierter Bedingungen genügenden Wesens als des Bezugsgegenstands ihres Redens nicht zu wahren weiß. Tendenziell geschieht damit aber nichts anderes, als daß unsere *Vorstellung* von Gott an die Stelle *Gottes* gesetzt wird.[3] Doch die von Russell und Kant vorgeschlagene Explikation ›Es gibt ein x und x ist das, was wir durch den Ausdruck ›Gott‹ bezeichnen‹ kann falsch sein und Gott dennoch existieren, weil seine Existenz nicht dadurch tangiert wird, daß dem, was *wir* unter ›Gott‹ verstehen, nichts entspricht; sie kann aber auch wahr sein und unserer Vorstellung von Gott etwas entsprechen, ohne daß dies Gott sein müßte. Hält man aber daran fest, daß es eine Mindestbedingung einer adäquaten Explikation ist, daß sie dem Tarski-Kriterium[4] genügt, dann kann ›Gott existiert‹ dann und nur dann wahr sein, wenn Gott existiert. Da dies bei einer Interpretation dieser Behauptung im Horizont der kanonischen Existenztheorie nicht gewährleistet ist, bleibt die Frage weiterhin offen, wie ›Gott existiert‹ zu verstehen ist.

§ 54 Irreduzibel singuläre Existenzsätze

Daß die kanonische Existenztheorie ihrem Anspruch nicht zu genügen vermag, eine adäquate Analyse aller Existenzsätze zu ermöglichen, da ›existieren‹ keineswegs immer im Sinne des Existenzquantors fungiert und damit nicht immer Indikator der partikulären Urteilsform eines Existenzsatzes ist,[1] wird dadurch belegt, daß das Programm der systematischen Elimination singulärer Existenzsätze zum Scheitern verurteilt ist, weil es Existenzsätze gibt, die nicht nur scheinbar, sondern irreduzibel singulär sind.

Zum Beleg für diese These geht P. Geach von der Beobachtung aus, daß

1 Russell, (§ 48 Anm. 4), S. 250.

2 Kant, (§ 48 Anm. 1), A 12.

3 Vgl. Dalferth, (§ 2 Anm. 2), Teil III, 3.2.

4 A. Tarski, Die semantische Konzeption der Wahrheit und die Grundlagen der Semantik, in: G. Skirbekk (Hg.), *Wahrheitstheorien. Eine Auswahl aus den Diskussionen über Wahrheit im 20. Jahrhundert*, Frankfurt 1977, S. 140–188, bes. S. 168ff.

1 Man denke an den nicht quantifizierbaren, aber durchaus legitimen Satz ›Ich existiere‹ oder auch an Sätze wie ›Caesar existiert nicht mehr‹. Vgl. J. Bennett, *Kant's Dialectic*, Cambridge 1974, §§ 21 und 72.

»we have to recognize three different kinds of existential propositions even about the same kind of things«.[2] In einem Satz wie ›Cerberus existiert nicht‹ fungiert ›existiert‹ strenggenommen überhaupt nicht als »a predicate, not even of the word ›Cerberus‹«,[3] so daß er sich in der üblichen Weise gar nicht angemessen paraphrasieren läßt. Wir sagen damit nämlich weder über Cerberus noch über das Wort ›Cerberus‹ etwas aus, sondern ausschließlich über unsere *Verwendung* dieses Wortes, und zwar, daß wir nur so tun, als sei es ein Name, der zur Bezugnahme auf einen Gegenstand verwendet würde. Anders liegt der Fall bei Sätzen wie ›Drachen existieren nicht‹, die ganz im Sinne der kanonischen Existenztheorie verstanden werden können. Von beiden Arten von Sätzen unterscheiden sich aber schließlich Sätze wie ›Simon existiert nicht‹ oder ›Cäsar existierte‹. In ihnen fungiert ›existiert‹ zweifellos als »a genuine predicate of individuals«, und zwar in dem Sinn, in »which one says that an individual came to exist, still exists, no longer exists«.[4] Geach spricht in diesem Fall von Existenz »in the sense of actuality (Wirklichkeit)« und unterscheidet dies prinzipiell von »the existence expressed by ›there is a so-and-so‹ (es gibt ein –)«.[5] Doch was heißt hier ›Wirklichkeit‹? Offensichtlich taugt der durch den Existenzquantor ausgedrückte Existenzbegriff nicht als Explikat für diesen Wirklichkeitsbegriff.[6] Wie aber sind dann Sätze dieser Form zu analysieren, damit die mit ihnen aufgestellte Existenz- oder Wirklichkeitsbehauptung verständlich wird?

§ 55 Tugendhats These

Zu dieser Frage hat in einer Reihe von Publikationen[1] E. Tugendhat faktisch einen Antwortvorschlag unterbreitet. Um zu zeigen, daß bestimmte Existenzsätze gar nicht anders denn als singulär verstanden werden können, benützt er dasselbe Argument wie Geach, allerdings mit einer bezeichnenden und – wie sich zeigen wird – seine Tragweite verkürzenden Pointe. Ihm zufolge ist es bei »materiellen Gegenständen, die entstehen und vergehen und eine Dauer in der Zeit haben, . . . durchaus erforderlich, von ihrer Existenz als einzelner zu sprechen, sonst könnten wir nicht sagen, daß sie zu sein anfangen, zu sein aufhören und von dann bis dann existieren«.[2] Exi-

2 Geach, (§ 46 Anm. 4), S. 55.
3 Ebd.
4 AaO., S. 58.
5 AaO., S. 65.
6 Geach expliziert ihn dann auch mittels des Begriffs der (aktiven oder passiven) *Veränderung*. Vgl. unten § 70.

1 E. Tugendhat, Existence in Space and Time, *Neue Hefte für Philosophie* 8, 1975, S. 14–33; ders., *Vorlesungen zur Einführung in die sprachanalytische Philosophie*, Frankfurt 1976, S. 105f.377f.464ff; ders., (§ 38 Anm. 7), S. 173ff; ders., Die Seinsfrage und ihre sprachliche Grundlage, *Philosophische Rundschau* 24, 1977, S. 161–176.
2 Tugendhat, (§ 38 Anm. 7), S. 174.

stenz wird solchen Gegenständen nun allerdings nicht schlechthin, sondern »immer im Zusammenhang mit einem Zeitbezug und gegebenenfalls mit einem Ortsbezug«[3] zugesprochen. Mit Existenzsätzen wird folglich die Anwesenheit materieller Gegenstände in Zeit und Raum behauptet. ›Anwesenheit‹ wird dabei »als ein relationales Prädikat mit Bezug auf Raum- und Zeitstellen«[4] verstanden. Tugendhat kommt somit zu dem – im übrigen schon von J. Locke ausdrücklich vertretenen[5] – Schluß: »daß ein materieller Gegenstand ist, existiert, heißt, daß er während einer bestimmten Zeit irgendwo im Raum anwesend ist.«[6] Dieser relationale Existenzbegriff raumzeitlicher Anwesenheit ist aber von dem durch den Existenzquantor zum Ausdruck gebrachten ›Es gibt‹ zu unterscheiden. Tugendhat folgert daher, daß es »zwei Existenzbegriffe, mit zwei verschiedenen Grammatiken«[7] gibt.

Tugendhats Existenzbegriff der raumzeitlichen Anwesenheit liefert faktisch (wenn auch eher beiläufig) ein Explikat des von Geach im Anschluß an Frege bemühten Wirklichkeits- oder Aktualitätsbegriffs. Wirklich ist demnach, was in Raum und Zeit anwesend ist. Geach selbst hatte sich allerdings in seinem eigenen Explikationsversuch wohlweislich davor gehütet, Wirklichkeit auf raumzeitliches Dasein einzuschränken.[8] Doch selbst wenn man davon ausgeht, daß Geachs Argumentation Tugendhat unbekannt ist, bleiben dessen Überlegungen unbefriedigend, solange sein generalisierender Schluß aus der Untersuchung von Aussagen über materielle Gegenstände auf die Behauptung »the existence of an individual . . . is the fact that something is present in space for some time«[9] nicht besser (oder überhaupt) begründet wird. Es ist nicht analytisch wahr, daß jeder Gegenstand, der ist, irgendwann und irgendwo sein muß, wie schon Kant kritisierte.[10] Und es ist auch nicht analytisch wahr, daß die Gesamtheit aller Gegenstände die Gesamtheit der raumzeitlichen Gegenstände ist, so daß der Wirklichkeits-Existenzbegriff notwendig in Verbindung mit Raum und Zeit stünde. Und schließlich folgt auch daraus, daß das System von Raum und Zeit das umfassende System zur Identifizierung materieller Gegenstände ist, nicht, daß es das umfassende System zur Identifizierung aller Gegenstände ist und daß in keiner anderen Weise der Referent prädikativer Rede identifiziert wer-

3 AaO., S. 175.
4 Ebd.
5 Vgl. Locke, (§ 21 Anm. 5), § 1f.
6 Tugendhat, (§ 38 Anm. 7), S. 175.
7 AaO., S. 176.
8 P. Geach, What Actually Exists, in: ders., (§ 46 Anm. 4), S. 65–74.
9 Tugendhat, (Anm. 1: 1975), S. 33.
10 I. Kant, *Gedanken von der wahren Schätzung der lebendigen Kräfte und Beurteilung der Beweise, derer sich Herr von Leibniz und andere Mechaniker in dieser Streitsache bedienet haben, nebst einigen vorhergehenden Betrachtungen, welche die Kraft der Körper überhaupt betreffen*, aaO., (§ 48 Anm. 1), Bd. 1, S. 1–218, § 7 (A 9/10).

den könnte.[11] Durch raumzeitliche Anwesenheit läßt sich daher allenfalls ein Teilbereich des Wirklichen charakterisieren.

§ 56 Kritik

Doch selbst wenn man von dieser Neigung zu einem verkürzten Wirklichkeitsverständnis absieht, führt Tugendhats Vorschlag, singuläre Existenzsätze im Fall materieller Gegenstände mittels des Begriffs der raumzeitlichen Anwesenheit zu analysieren, tendenziell in eine gefährliche Richtung. Symptomatisch dafür ist seine Rede von einer besonderen raumzeitlichen bzw. temporalen Existenz.[1] Er interpretiert ›a existiert‹ damit faktisch als ›a existiert in Raum und Zeit‹. Mit diesem Interpretationsvorschlag aber ist der erste Schritt auf einem Weg getan, der zwar nicht bei Tugendhat selbst, wohl aber – um zwei sogleich zu diskutierende Beispiele aus jüngster Zeit zu nennen – bei W. Carl[2] und R. W. Trapp[3] zu unhaltbaren ontologischen Ansichten führt. Doch besteht wirklich eine Nötigung, mit Tugendhat von einer besonderen temporalen oder raumzeitlichen Existenz zu reden und diese eben dadurch gegen andere Arten oder Weisen der Existenz abzugrenzen? Ist diese Abgrenzung damit nicht intendiert, dann besteht zwischen Existenz und raumzeitlicher Existenz kein Unterschied und Tugendhat macht sich eines verkürzten Wirklichkeitsverständnisses schuldig. Ist sie aber intendiert, gegen welche Arten oder Weisen der Existenz ist die raumzeitliche Existenz dann abgehoben?

Genau genommen läßt sich Tugendhats Analyse nicht mehr entnehmen, als daß er ›materielle Gegenstände‹ als ›raumzeitlich anwesende Gegenstände‹ versteht. Daß aber ein raumzeitlicher Gegenstand in Raum und Zeit existiert (wenn er existiert), ist trivial und zwingt in keiner Weise dazu, ihm eine besondere Existenzweise zuzuschreiben. Nicht durch ihre temporale Existenz, sondern durch ihre besonderen Eigenschaften als raumzeitliche Gegenstände unterscheiden sich materielle Gegenstände von Zahlen oder von Gott; und daß man aufgrund ihrer unterschiedlichen Eigenschaften auf verschiedene Methoden zum Aufweis ihrer Existenz zurückgreifen muß, berechtigt nicht dazu, ihnen unterschiedliche Weisen der Existenz zuzuschreiben.[4] Selbst von Pegasus unterscheidet sich ein materieller Gegenstand nicht durch seine temporale Existenz, sondern schlicht und einfach

11 Vgl. D. Henrich, ›Identität‹ – Begriffe, Probleme, Grenzen, in: *Poetik und Hermeneutik VIII: Identität*, hg. v. O. Marquard/K. Stierle, München 1979, S. 133–186, S. 162ff.

1 Vgl. Tugendhat, (§ 55 Anm. 1: 1975), S. 33; ders., (§ 55 Anm. 1: 1976), S. 468 und 471.

2 W. Carl, *Existenz und Prädikation. Sprachanalytische Untersuchungen zu Existenz-Aussagen*, München 1974.

3 Trapp, (§ 25 Anm. 1).

4 Diesen Fehlschluß begeht auch H. Reichenbach, *Elements of Symbolic Logic*, New York 1966, S. 274.

durch seine Existenz, da auch Pegasus aufgrund seiner Eigenschaften in Raum und Zeit existieren würde, wenn er überhaupt existierte. Es ist daher nicht der »Existenzbegriff, der einen Zeit- und gegebenenfalls Ortsbezug impliziert«[5], sondern der Begriff des materiellen Gegenstands. Und die Analyse von ›a existiert‹ als ›a ist raumzeitlich anwesend‹ hat in diesem Fall (und nicht in allen Fällen) nur deshalb Plausibilität, weil ›a‹ »has spatio-temporal connotations, and not because ›exists‹ has spatio-temporal connotations«.[6] Um dem hier drohenden ontologischen Fehlschluß zu entgehen, ist daher nicht zu sagen ›a (existiert in Raum und Zeit)‹, sondern ›(a in Raum und Zeit) existiert‹. Denn nur dann bleibt der Existenzbegriff von fragwürdigen Implikationen entlastet.[7]

§ 57 Die Unzulänglichkeit relativistischer Ontologien

Diese Formulierung ist zwar holprig, doch sie bewahrt davor, raumzeitliche Existenz (d. h. die Existenz raumzeitlicher Gegenstände) mit Existenz generell gleichzusetzen oder der falschen sprachlogischen Theorie zu verfallen, alles, von dem man reden kann, müsse auch irgendwie existieren.[1] Trapp und Carl haben dies jüngst geradezu zum Prinzip erhoben, und zwar u. a. deshalb, um mit dem Problem singulärer Existenzsätze fertig zu werden, ohne den Boden der kanonischen Existenztheorie verlassen, aber auch ohne diese Sätze als Scheinsätze einfach eliminieren zu müssen. So stellt Trapp die Grundregel auf, es sei prinzipiell nicht zuzulassen, »daß eine Entität *absolut* nicht existiert. Sie existiert immer nur *relativ* zu dem einen oder anderen Bereich nicht«. Man kann daher von keinem Gegenstand sagen, daß es ihn nicht gibt, denn die »Leugnung der Existenz in Bezug auf einen Bereich bedeutet geradezu die Einweisung in einen anderen Bereich«.[2] Im Rahmen dieser relativistischen Ontologie lassen sich dann singuläre Existenzsätze wie ›a existiert‹ problemlos analysieren, da aus der Grundregel folgt, »daß ein Eigenname nicht absolut, sondern immer nur relativ zu bestimmten Bereichen leer bzw. nicht-leer ist«.[3] Ganz entspre-

5 Tugendhat, (§ 38 Anm. 7), S. 176.

6 Quine, (§ 27 Anm. 1), S. 3; ders., Mr. Strawson on Logical Theory, in: ders., *The Ways of Paradox and Other Essays*, New York 1966, S. 134–155, S. 145.

7 Tschauder, (§ 38 Anm. 7) versucht eben diesen Fehlschluß mittels der Unterscheidung von *Existenztopologisierung* (= Vorkommensaussage) und *Existenztypologisierung* zu vermeiden. »Es besteht . . . ein gravierender Unterschied darin, ob ich nach der Existenz an einem Ort auf dieser Welt, d. h. nach dem Existenzvorkommen frage, oder aber nach der Existenz in einer anderen Welt, d. h. nach der Existenzweise, dem Existenztypus« (aaO., S. 85). Läßt sich für einen Gegenstand nur eine Existenztypologisierung formulieren, bedeutet dies, daß er in unserer Welt gerade *nicht* existiert (vgl. aaO., S. 80f).

1 Vgl. Tschauder, (§ 38 Anm. 7), S. 80: ». . . alles, worüber wir sprechen, existiert ›irgendwie‹«.

2 Trapp, (§ 25 Anm. 1), S. 46.

3 AaO., S. 129.

chend vertritt auch Carl die Ansicht, »daß in jedem Fall eine Existenz-Aussage auf einen Gegenstandsbereich zu beziehen ist, mit Bezug auf den zu prüfen ist, ob dasjenige, dessen Existenz behauptet wird, zu diesem Bereich gehört«.[4] Denn bei allem, also auch bei »Romanfiguren, mythischen Wesen, etc. müssen wir annehmen, daß dasjenige, dem Prädikate zu- oder abgesprochen werden, in einer bestimmten Weise existiert«.[5]

Der Satz ›a existiert‹ ist diesem Ansatz zufolge also immer als ›a existiert *in U*‹ bzw. ›a existiert *als F*‹ zu analysieren, wobei ›U‹ den Gegenstandsbereich bezeichnet, in dem a zu suchen ist, und ›F‹ den sortalen Ausdruck darstellt, der den Gegenstandsbereich zu spezifizieren erlaubt. Durch diese Argumentation wird aber nicht nur das ontologische Problem trivialisiert, sondern es werden eine ganze Reihe von Scheinproblemen geschaffen. Denn welche Bereiche dieser Art gibt es denn und in welchem Sinn von ›es gibt‹ gibt es sie? Trapp unterscheidet (ohne Anspruch auf Vollständigkeit) den durch Widerspruchslosigkeit ausgezeichneten Bereich des Möglichen, den Bereich raumzeitlicher Dinge, mathematischer und logischer Entitäten, abstrakter Entitäten, Träume, Gedanken, Vorstellungen aller Art usf.[6] Welchen »ontischen« Status haben diese Bereiche? Welche von ihnen sind aus welchem Grund »ontisch inferior«[7] oder auch ontisch höherwertig? In welchem Verhältnis stehen sie zueinander? Auf all diese, das eigentliche ontologische Problem dieses Ansatzes darstellenden Fragen erhält man keine Antwort. Doch wer wissen will, ob a existiert, wird sich nicht mit der Antwort begnügen, daß a in U existiere, ohne darüber aufgeklärt zu sein, in welchem Verhältnis U zu U' und beide zu ihm stehen, da er nur dann die Relevanz einer solchen Antwort abzuwägen vermag. Und wer behauptet, daß Gott existiert, stellt nicht die banale Behauptung auf, daß Gott in seinem Gegenstandsbereich existiere, sondern erhebt einen Wahrheitsanspruch, der Freude hervorruft oder Ärgernis erregt, weil er die Wirklichkeit von Hörer und Sprecher tangiert.[8]

Daß es singuläre Existenzsätze gibt, die sich im Rahmen der kanonischen Existenztheorie nicht zureichend analysieren lassen, liegt auf der Hand und kann nicht ernsthaft bestritten werden. Zu diesen Sätzen gehören sicher die von Tugendhat hervorgehobenen Behauptungen über die Existenz bzw. Nichtexistenz (Nicht-mehr-Existenz oder Noch-nicht-Existenz) von Gegenständen in Raum und Zeit. Doch es ist keineswegs klar, daß nur diese dazugehören, wie Tugendhats vom Verifikationismus infizierter Analysevorschlag suggeriert. Umgekehrt hilft es aber auch nicht weiter, durch infla-

4 Carl, (§ 56 Anm. 2), S. 193; vgl. S. 83ff.136ff.148ff.153ff.167f.

5 AaO., S. 212.

6 Trapp, (§ 25 Anm. 1), S. 43f.

7 AaO., S. 46.

8 Zur Problematik der ›Welten-Theorie‹ vgl. G. Gabriel, *Fiktion und Wahrheit. Eine semantische Theorie der Literatur*, Stuttgart-Bad Cannstatt 1975, S. 78ff; Tschauder, (§ 38 Anm. 7), S. 81ff; Dalferth, (§ 2 Anm. 2), S. 586f.

tionäre Rede von Gegenstandsbereichen die Analyse singulärer Existenzsätze zu trivialisieren. Bewirkt das eine eine Verengung (Tugendhat), so das andere eine Entleerung (Carl, Trapp) des Problems singulärer Existenzsätze, und beides ist ebenso unbefriedigend wie der Versuch ihrer sprachlogischen Eliminierung (Frege, Russell, Quine). Ebenso unbestreitbar wie die Existenz singulärer Existenzsätze ist daher die Insuffizienz der diskutierten Analysevorschläge, und um so dringlicher ist das Problem ihrer adäquaten und überzeugenden Analyse.

§ 58 Die Notwendigkeit eines Neuansatzes

Eine solche Analyse wird es freilich nicht geben, solange man die im Bann der kanonischen Existenztheorie stehende falsche Auffassung, in Sätzen wie ›Sokrates existiert‹ werde etwas von dem Namen ›Sokrates‹ ausgesagt,[1] dadurch zurückzuweisen sucht, daß man dagegenstellt »that . . . the existential proposition tells us something about Socrates«.[2] Betrachtet man Existenzsätze wie ›Sokrates existiert‹ in der üblichen sprachlogischen Manier, scheint sich in der Tat nur die Möglichkeit zu bieten, entweder ›Sokrates‹ oder ›existiert‹ als das aufzufassen, was prädiziert wird. Für beides lassen sich Gründe und Gegengründe anführen, ohne daß einer der beiden Analyseansätze völlig überzeugte. Denn ob man wie Frege, Russell oder Quine bestreitet, daß ›existiert‹ als Prädikat erster Ordnung fungieren könne, oder dies wie Miller, Geach und Tugendhat nicht nur als möglich, sondern für bestimmte Fälle geradezu als notwendig belegt – ob man nun mit Tugendhat der Ansicht ist, daß es dann nicht als »ein einstelliges, sondern ein zweistelliges Prädikat (x existiert an t_n)«[3] zu betrachten ist oder nicht –: Position und Gegenposition stehen sich letztlich aporetisch gegenüber.

In solchen Fällen empfiehlt es sich, die Voraussetzungen kritisch zu befragen, unter denen die Aporie zustande kommt. Da zeigt es sich nun vor allem, daß sich beide Seiten der Debatte auf den Existenz*satz* und seine semantische Analyse konzentrieren. Doch wie die analytische Aporie unter Beweis stellt, läßt sich ein überzeugendes Verständnis des Sinns von Sätzen der Form ›a existiert‹ nicht einfach aus einer Bestimmung des semantischen Verhältnisses zwischen ›a‹ und ›existiert‹ gewinnen. Doch wie kann ihr Sinn dann entschlüsselt werden?

Hinweise für einen möglichen Neuansatz lassen sich aus drei Beobachtungen gewinnen, die sich zum einen am Sprachgebrauch orientieren (§ 59), zum anderen auf zwei theoretische Konzeptionen zurückgehen, die für die Existenztheorie historisch von erheblicher Bedeutung waren und

1 A. C. Danto, *Analytical Philosophy of Knowledge*, Cambridge 1968, S. 220: »To say that ›x exists‹ is to say that ›x‹ ist instantiated.« Vgl. § 51 Anm. 8.
2 Miller, (§ 47 Anm. 4), S. 354.
3 Tugendhat, (§ 55 Anm. 1: 1976), S. 468.

zur Überwindung der skizzierten Aporie entscheidend beizutragen vermögen (§ 60 und § 61).

§ 59 Lokativer Charakter (Lyons)

Die erste Beobachtung von Belang ist die altbekannte, durch linguistische Untersuchungen gegen allen Zweifel abgesicherte und von Tugendhat ausdrücklich in Anspruch genommene These, daß die Verwendung von ›sein‹ oder ›existieren‹ in wesentlicher Hinsicht *lokativ* ist.[1] So schreibt J. Lyons, daß »from the point of view of their semantic analysis, existential sentences might be described as implicitly locative (or temporal)«. Er begründet dies u. a. mit dem Verweis auf die in einigen europäischen Sprachen häufige Verbindung »between existential and locative constructions. . .: cf. English *there* (in *there is/are . . .*), French *y* (in *il y a*), Italian *ci* (in *ci sono*, etc.), German *da* (in *ist da*, ›is there‹ or ›exists‹: cf. *das Dasein*, ›existence‹, i. e. ›the being-there‹)«.[2] In seiner großen Untersuchung *The Verb ›Be‹ in Ancient Greek* hat C. H. Kahn ebenfalls den lokativen Gebrauch als eine der Grundverwendungsarten von ›sein/existieren‹ herausgestellt[3] und als Zwischenglied zwischen nominaler Kopula und Existenz bestimmt. Tugendhat zieht aus diesen deskriptiven Befunden den philosophischen Schluß, daß »die lokative Konstruktion . . . als primär anzusehen« ist. Denn »von der Vorstellung, daß etwas sich an einem Ort befindet, kommt man leicht – durch Abstraktion von dem bestimmten Ort – zu der Vorstellung, daß es sich überhaupt irgendwo befindet (temporale Existenz); ebenso kommt man durch Verallgemeinerung zu der Vorstellung, daß es sich in dem oder jenem Zustand befindet«.[4] Nicht zuletzt aufgrund dieser linguistischen Belege kommt er zu seiner These, daß ›a existiert‹ als ›a existiert an t_n‹ interpretiert werden müsse. Doch die lokative Funktion von ›existieren‹ impliziert keineswegs notwendig raumzeitliche Lokalisierusng, auch wenn sie dies bei raumzeitlichen (»materiellen«) Gegenständen geradezu tautologisch tut. Irgendwo zu sein, ist nicht gleichbedeutend damit, in Raum und Zeit zu sein, und ich sehe keinen Grund, eine generelle Übersetzungsregel dieser Art zu propagieren, zumal sie mit einem Großteil unseres etablierten Sprachgebrauchs und seiner Verwendung von ›existieren‹ in Konflikt stünde.[5] Die durch den Sprachgebrauch bestätigte lokative Funktion von ›exi-

1 J. Lyons, Deixis as the Source of Reference, in: *Formal Semantics of Natural Languages*, hg. v. E. L. Keenan, Cambridge 1975, S. 61–83; ders., *Semantics*, Vol. 2, Cambridge 1977 (= 1979), S. 723f.

2 J. Lyons, *Introduction to Theoretical Linguistics*, Cambridge 1968 (= 1971), S. 390.

3 C. H. Kahn, *The Verb ›Be‹ in Ancient Greek, The Verb ›Be‹ and its Synonyms*, hg. v. W. M. Verhaar, Part 6, Dordrecht 1973, Kap. 5.

4 Tugendhat, (§ 55 Anm. 1: 1977), S. 172; vgl. Lyons (Anm. 1: 1979), S. 723: ». . . existence is but the limiting case of location in an abstract, deictically neutral space«.

5 Tschauders Kritik an dieser These (§ 38 Anm. 7), S. 62ff. 130f Anm. 11, sie gelte zwar für

stieren‹ ist von ihrer philosophischen Interpretation, dies bedeute primär oder grundsätzlich raumzeitliche Ortung, durchaus zu unterscheiden: ob diese Interpretation zutrifft, hängt von den Eigenschaften des Gegenstands ab, von dem in ›a existiert‹ die Rede ist.

§ 60 Transzendentale Funktion (Burrell)

Eine zweite Beobachtung betrifft den Kernpunkt der *scholastischen Existenztheorie*. In der Entfaltung der aristotelischen These, daß das Sein in vielfältiger Weise ausgesagt werde,[1] und zwar vielfältig entsprechend der verschiedenen Kategorien,[2] bestimmte sie ›sein‹ oder ›existieren‹[3] zusammen mit den Ausdrücken ›unum‹, ›verum‹ und ›bonum‹ als ein Transzendentale, d. h. einen transkategorial gebrauchten Ausdruck. Als Ausdruck dieser Art zeichnet sich ›existieren‹ im wesentlichen durch zwei Aspekte aus. Zum einen ist er kein generischer Ausdruck, der zur Charakterisierung eines Gegenstands verwendet werden könnte, da er in allen Kategorien auf jeweils andere Weise verwendet wird. Es läßt sich für ihn kein etablierter Gebrauchskontext angeben, dem eine bestimmte oder doch bestimmbare Bedeutung dieses Ausdrucks entnommen werden könnte. Vielmehr wird ›existieren‹ in jeder Kategorie in anderem Sinne gebraucht und ist damit ein

Existenztopologisierungen, nicht jedoch für Existenztypologisierungen, ist richtig, sofern man sich am Existenz*satz* orientiert. Im Horizont pragmatischer Analyse erweist sich diese Einschränkung allerdings als problematisch, da es in der Regel gerade um den Nachweis und die Geltung der von Tschauder vorausgesetzten und analytisch in Anspruch genommenen Grunddifferenz geht. – Ähnlich wie Tschauder argumentiert auch T. Thrane, *Referential-semantic Analysis. Aspects of a Theory of Linguistic Reference*, Cambridge 1980. Er differenziert zwischen *kategorialer* und *raumzeitlicher* Lokalisierung, die mit ›existiert‹ vollzogen werden kann (aaO., S. 26ff). Insofern »signs establish categorial locations in virtue of their meaning« (aaO., S. 29), kann z. B. »Tigers exist« bedeuten: (a) »The phonological sequence/taiga/establishes the categorial location ›tiger‹ to which non-linguistic entities may be legitimately assigned« (ebd.) – legitim deshalb, weil mit dieser Sequenz im Unterschied zu ›rundes Quadrat‹ kein selbstwidersprüchlicher Begriff artikuliert wird; (b) »Some entities (of C-location ›tiger‹ [d. h. von (a)-Lokalisierbarkeit]) may be assigned to spatio-temporal location y« (ebd.). Doch diese Unterscheidung zwischen kategorialer Möglichkeit und raumzeitlicher Wirklichkeit ist für die Analyse von ›Gott existiert‹ gerade noch nicht hinreichend. Denn wer nur sagt (1) »There are entities which are locatable in the category ›tiger‹, some of which are further locatable in space/time« (a.a.O., S. 26) und (2) »There are entities which are locatable in the category ›unicorn‹, none of which are further locatable in space/time« (aaO., S. 27), der kann zwar zwischen ›Tiger‹ und ›Einhorn‹ und zwischen ›Einhorn‹ und ›rundes Quadrat‹ unterscheiden, nicht jedoch zwischen ›Einhorn‹ und ›Gott‹. Um diese Differenz zu erfassen, genügt es nicht, zwischen Kategorie (= Gegenstandsart bzw. Stereotyp) und Raumzeitlichkeit (= Gegenständlichkeit) zu unterscheiden, man muß vielmehr mit *verschiedenen Arten von Gegenständlichkeit* operieren.

1 Artisoteles, *Metaphysik* Γ 2, 1003 a 33.

2 AaO., Δ 7, 1017 a 22–24.

3 Vgl. zum Existenzbegriff P. Hadot, Zur Vorgeschichte des Begriffs ›Existieren‹, ὑπάρχειν bei den Stoikern, *Archiv für Begriffsgeschichte* XIII, 1969, S. 115–127.

irreduzibel analoger Ausdruck,[4] der sich auf keine bestimmte lexikalische Bedeutung festlegen läßt: seine Bedeutung variiert in Sätzen der Form ›a existiert‹ und ›F existieren‹ systematisch mit der Art und kategorialen Zugehörigkeit von a und F.

Die Konsequenz dieser Auffassung ist faktisch eine Entleerung des Existenzbegriffs. Denn ganz abgesehen von der Schwierigkeit, die Grenzen zwischen Arten und Kategorien oder diese selbst genau zu bestimmen, bleibt ungeklärt, was mit ›existieren‹ im jeweiligen Fall nun eigentlich ausgesagt wird.[5] Außerdem ergibt sich die behauptete irreduzible Analogizität dieses Ausdrucks keineswegs zwangsläufig aus dem konstatierten Sachverhalt. Daß ein Ausdruck in verschiedenen Zusammenhängen und Kontexten verwendet wird, bedeutet nicht, daß er deshalb einen jeweils anderen Sinn haben müßte. An Ausdrücken wie ›problematisch‹, ›erfreulich‹, ›gelungen‹ usf. kann man sich das klar machen. Die Verschiedenheit der Gegenstände, denen Existenz zu- oder abgesprochen wird, berechtigt daher noch lange nicht dazu, von einer Verschiedenheit im Sinn von ›existieren‹ zu reden. Die Neigung dazu ergibt sich aus den unterschiedlichen Eigenschaften dieser Gegenstände und den infolgedessen verschiedenen Methoden zur Vergewisserung über ihre Existenz. Immerhin aber läßt diese Auffassung von ›existieren‹ einsichtig werden, warum dieser Ausdruck nicht als definierendes Prädikat bei der Bestimmung des Wesens von Dingen (Aristoteles)[6] bzw. deren realitas (Kant) dienen kann.

Der andere Aspekt, der ›existieren‹ zusammen mit allen übrigen transkategorial gebrauchten Ausdrücken auszeichnet und den vor allem D. Burrell

4 Zur Kritik vgl. Dalferth, (§ 2 Anm. 2), S. 628ff.

5 Vgl. J. Barnes, *The Ontological Argument*, London 1972, S. 60.

6 Aristoteles, *Analytica posteriora* B 7, 92 b 13–14. Wenn alles auf je seine Weise existiert, wird mit der Kennzeichnung eines Gegenstands als existierend nichts Neues über ihn gesagt. Am pointiertesten wurde diese Einsicht von D. Hume und I. Kant ausgewertet. So schreibt Hume 1739: »To reflect on any thing simply, and to reflect on it as existent, are nothing different from each other. That idea, when conjoin'd with the idea of any object, makes no addition to it«. AaO., (§ 21 Anm. 7), S. 66f (Book I, Part II, Sect. 6). Und Kant veranlaßte dieser Gedankengang zu seinem berühmten Beispiel von den 100 Talern.
Eine Konsequenz dieses Verständnisses ist, daß von einer Steigerung des Seins oder der Existenz nicht geredet werden kann. Wenn a dasselbe ist, ob es existiert oder nicht existiert, weil Existenz keine zusätzliche Eigenschaft von a ist (sonst wäre das existierende a etwas anderes als a), sondern – wie Kant sagt – die absolute Setzung von a samt all seinen Eigenschaften, dann kann es nicht größer oder besser oder überhaupt anders sein, wenn es existiert und wenn es nicht existiert. Die aus einer falschen sprachlogischen Auffassung resultierende These, daß alles, von dem gesprochen werden kann, ›irgendwie‹ oder ›irgendwo‹ auch existieren müsse, berüht sich also durchaus mit der scheinbar gegenteiligen Ansicht, daß Existenz der Realität, und d. h. der Sachhaltigkeit eines Gegenstands nicht das Geringste hinzufügt und somit das Wesen eines Gegenstands nicht tangiert. Wenn man nur von Existierendem reden kann, ist Existenz in der Tat kein unterscheidendes Merkmal mehr und kann somit bei der Betrachtung der Gegenstände und ihrer Unterschiede und Gemeinsamkeiten unbeachtet bleiben. (Man kann es gewissermaßen bei allen Überlegungen wegkürzen, insofern es auf allen Seiten auftritt.)

herausgearbeitet hat, ist »the fact that we find it useful, even necessary, to employ them«.[7] Wir können nicht reden, ohne von ihnen Gebrauch zu machen oder sie vorauszusetzen.[8] Sie spielen daher eine konstitutive Rolle in unserer Sprache und unserem Sprechen, die sich dahingehend zusammenfassen läßt, daß »transcendental terms both indicate and exercise our capacity to reflect on what we are trying to do with the language we use«.[9] Im Unterschied zu generisch gebrauchten Ausdrücken haben sie insbesondere eine »propensity ... to include the language user«.[10] Sie können also nicht verstanden werden, ohne »the link of language with language-user«[11] als konstitutiv zu erkennen und bei der Analyse zu berücksichtigen, und zwar nicht nur in einzelnen Fällen, sondern prinzipiell, da die Notwendigkeit des Gebrauchs dieser Ausdrücke ›transzendental‹ in den Grundstrukturen des Erkenntnis- und Redeverhaltens menschlicher Subjekte angelegt ist.[12] Transzendentalien werden also nicht nur systematisch *vielfältig* gebraucht, sondern sie werden in dieser systematischen Vielfalt *gebraucht* und signalisieren eben so die Rückbindung der Sprache überhaupt und des je konkret Gesprochenen an das Sprechersubjekt. Für ›existieren‹ bedeutet dies, daß sich die semantische Unfaßbarkeit dieses Ausdrucks nur als Kehrseite seiner essentiell *pragmatischen* Funktion erweist: Sätze der Form ›a existiert‹ lassen sich nicht verstehen, ohne ihre Relation zum Sprechsubjekt mitzureflektieren.

§ 61 Relationale Struktur (Kant)

Alle bislang erhobenen Aspekte von ›existieren‹, sein lokativer Charakter, seine systematische semantische Unbestimmbarkeit und seine relationale, das Sprech- und Sprachsubjekt involvierende Funktion, finden sich wieder in Kants schon angesprochener Existenzkonzeption.[1] Diese läßt sich zusammenfassen in eine negative These, mit der er der semantischen Unbestimmbarkeit und transkategorialen Funktion von ›existieren‹ Rechnung trägt, und eine positive These, die den lokativen und relationalen Aspekt dieses Ausdrucks zur Geltung bringt. Negativ behauptet Kant, daß ›sein‹ kein reales Prädikat sei, also kein »Begriff von irgend etwas, was zu dem Begriffe eines Dinges hinzukommen könne«.[2] Eben deshalb kann es auch zur »Bestimmung eines Dinges« nicht taugen, denn »die *Bestimmung* ist ein

7 D. Burrell, *Analogy and Philosophical Language*, New Haven 1973, S. 223.
8 AaO., S. 225.
9 AaO., S. 225f.
10 AaO., S. 223.
11 AaO., S. 244.
12 AaO., S. 242ff.
1 Vgl. R. Campbell, Real Predicates and ›Exists‹, *Mind* 83, 1974, S. 95–99.
2 Kant, (§ 49 Anm. 1), B 626.

Prädikat, welches über den Begriff des Subjekts hinzukommt und ihn vergrößert«.[3] Sätze, die die Bestimmung eines Gegenstands (Subjekts) artikulieren, sind daher immer synthetische Urteile, denn diese sind dadurch charakterisiert, daß sie »dem Begriff des Subjekts ein Prädikat hinzutun, welches in jenem gar nicht gedacht war«.[4] Wenn aber ›sein‹ oder ›existieren‹ prinzipiell nicht als reales Prädikat fungieren, das ein Subjekt bestimmen kann, wie kann Kant dann behaupten, »daß ein jeder Existentialsatz synthetisch sei«?[5]

Der scheinbare Widerspruch löst sich auf, wenn man auf Kants positive These achtet, bei Existenzsätzen gehe es »um die Position eines Dinges ... an sich selbst«, also nicht um die Hinzufügung eines weiteren bestimmenden Prädikats zum Subjektbegriff, sondern darum, »das Subjekt an sich selbst mit allen seinen Prädikaten« zu setzten.[6] In einer Existenzbehauptung wie ›a existiert‹ wird demnach nicht etwa a näher bestimmt, sondern der »*Gegenstand* in Beziehung auf meinen *Begriff*« gesetzt.[7] Diese Beziehung ist mehr als eine semantische Relation zwischen Subjekt- und Prädikatsausdruck und auch nicht nur eine semantische Auskunft über meinen Begriff bzw. Ausdruck ›a‹ und dessen Referenz. Denn durch diese Beziehung wird der Gegenstand a im »Verhältnisse zu meinem ganzen Zustande des Denkens«[8] lokalisiert, tritt also mir, dem Subjekt, als Ganzem gegenüber und nicht nur einem meiner Begriffe, als dessen gegenständliches Korrelat er behauptet wird. In einer Existenzbehauptung wird nicht meinem Ausdruck ›a‹ ein Gegenstand a zugeordnet, sondern der von mir mit ›a‹ intendierte Gegenstand als im Verhältnis zu mir stehend lokalisiert.

Dieses Verhältnis wird von Kant allerdings sofort unter dem Gesichtspunkt seiner epistemischen Implikationen näher bestimmt, insofern er den gegenüber meinem Denken als Ganzem lokalisierten Gegenstand a als einen solchen charakterisiert, dessen »Erkenntnis ... auch a posteriori möglich sei«.[9] Durch das Existenzurteil ›a existiert‹ wird damit a als möglicher Erkenntnisgegenstand behauptet (und nicht nur als ein Objekt des Denkens bestimmt), indem er »in dem Kontext der gesamten Erfahrung enthalten gedacht« wird.[10] Existenzsätze sind daher Erfahrungssätze und eben deshalb synthetisch, denn »unser Bewußtsein aller Existenz ... gehöret ganz und gar zur Einheit der Erfahrung«.[11]

3 Ebd.
4 AaO., B 11.
5 AaO., B 626. J. Shaffer, Existence, Predication and the Ontological Argument, *Mind* 71, 1962, S. 307–325 konstruiert eben daraus einen Widerspruch, den er gegen Kants Argumentation ins Feld zu führen sucht.
6 Kant, (§ 49 Anm. 1), B 627.
7 Ebd.
8 AaO., B 628.
9 Ebd.
10 AaO., B 628f.
11 AaO., B 630.

§ 62 Kants kritische Beschränkung

Kants Existenzkonzeption zufolge ist ›existieren‹ ein nur logisch als Prädikat fungierender Ausdruck,[1] dessen sich ein Sprecher bedient, um einen Gegenstand im Kontext der gesamten Erfahrung zu lokalisieren und eben dadurch in Beziehung nicht nur zu sich selbst, sondern zu jedem möglichen Erfahrungssubjekt zu setzen. Denn die Bedingungen der Möglichkeit von Erfahrung gelten allgemein, so daß durch die existentielle Lokalisierung eines Gegenstands im Gesamt der Erfahrung zugleich der Anspruch auf Allgemeingültigkeit von Existenzurteilen gesichert ist. Diese Allgemeingültigkeit wird von Kant nun allerdings im Horizont seiner Analyse der allgemeinen Bedingungen möglicher (empirischer) Erkenntnis überhaupt von vornherein als epistemische Allgemeingültigkeit entworfen. Die Folge ist, daß er mit seiner Existenzkonzeption in die gefährliche Nähe einer Gleichsetzung von ›existiert‹ und ›ist erfahrbar‹ gerät. Doch eine solche Gleichsetzung wäre Ergebnis einer gründlichen Verwirrung über die notwendigen und hinreichenden Bedingungen der Wahrheit von Existenzbehauptungen. Kant schränkt die Gleichsetzung von Existenz und Erfahrbarkeit daher auch vorsichtig auf Gegenstände der Sinne ein, fügt aber hinzu, daß »eine Existenz außer diesem Felde ... zwar nicht schlechterdings für unmöglich erklärt werden« kann, aber doch eine Annahme darstellt, »die wir durch nichts rechtfertigen können«.[2] Doch wie immer es um diese Rechtfertigung auch stehen mag, mit diesem Zusatz gesteht Kant faktisch zu, daß zwar aus ›a ist erfahrbar‹ auf ›a existiert‹ geschlossen werden kann, der umgekehrte Schluß aber nicht gilt. Existenz ist dann aber mit Erfahrbarkeit nicht gleichzusetzen, sondern unabhängig davon zu bestimmen.

Das vermag auch folgende Überlegung zu verdeutlichen. Etwas zu erfahren, heißt immer, zu erfahren, daß etwas so und so ist. Erfahrung ist daher ein propositional strukturierter Prozeß (bzw. dessen Ergebnis), da man niemals nur einen Gegenstand a erfährt, sondern immer, daß a – z. B. – F ist. Die Erfahrung, daß a F ist, läßt sich nun aber nur machen, wenn a existiert. Denn wenn a nicht existiert, kann man nicht erfahren, daß a F ist, sondern allenfalls der Meinung sein, dies erfahren zu haben. Kann man jedoch nicht erfahren, daß a F ist, wenn a nicht existiert, dann ist die Erfahrung, daß a F ist, und die Erfahrung, daß a F ist *und existiert*, ein und dasselbe. Artikulieren aber die beiden Äußerungen › a ist F‹ und ›a ist F und existiert‹ denselben Erfahrungsgehalt, dann bringt ›a existiert‹ überhaupt keinen eigenständigen Erfahrungsgehalt zum Ausdruck, sondern formuliert eine notwendige Bedingung, daß eine Äußerung wie z. B. ›a ist F‹ einen Erfahrungsgehalt ausdrücken kann. Daß a existiert, ist folglich kein Gegenstand möglicher Erfahrung, sondern eine Bedingung der Möglichkeit einer Er-

1 Der Ausdruck ›logisch‹ ist hier im Sinn von ›grammatisch‹ zu verstehen.
2 Kant, (§ 49 Anm. 1), B 629.

fahrung von a; und Bedingungen der Möglichkeit von Erfahrung sind nicht selbst Gegenstand der Erfahrung. Daß Existenz nicht Gegenstand, sondern Bedingung einer möglichen Erfahrung ist, heißt nichts anderes, als daß nur das, was existiert, erfahren werden kann. Daraus läßt sich aber in keiner Weise folgern, daß alles, was existiert, auch erfahren werden können muß: daß a F ist, ist unabhängig davon wahr oder falsch, daß dies erfahren wird, und ob es erfahren werden kann, hängt einzig daran, ob a ein Gegenstand möglicher Erfahrung ist. Die Gegenstände möglicher Erfahrung aber sind nicht gleichzusetzen mit allen möglichen Gegenständen überhaupt, und daß ein möglicher Gegenstand existiert, heißt nicht, daß er ein Gegenstand möglicher Erfahrung ist. Denn ein Gegenstand erweist sich nicht dadurch als möglich, daß er erfahrbar ist, sondern daß er identifiziert werden kann, so daß Gegenständlichkeit durch Identifizierbarkeit, nicht aber durch Erfahrbarkeit konstituiert ist.

Teil C Existenzbehauptungen

§ 63 Pragmatischer Neuansatz: relationale Lokalisierung

Die drei exemplarisch angeführten Beobachtungen rücken Aspekte von Existenzaussagen in den Blick, die gegenüber der gängigen Existenztheorie ebenso wie gegenüber ihrer Kritik zu einem Neuansatz Anlaß geben. Denn von beiden wird der lokative, relationale und Sprecher-involvierende Zug von Existenzbehauptungen nicht zureichend berücksichtigt. Er läßt sich allerdings auch nicht befriedigend berücksichtigen, solange man sich am Existenz*satz* und seiner semantischen Analyse orientiert. Die Aufmerksamkeit muß sich vielmehr auf die mit dem Existenzsatz vollzogene Sprechhandlung richten. Gefordert ist daher eine *pragmatische Analyse von Existenzbehauptungen*, die (zumindest) den Sprecher in ihre Überlegungen einbezieht. Nur auf diesem Weg besteht die Hoffnung, einer befriedigenden Bestimmung des Sinns von Existenzbehauptungen näher zu kommen.

Berücksichtigt man die angeführten Beobachtungen, dann läßt sich folgende These aufstellen: Wer sagt ›a ist F‹, vollzieht mit ›a‹ einen Akt der Referenz und prädiziert von dem so identifizierten Gegenstand a die Eigenschaft F. Wer dagegen sagt ›a existiert‹, vollzieht keinen Akt der Referenz, sagt primär auch weder etwas über den Ausdruck ›a‹ noch über den Gegenstand a,[1] sondern *lokalisiert a in Beziehung zu sich selbst* und konstatiert so einen relationalen Sachverhalt (und damit eine de re und nicht nur de dicto Relation) zwischen sich und a. Er macht – so könnte man zugespitzt sagen – im Unterschied zu ›a ist F‹ keine Aussage über das Subjekt der Prädikation, sondern über das Subjekt des Prädizierens (also sich selbst), indem er sich in Beziehung zu a und a in Beziehung zu sich setzt.[2] Damit behauptet er das

1 Die Wendung ›sagen über‹ ist hier zu verstehen als ›bestimmend prädizieren‹. Über die vielfältige Bedeutung von ›über‹ vgl. N. Goodman, About, *Mind* 70, 1961, S. 1–24; N. Rescher, A Note on ›About‹, *Mind* 72, 1963, S. 268–270.

2 Eine ganz ähnliche Bestimmung scheint sich bei Chr. Sigwart, *Logik. Erster Band. Die Lehre vom Urteil, vom Begriff und vom Schluß*, hg. v. H. Maier, Tübingen [5]1924 zu finden: »Die *Existentialurteile* fallen ihrem logischen Charakter nach unter den Gesichtspunkt der Relationsurteile; sie drücken in erster Linie die Beziehung aus, in der ein vorgestelltes Object zu mir als zugleich vorstellendem und anschauendem Subject steht, greifen aber durch den Sinn ihres Prädicats über die bloße Beziehung hinaus« (aaO., S. 85). In seiner Explikation dieser These (aaO., S. 93ff) reduziert er seine Einsicht aber auf die Feststellung, das, was Existentialurteile »behaupten, ist die Identität des Wahrgenommenen mit dem bloß Vorgestellten, das als Subject genannt ist« (aaO., S. 98). Denn »stelle ich einen ›Gegenstand‹ A vor, so ist er für mein Bewußtsein zunächst als vorgestellter, gedachter vorhanden; er steht zunächst in dieser Beziehung zu mir, Object meines Vorstellens zu sein«. Vollende ich aber den Satz ›A existiert‹, »so behaupte ich, über die bloße Vorstellung hinausgehend, daß das durch die Worte Bezeichnete an irgendeinem Orte wahrnehmbar sei« (aaO., S. 94). Wird das Existentialurteil

Bestehen eines Zusammenhangs zwischen sich und a, demzufolge a in entsprechendem Zusammenhang mit all demjenigen steht, mit dem auch er in solchem Zusammenhang steht (und umgekehrt).

§ 64 Epistemische Relation

Ist dies richtig, dann ist die entscheidende Frage, um eine Beziehung welcher Art es sich bei diesem behaupteten Zusammenhang handelt.

Folgt man Kant, dann müßte man sie als eine *epistemische Beziehung möglicher Erfahrung* charakterisieren.[1] Durch eine Existenzbehauptung lokalisiert der Sprecher den Gegenstand a und sich selbst im »Kontext der gesamten Erfahrung«. Damit bestimmt er sowohl a als auch sich selbst als Erscheinungen im Raum bzw. als Dinge in der Erscheinung, deren Existenz sich nicht nur behaupten und glauben, sondern beweisen und erkennen

aber so bestimmt, ist die mit ihm thematische Relation gerade nicht die zwischen A und dem Sprecher, sondern diejenige zwischen dem *vorgestellten A* und dem *wahrgenommenen A*. Das jedoch ist in psychologischer Terminolgie nichts anderes als eine Version der ›semantischen‹ Interpretation singulärer Existenzsätze (vgl. oben § 51 Anm. 8). Sie steht freilich gerade aufgrund dieser Terminologie in der zusätzlichen Gefahr, Existenz mit der Existenz wahrnehmbarer Gegenstände gleichzusetzen. Daß Sigwart dazu neigt, belegt z. B. seine Bemerkung: Dort, wo »wir unsinnlichen oder übersinnlichen Dingen das Sein beilegen, wie es im ontologischen Beweise für das Dasein Gottes . . . geschieht, haben wir es immer schwer, die Reste der den Gedanken des Seins in der sinnlichen Welt begleitenden räumlichen Vorstellungen los zu werden« (aaO., S. 96). Hier liegt eine zentrale Unklarheit in Sigwarts Position. In anderer Hinsicht ist ihm allerdings durchaus zuzustimmen: »der Sinn des Prädicats ›Existieren‹«, durch das »die Uebereinstimmung des vorgestellten Dings mit einer möglichen Wahrnehmung« ausgedrückt wird, »greift . . . weiter«: »was existiert, steht nicht bloß in dieser Beziehung zu mir, sondern zu allem andern Seienden . . . Von diesem Gesichtspunkt aus ist jedem einzelnen Existentialurteil der mich immer begleitende Gedanke einer mich umgebenden wirklichen Welt vorausgesetzt, er füllt nur eine Stelle in dieser Gesamtheit des Seienden durch ein bestimmtes Subject aus« (aaO., S. 99). Sigwarts These von diesem Gesichtspunkt aus unter Absehung von dem erstgenannten Punkt expliziert ist ein Schritt auf dem Weg zu dem, was ich als *pragmatische Analyse von Existenzbehauptungen* von der bloß semantischen Analyse des in ihnen herrschenden Verhältnisses von ›Subject‹ und ›Prädicat‹ unterscheide.

1 H. Maier, *Philosophie der Wirklichkeit. Erster Teil: Wahrheit und Wirklichkeit*, Tübingen 1926, S. 165 Anm. 1 spricht von einer »logisch-erkenntnistheoretische[n] Grenzbeziehung«. Diese stellt »keine ontologische Relation« dar, da ›existieren‹ »keine Relation, sondern eine *modale* Bestimmtheit« ist. Doch obgleich es ihm zufolge »nicht richtig« ist, »das Existentialurteil als ein Relationsurteil zu betrachten«, interpretiert er es doch relational, indem er ›existieren‹ als »Erscheinung eines transzendent Gegebenen sein« paraphrasiert und Existentialurteile als Behauptungen auslegt, in denen ich »einem Objekt, wenn ich es als existierend bezeichne, eine Beziehung zum transzendent Gegebenen« zuschreibe. Doch die mit Existenzbehauptungen zur Debatte stehende Relation ist weder eine solche Transzendenzbeziehung noch die »Relation des Objekts zum Erfahrungszusammenhang«, sondern die Relation des Objekts zum Erfahrungs- bzw. besser: *Behauptungssubjekt*. Das »Existentialurteil« ist daher nicht – da ist ihm zuzustimmen – intern (semantisch) ein »Relationsurteil«, wohl aber extern (pragmatisch) relational.

läßt.[2] Doch dieses Erkennenkönnen hat prinzipielle Grenzen, die Kants kritischen Verzicht auf die Gleichsetzung der Dinge der Erscheinung mit dem Wirklichen markieren. So ist der Sprecher nicht nur als Ding im Kontext der gesamten Erfahrung lokalisiert, sondern transzendiert diesen Kontext als Erfahrungs- und Erkenntnissubjekt – ganz zu schweigen von seinem Charakter als sich selbst bestimmendes Handlungssubjekt[3] – auf grundsätzliche Weise. Zwar ist er sich auch seiner selbst bloß als Erscheinung bewußt, daß aber *er* als Ich sich so seiner selbst bewußt ist, »ist schlechterdings unmöglich zu erklären, obwohl es ein unbezweifelbares Faktum ist; es zeigt ... ein über alle Sinnenanschauung so weit erhabenes Vermögen an, daß es, als der Grund der Möglichkeit eines Verstandes, die gänzliche Absonderung von allem Vieh, dem wir das Vermögen, zu sich selbst Ich zu sagen, nicht Ursache haben beizulegen, zur Folge hat«.[4] Seine Subjektivität, seine Existenz als reflektierendes Ich der Apperzeption und damit als Person läßt sich nicht auf sein Dasein als Ding in der Erscheinung und damit auf das reduzieren, was von ihm als psychlogischem Ich der Perzeption aufgrund eigener Wahrnehmung durch den inneren oder aufgrund fremder Wahrnehmung durch den äußeren Sinn erfahrbar ist. Vielmehr ist auch im Selbstbewußtsein das Ich des denkenden Subjekts von dem bewußt gemachten Ich des gedachten und damit als Objekt, als Sache »gleich andern Gegenständen außer mir«[5] in den Blick gerückten Subjekts unterschieden, ohne daß dadurch »eine doppelte Persönlichkeit«[6] bzw. »zwei Subjekte in einer Person«[7] angenommen würden. Denn nur das logische Ich der Apperzeption »ist die Person«, von ihm ist aber »schlechterdings nichts weiter zu erkennen möglich«,[8] vielmehr kann es nur als »reine Spontaneität«[9] charakterisiert werden. Gerade als solche aber ist es das einheitsstiftende Moment des Bewußtseins und damit die transzendentale Bedingung der Möglichkeit aller Erkenntnis einschließlich der Selbsterkenntnis.

Diese epistemische Entzogenheit des Ich als der transzendentalen einheitsstiftenden Instanz des Bewußtseins und damit die entscheidende Transzendenz personhafter Wirklichkeit über alles Erfahrbare und theore-

2 Kant, (§ 49 Anm. 1), A 370ff.

3 Man kann diesen Gedanken mit F. R. Tennant, *Philosophical Theology, Vol. II: The World, The Soul and God*, Cambridge 1930, S. 138 auch auf das gesamte Verhältnis von phänomenaler und noumenaler Wirklichkeit ausdehnen und im Zusammenhang z. B. der bekannten Affizierungsproblematik betonen: »Things *per se* are not causes in the Kantian sense; but if they are anything at all they must be ›agents‹.«

4 I. Kant, *Über die von der königlichen Akademie der Wissenschaften zu Berlin für das Jahr 1791 ausgesetzte Preisfrage: Welches sind die wirklichen Fortschritte, die die Metaphysik seit Leibnizens und Wolffs Zeiten in Deutschland gemacht hat?*, aaO., (§ 48 Anm. 1), Bd. 5, A 35f.

5 AaO., A 36.

6 Ebd.

7 AaO., A 31

8 AaO., A 36. Zur Kritik dieser verkürzenden Reduktion des Personbegriffs auf den Subjektbegriff vgl. Dalferth/Jüngel, (§ 33 Anm. 1). bes. S. 85f. 91ff.

9 AaO., A 38.

tisch Erkennbare hinaus wird im Horizont unserer Fragestellung dort zum Problem, wo das zu existieren behauptete a selbst Subjekt, Person ist. Kann es doch immer nur als Objekt, als Phänomenon, niemals aber als Noumenon bzw. als *Ich denke* erfahren und erkannt werden. Eben diese Unmöglichkeit der Erkennbarkeit insbesondere anderer Personen *als Personen* und damit des Ich in ihnen macht nun aber die Engführung einer an Kant orientierten epistemischen Interpretation der mit Existenzsätzen behaupteten Beziehung als einer Beziehung möglicher Erfahrung besonders deutlich. Denn behauptet wäre damit ein epistemischer Bezug auf etwas, was sich epistemisch gar nicht fassen läßt. Hält man aber daran fest, daß mit Sätzen der Form ›a existiert‹ nicht nur die Existenz von Erfahrungsgegenständen, sondern auch von Personen, die sich prinzipiell als solche nicht erfahren lassen, behauptet werden kann, dann kann die von Kant her sich nahelegende Antwort auf die Frage nach der Art der mit Existenzsätzen behaupteten Beziehung zwischen Sprecher und a nicht befriedigen.

Kant selbst verweist allerdings auf die Möglichkeit einer anderen Art von Antwort, wenn er aufgrund des Faktums der Reflexion Subjekte nicht nur als Naturdinge bestimmt, die ausschließlich im Horizont möglicher Erfahrung in Beziehung zu anderen Naturdingen zu stehen vermögen, sondern in nachdrücklicher Weise als zwecktätige Vernunftwesen auszeichnet, die – orientiert am moralischen Gesetz der praktischen Vernunft – in einer viel grundlegenderen Beziehung nicht nur zu anderen menschlichen Subjekten, sondern zur ganzen intelligiblen Welt stehen. Denn die Behauptung von deren Existenz nötigt zu einer anderen Analyse, als sie von Kant im Kontext seiner theoretischen Philosophie entwickelt wird. Doch obgleich Kant der Würde der Person, die sich aus dem irreduziblen Faktum der Reflexion ergibt und sie gegenüber allen anderen Gegenständen auszeichnet, dadurch Rechnung trägt, daß er seine theoretische Philosophie konsequent durch eine praktische ergänzt, in der nicht das Erkenntnis-, sondern das Handlungs- und Praxisproblem ins Zentrum gerückt wird, und obgleich er dies in der systematischen Durchführung als die übergeordnete Problematik ausweist, wird die Konsequenz einer Neuverhandlung der Existenzfrage in ihrem Horizont von ihm nicht gezogen. Das anthropologisch grundlegende Faktum der Reflexion und damit die Auszeichnung bestimmter Gegenstände als Personen wird von der Existenztheorie Kants daher nicht eingeholt, sondern geradezu systematisch ausgeschlossen.[10]

10 Nicht zuletzt daran entzündete sich auch Hegels weiterführende Kritik. Ihm zufolge ist es vernunftwidrig, sich auf die Wirklichkeit von Fakten zu beziehen, die sich nicht erkenntnismäßig einholen lassen, und erfahrungswidrig, die angeblich alle Erfahrbarkeit transzendierende Wirklichkeit von Personen zwar zu konstatieren, aus dem Bereich möglicher Erkenntnis aber auszuklammern. Das muß nicht nur zu der von ihm in Kants praktischer Philosophie diagnostizierten »*Zerstückelung* des Menschen« und zur »Unterdrückung der *Natur*« (K. Rosenkranz, *G. W. F. Hegels Leben*, Darmstadt [4]1972, S. 87) führen, sondern nicht weniger zu einer methodisch und sachlich verkürzten Erkenntniskonzeption. Um diese verkürzende Zerstückelung in praktischer und theoretischer Hinsicht zu überwinden, setzt er gegen Kants Doppelung einer

§ 65 Intentionale Relation

Die mit Existenzsätzen der Form ›a existiert‹ behauptete Relation zwischen Sprecher und a läßt sich daher nicht auf (mögliche) epistemische Beziehungen einschränken, so wenig eine epistemische Beziehung auch ausgeschlossen ist, wenn a ein Gegenstand möglicher Erfahrung ist. Während sie aber epistemisch sein kann, wenn auch nicht muß, kann sie niemals nur *intentional* sein. Intentional ist eine Beziehung R genau dann, wenn aus dem (wahren) Sachverhalt ›aRb‹ nicht gefolgert werden kann, daß es ein b gibt, zu dem a in der Beziehung R steht.[1] Intentionale Relationen in diesem Sinn sind etwa ›vorstellen‹, ›fürchten‹, ›begehren‹ oder auch ›reden über‹, denn in keinem dieser Fälle folgt, daß das, was (bzw. der, welcher) vorgestellt, gefürchtet, begehrt oder beredet wird, auch existiert, sondern allenfalls, daß seine Existenz angenommen wird. Angenommene Existenz aber ist immer nur mögliche Existenz. Denn wird mit ›a existiert‹ eine intentionale Relation zwischen a und dem Sprecher artikuliert, dann wird eben damit a als *möglicher Gegenstand* charakterisiert. Möglich ist ein Gegenstand dann, wenn es unmöglich ist, daß der Sprecher existiert und der Gegenstand nicht existiert. Mit der Annahme eines möglichen Gegenstandes unterstellt der Sprecher also, daß sie beide zusammen existieren könnten. Doch diese Möglichkeit impliziert keineswegs, daß sie auch tatsächlich zusammen existierten. Die Pointe der Behauptung singulärer Existenzsätze besteht jedoch gerade darin, daß sie den Sprecher und den als existierend behaupteten Gegenstand in demselben – wie Kant sagt – Kontext lokalisiert. Behauptet wird also keineswegs eine nur de dicto Relation, die sich in relationaler Redeweise erschöpfte, sondern durchaus eine de re Relation, mit der

Erkenntnis- und Handlungsphilosophie als einheitliche Grundfigur allen Erkennens und Handelns den am Personerkennen orientierten dialektischen Vorgang, sich selbst im andern zu erkennen. Vgl. B. Lypp, Über die Wurzeln dialektischer Begriffsbildung in Hegels Kritik an Kants Ethik, aaO., (§ 11 Anm. 2), S. 295–315. An die Stelle einer epistemisch orientierten kritischen Transzendentalphilosophie tritt damit aber die Konzeption einer (in der Methode monologisch durchgeführten) sprachlich kommunizierenden Intersubjektivität, die als Bei*sich*sein im Anderen Freiheit und als Beisichsein im *Anderen* Liebe ist und eben so Wahrheit als den Prozeß zu fassen vermag, im Anderen zu sich selbst zu kommen. Im Horizont dieser Konzeption markieren Existenzsätze die immer wieder neu zu überschreitenden intersubjektiven Bezugspunkte der Bemühung um Erkenntnis der Wahrheit in der Einheit des Vollzugs von Freiheit und Liebe. – Diese Auffassung bietet in der Tat eine Ansatzmöglichkeit, die mit Existenzsätzen behauptete Beziehung zwischen Sprecher und a als ein aktives wechselseitiges Verhältnis zu bestimmen. Doch so aufschlußreich das philosophisch auch sein mag, es erweist sich theologisch letztlich deshalb als inakzeptabel, weil es die Differenz zwischen ontisch und eschatologisch (vgl. § 157) nicht zu wahren weiß. Theologisch geurteilt fällt dieses Verhältnis einseitig unter die Kategorie des Gesetzes und ermöglicht es daher gerade nicht, die Behauptung von Gottes Existenz adäquat zu explizieren.

1 Daß dabei b in vielen, wenn auch nicht in allen Fällen intentionaler Relationen propositional strukturiert ist – man vergleiche etwa ›Ich fürchte ihn‹ und ›Ich fürchte, daß . . .‹ – kompliziert die Situation zwar, verändert sie aber nicht wesentlich, da gerade offen bleibt, ob diese durch R auf a bezogene Proposition ein Sachverhalt ist oder nur als solcher unterstellt wird.

ein relationaler Sachverhalt sichergestellt werden soll.[2] Eben das aber vermögen intentionale Relationen nicht zu gewährleisten, so daß die hier zur Debatte stehende Relation *nichtintentional* sein muß.

§ 66 Reale Relation

Nichtintentionale oder reale Relationen zeichnen sich dadurch aus, daß sie nur zwischen Relaten bestehen können, die existieren. Real ist eine Beziehung demgemäß genau dann, wenn von dem (wahren) Sachverhalt ›aRb‹ auf die Existenz sowohl von a als auch von b geschlossen werden kann.[1] Reale Relationen in diesem Sinn implizieren zweifellos auch die epistemischen Beziehungen der von Kant anvisierten Art, da nur erfahren kann, wer existiert, und sich nur erfahren läßt, was existiert. Doch obgleich das Bestehen einer epistemischen Beziehung eine hinreichende Bedingung für das Vorliegen einer realen Relation ist, ist sie keine notwendige. Notwendig ist nur, daß beide Relate existieren, nicht aber, daß sie erfahrbar sind, und schon gar nicht, daß sie tatsächlich erfahren werden. Existenzbehauptungen artikulieren deshalb zwar keine epistemischen, wohl aber reale Beziehungen. Denn daß mit ›a existiert‹ das Bestehen einer realen Beziehung zwischen dem Sprecher und a behauptet wird, zeigt sich eben daran, daß der Sprecher die Existenzbedingung für a als dem Hinterglied der Relation ausdrücklich für erfüllt erklärt. Er lokalisiert damit sich selbst und a in demselben, durch reale Beziehungen strukturierten und strukturierbaren Kontext oder Existenzzusammenhang: der *Wirklichkeit*.

2 Nicht jede relationale Redeweise thematisiert auch einen relationalen Sachverhalt. Vgl. z. B. das Inhärenzverhältnis zwischen Gegenstand und Eigenschaft, das Kant zufolge zwar »unter dem Titel der Verhältnisse steht«, aber »mehr als die Bedingungen derselben, als daß sie selbst ein Verhältnis enthielte« (§ 49 Anm. 1), B 230. Ebensowenig muß umgekehrt ein relationaler Sachverhalt durch relationale Wendungen zum Ausdruck gebracht werden, wie gerade ›a existiert‹ belegt.

1 Die Rede von ›realer Relation‹ ist also nicht mit einem Universalienrealismus zu verwechseln. Vgl. zur Neukonzeption der Realität von Relationen durch I. Kant die aufschlußreiche Studie von P. Schulthess, *Relation und Funktion. Eine systematische und entwicklungsgeschichtliche Untersuchung zur theoretischen Philosophie Kants*, Berlin/New York 1981 bes. S. 176ff.299f. Sie ist aber ebensowenig mit einem universalen Relationsrealismus gleichzusetzen, der – wie H. H. Oliver, *A Relational Metaphysic*, The Hague/Boston/London 1981 – von der nur über ihre Konsequenzen zu rechtfertigenden »basic assumption« ausgeht »that only relations are real« und »that *all* relations are real« (S. 155). Denn obgleich es richtig ist, daß jedes »metaphysical system can be characterized by the answer which it gives to the question, what is real?« (S. 101), ist die Pointe dieser fundamentalen Frage verfehlt, wenn man nur antwortet: Relationen, ohne klarzustellen, *worin ihre Realität besteht*.

§ 67 Existenz als reale Relation

Die mit ›a existiert‹ behauptete reale Relation ist damit aber noch ganz unterbestimmt. Denn wenn reale Relationen nur zwischen Relaten bestehen können, die existieren, wie läßt sich dann die Behauptung der Existenz dieser Relate selbst als Behauptung einer realen Relation zwischen diesen Relaten und dem Behauptungssubjekt bestimmen? Wie unterscheidet sich diese Relation von anderen realen Relationen, die das Bestehen jener Relation zu ihrer Voraussetzung haben? Gerät diese Analyse nicht in einen Zirkel, insofern sie bei Existenzbehauptungen das als Voraussetzung anzunehmen zwingt, was diese gerade behaupten? Sollte man dann aber nicht vermeiden, davon zu reden, mit Existenzsätzen würde das Bestehen einer realen Relation behauptet, und stattdessen sagen, sie konstatierten die Erfülltheit der (bzw. einer) Bedingung für das Bestehen realer Relationen?

Diese Fragen haben zweifellos ihr Recht. Um sie beurteilen und beantworten zu können, haben wir den Begriff der realen Relation zu präzisieren, indem wir ihn differenzieren. Beziehungen wie ›schlagen‹ ›anreden‹ oder ›daneben stehen‹ sind sicher real im oben eingeführten Sinn, insofern Behauptungen wie ›a schlägt mich‹, ›a redet mich an‹ oder ›a steht neben mir‹ nur wahr sein können, wenn sowohl a als auch ich existieren. In all diesen Fällen wird die Wahrheit von ›a existiert‹ präsupponiert. Wodurch unterscheidet sich dann aber die mit ›a existiert‹ behauptete, bei allen realen Relationen zwischen Sprecher und a präsupponierte reale Relation von der z. B. mit ›a steht neben mir‹ oder ›a redet mich an‹ behaupteten?

Zunächst offensichtlich darin, daß im letztgenannten Fall die reale Relation *in* der Behauptung artikuliert wird, während sie im ersten Fall *durch* die Behauptung zur Sprache kommt. Existenzbehauptungen sind pragmatisch, nicht semantisch relational, insofern der Sprecher als das eine Relat dieser Beziehung nicht in der semantischen Struktur der Behauptung selbst – etwa in Gestalt des Personindexes ›mich/mir‹ –, sondern nur als Sprechsubjekt des Behauptungsaktes vorkommt, so daß hier ein relationaler Sachverhalt nicht durch relationale Redeweise, sondern gerade durch den Vollzug relationierender Rede unter Verwendung nichtrelationaler Wendung zum Ausdruck kommt. Diese nur im Redevollzug sich darstellende Relation kann natürlich selbst wieder beschreibend in eine Äußerung aufgenommen und damit semantisch internalisiert werden. Das Problem wird dadurch aber nur verlagert. Denn die uns interessierende Relation ist ja nicht die intentionale oder de dicto Relation, die etwa in der Äußerung ›S behauptet, daß a existiert‹ artikuliert wird, sondern die zwischen dem Subjekt dieser Äußerung (sagen wir: S') und S durch diese Äußerung pragmatisch berhauptete reale oder de re Relation. Präsupponiert doch ›S behauptet, daß a existiert‹ die Existenz von S und ist daher zu explizieren als ›S existiert und behauptet, daß a existiert‹, so daß S' als Sprechsubjekt dieser Äußerung durch sie implizit die Existenz von S und damit pragmatisch eine reale Relation zwischen sich und S mitbehauptet. Zur Bestimmung der spezifischen Art dieser Relation ist es aber gleichgültig, ob wir die Behauptung von S, daß a existiert, oder die Behauptung von S', daß S, der behauptet, a existiert, existiert, auf die dadurch artikulierte reale Relation hin befragen, da es sich in beiden Fällen um genau dasselbe Problem handelt. Wollte man die pragmatische Relationalität von Existenzbehauptungen deskriptiv transformieren, käme man vielmehr zu Äußerungen wie z. B. ›S und a existieren beide‹, ›a existiert ebenso wie S‹, ›a existiert im Kontext mit S‹, ›a und S stehen in einem Existenzzusammenhang‹ o. ä. – immer vorausgesetzt, S hat die Existenzbehauptung ›a existiert‹ implizit oder explizit aufgestellt und a existiert tatsächlich. Die Kardinalfrage und das uns beschäftigende Problem ist dann gerade, welche Art von realer Relation mit dem ›existieren beide‹, ›ebenso wie‹, ›im Kontext mit‹, ›im Existenzzusammenhang mit‹ usf. ausgedrückt wird.

§ 68 Formale Eigenschaften dieser Relation

Zur Beantwortung dieser Frage empfiehlt es sich, von einigen formalen Eigenschaften der mit Existenzbehauptungen pragmatisch artikulierten realen Relation auszugehen. Ist R diese Relation, dann läßt sie sich definieren als die Menge der geordneten Paare, für die der Relationsausdruck ›xRy‹ gilt. Vorbereich und Nachbereich dieser Relation ist die Menge aller Gegenstände, die im Kontext miteinander existieren, so daß sie sich gegenseitig als echte Teilmengen enthalten. Das Relationsfeld dieser Relation als der Summe von deren Vor- und Nachbereich ist dementsprechend die Gesamtheit des Existierenden oder kurz: die Wirklichkeit.[1]

Im Hinblick auf ihre logischen Eigenschaften betrachtet ist ›xRy‹ eine symmetrische und transitive Relation. Sie ist symmetrisch, weil x nur dann im Kontext mit y existiert, wenn auch y im Kontext mit x existiert. Und sie ist transitiv, da für alle x,y,z gilt, daß aus ›xRy‹ und ›yRz‹ folgt, daß auch ›xRz‹ gilt. Denn wer immer im Kontext mit einem anderen existiert, existiert auch im Kontext mit all dem, in dessen Kontext jenes andere existiert. Ist R aber eine symmetrische und transitive Relation, dann folgt logisch, daß sie auch die Eigenschaft der Reflexivität besitzt. Reflexiv ist eine Relation dann, wenn sie jeder Gegenstand, der sie zu anderen Gegenständen haben kann, auch zu sich selbst haben muß. Kein Gegenstand kann daher im Kontext mit einem anderen existieren, wenn er nicht auch im Kontext mit sich selbst existiert.

1 Über die wichtigsten relationslogischen Termini informiert kurz und präzis G. Patzig, Relation, *Handbuch philosophischer Grundbegriffe*, München 1973, S. 1220–1231. Als systematisches Grundwerk ist zu konsultieren B. Russell/A. N. Whitehead, (§ 48 Anm. 4). Eine informative historische Skizze des Relationsproblems findet sich bei Schulthess, (§ 66 Anm. 1), S. 126ff.

Ist R in diesem Sinne eine reflexive reale Relation, dann wird verständlich, daß die durch Existenzbehauptungen artikulierte Relation immer schon annehmen muß, daß sowohl a als auch der Sprecher existieren, und d. h., diese Relation R zu sich selbst haben, wenn es sich um eine *reale* Relation soll handeln können. Während nun aber kein Gegenstand im Kontext mit einem anderen existieren kann, ohne im Kontext mit sich selbst zu existieren, kann er sehr wohl im Kontext mit sich selbst existieren, ohne deshalb auch im Kontext mit anderem existieren zu müssen. Solipsistische Existenz ist durchaus eine Möglichkeit, da die Existenz von anderem für die Existenz eines Gegenstands keineswegs notwendig ist. Ebensowenig notwendig ist freilich die Existenz überhaupt eines Gegenstands. Daß überhaupt etwas existiert (und zwar notwendig im Kontext mit sich selbst, wenn auch nicht notwendig im Kontext mit anderem), ist ebenso kontingent wie seine Existenz im Kontext mit anderem (wenn dies der Fall ist). Das Bestehen der reflexiven realen Relation R ist daher ein gänzlich kontingenter Sachverhalt.

§ 69 Existenz und Reflexion

Daß die Möglichkeit solipsistischer Existenz ebensowenig realisiert ist wie die Möglichkeit überhaupt keiner Existenz ist eine kontingentes Faktum, das sich an einer ausgezeichneten Teilmenge des Existierenden, sofern es durch die Geltung des Relationsausdrucks ›xRy‹ bestimmt ist, ausweisen läßt. Diese Teilmenge kann mittels des Deskriptionsausdrucks ›x behauptet/kann behaupten, daß y existiert‹ als die Menge der Gegenstände definiert werden, welche die Existenz von (bestimmtem) anderem im Kontext mit ihnen und so ihre Existenz im Kontext mit anderem zu artikulieren und zu überprüfen vermögen. Indem sie so die Existenz anderer Gegenstände behaupten und zumindest in einigen Fällen diese Behauptung zu verifizieren in der Lage sind,[1] konstatieren sie aufgrund der Reflexivität der von ihnen pragmatisch behaupteten Relation R nicht nur das Bestehen dieser Relation zwischen ihnen und jenen Gegenständen, sondern zugleich, daß sie selbst diese Relation ebenso zu sich selbst haben wie auch die als existierend behaupteten bzw. aufgewiesenen Gegenstände. Kann doch nichts im Kontext mit anderem existieren, was nicht auch im Kontext mit sich selbst existiert. Wenn daher eine einzige Behauptung ›a existiert‹ wahr ist, die nicht von a selbst aufgestellt wird, dann existiert nicht nur überhaupt etwas, sondern es existieren mindestens zwei Gegenstände, von denen wiederum mindestens einer nicht nur, wie auch der andere, in der Relation R zu sich selbst steht, sondern sich dieser Tatsache auch bewußt ist bzw. bewußt zu werden vermag. Der kontingente Sachverhalt, *daß anderes existiert*, ist daher zu-

1 Vgl. G. E. Moore, Proof of an External World, aaO., (§ 48 Anm. 5), S. 127–150.

gleich sowohl die Negation der Wirklichkeit solipsistischer Existenz als auch der Wirklichkeit überhaupt keiner Existenz. Denn erst mit der Existenz anderer Gegenstände bzw. dem Bestehen mindestens eines von ihm selbst verschiedenen existentiellen Sachverhalts wird das ›Ich existiere‹ aus dem ambivalenten Zustand, wahr *oder* falsch sein zu können, herausgeführt und eindeutig als wahr erwiesen. Ist die eigene Existenz aber erst mit der Existenz mindestens eines anderen Gegenstandes gesichert, dann erweist sich das Scheitern des cartesischen Programms als zwangsläufige Folge eines falschen Ansatzes: nicht die Sicherung der eigenen Existenz ist Voraussetzung der Sicherung der Existenz anderer Gegenstände, sondern gerade umgekehrt ist die Sicherung der Existenz anderer Gegenstände *zugleich* Sicherung der eigenen Existenz, so daß die Frage nach der eigenen Existenz gar nicht mehr gestellt zu werden braucht: mit dem Nachweis der Existenz anderer Gegenstände ist sie immer schon beantwortet.

Das von Kant konstatierte Faktum der Reflexion ist daher nicht nur ein irreduzibel kontingentes Faktum, sondern zugleich nur aufgrund des ebenso kontingenten Faktums der Existenz anderer Gegenstände konstatierbar. Die mit der Behauptung ›a existiert‹ pragmatisch artikulierte reflexive reale Relation zwischen dem Sprecher und a impliziert nicht nur, daß diese sowohl im Kontext miteinander als auch jeweils im Kontext mit sich selbst existieren, sondern daß sie im Sprecher zur Einsicht in sich selbst gekommen ist: *das den Sprecher auszeichnende Faktum der Reflexion ist das Bewußtsein der Reflexivität der Relation, in der er zu anderem und zu sich selbst steht.*[2] Ist Reflexion damit aber – kurz gesagt – nichts anderes als sich ihrer selbst bewußte Existenz, dann kann sie das aufgrund des Gesagten gerade nicht als solipsistisches Ichbewußtsein sein, sondern immer nur, sofern sie darum weiß, daß auch der andere Gegenstand, zu dem sie in der Relation R steht, zu sich selbst ebenso in dieser Relation steht wie auch sie selbst. Reflexion weiß in diesem Sinn immer um die Reflexivität der Existenz des anderen, zu dem sie als reflektierendes Ich in der mit ›a existiert‹ pragmatisch behaupteten realen Relation steht, damit aber immer auch um die Möglichkeit, daß a selbst – sofern es als (mögliches) Ich in den Blick kommt – um diese Reflexivität weiß und damit ebenso durch das Faktum der Reflexion ausgezeichnet ist.

§ 70 Veränderungsvermögen

Mit all dem ist freilich die Eigenart der mit Existenzbehauptungen pragmatisch artikulierten realen Relation im Vergleich zu anderen realen Relatio-

2 Reflexion ist demnach nicht mit Selbstbewußtsein gleichzusetzen. Dieses umfaßt neben dem Wissen um die Reflexivität der eigenen Existenz auch das Wissen um die eigene Gegenständlichkeit, das Wissen um die eigene Gegenstandsart und das Wissen um dieses vielfache Wissen. Es ist also ein weitaus komplexeres Phänomen als die Reflexion für sich genommen.

nen noch immer nicht hinreichend bestimmt. Um diese zu klären, verfahren wir zunächst indirekt, indem wir die oben (§ 67) erwähnten Beispiele verhältnismäßig problemloser realer Relationen genauer analysieren.

Während die durch ›a existiert‹ pragmatisch artikulierte reale Relation durch die Existenz ihrer Relate vollständig bestimmt zu sein scheint, ist die mit ›a steht neben mir‹ oder ›a redet mich an‹ ausgedrückte reale Beziehung offensichtlich noch nicht befriedigend analysiert, wenn man nur auf die notwendige Bedingung der Existenz ihrer Relate abhebt. *Räumliche* Relationen wie ›daneben stehen‹ und *zeitliche* Verhältnisse wie ›anreden‹ bestehen nicht schon dann und allein schon deshalb, wenn und weil a und ich existieren. Welche weiteren Bedingungen müssen erfüllt sein, damit solche realen Relationen bestehen (können)?

P. Geach hat vorgeschlagen, daß ihre Relate *aktuell* bzw. *wirklich* sein müssen. Um das zu sein, müssen sie folgendem Wirklichkeitskriterium genügen: Ein Gegenstand »*x* is actual if and only if *x* either acts, or undergoes change, or both«.[1] Nur das, was verändert oder verändert wird, ist wirklich. Da aber nichts und niemand verändern oder verändert werden kann, ohne sich selbst zu ändern, ist *Veränderung* das entscheidende Kriterium, dem die Relate realer Relationen genügen müssen.

Geachs Formulierung dieses Kriteriums ist allerdings insofern unbefriedigend, als hinter ihr die (aristotelische) These steckt, daß wirklich nur ist, was sich tatsächlich im Zustand aktiven Veränderns oder passiver Veränderung befindet. Doch warum sollte nicht auch wirklich sein, was weder handelt noch leidet, zumal die aristotelische These von metaphysischen Voraussetzungen ausgeht, die keineswegs unproblematisch sind?[2] Das Problem läßt sich vermeiden, wenn man sein Kriterium dahingehend erweitert, daß ein Gegenstand wirklich genannt zu werden verdient, wenn er handeln oder leiden *kann*. Nicht am tatsächlichen Vollzug, sondern am *Vermögen* zum Vollzug von Veränderungen bemißt sich die Wirklichkeit eines Gegenstands. Der Vermögensbegriff ist dabei nicht mit dem Begriff der (logischen) Möglichkeit zu verwechseln. Im Unterschied zur bloßen Möglichkeit der Veränderung besitzt ein Gegenstand nur dann Veränderungsvermögen, wenn von ihm zugleich gilt, daß er existiert. Die logische Möglichkeit, sich verändern zu können, kann auch Pegasus nicht abgesprochen werden, da sie nur besagt, daß es unmöglich ist, daß er existiert und sich nicht verändern könnte. Das Vermögen zur Veränderung aber hat er nicht, denn dieses kommt einem Gegenstand nur dann zu, wenn seine Veränderungsmöglichkeit durch seine Existenz realisiert ist. Vermögen ist daher die Kompetenz eines existierenden und nicht nur eines möglichen Gegenstands.

1 Geach, (§ 55 Anm. 8), S. 65.

2 Zur Kritik vgl. J. Rohls, *Wilhelm von Auvergne und der mittelalterliche Aristotelismus*, München 1980. Kap. 5.

Könnte man im Sinn dieses durch den Begriff des Veränderungsvermögens präzisierten Wirklichkeitsbegriffs[3] sagen, daß die Relate realer Relationen mit ihrer Existenz auch die Fähigkeit und Möglichkeit besitzen müssen, sich aktiv und/oder passiv verändern zu können? Selbst für räumliche und zeitliche Relationen ist diese Frage zu verneinen. Nicht jeder Gegenstand, der existiert, besitzt auch Veränderungsvermögen. Denn nicht für jeden Gegenstand gilt, daß es unmöglich ist, daß er existiert und sich nicht verändern könnte. Das ist nicht nur bei Zahlen, Klassen oder Mengen so. Das gilt auch für Ereignisse wie Mahlzeiten, Konzerte oder Kriege: sie sind geradezu ausgezeichnet durch die Tatsache, daß sie sich weder aktiv noch passiv verändern können. Sie ereignen sich oder finden statt, aber sie verändern sich nicht. Im Unterschied zu abstrakten Gegenständen wie Zahlen können sie aber sehr wohl in räumlichen und/oder zeitlichen Relationen zueinander und zu anderen Gegenständen stehen.

Geach hat denn auch jüngst sein Kriterium präzisiert. ›Wirklichkeit‹ bedeutet ihm zufolge jetzt die »aktive oder passive Einbezogenheit in kausale Abläufe«.[4] Damit ist der Mangel der ursprünglichen Bestimmung wettgemacht, allerdings auf Kosten einer unübersehbaren Beschränkung des Wirklichkeitsbegriffs. Denn was immer in kausale Abläufe einbezogen ist, ist auch raumzeitlich aufeinander bezogen; und nur was auch raumzeitlich bezogen sein kann, vermag in kausale Abläufe einbezogen und damit wirklich zu sein. Wirklich ist dann aber nur das, was in Raum und Zeit ist: Raum und Zeit sind die *Begrenzungen der Wirklichkeit*.[5] Sind sie aber auch die Grenzen realer Relationen? Daß räumliche und zeitliche Relationen der erwähnten Art, deren Relate dem Wirklichkeitskriterium von Geach genügen, real sind, heißt jedenfalls noch keineswegs notwendig, daß alle realen Relationen zwischen in diesem Sinn wirklichen Relaten bestehen müssen. Ehe dies behauptet werden könnte, müßten weitere Argumente angeführt werden.

3 Auch das ist noch ein in entscheidender Hinsicht verkürzter Wirklichkeitsbegriff. Vgl. unten § 154.

4 Geach, (§ 32 Anm. 6), S. 206. Ähnlich expliziert den Wirklichkeitsbegriff auch B. Bolzano, *Athanasia oder Gründe für die Unsterblichkeit der Seele*, Sulzbach 1827, S. 92 und 113f; ders., *Drei philosophische Abhandlungen, welche auch von Nichtphilosophen sehr wohl verstanden werden können, und vier akademische Reden von allgemein menschlichem Interesse*, Leipzig 1851, S. 2. Da mit der Kausalität allerdings auch das Problem raumzeitlicher Verhältnisse aufgeworfen ist (auch wenn beide keineswegs identisch zu setzen sind), genügt es zur Klärung von Gottes Schöpferbezug zur so bestimmten Wirklichkeit keineswegs, mit P. Geach, Causality and Creation, aaO., (§ 46 Anm. 4), S. 75–85 Kausalsätze der Form ›– ist die Ursache von –‹ bzw. ›p, weil q‹ logisch zu analysieren.

5 Vgl. E. Jüngel, Säkularisierung – Theologische Anmerkungen zum Begriff einer weltlichen Welt, in: ders., (§ 1 Anm. 4), S. 285–289, S. 289.

§ 71 Veränderung und Zeit

Alle Veränderungen sind *Veränderungen in der Zeit*. Das gilt auch dann, wenn man wie Geach nicht nur »the initiation of changes in things«, sondern auch »the inner activities of mind, like thinking and planning« als Handeln auffaßt.[1] Denn um sagen zu können, a habe sich (aktiv oder passiv) verändert, müssen wir mindestens zwei miteinander *unvereinbare Aussagen* über *eben dieses* a machen. Beide in dieser Formulierung steckenden Momente sind von gleicher Wichtigkeit. Würde nämlich nicht Gegensätzliches von demselben a prädiziert, ergäbe sich ebensowenig eine Nötigung, von Veränderung zu reden, wie wenn Gegensätzliches von Verschiedenem prädiziert würde. Wenn man aber von ein und demselben a sowohl sagen muß, daß es F ist, als auch, daß es G ist, das mit F unvereinbar ist, dann läßt sich ein logischer Widerspruch nur durch die Annahme eines Zeitunterschieds vermeiden. ›a ist F‹ ist dann zur Zeit $t_1$wahr, zur Zeit t_2 aber falsch, und die Annahme von Zeit ist die Bedingung der Möglichkeit, von a nicht nur Widersprüchliches, sondern Veränderung aussagen zu können.

Daß dabei nicht Gegensätzliches von Verschiedenem, sondern tatsächlich Veränderung ausgesagt wird, setzt allerdings voraus, daß a zu beiden Zeitpunkten im strengen Sinn *identisch* ist. Nur wenn es numerisch *dasselbe* a ist, das an t_1 F, an t_2 dagegen G ist, kann eine Veränderung vorliegen. Ehe wir daher Grund haben, von Veränderung zu sprechen, müssen wir a als dasselbe reidentifizieren können. Möglichkeit und Art dieser Reidentifikation sind von Gegenstand zu Gegenstand aufgrund unterschiedlicher Gegenstandsart und Gegenständlichkeit verschieden. So ist die Selbigkeit im Fall räumlich ausgedehnter Gegenstände makroskopischer und mikroskopischer Art durch deren räumliche bzw. raumzeitliche Kontinuität gewährleistet, denn ein Gegenstand b, der sich an einer von a räumlich und/oder zeitlich entfernten Position befand, ist nur dann in strengem Sinn mit a identisch und a nicht nur mehr oder weniger ähnlich, wenn es einen Weg gibt, auf dem a von der Position, die b einnahm, zu seinem jetzigen Ort gelangt ist. Im Fall räumlich nicht ausgedehnter Gegenstände wie Ideen, Gedanken oder Gefühlen ist die Identität durch den Bezug zu einem raumzeitlich kontinuierlich identifizierbaren Gegenstand garantiert. Und im Fall wieder anderer Gegenstände wie z. B. Ereignissen ist die Identität des Bezugsgegenstands dadurch gegeben, daß sie von uns als raumzeitlichen Wesen unter den Bedingungen von Raum und Zeit konstant in derselben Weise identifiziert und in pragmatisch-kausalem Zusammenhang mit ihrer ursprünglichen Identifikationssituation immer wieder als dieselben reidentifiziert werden können.

1 Geach, (§ 55 Anm. 8), S. 65; vgl. J. R. Lucas, *A Treatise on Space and Time*, London 1976, S. 7f.

§ 72 Reale Veränderung

Diese grundsätzliche Überlegung zur Einführung des Zeitbegriffs ist allerdings in zweifacher Hinsicht zu präzisieren. Obgleich alle Rede von Veränderung diesem logischen Kriterium genügen muß, demzufolge eine Veränderung nur vorliegen kann, wenn a ein Prädikat F zum einen Zeitpunkt wahrheitsgemäß zugesprochen werden kann, zum anderen aber nicht, ist nicht in jedem Fall, in dem diese Bedingung erfüllt ist, auch von einer realen Veränderung die Rede. ›Peter ist der Größte der Klasse‹ wird falsch, wenn ein größerer Schüler in die Klasse eintritt oder ein Mitschüler ihn im Größenwachstum überflügelt, ohne daß dies doch eine Peter selbst zuschreibbare Veränderung darstellte. Ebensowenig verändert sich Peter, wenn ich jetzt an ihn denke, vorher aber nicht an ihn gedacht habe. Geach nennt solche Veränderungen in Anspielung auf McTaggart und Russell ›Cambridge changes‹[1] und unterscheidet sie von realen Veränderungen wie etwa der, daß Peter, der letztes Jahr 1,65 m groß war, heute 1,80 m groß ist. Eine reale Veränderung liegt nur vor, wenn im Hinblick auf a selbst zwei miteinander unvereinbare Zustände von a ausgesagt werden müssen, nicht aber, wenn im Hinblick auf das Verhältnis von a zu irgendeinem b zu verschiedenen Zeitpunkten unterschiedliche Aussagen gemacht werden können.

T. P. Smith[2] hat dies dahingehend präzisiert, daß das spezifizierte logische Veränderungskriterium zwar für nichtrelationale, nicht jedoch für relationale Prädikate von a hinreichend ist. Trifft das relationale Prädikat ›-Rb‹ zur Zeit t_1, nicht aber zur Zeit t_2 auf a zu, dann folgt daraus nur, daß entweder a oder b oder beide sich verändert haben – vorausgesetzt, ›R‹ ist keine räumliche Relation. Eine reale Veränderung von a läßt sich daraus nur folgern, wenn ›-Rb‹ keine räumliche Relation ausdrückt und a zur Zeit t_1, nicht aber t_2 Rb ist und b sich zwischen t_1 und t_2 nicht verändert hat. Hat sich dagegen auch b verändert, dann ist nicht entscheidbar, ob im Blick auf a eine reale Veränderung vorliegt oder nicht.

Es liegt auf der Hand, daß im Zusammenhang unserer Fragestellung nur reale Veränderungen, nicht aber ›Cambridge changes‹ von Interesse sind und daß aufgrund der relationalen Struktur der dabei zur Verhandlung stehenden Prädikate wie ›daneben stehen‹ oder ›anreden‹ das logische Veränderungskriterium für sich genommen unzureichend ist, um gegebenenfalls eine Differenz gegenüber ›a existiert‹ zu etablieren. Doch noch ein weiterer Punkt ist hier zu bedenken.

1 Geach, (§ 55 Anm. 8), S. 71f; ders., *Truth, Love and Immortality. An Introduction to McTaggart's Philosophy*, London 1979, S. 90ff. Vgl. dazu auch die scholastische Differenz zwischen *relatio realis* und *relatio rationalis*: Geach, God's Relation to the World, aaO., (§ 41 Anm. 4), S. 318–327; Rohls, (§ 70 Anm. 2), S. 171ff.

2 T. P. Smith, On the Applicability of a Criterion of Change, *Ratio* 15, 1973, S. 325–333.

§ 73 Veränderung und Werden

Obgleich alle Veränderungen Vorgänge in der Zeit sind, sind nicht alle zeitlichen Vorgänge Veränderungen. Veränderungen erfordern die Identität des Bezugsgegenstands unvereinbarer Prädikationen im Wechsel der Zeiten. Doch die Gegenstände solcher Veränderungen können selbst geworden sein, ohne daß dieses Werden eine Veränderung an einem identisch zugrundeliegenden Gegenstand darstellte. Nicht nur die Tatsache unvereinbarer wahrer Prädikationen von ein und demselben Gegenstand nötigt zur Annahme von Zeit, sondern auch die Möglichkeit, Gegenstände zu identifizieren, die zu einem anderen Zeitpunkt noch nicht waren oder nicht mehr sind. Wir haben daher zwischen dem *Werden und Vergehen von Gegenständen*, das in einem *Gegenstand*, bzw. genauer: der *Existenz* oder dem *Ende der Existenz* eines Gegenstands resultiert, und der *Veränderung von Gegenständen*, die in einem *anderen* Gegenstand resultiert, scharf zu unterscheiden. Vorgänge in der Zeit sind – systemtheoretisch ausgedrückt – nicht nur Modifikationen, sondern auch Transformationen des Systems in einen *neuen*, nicht nur in einen *anderen* Zustand.

Aristoteles[1] hatte diesen Unterschied als die Differenz substantiellen und akzidentellen Werdens bestimmt.[2] Indem er aber beide Vorgänge gleichermaßen nach dem Modell der Veränderung analysierte, die immer die Identität eines Bezugsgegenstands voraussetzt, führte ihn seine Analyse des substantiellen Werdens zwangsläufig zur Konzeption des Hylemorphismus, in welcher die Materie als der potentielle Gegenstand alles Werdens aufgefaßt wird. Doch daß a zur Zeit t_2 ist (existiert), während es zur Zeit t_1 noch nicht war, besagt nicht, daß es ein x gibt, das an t_1 nicht a war, aber an t_2 a ist, sondern nur, daß a vor seiner Entstehung nicht existierte; und daß a entstand (wurde) besagt nicht, daß es ein x gibt bzw. geben muß, aus dem a entstand, sondern nur, daß a an t_1 noch nicht war, nunmehr aber ist.[3] Vom Werden eines Gegenstands kann man daher zwar nicht ohne die Annahme zweier zeitlich verschiedener Zustände sprechen. Doch der Übergang von t_1 nach t_2 ist kein Veränderungsprozeß. Das Werden bzw. Entstehen von a ist vielmehr das Auftreten eines neuen Existierenden, das an t_1 noch nicht existiert hat, an t_2 aber existiert.

Dieses Auftreten kann, selbst wenn man es auf die Gesamtheit des Existierenden bezieht, ohne zusätzliche Argumente nicht als Schöpfung interpretiert werden.[4] Man kann nur sein Da-Sein konstatieren. Die Frage nach dem Warum und Woher dieses Auftretens bleibt im Horizont dieser Analyse ohne Antwort, da diese nicht mehr festzustellen erlaubt, als daß es an t_1

1 Aristoteles, *Physik* A 7, 190b 10ff; aaO., E 1, 225b 6ff; ders., *Metaphysik* Z 7, 1032a 12ff.
2 Vgl. Rohls, (§ 70 Anm. 2), S. 103ff.
3 Vgl. Anselm von Canterbury, *Monologion*, cap. 8, in: *Opera Omnia*, hg. v. F. S. Schmitt, Tom. I, Stuttgart-Bad Cannstatt 1968, S. 1–87, S. 22–24.
4 Ebd.

keinen Gegenstand und an t_2 mindestens einen Gegenstand gibt. Und selbst wenn man in bestimmten Fällen das Entstehen von a als Transformationsprozeß von Existierendem in *anderes* Existierendes analysieren kann, insofern die an t_1 und t_2 jeweils existierenden Gegenstände nicht nur zeitlich bezogen sind, sondern in einem kausalen Verhältnis zueinander stehen, kann zwar das Werden von a kausal als Entstehen aus b erklärt werden, die Existenz von b aber wirft dieselbe unbeantwortbare oder nur iterierbare Warum-Frage auf.

Das Instrumentarium zur Analyse von Veränderung erweist sich damit zur Analyse des Werdens ganz unzureichend, da es dieses im strengen Sinn überhaupt nicht zu denken ermöglicht. Die Differenz zweier Zeitpunkte, an denen a ist bzw. nicht ist, ist allenfalls eine notwendige, keinesfalls aber eine hinreichende Bedingung dafür, einen Vorgang als Werden zu bestimmen. Das hat Gründe, die im Zeitbegriff selbst verankert sind (vgl. § 76). Werden und Veränderungen können damit jedenfalls nicht als zwei Formen desselben zeitlichen Vorgangs bestimmt werden. Denn weder können sich nur Gegenstände, die geworden sind, auch verändern, noch resultiert jedes Werden in einem Gegenstand mit Veränderungsvermögen. Und obgleich nur etwas, das ist, etwas anderes werden kann, muß nicht alles, was ist, geworden sein oder sich verändern können.

§ 74 Dinge und Ereignisse

Daß dies so ist, läßt sich schon im Horizont der Veränderungsproblematik klar machen. Denn sowenig es Veränderung ohne Zeit gibt, sowenig gibt es sie ohne die strenge Identität eines Gegenstands im Wechsel der Zeiten. Eben das nötigt dazu, zwischen *Dingen* und *Ereignissen*, damit aber auch zwischen *Raum* und *Zeit* zu unterscheiden.

Sowohl Dinge als auch Ereignisse sind Gegenstände als Subjekte möglicher Prädikation. Sie unterscheiden sich dadurch, daß zwar Dinge, nicht aber Ereignisse zu zwei verschiedenen Zeitpunkten voll identisch sein können. Zwar kann man auch auf Ereignisse wie die Französische Revolution oder die Uraufführung von Aida zu verschiedenen Zeitpunkten identifizierend Bezug nehmen. Aber kein Ereignis zu einer Zeit kann mit einem Ereignis zu einer anderen Zeit voll identifiziert werden. Obgleich daher Dinge und Ereignisse werden bzw. entstehen, insofern sich eine Zeit angeben läßt, zu der sie noch nicht waren, können nur Dinge, nicht aber Ereignisse sich verändern. Ereignisse treten ein, nehmen ihre Zeit in Anspruch und werden durch neue Ereignisse abgelöst, aber sie verändern sich nicht. Dinge dagegen können sich verändern und jede Veränderung wird ein Ereignis sein, das sich selbst nicht verändern kann.

In der Zeit gibt es damit Gegenstände, die dem Wandel der Zeiten nicht unterliegen. Zwar werden und vergehen sie, aber wenn sie geworden sind, dann sind sie unveränderlich das, was sie wurden. Dinge dagegen sind nie nur das, was sie wurden, sondern sie können, solange sie überhaupt existieren, immer auch noch anders werden. Das hat Folgen für die Art der Gegenwärtigkeit von Dingen und Ereignissen. Zwar können sowohl Dinge als auch Ereignisse von zeitlicher Dauer sein, aber nur Ereignisse, nicht jedoch Dinge besitzen zeitliche Teile (Phasen). Ist ein Ereignis von zeitlicher Dauer, dann ist es zu keinem Zeitpunkt ganz gegenwärtig. Jedes Ding dagegen ist zu jedem Zeitpunkt, an dem es überhaupt existiert, ganz da. Eben deshalb ist zwischen einem *Ding* und seiner *Biographie* streng zu unterscheiden. Letztere ist immer ein Ereignis bzw. eine Ereignisfolge, d. h. ein *Prozeß* von zeitlicher Dauer, der unveränderlich ist und erst ganz gegenwärtig sein könnte, wenn er nicht mehr gegenwärtig sein kann.

Dinge und Ereignisse können aber nicht nur aufeinanderfolgen, sondern auch zusammenbestehen. Die Kopräsenz verschiedener Dinge und Ereignisse erfordert dann zur Wahrung ihrer Differenz eine Ordnung des Beieinander, d. h. den Raum. Während Dinge im Unterschied zu Ereignissen keine zeitlichen Teile haben, sind sie immer von räumlicher Ausdehnung und besitzen damit räumliche Teile. Zwei Dinge derselben räumlichen Ausdehnung können daher nicht gleichzeitig an demselben Ort sein, ohne identisch zu sein. Dagegen können zwei Ereignisse ohne weiteres gleichzeitig an demselben Ort stattfinden, ohne deshalb identisch sein zu müssen. Wie im Horizont der Veränderungsproblematik die Zeit zur Unterscheidung zwischen Dingen und Ereignissen nötigt, so erlaubt der Raum eine Näherbestimmung der Dinge, wenn auch nicht ohne impliziten Rekurs auf die Zeit.

Raum und Zeit lassen sich so ganz allgemein bestimmen als die Ordnungsstruktur von Dingen und Ereignissen unter dem Gesichtspunkt ihres Beieinander und Nacheinander. Jeder Gegenstand, der sich als Ding oder als Ereignis bestimmen läßt, steht in räumlichen und/oder zeitlichen Bezügen zu anderen Dingen bzw. Ereignissen. Keineswegs alle Gegenstände lassen sich jedoch so bestimmen. Nicht alle Gegenstände sind daher *raumzeitliche Gegenstände* und können deshalb, falls sie existieren, Relate realer Relationen der zur Debatte stehenden Art sein.

Das ist zu verdeutlichen. Dazu müssen wir uns dem mit der Rede von Dingen und Ereignissen aufgeworfenen Problem von Raum und Zeit genauer zuwenden. Dabei ist ein Doppeltes zu beachten. Zum einen sind Raum und Zeit keine absoluten, sondern streng *relationale* Konzepte, da sie nichts benennen, sondern spezifische Verhältnisse zwischen Dingen/Ereignissen charakterisieren. Ohne diese gibt es infolgedessen auch keinen Raum und keine Zeit. Daß etwas in Raum und Zeit ist, besagt daher nicht, wie die Raum-Metapher nahelegt, daß es sich in einer Art von absolutem Behälter befindet bzw. in einem absoluten Bezugssystem lokalisieren läßt. Es ist vielmehr eine sprachliche Kurzform für die genauere Charakterisierung, daß es in räumlichen/zeitlichen Verhältnissen zu anderen Gegenständen steht. Und nur in diesem Sinn wird im folgenden von Gegenständen in

Raum und Zeit gesprochen. Zum anderen aber sind sowohl Raum als auch Zeit *komplexe* Konzepte, die eine Reihe verschiedener, wohl zu unterscheidender Momente einschließen. Nur als Ordnungstrukturen von Dingen und Ereignissen nach ihrem Beieinander und Nacheinander sind sie zu vage bestimmt, um zur Klärung der Differenz zwischen realen Relationen wie ›a existiert‹ und ›a steht neben mir‹ wirklich einen Beitrag zu leisten.

§ 75 Zeitlichkeit

Betrachten wir zuerst den Zeitbegriff. Dieser ist so rekonstruierbar, daß zunächst ein Kernbegriff der *Zeitlichkeit* freigelegt wird, der sich dann zu verschiedenen Begriffen von *Zeit* im Vollsinn erweitern läßt.[1] Wie die Einführung des Zeitbegriffs im Zusammenhang der Veränderungsproblematik in § 71 zeigte, ist eine notwendige Bedingung der Möglichkeit von Zeit das Vorliegen verschiedener *Sachverhalte* (nicht Gegenstände!), etwa ›a ist F‹ und ›a ist G‹. Zur Rede von Zeit nötigt diese Pluralität von Sachverhalten freilich erst dann, wenn diese so in Beziehung stehen, daß aufgrund der Identität von a und der Unvereinbarkeit von ›F‹ und ›G‹ die Wahrheit von ›a ist F‹ und die Wahrheit von ›a ist G‹ die Annahme eines Veränderungsereignisses zur Vermeidung eines Widerspruchs unumgänglich macht. Denn diese Sachverhalte müssen dann in einer eindeutigen Folgeordnung stehen und im Verhältnis zueinander nach Früher und Später bestimmt sein. Eine solche Ordnung von Sachverhalten bzw. von Ereignissen nach Früher, Gleichzeitig und Später leistet der topologische Zeitbegriff der *Zeitlichkeit*. Bedingung der Möglichkeit der Rede von Zeitlichkeit ist also (a) eine Pluralität von Sachverhalten, die (b) mittels der Relatoren ›früher als‹, ›gleichzeitig mit‹, ›später als‹ eindeutig geordnet ist.

Diese Ordnung ist irreversibel, da der Zeitlichkeitsbegriff eine asymmetrische, transitive und irreflexive Relation darstellt: ist p früher als q, dann ist q später als p; ist r später als q, dann ist es auch später als p; und niemals ist p früher oder später als es selbst. Das Verhältnis topologisch geordneter Sachverhalte ist damit *unveränderlich*, denn ist es wahr, daß p früher ist als q, dann ist es unmöglich, daß q (jemals) früher ist als p.[2] Doch diese intrin-

1 Vgl. zum Folgenden Rescher, (§ 31 Anm. 2), S. 119ff.

2 P. Geach, Some Problems about Time, aaO., (§ 41 Anm. 4), S. 302–318 kommt nicht zuletzt deshalb zu der »highly disputable« These, daß »not only ›at the same time‹, but also ›before‹ and ›after‹ . . . belong to the domain of formal logic« (aaO., S. 316). Denn – um es am Begriff der Gleichzeitigkeit zu erläutern – »simultaneity ist not a relational concept«. Zwar ist Gleichzeitigkeit »involved in empirical statements; but it is not an empirical relation like neighbourhood in space«. So mögen Physiker »have interesting things ot tell us about the physical possibility of synchronizing clocks by the transmission of electromagnetic signals; but this information ist wholly irrelevant to the logic of basic simultaneity propositions.« Denn Gleichzeitigkeit »belongs not to a special science but to logic; its laws are logical laws, like the so-called De Morgan laws for ›or‹« (aaO., S. 312). Diese logische Inanspruchnahme des topologischen

sische Ordnung impliziert keine intrinsische Richtung der Zeitlichkeit.[3] Denn die topologische Ordnung der Zeitlichkeit erstreckt sich zugleich in zwei gegensätzlichen Richtungen, so daß durch die Zeitlichkeit die Anisotropie der Zeit überhaupt festgelegt ist.[4] In keiner Weise ist damit aber irgendeine der beiden Richtungen gegenüber der anderen sachlich ausgezeichnet, wie dies durch die nur eine Richtung betonende Metapher vom Fluß der Zeit suggeriert wird. Die Zeit fließt nicht, sondern sie erstreckt sich als Zeitlichkeit anisotrop in zwei Richtungen ein und derselben Dimension.

Gerade dieser topologische Zeitbegriff einer unveränderlichen Ordnung der Zeitlichkeit ist nun allerdings hinreichend, um die Möglichkeit von Veränderung und Handeln einsichtig zu machen, das immer eine Veränderung der Handelnden impliziert und sich als Zustandsänderung nach der Ordnung des Früher und Später bestimmen läßt. Die Unveränderlichkeit der durch ›früher als‹ und ›gleichzeitig mit‹ konstituierten Serien ist also alles andere als die eleatische Lehre von der Nichtexistenz allen Wandels. Denn zu verschiedenen Zeitpunkten bestehen durchaus verschiedene Sachver-

Zeitbegriffs hat allerdings dessen entschiedene Verabsolutierung zur Folge. Denn wenn die »basic truths about time are logical, then a world differing from ours in regard to them is a mere chimera« (aaO., S. 316). Wir können zwar widerspruchslos davon sprechen, in einer räumlich anders strukturierten Welt zu leben, nicht aber in einer zeitlich anders strukturierten. Während der Raumbegriff daher Variationen zuläßt, scheint sich der Zeitbegriff dagegen zu sperren. Der Grund dafür scheint in der Tatsache zu liegen, daß Raumrelatoren *individuelle Gegenstände*, Zeitrelatoren dagegen *Sachverhalte* ins Verhältnis setzen. Die Möglichkeit von Beziehungen zwischen Gegenständen aber ist prinzipiell größer als die von Verhältnissen zwischen Sachverhalten. Anders gesagt: Die ›Logik der Dinge‹ – das belegt unsere Erfahrung auf Schritt und Tritt – ist bei weitem komplexer als die ›Logik der Sachverhalte‹.
Diese radikale Differenz zwischen Räumlichkeit und Zeitlichkeit hat auch theologische Relevanz. Das läßt sich exemplarisch an J. Hick belegen. In seiner Untersuchung *Death and Eternal Life*, London 1976 dürfte er Beobachtungen und Überlegungen der von Geach angestellten Art seiner an der Möglichkeit einer Pluralität diskontinuierlicher Räume orientierten spekulativen Interpretation der paulinischen Lehre vom Auferstehungsleib (σῶμα πνευματικόν) zugrundegelegt haben (vgl. bes. Kap. 15). Er versteht diesen Geist-Leib als »the divine creation in another space of an exact psycho-physical ›replica‹ of the deceased person« (aaO., S. 279). Dieser Auferstehungs-Raum steht zwar in keiner räumlichen Relation zu unserer räumlichen Welt, wohl aber sind beide Räume durch eine »single time sequence« strukturiert, »in which events can occur simultaneously in different spaces« (aaO., S. 290). Wir leben in der Auferstehungswelt dann zwar in einem *radikal anderen Raum*, aber *in derselben Zeit*. Hick geht den damit sich stellenden Problemen nicht nach. Doch bevor derartige Überlegungen zu überzeugen vermögen, wäre nicht nur darzulegen, warum nicht auch von einer diskontinuierlichen Zeitlichkeit gesprochen werden kann, sondern vor allem, was es für diese Diskontinuität bedeutet, daß theologisch doch gerade eine im schöpferischen Handeln Gottes begründete und mit diesem gesetzte *Kontinuität* ausgesagt wird. Eine theologisch auch nur einigermaßen befriedigende Explikation dieser Kontinuität und des mit ihr thematischen schöpferischen Verhältnisses Gottes zur alten wie zur neuen Schöpfung läßt sich nicht ohne Rekurs auf *eschatologische Relationen* vornehmen (vgl. unten § 158).

3 Anders C. D. Broad, *Scientific Thought*, London 1923, S. 57f; M. Black, The ›Direction‹ of Time, *Analysis* 19, 1959, S. 54–63.

4 A. Grünbaum, *Philosophical Problems of Space and Time*, New York 1963, Kap. 8.

halte, und nicht alle Sachverhalte dieser Serien bestehen zugleich oder immer. Die Biographie eines Dings kann sich beispielsweise mit der Biographie anderer Dinge zu verschiedenen Zeiten schneiden, so daß der Gesamtzustand des Universums zu verschiedenen Zeitpunkten verschieden ist. Das heißt nicht, daß sich der Inhalt des Universums, d. h. die Dinge und Ereignisse, die existieren, mit der Zeit veränderte. Wohl aber enthält das Universum unter seinen Dingen und Ereignissen auch Veränderungen. Die Unveränderlichkeit der Zeitlichkeit ist daher nicht veränderungslose Statik, sondern *dynamische Konstanz*.

§ 76 Zeit

Die intrinsische Relativität der asymmetrisch, transitiv und irreflexiv strukturierten Zeitlichkeit erlaubt es, die Zeit unter Abstraktion von den durch den Relator ›früher als‹ geordneten Sachverhalten als ein geordnetes Kontinuum von Zeitpunkten (Momenten) zu begreifen. Dieses Kontinuum besitzt aber kein intrinsisches Maß, das die Datierung bzw. Lokalisierung von Ereignissen und Sachverhalten in seinem Horizont möglich machte.[1] Das ist erst dort anders, wo der Begriff der Zeitlichkeit zum vollen Begriff der Zeit erweitert wurde. Eine solche Erweiterung impliziert immer einen bestimmten *Umgang* mit der Zeitlichkeit und geschieht damit prinzipiell im Horizont alternativer Möglichkeiten. Denn mit der Zeitlichkeit kann auf verschiedene Weise, und zwar jeweils angemessen oder unangemessen umgegangen werden. Jeder Umgang aber resultiert in einem entsprechend verschiedenen Zeitbegriff. Entscheidend ist dabei die Einführung eines Bezugssystems, das die bloße absolute Ordnung des anisotropen Nacheinander operational zu strukturieren erlaubt. Bezugssysteme dieser Art können ganz verschieden sein, wenn sie auch als Bezugssysteme alle gleichermaßen in Bezug auf denjenigen stehen, der sie als Bezugssystem verwendet (vgl. § 19).

Grundsätzlich kann Zeitlichkeit durch externe oder interne Strukturierung zu einem vollen Zeitbegriff erweitert werden. Externe Strukturierung liegt paradigmatisch im *chronometrischen Zeitbegriff* unserer Alltagserfahrung und dann vor allem der Physik vor, welcher durch die Einführung eines *Zeitmaßes* die topologische Ordnung des Zeitkontinuums so quantifiziert, daß Zeitintervalle meßbar bestimmt und Zeiten damit vergleichbar werden. Erst im Horizont eines solchen chronometrischen Zeitbegriffs kann zwischen den chaotischen Folgeprozessen, die unsere Träume charakterisieren, und den nach Gesetzen verlaufenden Zeitsequenzen der physikalischen Welt unterschieden werden. Daß ein solcher Zeitbegriff einen hohen Grad periodischer Gesetzmäßigkeit bei (bestimmten) topologisch

1 Grünbaum, (§ 75 Anm. 3), Kap. 1.

geordneten Ereignissequenzen voraussetzt (Sonnenumlauf, Uhren), liegt auf der Hand. Nur dort, wo sich solche Prozesse und Sequenzen aufweisen lassen, kann es zu einer externen chronometrischen Strukturierung der Zeitlichkeit kommen; und nur das, was im Horizont dieses chronometrischen Zeitbegriffs thematisiert werden kann, ist Gegenstand der Physik. Da aber keineswegs alles, was in der Ordnung der Zeitlichkeit lokalisierbar ist, auch chronometrisch lokalisiert und charakterisiert werden kann, ist nicht jeder zeitliche Gegenstand auch Gegenstand der Physik als messender Erfahrungswissenschaft.

Um Zeitintervalle nach einem zugrundegelegten Maß messen zu können, ist nun allerdings sowohl die Identifikation als auch die Reidentifikation bestimmter Dinge und Ereignisse durch Rekurs auf datierbare Zeitpunkte notwendig. Dies aber ist nur möglich unter den Bedingungen eines *orientierenden Zeitbegriffs*, der die Ordnung der Zeitlichkeit nicht nur extern strukturiert, sondern *innerhalb* dieser Ordnung eine Position als Jetzt-Punkt auszeichnet, von dem aus sich die bloße Abfolge von Früher, Gleichzeitig und Später aus dem Horizont dieser Serie selbst nach Vergangenheit, Gegenwart und Zukunft hin strukturieren läßt. Dieses Jetzt ist keine physikalische Größe, sondern die Bedingung der Möglichkeit messender Physik. Denn es »depends crucially on the egocentric perspectives of a conscious organism for its very existence«[2]: es ist der zeitliche Ort dessen, der die Zeitfolge erfährt oder die Zeitintervalle mißt. Vergangenheit, Gegenwart und Zukunft sind daher nur insofern Modi der Zeit, als sie Aspekte der Zeit*erfahrung* und damit der internen perspektivischen Strukturierung der Zeitlichkeit sind. Nicht die Zeit tritt in Vergangenheit, Gegenwart und Zukunft auseinander, sondern wir als raumzeitliche Wesen dimensionieren sie in dieser Weise.[3]

Gerade hierin besteht die epistemische Auszeichnung des orientierenden Zeitbegriffs gegenüber allen anderen. Ohne ihn gäbe es keine externe (messende) Strukturierung der Zeitlichkeit, so daß man sagen muß: Nur intern läßt sich die Zeitlichkeit extern strukturieren, nur weil es Zeit als Orientierung in der Zeitlichkeit gibt, kann es auch Chronometrie und damit Physik geben. Vergangenheit, Gegenwart und Zukunft sind daher zwar die primären Weisen, in denen sich uns Zeit präsentiert, sie sind aber nicht die grundlegenden Weisen, in denen sich Zeit vollzieht. Grundlegend vollzieht sich diese vielmehr als Zeitlichkeit, so daß der epistemischen Auszeichnung

2 AaO., S. 218.

3 Damit ist in keiner Weise die *Realität* von Vergangenheit, Gegenwart und Zukunft in Frage gestellt. Denn »if time does not and cannot pass, if it is a mere dimension of the universe, ›now‹ does not denote any privileged segment of it; each spatiotemporal point in the universe is now with respect [to] the entity whose location it is. Hence it is nonsense to say that ›the past‹ or ›the future‹ are not fully real; each point-event in the universe is past with respect to some selves, and future with respect to others; all are equally real«. E. M. Zemach, Time and Self, *Analysis* 39, 1979, S. 143–147, S. 147.

des orientierenden Zeitbegriffs auf der anderen Seite die fundierende Auszeichnung des topologischen Zeitbegriffs entspricht.

Das hat eine wichtige Konsequenz. Wir sahen (§ 73), daß im Horizont des Zeitbegriffs der Zeitlichkeit zwar Veränderung, nicht aber Werden einsichtig gemacht werden kann. Allenfalls konnte man dort vom diskontinuierlichen Auftreten neuer Ereignisse und Sachverhalte sprechen, das dazu nötigt, das mathematische Kontinuum von Zeitpunkten (Momenten) mittels des Relators ›früher als‹ zu strukturieren. Von Werden und Vergehen im strengen Sinn zu reden ist dagegen erst sinnvoll im Horizont des orientierenden Zeitbegriffs, der Sachverhalte und Ereignisse als vergangen, gegenwärtig oder zukünftig zu bestimmen erlaubt. Diese Bestimmung von Sachverhalten bzw. Ereignissen im Horizont von – mit McTaggart geredet[4] – A-Serien sagt nun aber gerade keine reale Veränderung der so charakterisierten Sachverhalte aus (§ 72). Aus der Widersprüchlichkeit von ›p ist vergangen/gegenwärtig/zukünftig‹ kann daher auch nicht mit McTaggarts berühmtem Argument für die Irrealität der Zeit die Nichtexistenz von Veränderung gefolgert werden. So wenig man im Horizont der Zeitlichkeit das Werden zureichend analysieren kann, so wenig benötigt man zur Analyse der Veränderung das ganze Instrumentarium des orientierenden Zeitbegriffs. Vielmehr gilt, daß es ohne Zeiterfahrung und damit intrinsische Strukturierung der Zeitlichkeit keine Vergangenheit, Gegenwart und Zukunft und damit auch kein Werden und Vergehen gibt. Ebensowenig gibt es ohne sie eine externe (messende) Strukturierung der Zeitlichkeit wie etwa in der messenden Physik. Doch obgleich diese abhängig ist vom orientierenden Zeitbegriff, vermag sie selbst das Werden nicht zu erfassen. Sie kann nur das diskontinuierliche Auftreten von Ereignissen registrieren, die im relativistischen Minkowski Diagramm als »Weltlinien« in einer vierdimensionalen Punktmannigfaltigkeit von drei Raumdimensionen und einer Zeitdimension dargestellt werden können. Das reicht völlig hin, um Veränderung verständlich zu machen. Da es aber zwar Veränderung, jedoch kein Werden ohne erfahrende Subjekte gibt, sind Vergangenheit, Gegenwart und Zukunft und damit auch das Werden und Vergehen in der Zeit kein Thema der messenden, sondern der *anthropologischen* Wissenschaften.

§ 77 Räumlichkeit und Raum

Auch beim Raum läßt sich ein Kernbegriff der *Räumlichkeit* freilegen, der durch Umgang mit der Räumlichkeit zu verschiedenen Begriffen von *Raum* erweitert werden kann.

4 J. M. E. McTaggart, *The Nature of Existence*, Vol. II, Cambridge 1927, Buch V, Kap. 33. Vgl. dazu *The Philosophy of Time. A Collection of Essays*, hg. v. R. M. Gale, London 1968, Teil II und vor allem die vorzügliche Arbeit von D. H. Mellor, *Real Time*, Cambridge 1981, Kap. 6.

Von *Räumlichkeit* kann nur dort gesprochen werden, wo (a) eine Pluralität von Positionen und (b) irgendeine Ordnung dieser Positionen vorliegt. Beides zusammen erst definiert Räumlichkeit als eine topologische Ordnung einer Menge von Positionen (Punkten) mit einer zusätzlichen Struktur. Ist diese Struktur eine eindimensional-lineare Ordnung, ist die Räumlichkeit intrinsisch geordnet, da drei Positionen in ihr immer so angeordnet sein werden, daß eine von ihnen zwischen den beiden anderen lokalisiert ist. Im Unterschied zur Zeitlichkeit sind jedoch die Relatoren wie ›hinter‹, ›vor‹, ›links neben‹ usf., welche die Räumlichkeit ordnen, keine zweistelligen, sondern dreistellige Relationsbegriffe, die zudem keine Sachverhalte, sondern *individuelle Gegenstände* als Relate in ein Verhältnis setzen. Die Relatoren der Zeitlichkeit und Räumlichkeit sind also nicht nur kategorial verschieden,[1] sondern auch von unterschiedlicher Struktur. Denn während zwei Ereignisse durch ›früher als‹ eindeutig geordnet sind, sind zwei Dinge durch ›hinter‹ nur unter Bezugnahme auf eine dieser Ordnung selbst externe Position eindeutig geordnet. Die Räumlichkeit selbst ist daher durch keine asymmetrische dyadische Relation eindeutig strukturiert. Sie ist das bloße *relationale Beieinander*.

Relationen der Räumlichkeit zwischen Gegenständen sind daher im Unterschied zu Relationen der Zeitlichkeit unvollständige Relationen,[2] die implizit auf eine weitere externe Position verweisen. Im Horizont der Räumlichkeit allein steht alles in symmetrischen, transitiven und damit reflexiven Relationen, die keine Ordnungsfunktion ausüben. Das aber bedeutet, daß der Begriff der Räumlichkeit im Unterschied zu dem der Zeitlichkeit wesentlich zu einem vollständigen Raumbegriff erweitert werden muß, um eine Ordnungsfunktion ausüben zu können. Das wiederum ist nur möglich durch Einführung eines Bezugssystems, das intern oder extern die unvollständigen Relationen der Räumlichkeit zu vervollständigen erlaubt.

Eine externe Strukturierung des topologischen Begriffs der Räumlichkeit ergibt sich, wenn dieser durch Einführung eines *Längenmaßes* zum *metrischen Raumbegriff* erweitert wird. Nur unter dieser Voraussetzung werden Abstände zwischen Raumorten eindeutig bestimmbar, so daß Raumverhältnisse verglichen werden können. Der euklidische Raum ist in diesem Sinn die wohl bekannteste Form eines metrischen Raumes, in dem durch Messen die Distanz zwischen zwei Positionen eindeutig bestimmt werden kann. Während die klassische Mechanik dieses Bezugssystems als

1 Zu Recht betont Geach, (§ 75 Anm. 2), S. 314f: »time-order and space-order are radically different. We can indeed verbally use such forms as ›*A* is between *B* and *C*‹ for either sort of order; but I think this only leads to confusion. Spatial order relates individual objects: Bill is between Tom and Joe. We can get grammatically similar sentences about time-order by using onomatoids like ›the Battle of Waterloo‹; but the logically perspicuous way to represent time-order is a complex sentence whose sub-clauses *report* (not name) events, these clauses being joined by temporal conjunctions like ›and then‹, ›and at the same time‹, ›while‹, etc.«
2 Black, (§ 75 Anm. 2), S. 78.

absoluten Raum im Sinne Newtons verstand, wurde es in der speziellen Relativitätstheorie durch eine vierdimensionale Raum-Zeit-Mannigfaltigkeit ersetzt und in der allgemeinen Relativitätstheorie über den Feldbegriff so präzisiert, daß jedem Punkt des Raum-Zeit-Kontinuums relativ zur Verteilung von Materie und Energie eine metrische Struktur zugeordnet werden kann.[3]

Doch auch hier ist entscheidend, daß ein solcher externer metrischer Raumbegriff ohne die Voraussetzung eines *orientierenden Raumbegriffs* gar nicht entwickelt und angewandt werden kann, da zur Einführung und Anwendung eines Längenmaßes Gegenstände eindeutig identifiziert und reidentifiziert werden müssen. Orientierende Funktion bekommt die Räumlichkeit erst durch die Einführung einer Hier- bzw. Dort-Position, von der her die Raumdimensionen *von innen her* strukturiert werden. Diese Orientierung erfolgt über sprecherrelative Indikatoren wie ›hier‹ und ›dort‹, aber auch durch situationsinvariante Relatoren wie ›zwischen‹, ›vor‹, ›auf‹ usf. Da diese allerdings, wie schon gesagt, unvollständige Relationen zum Ausdruck bringen, wird die egozentrische Orientierung im Raum durch relationale Orientierung nur erweitert, nicht aber ersetzt. Denn die Lage eines Ortes wird durch sie bezüglich eines anderen Ortes bestimmt – etwa ›a ist in Tübingen‹, ›Stuttgart liegt zwischen Frankfurt und München‹ –, dessen Lage bekannt sein muß, und d. h., zu dem derjenige, der sich im Raum orientiert, in einer eindeutigen, ihm bekannten räumlichen Beziehung steht. Erst auf dieser Grundlage lassen sich dann auch objektive Lagebeziehungen im Horizont weitergefaßter Bezugssysteme entwickeln, die allerdings alle implizieren, daß sich das orientierende Subjekt in ihnen selbst lokalisieren kann. In diesem Sinn gilt uneingeschränkt Kants Feststellung über die transzendentale Idealität des Raumes, der »nichts [ist], so bald wir die Bedingung der Möglichkeit aller Erfahrung weglassen, und ihn als etwas, was den Dingen an sich selbst zum Grunde liegt, annehmen«.[4] Ebenso wichtig ist allerdings der Hinweis, daß dies für den Raum, nicht jedoch für die bloße Räumlichkeit gilt: daß gleichzeitig existierende Dinge in räumlicher Ordnung des Beieinander stehen, darf nicht mit der Möglichkeit der Orientierung in diesem Beieinander konfundiert werden. Räumlichkeit ist etwas anderes als Raum, obgleich kein Raum ohne Räumlichkeit ist.

§ 78 Raumzeitlichkeit und ontische Relationen

So sehr sich Zeitlichkeit und Räumlichkeit dadurch unterscheiden, daß nur erstere, nicht aber auch letztere eine intrinsische Ordnung besitzt und daß

3 Vgl. P. Janich/J. Mittelstrass, Raum, *Handbuch philosophischer Grundbegriffe*, Bd. II, München 1973, S. 1154–1168, S. 1160ff.

4 Kant, (§ 49 Anm. 1), B 44.

räumlich Gegenstände, zeitlich jedoch Sachverhalte ins Verhältnis zueinander gesetzt werden, kommen sie doch beide darin überein, daß sie erst durch Einführung von internen und externen Bezugssystemen zu den Begriffen von Zeit und Raum im vollen Sinn erweitert werden können. Damit läßt sich der für den Fortgang der Überlegungen entscheidende Begriff des *raumzeitlichen Gegenstands* präzisieren. Raumzeitliche Gegenstände sind Gegenstände raumzeitlicher Gegenständlichkeit. Letztere ist nach den Ausführungen von § 18 nichts anderes als unser Prinzip der Vergegenständlichung anhand raumzeitlicher Identifikationskriterien. Raumzeitliche Identifikationskriterien sind relationale Kriterien, die einen Gegenstand aufgrund seiner räumlichen und/oder zeitlichen Verhältnisse zu anderen Gegenständen und damit relativ zu einem entsprechenden Bezugssystem lokalisieren. Solche Kriterien lassen sich aufgrund des intrinsischen Bezugs von Identifikationssystemen auf die identifizierende Instanz (§ 19) dann aber nicht im Horizont topologischer Zeit- und Raumbegriffe, sondern nur im Horizont orientierender Zeit- und Raumbegriffe spezifizieren. Raumzeitlich sind dementsprechend diejenigen Gegenstände, die wir im Horizont orientierender Zeit-und Raumbegriffe als Gegenstand konstituieren, indem wir sie in einem von uns aus konzipierten Bezugssystem räumlicher und zeitlicher Dimensionalität eindeutig orten. Sofern wir dabei räumliche und zeitliche Identifikationskriterien in Anwendung bringen, können uns als raumzeitliche Gegenstände überhaupt nur Gegenstände in den Blick kommen, denen wir relativ zu uns selbst eine zeitliche/räumliche *Position* zuschreiben können. Das aber ist nur möglich bei *Ausgedehntem* (Extensionen) und *Dauerndem* (Durationen) und damit bei Dingen und Ereignissen, die sich zwischen den beiden Extremen des inklusiven Überall und Immer und des exklusiven Hier und Jetzt ansiedeln lassen. Wir strukturieren die Wirklichkeit damit unter dem zweipoligen Gesichtspunkt der Ausdehnung und Dauer und konzeptualisieren sie in einem Modell, das nur das unter diesem Gesichtspunkt Registrierbare als realen Gegenstand thematisiert. Einen solchen Gegenstand identifizierend zu lokalisieren, heißt dementsprechend, ihn in einem Bezugssystem räumlicher und zeitlicher Dimensionalität eindeutig zu orten. Räumliche Dimensionalität besitzt ein solches Bezugssystem als geordnete Gesamtheit von Extensionen, zeitliche Dimensionalität als geordnete Gesamtheit von Durationen. Raumzeitliche Bezugssysteme lassen sich daher bestimmen als »structures of relations employed to order totalities of extensions and/or durations«.[1] Und einen Gegenstand in ihnen zu lokalisieren, heißt, ihn gegen andere Durationen bzw. Extensionen klar abzugrenzen und ihn in ein eindeutiges Verhältnis zur lokalisierenden Instanz zu setzen.

Damit läßt sich das in § 70 aufgeworfene Problem folgendermaßen beantworten: Eine Behauptung wie ›a steht neben mir‹ bringt genau dann eine

1 B. Lonergan, *Insight. A Study of Human Understanding*, London 1958 (= 1973), S. 144.

reale Beziehung zum Ausdruck, wenn sowohl a als auch ich existieren *und* wenn sowohl a als auch ich raumzeitliche Gegenstände sind; und diese Behauptung ist wahr, wenn wir tatsächlich in der durch ›steht neben‹ ausgedrückten Beziehung stehen. Reale Relationen dieser Art, deren Relate (a) existieren und (b) raumzeitliche Gegenstände sind, können wir *ontische Relationen* nennen. Ontische Relationen bestehen immer zwischen Existierendem (deshalb sind sie real), und zwar zwischen Existierendem, das sich mittels räumlicher und/oder zeitlicher Kriterien identifizieren läßt (deshalb sind sie ontisch). Die beiden Bedingungen sind durchaus zu unterscheiden. Denn daß a und b existieren und daß sie unter den Bedingungen von Raum und Zeit (wie wir kurz sagen können) existieren, ist schon deshalb nicht gleichbedeutend, weil nur raumzeitliche Gegenstände erfahrbar sind, aber nicht nur erfahrbare Gegenstände existieren. man kann daher auch sagen, daß nur zwischen erfahrbaren Gegenständen, die existieren, ontische Relationen bestehen können.

§ 79 Ontologische Relation

Als ontische Relationen stehen reale Relationen unter der doppelten Bedingung der *Existenz* und der *raumzeitlichen Gegenständlichkeit* ihrer Relate. Bei der mit Existenzsätzen wie ›a existiert‹ behaupteten Relation zwischen a und dem Sprecher ist dagegen nicht von vornherein unterstellt, daß a ein raumzeitlicher Gegenstand ist oder sein muß. Die damit behauptete Relation läßt sich daher nicht einfach als ontische Relation explizieren, da sie explizit nur die eine der für diese notwendigen Bedingungen thematisiert, insofern der Sprecher die Existenzbedingung (auch) für das Hinterglied der behaupteten Relation für erfüllt erklärt. Mit Existenzbehauptungen wird dann aber nicht das Bestehen einer ontischen Relation behauptet, sondern die Erfüllung einer der Bedingungen der Möglichkeit für das Bestehen ontischer Relationen. Garantiert ist diese Möglichkeit damit freilich gerade noch nicht, vielmehr ist selbst diese Möglichkeit erst mit der Erfüllung der zusätzlichen Bedingung raumzeitlicher Gegenständlichkeit der Relate gegeben.

Wird mit ›a existiert‹ die Erfüllung einer notwendigen Bedingung nicht einfach für das Bestehen, sondern für die Möglichkeit des Bestehens einer ontischen Relation zwischen dem Sprecher und a behauptet, könnte man versucht sein, diesen Sachverhalt transzendental zu explizieren. Doch transzendentale Argumente, die das Gegenstandsein als Produkt der synthetisierenden Aktivität des Subjekts einsichtig machen, indem sie die Bedingung der Möglichkeit unserer Erkenntnis von Gegenständen als Bedingung der Möglichkeit von Gegenständen darzulegen sich bemühen,[1] schei-

1 Vgl. R. Bittner, Transzendental, *Handbuch philosophischer Grundbegriffe*, Bd. III, München 1974, S. 1524–1539.

tern am Existenzproblem in zweifacher Weise. Zum einen gelingt es nicht, die stiftende Aktivität des Subjekts als Bedingung der Möglichkeit der *Existenz* eines Gegenstandes einsichtig zu machen, sondern allenfalls als Bedingung der Möglichkeit des Gegenstands; zum anderen aber kann auch die Existenz des durch Tätigkeit ausgezeichneten Subjekts nicht selbst transzendental als Produkt subjektiver Aktivität erklärt werden, da Selbstsetzung Existenz niemals erst begründen kann, sondern immer schon voraussetzt. Die mit ›a exisitiert‹ behauptete Relation zwischen Sprecher und a ist damit nicht einfach eine ontische Relation, da sie die Frage der Raumzeitlichkeit von a ganz unberührt läßt. Sie ist aber auch nicht als transzendentale Bedingung der Möglichkeit ontischer Relationen zu bestimmen, da sie keine Möglichkeitsbedingung für die *Raumzeitlichkeit* von a formuliert, sondern die davon zu unterscheidende, wenn auch für das Bestehen ontischer Relationen notwendige Bedingung der *Realität* dieser Relation betrifft. Gegenüber den ontischen Relationen ist sie vielmehr als *ontologische Relation* zu bezeichnen, da sie ausschließlich die Existenz der in Beziehung gesetzten Relate konstatiert. Der Unterschied zwischen den mit ›a steht neben mir‹ und ›a existiert‹ behaupteten realen Relationen läßt sich daher von diesem ersten Gedankengang her dahingehend bestimmen, daß im einen Fall eine *ontische*, im anderen Fall eine *ontologische* Relation behauptet wird.

§ 80 Ontische Bezogenheit

Der Unterschied ist damit freilich noch keineswegs erschöpfend bestimmt. Denn wird mit ›a steht neben mir‹ eine ontische Relation behauptet, dann kann das nur wahr sein, wenn wir (a) beide existieren und (b) beide raumzeitliche Gegenstände sind. Doch die Erfülltheit dieser beiden Bedingungen ist zwar notwendig, keineswegs aber auch hinreichend für die Wahrheit der Behauptung, daß a neben mir steht. Das ist erst dann der Fall, wenn wir nicht nur beide existieren und raumzeitlich Gegenstände sind, sondern auch tatsächlich in der durch ›danebenstehen‹ artikulierten spezifischen Relation zueinander stehen. Umgekehrt kann die damit artikulierte reale Relation überhaupt nur bestehen, wenn sowohl die Existenz als auch die Raumzeitlichkeit der Relate gegeben ist. Ontische Relationen wie ›danebenstehen‹, ›anreden‹ usf. stehen folglich unter einer doppelten, sowohl ontologischen wie auch ontischen Möglichkeitsbedingung. Eben das zwingt nun aber dazu, nicht nur die ontische und ontologische Möglichkeitsbedingung und damit ontische und ontologische Relationalität zu unterscheiden, sondern hinsichtlich ersterer zwischen der mit der Raumzeitlichkeit ihrer Relate gesetzten ontischen Relation und den unter der Voraussetzung ihres Bestehens überhaupt erst möglichen ontischen Relationen zu differenzieren. Um das auch begrifflich zu tun, soll im ersten Fall von *ontischer Bezo-*

genheit im Unterschied zu den unter dieser Bedingung allererst möglichen *ontischen Relationen* bzw. Beziehungen gesprochen werden.

Die Relevanz dieser Unterscheidung sei an zwei Sachverhalten kurz verdeutlicht. Ontische Relationen, so bestimmten wir, bestehen immer zwischen Existierendem unter den Bedingungen von Raum und Zeit. Daß a und b existieren und daß sie unter den Bedingungen von Raum und Zeit existieren, erwies sich aber nicht als gleichbedeutend, sondern nötigte zwischen ontischen und ontologischen Relationen zu unterscheiden. Denn nur raumzeitliche Gegenstände sind erfahrbar, aber nicht nur erfahrbare Gegenstände existieren. Ontische Relationen lassen sich daher auch dadurch charakterisieren, daß sie zwischen erfahrbaren Gegenständen bestehen und nur zwischen ihnen bestehen können. Damit sind sie aber selbst Gegenstand möglicher Erfahrung und können mehr oder weniger spezifisch beschrieben werden. So kann man etwa nicht nur von ›erfahren‹ sprechen, sondern zwischen dem darunter fallenden ›hören‹, ›sehen‹, ›schmecken‹ usf. differenzieren.[1] Grundsätzlich gilt dabei allerdings: Welche ontischen Relationen (wenn überhaupt) zwischen erfahrbaren Gegenständen bestehen, ist keine Frage der Definition oder Festsetzung, sondern der Entdekkung. Und welche ontischen Relationen entdeckt sind und in einer Sozietät für so relevant gehalten werden, daß sie terminologisch gesondert thematisierbar bleiben, läßt sich ihrem Reden über erfahrbare Gegenstände und ihre Beziehungen entnehmen. Im Sprachsystem einer Sprachgemeinschaft finden sich sowohl solche für relevant gehaltenen Entdeckungen zum Widergebrauch semantisch fixiert, wie wenn z. B. im Deutschen zwischen ›danebenstehen‹, ›dahinterstehen‹, ›davorstehen‹ usf. unterschieden wird, als auch sprachliche Mittel bereitgestellt, um gegebenenfalls notwendig werdende Präzisierungen semantisch durchführen zu können, etwa durch die Anwendung der Lexeme ›links‹ und ›rechts‹ zur Spezifizierung von ›danebenstehen‹ als ›links danebenstehen‹ bzw. ›rechts danebenstehen‹. Während aber all die so sprachlich durchaus verschieden artikulierbaren ontischen Relationen Gegenstand möglicher Erfahrung sind, gilt das umgekehrt für ihre Möglichkeitsbedingung, die ontische Bezogenheit, in keiner Weise: Die Raumzeitlichkeit von Gegenständen ist nicht Gegenstand, sondern Bedingung der Möglichkeit möglicher Erfahrung.

Ist die ontische Bezogenheit mit der Raumzeitlichkeit von Gegenständen gesetzt, welche ontischen Relationen zwischen diesen auch immer bestehen oder bestehen können, dann hat dies unmittelbar eine weitere wesentliche Konsequenz. Während nämlich das Bestehen oder Nichtbestehen ontischer Relationen durch das aktive und/oder passive Veränderungsvermögen der Relate dieser Relationen bedingt ist, bleibt deren ontische Bezogenheit davon ganz unberührt. Ontische Relationen können eingegangen,

1 Vgl. G. I. Mavrodes, *Belief in God. A Study in the Epistemology of Religion*, New York 1970, S. 50.

verändert und aufgehoben werden, ontische Bezogenheit nicht. Als Bedingung der Möglichkeit ontischer Relationen liegt die mit der Raumzeitlichkeit von Gegenständen gegebene ontische Bezogenheit zwischen ihnen ganz außerhalb ihrer Verfügungsgewalt: sie muß immer schon in Anspruch genommen werden, um ontische Relationen realisieren zu können. Das aber heißt nichts anderes, als daß sie mit der Gegenständlichkeit der Gegenstände, die Relate ontischer Relationen sind bzw. sein können, gesetzt ist und damit zur Konstitution solcher Gegenstände gehört. Ontische Relationen sind daher überhaupt nur möglich für Gegenstände raumzeitlicher Gegenständlichkeit und dadurch ermöglichter ontischer Bezogenheit.

Der Unterschied zwischen den mit ›a steht neben mir‹ und ›a existiert‹ behaupteten realen Relationen läßt sich damit nicht nur als der zwischen ontischer und ontologischer Relationalität bestimmen, sondern als Differenz einer (bestimmten) ontischen Relation raumzeitlicher Gegenstände in ontischer Bezogenheit einerseits zur ontologischen Relation andererseits präzisieren.

§ 81 Ontologische Bezogenheit

Doch wie läßt sich diese bislang nur benannte, aber noch nicht entfaltete ontologische Relation begrifflich explizieren?

Beginnen wir damit, sie zunächst noch einmal im Verhältnis zur ontologischen Bezogenheit und zu den ontischen Relationen genauer zu bestimmen. Die soeben aufgestellte Behauptung, mit der raumzeitlichen Gegenständlichkeit von Gegenständen sei deren ontische Bezogenheit gesetzt, ist nicht ganz präzis. Genauer müßte man sagen, mit der Raumzeitlichkeit von Gegenständen sei die *Möglichkeit* zu ihrer ontischen Bezogenheit gesetzt, die genau dann realisiert ist, wenn sie existieren. Denn aus der Tatsache der ontischen Bezogenheit zweier Gegenstände läßt sich ein Doppeltes folgern: zum einen muß es sich um raumzeitliche Gegenstände handeln, zum anderen müssen diese existieren. Letzteres, daß diese raumzeitlichen Gegenstände beide existieren und damit in ontischer Bezogenheit stehen und nicht nur stehen können, gründet in ihrer ontologischen Relationalität, ja diese besteht eben in ihrer beiderseitigen Existenz. Diese ist dann aber nicht nur Bedingung der Möglichkeit ontischer Relationen, sondern zugleich ontischer Bezogenheit: nur zwischen raumzeitlichen Gegenständen können ontische Relationen bestehen, allerdings nur dann, wenn sie in ontischer Bezogenheit stehen; ontische Bezogenheit jedoch besteht zwischen ihnen nur, wenn sie in ontologischer Relation stehen. Als Möglichkeitsbedingung für das Bestehen einer Möglichkeitsbedingung hat die ontologische Relation dann aber durchaus fundamentalen Charakter.

Das erlaubt eine weitere Präzisierung. Als Möglichkeitsbedingung für das Bestehen einer Möglichkeitsbedingung ist der Ausdruck ›ontologische

Relation‹ selbst im Sinn von *ontologische Bezogenheit* zu verstehen. Denn das Bestehen einer ontologischen Relation ist weder eine Voraussetzung noch eine Folge der Existenz der Relate einer Relation, sondern mit dieser identisch. Damit können diese Relate zwar hinsichtlich ihrer Gegenstandsart und Gegenständlichkeit, nicht aber hinsichtlich ihrer Existenz unabhängig von der ontologischen Relation thematisiert werden.[1] Denn man kann von den Relaten einer realen Relation zwar als Gegenständen, nicht aber von ihrer (angeblichen oder tatsächlichen) Existenz ohne Rekurs auf ihre ontologische Bezogenheit reden. Das gilt nicht nur für das wahre oder falsche Konstatieren ihrer Existenz und damit des tatsächlichen oder vermeintlichen Bestehens ontologischer Bezogenheit zwischen ihnen. Vielmehr ist selbst die Möglichkeit ihrer ontologischen Bezogenheit nicht positiv begrifflich explizierbar, sondern kann allenfalls negativ als Ausschluß der Unmöglichkeit ihrer ontologischen Bezogenheit charakterisiert werden, sei diese nun durch ihre widersprüchlichen Gegenständlichkeiten oder durch widersprüchliche Gegenstandsbestimmungen eines oder beider Relate bei gleicher Gegenständlichkeit bedingt. In keinem Fall läßt sich jedenfalls aus der Konsistenz der Gegenständlichkeit zweier Gegenstände mehr als die konditionale Möglichkeit ihrer ontologischen Bezogenheit ableiten bzw. aus einer konsistenten Gegenstandsbestimmung mehr folgern, als daß dieser Gegenstand Relat einer ontologischen Relation sein könnte. Auskunft über die tatsächliche Position oder Nichtposition von Gegenständen als Relate einer ontologischen Relation ist auf diesem Weg gerade nicht zu erhalten. Können die Relate realer Relationen jedoch als Gegenstände, nicht aber als Relate ontologischer Bezogenheit unabhängig von dieser thematisiert werden, dann ist diese in keiner Weise als Funktion der als Relate fungierenden Gegenstände oder ihrer Gegenständlichkeit explizierbar, sondern ein davon ganz unabhängiger Sachverhalt. Die Faktizität ontologischer Bezogenheit ist keine Funktion der Relate, sondern diese sind eine Funktion dieser Relation.[2]

1 H. Maier, (§ 64 Anm. 1), gibt eine ganz unzureichende Charakterisierung der ontologischen Relation, wenn er diese dadurch kennzeichnet, daß ihre »Beziehungsglieder« bereits »konstituierte Objekte sein« müssen (aaO., S. 160). Denn daraus, daß Gegenstände konstituiert sind, folgt nicht, daß sie existieren, sondern allenfalls, daß sie existieren können. Die mit der Gegenständlichkeit (Vergegenständlichung) gegebene Möglichkeit der Existenz von Gegenständen ist aber etwas anderes als ihre Existenz, auf die allein es im Fall ontologischer Relationen ankommt. Da er Gegenstandskonstitution und Existenz nicht klar unterscheidet, kann Maier auch die Beziehung zwischen Gegenstand und Eigenschaft als ontologische Relation bestimmen (ebd.). Doch hierzu hatte schon Kant klargestellt, daß das Inhärenzverhältnis allenfalls relationale Redeweise ist, aber keine echte Relation zum Ausdruck bringt (vgl. oben § 65 Anm. 2).

2 Die *Realität* einer Relation ist dementsprechend nur analytisch abstrahierbares Moment einer ontischen oder sonstigen Relation, als die die zur Debatte stehende reale Relation näher zu charakterisieren ist. Das heißt: die ontologische Relation existiert nur als Abstraktion von einer mehr als nur ontologischen Relation; sie ist ein unterscheidbares, aber kein unabhängiges Moment realer Relationen. So gibt es keine reale Relation, die durch nichts anderes ausge-

§ 82 Gegenständlichkeit, Gegenstandsart und Existenz

Anders bei ontischer Bezogenheit und ontischen Relationen. Diese sind durch die *Gegenständlichkeit* und die *Gegenstandsart* der Relate bestimmt und in diesem Sinn eine Funktion dieser Relate. Das bedeutet, daß sich beispielsweise die Relate bestimmter ontischer Relationen (etwa des Vorbeigehens) durchaus unabhängig von dieser Relation als Gegenstände einer bestimmten Art (etwa als Menschen, Tiere, Pflanzen etc.) identifizieren und thematisieren lassen, so daß man von ihnen auch ohne Rekurs auf diese Relation sprechen kann. Dasselbe gilt, wenngleich in eingeschränkter Weise, auch hinsichtlich ihrer Gegenständlichkeit. Zwar ist ihre ontische Bezogenheit mit ihrer raumzeitlichen Gegenständlichkeit nicht gesetzt, sondern nur ermöglicht, so daß wir sehr wohl zwischen raumzeitlichen Gegenständen, die in solcher Bezogenheit stehen, und solchen, die in ihr zwar stehen könnten, aber tatsächlich nicht stehen, weil sie nicht existieren (vgl. Sisyphus, Pegasus), zu unterscheiden vermögen. Dennoch aber können wir sie aufgrund ihrer spezifischen Gegenständlichkeit zwar unabhängig vom Bestehen dieser Bezogenheit, nicht aber unabhängig von der Möglichkeit solcher Bezogenheit identifizieren und thematisieren. Jeder von uns konsistent beredete Gegenstand wird daher sowohl hinsichtlich einer spezifischen Art von Gegenständlichkeit (etwa als raumzeitlicher Gegenstand) als auch einer spezifischen Art von (raumzeitlichem) Gegenstand thematisiert und damit auf die Möglichkeit ontischer Bezogenheit und (bestimmter) ontischer Relationen hin charakterisiert. Diese Relationen kommen damit aber als Funktionen der Relate in den Blick und nicht, wie bei der ontologischen Bezogenheit, die Relate als Funktion der Relation.

Zusammenfassend ist also festzuhalten: Gegenstände bestimmen aufgrund der Art ihrer Gegenständlichkeit und ihrer Gegenstandsart, in welchen nicht-ontologischen Relationen sie stehen können. Sie stehen in diesen nur, wenn sie existieren und damit die Möglichkeit ihrer Gegenständlichkeit realisieren und dadurch die Möglichkeiten ihrer Gegenstandsart realisierbar konstituieren. Weder ihre Gegenständlichkeit noch Gegenstandsart aber bestimmen darüber, ob sie existieren. Das Faktum ontologischer Bezogenheit läßt sich in keiner Weise aus den so in Beziehung stehenden Relaten ableiten. Umgekehrt aber gibt es keine Relate ontologischer Bezogenheit, die nicht auch als Gegenstände einer bestimmten Art von Gegenständlichkeit und Gegenstandsart bestimmbar wären. Ebensowenig wie nichtontologische (etwa ontische) Relationen ohne das Bestehen einer ontologischen Relation zwischen den in Frage stehenden Gegenständen bezeichnet wäre als allein dadurch, daß ihre Relate existieren. Diese Relate sind immer als Relate einer bestimmten Gegenständlichkeit und Gegenstandsart näher bestimmbar. Entsprechend ist die Realität einer Relation immer die Realität einer *in bestimmter Weise qualifizierten* Relation. Und die Rede von der Realität einer Relation an und für sich ist nichts als eine analytisch abstrahierende *Betrachtungsweise*, wie Schleiermacher sagen würde.

stehen können, kann eine ontologische Relation ohne das Bestehen auch nichtontologischer Relationen zwischen ihren Relaten bestehen. Ontologische ohne nichtontologische Bezogenheit ist unmöglich, nichtontologische ohne ontologische Bezogenheit nicht der Fall.

§ 83 Zusammen-Existieren

Wird mit singulären Existenzsätzen das Bestehen einer ontologischen Relation zwischen dem Sprecher und a und damit deren ontologische Bezogenheit behauptet, dann heißt dies nach diesen Überlegungen in erster Näherung, daß durch diese Behauptung beide gemeinsam im Kontext des Existierenden lokalisiert werden, ohne daß dies als Folge ihrer Gegenständlichkeit oder Gegenstandsart ausgegeben würde. ›Lokalisiert‹ meint dabei, daß die ontologische Bezogenheit von Sprecher und a konstatiert wird, nicht aber, daß ihre Existenz dadurch gesetzt würde. Existenzbehauptungen sind im Unterschied zu Existenzfestsetzungen (wie z. B. im Fall der Existenz von Konstrukten wie mathematischen Gegenständen) immer der Versuch, vorgängige ontologische Bezogenheit sprachlich einzuholen, auch wenn durchaus offen gelassen werden muß, ob das gelingt, weil eine solche tatsächlich besteht, oder nicht gelingt, weil sie nicht besteht.

Wie nun mit der Behauptung ontischer Bezogenheit zwar die Raumzeitlichkeit der Relate mitbehauptet ist, ohne daß damit auch schon über bestimmte ontische Relationen zwischen ihnen entschieden wäre, so ist mit der Behauptung einer ontologischen Bezogenheit ausschließlich die Existenz der Relate thematisiert, ohne daß damit in irgendeiner Weise auch über die Art ihrer Gegenständlichkeit oder gar ihre Gegenstandsart Auskunft gegeben wäre. Dennoch ist diese Behauptung nicht ohne Gehalt. Denn zum einen wird unterstellt, wenn auch in keiner Weise sachlich präjudiziert, daß jedes der Relate Gegenstand einer bestimmten Gegenständlichkeit und Gegenstandsart ist. Zum anderen wird die thematisierte Existenz als Zusammen-Existieren der beiden gemeinsam im Kontext des Existierenden lokalisierten Relate konstatiert. Beides sind weder triviale noch tautologische Behauptungen, vielmehr haben sie negative und positive Implikationen, die den Begriff der ontologischen Relation zu präzisieren helfen.

Wer behauptet, daß a existiert, sagt über sich und a aus, daß beide gemeinsam auf die eine Seite der Fundamentaldifferenz zwischen Sein und Nichtsein gehören. Denn alles, was existiert, ist von allem Nichtexistierenden dadurch unterschieden, daß es *ist* und nicht *nicht* ist. Diese Fundamentaldifferenz gilt unabhängig davon, *was* etwas ist, auch wenn nichts ist, ohne daß es etwas ist. Kein Gegenstand ist durch die bloße Konstatierung seiner Existenz bestimmt oder gar zureichend bestimmt; aber auch kein Gegenstand ist durch seine bloße Bestimmung oder auch durchgängige Bestimmung schon der einen oder anderen Seite der Fundamentaldifferenz zwischen Sein und Nichtsein zugerechnet, sofern seine Bestimmung nicht selbst widersprüchlich und er damit unmöglich ist.

Die mit singulären Existenzsätzen behauptete ontologische Relation ordnet daher zunächst a auf dieselbe Seite dieser Fundamentaldifferenz, auf der sich auch der Sprecher selbst befindet, und setzt eben damit den Sprecher und a in grundsätzlichen Gegensatz zu allem Nichtexistierenden. Denn ›a existiert‹ ist dann und nur dann wahr, wenn es unmöglich ist, daß der Sprecher existiert und a nicht existiert. Doch diese gemeinsame Lokalisierung und das damit behauptete Zusammen-Existieren ist niemals ein Sachverhalt, der nur als solcher bestehen könnte, da durch diese Lokalisierung keine Bestimmung der zusammen existierenden Relate geleistet wird, als Relate aber nur bestimmte und bestimmbare Gegenstände fungieren können. Wie daher ontische Bezogenheit und erst recht ontische Relationen neben der Raumzeitlichkeit ihrer Relate deren Existenz notwendig voraussetzen, so verlangt die ontologische Relation eine über die Existenz ihrer Relate hinausgehende positive Bestimmung derselben, ohne diese freilich selbst zu leisten. Diese Bestimmung ergibt sich vielmehr zunächst aus der Art der Gegenständlichkeit der zusammen existierenden Gegenstände, also z. B. daraus, daß diese raumzeitliche Gegenstände sind, dann aus ihrer spezifischen Gegenstandsart. In diesem Sinn ist die Behauptung, zwischen Sprecher und a bestehe eine ontologische Relation, zugleich die Ankündigung, daß weitere, aus der Art der Gegenständlichkeit von Sprecher und a sich ergebende und durch ihre Gegenstandsarten bestimmte Bezogenheiten und Beziehungen zwischen ihnen bestehen können müssen, ohne daß diese positiv ausgeführt oder eine bestimmte Art von Bezogenheit zwischen ihnen unterstellt würde. Wie daher ontische Relationen ontische Bezogenheit und beide zusammen das Bestehen einer ontologischen Relation zwischen den in Frage stehenden Relaten voraussetzen, so setzt das Bestehen einer ontologischen Relation voraus, daß noch andere, durch die Art der Gegenständlichkeit und die Gegenstandsart der Relate bestimmte Bezogenheiten und Beziehungen zwischen diesen bestehen (können). Denn nichts kann zusammen existieren, was nicht auch in mehr als ontologischer Relation zu stehen vermag.

§ 84 Gemeinsame Identifizierbarkeit

Obgleich die Behauptung ontologischer Bezogenheit mit der Ankündigung des Bestehens bzw. der Notwendigkeit des Bestehenkönnens anderer Beziehung zwischen ihren Relaten die Art dieser Beziehungen sachlich in keiner Weise präjudiziert, gibt sie mit eben dieser Ankündigung aufgrund der Relativität und Reziprozität des Lokalisierungs- bzw. Identifikationsvorgangs nun aber umgekehrt eine durchaus positive Auskunft über den Charakter der behaupteten ontologischen Relation selbst. Denn deren Relate stehen nicht nur in fundamentaler Differenz zu allem, was nicht existiert, sondern zugleich in einer ihre Bezogenheit auszeichnenden Gemeinsamkeit miteinander. Diese Gemeinsamkeit besteht darin, daß sie beide *prinzipiell in derselben Weise identifizierbar sind*. Wer die Existenz von a behauptet, unterstellt für sich und a ein gemeinsames Identifikationssystem, da nur unter dieser Voraussetzung das angekündigte Bestehen bzw. Bestehenkönnen anderer, nichtontologischer Beziehungen zwischen ihnen möglich ist. ›aRb‹ kann demnach nur dann eine ontologische Relation sein, wenn a und b existieren *und* wenn a und b prinzipiell auf dieselbe Weise identifiziert werden können.

Das aber besagt nichts anderes, als daß a und b nur in ontologischer Bezogenheit stehen können, wenn sie *Gegenstände derselben Art von Gegenständlichkeit* sind. Wie daher die (notwendige, nicht hinreichende) Bedingung der Möglichkeit ontischer Beziehungen zwischen a und b deren Raumzeitlichkeit ist, auch wenn diese ohne das Bestehen ontologischer Bezogenheit zwischen ihnen nicht als ihre ontische Bezogenheit realisiert werden kann, so ist die (notwendige, nicht hinreichende) Bedingung der Möglichkeit ontologischer Bezogenheit zwischen a und b deren gemeinsame Identifizierbarkeit, auch wenn damit nur die Möglichkeit, nicht aber die Faktizität ihrer gemeinsamen Existenz gewährleistet ist. Und da die Identifizierbarkeit eines Gegenstands und die Weise seiner Identifikation von der ihn charakterisierenden Gegenständlichkeit abhängt, können in ontologischer Bezogenheit nur Gegenstände stehen, die sich aufgrund ihrer Gegenständlichkeit im selben Identifikationsrahmen bzw. Identifikationshorizont identifizieren lassen. Für raumzeitliche Gegenstände sind dies die Bedingungen von Raum und Zeit, die den grundlegenden Rahmen ihrer möglichen Identifikation abgeben.[1] Eben deshalb kann von Menschen als raumzeitlichen Wesen die Existenz raumzeitlicher Gegenstände mit guten Gründen behauptet werden, da die gemeinsame Identifizierbarkeit in diesen Fällen im Prinzip gewährleistet ist. Daraus ist aber nicht zu folgern, daß mit der Behauptung ›a existiert‹ auch schon die Raumzeitlichkeit von a behauptet wäre. Behauptet ist vielmehr nur die gemeinsame Identifizierbarkeit und übereinstimmende Gegenständlichkeit des Sprechers und a, und die muß sich nicht notwendig im Rahmen der Raumzeitlichkeit substantiieren lassen, wie gerade die Behauptung der Existenz Gottes zeigt.

1 Vgl. Tugendhat, (§ 55 Anm. 1); R. B. Braithwaite, Universals and the ›Method of Analysis‹, *Aristotelian Society Supplementary Volume* 6, 1926, S. 27–38.

Teil D Urfakten

§ 85 Existenz als ontologisches Urfaktum

Die mit ›a existiert‹ behauptete ontologische Relation zwischen dem Sprecher und a lokalisiert beide gemeinsam im Kontext des Existierenden, insofern sie festlegt, daß es nicht möglich ist, daß der Sprecher existiert und ›a existiert‹ nicht wahr ist; und sie präzisiert diese Gemeinsamkeit gegenüber allem Nichtexistierenden durch den Anspruch, daß beide im Horizont desselben Identifikationssystems identifiziert werden können. Wie dieses Identifikationssystem auszusehen hat, wird nicht festgelegt; und auch die gemeinsame Lokalisierung besagt zunächst nicht mehr, als daß beide existieren und nicht nicht existieren. Doch wie ist dieses Existieren zu verstehen?

Versucht man, es in Analogie zum Besitz einer gemeinsamen Eigenschaft zu erläutern, zeigt sich ein grundlegender Sachverhalt.[1] Keine Eigenschaft ist durch sich selbst individuiert, vielmehr wird sie immer durch den Gegenstand individuiert, dessen Eigenschaft sie ist. Denn als Individuator einer Eigenschaft kann nur fungieren, was selbst individuiert ist, d. h., was mit sich selbst identisch ist. Mit sich selbst identisch jedoch können nur Gegenstände, nicht aber Eigenschaften sein, denn Identität ist eine »relation between objects«, und zwar »the minimal reflexive relation«.[2] Doch Selbstidentität allein ist noch nicht hinreichend, um eine Eigenschaft individuieren zu können. Ein als Individuator fungierender Gegenstand muß vielmehr darüber hinaus auch existieren, denn – um ein Beispiel zu nennen – die Existenz von Sokrates ist eine notwendige Voraussetzung dafür, daß er z. B. Weisheit individuieren kann. So ist zwar ›Sokrates ist (identisch mit) Sokrates‹ wahr, auch wenn Sokrates nicht (mehr) existiert, doch ›Sokrates ist weise‹ ist nur wahr (oder falsch), wenn Sokrates existiert, andernfalls muß man ›Sokrates war weise‹ o. ä. sagen. Ist aber die Existenz eines Gegenstands eine notwendige Bedingung für seine Funktion als Individuator von Eigenschaften, dann bedeutet das für die Auffasssung der Existenz als einer Eigenschaft, daß nur existierende Gegenstände Existenz zu individuieren vermögen: nur wenn a existiert, kann Existenz durch a individuiert werden.

Der sich hier andeutende Zirkel verweist auf die grundlegende Vorgegebenheit der Existenz. Existenz muß immer schon in Anspruch genommen

1 Vgl. Miller, (§ 47 Anm. 4), S. 346ff.
2 M. Dummett, *Frege. Philosophy of Language*, London 1973, S. 544. Vgl. zum Identitätsproblem auch B. A. Brody, *Identity and Essence*, Princton 1980.

werden, wenn Eigenschaften individuiert werden sollen. Und da Eigenschaften tatsächlich individuiert werden, gibt es Gegenstände, die existieren. Deren Existenz läßt sich dann aber nicht zureichend als Individuation einer angeblichen Eigenschaft der Existenz bestimmen, und zwar auch dann nicht, wenn man diese gegenüber allen anderen Eigenschaften als »unique« auszeichnet, weil sie immer schon besessen werden muß, um besessen werden zu können.[3] Existenz ist nichts, was wie eine kontingente Eigenschaft erworben, verloren oder gestaltet werden kann, aber auch nichts, was wie eine essentielle Eigenschaft die Identität eines Gegenstands konstituiert, so daß ihr Verlust zwar einen anderen, aber eben doch einen Gegenstand zur Folge hätte. Die Identität eines Gegenstands bleibt ebenso wie seine kontingenten Bestimmungen durch seine Existenz oder Nichtexistenz unberührt, da letztere, wie Kant formulierte, einzig seine Position bzw. Nichtposition betreffen. Daß ein Gegenstand existiert oder nicht existiert und damit samt seinen kontingenten und essentiellen Eigenschaften gesetzt oder nicht gesetzt ist, kann daher nicht in Analogie zum Besitz oder Nichtbesitz einer Eigenschaft erläutert werden, sondern scheint sich nur als positives oder negatives Faktum konstatieren zu lassen: Existenz ist immer schon ein Sachverhalt, niemals nur eine Eigenschaft, sie ist, wenn sie der Fall ist, ein *ontologisches Urfaktum*.

§ 86 Die doppelte Kontingenz der Existenz

Ist das richtig, dann bestätigt sich die oben aufgestellte These, daß ontologische Bezogenheit keine Funktion ihrer Relate ist, sondern diese eine Funktion jener Bezogenheit sind. Denn aufgrund der Reflexivität und Realität dieser Relation besteht diese zwischen Relaten, die durch eben diese Relation selbst als reflexive relationale Sachverhalte konstituiert sind. Die ontologische Relation setzt also nicht zwei unabhängig von ihr bestehende Größen in Verbindung, sondern konstituiert diese zuallererst, so daß ihre Relate ohne sie nicht wären, was sie sind, und sie notwendige Voraussetzung ihrer Relate ist. Zwar könnte, was immer existiert, auch nicht existieren, und was immer existiert, könnte auch allein existieren, so daß es weder notwendig ist, daß ontologische Bezogenheit überhaupt besteht, noch, daß sie sich nicht nur in einem singulären Selbstbezug erschöpft. Das Bestehen eines existentiellen Sachverhalts überhaupt ist daher ebenso kontingent wie das Bestehen nicht nur eines existentiellen Sachverhalts. Sofern wir aber wissen, daß überhaupt etwas existiert, wissen wir, daß es nicht allein existiert, sondern im Kontext mit anderem, was auch nicht existieren könnte.[1] Denn

3 Vgl. Miller, (§ 47 Anm. 4), S. 349.

1 Mit dem *Wissen* kommt das menschliche Dasein ins Spiel, das Heidegger zufolge immer schon fundamental als In-der-Welt-Sein zu begreifen ist. Vgl. Marten, (§ 41 Anm. 1), S. 211ff;

ein Wissen von Existenz ist nur möglich, wenn sowohl der Wissende existiert, als auch die von ihm gewußte Existenz der Fall ist, so daß mindestens zwei existentielle Sachverhalte bestehen. Gerade das Faktum der Reflexion belegt somit den kontingenten Sachverhalt, daß nichts existiert, ohne im Kontext mit anderem zu existieren.[2]

Existenz erweist sich damit als *doppelt kontingentes Urfaktum*, das einen Gegenstand, wenn er existiert, selbst individuiert und dadurch erst zum Individuator der ihm zugesprochenen und zusprechbaren Eigenschaften macht, das ihn aber darüber hinaus faktisch (wenn auch keineswegs notwendig) immer zugleich auch in den Kontext mit einem anderen, ebenfalls durch Existenz individuierten Gegenstand stellt und sich damit nicht in singulärer Existenz erschöpft. Denn – und deshalb ist Existenz ein Urfaktum – daß es Gegenstände gibt, die nicht nicht sind (daß es also existentielle Sachverhalte gibt), ist zwar in bestimmten Fällen – etwa, wenn wir sie selbst hergestellt haben – erklärbar, aber auch dann nicht absolut, sondern nur unter Rekurs auf vorgegeben Existierendes. Das Faktum der Existenz überhaupt ist daher für uns weder faktisch noch transzendental zureichend begründbar und kann eben deshalb – und das gilt für jede ontologische Konzeption – nur als ontologisch fundamentaler Sachverhalt konstatiert werden: nur weil und insofern Gegenstände tatsächlich existieren, individuieren sie Eigenschaften und können sie als Gegenstände transzendentalphilosophisch als Produkt der synthetisierenden Aktivität des – existierenden! – Subjekts einsichtig gemacht werden. Zugleich – und deshalb ist es ein kontingentes Urfaktum – ist damit in keiner Weise gesagt, daß diese oder überhaupt irgendwelche Gegenstände existieren müßten oder nicht auch nicht existieren könnten bzw. – und deshalb ist es doppelt kontingent – warum, wie das Faktum der Reflexion belegt und einsichtig macht, nicht nur ein, sondern mehr als ein Gegenstand existiert und damit mehrere existentielle Sachverhalte bestehen.

§ 87 Singuläre Existenzbehauptung und singuläre Existenz

Der ontologisch fundamentale Sachverhalt der Existenz und seine doppelte Kontingenz erhält schärfere Konturen, wenn man das Faktum der Existenzbehauptung bedenkt. Mit ihr unterstellt der Sprecher das Bestehen

H. Rombach, *Phänomenologie des gegenwärtigen Bewußtseins*, Freiburg/München 1980, S. 73ff.

2 Die Kontingenz der Existenz hat unmittelbare Konsequenzen für die Art des Wissens von Existenz. Denn wenn ein Sachverhalt p kontingent, d. h. logisch nicht notwendig ist, dann ist es – selbst wenn p gewußt wird – möglich zu zweifeln, daß p ist *und* das p gewußt wird. Vgl. R. Campbell, *From Belief to Understanding. A Study of Anselm's Proslogion Argument on the Existence of God*, Canberra 1976, S. 211f. Die Kontingenz der Existenz ist insofern der Sachgrund für die Möglichkeit und Unvermeidbarkeit epistemischen Zweifels.

ontologischer Bezogenheit zwischen sich und dem als existierend behaupteten Gegenstand, aufgrund der Reflexivität dieser Bezogenheit damit aber zugleich das Bestehen zweier existentieller Sachverhalte, von denen er den einen explizit, den anderen implizit behauptet. Die Pointe dieser Behauptung und der damit vollzogenen Lokalisierung beider Relate im gemeinsamen Kontext des Existierenden ist die Unterstellung eines für beide geltenden gemeinsamen Identifikationssystems (d. h. einer gemeinsamen Gegenständlichkeit). Während daher der Satz ›a existiert‹ dann und nur dann wahr ist, wenn a existiert, ist die Existenzbehauptung ›a existiert‹ nicht schon wahr wenn a, sondern erst, wenn auch der Sprecher existiert, da es nicht möglich ist, daß a existiert und der Sprecher nicht existiert bzw. die Konjunktion ›a existiert, aber der Sprecher existiert nicht‹ unmöglich ist. Denn nunmehr steht nicht die Wahrheit von ›a existiert‹, sondern von ›S behauptet, daß a existiert‹ zur Debatte. Ist letzteres wahr, dann erhebt S nur dann einen berechtigten Wahrheitsanspruch, wenn die gemeinsame Identifizierbarkeit von S und a aufgewiesen werden kann. Und dieser Wahrheitsanspruch ist begründet, wenn die Existenz beider verifiziert wird. Da zumindest in einigen Fälle singuläre Existenzbehauptungen (und nicht nur singuläre Existenzsätze!) verifiziert und damit als wahr erkannt werden können,[1] folgt für den ontologisch fundamentalen Sachverhalt der Existenz, daß er faktisch kein singulärer Sachverhalt ist, obgleich er das durchaus sein könnte.

§ 88 Descartes Problem

Gerade die Erkenntnis der Wahrheit singulärer Existenzbehauptungen stellt klar, daß Existieren faktisch ein Zusammen-Existieren[1] ist und daß mit der Behauptung der Existenz eines Gegenstands die Existenz mindestens eines weiteren Gegenstands derselben Gegenständlichkeit nicht nur mitbehauptet, sondern als wahr in Anspruch genommen ist. Das gilt nicht nur für den Fall von ›a existiert‹, sondern ebenso für das scheinbare Gegenbeispiel ›Ich existiere‹. Denn die Behauptung dieses Satzes involviert immer zwei Sachverhalte, nämlich zum einen die Behauptung der eigenen Existenz, zum anderen die eigene Existenz. So läßt sich ›Ich existiere‹ nicht behaupten, ohne daß ›Ich behaupte, daß ich existiere‹ wahr ist. ›Ich behaupte, daß ich existiere‹ kann aber überhaupt nur dann wahr oder falsch sein, wenn ich existiere. Mit der Behauptung bzw. genauer: mit der Wahrheit dessen, daß ich meine Existenz behaupte, ist demnach meine Existenz mitgesetzt. Eben das konstatiert Descartes, wenn er mit dem *cogito* das *sum* mitgesetzt (nicht etwa daraus gefolgert) versteht, da ich nicht denken kann,

1 Vgl. Moore, (§ 69 Anm. 1).
1 Vgl. Ebeling, (§ 1 Anm. 5) S. 222ff.

ohne zu existieren, zugleich aber auch nicht – und das ist das Besondere gerade des *cogitare*[2] – zu denken vermag und nur meinen könnte, zu denken, ohne tatsächlich auch zu denken. Mit dem Denken ist daher nicht nur beansprucht, sondern bestätigt, daß ich denke, damit aber auch die dabei präsupponierte Existenz sichergestellt. Obgleich nun aber die Behauptung von Existenz die Existenz des Behauptenden präsupponiert, so daß zwar ›Ich behaupte, daß ich existiere‹ nicht ohne die Wahrheit von ›Ich existiere‹ wahr sein könnte, wohl aber umgekehrt, kann ich *meine* Existenz nur behaupten, wenn ich Grund habe zu sagen ›*Ich* behaupte . . .‹. Daß ich das zu sagen vermag, gründet in dem den Menschen auszeichnenden Faktum der Reflexion. Reflexion aber gibt es überhaupt nicht als solipsistischen Prozeß, sondern nur im Verhältnis zu und Zusammenhang mit anderem. So kann von ›Ich‹ nur im Kontrast zu einem ›Du‹ sinnvoll gesprochen werden, da niemand für sich allein Subjekt zu werden und zu sein vermag.[3] Kein Mensch ist per se Subjekt, vielmehr ist der Mensch gegenüber allem anderen durch das Vermögen ausgezeichnet, Subjekt werden zu können. Dieses Vermögen wird weder bei jedem noch bei jedem in der gleichen Weise realisiert. Wo es aber realisiert wird, ist es ein Prozeß der Subjektwerdung, in dem über die Auseinandersetzung mit der sachlichen und personalen Umwelt des Menschen ein reflexives Ich-Bewußtsein erst aufgebaut und zur persönlichen Identität ausgebildet wird.[4] Das Bewußtsein um die eigene Existenz, das sich in ›Ich existiere‹ ausspricht, kann daher nicht solipsistisch, sondern, wenn schon nicht theologisch, so doch nur intersubjektiv verstanden und verständlich gemacht werden.[5] Das aber bedeutet, daß ›Ich

2 Die cartesische Argumentation läßt sich daher nicht an ›Ich atme‹ o. ä. festmachen. Denn wie Descartes in einem Brief an Pollot im März 1638 schreibt: »Lors qu'on dit: *Ie respire, donc ie suis*, si l'on veut conclure son existence de ce que la respiration ne peut estre sans elle, one ne conclud rien, à cause qu'il faudroit auparauant auoir prouué qu'il est vray qu'on respire, & cela est impossible, si ce n'est qu'on ait aussi prouué qu'on existe. Mais si l'on veut conclure son existence du sentiment ou de l'opinion qu'on a qu'on respire, en sorte qu'encore mesme que cette opinion ne fust pas vraye, on iuge toutesfois qu'il est impossible qu'on l'eust, si on n'existoit, on conclud fort bien; à cause que cette pensée de respirer se presente alors à nostre esprit auant celle de nostre existence, & que nous ne pouuons douter que nous ne l'ayons pendant que nous l'auons . . . Et ce n'est autre chose à dire en ce sens-là: *Ie respire, donc ie suis*, sinon *Ie pense, donc ie suis*. Et si l'on y prend garde, on trouuera que toutes les autres propositions desquelles nous pouuons ainsi conclure nostre existence, reuiennent a cela mesme«. *Oeuvres de Descartes*, hg. v. C. Adam/P. Tannery, *Correspondance* II, Paris 1975, S. 37f. Vgl. B. Williams, *Descartes: The Project of Pure Enquiry*, Harmondsworth 1978, S. 94f; J. Pacho, *Ontologie und Erkenntnistheorie. Eine Erörterung ihres Verhältnisses am Beispiel des Cartesianischen Systems*, München 1980, S. 23ff.

3 Vgl. I. U. Dalferth/E. Jüngel, Sprache als Träger von Sittlichkeit, *Handbuch der christlichen Ethik*, hg. v. A. Hertz u. a., Bd. 2, Freiburg/Basel/Wien 1979, S. 454–473.

4 Vgl. J. Piaget, *Das Erwachen der Intelligenz beim Kinde*, Stuttgart 1969; ders., *Nachahmung, Spiel und Traum*, Stuttgart 1969; ders., *Theorien und Methoden der modernen Erziehung*, Wien 1972, S. 185–351; ders./B. Inhelder, *Die Psychologie des Kindes*, Olten/Freiburg [2]1973.

5 Das hat in eindrücklichen Analysen E. Tugendhat,(§ 38 Anm. 7) vorgeführt.

existiere‹ nur behauptet werden kann, wenn es zu einer zwar reflexiven, aber eben so nur aufgrund der Auseinandersetzung mit anderem Existierenden möglich gewordenen Differenzierung zwischen dem Ich, das zu existieren behauptet, und dem Ich, das sich selbst als existierend behauptet, gekommen ist. Mit der Behauptung ›*Ich* existiere‹ konzidiere ich damit immer schon die Existenz anderer Gegenstände, da ich zwar meine *Existenz*, nicht aber *meine* Existenz solipsistisch behaupten kann. Das heißt nicht, daß solipsistische Existenz keine Möglichkeit wäre, da es für die Existenz eines Gegenstands nicht notwendig ist, daß ein anderer existiert. Es heißt aber sehr wohl, daß ich *meine* Existenz nicht als Beleg für solipsistische Existenz ins Feld führen kann, da von meiner Existenz zu reden überhaupt nur möglich und sinnvoll ist im Bezug auf die Existenz von anderem.[6] In diesem Sinn ist, orientiert man sich nicht nur an der Logik des Existenz-, sondern ebenso des Ich-Begriffs, Descartes Aufweis der mit dem cogito gesetzten subjektiven Existenzgewißheit *zugleich* der Nachweis, daß anderes existiert, da anderes existieren muß, damit ich mir in meinem Denken und aufgrund desselben *meiner* Existenz sicher sein kann. Auch die Behauptung der eigenen Existenz lokalisiert mich daher im Kontext mit anderem, auf die gleiche Weise identifizierbarem Existierendem und konstatiert damit das Bestehen einer ontologischen Relation, auch wenn sie im Unterschied zu den übrigen Existenzbehauptungen der Form ›a existiert‹ nicht die Bedingung der Existenz des Hinterglieds, sondern des Vorderglieds dieser Relation für erfüllt erklärt.

Wer daher behauptet, daß a existiert, behauptet damit implizit immer auch, (a) daß er selbst existiert und (b) daß a von derselben Gegenständlichkeit wie er selbst bzw. er selbst von derselben Gegenständlichkeit wie a ist; und wer seine eigene Existenz behauptet, lokalisiert sich damit immer in Beziehung zu anderem von derselben Gegenständlichkeit, dessen Existenz er implizit mitbehauptet. Es gibt daher zwar singuläre Existenzbehauptungen, aber keine singuläre Existenz, sondern nur die Existenz singulärer Gegenstände im ontologischen Zusammenhang mit anderen Gegenständen derselben Gegenständlichkeit, die existieren, obgleich keiner von ihnen existieren müßte und mit der Existenz keines von ihnen auch die eines anderen notwendig mitgesetzt ist.[7]

6 Das zeigt – bei aller Verschiedenheit – sowohl Fichtes Nachweis der Endlichkeit des Ich, das immer schon ein Nicht-Ich voraussetzt, im Bezug auf das es sein Selbstbewußtsein gewinnt, als auch Hegels Versuch der Neukonzeption des Begriffs des Subjekts, das gerade erst beim anderen bei sich selbst ist. Vgl. W. Pannenberg, Person und Subjekt, in: *Poetik und Hermeneutik VIII: Identität*, hg. v. O. Marquard/K. Stierle, München 1979, S. 407–422, S. 413f. Zum Problem des ›Cogito ergo sum‹ vgl. H. Brands, *»Cogito ergo sum«. Interpretationen von Kant bis Nietzsche*, Freiburg/München 1982, bes. die Schellinginterpretation S. 121ff.

7 Nicht das Faktum der Existenz, sondern das Faktum der Reflexion belegt, daß nicht nur nichts ist, sondern auch nicht nur eines, sei es ich, sei es ein anderes, existiert. Denn nicht meine Existenz als solche, sondern das Bewußtsein und Wissen von meiner Existenz nötigt mich zur Annahme der Existenz von anderem.

§ 89 Das ontische Urfaktum: Raumzeitlichkeit, Körperlichkeit, Vergänglichkeit

Das ontologische Urfaktum der Existenz ist philosophisch nicht deduzierbar, sondern kann nur konstatiert und muß auch dabei immer schon in Anspruch genommen werden. Menschlichem Erkennen erweist sich Existenz somit ebenso wie Wahrheit als *ursprüngliche Gegebenheit*. Zwar versucht es, diese in immer neuen Anläufen ontologischer Reflexion theoretisch einzuholen. Doch keine Ontologie vermag mehr, als deren Gegebenheit explizierend zu konstatieren.[1] So müssen wissenschaftliche Forschung und philosophische Reflexion auch dort immer schon von Existenz und Wahrheit ausgehen, wo sie diese in bestimmten Fällen zu erklären und einzusehen in der Lage sind. Denn nur (wenn auch nicht schon allein deshalb) weil und insofern sowohl er existiert als auch anderes existiert, kann der Mensch anderes und sich selbst erkennen.

Das ontologische Urfaktum der Existenz ist allerdings nicht der einzige Grundtatbestand, den wir nur zu konstatieren vermögen. Ebenso unableitbar und unhintergehbar ist für uns ein weiterer kontingenter Sachverhalt, das *ontische Urfaktum der Raumzeitlichkeit*. Nicht von ungefähr steht daher neben der ontologischen Reflexion in der Geschichte menschlichen Erkennens immer auch kosmologische Spekulation und Theoriebildung. Denn nicht nur, daß wir und anderes sind und nicht nicht sind, sondern daß wir und anderes raumzeitliche Wesen sind und nicht irgendetwas anderes, können wir nur zur Kenntnis nehmen. Zwar sind wir sehr wohl in der Lage, die Faktizität unserer Raumzeitlichkeit von der Faktizität unserer Existenz zu unterscheiden, da wir uns durchaus denken können, als raumzeitliche Wesen nicht zu existieren oder als Wesen anderer Art zu existieren, aber *daß* wir existieren und *daß* wir raumzeitliche Wesen sind, können wir nur als kontingentes Faktum registrieren, das durchaus auch anders oder überhaupt nicht der Fall sein könnte.

Konkreter Ausdruck unserer kontingenten Raumzeitlichkeit ist unsere *Körperlichkeit*. Körper ist der Mensch als Leib in der uns vertrauten raumzeitlichen Erstreckung und damit in seiner räumlichen Ausgedehntheit und zeitlichen Dauer (Extension und Duration).[2] Aufgrund dieser Ausgedehntheit und Dauer ist er ein Wesen raumzeitlicher Gegenständlichkeit, das unter Bezugnahme auf seinen raumzeitlich lokalisierbaren Körper identifizierbar und reidentifizierbar ist.[3] Die Identifizierbarkeit aufgrund seiner

1 Man kann dies wie E. und W. Leinfellner, (§ 24 Anm. 3), S. 119 in die These fassen: »Theorien sind nur möglich, wenn die Bereiche D der Welt, die sie erfassen, proto-ontologisch entweder implizit oder explizit vorgeordnet sind«. Was dieses unerläßliche Vorgeordnetsein beinhaltet, versuchen die Autoren durch die Ausarbeitung einer »Proto-Ontologie der empirischen Wissenschaften« (aaO., S. 146–215) darzulegen.

2 Vgl. Descartes, (§ 22 Anm. 2), S. 23f.31ff u. ö.

3 Vgl. A. J. Ayer, The Concept of a Person, in: ders., *The Concept of a Person and other Es-*

Körperlichkeit bedeutet allerdings nicht, daß in seiner Körperlichkeit seine Identität bestünde. Zwar hat er seinen Körper nicht wie eine akzidentelle Eigenschaft, die er haben oder auch nicht haben könnte, ohne in seinem Menschsein betroffen zu sein. Aber er ist mit seinem Körper auch nicht identisch. Ist seine Körperlichkeit doch in seiner Gegenständlichkeit, nicht jedoch in seiner Gegenstandsart und damit seinem Wesen verankert. Zum Wesen des Menschen gehört, daß er einen *Leib* hat, aufgrund dessen er ein Verhältnis zu anderem und anderen hat und ein Verhältnis zu sich selbst haben kann. Denn der Mensch ist – theologisch geurteilt – dasjenige Wesen, das aufgrund eines unverwechselbaren Verhältnisses Gottes zu ihm ein Selbstverhältnis ist, in einem personal und sachlich strukturierten Verhältnis zu anderem als es selbst steht und als solches ein Gottesverhältnis hat.[4] All diese Verhältnisse verlaufen konstitutiv über seine Leiblichkeit, die sein Sein in diesen Bezügen markiert: der Mensch ist *Leib*, weil und insofern er in Verhältnissen existiert, in denen er auf anderes bezogen und durch anderes begrenzt wird. Gerade als leibliches Wesen ist er daher ein endliches Wesen. Die ihn als endliches Wesen konstituierenden Bezüge lassen sich aber keineswegs ausschließlich auf raumzeitliche Verhältnisse der uns vertrauten Art reduzieren, so daß seine Verhältnisse zu sich selbst, zur Welt und zu Gott gleichermaßen raumzeitlich strukturiert sein müßten. Das zeigt nicht nur sein Selbst- und Gottesverhältnis, sondern vor allem auch das Verhältnis des Christen zu Jesus Christus und zu seinen Mitchristen: er ist zusammen mit diesen Glied am Leib Christi und existiert damit in leiblichen Bezügen, die aber gerade nicht in den räumlichen und zeitlichen Verhältnissen aufgehen, in denen er als Mensch zu anderen Menschen, auch wenn sie Christen sind, steht. Die spezifische Ausprägung der Leiblichkeit als Körperlichkeit gehört nicht intrinsisch zur menschlichen Gegenstandsart, denn es ist nicht selbstwidersprüchlich, den Menschen so zu denken, daß er sich nicht darin erschöpft, ein Wesen raumzeitlicher Gegenständlichkeit zu sein. Der Mensch wäre nicht Mensch, ohne Leib zu sein; aber er könnte durchaus auch dann Mensch sein, wenn sein Leib sich nicht (mehr) als Körper identifizieren ließe und er bei der Realisierung der ihn als Mensch konstituierenden Verhältnisse nicht (mehr) durch die Bedingungen seiner vergänglichen Körperlichkeit bestimmt würde. Er wäre dann allerdings in entscheidener Hinsicht ein Wesen von anderer als raumzeitlicher Gegenständlichkeit.[5]

says, London [4]1973, S. 82–128; B. Williams, *Problems of the Self*, Cambridge 1973, bes. Kap. 1–7; *The Identity of Persons*, hg. v. A. O. Rorty, Berkeley/Los Angeles/London 1976 mit einer ausführlichen Bibliographie. Auf die Unzulänglichkeit dieser an der körperlichen Identität orientierten Identifikationsverfahren macht u. a. J. Habermas, *Zur Rekonstruktion des Historischen Materialismus*, Frankfurt 1976, S. 21 aufmerksam.

4 Dalferth/Jüngel, (§ 33 Anm. 1), S. 60.

5 Daß der Unterschied zwischen *Körper* und *Leib* nicht beachtet wird, beeinträchtigt die philosophische Unsterblichkeitsdebatte erheblich, die sich in der Regel im Horizont der Alternative von *embodied* oder *disembodied existence* bewegt. Vgl. T. Penelhum, *Survival and Disem-*

Im Unterschied zu seiner Leiblichkeit ist seine Körperlichkeit daher ein kontingenter Sachverhalt und mit seinem faktischen Menschsein im Horizont raumzeitlicher Gegenständlichkeit identisch.[6] Nun ist es für einen Körper eigentümlich, eine Grenze von der Art zu haben, daß er nicht nur endlich, sondern *vergänglich* ist. Mit der Körperlichkeit des Menchen ist daher seine Vergänglichkeit gesetzt, da er nicht nur in seiner räumlichen Erstreckung an anderem und anderen seine Grenze, sondern vor allem auch in seiner zeitlichen Erstreckung eine ihm eigene Dauer hat. Körper gibt es dann aber einerseits nur im Plural, in der Abgrenzung gegen andere und in der Aufeinanderfolge von mehreren, andererseits kann es nie alle Körper zugleich geben, da es für jeden Körper eine Zeit gibt, zu der er noch nicht war und zu der er nicht mehr sein wird. Aufgrund seiner Körperlichkeit findet sich der Mensch daher immer schon in einem durch seine eigene Lebenszeit kontingent beschränkten Kontext mit anderem körperlichen Sein vor, so daß er nur auf das ontisch bezogen ist und zu dem in ontische Beziehung treten kann, was kopräsent mit ihm existiert. Das aber heißt, daß es immer weit mehr ist, was ihm real entzogen bleibt, als das, worauf er sich real beziehen kann. Er hat eine raumzeitlich strukturierte Umwelt als sachliches und personales Gegenüber, die zwischen einer ihm faktisch unzugänglichen Vergangenheit und Zukunft geradezu aufgerieben zu werden droht. Der faktische Horizont seiner menschlichen Selbstverwirklichung ist damit aber in einem kaum erhellbaren Maß negativ überdeterminiert, da immer unvorstellbar mehr Möglichkeiten ontischer Verhältnisse ausgeschlossen sind als sich ihm konkret anbieten und von ihm realisiert oder auch nicht realisiert werden. Seine Körperlichkeit, Vergänglichkeit und sein höchst beschränktes und ihn selbst als raumzeitliches Wesen höchst beschränkendes situatives und temporales Zusammen-Sein mit anderem sind somit gleichermaßen Implikate des ontischen Urfaktums der Raumzeitlichkeit des Menschen, das wir nicht herzuleiten vermögen, sondern nur registrieren können.

bodied Existence, London 1970. Doch körperlose Existenz muß nicht leiblose Existenz bedeuten und Leiblichkeit nicht notwendig als die uns vertraute raumzeitliche Dimensionalität der Körperlichkeit expliziert werden. Nur wenn diese Differenz von Leiblichkeit und Körperlichkeit übersehen wird, kann es zu B. Williams These kommen, daß »an endless life would be a meaningless one«, da »it would be a world of Bourbons, learning nothing and forgetting nothing, and it is unclear how much could even happen«. The Makropulos Case: Reflections on the Tedium of Immortality, aaO., (Anm. 3), S. 82–100, 89f. Vgl. dazu auch H. Steele, Could Body-bound Immortality be Liveable?, *Mind* 85, 1976, S. 424–427 und Hick, (§ 75 Anm. 2), bes. S. 408ff.

6 »Non puto mortalitatem ad puram, sed ad corruptam hominis naturam pertinere . . . Nam si pertineret ad veritatem humanae naturae, nequaquam posset homo esset, qui esset immortalis.« Anselm von Canterbury, *Cur Deus Homo*, II, cap. 11, aaO., (§ 73 Anm. 3), S. 109, 8–11.

§ 90 Das antropologische Urfaktum: Reflexion

Das wir allerdings in der Lage sind, all dies tatsächlich zu registrieren, markiert schließlich einen dritten, nicht weniger kontingenten Sachverhalt, das *antropologische Urfaktum der Reflexion*. Neben die Ontologie und Kosmologie tritt daher immer auch die Anthropologie.[1] Denn unsere Existenz und unsere Raumzeitlichkeit sind zwar notwendige, nicht aber hinreichende Bedingungen dafür, daß wir anderes und uns selbst als Wesen in Raum und Zeit und als existierend erkennen können. Die Faktizität dieser Erkenntnis ist weder mit unserer Existenz noch mit unserer Gegenständlichkeit gesetzt, auch wenn sie ohne diese weder überhaupt möglich wäre noch so möglich wäre, wie sie ist. Erst mit unserer spezifischen Gegenstandsart, nämlich unserem Wesen als Menschen, ist das Vermögen zu solcher Erkenntnis gegeben. Dieses Vermögen wurde phylogenetisch im Prozeß der Menschwerdung konstituiert[2] und ist ontogenetisch im Prozeß der Subjektwerdung durch Reflexion je neu zu realisieren. Die Realisierung dieses Vermögens vollzieht sich als genetische Ausbildung des menschlichen Ich in der – psychoanalytisch formuliert – Entwicklung des Individuums durch Identifikation und Identitätsbildung.[3] Diese verläuft nicht etwa solipsistisch, sondern notwendig über die assimilierende und akkommodierende Auseinandersetzung mit der personalen und sachlichen Umwelt.[4] Im Ver-

1 Damit ist nicht einfach das gemeint, was die Tradition als ›rationale Psychologie‹ thematisierte, also eine Explikation derjenigen Bestimmungen, die alle möglichen vernünftigen Wesen auszeichnen. Das Prinzip der Distinktion zwischen Ontologie, Kosmologie und Anthropologie ist vielmehr in der Differenz zwischen der *Existenz*, der *Gegenständlichkeit* und der *Gegenstandsart* eines Gegenstands begründet. Sofern die Gegenständlichkeit als *Raumzeitlichkeit* zu bestimmen ist, tritt neben die Ontologie die *Kosmologie*, sofern sie als *Herrlichkeit Gottes* (vgl. § 129) zu bestimmen ist, tritt die *Theologie* an die Stelle der Kosmologie. Entsprechend ist von *Anthropologie* gerade deshalb die Rede, weil es um die Gegenstandsart des *Menschen* geht. Die Thematisierung der Gegenstandsart anderer Gegenstände hätte zur Folge, daß entsprechend andere Konzeptionen über deren Gegenstandsart an die Stelle der Anthropologie träten. Daß die anthropologische Reflexion allerdings dennoch eine Sonderstellung einnimmt, ergibt sich aus dem intimen Zusammenhang der Gegenständlichkeitsproblematik mit ihr, die ja wesentlich *menschliche Vergegenständlichung der Wirklichkeit ist*.

2 Vgl. dazu die evolutionäre Erkenntnislehre von G. Vollmer, *Evolutionäre Erkenntnistheorie. Angeborene Erkenntnisstrukturen im Kontext von Biologie, Psychologie, Linguistik und Wissenschaftstheorie*, Stuttgart 1975; K. Lorenz, *Die Rückseite des Spiegels*, München 1973; ders., *Das Wirkungsgefüge der Natur und das Schicksal des Menschen, Gesammelte Arbeiten*, hg. v. I. Eibl-Eibesfeldt, München 1978; D. T. Campbell, Evolutionary Epistemology, in: *The Philosophy of Karl Popper*, hg. v. P. A. Schilpp, LaSalle 1974, S. 413–463; R. Riedl, *Biologie der Erkenntnis. Die stammesgeschichtlichen Grundlagen der Vernunft*, Berlin/Hamburg 1980.

3 Vgl. E. H. Erikson, *Identität und Lebenszyklus. Drei Aufsätze*, Frankfurt 1966.

4 Das zeigen besonders die Forschungen J. Piagets, vgl. (§ 88 Anm. 3); T. B. Seiler, Grundlegende Entwicklungstätigkeiten und ihre regulative, systemerzeugende Interaktion, in: *Die Psychologie des 20. Jahrhunderts. Bd. VII: Piaget und die Folgen*, hg. v. G. Steiner, Zürich 1978, S. 628–645. – Die Bedeutung der *personalen* Umwelt wurde in zugespitzter Einseitigkeit im dialogischen Personalismus M. Bubers und F. Ebners herausgestellt. Vgl. M. Theunissen, *Der Andere – Studien zur Sozialontologie der Gegenwart*, Berlin 1965, Zweiter Teil (S. 243ff).

lauf dieser Auseinandersetzung wird diese operational erschlossen, indem immer komplexere Operationsschemata aufgebaut werden, die zur Ausbildung sich differenzierender kognitiver Strukturen und so zur kognitiven Konstruktion von Welt führen, mit diesen aber zur Differenzierung von Welt (Umwelt) und operierendem Ich. Konstruktion von Welt bzw. Umwelt und Differenzierung von Umwelt und Ich bedingen sich dabei wechselseitig. Doch ebensowenig wie sie Aktionen eines leeren Ich sind, sondern vielmehr streng der wachsenden kognitiven Strukturiertheit des Ich entsprechen, sind sie Akte eines einsamen Subjekts. Sie finden vielmehr immer schon statt im Horizont einer sie erst möglich machenden und dann auch zu verwirklichen ermöglichenden Interaktion mit anderen, die selbst unter den Bedingungen der kontingenten (wenn auch historisch nicht zufälligen) Konstellation des jeweiligen gesellschaftlichen Systems steht, in dem sich jeder Mensch faktisch vorfindet.[5] Die für die Subjektwerdung des Menschen notwendige Differenzierung von Umwelt und Ich ist daher, wie insbesondere G. H. Mead gezeigt hat, überhaupt nicht möglich ohne die durch Interaktion ermöglichte und bewirkte Differenzierung von Ich und Selbst. Das Selbst als Inbegriff der Einschätzung eines Menschen durch seine soziale Umgebung wird vom Ich im Prozeß der Ausdifferenzierung seiner kognitiven Strukturiertheit zusammen mit seiner eigenen Einschätzung dieser Einschätzungen übernommen und zur Ichidentität verarbeitet.[6] Diese Verarbeitung geschieht nun aber ab einem bestimmten Komplexitätsgrad kognitiver Operationen geradezu notwendig über und durch die Reflexion.[7] Denn sowohl das Ich als auch das Selbst der operierenden Instanz sind, wie vor allem J. P. Sartre[8] herausgestellt hat, »erst Produkt einer Reflexion auf die unpersönliche Spontaneität des Bewußtseins hinsichtlich der Einheit seiner Zustände (als Selbst) und Handlungen (als Ich)«.[9] Erst durch Reflexion kommt es zum (sozial vermittelten) Selbst-Bewußtsein und im Blick darauf ausgebildeten Ich-Bewußtsein. Ohne dies gäbe es aber weder die Möglichkeit, Handeln und Erleiden als je *mein* Handeln und Erleiden auszuzeichnen, noch die Möglichkeit einheitlicher Erfahrungssynthesis und damit der Erkenntnis.

Reflexion ist daher nicht Bedingung der Möglichkeit von Existenz[10] und

5 Darin liegt das Wahrheitsmoment der marxistischen Konzeption des Individuums als einer Funktion der Gesellschaft. Vgl. A. Schaff, *Marxismus und das menschliche Individuum*, Hamburg 1970.

6 G. H. Mead, *Mind, Self and Society*, hg. v. Ch. W. Morris, Chicago [13]1965. Dazu H. Joas, *Praktische Intersubjektivität. Die Entwicklung des Werkes von G. H. Mead*, Frankfurt 1980, bes. Kap. 5.

7 Die Reflexion hat also durchaus operationale Substrukturen, wie Piaget gezeigt hat. Sie ist kein unmittelbar gegebenes, sondern ein sukzessiv gewordenes und immer wieder neu zu erwerbendes Vermögen.

8 J. P. Sartre, *Die Transzendenz des Ego*, Hamburg 1964.

9 W. Pannenberg, (§ 88 Anm. 5), S. 418.

10 Vgl. D. Henrich, *Fichtes ursprüngliche Einsicht*, Frankfurt 1966; Pannenberg, (§ 88 Anm. 5), S. 412ff.

Raumzeitlichkeit, wohl aber Bedingung der Möglichkeit des den Menschen auszeichnenden Vermögens, die eigene und fremde Existenz und Raumzeitlichkeit zu erkennen und sich dieser Erkenntnis gemäß in seinem Handeln zu bestimmen. Ohne Reflexion gäbe es daher weder Subjekte noch epistemische oder praktische Handlungen (im strengen Sinn), damit aber auch kein wahrheitsfähiges Wissen, keine kognitiven Rekonstruktionen der Welt und konstruktive Entwürfe alternativer Welten, und d. h, keine durch autonomes Handeln konstituierten Sachverhalte in der Welt. Daß es diese gibt, ist allerdings nicht weniger kontingent als daß es überhaupt etwas gibt, daß es mehr als nur eines gibt und daß es dies als Vielzahl von Gegenständen verschiedener Gegenstandsart im gemeinsamen Horizont der Gegenständlichkeit von Raum und Zeit gibt.

§ 91 Die Urfakten und Gottes Existenz

Die irreduzibel kontingente Faktizität von Existenz, Raumzeitlichkeit und Reflexion ist ein das menschliche Denken herausfordernder Sachverhalt.[1] Denn »alle Menschen streben von Natur aus nach Wissen«, und zwar nicht nur nach einem Wissen, daß etwas so oder so der Fall ist, sondern, warum es so und nicht anders der Fall ist.[2] Ontologische, kosmologische und anthropologische Spekulation und Theoriebildung sind mit der Geschichte menschlichen Erkenntnisstrebens daher unauflöslich verwoben. Gerade dieses Erkenntnisstreben aber bleibt im Hinblick auf Existenz und Raumzeitlichkeit mehr noch als im Hinblick auf die Reflexion unbefriedigt. Denn während letztere im Horizont der Evolutionstheorie und Entwicklungspsychologie phylogenetisch und ontogenetisch in Ansätzen einsichtig gemacht werden kann und damit sich selbst in ihrer Kontingenz verständlich zu werden beginnt, lassen sich Existenz und Raumzeitlichkeit nicht entsprechend als kontingente Resultate eines Prozesses begreifen, der sich zunehmend besser rekonstruieren läßt. Sie scheinen vielmehr kontingente Voraussetzungen sämtlicher möglicher Prozesse zu sein, in die wir Einsicht zu gewinnen vermögen, sich eben so aber dem menschlichen Drang nach dem Wissen von Ursachen zu entziehen.

1 Nicht nur das Denken und damit die Theorie, sondern auch das Handeln und damit die Praxis wird dadurch entscheidend bestimmt. Sind wir doch für alles, was wir tun, als Subjekte dieser Handlungen verantwortlich. Nicht verantwortlich und daher nicht zur Rechenschaft zu ziehen sind wir hingegen für unsere *Existenz*, für unser *Dasein in Raum und Zeit* und für unser *Reflexionsvermögen*: sie sind – theologisch geurteilt – nicht von uns, sondern allein von Gott zu verantworten, dem wir sie als seine Geschöpfe verdanken. Sehr wohl zu verantworten hingegen haben wir den *Gebrauch*, den wir davon machen. Gerade daran aber, daß wir etwas verantwortlich gebrauchen müssen, was wir nicht selbst verantworten können, wird der Grundzug unserer Verantwortlichkeit als *verdankter Verantwortlichkeit* deutlich. Vgl. Dalferth/Jüngel, (§ 33 Anm. 1), S. 64f.

2 Vgl. Aristoteles, *Metaphysik* A 1, 980 a 21; ders., *Physik* B 3.

Ihre unhintergehbare kontingente Faktizität hat philosophisches Denken daher auch immer wieder dazu provoziert, bewährte Denk- und Erklärungsschemata aus dem Bereich vorwissenschaftlicher und wissenschaftlicher Welterfahrung auch auf diese Sachverhalte anzuwenden und einen letzten und zureichenden Grund auch für die Vorfindlichkeit und Gegebenheit von Existenz und Raumzeitlichkeit zu postulieren. Man interpretierte ihre Vorfindlichkeit als Wirkung, die auf eine Ursache zurückverweise, bzw. ihre Gegebenheit als Gabe, die zur Annahme eines Gebers zwinge; und man charakterisierte diese Ursache bzw. diesen Geber als solchen, der von sich aus zur Bewirkung und zum Geben von Existenz und Raumzeitlichkeit nicht nur in der Lage, sondern – da es sich um kontingente Sachverhalte handelt – auch willens war, nannte ihn Gott und bezeichnete ihn als Schöpfer. In diesem Sinn trat in der klassischen Metaphysik Christian Wolffs neben die Ontologie, Kosmologie und rationale Psychologie auch noch eine rationale Theologie. Doch nicht erst die Inkonsequenz, diese Schemata zwar auf die Fakten der Existenz und Raumzeitlichkeit, nicht aber auf das postulierte Faktum ihrer Ursache bzw. ihres Gebers anzuwenden, wie sie etwa A. Schopenhauer an dem unkritischen und undifferenzierten Gebrauch des Satzes vom zureichenden Grunde kritisierte,[3] beraubt dieses Verfahren seiner Überzeugungskraft. Vielmehr ist schon die zum Ausgang genommene Interpretation von Existenz und Raumzeitlichkeit als Gabe bzw. als Wirkung in keiner Weise zwingend und auch nicht aus dem konstatierbaren Sachverhalt selbst zu erheben. Denn wie D. Hume gezeigt hat,[4] ist nicht erst die Notwendigkeit, sondern schon die Möglichkeit einer solchen Interpretation in der voneinander unabhängigen Identifizierung der Wirkung *und* der Ursache, der Gabe *und* des Gebers begründet, die in diesem Fall gerade nicht gewährleistet ist. Wird das nicht beachtet, dann wird gegen das grundlegende epistemische Prinzip verstoßen, daß nur Bekanntes zur Erklärung von Unbekanntem, nicht aber Unbekanntes zur Erklärung von Bekanntem taugt.

Eine solche Interpretation läßt sich jedoch nicht nur aus dem ontologischen und ontischen Urfaktum selbst nicht entnehmen, sondern ebensowenig kann sie anthropologisch aus den transzendentalen Erkenntnisstrukturen des menschlichen Subjekts als gültig abgeleitet werden. Denn daß wir von Natur aus nach Wissen streben, daß dieses Streben transzendental strukturiert ist und daß wir unser so erworbenes Wissen nach gewissen Prinzipien organisieren, sagt nur über die für uns notwendige Art des Erwerbs und der systematischen Organisation unseres Wissens etwas aus. Doch damit ist weder gesagt, daß unsere transzendentalen Erkenntnisstrukturen vorschrieben, was es überhaupt geben kann, sondern allenfalls, was wir zu

3 A. Schopenhauer, *Über die vierfache Wurzel des Satzes vom zureichenden Grunde. Eine philosophische Abhandlung*, in: *Sämtliche Werke*, hg. v. W. von Löhneysen, Bd. III: *Kleinere Schriften*, Darmstadt ²1968, S. 5–189, bes. Kap. 4.
4 D. Hume, (§ 21 Anm. 7), Book I, Part III, Sect. 4 (S. 82ff).

erkennen vermögen, noch, daß es für unser unter transzendentalen Prinzipien kategorial organisiertes Wissen letztgültige faktische Prämissen gäbe, die wir aufgrund unserer Erkenntnisstrukturen notgedrungen so betrachten müßten, als ob sie über sich hinaus auf eine trans-faktische Ursache o. ä. verwiesen. Daß wir so und nicht anders erkennen (können), heißt nach Kant gerade nicht, daß die Differenz zwischen dem, was ist, und dem, was erkennbar ist, unkritisch aufgehoben würde. Und daß wir unser Wissen dessen, was wir erkannt haben bzw. erkannt zu haben glauben, so organisieren, als ob für alles zureichende Gründe angegeben werden könnten, heißt nicht, daß wir das zu leisten tatsächlich auch in der Lage wären. Denn zum einen haben wir jedem System unseres Wissens Prämissen zugrunde zu legen, die in diesem System als unbegründet angenommen werden müssen; zum andern aber können wir jedes System unseres Wissens so umorganisieren, daß wir andere Prämissen zugrunde legen, so daß die vormaligen Grundsätze nunmehr im System begründbar sind.[5] Von einer isomorphen Struktur unseres (jeweiligen) Wissenssystems mit der darin organisierten erkannten oder vermeintlich erkannten Realität kann daher nicht die Rede sein, da wir unser faktisches Wissen nach Gesichtspunkten, etwa der Einfachheit, logischen Stringenz etc. organisieren, deren Geltung auch für die Realität selbst anzunehmen wir keinen zwingenden Grund haben.

Die Faktizität von Existenz und Raumzeitlichkeit mag daher durchaus nur aufgrund unserer menschlichen, d. h. mit unserem vorfindlichen Menschsein gegebenen und auf seiner Grundlage faktisch erworbenen Erkenntnisstruktur zwar konstatierbar, wenn auch nicht erklärbar sein. Doch sie als Wirkung einer Ursache oder als Gabe eines Gebers zu interpretieren, besteht weder von ihr aus Anlaß noch von uns aus ein guter Grund. Das heißt nicht, daß man sie nicht so interpretieren könnte. Es heißt aber sehr wohl, daß man sie nicht so interpretieren muß. Ist diese Interpretation aber weder als notwendig noch als unmöglich einsichtig zu machen, dann ist sie zunächst selbst zu begründen und nicht einfach philosophisch zu unterstellen und theologisch in Anspruch zu nehmen. Von sich aus verweist jedenfalls weder das ontologische noch das ontische noch das anthropologische Urfaktum über sich selbst hinaus oder gar auf Gott,[6] und deshalb taugt es auch nicht dazu, die christliche Gewißheit von der Existenz Gottes ontologisch, kosmologisch oder anthropologisch zu begründen. Vielmehr scheint es gerade umgekehrt so zu sein, daß die christliche Gewißheit von der Existenz Gottes erst den Grund dafür abgibt, diese Fakten so zu interpretieren, daß sie über sich selbst hinaus weisen, und zwar nicht in irgendeine diffuse, sondern in eine ganz präzise Richtung. Das aber hieße, daß die

5 Vgl. F. P. Ramsey, Gesetzes- und Tatsachenuniversalien, in: ders., (§ 16 Anm. 1), S. 111–114, S. 113.

6 T. F. Torrance, *Theological Science*, Oxford 1969 (= 1978), S. 101 betont zu recht »that through the examination of nature (if we refuse to cheat by secretly importing ›divinity‹ into it) we can only find nature and the limits of nature, the emptiness or the silence«.

kontingente Faktizität von Existenz, Raumzeitlichkeit und Reflexion nur *theologisch* reduzibel wäre – und das ist ein das menschliche Denken geradezu pointiert herausfordernder Sachverhalt.

§ 92 Zusammenfassung

Summa: Daß überhaupt etwas existiert, daß mehr als eines existiert, daß diese Mehrzahl als Vielzahl von Gegenständen in Raum und Zeit existiert und daß unter diesen Gegenständen auch solche existieren, die dies zu erkennen in der Lage und fähig sind, sagt nichts über die Existenz Gottes oder über die Wahrheit der Behauptung ›Gott existiert‹. Es spricht vielmehr nur für sich selbst. Die Gewißheit von der Existenz Gottes, die sich in der christlichen Behauptung seiner Existenz ausspricht, hat ihren Ursprung nicht in der Provokation des ontologischen, ontischen oder anthropologischen Urfaktums, als ob diese von Gott zu sprechen nötigten. Die christliche Rede von Gott führt nämlich statt zu einer Entschärfung zu einer *Potenzierung dieser Provokation*, da das sich selbst als kontingent bewußte menschliche Denken nunmehr nicht nur die Faktizität von Existenz, Raumzeitlichkeit und Reflexion hinzunehmen hat, sondern darüber hinaus auch noch mit der unter den Bedingungen von Raum und Zeit ganz unausweisbaren Behauptung der Existenz Gottes fertig werden muß.

KAPITEL III

Zur theologischen Rekonstruktion der christlichen Behauptung der Existenz Gottes

Teil A Gotteserfahrung

§ 93 Wahrheit und Sinn

Daß die *Wahrheit* der christlichen Behauptung der Existenz Gottes weder vom ontischen Urfaktum der Raumzeitlichkeit noch vom ontologischen Urfaktum der Existenz noch vom anthropologischen Urfaktum der Reflexion her einsichtig gemacht werden kann, bedeutet nicht, daß die Überlegungen zur philosophischen Analyse singulärer Existenzbehauptungen ohne hermeneutischen Gewinn für das Verständnis des *Sinns* dieser Behauptung sind. Wird nämlich ›Gott existiert‹ als Fall von ›a existiert‹ verstanden und in der vorgeschlagenen Weise interpretiert, dann behauptet der Sprecher mit dem Satz das Bestehen einer ontologischen Relation zwischen sich und Gott, durch die er zusammen mit diesem unter den Bedingungen eines gemeinsamen Identifikationssystems im Kontext des Existierenden und damit in der Wirklichkeit lokalisiert ist. Diese Interpretation der christlichen Behauptung der Existenz Gottes ist gültig, wenn die vorgeschlagene Analyse singulärer Existenzbehauptungen überhaupt akzeptabel ist und wenn ›Gott‹ in christlicher Rede tatsächlich als Designator eines ganz bestimmten Wesens fungiert. Zugleich aber ist deutlich, daß diese philosophische Analyse hermeneutisch in keiner Weise befriedigt, da sie schon aufgrund der verschiedenen Gegenständlichkeit von Mensch und Gott mehr Probleme aufwirft als sie zu beantworten vermag. Eine theologische Rekonstruktion der christlichen Behauptung ›Gott existiert‹ wird durch sie daher nicht etwa überflüssig, sondern gerade erforderlich. Denn das theologische Interesse gilt dezidiert dem materialen Verständnis von Gottes Existenz und nicht nur dem formalen von ›Gott existiert‹.

§ 94 Schöpfung und Sünde

Die hermeneutische und theologische Nötigung, ›Gott existiert‹ nicht nur philosophisch als Einsetzungsinstanz von ›a existiert‹ zu verstehen, wird gerade dann unübersehbar, wenn man aufgrund der Einheit der Sprache und des allgemeinen Öffentlichkeits- und Verständlichkeitsanspruchs des christlichen Glaubens an der Gültigkeit dieser Analyse auch für diesen Fall festhält.[1] Denn nach dem Verständnis des christlichen Glaubens besteht zwischen Gott einerseits und dem Menschen (und allem übrigen) anderer-

1 Jede Analyse, die nicht philosphisch und erst recht theologisch von vornherein inadäquat sein will, muß auch für ›Gott existiert‹ gelten.

seits nicht nur ein Wesensunterschied wie zwischen dem Menschen und anderen raumzeitlichen Gegenständen, der in ihrer unterschiedlichen Gegenstandsart begründet ist, sondern eine prinzipielle *Differenz*. Diese Differenz ist theologisch als der keine Trennung, sondern eine ganz spezifische Bezogenheit implizierende *Unterschied von Schöpfer und Geschöpf* zu bestimmen.

Die Theologie hat die christliche Behauptung der Existenz Gottes im Horizont dieses prinzipiellen, Bezogenheit und Differenz von Gott und Mensch zugleich markierenden Unterschieds zu rekonstruieren. Eine solche Rekonstruktion bleibt jedoch immer dann abstrakt, wenn die unbestreitbare und unverzichtbare Wahrheit dieses Unterschieds unter Absehung von seiner faktischen Wirklichkeit zur Geltung zu bringen gesucht wird. Denn wo immer das geschieht, wird die vorfindliche Wirklichkeit vorschnell und ohne Bedenken der eschatologischen Differenz zwischen dem »quod res est« und dem »quod futura nondum est«[2] mit der Schöpfung identifiziert,[3] gerade so aber die Wahrheit des Unterschieds von Schöpfer und Geschöpf unterschlagen. Denn die Wirklichkeit, in der sich dieser Unterschied präsentiert, ist die der *Geschiedenheit von sündigem Menschen und gerechtem Gott*. Im Horizont dieser durch die Sünde bestimmten Wirklichkeit erscheint die Differenz von Gott und Mensch als Trennung und ihre Bezogenheit als Fiktion. Denn indem er seine Geschöpflichkeit leugnet, setzt der Sünder, ohne dies zu durchschauen, gerade die Bedingungen seiner pervertierten Geschöpflichkeit absolut, da er nur gelten zu lassen bereit ist, was ihm entspricht. Mit seiner Geschöpflichkeit entschwindet damit aber auch der Schöpfer seinem Blick, so daß er sich sowohl hinsichtlich der Bezogenheit als auch hinsichtlich der Differenz von Gott und Mensch als epistemisch blind erweist.

Diese Blindheit ist die faktische Lage, von der die Theologie auszugehen hat. Sie kann die christliche Behauptung der Existenz Gottes im Horizont des Unterschieds von Schöpfer und Geschöpf daher nicht anders rekonstruieren, als daß sie dessen Pervertierung zur Differenz zwischen dem sich gegen Gott verschließenden Sünder und dem die Sünde hassenden Gott in Rechnung stellt.

§ 95 Die Differenz von Gott und Mensch

Es ist eine Folge der so pervertierten Wirklichkeit des Unterschieds zwischen dem Schöpfer und dem Geschöpf, daß Gott und Mensch aus der Sicht des (sündigen) Menschen nicht nur als verschiedene Gegenstände unter-

2 WA 56, 371, 28–31.

3 Vgl. I. U. Dalferth, The Visible and the Invisible. Luther's Legacy of a Theological Theology, in: *Germany and England: Prospects for a Theological Common Market*, hg. v. S. W. Sykes, Bern 1981, S. 15–44.

schiedlicher Gegenstandsart bei gleicher Gegenständlichkeit, sondern als verschiedene Gegenstände unterschiedlicher Gegenstandsart *und verschiedener Gegenständlichkeit* bestimmt werden müssen. Als Gegenstände verschiedener Gegenstandsart *und* verschiedener Art von Gegenständlichkeit sind Gott und Mensch aber fundamental verschieden. Sie lassen sich dann nicht einmal gemeinsam auf dieselbe Weise identifizieren und scheinen folglich in keinerlei Beziehung stehen zu können. Denn ihre Differenz präsentiert sich dann als die von Gegenständen unterschiedlichen ontologischen Charakters in disparaten Bereichen, die nicht in einen gemeinsamen ontologischen Kontext integriert sind.

Nun sind allerdings auch Christen, die Gottes Existenz behaupten, Menschen. Sie ordnen dann aber mit dieser Behauptung fundamental Verschiedenes zusammen, wenn sie damit der philosophischen Analyse zufolge für sich und Gott bei aller Unterschiedlichkeit ihrer Gegenstandsart als Gott und Mensch ein ihnen gemeinsames Identifikationssystem bzw. eine ihnen gemeinsame Gegenständlichkeit postulieren, indem sie sich zusammen mit Gott in einem gemeinsamen Kontext lokalisieren. Denn auch in diesem Fall kann die behauptete ontologische Relation nicht nur als solche und für sich allein bestehen, da nichts nur existiert. Sie besteht vielmehr immer zwischen existierenden Gegenständen einer bestimmten Gegenstandsart und einer bestimmten, und zwar *gemeinsamen* Art von Gegenständlichkeit. Durch letztere ist der allgemeine Rahmen abgesteckt, innerhalb dessen sie beide ihr Wesen verwirklichen und damit gemeinsam identifiziert werden können. Durch erstere hingegen wird näherhin festgelegt, in welchen weiteren realen Beziehungen sie in diesem Rahmen zueinander stehen bzw. stehen können. Sind aber Gott und Mensch in der ausgeführten Weise fundamental verschieden, dann kann selbst eine ontologische Relation zwischen ihnen so lange nicht ernsthaft behauptet werden, als sich ein für sie beide gemeinsames Identifikationssystem und damit die Möglichkeit ihrer ontologischen Integration nicht aufzeigen läßt.

§ 96 Raumzeitlichkeit und Gott

Im Zentrum der sich hier abzeichnenden Spannung zwischen philosophischer Analyse und theologischer Rekonstruktion steht also nicht der unterschiedliche Wesensbegriff von Gott und Mensch; der wird durchaus zugestanden und philosophisch ebenso wie theologisch betont. Es geht vielmehr um die Frage einer für Gott und Mensch gültigen *gemeinsamen Gegenständlichkeit*, damit aber konkret um das Problem der *Raumzeitlichkeit*. Denn hieran scheint sich – aus der Sicht des Menschen – die Möglichkeit gemeinsamer Identifizierbarkeit zu entscheiden. Existiert doch der Mensch nachweisbar als raumzeitliches Wesen, während Gott – orientiert man sich an unserer Lebenserfahrung – ebenso nachweisbar kein Wesen in Raum und Zeit zu sein scheint: Gott ist kein Gegenstand, den wir mittels raumzeitlicher Kriterien identifizieren und damit vergegenständlichen können.

Das Johannesevangelium verweist als Beleg auf den symptomatischen Sachverhalt, daß keiner Gott je gesehen hat (Joh 1,18a).[1] Das ist – wie V. 18b belegt – nicht nur die faktische Feststellung, daß bisher Gott von niemandem gesehen wurde. Es will vielmehr besagen, daß kein Mensch von sich aus Gott zu sehen vermag. Im Horizont seiner menschlichen Gegenständlichkeit steht er vor der Aporie, einerseits immer nur nach einem raumzeitlichen Wesen Ausschau halten zu können, um es als Gott zu identifizieren, andererseits aber von jedem raumzeitlichen Wesen sagen zu müssen, daß es nicht Gott ist. Nichts, was so in den Blick kommt, ist Gott, wo Gott sich aber als Gott finden und identifizieren läßt, wird er von ihm nicht gesucht und erkannt. Denn wer Gott als raumzeitliches und damit weltliches Wesen sucht, dem muß Gott in seiner Herrlichkeit, in der allein er ist und sich zugänglich macht (Joh 1,14), zwangsläufig verborgen bleiben (Joh 1,10). Im Horizont der raumzeitlichen Gegenständlichkeit des Menschen ist Gott nicht so vorhanden, daß er sich von ihm deiktisch oder in einem abstrakten raumzeitlichen Bezugssystem räumlich und/oder zeitlich lokalisieren ließe. Müßte er doch dann auf eine bestimmte räumlich/zeitliche Position relativ zu dem ihn lokalisierenden Menschen festgelegt werden können oder sich gar als eine bestimmte Extension/Duration charakterisieren lassen. Doch das ist unmöglich. Im Horizont von Raum und Zeit kann Gott vom Menschen allenfalls negativ als unsichtbar und verborgen bestimmt werden (vgl. 1Tim 1,17; Hebr 11,27), und auch das nur, weil er zwar nicht gesehen, dennoch aber – in einem anderen Modus[2] – erfahren werden kann. Nur weil wir von ihm *auf Erfahrung gegründete Kenntnis* haben, wissen wir, daß sich hinter der Unsichtbarkeit und Verborgenheit nicht etwa nichts, sondern eben *Gott* verbirgt.

Die Erfahrung, auf die sich diese Kenntnis gründet, ist freilich kein jedem Menschen immer schon zugängliches Phänomen allgemeiner Welterfahrung, dessen intelligible Struktur und transzendenten Grund wir reflektierend erheben und erschließen können, so daß sich jeder Mensch im Prinzip bei dieser Erfahrung behaften lassen könnte.[3] Es ist vielmehr die höchst

1 Das ist keine nur christliche Erfahrung. Vgl. z. B. Xenophon, *Memorabilia* IV, 3, 13 (*Xenophon in Seven Volumes, IV: Memorabilia and Oeconomicus*, hg. v. E. C. Marchant, London 1923=1968, S. 304): ... ὅ τὸν ὅλον κόσμον συντάττων τε καὶ συνέχων, ἐν ᾧ πάντα καλὰ καὶ ἀγαθά ἐστι ..., οὗτος τὰ μέγιστα μὲν πράττων δρᾶται, τάδε οἰκονομῶν ἀόρατος ἡμῖν ἐστιν.

2 Nicht über die Augen, sondern über das Ohr erfahren wir Gott, wie Luther betont: »in sacris et divinis prius opportet audire quam videre, prius credere quam intelligere, prius comprehendi quam comprehendere, prius captivari quam captivare«. WA 4, 95, 1–3. Vgl. zu Luthers wachsender Einsicht in diesen Sachverhalt B. Lohse, *Ratio und Fides. Eine Untersuchung über die ratio in der Theologie Luthers*, Göttingen 1958, S. 50.

3 Anders P. H. Welte, *Die Heilsbedürftigkeit des Menschen*, Freiburg 1976; K. Rahner, *Grundkurs des Glaubens. Einführung in den Begriff des Christentums*, Freiburg [9]1977; J. B.

besondere und unverwechselbare eschatologische Erfahrung des Kreuzes Jesu Christi, die man nicht immer schon macht und die man selbst und von sich aus auch nicht machen kann, sondern die einem widerfahren muß.[4] Nur hier im Kreuz und nirgendwo sonst wird die raumzeitliche Nichtvorhandenheit Gottes als seine Verborgenheit erfahren. Nur hier erweist sich, daß seine raumzeitliche Nichtlokalisierbarkeit nicht identisch ist mit seiner Nichtexistenz. Das Kreuz erweist dies allerdings nicht als der ontische Gegenstand, als welcher er den Menschen damals vor Augen stand und sich heute historisch thematisieren läßt, sondern als der ontische Ort des eschatologischen Geschehens, durch das Gott selbst sich als nichtontischer Gegenstand unter den Bedingungen von Raum und Zeit zur Geltung bringt und als solcher erfahren läßt ohne dadurch zu einem raumzeitlichen Gegenstand zu werden. Er bleibt ontisch verborgen, aber er wird eben als Verborgener erfahrbar. Gottes Verborgenheit ist also nicht die einer selbst nicht beobachtbaren, sondern nur aus ihren Wirkungen erschließbaren Ursache. Denn ganz abgesehen vom Mißbrauch der Kategorie ›Ursache‹ in diesem Zusammenhang (vgl. § 91) würde damit die eschatologische Differenz zwischen der raumzeitlich vorfindlichen Wirklichkeit und deren Vollendung als Schöpfung überspielt. Es ist vielmehr die präzise christologische Verborgenheit Gottes im Kreuz, in dem er sich unter den Bedingungen von Raum und Zeit selbst als Verborgener zur Erfahrung bringt.

Daß es diese christologische Erfahrung ist, der allein wir unsere Kenntnis Gottes verdanken, wird von Johannes so formuliert, daß wir sie einzig dem Sohn zu verdanken haben, »der am Busen des Vaters ist, er hat Kunde gebracht« (Joh 1,18). Er brachte diese Kunde, indem er als Mensch unter uns wohnte und die Herrlichkeit des Vaters durch sein menschliches Leben im Horizont der durch die Sünde pervertierten Schöpfung menschlich zur Darstellung brachte und so auch uns zugänglich machte (Joh 1,14). Ohne diese Kunde durch den Sohn, die im Kreuz Jesu Christi ihre Bestimmtheit und Konkretion erhielt, in der Erfahrung des Glaubens angeeignet und in der Verkündigung der Kirche propagiert wird, hätten wir keinen guten Grund, die ontische Nichtvorhandenheit Gottes als seine *Verborgenheit* zu charakterisieren. Daß Gott kein raumzeitlicher Gegenstand ist und daß er überhaupt nicht ist, könnte dann nicht unterschieden werden. Daß er aber ist, ohne raumzeitlich identifizierbar zu sein, vielmehr alles, was ist und was

Lotz, *Transzendentale Erfahrung*, Freiburg 1978, bes. Teil 6 und 7. Wer freilich glaubt, daß der »meist unbemerkte Grundbezug des Menschen auf Gott« durch »geduldige und intensive Reflexion auf die Implikationen des Denkens und Wollens« wenigstens »vom aufmerksamen Menschen« erkannt werden könne (Welte, aaO., S. 102), der verwechselt nicht nur die ratio essendi und die ratio cognoscendi, sondern nimmt auch die Sünde epistemisch nicht ernst. Der den Menschen als Person konstituierende transzendente Bezug Gottes auf ihn ist nicht mit einer Grundstruktur menschlicher Erfahrung zu verwechseln. Denn es ist eines, Person zu sein, ein anderes, sich als Person zu erkennen.

4 Das heißt: Sie hat strenggenommen nicht uns, sondern Gott selbst als den in uns wirkenden heiligen Geist zum Subjekt.

sich raumzeitlich identifizieren läßt, nur ist, weil er es sein läßt, das können wir nur aufgrund der im Kreuz Jesu Christi sich konkretisierenden Kunde des Sohnes wissen und sagen.

§ 97 Hic et Nunc, Ubique et Semper

Dieses Verständnis und Selbstverständnis des christlichen Glaubens prägt auch die christliche Behauptung der Existenz Gottes. Wer als Christ Gottes Existenz behauptet, spricht von keinem Konstrukt, keinem abstrakten bzw. idealen Gegenstand, sondern von einem realen Wesen. Er lokalisiert dieses Wesen aber nicht einfach wie einen raumzeitlichen Gegenstand vor, hinter, über oder seitlich von sich und bestimmt seine Beziehung zu ihm auch nicht temporal als Vorzeitigkeit, Nachzeitigkeit oder Gleichzeitigkeit. Denn so gewiß die christologische Erfahrung als Ereignis in Raum und Zeit lokalisiert werden kann, so gewiß wird der im Kreuz als präsent erfahrene Gott dadurch nicht zu einem raumzeitlichen Gegenstand, dessen Beziehungen zum Menschen (und allem übrigen) den Bedingungen von Raum und Zeit unterliegen. Gott ist weder Hier im Gegensatz zu Dort noch Jetzt im Gegensatz zu Damals oder Dann. Ebensowenig aber ist er einfach Hier und Dort und damit überall bzw. Jetzt, Damals und Dann und damit Immer. Denn dann wäre er ein raumzeitlicher Gegenstand, der sich als eine bestimmte Extension bzw. Duration charakterisieren ließe oder doch zumindest eine räumliche bzw. zeitliche Position besäße.[1] Selbst wenn nur letzteres der Fall wäre, müßte Gott relativ zu den verschiedenen Menschen eine (jeweils andere) räumliche und/oder zeitliche Position zugeschrieben werden und damit in einer (unterschiedlichen) zeitlichen und/oder räumlichen Distanz von diesen lokalisiert werden können. Doch Gott ist nicht so auf die Menschen bezogen, daß er in räumlicher oder zeitlicher Entfernung und Distanz von diesen existiert. Und er ist auch nicht so von ihnen unterschieden, daß er zur Wahrung seiner Differenz von ihnen nicht an demselben raumzeitlichen Ort wie diese existieren könnte, da er sonst identisch würde mit ihnen. Wir können Gott daher auch nicht so identifizieren, daß wir ihm einen bestimmten Ort im Raum im Unterschied zu anderen Orten und eine bestimmte zeitliche Position im Unterschied zu anderen zeitlichen Positionen zuschreiben, um ihn so relativ zu uns zu lokalisieren. Die Behauptung von Gottes Existenz, so könnte man allenfalls näherungweise sagen, bedeutet, daß Gott sowohl vorzeitig als auch nachzeitig und gleichzeitig mit dem Sprecher und allen übrigen raumzeitlichen Gegenständen existiert und damit vor ihm (und allem übrigen) da war, mit ihm (und allem übrigen) da ist und nach ihm (und allem übrigen) da sein wird. Oder man müßte sie nach

1 Vgl. dazu die kritische Auseinandersetzung mit Schleiermacher in N. Pike, *God and Timelessness*, London 1970, bes. S. 6ff und S. 167ff.

der Art Luthers dahingehend verstehen, sie behaupte, daß Gott sowohl vor als auch hinter, über, unter und seitlich vom Sprecher und allem übrigen, eben damit aber überall existiere. Doch dies besagt nicht, daß Gott zwar nicht an einem bestimmten Ort im Raum im Unterschied zu anderen, sondern an allen Orten im Raum existiert, und ebensowenig, daß er zwar nicht eine bestimmte zeitliche Position im Unterschied zu andern einnimmt, sondern zu allen Zeiten existiert. Würde Gott nur so immer und überall existieren, dann wäre er ein raumzeitlicher Gegenstand von unendlicher Ausdehnung und endloser Dauer. Er hätte dann nicht nur räumliche Position, sondern auch Extension, und nicht nur zeitliche Position, sondern auch Dauer.[2] Damit aber wäre er selbst raumzeitlich strukturiert, insofern er räumliche und zeitliche Teile besäße: er wäre ein Ereignis, und zwar dasjenige Ereignis, das alle anderen Ereignisse als Momente einschließt. Das aber hieße nicht nur, daß er zu keinem Zeitpunkt und an keinem Ort ganz da wäre, sondern immer nur ein zeitlicher oder räumlicher Teil von ihm, es hieße vielmehr vor allem, daß er von der Welt in dieser Hinsicht nicht mehr unterschieden werden könnte.[3] Er wäre derjenige raumzeitliche Gegenstand, als dessen Teile alle anderen raumzeitlichen Gegenstände bestimmt werden könnten, der eben deshalb aber auch in ontischer Bezogenheit zu allen übrigen raumzeitlichen Gegenständen stünde. Doch wo Gott so verstanden wird, wird er faktisch mit seiner Schöpfung identifiziert. Diese Konsequenz, die im spinozistischen *deus sive natura* ihre prägnante Formel gefunden hat, ist unvermeidbar, wo Gott monistisch im Horizont menschlicher Raumzeitlichkeit zu identifizieren gesucht wird. Denn Gott kann unter den Bedingungen der die Beziehungen zwischen den Geschöpfen strukturierenden raumzeitlichen Verhältnissen nur als Geschöpf oder überhaupt nicht in den Blick kommen. Da er sich aber nicht als ein Geschöpf unter anderen bestimmen läßt, das an einem bestimmten Ort im Gegensatz zu anderen Orten und an einer bestimmten Zeit im Gegensatz zu anderen Zeiten existiert, ohne seiner Göttlichkeit verlustig zu gehen, scheint nur die Alternative zu bestehen, ihn entweder zu leugnen oder mit der Schöpfung als Ganzer zu identifizieren. Doch in beiden Fällen wird abstrakt und nicht konkret über Gott gedacht und von Gott gesprochen. Denn Gott, dessen Existenz die Christen behaupten, ist kein raumzeitlicher Gegenstand – und zwar weder ein raumzeitlicher Gegenstand im Gegensatz zu anderen noch die Totalität aller raumzeitlichen Gegenstände –, zu dem derjenige, der seine Existenz behauptet, trotz aller Wesensverschiedenheit in ontischer Be-

2 Auch wenn man nur einen der beiden Aspekte entwickelt, sind Aporien nicht zu vermeiden. Interpretiert man das Semper z. B. als Gottes gleichzeitige Existenz mit allen Zeitpunkten, dann hätte dies aufgrund der Transitivität von ›gleichzeitig‹ die Folge, daß die Tatsache seiner gleichzeitigen Existenz mit Gestern, Heute und Morgen die Gleichzeitigkeit von Gestern, Heute und Morgen implizierte, so daß Gestern, Heute und Morgen derselbe Tag wäre. Vgl. R. Swinburne, *The Coherence of Theism*, Oxford 1977, S. 220f.

3 Vgl. Rohls, (§ 70 Anm. 2), Kap. 7.

zogenheit stünde und daher auch in zeitlich und/oder räumlich strukturierte ontische Beziehung treten könnte.

§ 98 Raumzeitlichkeit und Sünde

Dieser Sachverhalt ist kein Zeichen individueller Unfähigkeit einzelner Menschen und auch nicht primär Konsequenz der verschiedenen Wesens- bzw. Gegenstandsart von Gott und Mensch. Es ist weder im Wesen noch im Menschsein des Menschen begründet, daß er von sich aus in keine Beziehung zu Gott zu treten vermag. Begründet ist dies vielmehr in der faktischen, durch die *Sünde* bestimmten *Wirklichkeit* seines Menschseins,[1] die dadurch ausgezeichnet ist, daß er in paradoxer Konsequenz der Leugnung seiner Geschöpflichkeit deren ihm (wenn auch nicht als solche) erkennbare Strukturen absolut setzt und als Bedingungen wahrer Wirklichkeit mißversteht. Die Raumzeitlichkeit geschöpflichen Miteinanderseins wird vom Menschen so zum letztgültigen Kriterium allen realen Seins überhaupt verabsolutiert. Gemessen an dieser Konzeption der Wirklichkeit aber gilt uneingeschränkt und »universaliter«: »quidquid vocatur homo, sub peccato«,[2] der wirkliche Mensch ist der sündige Mensch.

Sünder ist der wirkliche Mensch gerade insofern, als er seine Geschöpflichkeit durch Wort und Tat leugnet und seine Bestimmung zur Gottebenbildlichkeit permanent ignoriert. Statt dem ihn unter allen Geschöpfen auszeichnenden Anspruch des Schöpfers auf personale Gemeinschaft mit ihm zu entsprechen, lebt er im Widerspruch nicht nur zu Gott, sondern ebenso zu seiner eigenen Bestimmung als Mensch. Er existiert damit in selbstverschuldeter Unvollkommenheit, die nicht nur sein menschliches Handeln, sondern auch sein menschliches Sein auf die mit seiner sündigen Wirklichkeit gesetzten Möglichkeiten reduziert. Was immer er tut und ist, er ist und tut es *als Sünder*. Nur als solcher kann er dementsprechend auch sich selbst, seine Mitmenschen und alles übrige identifizieren. Denn was immer er identifiziert, er identifiziert es als Sünder und lokalisiert es damit im Horizont seiner durch die Sünde bestimmten Wirklichkeit.

Aufgrund dieser Wirklichkeit des Menschen mit ihrer intrinsischen Vergänglichkeit und Tendenz zum Tod wird aber die Raumzeitlichkeit des Menschen und seiner Welt zum Symptom der fundamentalen Differenz seiner Gegenständlichkeit von derjenigen Gottes pervertiert. Denn der Mensch, der anderes nur (oder wenigstens immer auch) raumzeitlich identifiziert und sich selbst nur (oder wenigstens immer auch) raumzeitlich iden-

1 »Gott wohnt in einem Lichte,/dem keiner nahen kann,/Von seinem Angesichte/trennt uns der Sünde Bann./. . .« – wie Jochen Klepper dies treffend formulierte (*Evangelisches Kirchengesangbuch* Nr. 564).

2 M. Luther, De homine, in: G. Ebeling, *Lutherstudien II. Disputatio de Homine*, 1. Teil, Tübingen 1977, S. 15–24, S. 23 (prop. 34).

tifizieren läßt, der seine raumzeitliche Gegenständlichkeit also zum absoluten Identifikationssystem erhebt, ist immer der Sünder, der *homo reus ac perditus*, in dessen Horizont Gott, der *deus iustificans vel salvator* gerade nicht lokalisiert, sondern allenfalls negativ als nichtvorhanden konstatiert werden kann. Es ist dann aber die Sünde, in welcher die fundamentale Differenz zwischen Gott und Mensch ihren Grund hat. Diese hat die epistemische Blindheit zur Folge, die den Menschen Raum und Zeit als absolutes Identifikationssystem mißverstehen und mißbrauchen läßt. Das aber bedeutet, daß die Raumzeitlichkeit als das Identifikationssystem, dessen sich der sündige Mensch bedient, um sich und anderes identifizierend zu lokalisieren, nicht von sich aus symptomatischer Ausdruck der Differenz zwischen Gott und Mensch ist, »sondern um des willen, der sie unterworfen hat« (Rm 8,20), indem er sich selbst pervertiert und der Nichtigkeit anheimgegeben hat. Es ist der *Gebrauch*, den der Sünder von Raum und Zeit macht, der raumzeitliches Sein die Negation göttlichen Seins zu sein scheinen läßt. Von sich aus und ohne den Sünder ist das Urfaktum der Raumzeitlichkeit jedoch nicht weniger als das der Existenz und der Reflexion hinsichtlich des Verhältnisses von Gott und Mensch indifferent: es stützt als solches weder die Behauptung, daß Gott ist, noch die, daß er nicht ist.

Das aber heißt: *Das theologische Problem von Raum und Zeit besteht nicht in einer metaphysisch-kosmologischen Problematik, sondern in der Frage des menschlichen usus oder abusus dieses geschöpflichen Identifikationssystems*. Ist die Raumzeitlichkeit jedoch nicht secundum se, sondern propter nos Ausdruck der Differenz zwischen Gott und Mensch, dann muß sie es nicht notwendig, ausschließlich und unabänderlich sein. Ob sie es ist, ist dann vielmehr abhängig von unserem Sündersein und dem verabsolutierenden Gebrauch, den wir als Sünder von diesem Identifikationssystem machen. Mit der Aufhebung unseres Sünderseins und der Unterlassung der falschen Verabsolutierung der Raumzeitlichkeit müßte diese den Charakter eines symptomatischen Ausdrucks der unüberwindlichen Differenz zwischen Gott und Mensch verlieren. Daß dies tatsächlich der Fall ist, belegt die christliche Grunderfahrung. Indem in ihr Jesus von Menschen unter den Bedingungen von Raum und Zeit als die an sie gerichtete Anrede Gottes erfahren wird, werden Raum und Zeit zum Horizont, in welcher es zur *Begegnung* Gottes mit dem (sündigen) Menschen kommt und infolge der christlichen Verkündigung immer wieder kommen kann.[3] Doch so wenig Raum und Zeit selbst die Differenz von Gott und Mensch begründen, so wenig werden sie von sich aus zum Horizont dieser Begegnung. Das werden sie allein dadurch, daß Gott sich in Jesus Christus den sündigen Menschen unter den geschöpflichen Bedingungen von Raum und Zeit so zur Erfahrung bringt, daß sie schon hier und jetzt als wahre Menschen zu leben beginnen.

3 »... space and time provide the rational medium within which God makes Himself present and known to us«. T. F. Torrance, *Space, Time and Incarnation*, London 1969, S. 24.

Denn im Bezug auf Jesus Christus kommen sie im Horizont der Gegenständlichkeit Gottes zu stehen und transzendieren so die Wirklichkeit bloß und ausschließlich raumzeitlicher Gegenständlichkeit in präziser Weise.

Als Gegenstände, die in der Gegenständlichkeit Gottes lokalisiert sind, stehen sie im Horizont eines potenteren Identifikationssystems als dem von Raum und Zeit. Potenter ist dieses, weil in ihm zwar Gegenstände, die sich raumzeitlich identifizieren lassen, lokalisiert werden können, nicht in jedem Fall jedoch auch das Umgekehrte gilt. Der scheinbar selbstverständliche Absolutheitsanspruch von Raum und Zeit, das umfassendste Identifikationssystem zu sein, insofern sich jeder von Menschen identifizierbare reale Gegenstand auch raumzeitlich identifizieren läßt, wird im Horizont der Gegenständlichkeit Gottes dann aber in doppelter Weise relativiert: Zum einen erweist jenes sich als Identifikationssystem des sündigen Menschen (gen. subj. *und* gen. obj.) und damit des seine Geschöpflichkeit verkennenden und leugnenden Geschöpfs. Zum andern aber erweist es sich als solches erst im Horizont der Gegenständlichkeit Gottes, von dem her der in Raum und Zeit lokalisierbare und in Raum und Zeit lokalisierende Mensch überhaupt erst als *Geschöpf* und als *Sünder* bestimmt werden kann. Nur in dieser operationalen Bezogenheit auf das sündige Geschöpf einerseits und in der damit gesetzten eschatologischen Bezogenheit auf Gott und dessen Gegenständlichkeit andererseits wird die Raumzeitlichkeit des Menschen und seiner faktischen Wirklichkeit theologisch adäquat in den Blick gefaßt.

§ 99 Die Gemeinschaft zwischen Gott und Mensch

Die in der Sünde begründete epistemische Blindheit verkehrt, wie sich am Problem der Raumzeitlichkeit symptomatisch manifestiert, den fundamentalen Unterschied zwischen Gott und Mensch zur Trennung und Geschiedenheit beider. Doch diese sündige Geschiedenheit, die Gott nicht einmal als realen Gegenstand zu bestimmen erlaubt, ist dem christlichen Glauben zufolge durch die fundamentalere *Gemeinschaft* überlagert, die zur Behauptung der Existenz Gottes überhaupt erst berechtigten Anlaß gibt. Denn diese Behauptung stellt ja nicht das Bestehen irgendeiner ontischen Beziehung oder ontischen Bezogenheit fest, sondern einer ontologischen Relation zwischen Gott und dem Sprecher. Der ontischen Beziehungslosigkeit zwischen Gott und Mensch wird so ihre ontologische Bezogenheit, damit aber auch das Vorliegen einer ihnen gemeinsamen *nichtontischen Gegenständlichkeit* entgegengestellt, ohne daß dadurch die Differenz zwischen dem Menschsein des Menschen und dem Gottsein Gottes geleugnet würde. Die Behauptung ontologischer Bezogenheit hebt weder den Unterschied ihrer Wesensart auf, so daß zwischen Gott und Mensch nicht mehr sachlich unterschieden werden könnte, weil eine Vergöttlichung des Menschen oder eine Vermenschlichung Gottes unterstellt würde,[1] noch wird ihre im Problem der Raumzeitlichkeit sich verdichtende Differenz dadurch in irgendeiner Weise rückgängig gemacht. Gerade deshalb aber ergeben sich Schwierigkeiten. Denn wie kann einerseits an der Differenz ihrer Gegenständlichkeit und Wesensart festgehalten werden, andererseits aber ihre ontologische Bezogenheit behauptet und damit eine ihnen gemeinsame nichtontische Gegenständlichkeit unterstellt werden? Läuft das nicht auf eine Verdoppelung der Gegenständlichkeit zumindest des Menschen hinaus? Wie aber sollte das als möglich und nicht nur als eklatanter Widerspruch einsichtig zu machen sein? Und mit welchem Recht könnte so etwas überhaupt behauptet werden?

Die in diesen Fragen sich andeutende Problematik unterstreicht in aller Schärfe die Ungeschütztheit der christlichen Behauptung der Existenz Gottes. Denn in der menschlichen Erfahrung manifestiert sich zwar die ontische Beziehungslosigkeit zwischen Gott und Mensch sichtbar darin, daß Gott unsichtbar und verborgen ist und in Raum und Zeit nicht lokalisiert werden kann. Das Bestehen einer ontologischen Beziehung zu ihm und damit eines gemeinsamen Identifikationssystems für Mensch und Gott hingegen ist unter den Bedingungen von Raum und Zeit nicht manifest zu machen, sondern kann nur behauptet werden. Mit der Behauptung der Existenz Gottes setzt der christliche Glaube daher gegen das offfensichtliche ontische Nichtvorhandensein Gottes nicht etwa dessen trotz allem unbestreibares, sondern eben dessen höchst bestreitbares und nur dezidiert *assertorisch* vertretbares nichtontisches Vorhandensein. Die der raumzeitlichen Nichtlokalisierbarkeit Gottes entgegengestellte ontologische Bezogenheit zu verstehen, heißt daher zunächst und vor allem, die christliche *Behauptung* dieser Bezogenheit zu verstehen.

§ 100 Gottes nichtontische Gegenständlichkeit

Nun ist allerdings nichts allein schon deshalb wahr, weil es – und sei es noch so dezidiert – behauptet wird.[1] Wahr ist es erst, wenn das, was behauptet

1 Daß zwischen Gegenständlichkeit und Gegenstandsart nicht scharf unterschieden wird, verleiht der Rede von der Vergöttlichung des Menschen in der griechisch-byzantinischen Theologie ihre gefährliche Ambivalenz. Vgl. D. Wendebourg, *Geist oder Energie. Zur Frage der Verankerung des christlichen Lebens in der byzantinischen Theologie*, München 1980. Denn wird damit eine Angleichung der Wesensarten (Gegenstandsarten) propagiert, bedeutet dies die Aufhebung der Differenz zwischen Schöpfer und Geschöpf. Wird damit dagegen die Existenz des Menschen im Horizont der Gegenständlichkeit Gottes gemeint, dann artikuliert diese Formel den unbestreitbar richtigen Gedanken, daß der Mensch sein *Menschsein* (und nicht irgendein Gottsein!) erst in der Beziehung zu und Gemeinschaft mit Gott und damit in dessen Horizont zu vollkommener Entfaltung zu bringen vermag.

1 Vgl. F. Nietzsche, *Menschliches, Allzumenschliches, Erster Band, Nietzsches Werke*, hg. v. G. Colli/M. Montinari, 4. Abt., 2. Bd., Berlin 1967, S. 32.

wird, auch tatsächlich der Fall ist. Der Fall aber ist das Bestehen einer ontologischen Relation nur dann, wenn beide Relate existieren. Bei dem, der Gottes Existenz behauptet, steht dies außer Frage, denn sonst gäbe es keine derartige Behauptung. Die Existenz Gottes hingegen wird nichts als behauptet, ohne daß die Wahrheit dieser Behauptung selbstverständlich auf der Hand läge oder ohne weiteres verifiziert und einsichtig gemacht werden könnte. Das muß freilich keineswegs ausschließen, daß sie trotz ihrer raumzeitlichen Nichtverifizierbarkeit nicht doch wahr sein könnte, selbst wenn man das unter den Bedingungen von Raum und Zeit nicht zu erkennen und aufzuweisen vermag. Zur Rechtfertigung dieser Ansicht genügt es aber nicht, sich nur auf die Unmöglichkeit zu berufen, universelle singuläre Existenzbehauptungen über einem unendlichen Gegenstandsbereich zu falsifizieren.[2] Denn nicht nur die Falsifizierbarkeit, sondern gerade auch die Verifizierbarkeit dieser Behauptung wird prinzipiell bestritten, wenn man die strikte Differenz zwischen unserer ontischen und Gottes nichtontischer Gegenständlichkeit in Rechnung stellt. Ist die Behauptung der Existenz Gottes jedoch aufgrund ihrer logischen Struktur von uns prinzipiell nicht falsifizierbar, aufgrund der nichtontischen Gegenständlichkeit Gottes von uns aber auch prinzipiell nicht verifizierbar, dann erhebt sie nur dann einen ernsthaften Wahrheitsanspruch, wenn sich Gottes Gegenständlichkeit im Horizont von Raum und Zeit wenigstens als Möglichkeit einsichtig machen läßt. Denn nur dadurch kann einleuchtend werden, daß seine nichtontische Gegenständlichkeit nicht einfach keine ist und er damit nicht nur nicht ist, sondern überhaupt nicht sein kann.

Das kann freilich nicht so geschehen, daß man die nichtontische Gegenständlichkeit Gottes als ontische Möglichkeit darzustellen sucht. Ganz abgesehen von der Inkohärenz eines solchen Versuchs würde damit gerade unterschlagen, daß Gott sich prinzipiell in einem Koordinatensystem von Raum und Zeit nicht orten läßt. Nicht Gottes ontische Möglichkeit, sondern die Möglichkeit seiner nichtontischen Gegenständlichkeit angesichts seiner Nichtlozierbarkeit in der ontischen Wirklichkeit gilt es zu erweisen. Die aber gilt es unter den Bedingungen von Raum und Zeit zu erweisen. Das jedoch heißt auf jeden Fall, daß das Verhältnis zwischen seiner nichtontischen Gegenständlichkeit und der ontischen Gegenständlichkeit des Menschen nicht als totale Alternative gedacht werden kann. Das kann sie

2 Daß »eine unbewiesene Existenzbehauptung immerhin prinzipiell nicht widerlegbar ist« betont H. Lübbe, (§ 37 Anm. 3), S. 182 wenigstens im Fall universaler singulärer Existenzbehauptungen zu Recht. Fragwürdig ist freilich seine Folgerung: »denn die Verpflichtungen, die mit dem Behaupten üblicherweise verbunden sind, verlangen doch, in einem solchen Fall zunächst einmal das Behaupten zu unterlassen«. Gründe für das Behaupten zu haben, ist eben nicht gleichbedeutend damit, Gründe für die Wahrheit des Behaupteten zu haben. Infolgedessen kann man das Nichtunterlassen des Behauptens gerade auch dann mit guten Gründen rechtfertigen, wenn man zur Begründung der Wahrheit (oder Falschheit) der Behauptung keine oder nur unzureichende Gründe anzuführen vermag.

schon deshalb nicht, weil Gott, wie der christliche Glaube behauptet, von Menschen unter den Bedingungen von Raum und Zeit erfahren wurde, ohne daß dadurch die Differenz zwischen den Gegenständlichkeiten Gottes und der Menschen einfach aufgehoben und nivelliert worden wäre. Besteht dieser Anspruch zu Recht, dann muß Gottes nichtontische Gegenständlichkeit vielmehr von der Art sein, daß dieser sich als Gegenstand dieser Gegenständlichkeit unter den Bedingungen von Raum und Zeit in Erfahrung zu bringen vermag. Seine Gegenständlichkeit konkurriert dann aber so mit der des Menschen, daß sie das Identifikationssystem von Raum und Zeit nicht einfach negiert, sondern sich so von ihm unterscheidet, daß dieses zwar unter ihren, sie aber nicht unter seinen Bedingungen thematisierbar und bestimmbar ist. Raumzeitliche Gegenstände können daher in ihrem Horizont, Gegenstände ihrer Gegenständlichkeit aber nicht zwangsläufig auch im Horizont von Raum und Zeit lokalisiert werden. Aufgrund dieses unumkehrbaren Verhältnisses, das raumzeitliche Gegenstände und ihre Beziehungen in einem komplexeren System integriert sein läßt, das selbst nicht und in keiner Weise als Teilsystem ontischer Gegenstände bestimmt werden kann, besitzt sie sachlich eine prinzipielle Priorität sowohl gegenüber der ontischen Wirklichkeit als auch gegenüber aller von dieser her bestimmten Möglichkeit.

Auf diesen Charakter der nichtontischen Gegenständlichkeit Gottes hebt die Theologie ab, wenn sie Gottes Existenz als *eschatologischen* Sachverhalt bezeichnet und expliziert (vgl. § 156ff und § 191). Eschatologische Sachverhalte können ontisch nicht verifiziert werden. Sie lassen sich aber mittels der die Faktizität von Raum und Zeit unter den Bedingungen von Raum und Zeit präzis transzendierenden *Sprache* als möglich propagieren. Allerdings nicht als ontische Möglichkeiten im Gegensatz zu dem, was ontisch wirklich ist, so daß sie als nicht-wirklich bzw. als noch-nicht-wirklich charakterisiert werden müßten, sondern als Potentialität der Art, daß durch ihre Potenz alles unter den Bedingungen ontischer Gegenständlichkeit stehende Wirkliche und Mögliche überhaupt erst konstituiert ist.[3]

Gottes Existenz in diesem Sinn als eschatologischen Sachverhalt sprachlich zu prapagieren, ist freilich nur dann ein nicht nur idiosynkratisches Unterfangen, wenn man Gründe zum Aufstellen dieser Behauptung hat. Der christliche Glaube beansprucht, solche Gründe zu besitzen. Das Bestehen einer ontologischen Relation zwischen Gott und Mensch ist für ihn daher ein Sachverhalt, der einerseits nur assertorisch als ganz bestimmte, nämlich

3 Sie sind also nicht nur kontrafaktische, sondern – so könnte man sagen – auch kontrapossible Möglichkeiten. Kontrafaktische Möglichkeiten wären, wenn sie realisiert würden, Fakten in Raum und Zeit. Ihre Möglichkeit ist daher von der faktisch wirklichen raumzeitlichen Welt her gedacht. Kontrapossible Möglichkeiten hingegen sind nicht etwa unmöglich im Sinne der logischen Widersprüchlichkeit, sondern solche, deren Realisierung *nicht in raumzeitlichen Fakten resultierte*, sondern in einer gegenüber der faktischen Welt und ihren Möglichkeiten potenteren Wirklichkeit: der Wirklichkeit, zu der Gott selbst konstitutiv hinzugehört.

eschatologische Möglichkeit konstatiert werden kann, andererseits so aber durchaus und mit guten Gründen zu konstatieren ist.

§ 101 Die christliche Grunderfahrung

Auf welche Gründe kann man sich berufen, um unter den Bedingungen von Raum und Zeit gegen allen Augenschein Gottes Existenz und damit das Bestehen einer ontologischen Relation zwischen ihm und sich selbst bzw. allem anderen zu behaupten? Der christliche Glaube verweist dazu auf die spezifische Erfahrung und das in ihr erfahrene Geschehen, dem er sich selbst verdankt. Spezifisch ist diese nicht als besondere Erfahrung im Gegensatz zu allem, was unter den allgemeinen Bedingungen von Erfahrung überhaupt steht, sondern als *Erfahrung von etwas ganz Besonderem* im Kontext und unter den Bedingungen der allgemeinen Erfahrung. Sie ereignete und ereignet sich nicht jenseits, sondern durchaus innerhalb der Bedingungen eines allgemeinen Erfahrungsbegriffs, freilich gerade so, daß das dabei Erfahrene den Allgemeinheitsanspruch der Bedingungen des Erfahrungsbegriffs, unter denen es erfahren wird, eschatologisch beschränkt, indem es diese auf eine Dimension hin durchbricht, die nicht einfach irgendwie und irgendwo, sondern in einer ganz bestimmten Richtung jenseits derselben liegt und in diesem (und nur diesem) präzisen Sinn *transzendent* genannt zu werden verdient.

Formelhaft zusammengedrängt besteht diese die Bedingungen ihrer eigenen Erfahrung präzis transzendierende Erfahrung darin, daß – wie der christliche Glaube bekennend behauptet – seit Pfingsten[1] immer wieder Menschen Jesus von Nazareth als die Anrede Gottes an sich erfahren (haben). Durch diese Anrede erkennen sie, daß sie Gottes Gericht verfallen sind, weil diese sie ihrer Sünde, d. h. der Leugnung ihrer Geschöpflichkeit und Bestimmung zur Gottebenbildlichkeit überführt und ihnen damit die unentschuldbare und von ihnen nicht wieder gut zu machende Perversion ihres faktischen Menschseins bewußt macht.[2] Durch diese Anrede erfahren sie aber auch, daß Gott sie aus diesem Gericht erretten will, indem durch ihn selbst wahres Menschsein in Jesus Christus realisiert wurde und damit die Möglichkeit eröffnet ist, im Bezug auf Jesus Christus schon jetzt unter den Bedingungen von Raum und Zeit zu einem menschlichen Leben in Gemeinschaft mit Gott befreit zu werden. Durch diese Erfahrung realisieren sie mit Gottes Schöpfersein auch ihre eigene Geschöpflichkeit, damit zugleich aber auch die schuldhafte Mißachtung ihres Geschöpfseins und Gottes Schöpferseins in ihrer bisherigen Existenz und die ihnen in Jesus Chri-

1 Pfingsten markiert exemplarisch den Punkt, an dem es zum Übergang von der Verkündigung Jesu (gen. subj.) zur Verkündigung Jesu Christi (gen. obj.) kommt.
2. Vgl. Jüngel/Dalferth, (§ 33 Anm. 1), S. 65ff.71ff.

stus gebotene Möglichkeit, als Geschöpfe in der Gemeinschaft mit dem Schöpfer zu leben, der sich von seiner Liebe zu ihnen auch durch ihren Widerspruch nicht abbringen läßt.

§ 102 Gott und Mensch im Lichte dieser Grunderfahrung

Die Berufung auf diese Erfahrung ist theologisch und hermeneutisch von nicht zu unterschätzender Bedeutung, auch und gerade für die Explikation der Behauptung von Gottes Existenz. Denn soll diese Erfahrung leisten, was von ihr erwartet wird, dann muß sie nicht nur die im Problem der Raumzeitlichkeit sich kristallisierende *ontische Differenz* zwischen Gott und Mensch gewährleisten, sondern zugleich auch die mit der Behauptung ihrer ontologischen Bezogenheit unterstellte *nichtontische Gemeinsamkeit* zum Ausdruck bringen. Doch wie kann man einerseits behaupten, Gott erfahren zu haben, andererseits daran festhalten, daß er raumzeitlich nicht individuiert und individuierbar ist?

Konsistent läßt sich das zusammen nur vertreten, wenn man sowohl im Blick auf Gott als auch im Blick auf den Menschen eine Differenz denkt, die es erlaubt, Gott menschlich und den Menschen göttlich und damit ohne Aufhebung oder Relativierung ihrer Wesensdifferenz beide im Horizont der Gegenständlichkeit des jeweils anderen zu identifizieren. Berücksichtigt man darüber hinaus sowohl die ontologische Relation zwischen Gott und Mensch, die mit der christlichen Behauptung der Existenz Gottes unterstellt wird, als auch die von der Erfahrung bestätigte raumzeitliche Unaufweisbarkeit Gottes, dann muß diese doppelte Differenz in der christlichen Grunderfahrung in zweifacher Weise zur Geltung kommen. Einerseits muß Gott unter den Bedingungen von Raum und Zeit zwar identifiziert, dadurch aber gerade nicht in Raum und Zeit lokalisiert werden können. Andererseits muß der Mensch sich nicht nur raumzeitlich, sondern auch im Horizont der Gegenständlichkeit Gottes lokalisierbar erweisen. Nun ist ein Gegenstand in Raum und Zeit *lokalisierbar*, wenn er in ontischen Relationen zu raumzeitlichen Gegenständen steht bzw. stehen kann. Aber auch Gegenstände, die nicht so lokalisierbar sind, können unter den Bedingungen von Raum und Zeit *identifiziert* werden, wenn sie auf unverwechselbare Weise auf einen raumzeitlichen Gegenstand bezogen sind, den wir im Horizont unserer raumzeitlichen Gegenständlichkeit lokalisieren können. Das gilt nicht nur für abstrakte und ideale Gegenstände, sondern auch für reale nichtontische Gegenstände wie Gott. Die Identifizierbarkeit eines Gegenstands darf nicht mit der Möglichkeit seiner raumzeitlichen Lokalisierbarkeit verwechselt werden, da nicht nur raumzeitliche Gegenstände identifizierbar sind und auch raumzeitliche Gegenstände nicht nur im Horizont raumzeitlicher Gegenständlichkeit identifiziert werden können.

Die ontische Differenz von Gott und Mensch einerseits und ihre nichtontische Gemeinsamkeit andererseits werden durch die christliche Grunderfahrung daher genau dann gewährleistet, wenn diese sowohl Gottes Identifizierbarkeit (nicht Lokalisierbarkeit) unter den Bedingungen von Raum und Zeit als auch des Menschen nicht nur ontische, sondern auch nichtontische Lokalisierung einsichtig macht. Von Gott könnte dann christlich mit gutem Grund geredet werden, weil er trotz seiner raumzeitlichen Nichtlokalisierbarkeit nicht unidentifizierbar wäre, sondern von uns als raumzeitlichen Wesen gerade im Bezug auf diese Erfahrung, und zwar nur im Bezug auf diese Erfahrung und nicht anders, identifiziert werden könnte. Und trotz seiner raumzeitlichen und damit fundamentalen Differenz von Gott hätte der Mensch als Gegenstand im Horizont der Gegenständlichkeit Gottes ein Identifikationssystem mit diesem gemein, das die Behauptung einer ontologischen Bezogenheit zwischen ihnen nicht widersprüchlich sein ließe.

§ 103 Homo reus et Deus iustificans

Daß eben dies der Fall ist, behauptet der christliche Glaube, wenn er einerseits die raumzeitliche Zugänglichkeit und Erfahrbarkeit Gottes in Jesus Christus, andererseits die mehr als raumzeitliche, Gott entsprechende Weise des Menschseins bekennt, wie sie von Jesus Christus präfiguriert ist und von den Christen im Bezug auf Jesus Christus realisiert wird. Seine Behauptung der Existenz Gottes hat daher sowohl im Blick auf Gott als auch im Blick auf den Menschen und damit sowohl *theologische* als auch *anthropologische* Implikationen. Luther hat diese theologisch auf den Begriff gebracht, indem er Mensch und Gott prägnant als »homo reus et perditus et deus iustificans vel salvator« charakterisierte.[1]

Das ist keine beiläufige Charakterisierung, sondern hat prinzipielle Bedeutung sowohl für den christlichen Begriff Gottes als auch für den christlichen Begriff des Menschen. Denn *Gott* muß dann als ein Wesen bestimmt werden, von dem, wenn es existiert, gilt, daß es seine Wesensart zwar nicht im Horizont der Gegenständlichkeit von Raum und Zeit individuiert und daher nicht als Gegenstand in Raum und Zeit lokalisiert werden kann, dennoch aber vom Menschen als einem raumzeitlichen Wesen unter den Bedingungen von Raum und Zeit im Bezug auf Jesus Christus erfahren wird und unter Bezugnahme auf diese Erfahrung identifiziert werden kann. Und der *Mensch* muß als ein Wesen bestimmt werden, von dem, wenn es existiert, gilt, daß es seine Wesensart zwar im Horizont der Gegenständlichkeit von Raum und Zeit individuiert und damit als Gegenstand in Raum

1 WA 40/2, 328, 1f. Damit ist keineswegs einer anthropologischen Engführung der Theologie das Wort geredet. Denn anthropologische Implikationen schließen hier kosmologische Implikationen durchaus ein, insofern unter diesem Titel alles zu verhandeln ist, was im Horizont der ontischen Gegenständlichkeit des Menschen in den Blick kommt.

und Zeit lokalisierbar ist, dennoch aber auch jenseits von Raum und Zeit ist bzw. sein kann, und zwar nicht irgendwie, sondern in der präzisen Weise, daß es Gegenstand der Bezugnahme Gottes in Jesus Christus ist und eben dadurch als Mensch nicht ontisch, sondern eschatologisch individuiert wird. Beides steht und fällt damit, daß es mit *Jesus Christus* tatsächlich einen Gegenstand im Horizont der Raumzeitlichkeit des Menschen gibt, zu dem dieser in ontischer Bezogenheit steht und damit prinzipiell auch in ontische Beziehungen treten kann und in Bezug auf den er in nichtontische (eschatologische) Beziehung zu Gott kommt. Jesus als Christus erfahren hieße dann, trotz der fundamentalen Differenz zwischen Mensch und Gott eben als Mensch in Jesus Gott zu erfahren, weil Gott seine nichtontische Gegenständlichkeit in Jesus Christus eschatologisch zur ontischen Gegenständlichkeit des Menschen vermittelt und sich so, ohne raumzeitlich individuiert zu werden, unter den Bedingungen von Raum und Zeit zur Erfahrung bringt. Es hieße aber auch, daß der Mensch in der Erfahrung Jesu als des Christus in den Horizont der Gegenständlichkeit Gottes kommt und damit als ein Wesen doppelter Gegenständlichkeit ausgezeichnet würde, da er nicht nur im System von Raum und Zeit, sondern ebenso im eschatologischen Zusammenhang mit Gott und damit im Horizont von dessen Gegenständlichkeit lokalisiert werden könnte.

§ 104 Gott

Nur aufgrund ihres christologischen Charakters und ihrer damit verbundenen theologischen und anthropologischen Implikationen vermag die Erfahrung, auf die sich der christliche Glaube beruft, die Behauptung der Existenz Gottes zu rechtfertigen.[1] Sie allein entscheidet darüber, *wer* Gott ist, *was* ihn als Gott auszeichnet und *wie* er sein Wesen realisiert und sich dementsprechend identifizieren läßt. Ausschließlich an ihr hat sich deshalb auch die Theologie zu orientieren, wenn sie den Gegenstand christlicher Rede von Gott (§§ 108–117) sowie dessen Gegenstandsart (§§ 118–126) und Gegenständlichkeit (§§ 127–131) zu rekonstruieren sucht.

Das Erste, was von dieser Erfahrung demnach zu erwarten ist, ist die *Identifizierung Gottes* unter den Bedingungen von Raum und Zeit, ohne daß dieser als Gegenstand in Raum und Zeit lokalisiert würde. *Wer* also ist dieser Gott, von dem der christliche Glaube redet und dessen Existenz er bekennt?

Es gehört zur Eigenart der christlichen Grunderfahrung, daß sie darauf eine in sich differenzierte Antwort zu geben nötigt. Die Nötigung zu dieser Differenzierung und deren Art resultiert gleichermaßen aus der eigentümlich dreipoligen Kommunikationsstruktur der Situation, in welcher diese

1 Nicht zu begründen! Vgl. Dalferth, (§ 2 Anm. 2), S. 507ff.

Erfahrung sich ereignet. Indem Menschen Jesus als die ihnen geltende Anrede Gottes erfahren, die ihnen unmißverständlich über ihre eigene Geschöpflichkeit und über Gottes Schöpfersein Klarheit verschafft, lernen sie Gott als *Gott den Vater* kennen und bekennen, der sie in Jesus Christus richtend und rettend anredet, zugleich aber auch als *Gott den Sohn*, der sich ihnen im Sein Jesu Christi anredend zur Darstellung und Erfahrung bringt, und als *Gott den heiligen Geist*, der sie sowohl (a) Jesus als Gottes Anrede an sie als auch (b) das Subjekt dieser Anrede als Gott und schließlich (c) Gottes Anrede an sie und den sie anredenden Gott als den mit ihm selbst identischen Gott den Schöpfer, Versöhner und Erlöser erfahren läßt. Nur weil sich Gott nicht anders zur Erfahrung bringt als *zugleich als Vater* (der uns anredet), *als Sohn* (der die Anrede des Vaters an uns ist) und *als Geist* (der uns den Sohn als Anrede des Vaters an uns, den Vater als uns im Sohn Anredenden und sich selbst als mit dieser Anrede und mit diesem Anredenden identischen Gott erkennen läßt, indem er uns diese Anrede als Sohn des Vaters, diesen Anredenden als Vater des Sohnes und sich selbst als denjenigen identifizierbar macht, der den Sohn, den Vater und sich selbst als denselben Gott nicht nur zu identifizieren erlaubt, sondern zu identifizieren nötigt) – nur weil sich Gott nur so zur Erfahrung bringt, kann er unter den Bedingungen von Raum und Zeit überhaupt *als Gott* von uns erfahren und identifiziert werden. Allein aus diesem Grund wird Jesus von Menschen immer wieder als Anrede *Gottes* (und nicht irgendwie sonst) erfahren, wird gerade *Jesus* (und nicht irgendjemand anderes) so erfahren und wird er tatsächlich so *erfahren* (und nicht nur zu erfahren geglaubt).[2] Und weil Gott als Gott immer nur zugleich als Vater, Sohn und Geist und niemals als Vater oder als Sohn oder als Geist zur Erfahrung kommt, läßt er sich unter den Bedingungen von Raum und Zeit von uns nicht wie ein raumzeitlicher Gegenstand durch raumzeitliche Ortung, sondern nur aufgrund der raumzeitlich lokalisierbaren Erfahrung von ihm und deren eigentümlicher Kommunikationsstruktur als Gott identifizieren.

§ 105 Gotteserfahrung und Sprache

Wird Gott aber ontisch nicht durch raumzeitliche Lokalisierung, sondern nur unter Rekurs auf eine spezifische (menschliche) *Erfahrung* identifizierbar, dann ist er unter den Bedingungen von Raum und Zeit nur *sprachlich* als vorhanden einsichtig zu machen. Denn zum einen ist es allein sprachlich (im umfassenden Sinn aller der Sprache entsprechenden semiotischen Systeme) möglich, unter den Bedingungen von Raum und Zeit Gegenstände zu identifizieren, die sich deiktisch nicht identifizieren lassen, weil sie abwe-

2 Etwas ist *erfahren* dann und nur dann, wenn aus ›a erfährt, daß p‹ folgt: ›p ist wahr‹.

send sind oder weil es sich um bloße Möglichkeiten, Konstrukte, abstrakte oder ideale Gegenstände handelt. A fortiori lassen sich daher auch nur mittels der Sprache eschatologische Gegenstände wie Gott thematisieren, die nicht nur faktisch, sondern prinzipiell keine ontisch individuierten oder individuierbaren Gegenstände sind. Zum andern aber sind Erfahrungen Sachverhalte, die nicht unabhängig vom jeweiligen Erfahrungssubjekt bestehen und daher nicht für alle in derselben Weise zugänglich sind. Sie sind an die Existenz von Erfahrungssubjekten gebunden und müssen von diesen zur Sprache gebracht werden, um intersubjektiv kommunikabel und vermittelbar zu werden. Diskutierbare Daten werden sie erst aufgrund sprachlicher Artikulation. Das gilt auch für die christliche Grunderfahrung. Erst in der Sprache manifestiert diese ihre für alle gültige und alle angehenden Wahrheit. Denn obgleich sie immer nur als Bekenntnis der sprachlichen Gestalt ›Ich habe Jesus als Anrede Gottes an mich erfahren‹ zur Sprache kommt, erhebt sie damit keinen bloß subjektiven, sondern einen höchst universalen Wahrheitsanspruch. Umfaßt doch das hier sprechende Ich tendenziell jeden, der Ich zu sagen vermag und ist damit intrinsisch auf eine universale Wir-Homologie ausgerichtet. Diese hat nicht den Charakter einer Generalisierung, in welcher von der Konkretheit der christlichen Grunderfahrung und ihrer jeweils unverwechselbar individuellen Artikulation zugunsten einer abstrakten Allgemeinheit des Artikulierten abgesehen würde. Sie ist vielmehr die Universalisierung der konkreten Einzelerfahrungen, durch die jede von ihnen als das Ganze zur Geltung kommt und als solches seinen unverzichtbaren und unverwechselbaren Beitrag zum vielstimmigen Unisono des kirchlichen *Credimus* leistet.

Die christliche Grunderfahrung manifestiert sich so als ein und dieselbe immer schon in einer schier unübersehbaren Mannigfaltigkeit von Artikulationen, da sie sich nicht auf nur eine Weise zur Sprache bringen läßt. Adäquat jedoch wird sie auf jeden Fall nur dann zur Sprache gebracht, wenn von dem in ihr erfahrenen eschatologischen Gegenstand Gott genau so geredet wird, wie dieser sich anredend zur Erfahrung bringt, wenn er also von vornherein als Gott Vater, Sohn und heiliger Geist artikuliert wird. Das unumgänglich diskursive Nacheinander der Rede von Gott Vater, Sohn und heiligem Geist darf dabei nicht darüber hinwegtäuschen, daß dadurch ein ursprüngliches, kommunikativ strukturiertes und damit in sich zwar differenziertes, aber weder auf einen einzigen Kommunikationspol noch auf eine bloße Sukzession solcher Pole reduzierbares Beieinander artikuliert wird. Handelt es sich doch weder um eine dreifache noch um eine dreimalige Erfahrung Gottes, sondern um die eine Erfahrung des sich *zugleich dreifach* zur Erfahrung bringenden Gottes, der nur, weil er sich so zur Erfahrung bringt, überhaupt erfahren wird.

Durch die christliche Grunderfahrung ist Gott als der *dreifach* individuierte *eine* Bezugsgegenstand christlicher Rede festgelegt. Zugleich ist damit aber auch der Ort benannt, an dem alles Wissen um das Wesen des in christlicher Rede intendierten Gottes seinen Ursprung und seinen Prüfstein hat.[1] Ein intersubjektiv identifizierbares Wesen im Horizont menschlicher Raumzeitlichkeit ist der so erfahrene Gott aber nur aufgrund seiner sprachlichen Artikulation in Gebet, Bekenntnis und Verkündigung.

§ 106 Die christologische Identifizierbarkeit Gottes

Erfüllt diese Identifizierbarkeit die in § 100 an sie gestellten Bedingungen? Als trinitarisch individuiertes Subjekt der in Jesus erfahrenen Anrede ist Gott im menschlichen Erfahrungshorizont von Raum und Zeit zwar selbst nicht lokalisierbar, wohl aber das ihn dreifach zur Erfahrung bringende Anredeereignis, so daß er trotz seiner ontischen Nichtlokalisierbarkeit in präzisem Sinn nicht nichts ist, sondern dialektisch durch Verborgenheit *und* Erfahrbarkeit[1] charakterisiert werden muß. Da er im Ereignis dieser Anredeerfahrung als Redesubjekt zwar verborgen ist, als Anredender aber erfahren wird, weil er sich selbst so zur Erfahrung bringt, indem er Menschen Jesus als die an sie gerichtete Anrede Gottes erfahren läßt, macht ihn eben dieses Ereignis für uns identifizierbar – unmittelbar, sofern wir selbst diese Erfahrung machen, mittelbar, sofern wir auf diese Erfahrung anderer aufgrund ihrer sprachlichen Artikulation Bezug zu nehmen vermögen.[2] Denn Jesus von Nazareth und seine Erfahrung als Anrede Gottes sind raumzeitlich durchaus lokalisierbare Ereignisse, so daß wir Gott zwar nicht direkt, aber indirekt über den raumzeitlich lokalisierbaren Jesus von Nazareth bzw. genauer: über das so lokalisierbare *Ereignis der Erfahrung Jesu als der Anrede Gott* zu identifizieren vermögen: Gott ist genau deshalb ein Gegenstand, weil wir ihn *christologisch vergegenständlichen*.

Als *persona loquens in Christo*, die sich in Jesus anredend zu Erfahrung bringt und vom Menschen als solche erfahren läßt, ist der in christlicher Rede thematisierte Gott daher trotz seiner fundamentalen Differenz von den Menschen von uns identifizierbar, wenn auch nicht ohne Bezugnahme *sowohl* auf Jesus von Nazareth *als auch* auf die Menschen, die Jesus als Anrede Gottes an sich erfahren (haben). Denn diese theologisch nur trinitarisch angemessen entfaltbare Erfahrung erlaubt, (a) ihn nicht nur von allen raumzeitlichen Gegenständen zu unterscheiden, ohne ihn in der Unbe-

1 Ich habe dies genauer ausgeführt in (§ 2 Anm. 2), S. 700.

1 Obgleich Gott die ontische Nichtlokalisierbarkeit mit fiktionalen Gegenständen gemein hat, unterscheidet er sich doch in zweifacher Hinsicht definitiv von diesen: zum einen dadurch, daß seine ontische Lokalisierung prinzipiell unmöglich und nicht nur faktisch nicht der Fall ist, zum anderen aber dadurch, daß er erfahren werden kann und tatsächlich auch erfahren wird. Erst durch letzteres unterscheidet er sich nicht nur von ontisch möglichen, sondern auch von ontisch unmöglichen Fiktionen.

2 Die damit aufgeworfenen Probleme der *Erfahrung* und der *Autorität* habe ich eingehender behandelt in (§ 2 Anm. 2), S. 702ff.

stimmtheit rein negativer Charakterisierungen zu belassen, sondern (b) ihn zugleich als Erfahrenen von allen nur fiktionalen Konstrukten definitiv zu unterscheiden und ihn (c) als denselben aufgrund der sich formal im Bezug auf Jesus und inhaltlich in der dort vernommenen richtenden und rettenden Anrede entsprechenden Erfahrung verschiedener Menschen zu queridentifizieren und (d) in neuen Erfahrungssituationen aufgrund der Entsprechung mit der christlichen Grunderfahrung zu reidentifizieren.

Seine Identifizierbarkeit unter den Bedingungen von Raum und Zeit ist somit gewährleistet, ohne ihn auf einen Gegenstand in Raum und Zeit zu reduzieren, da er als trinitarisch individuiertes Subjekt der in Jesus erfahrenen Anrede nur als Verborgener, wenn auch in ganz präziser Weise unter einem spezifischen raumzeitlich lokalisierbaren Ereignis Verborgener, identifiziert zu werden vermag. Der Aufweis seiner Identifizierbarkeit ist daher auch nicht mit einem Existenzerweis zu verwechseln. Er ist kein raumzeitlicher Gegenstand, so daß seine Existenz bzw. Nichtexistenz von uns als raumzeitlichen Wesen mit unseren auf solche Gegenstände beschränkten Möglichkeiten nicht verifiziert werden kann – und zwar eben nicht nur aufgrund der allgemeinen mit universellen singulären Existenzsätzen verbundenen logischen Probleme, sondern vor allem aufgrund der prinzipiellen ontischen Differenz zwischen ihm und uns. Daß er existiert, wird zwar wie seine Identifizierbarkeit vom christlichen Glauben auf der Grundlage der in Jesus gemachten Erfahrung behauptet, im Unterschied zu dieser wird die unbestreitbare Bewahrheitung dieser Behauptung aber erst von der eschatischen Vollendung erhofft.

Gott ist für den christlichen Glauben somit zwar nicht ontisch als etwas, aber auch nicht einfach nur als fiktionaler Gegenstand oder gar als überhaupt nichts bestimmt, sondern als das unverwechselbare Wesen, das sich in der christlichen Grunderfahrung als dreifach individuierter Anredender zur Erfahrung bringt, indem es sich zum Menschen über Jesus in seinem Wort in Verbindung setzt. Dieser Gott ist unter den Bedingungen von Raum und Zeit nur *christologisch* aufgrund des Ereignisses der christlichen Grunderfahrung als in Jesus *verborgenes* Wesen identifizierbar, das sich gerade dort aber *anredend zur Erfahrung bringt* und vom Menschen als solches erfahren läßt.

Teil B Gott

§ 107 ›Gott existiert‹ als theologische Kurzformel der Trinitätslehre

Ist der in christlicher Rede thematisierte Gott nur christologisch identifizierbar, dann kann auch seine Existenz zu Recht nur auf der Grundlage dieser Erfahrung Jesu als der den Menschen geltenden Anrede Gottes behauptet werden. Denn mit ›Gott‹ ist christlich nicht nur irgendein (wenn auch nur ein einziger) Gegenstand einer bestimmten Art gemeint, sondern ein ganz bestimmtes und auf ganz bestimmte Weise erfahrenes Wesen: nur von diesem und von überhaupt nichts anderem reden Christen, wenn sie ›Gott‹ sagen. Dieses Wesen ist selbst raumzeitlich nicht lokalisierbar, wohl aber die christliche Erfahrung dieses Wesens, so daß von ihm nicht anders geredet werden kann, als daß implizit oder explizit zugleich von Jesus von Nazareth und von den Menschen gesprochen wird, die Jesus als die an sie gerichtete Anrede Gottes erfahren (haben).

In dieser unaufhebbaren Verflochtenheit in spezifische christologische und anthropologische Zusammenhänge besteht die unverwechselbare Eigenart und Konkretheit Gottes, die sich jeder Verallgemeinerung und Vereinnahmung in einen Gottesbegriff widersetzt. Gott läßt sich nicht nach Maßgabe der begrifflichen Erfassung raumzeitlich lokalisierbarer oder konstruktiv konzipierter Gegenstände als Konjunktion bzw. Disjunktion deskriptiver Eigenschaften in den Griff bekommen, die von einem und nur einem Gegenstand prädiziert werden können. Er transzendiert vielmehr jeden von ihm gebildeten Begriff, insofern nicht er diesem, sondern dieser ihm entsprechen muß. Eine solche Entsprechung ist aber überhaupt nur dann möglicherweise der Fall, wenn alles, was wir über und von Gott sagen, an der christlichen Grunderfahrung ausweisbar und konkretisierbar bleibt. Dies zu gewährleisten und nichts anderes ist Absicht und Funktion der christlichen Trinitätslehre. Sie ist der theologische Versuch, die uneinholbare *Konkretheit Gottes* zur Geltung zu bringen, indem sie von jeder Aussage über Gott fordert, daß sie sich als Aussage über Gott Vater, Sohn und heiligen Geist präzisieren und konkretisieren lassen muß. Nur wo das möglich ist, wird christlich von Gott geredet.

Daß von Gott so und nicht anders zu reden ist, wenn man überhaupt von ihm und nicht von etwas anderem reden will, gilt auch für die in aller christlichen Rede vorausgesetzte Behauptung der Existenz Gottes. Mit dieser Behauptung ist daher zugleich die Existenz Jesu Christi und die Existenz der diesen als Anrede Gottes erfahrenden Menschen mitbehauptet: ihre Existenz gehört nicht weniger als die Gottes zu den irreduziblen ontologischen Voraussetzungen des christlichen Glaubens. Der zwischen ihnen bestehende Strukturzusammenhang ist infolgedessen genau das, was die dogmatische Rekonstruktion der im Glauben implizierten eschatologischen Ontologie zu erhellen hat. Und da Gott, Jesus Christus und die Menschen das, was sie sind, nicht unabhängig von diesem Strukturzusammenhang sind, können sie alle nicht für sich, sondern nur in ihrem Verhältnis zueinander verständlich gemacht werden: Die eschatologische Ontologie ist notwendig eine relationale Ontologie.

Das zwingt die Theologie dazu, bei der theologischen Explikation der Behauptung von Gottes Existenz nicht nur von Gott, sondern geradezu notwendig auch von Jesus Christus und den Menschen in ihrer Welt zu reden und so theologische Rede im engeren Sinn christologisch, anthropologisch und kosmologisch fortzusetzen.[1] Es zwingt sie aber auch näherhin dazu, in theologischer Rede im eigentlichen Sinn nicht einfach irgendwie, sondern streng trinitarisch von Gott zu reden: *›Gott existiert‹ ist als ontologische Grundbehauptung christlicher Rede kein Satz der natürlichen Theologie, sondern die theologische Kurzformel der Trinitätslehre und damit die Kernformel des universalen Wahrheitsanspruchs des christlichen Glaubens.*

§ 108 Der dreieine Gott

Theologische Kurzformel der Trinitätslehre ist ›Gott existiert‹, insofern das Wesen, das Christen mit ›Gott‹ meinen, durch die christliche Grunderfahrung unmißverständlich und ausschließlich als das trinitarisch individuierte Subjekt der in Jesus erfahrenen richtenden und rettenden Anrede festgelegt ist. Trinitarisch *individuiert* ist dieses Wesen, weil es der Gegenstand ist, der allein Gottes Gegenstandsart exemplifiziert und, insofern es existiert, individuiert. *Trinitarisch* individuiert hingegen ist es, weil dieser Gott nicht anders Gegenstand ist als zugleich als derjenige, der uns in Jesus Christus als Gott anredet, als derjenige, der als Jesus Christus Gottes Anrede an uns ist, und als derjenige, der uns diesen Anredenden, diese Anrede und sich selbst als denselben Gott zu erkennen gibt. Christlicher Glaube spricht dementsprechend von Gott nur so, daß er das Subjekt dieser Anrede als *Gott den Vater* identifiziert, diese Anrede als *Gott den Sohn* und denjenigen, der das Subjekt dieser Anrede, diese Anrede und sich selbst als denselben Gott zur Erfahrung bringt, als *Gott den heiligen Geist*. Er spricht damit von Gott nur als dem einen Gott Vater, Sohn und heiligen Geist. Allein und ausschließlich die Existenz *dieses* Gottes behauptet er. Seine Grundbehauptung ›Gott existiert‹ lautet daher nicht ›Der Vater existiert‹, ›Der Sohn existiert‹ und ›Der heilige Geist existiert‹, sondern präzis und unmißverständlich ›Gott Vater, Sohn und heiliger Geist existiert‹.

1 Kosmologie umfaßt hier alle Bezüge des Menschen zu seiner personalen und sachlichen Umwelt. Sie ist damit – um nur zwei Bereiche herauszugreifen – als theologische Lehre der Welt zugleich auch theologische Geschichts- und Gesellschaftstheorie.

Die christliche Lehre von Gott ist nichts anderes als die systematische Exegese dieses Satzes. Dabei ist sie von der methodischen Maxime geleitet: Existiert Gott nicht anders denn als Gott Vater, Sohn und heiliger Geist, dann bringt er sich uns gegenüber genau so zur Erfahrung, wie er in und an sich selbst ist. In seiner Darstellung für uns entspricht er ganz sich selbst.[1] Wir können daher ihn selbst als ein so differenziertes und doch einheitliches Geschehen bestimmen, wie er im christologisch differenzierten Anredegeschehen der christlichen Grunderfahrung, die zur Behauptung seiner Existenz nötigt und Anlaß gibt, von uns erfahren wird. Denn in dieser Erfahrung stehen wir Gott nicht einfach gegenüber, sondern wir sind gleichsam in das Geschehen hineingenommen, das Gott ist. Wir bestimmen ihn dann aber im Horizont und auf der Grundlage dieser Erfahrung nicht aus einer fragwürdigen Außenperspektive, sondern aus dem Kontext des göttlichen Geschehens heraus, als das Gott sein Leben vollzieht. Denn wie diese Erfahrung lehrt, existiert Gott selbst als dynamisches Anredegeschehen, in dem und durch das sich der Vater, der Sohn und der Geist so voneinander unterscheiden und aufeinander beziehen, daß Gott in der Einheit dieses Geschehens nicht auf sich selbst beschränkt bleibt, sondern sich für anderes als er selbst öffnet.

Die christliche Grundbehauptung ›Gott existiert‹ ist dann aber nur scheinbar inhaltlich leer. Sie läßt sich vielmehr von hier aus systematisch im Hinblick auf den *Gegenstand*, die *Gegenstandsart* und die *Gegenständlichkeit* christlicher Rede von Gott entfalten. Theologisch ist von Gott unter diesen Gesichtspunkten ein Dreifaches zu sagen. Erstens: *Gott Vater, Sohn und heiliger Geist existiert* (§§ 109–117). Zweitens: *Gott Vater, Sohn und heiliger Geist existiert als Liebe* (§§ 118–126). Drittens: *Gott Vater, Sohn und heiliger Geist existiert als Liebe in Herrlichkeit* (§§ 127–133). Im Folgenden seien einige Aspekte dieser Thesen im Kontext unserer Fragestellung kurz erläutert, ohne damit eine dogmatisch erschöpfende Behandlung zu intendieren.

§ 109 Gott Vater, Sohn und heiliger Geist

Der *Gegenstand*, dessen Existenz der christliche Glaube behauptet, ist Gott. Gott aber ist für den Glauben nicht anders Gegenstand denn als das göttliche Anredegeschehen, als das er sich in Jesus Christus durch den heiligen Geist zur Erfahrung bringt. Eben deshalb behauptet er allein und ausschließlich die Existenz Gottes des Vaters, des Sohnes und des heiligen Geistes.

1 Diesen Grundsatz als Grundfigur der Barthschen Dogmatik herausgestellt zu haben ist das Verdienst der Paraphrase von E. Jüngel, *Gottes Sein ist im Werden. Verantwortliche Rede vom Sein Gottes bei Karl Barth*, Tübingen [3]1976.

Das göttliche Anredegeschehen ist nicht nur Ursprungsort allen christlichen Wissens von Gott, sondern zugleich Prinzip der Unterscheidung von Vater, Sohn und heiligen Geist *und* Prinzip der Einheit des sich so selbstunterscheidenden Gottes. Es ist Prinzip der Unterscheidung, insofern sich Gott Vater, Gott Sohn und Gott heiliger Geist im Vollzug wechselseitiger Anrede als Vater, Sohn und Geist konstituieren. Und es ist Prinzip ihrer Einheit, insofern sie im Vollzug dieser Selbstunterscheidung und Selbstbeziehung gemeinsam Gott sind und sich zusammen als der eine Gott erweisen.

§ 110 Gott der Vater

Gott ist *Vater* als derjenige, der den Sohn ursprünglich anspricht, damit dieser ihm gänzlich entspreche, und der mit dem Sohn den Geist ausspricht, durch den er den Sohn anspricht und durch den dieser ihm als seinem Vater antwortet.

Indem er den Sohn *anspricht*, und zwar *als Sohn* anspricht, unterscheidet er sich als der Vater von dem Sohn, für den er sich gerade so als Vater ansprechbar macht; indem er ihn dabei daraufhin anspricht, ihm zu *entsprechen*, und zwar *als Gott* zu entsprechen, bezieht er sich in dieser Unterscheidung zugleich aufs engste auf ihn. *Ursprünglich* ist diese Anrede, weil der in ihr und durch sie Anredende nicht unabhängig von ihr schon ist und weil sie auch ihren Adressaten nicht schon vorfindet. Vielmehr werden in ihrem Vollzug beide der Anredende und der Angeredete selbst gesetzt, so daß beide nur mit ihr und durch sie sind. Während aber der Vater als Anredender in seinem Verhältnis zum Sohn und zum Geist ganz aus sich selbst ist, ist der Sohn in keiner Weise aus sich selbst oder unabhängig vom Vater, der ihn anredet, und vom Geist, durch den er ihn anredet. Er ist vielmehr gänzlich und ausschließlich vom Vater her als der von diesem durch den Geist *Angeredete*. Er ist dies freilich als der vom Vater auf *göttliche Entsprechung* hin Angeredete und damit ebenso unverwechselbar von ihm und dem Geist unterschieden wie eindeutig auf sie bezogen. Der Vater hingegen ist als der ursprünglich Anredende in jeder Weise aus sich selbst, wenn auch nicht ohne den Sohn, den er anredet, und den Geist, durch den er diesen als Sohn anredet und von diesem als Vater angeredet wird. Gott erweist sich damit ursprünglich als der Vater, der nicht für sich sein will, sondern nur in der Gemeinschaft seines ihm entsprechenden Sohnes und des von ihnen gemeinsam ausgesprochenen Geistes sein göttliches Leben vollzieht.

§ 111 Gott der Sohn

Gott ist *Sohn* als derjenige, der vom Vater ursprünglich angesprochen ist, damit er ihm gänzlich entspreche, und der zusammen mit dem Vater den

Geist ausspricht, durch den ihn der Vater anspricht und durch den er dem Vater antwortet.

Als ursprünglich Angeredeter unterscheidet er sich vom ursprünglich anredenden Vater ebenso wie vom heiligen Geist, der seine Antwort an den Vater und dessen Anrede an ihn ist. Zugleich aber ist er aufs engste auf ihn bezogen, insofern er auf göttliche Entsprechung hin angesprochen ist. Diese Entsprechung, ohne die er nicht Gott der Sohn wäre, vollzieht der Sohn zum einen so, daß er dem Vater antwortet, indem er mit ihm zusammen den heiligen Geist ausspricht. Doch das Gottsein des Sohnes erschöpft sich nicht in seiner antwortenden Rückwendung zum Vater und seinem gemeinsamen Handeln mit dem Vater. Er entspricht dem ihn konstituierenden Anspruch vielmehr zum andern und vor allem dadurch, daß so, wie der Vater ihn anspricht, damit er ihm entspreche, er andere, nämlich die Menschen anspricht, damit sie ihm und somit er als Gott und sie als Geschöpfe dem Vater zusammen entsprechen. Erst dadurch, daß »er das Gottgleichsein nicht für ein Entrücktsein hielt« (Phil 2,6),[1] war und ist er Gott gleich, war und ist er der Gott dem Vater entsprechende Gott der Sohn. Denn wie Gott der Vater nicht für sich, sondern nur in Gemeinschaft mit seinem Sohn und dem heiligen Geist Gott sein will, so ist Gott der Sohn nur dadurch der dem Vater göttlich entsprechende Sohn, daß er nicht anders in der Gemeinschaft mit dem Vater und dem Geist Gott sein will als dadurch, daß er andere in diese Gemeinschaft hineinzieht. Nur indem auch er sich ursprünglich und uranfänglich auf anderes hin öffnet, entspricht er dem ursprünglich und uranfänglich auf Gemeinschaft hin sich öffnenden Gott Vater. Die Menschwerdung gerade des Sohnes (und nicht etwa des Vaters oder des heiligen Geistes) ist damit unauflöslich und von allem Anfang an mit dem Sohnsein des Sohnes, mit seinem Angesprochensein auf göttliche Entsprechung zu Gott dem Vater gesetzt. Er ist der vom Vater Angesprochene, der dadurch nicht nur zur Rück-Antwort an den Vater instand gesetzt wird, sondern vor allem auch dazu, andere anzureden und so zur Rück-Antwort an ihn und Gott den Vater zu befähigen.

§ 112 Gott der heilige Geist

Gott ist *heiliger Geist* als derjenige, der vom Vater und vom Sohn ausgesprochen ist, um sich durch ihn und in ihm in wechselseitiger Anrede und Antwort zu entsprechen, ohne dadurch ununterscheidbar oder voneinander isolierbar zu werden.

Als Anrede des Vaters an den Sohn ist er sowohl vom anredenden Vater als auch vom angeredeten Sohn unzweideutig unterschieden. Er ist weder

1 L. Abramowski, Phil 2,6 οὐχ ἁρπαγμὸν ἡγήσατο τὸ εἶναι ἴσα θεῷ und Oracula chaldaica 3 (des Places) ὁ πατὴρ ἥρπασσεν ἑαυτόν, in: dies., *Drei christologische Untersuchungen*, Berlin/New York 1981, S. 1–17.

Subjekt noch Adressat der göttlichen Anrede, sondern eben diese selbst. Als Antwort des Sohnes an den Vater, der durch ihn als Anrede den Sohn doch erst konstituiert und zum Reden befähigt, ist er aber zugleich in zweifacher, und zwar eindeutig geordneter Weise ausgesprochen, nämlich primär vom anredenden Vater, sekundär hingegen vom angeredeten Sohn. Als von Gott Vater und Gott Sohn ausgesprochener Gott heiliger Geist ist er nicht nur vom Vater her, sondern nicht weniger vom Sohn (Joh 15,26), der ohne ihn doch ebensowenig wäre wie er ohne ihn. Er empfängt sich damit gleichermaßen, wenn auch nicht auf die gleiche Weise vom ursprünglich anredenden Vater *und* vom als Angeredeter anredenden Sohn, an dessen Konstitution er doch beteiligt ist: Er ist als Anrede und als Antwort derjenige, in dem der Vater und der Sohn sich *als Gott* entsprechen. Ebenso ist er die klarste Manifestation der sich selbst ensprechenden Gottheit Gottes, so daß gilt: Gott ist Geist (Joh 4,24).[1]

Denn indem der Geist den mitkonstituiert, der ihn mitkonstituiert, empfängt er sein göttliches Leben konstitutiv immer auch von dem her, der sein Leben konstitutiv mit von ihm her empfängt.[2] Dieses pneumatologische

1 Man kann die beiden Aussagen ›Gott ist Geist‹ und ›Gott ist Liebe‹ daher nicht wie J. Moltmann, *Trinität und Reich Gottes. Zur Gotteslehre*, München 1980, S. 185 ohne weiteres als analoge Formulierungen desselben Sachverhaltes, nämlich der Existenz Gottes bezeichnen. Im ersten Fall ist von *Gott selbst* die Rede, im zweiten von seinem *Wesen*. Beide Aussagen verhalten sich demnach so zueinander, wie die Aussage über einen Gegenstand zu der über dessen Gegenstandsart.

2 Wird dieses wechselseitige Konstitutionsverhältnis nicht von vornherein mitbedacht, läßt sich das Dilemma entweder der ostkirchlichen oder aber der westkirchlichen Trinitätslehre nur schwer vermeiden. Letztere geht von einer strikten Entsprechung der ökonomischen und immanenten Trinität aus, insofern »Gottes Sein ad extra wesentlich seinem Sein ad intra, in dem es begründet und vorgebildet ist, *entspricht*«. Jüngel, (§ 108 Anm. 1), S. 35; vgl. K. Rahner, Der dreifaltige Gott als transzendenter Urgrund der Heilsgeschichte, in: *Mysterium Salutis. Grundriß heilsgeschichtlicher Dogmatik*, hg. v. J. Feiner/M. Löhrer, Bd. 2, Einsiedeln/Zürich/Köln 1967, S. 317–401; dazu E. Jüngel, Das Verhältnis von »ökonomischer« und »immanenter« Trinität. Erwägungen über eine biblische Begründung der Trinitätslehre – im Anschluß an und in Auseinandersetzung mit Karl Rahners Lehre vom dreifaltigen Gott als transzendentem Urgrund der Heilsgeschichte, in: ders., (§ 1 Anm. 4), S. 265–275. Dem Handeln Gottes läßt sich demnach ohne Einschränkung entnehmen, wer, was und wie Gott ist. Die Problematik der klassischen Ausformungen dieses Ansatzes besteht allerdings darin, daß sie aufgrund der ökonomischen Ordnung Gott Vater, Gott Sohn und Gott Geist zwar die zeitliche Sendung des Geistes durch den Sohn (Joh 15,26) mittels des *filioque* auch innertrinitarisch betonen, der Frage nach der Art und Weise der Beteiligung des Geistes an der zeitlichen Sendung des Sohnes und damit auch an seiner ewigen Geburt aber weit weniger Beachtung schenken. Nimmt man jedoch Texte wie Mt 1,18 oder Lk 1,34ff trinitätstheologisch ernst, müßte man nach dieser hermeneutischen Regel konsequenterweise auch ein *spirituque* dem ex Patre natum hinzufügen, also den konstitutiven Beitrag des Geistes bei der Konstitution des Sohnes innertrinitarisch zur Geltung bringen. Denn – da ist J. Moltmann voll zuzustimmen – der »Vater ist niemals und handelt nirgendwo ohne den Sohn, wie er auch nie ohne den Geist ist und handelt«, aaO., (Anm. 1), S. 201. Es wäre zu prüfen, ob der von Chr. von Schönborn, Immanente und ökonomische Trinität. Zur Frage des Funktionsverlustes der Trinitätslehre in der östlichen und westlichen Theologie, *Freiburger Zeitschrift für Philosophie und Theologie* 27, 1980, S. 247–264 gerade auch für die westliche Theologie betonte faktische Funktionsverlust

Grundverhältnis ist entscheidend für das Gottsein Gottes. Denn damit erweist sich der heilige Geist als das *sich ursprünglich selbst erneuernde Lebensprinzip Gottes*. In ihm und durch ihn vollzieht sich die Selbstunterscheidung und Selbstbeziehung, deren Geschehen das göttliche Leben ist. Er manifestiert so, daß dieses Leben seinen Grund allein in sich selbst hat: es entspringt, vollzieht und erneuert sich ganz aus und durch sich selbst. Doch so sehr es seinen Grund nur in sich selbst hat, so wenig genügt es sich selbst. Vielmehr macht der heilige Geist auch deutlich, welcher Art dieses göttliche Leben ist. Denn insofern der heilige Geist nicht wäre, würde er nicht wesentlich von dem her sein, der selbst nicht wäre, würde er nicht wesentlich durch ihn sein, erweist er das Geschehen des göttlichen Lebens als den Prototyp der *Liebe*, weil sich im heiligen Geist manifestiert, daß er gerade und nur so lebt, daß er sein Leben von dem her (mit)empfängt, der durch ihn sein Leben empfängt. Denn Liebe ist dasjenige Verhältnis zu einem anderen, aufgrund dessen man selbst nur lebt, insofern man diesem zum Leben verhilft und sich in dessen Lebensgemeinschaft hineinziehen läßt.

§ 113 Ursprüngliches Leben

Der heilige Geist als das sich ursprünglich selbst erneuernde Lebensprinzip der Liebe Gottes manifestiert unübersehbar die dynamische Ursprünglichkeit des göttlichen Anredegeschehens, das die Selbstunterscheidung von Gott Vater, Sohn und heiligem Geist nicht als nach Früher und Später differenziertes bzw. als gleichzeitiges Setzen von Vater, Sohn und Geist zu be-

der Trinitätslehre, wie er sich z. B. darin zeigt, daß in der Abwehr des Arianismus »die trinitarische Ökonomie als Gebetsstruktur (*Gloria Patri per Filium in Spiritu Sancto*) von der stärker ›homousianischen‹ et – et – Formel verdrängt wird« (aaO., S. 257), nicht gerade in dieser pneumatologischen Inkonsequenz ihre Wurzel hat.
Der konstitutive Beitrag des Geistes bei der Konstitution des Sohnes wird allerdings noch weniger in der orthodoxen Tradition bedacht. Diese versteht das Verhältnis von Sohn und Geist zu dem Vater als der einen ἀρχή Gottes wie das zweier Hände, die an einem Körper sind, bzw. wie das zweier Triebe, die aus einer Wurzel hervorgehen und die sich einzig aufgrund der Art ihrer Ausgangsrelation, der γέννησις bzw. der ἐκπόρευσις voneinander unterscheiden. Mit diesen nur das Verhältnis beider zur ἀρχή bedenkenden Relationen bleibt aber gerade das Verhältnis zwischen ihnen ganz unbestimmt. Da sich diese Bestimmung orthodoxem Verständnis zufolge jedoch auch nicht aus der Betrachtung der Ökonomie gewinnen läßt, bleibt das Verhältnis zwischen Sohn und Geist ganz im Dunkeln. Die Ablehnung des filioque erweist sich von hier aus als konsequentes Insistieren auf der Dunkelheit Gottes. Da man dennoch über Gottes Sein und nicht nur über sein Handeln sprechen will und muß, wird die Trinität etwa im Zusammenhang der Lehre vom inneren Licht als Gegenstand gesonderter, nicht ökonomisch verankerter Information über Gott verstanden. Vgl. D. Wendebourg, (§ 99 Anm. 1). Die Folge ist ein faktisches Auseinandertreten der immanenten und der ökonomischen Trinität, die mit dem Verlust eines klaren Verhältnisses zwischen Sohn und Geist den Verlust der soteriologischen Funktion der Trinität und Surrogate wie die Energienlehre nach sich zieht.

greifen erlaubt. Es hieße die *Ursprünglichkeit* des göttlichen Anredegeschehens zu verfehlen, wenn man es als lineare oder reziproke Abfolge eines Wortwechsels zwischen verschiedenen (schon konstituierten) Partnern zu begreifen suchte. Seine *Göttlichkeit* aber würde unterschlagen, wenn man es als Nacheinander oder als Gleichzeitigkeit verschiedener Setzungs-Ereignisse von Vater, Sohn und heiligem Geist darstellen würde. Denn das würde Gott, der sich für Christen ja nur christologisch und nicht anders vergegenständlichen läßt (§ 106), entweder subordinatianisch oder tritheistisch auflösen. Es gäbe dann eine Zeit, zu der Gott noch nicht Sohn und heiliger Geist wäre, damit aber eine Zeit, zu der Gott noch nicht Gott und also überhaupt nicht wäre. Doch wenn Gott überhaupt ist, dann ist er es als die ursprüngliche und unauflösliche Einheit von Gott Vater, Sohn und heiligem Geist. Diese Einheit ist kein Nacheinander, doch auch sie als Gleichzeitigkeit zu charakterisieren, ist zumindest mißverständlich. Denn zum einen scheint von Gleichzeitigkeit zu reden nur sinnvoll zu sein, wenn es auch ein Früher und ein Später gibt. Im Hinblick auf das Verhältnis von Gott Vater, Sohn und Geist ist das aber gerade nicht möglich. Zum anderen ist Gleichzeitigkeit die spezifische temporale Struktur eines symmetrischen, transitiven und daher auch reflexiven Verhältnisses zwischen Sachverhalten bzw. Ereignissen (§ 75). Zur Beurteilung der undifferenzierten Rede von Gottes Gleichzeitigkeit ist dann aber entscheidend, welches Verhältnis konkret ins Auge gefaßt ist. Mindestens drei verschiedene Verhältnisse könnten unter diesem Aspekt gemeint sein. (a) Wird *Gottes Verhältnis zu uns* als gleichzeitig charakterisiert, dann ergibt sich das Dilemma: Entweder müßte Gott selbst als (endlose) Duration gedacht werden, besäße damit jedoch zeitliche Teile und wäre infolgedessen zu keinem Zeitpunkt und bei keinem von uns ganz gegenwärtig. Oder aber er wäre an jedem Zeitpunkt ganz da, was aufgrund der Transitivität der Gleichzeitigkeit jedoch hieße, daß z. B. seine Gleichzeitigkeit mit Gestern, Heute und Morgen die Gleichzeitigkeit von Gestern, Heute und Morgen implizierte. Da beides inakzeptable Konsequenzen sind, muß sein Verhältnis zu uns offenbar differenzierter gedacht werden, als es die Kategorie der Gleichzeitigkeit erlaubt. – (b) Wird *Gottes Selbstverhältnis* als gleichzeitig gedacht, dann heißt das, daß Gott gleichzeitig mit sich selbst ist. Er existiert als Gott Vater, Sohn und Geist in der Gleichzeitigkeit mit sich selbst. Diese Gleichzeitigkeit läßt sich als die ewige Simultaneität des Sachverhalts von Gottes Existenz mit sich selbst bestimmen, da in einem Selbstverhältnis und der damit gesetzten Gleichzeitigkeit nur stehen kann, wer existiert, Gott aber niemals nicht existiert hat noch jemals nicht existieren wird. Die Gleichzeitigkeit von Gott Vater, Sohn und Geist mit sich selbst ist somit nichts anderes als Gottes Ewigkeit. – (c) Diese als Ewigkeit entfaltbare Gleichzeitigkeit von Gott Vater, Sohn und heiligem Geist mit sich selbst ist aber etwas anderes als die angebliche *Gleichzeitigkeit des Vaters und des Sohnes und des Geistes*, um die es im gegenwärtigen Zusammenhang vor allem geht. Denn das göttliche

Selbstverhältnis von Gott Vater, Sohn und Geist ist nicht identisch mit dem Verhältnis zwischen Vater, Sohn und Geist, vielmehr kann Gott nur ein Selbstverhältnis haben, weil er als Verhältnis zwischen Vater, Sohn und Geist existiert: letzteres konstituiert den spezifischen trinitarischen Gegenstand Gott, dessen Existenz der Sachverhalt ist, der in der als Ewigkeit bestimmbaren Relation der Gleichzeitigkeit mit sich selbst steht. Wollte man das Gott konstituierende Verhältnis zwischen Vater, Sohn und Geist selbst als Gleichzeitigkeit charakterisieren, dann ginge das nur um den Preis zweier inakzeptabler Konsequenzen: Entweder spräche man von der Gleichzeitigkeit von Verschiedenem, müßte dann aber Gott den Vater, Gott den Sohn und Gott den Geist als drei verschiedene und nur zeitlich aufeinander bezogene Ereignisse bestimmen, damit jedoch der tritheistischen Aufspaltung Gottes das Wort reden. Oder man spräche von der Gleichzeitigkeit desselben, könnte dann aber Gott Vater, Gott Sohn und Gott heiligen Geist nur als drei Namen für ein reflexiv mit sich selbst gleichzeitiges Ereignis bestimmen und verträte damit eine Version der modalistischen Häresie. Das die Einheit Gottes konstituierende Verhältnis zwischen Gott Vater, Sohn und Geist läßt sich daher im Unterschied zu dem Verhältnis des so konstituierten einen Gottes zu sich selbst nicht als Gleichzeitigkeit einsichtig machen.

Diese Unmöglichkeit, das Verhältnis von Vater, Sohn und Geist zeitlich zu denken, zeigt sich am pointiertesten am heiligen Geist, in dem sich Vater und Sohn als Gott entsprechen und der sich gleichermaßen, wenn auch nicht auf die gleiche Weise vom Vater *und* vom Sohn her empfängt. Daß er sich gleichermaßen vom Vater und vom Sohn her empfängt, ist eben deshalb mehr als die bloße Gleichzeitigkeit einer Wechselwirkung, weil er sich von dem ursprünglich anredenden Vater und dem angeredet anredenden Sohn nicht auf die gleiche, sondern auf ganz verschiedene Weise empfängt: ist er doch im Blick auf den Sohn an der Konstitution dessen beteiligt, der wesentlich an seiner eigenen Konstitution mitwirkt. Das aber schließt alle zeitlichen Verhältnisse zwischen ihnen aus.[1]

Eben das unterstreicht nachdrücklich die dogmatische Unerläßlichkeit des *filioque*. Allein dieses verhindert, Gott selbst entweder subordinatia-

1 Gerade deshalb ist J. Moltmann zuzustimmen: »Man muß konkret bleiben und sich die Zeit nehmen, das eine nach dem anderen zu erzählen«, aaO., (§ 112 Anm. 1), S. 204. Doch daraus, daß *wir* aufgrund der Diskursivität allen menschlichen Redens über Gott Vater, Sohn und Geist nur *nacheinander* sprechen können, ist weder auf ein Nacheinander von Vater, Sohn und Geist noch auf eine »ewige Geschichte, die der dreieine Gott in sich selbst erfährt« (aaO., S. 206) zu schließen. Wenn wir ›Gott‹ sagen, sagen wir ›Gott Vater, Sohn und heiliger Geist‹ oder wir sprechen nicht von Gott; und wenn wir sagen wollen, was wir mit ›Gott Vater, Sohn und heiliger Geist‹ meinen, müssen wir über Vater, Sohn und Geist nacheinander reden. Wir müssen bei diesem erzählenden Nacheinander aber, wollen wir nicht von Verschiedenem reden, jedesmal aus einer anderen Perspektive *alles* wiederholen. In diesem Sinn ist die Trinitätslehre Garant der *Konkretheit* christlicher Rede von Gott. Vgl. Dalferth, (§ 2 Anm. 2), S. 626.668.676ff.

nisch als Prozeß oder tritheistisch bzw. modalistisch als Teil eines Prozesses und die Unterscheidung von Gott Vater, Sohn und heiligem Geist als Abfolge verschiedener Unterscheidungsakte oder Differenzierungsphasen bzw. als Gleichzeitigkeit verschiedener Ereignisse in einer nach vorn und hinten offenen Sequenz denken zu müssen. Doch Gott kennt kein Vorher und Nachher und existiert weder als Prozeß des Nacheinander von Vater, Sohn und Geist noch als Kopräsenz des Beieinander von Vater, Sohn und Geist, sondern als das göttliche Anredegeschehen, in dem und durch das sich Gott Vater, Sohn und Geist als Gott aufeinander bezieht und ebenso sich selbst als der eine Gott konstituiert.

Seine göttliche Ursprünglichkeit und ursprüngliche Göttlichkeit wird dementsprechend nur gewahrt, wenn man Gott als Vollzug eines einzigen, einzigartigen und einheitlichen Geschehens dynamischer Unterscheidung voneinander und Beziehung aufeinander begreift, in dem er sich gegenüber allem anderen als der eine Gott Vater, Sohn und heilige Geist konstituiert und profiliert. Dieses Geschehen, das sich nicht an Gott vollzieht, sondern das Gott selbst ist, ist nicht ohne eindeutige innere Ordnung und Struktur. Aber es ist keine Aufeinanderfolge verschiedener Ereignisse oder Ereignisphasen und damit kein Prozeß im Sinn einer Folge von Ereignissen. Jedes Ereignis hat seine Ursache außerhalb seiner selbst in einem von ihm verschiedenen Ereignis. Und jede Ereignisfolge ist zeitlich geordnet und damit nach Früher, Gleichzeitig und Später unterscheidbar. Das göttliche Anredegeschehen hingegen entspringt aus sich selbst, ohne sich von seinem Ursprung zu emanzipieren und diesen als seine Vergangenheit hinter sich zu lassen. Es ist damit selbst nicht zeitlich strukturiert und daher auch ohne Anfang, Dauer und Ende. Vielmehr existiert es als sein eigener Ursprung, indem es unablässig neu es selbst wird. Eben so ist es das Geschehen ursprünglich sich selbst erneuernden *göttlichen Lebens*.

§ 114 Perichorese

Dieses eindeutig differenzierte und doch nicht temporal strukturierte Geschehen des göttlichen Lebens hat die Tradition als *Perichorese* beschrieben. Sie versuchte damit ein Geschehen auf den Begriff zu bringen, das sich nicht unter die Kategorie des Ereignisses und damit der Zeit subsumieren läßt. Denn Ereignisse sind immer entweder ein *Werden* oder ein *Verändern*. Als Werden vollziehen sie sich in Form eines *Zeitwandels* (change of time), als Verändern in Form eines *Wandels in der Zeit* (change in time). Im ersten Fall handelt es sich um das Werden oder Vergehen eines raumzeitlichen Gegenstandes, im zweiten Fall um die qualitative oder quantitative Veränderung eines raumzeitlichen Gegenstands. Nun sind freilich auch Ereignisse raumzeitliche Gegenstände, im Unterschied von Dingen aber solche, die selbst weder werden bzw. vergehen noch sich verändern können.

Nicht Ereignisse werden, sondern das Werden eines Dinges ist ein Ereignis; und nicht Ereignisse verändern sich, sondern das Verändern eines Dinges ist ein Ereignis. Zwar können Ereignisse im Unterschied von Dingen zeitliche Teile besitzen und sich dementsprechend in Phasen vollziehen; und ebenso können Ereignisse durch andere Ereignisse abgelöst werden und diese Ablösung ist selbst ein Ereignis. Kein Ereignis aber löst *sich* ab oder verändert *sich*. Vielmehr tritt ein anderes Ereignis an seine Stelle, das vielleicht das erste als Phase einschließt, keinesfalls aber mit ihm identisch ist. Denn Ereignisse sind im strengen Sinn singulär und lassen sich mit keinem anderen Ereignis identifizieren und deshalb in diesem strengen Sinn auch nicht reidentifizieren. Jedes Ereignis hat vielmehr seinen eindeutigen Ort in der Reihe des Früher und Später, die es als Moment oder Serie von Momenten mitkonstituiert. Eben deshalb steht es stets konstitutiv in topologischer Relation zu anderen raumzeitlichen Ereignissen und kann dementsprechend aus der Perspektive einer (beliebigen) Position innerhalb dieser Ereigniskette als vergangen, gegenwärtig oder zukünftig charakterisiert werden.

Gerade so aber läßt sich das perichoretische Geschehen des göttlichen Lebens grundsätzlich nicht charakterisieren. Es ist weder ein Ereignis im Horizont einer Ereigniskette noch selbst eine Kette von Ereignissen. Vielmehr ist es das dynamische Ineinanderleben von Gott Vater, Sohn und heiligem Geist, in der das Anredegeschehen, durch das sie sich voneinander unterscheiden, sich zugleich als das erweist, was sie auf das innigste verbindet und sie zusammen als den einen Gott definitiv von allem anderen unterscheidet. In diesem Geschehen konstituiert sich weder ein Ding noch ein Ereignis noch ein Ereigniskomplex als Resultat eines Werdens oder Veränderns, es konstituiert und individuiert sich vielmehr *Gott* als ursprünglicher Akt, in dem er selbst von sich, durch sich und zu sich kommt[1]: es konstituiert sich Gott als ursprünglich sich selbst erneuerndes schöpferisches Leben.

§ 115 Ursprüngliches Handeln

Dieses ursprünglich sich selbst erneuernde Leben Gottes ist die Permanenz dynamischer Selbst-Tätigkeit, in der sich Gott als Vater, Sohn und Geist unterscheidet und in Beziehung setzt und sich eben so selbst als Gott konstituiert. Dieses Geschehen läßt sich nicht unter der Kategorie des Ereignisses, sondern nur unter der Kategorie des *Handelns*, und zwar des im höchsten Sinn *kreativen Handelns* angemessen verstehen. Denn daß Gott lebt, heißt, daß er sich selbst zum Handeln bestimmt, indem er handelnd sich selbst konstituiert.

1 Von hier aus entwickelt E. Jüngel die Trinitätslehre als Lehre von dem dreifach-einheitlichen Kommen Gottes, aaO., (§ 1 Anm. 1), S. 521ff.

Beides, daß Gott ursprünglich handelt und daß er sich dadurch selbst konstituiert, ist von entscheidender Bedeutung. So ist Gott als Handelnder in zweifacher Hinsicht grundsätzlich gekennzeichnet. Zum einen heißt Handeln immer, *auch anders handeln können*. Zum andern heißt Handeln konstitutiv, *absichtlich handeln können*. Wer immer handelt, er hätte auch anders handeln können; und er kann so oder anders nur handeln, weil er die eine Handlungsintention realisiert und die andere hätte realisieren können. Alles Handeln ist daher absichtliches Handeln und hat seinen Grund – und zwar effektiven Grund[1] – in der *Intention* des Handelnden. Das heißt nicht, daß jedes Handeln die ihm zugrundeliegende Intention vollständig und ausschließlich realisierte und faktisch nicht immer auch durch anderes mitbestimmt wäre. Doch auch dort, wo wir von unabsichtlichem Handeln zu sprechen pflegen, können wir nur von Handeln sprechen, insofern wir unterstellen, daß der Handelnde die entsprechende Handlung auch absichtlich hätte ausführen können. Zu jedem Handeln gehört daher eine Handlungsintention, die der Handelnde sich zwar nicht explizit vergegenwärtigen muß, um handeln zu können, die er sich aber klar machen können muß, wenn überhaupt von einem Handeln die Rede sein soll. Die Möglichkeit der Vergegenwärtigung einer Handlungsintention ist notwendige Bedingung der Möglichkeit einer Handlung. Und da dies die Fähigkeit zur Reflexion impliziert, kann grundsätzlich nur der handeln, der zu reflektieren vermag.[2] Entsprechend wird etwas überhaupt nur dann als *Handlung* bestimmbar, wenn man es als Realisierung einer bestimmten Handlungs*intention* begreift. Es wird aber nur dann als bestimmte Handlung *verstanden*, wenn man es als Realisierung der Handlungsintention begreift, die der Handelnde hatte bzw. hat, und nicht nur als einer der verschiedenen möglichen anderen, die er hätte auch haben können. Gottes Leben als Handeln zu verstehen, heißt daher notwendig, ihm Intentionen, Reflexion und damit *geistiges Leben* zuzuschreiben.[3]

Dieses geistige Leben vollzieht sich als aktives Selbst- und Fremdverhältnis Gottes und ist damit eine Funktion des Anrede-Antwort-Geschehens, als das Gott der Vater, Sohn und heilige Geist sich selbst handelnd setzt. Es ist aber nicht mit diesem identisch. Das perichoretische Selbst-Setzen Gottes ist *ursprüngliches* Handeln, weil es in keiner Weise von einer anderen Instanz her empfangen und provoziert wird, sondern intrinsisch eine sich selbst stiftende Aktivität ist. Es ist ein Handeln, das den Handelnden nicht schon voraussetzt, sondern im Handlungsvollzug selbst konstituiert. Indem Gott sich aber so selbst konstituiert, setzt er sich immer auch schon in ein *Verhältnis zu sich selbst*. Dieses göttliche Selbstverhältnis ist nur möglich

1 Vgl. R. H. King, *The Meaning of God*, London 1974, S. 59ff.

2 Wie das Reflexionsvermögen ist demnach auch die Handlungsfähigkeit ein graduelles Vermögen, das mehr oder weniger adäquat erworben werden kann.

3 Vgl. T. Penelhum, *Religion and Rationality. An Introduction to the Philosophy of Religion*, New York 1971, S. 151ff.

aufgrund der göttlichen Selbstunterscheidung und Selbstbeziehung als Vater, Sohn und heiliger Geist, da es ohne diese Gott selbst nicht gäbe und damit auch kein göttliches Selbstverhältnis. Sofern es Gott aber gibt, steht er in diesem selbstgesetzten Selbstverhältnis, das als Bewußtsein der Reflexivität der Relation, in der er so zu sich selbst steht, Gottes geistiges Leben ausmacht.

Gott ist daher in keiner Weise jenseits seines Handelns, sondern das sich in diesem ursprünglichen Handeln selbst konstituierende geistige Leben. Dieses beschränkt sich infolge seines Wesens (§ 118) nicht auf das ewige Verhältnis zu sich selbst, sondern bestimmt sich gerade so zum Schöpfer, Versöhner und Erlöser anderen Lebens. Denn indem Gott sich in der Differenzierung und Beziehung von Vater, Sohn und Geist als derjenige setzt, der ein ewiges Selbstverhältnis ist, eröffnet er einen durch ihn selbst bestimmten *Horizont der Gleichzeitigkeit* seiner Existenz mit sich selbst. Diese Gleichzeitigkeit ist als Ewigkeit die »ununterscheidbare [...] *Einheit* von Zeit und Raum«,[4] in der Gottes ursprüngliches Leben sich als sein schöpferisches, versöhnendes und erlösendes Handeln auf anderes bezieht und ausweitet. Dabei kommt es zur Ausdifferenzierung dieser Einheit der Ewigkeit in die Unterscheidung von Räumlichkeit und Zeitlichkeit, indem Gott sich schöpferisch so auf anderes bezieht, daß dieses im Horizont der durch Gottes ewiges Selbstverhältnis gesetzten Gleichzeitigkeit im Beieinander und Nacheinander existieren kann. Mit dem perichoretischen Geschehen, das Gott ist, wird so Gottes Verhältnis zu sich selbst etabliert. Dieses gibt als Ewigkeit den Horizont für die Schöpfung ab, in der es mit den Geschöpfen überhaupt zur Unterscheidung von Räumlichkeit und Zeitlichkeit und speziell mit dem Menschen dann zu deren Steigerung zu Raum und Zeit kommt.

Ich unterscheide also im Blick auf Gott (a) das ihn selbst als Vater, Sohn und Geist zeitlos konstituierende perichoretische Geschehen, (b) das damit gesetzte ewige, Zeitlichkeit und Räumlichkeit in undifferenzierter Einheit umfassende Verhältnis Gottes zu sich selbst und (c) die durch dieses Selbstverhältnis ermöglichten und mit der Schöpfung realisierten räumlichen und/oder zeitlichen Verhältnisse zwischen den Geschöpfen. Als ursprünglich Handelnder lebt Gott in Ewigkeit und wird eben so zum Schöpfer, ohne daß sein ursprüngliches Handeln, sein ewiges Selbstverhältnis und sein Schöpfungshandeln deshalb identisch wären.

§ 116 Ursprüngliches Handeln, ewiges Selbstverhältnis und Schöpfungshandeln

Das ist näher zu erläutern. Wir gehen dazu nochmals vom Begriff des Handelns aus. Mit dem Handeln ist nicht nur Intentionalität und die Fähigkeit

4 E. Jüngel, (§ 70 Anm. 5), S. 358f.

zur Reflexion, sondern immer auch Zeitlichkeit und Veränderung gesetzt. Wer handelt, unterscheidet sich eben dadurch von seiner Handlung. Er gibt sich eine Biographie, die als Geschichte seines Handelns und Erleidens nicht nur die Differenz zwischen ihm selbst und seinem Handeln konstituiert, sondern sich eben deshalb auch in der (potentiellen) Differenz von Räumlichkeit und Zeitlichkeit vollzieht. Auch das ursprüngliche Handeln des göttlichen Lebens hat in diesem Sinn einen intimen Zeitbezug. Dieser wird allerdings mißverstanden, wenn man jenes Geschehen selbst temporalisiert und Gottes handelnde Selbstkonstitution als zeitliche Sukzession zu begreifen sucht. Man gerät dann entweder in die Aporie, zwischen Gott und Welt, Schöpfer und Geschöpf nicht mehr klar differenzieren zu können, oder aber in die andere Aporie, von zwei ›Zeiten‹ zu sprechen, die einerseits Gott, andererseits der Schöpfung zukommen,[1] die sich aber nicht mehr als zwei zeitliche Bezugssysteme und damit prinzipiell ineinander transformierbar bestimmen lassen, sondern nur noch über die Äquivokation des Ausdrucks ›Zeit‹ in Verbindung stehen. Doch das ursprünglich sich selbst erneuernde göttliche Leben ist kein Vollzug in der Zeit, auch nicht in einer ihm eigenen und eigentümlichen Zeit, sondern zeitlose Konstitution eines ewigen Selbstverhältnisses, das in der schöpferischen Freisetzung von Zeitlichkeit (Zeit) und Räumlichkeit (Raum) resultiert. Denn indem Gott handelnd sich selbst konstituiert, konstituiert er sich nicht nur als Gott in der Differenz und Bezogenheit von Vater, Sohn und heiligem Geist, sondern damit zugleich als ein *Selbstverhältnis ewiger Gleichzeitigkeit*. Daß er gerade als dieses Selbstverhältnis Gott ist, impliziert aber, daß sich Gott Vater, Sohn und heiliger Geist eben als dieses göttliche Verhältnis zu sich selbst zugleich gegen anderes, das nicht Gott ist, abgrenzt. Gegen anderes vermag Gott sich jedoch nur abzugrenzen, wenn er anderes gibt. Die sich als Anredegeschehen vollziehende Selbstkonstitution Gottes resultiert daher nicht nur in seinem ewigen Selbstverhältnis, sondern impliziert auch sein sich ebenfalls in Rede und Anrede vollziehendes Schöpferhandeln, ohne mit diesem identisch gesetzt werden zu können. Gott ist Schöpfer, weil er handelnd sich selbst als ein solches Selbstverhältnis konstituiert, das nicht auf sich selbst bezogen bleibt. Aber er konstituiert sich nicht als Gott, weil er Schöpfer ist und sich auf anderes bezieht. Nicht sein Schöpfersein macht Gott zu Gott, sondern sein Gottsein läßt ihn Schöpfer werden. Das ursprüngliche Handeln Gottes etabliert daher ein ewiges Selbstverhältnis, in dem sich das göttliche Leben so vollzieht, daß es sich im Schöpfungshandeln Gottes auch auf anderes bezieht und eben dadurch Gott selbst als Schöpfer von seiner Schöpfung differenziert. Denn es ist allein Gottes schöpferisches und kein irgendwie geartetes geschöpfliches Leben, das sich als der Vater, Sohn und Geist im ewigen Verhältnis zu sich selbst zum Schöpfer bestimmt und so geschöpfliches Leben nicht nur ermöglicht, sondern auch verwirklicht.

1 Vgl. etwa P. Tillich, (§ 38 Anm. 2), S. 296f.

Erst im Horizont dieser Unterscheidung und Beziehung von *Schöpfer und Geschöpf* wird der spezifische Zeitbezug des göttlichen Lebens konkret denkbar. Denn Räumlichkeit und Zeitlichkeit (Raum und Zeit) sind keine Gegenstände, sondern ein Netz von Beziehungen zwischen raumzeitlichen Gegenständen, nämlich Dingen und Ereignissen. Diese sind – streng genommen – nicht *in* Raum und Zeit, sondern *durch* Raum und Zeit aufeinander bezogen. Sie können so aber nur aufeinander bezogen sein, weil sie samt ihren Verhältnissen im Horizont von Gottes ewigem Selbstverhältnis durch diesen selbst als von ihm verschiedene Dinge und Ereignisse gesetzt sind, indem er seine Ewigkeit durch ihre Unterscheidung von sich in das zeitliche Nacheinander und räumliche Beieinander seiner Schöpfung auseinandertreten läßt. Ohne Dinge und Ereignisse, und zwar mindestens zwei Dinge bzw. Ereignisse, gibt es daher keine raumzeitlichen Verhältnisse.[2] Vielmehr gibt es erst mit Dingen und Ereignissen Räumlichkeit als die Ordnung des Beieinander möglicher Koexistenzen und Zeitlichkeit als die Ordnung des Nacheinander möglicher Existenzen. Das aber bedeutet, daß erst mit der schöpferischen Konstitution von Dingen und Ereignissen von Räumlichkeit und Zeitlichkeit und erst mit dem menschlichen Geschöpf von Raum und Zeit zu reden möglich, mit diesen aber auch notwendig wird. Umgekehrt ist im Blick auf das göttliche Leben selbst von Räumlichkeit/Raum und Zeitlichkeit/Zeit zu reden unangebracht. Denn einerseits sind Gott Vater, Sohn und heiliger Geist nicht drei verschiedene Dinge noch ist ihre Selbstkonstitution die sukzessive oder gleichzeitige Setzung dreier Ereignisse, andererseits aber ist in dem damit etablierten ewigen Selbstverhältnis Gottes die Einheit von Zeit und Raum noch nicht geschöpflich differenziert. Das göttliche Leben selbst vollzieht sich nicht in Verhältnissen der Zeitlichkeit und Räumlichkeit und auch sein Verhältnis zum geschöpflichen Leben ist nicht räumlich und zeitlich strukturiert.[3] Ohne selbst Zeit zu verbrauchen oder räumlich beschränkt zu sein, gibt vielmehr Gott als Schöpfer seinen Geschöpfen Raum und Zeit, indem er die Dynamik seines Lebens nicht auf sich selbst beschränkt, sondern sich in ihr zu anderem als sich selbst in Beziehung setzt, um diesem durch Einbeziehung in sein ewiges Selbstverhältnis an seinem ursprünglichen Leben Anteil zu geben. Erst mit der Schöpfung gibt es auch räumliche und zeitliche Ordnungen zwischen Geschöpfen, die sich vom Menschen abstraktiv erheben und als Raum- und Zeitbegriffe formulieren lassen.[4] Das Verhältnis von Schöpfer und Schöp-

2 Räumlichkeit und Zeitlichkeit sind also keine absoluten Größen, die per se bestehen und als solche thematisiert werden könnten. Vielmehr folgt aus ihrer Relationalität, daß »... space and time were produced along with the creaturely world as orderly functions of contingent events within it«, Torrance, (§ 98 Anm. 3), S. 60.

3 »God stands in a transcendent and creative, not a spatial and temporal, relation to the creaturely world« (ebd.). Ich spreche statt von transzendenten von *eschatologischen Relationen* (§ 158).

4 Mit Augustin formuliert: »nullum tempus esse posse sine creatura«, *Confessiones* XI, 30; vgl., ders., *De Civitate Dei* XI, c. 5f.

fung bzw. Geschöpf ist aber als Fremdverhältnis Gottes im Horizont seines Selbstverhältnisses selbst nicht raumzeitlich strukturiert, da dies aufgrund der intrinsischen Relationalität von Zeitlichkeit und Räumlichkeit implizierte, daß der Schöpfer selbst Geschöpf wäre.[5] Daß Gott ursprünglich han-

5 Nimmt man die Relationalität von Raum und Zeit ernst und beachtet man ihre kategoriale Verschiedenheit, insofern Raumrelatoren Gegenstände, Zeitrelatoren dagegen Sachverhalte ins Verhältnis setzen, dann zeigt sich, daß der nicht erst seit Augustin geführte Streit, ob die Schöpfung *mit* der Zeit (cum tempore) oder *in* der Zeit (in tempore) zu denken sei, an einer viel zu unscharfen Alternative orientiert ist. Denn angenommen, Gottes schöpferisches Wirken geschähe *in* der Zeit. Dann könnte dies entweder bedeuten, daß es selbst zeitlich strukturiert ist, ohne damit in der zeitlichen Ordnung der Schöpfung zu stehen, oder aber, daß es Moment einer zeitlichen Struktur ist, die sowohl für dieses Handeln als auch für die Schöpfung gilt. Wird das Erste angenommen, muß gezeigt werden, welche Sachverhalte die intrinsische Ordnung der Zeitlichkeit von Gottes Schöpfungshandeln konstituieren und in welchem Verhältnis dessen intrinsische Zeitlichkeit zu der extrinsischen Zeitlichkeit der Schöpfung steht. Denn die Ordnung der Zeitlichkeit setzt immer Sachverhalte und nicht etwa Gegenstände voraus, die im Verhältnis des Früher und Später zueinander stehen (vgl. § 75). Eine solche Pluralität von Sachverhalten aber ist immer nur mit einer Pluralität von Gegenständen oder aber mit inkompatiblen Zuständen ein und desselben Gegenstands gegeben (vgl. § 71). Um eine von der extrinsischen Zeitlichkeit der Schöpfung verschiedene intrinsische Zeitlichkeit von Gottes schöpferischem Wirken anzunehmen, müßten sich infolgedessen nicht nur verschiedene Sachverhalte und Gegenstände namhaft machen lassen, ohne die eine entsprechende Ordnung unmöglich wäre, sondern es müssen sich vor allem solche Sachverhalte und Gegenstände thematisch machen lassen, die selbst nicht in der zeitlichen Ordnung der Geschöpflichkeit stehen. Das jedoch ist unmöglich, da man immer nur entweder auf nichtgeschöpfliche Sachverhalte (wie etwa die innertrinitarischen Verhältnisse) verweisen kann, die dann aber in keiner zeitlichen Ordnung stehen, oder aber auf zeitlich geordnete Sachverhalte, wie sie die Schrift berichtet und erzählt, die dann aber immer schon geschöpfliche Sachverhalte sind. Daraus folgt, daß es keine Differenz einer schöpferischen und geschöpflichen Zeit in dem Sinn gibt, daß sie nicht Sachverhalte beträfe, die in derselben Ordnung der Zeitlichkeit integriert sind. Von einem besonderen In-der-Zeit-Sein des göttlichen Schöpfungshandelns kann daher nicht die Rede sein. Damit scheint nur das Zweite der Fall sein zu können. Doch angenommen, Gottes Schöpfungshandeln wäre Moment der auch für die Schöpfung gültigen Zeitstruktur. Dann wäre es ein zeitlich auf andere Ereignisse bezogenes Ereignis. Damit stünde es in der unveränderlichen, weil asymmetrischen und transitiven Ordnung des Früher und Später, und zwar so, daß ein Ereignis, das später als ein anderes ist, welches später als das Schöpfungsereignis ist, auch zeitlich weiter von diesem Schöpfungsereignis entfernt wäre. Die Folge dieser Auffassung wäre eine durch und durch deistische Schöpfungskonzeption. Doch Gottes Schöpfungshandeln ist kein immer ferner werdendes Ereignis der Vorzeit, sondern Ermöglichungsbedingung und Vollzugsform geschöpflichen Seins in seinen räumlichen und zeitlichen Verhältnissen.
Keine der beiden möglichen Interpretationen erlaubt demnach, Gottes Schöpfungshandeln als Wirken *in* der Zeit zu denken. Geschieht es demnach *mit* der Zeit? Nicht, wenn man dann eine »zeitlose Setzung der Zeit« annehmen zu müssen glaubt. Vgl. Ebeling, (§ 1 Anm. 4), S. 325. Denn Zeit (und Raum) sind keine Gegenstände, die sich setzen ließen, sondern spezifische Verhältnisse zwischen Sachverhalten bzw. Gegenständen, die nicht ohne diese auch nur gedacht werden können. Gottes Schöpfung geschieht daher nicht mit der Zeit, sondern mit Gottes Schöpfung kommt es auch zur Zeit, insofern Gott Sachverhalte und Gegenstände konstituiert, die zeitlich und räumlich aufeinander bezogen sind. Die Alternative besteht also nicht zwischen einer »zeitlosen Setzung der Zeit« auf der einen Seite oder einer »Aktivität des Schöpfungshandelns, die unaufhörlich die gesamte Zeit begleitet« (ebd.), auf der anderen Seite. Vielmehr kommt es durch die göttliche Setzung der Schöpfung zum Auseinandertreten der Ewigkeit des göttlichen Selbstverhältnisses in die Räumlichkeit und Zeitlichkeit geschöpfli-

delnd sich selbst als Verhältnis Gottes des Vaters, des Sohnes und des Geistes zu sich selbst konstituiert, heißt aber gerade nicht, daß er sich als Geschöpf, sondern daß er sich aufgrund seines göttlichen Selbstverhältnisses in Bezug auf anderes als er selbst als Gott der Schöpfer, Versöhner und Erlöser konstituiert. Das Verhältnis zwischen göttlichem Leben und geschöpflichem Leben und damit zwischen Gottes Selbstverhältnis und Fremdverhältnis ist dementsprechend nicht das zwischen einer Ursache und einer Wirkung und damit zwischen zwei verschiedenen, aber zeitlich verbundenen Ereignissen. Eher läßt es sich als Verhältnis zwischen einer Handlung und deren Handlungsgrund bestimmen, wobei allerdings im Unterschied zu menschlichen Handlungsgründen der göttliche Handlungsgrund selbst das ewige Geschehen des göttlichen Selbstverhältnisses ist, das sich dem Gott konstituierenden und in sich differenzierten und doch einheitlichen perichoretischen Geschehen verdankt.

Das perichoretische Anredegeschehen, das Gott ist, nötigt dazu, seine Existenz als die *eine* Existenz des Vaters, des Sohnes und des heiligen Geistes zu bekennen. Nur als solcher existiert Gott. Nur als solcher bringt er sich in Jesus Christus zur Erfahrung. Nur als solcher wird er christlich bekannt.

§ 117 Die perichoretische Einheit Gottes

Ich halte fest: Gott ist Vater, Sohn und heiliger Geist nicht als Ensemble dreier Individuen, die sich in spezifischer Weise aufeinander beziehen und so die Einheit Gottes als Einheit einer spezifischen Menge oder Gruppe konstituieren. Dies zu meinen ist der Grundfehler der tritheistischen Häresie. Er ist es aber auch nicht bloß als dreimalige Wiederholung seiner selbst, so daß er, der ewig Eine, unter drei verschiedenen Namen und Erscheinungsweisen doch stets der gleiche bliebe. Das zu denken ist der Grundirrtum der modalistischen Häresie. Er ist vielmehr gerade deshalb der gleiche eine Gott, weil er *stets* der Vater, der Sohn und der heilige Geist ist oder überhaupt nicht (Gott) wäre. Wo immer Gott sich daher selbst wiederholt, bringt er sich zugleich als Vater, Sohn und Geist zur Geltung. Weder der Vater noch der Sohn noch der heilige Geist sind jemals ohne die beiden anderen. Aber auch Gott selbst ist niemals anders denn als Vater, Sohn und heiliger Geist.

Die Einheit Gottes kommt infolgedessen nicht dadurch zustande, daß sich Vater, Sohn und Geist als ursprünglich Verschiedene in wechselseitige Beziehung setzen. Es ist vielmehr gerade ihr Sich-Unterscheiden voneinan-

cher Verhältnisse, ohne daß deshalb die Schöpfer-Geschöpf-Relation selbst ein räumliches oder zeitliches Verhältnis wäre: sie ist vielmehr gerade diejenige dynamische Relation, welche die raumzeitlich aufeinander bezogene Schöpfung als *Schöpfung* in Gottes ewigem Selbstverhältnis lokalisiert und eben so konstituiert (creatio) und erhalten (conservatio) sein läßt.

der, in dem sich ihre ewige Einheit konstituiert und manifestiert. Gottes Einheit ist nicht Resultat eines Einigungsprozesses, an dessen Beginn Vater, Sohn und Geist stehen. Aber ebensowenig sind Vater, Sohn und Geist Resultat eines Differenzierungsprozesses, an dessen Beginn die Einheit Gottes selbst steht. Beides ist vielmehr gleichursprünglich mit dem göttlichen Anredegeschehen gegeben, in dem sich Gott Vater, Sohn und heiliger Geist auf unverwechselbare Weise voneinander unterscheiden und aufeinander beziehen und sich so sowohl wechselseitig als Vater, Sohn und Geist als auch gemeinsam als der eine, im ewigen Verhältnis zu sich selbst existierende Gott konstituieren.

Daß das perichoretische Anredegeschehen zugleich Prinzip der göttlichen Selbst-Unterscheidung und Prinzip der göttlichen Einheit ist, verleiht ihm seinen unverwechselbaren und spezifischen Charakter. Handelt es sich doch um keinen ewigen Kreislauf,[1] um keinen sich selbst genügenden wechselseitigen Spiegelungsprozeß, sondern um ein Geschehen, das sich seinem innersten Wesen nach *auf Gemeinschaft hin öffnet*. Diese Gemeinschaft erschöpft sich nicht in Gottes ewigem Verhältnis zu sich selbst, sondern ist im Horizont dieses Selbstverhältnisses ein Verhältnis zu anderem, durch dessen Existenz es zum Auseinandertreten von Räumlichkeit und Zeitlichkeit und damit zur Geschichte der Schöpfung, Versöhnung und Erlösung kommt. Schon in der anredenden Unterscheidung des Vaters vom Sohn, durch die er diesen dazu bestimmt, ihm als Gott zu entsprechen, manifestiert sich die prinzipielle Absage an selbstgenügsame Einsamkeit und damit die ursprüngliche Öffnung des göttlichen Selbstverhältnisses auf Gemeinschaft mit anderem hin. Diese Öffnung ist von vornherein auf ein Überschreiten Gottes selbst hin angelegt, ohne daß deshalb doch je der Horizont des göttlichen Selbstverhältnisses verlassen würde. Gottes Selbstverhältnis ist das Band, das alles zusammenhält, aber gerade so – und darin erweist sich Gottes Wesen als Liebe –, daß in seinem Horizont anderes als Gott zu existieren vermag.

Daß dies die Pointe des göttlichen Lebens und kein zusätzlicher und nachträglicher Aspekt ist, läßt sich in dreifacher Hinsicht zeigen: Zum einen vermag der Sohn dem väterlichen Anspruch auf göttliche Entsprechung nur so nachzukommen, daß er sich nicht nur ganz an den Vater zurückwendet, sondern zugleich selbst ganz anderem zuwendet, indem er es in entsprechender Weise auf Entsprechung hin anspricht. Möglich ist dies aber nur, insofern es anderes gibt, an das sich der Sohn so zu wenden vermag; und anderes als Gott Vater, Sohn und heiliger Geist gibt es nur, weil dieser sich von vornherein zum *Schöpfer* bestimmt. Indem Gott der Vater

1 Daß sie das nahelegt, ist der Mangel der traditionellen Bezeichnung ›Perichorese‹. Die Gefahr eines solchen Kreislaufes, in dem sich nichts Neues ereignet, ist die *Banalität der Ewigkeit*. Daß es zu einer solchen Vorstellung im Anschluß an den Kreislaufgedanken kommen kann, weist auf dessen intrinsische Schwäche hin.

sich im Geist anredend an den Sohn wendet, damit dieser ihm als Gott entspreche, setzt er zugleich redend anderes, von dem er sich nicht als Vater, sondern zusammen mit dem Sohn und dem Geist als Gott unterscheidet, so daß sich der Sohn diesem so zuwenden kann, daß er dem Anspruch des Vaters zu entsprechen vermag. Schon in der väterlichen Anrede an den Sohn liegt so der Grund der Schöpfung beschlossen. – Zum anderen kann der Sohn sich dem menschlichen Geschöpf nur so ganz zuwenden, um es in entsprechender Weise auf menschliche Entsprechung zu Gott hin anzusprechen, daß er selbst als menschliches Geschöpf die menschliche Entsprechung zu Gottes Anspruch realisiert und eben so auf menschliche Weise Gottes Anspruch den Menschen nahe bringt. Damit der Sohn dem väterlichen Anspruch nachzukommen vermag, bestimmt sich Gott Vater, Sohn und heiliger Geist daher von vornherein zum *Versöhner*. Schon in der mit seiner Bestimmung gesetzten Wendung des Sohnes an das menschliche Geschöpf liegt so der Grund der Versöhnung beschlossen. – Zum dritten aber kommt es zur Sendung gerade des Geistes gerade durch den Sohn (Joh 15,26) genau deshalb, weil die Entsprechung, auf die hin der Sohn die Menschen menschlich anspricht, um dem väterlichen Anspruch auf Entsprechung als Gott nachzukommen, nicht anders zustandekommt als durch den heiligen Geist, der den in sich selbst verkrümmten Menschen zur menschlichen Entsprechung auf die ihm geltende göttliche Anrede durch den Mensch gewordenen Sohn befreit und instand setzt. Damit es zu dieser menschlichen Entsprechung auf die göttliche Anrede kommen kann, bestimmt sich Gott Vater, Sohn und Geist von vornherein zum *Erlöser*. Schon in der Bestimmung des Sohnes, dem ihn anredenden Vater als Gott zu entsprechen, liegt so der Grund der erlösenden Sendung des Geistes durch den Sohn beschlossen. Wie der Geist daher der Vollzug der Gemeinschaft des Vaters mit dem Sohn und des Sohnes mit dem Vater ist, so ist er auch der Vollzug der Gemeinschaft des Sohnes mit denen, die dieser auf geschöpfliche Entsprechung zu Gott hin anspricht.

Die perichoretische Einheit des göttlichen Anredegeschehens vollzieht sich somit als ursprüngliches, aber Gott nicht hinter sich lassendes Über-sich-Hinausgehen Gottes, das nicht nur Gott selbst als Geschehen zwischen Gott Vater, Sohn und heiligem Geist konstituiert, sondern auch den Vollzug des göttlichen Lebens von Vater, Sohn und Geist im Horizont des göttlichen Selbstverhältnisses durch den Einbezug von Geschöpfen in die ursprünglich sozietäre Lebensgemeinschaft Gottes prinzipiell öffnet und zur Geschichte Gottes mit seiner Schöpfung entschränkt. Gott lebt, indem er mit sich und damit immer schon für andere und auf andere hin lebt. Er ist nicht sekundär und nachträglich, sondern intrinsisch und ursprünglich *Gott für* ... Wer seine Existenz behauptet, behauptet damit notwendig seine Pro-Existenz.

§ 118 Liebe

Daß Gott ursprünglich für andere und auf anderes hin lebt, kennzeichnet sein Wesen als *Liebe*. Es ist sein Wesen, nicht für sich zu bleiben und in vollkommenem Genuß seiner selbst sich selbst zu genügen, sondern gerade und nur so er selbst zu sein, daß er sich sozietär konstituiert und *eben dadurch* schon auf die Einbeziehung von Geschöpfen in diese Lebensgemeinschaft aus ist. Zu sein, indem man andere in die Lebensgemeinschaft mit sich hineinzieht und sich reziprok in die Lebensgemeinschaft mit ihnen hineinziehen läßt, heißt aber nichts anderes als zu lieben. Allerdings ist die reziproke Einbeziehung in wechselseitige Lebensgemeinschaft erst dann tatsächlich als Liebe beschreibbar, wenn sie sich nicht als Inbesitznehmen des anderen, sondern als Teilgabe am eigenen Leben, nicht als Inanspruchnahme, sondern als Inanspruchnehmenlassen durch den anderen vollzieht. Denn wer liebt, sucht nicht das Seine, sondern das, was des andern ist (1Kor 13,5; 10,24). Er liebt zwar nicht selbstlos, aber noch weniger selbstsüchtig. Vielmehr kann und will er nur so er selbst sein, daß er dem anderen ermöglicht und dazu verhilft, immer besser er selbst zu werden. Liebe ist deshalb kein auf den Besitz des anderen ausgerichtetes Begehren, sondern das Bemühen, dessen Leben durch Einbringen des eigenen Lebens zu fördern.

Diese Förderung findet nicht statt, wenn der Geliebte nicht weiß, daß der ihn Liebende seine Gemeinschaft allein um seinetwillen und nicht aus eigennützigem Interesse sucht. Er muß wissen, daß er um seiner selbst willen geliebt und nicht nur wegen bestimmter ihm anhaftender Qualitäten begehrt wird. Dazu muß er den anderen als ihn Liebenden und nicht nur als ihn Begehrenden verstehen können. Das gelingt nur, wenn er nicht nur feststellt, was dieser im Blick auf ihn tut, sondern erkennt, daß dieser dies alles allein aus Liebe tut. Er muß dessen Zuwendung zu ihm also als dessen gerade auf ihn ausgerichtetes *Handeln* erfahren und dabei als *Liebes*handeln durchschauen. Eben deshalb ist er genötigt, im Verstehen des anderen und damit auch seiner selbst den gesicherten Boden des verifizierbaren und konstatierbaren Verhaltens in zweifacher Weise zu überschreiten und dieses als intentionales *Handeln*, und zwar allein *aus Liebe* geschehendes Handeln zu interpretieren.

Niemand ist schon als Liebender erkannt, wenn nur der Tatbestand konstatiert wird, daß er in einer spezifischen und charakteristischen Relation zu einem anderen steht. Und Liebe läßt sich niemals als ein Tatbestand verstehen, der sich aus anderen Tatbeständen kausal herleiten ließe. Liebe ist kein kausal erklärbares Phänomen. Von Liebe kann vielmehr überhaupt nur dann die Rede sein, wenn es um ein Handeln geht, das als solches nicht aus Ursachen, sondern aus Gründen geschieht. Es hat seinen Grund in der Intention eines Liebenden, der sich mit der Realisierung seiner Liebesintention faktisch, wenn auch nicht notwendig in einem expliziten Willensakt gegen andere mögliche Handlungen entscheidet, und zwar einzig aus dem

Grund, weil er liebt. Wer liebt, wird als solcher nur verstanden, wenn man sein Lieben in seiner Liebe selbst begründet begreift und nicht von anderem herzuleiten sucht. Diese Bestimmung ist deshalb nicht zirkulär, weil ›a liebt b‹ niemals nur Feststellung eines Tatbestands ist, sondern immer zugleich auch auf der logisch davon verschiedenen und zu unterscheidenden Ebene der Handlungsgründe angibt, was a zu seinem Handeln bestimmt. Denn Liebe ist ja nicht selbst eine Handlung, sondern sie realisiert und vollzieht sich in Handlungen, deren Qualität und Faktizität in ihr begründet sind. Und Handlungen geschehen immer dann aus Liebe, wenn nicht nur die Frage ›Warum tut a das?‹ mit dem Verweis auf seine Liebe zu beantworten ist, sondern wenn auch die weitergehende Frage ›Warum liebt a?‹ nur mit der Feststellung beantwortet werden kann: ›a liebt, weil er liebt‹. Jede andere Antwort würde Liebe entweder nur als Faktum oder Ereignis bestimmen und damit nicht als das verstehen, was sie ist, sondern sie im Sinne des naturalistischen Fehlschlusses mit etwas von ihr kategorial Verschiedenem verwechseln. Oder aber sie würde Liebe selbst als Handlung mißverstehen, für die sich dann ein von ihr verschiedener Handlungsgrund angeben lassen müßte, der sich doch nicht angeben läßt, ohne das Phänomen aus den Augen zu verlieren. Liebe aber ist nicht selbst eine Handlung, sondern der Grund von Handlungen, die eben deshalb als *Liebeshandlungen* bestimmt werden können. Denn über die Identität einer Handlung entscheidet nichts anderes als die Intention des Handelnden. Und wann immer diese wahrheitsgemäß durch ›a liebt‹ angegeben ist, ist die dadurch begründete Handlung eine Liebeshandlung, sie mag für sich genommen sein, wie und was sie will.

Indem der christliche Glaube behauptet, daß Gott liebt, unterstellt er, daß alles auf Gott zurückführbare Handeln Liebeshandeln ist, weil es in Gottes Liebe begründet ist. Er geht damit vollbewußt über die erfahrbare und ausweisbare Qualität dessen hinaus, was er im Horizont der allgemeinen Welterfahrung als Gottes Handeln ausgibt und identifiziert. Und er bestimmt *alles* so identifizierte Handeln als Liebeshandeln, weil Gott nicht nur liebt (und damit zuweilen und daneben auch noch aus anderen Gründen handelt), sondern *die Liebe ist* (1Joh 4,8). Gott existiert ursprünglich, ausschließlich und vollständig in der aktiven Öffnung und Bezogenheit auf anderes hin. Er wäre nicht Gott, würde er nicht so existieren, und eben deshalb existiert er nicht anders denn als uneingeschränkte und unerschütterliche Liebe. Für ihn allein gilt daher, daß er sich nicht nur wie jeder Liebende ganz dem anderen allein um dessetwillen zuwendet, sondern auch jenseits dieser Zuwendung nicht noch ein anderer ist. Er ist genau der, als der er sich in seiner liebenden Zuwendung erweist. Eben deshalb kann man von Gott wahrheitsgemäß nur als Liebendem reden. Und umgekehrt muß man von jedem anderen Liebenden außer Gott wahrheitsgemäß sagen, daß er nicht nur als Liebender lebt und agiert, sondern unter anderen Gesichtspunkten und Perspektiven auch ganz anders bestimmt und charakterisiert werden kann und muß. Denn von jedem von Gott verschiedenen Liebenden gilt, daß es jemand oder etwas gibt, demgegenüber er sich nicht liebend verhält. Gott hingegen muß unter allen Gesichtspunkten und Perspektiven als Liebender bestimmt werden oder es ist nicht von ihm die Rede. Denn für ihn allein gibt es niemand und nichts, worauf er sich nicht liebend bezöge. Damit exemplifiziert und individuiert er als einziger Liebe im Vollsinn, da er allein und kein anderer sonst ausschließlich als Liebe existiert, und da es niemand gibt, von dem sich solch uneingeschränkte Pro-Existenz aussagen ließe, der nicht mit Gott identisch wäre.

§ 119 Merkmale der Liebe

Liebe ist damit Gottes *Gegenstandsart*, das, was ihn zu Gott macht. Er manifestiert dieses göttliche Wesen im Vollzug der ewigen Lebensgemeinschaft von Vater, Sohn und heiligem Geist ebenso wie in der damit immer schon gegebenen Entschränkung dieses göttlichen Lebens auf die Gemeinschaft mit anderem hin. Er existiert für andere, weil er nicht anders Gott sein kann und will. Eben deshalb gilt kategorisch: *Gott Vater, Sohn und heiliger Geist existiert als Liebe*.

Das hat hermeneutische Konsequenzen für das rechte Reden von Gott. Denn damit gilt nicht nur, daß jede christliche Aussage der Form ›Gott ist F‹ trinitarisch konkretisiert werden muß zu ›Gott Vater, Sohn und heiliger Geist ist F‹. Vielmehr muß ebenso jedes ›F‹ theologisch präzisiert werden als *Merkmal der Liebe*, die Gott ist.[1] Von Gott läßt sich keine Eigenschaft und keine Relation wahrheitsgemäß aussagen, die nicht Merkmal seiner Liebe wäre. So ist Gottes Freiheit die Spontaneität seiner Liebe; seine Universalität die Grenzenlosigkeit seiner Liebe; seine Ewigkeit das lebendige Geschehen seiner Liebe; seine Unwandelbarkeit die Beständigkeit seiner Liebe; seine Allmacht die Unwiderstehlichkeit seiner Liebe; seine Gerechtigkeit die Unbestechlichkeit seiner Liebe; seine Allgegenwart die Unentrinnbarkeit seiner Liebe; seine Ursprungslosigkeit die Kreativität seiner Liebe. Keine göttliche Eigenschaft ist daher Gegenbegriff zur göttlichen Liebe, sie sind ihr vielmehr alle subordiniert.

Nun gibt es Liebe aber nicht unabhängig von dem diese Liebe realisierenden Handeln. Jedes von Gott ausgesagte ›F‹ muß sich daher als göttliches Handeln oder als Qualität bzw. Aspekt desselben präzisieren lassen. Denn von Gott kann wahrheitsgemäß nur ausgesagt werden, was sich seinem Handeln in seinem Verhältnis zu sich selbst und in seinen Verhältnissen zu anderem als er selbst entnehmen und als Merkmal seiner Liebe spezifizie-

1 Zum Merkmalsbegriff vgl. G. Frege, (§ 47 Anm. 6), S. 76ff.

2 Das ist der Grund für die These, daß in Gottes Offenbarung Gott *sich selbst* und Gott sich *ganz* offenbart hat: so, wie er dort erkennbar wird, *ist* er – ohne Einschränkung.

ren läßt. Damit ist hermeneutisch sowohl der Herkunftsort als auch die Verständnisweise der göttlichen Prädikate angegeben. Kein Prädikat kommt Gott zu, das nicht Merkmal seiner Liebe wäre und damit konsistent mit den übrigen Merkmalen seiner Liebe harmonierte. Der Inbegriff dieser Merkmale expliziert dementsprechend, was unter der Liebe Gottes zu verstehen ist. Dabei stellt jedes Merkmal der Liebe Gottes zugleich eine Eigenschaft oder Relation Gottes dar und muß sich als solche im Hinblick auf Gott Vater, Sohn und heiliger Geist konkretisieren lassen. Aufgrund des dynamischen Geschehenscharakters des göttlichen Lebens besteht diese Konkretisierung darin, die entsprechende Eigenschaft bzw. Relation als Handeln bzw. Aspekt des Handelns Gottes einsichtig zu machen, und zwar so, daß sich die Harmonie der göttlichen Liebesmerkmale in der Konsistenz und unmißverständlichen Eindeutigkeit seines Handelns bewähren muß. Gott handelt nicht einmal so und dann wieder anders, ohne seine Identität als Gott zu verlieren. Was immer er tut, ist vielmehr Liebeshandeln und damit Konkretisierung seines Wesens. Jede Handlung Gottes gibt daher über sein Wesen Aufschluß.[2] Denn alles, was Gott tut, ist in dem Geschehen der liebenden Selbstunterscheidung und Selbstbeziehung von Vater, Sohn und Geist verankert und begründet, das in der Erfahrung Jesu als der uns geltenden Anrede Gottes offenbar wird. Diese Erfahrung ist daher Ursprungsort und Bewährungsort sämtlicher Gott vom christlichen Glauben zugeschriebenen Eigenschaften und Relationen. Sie stellt damit auch die Kriterien zur Verfügung, mit deren Hilfe über die spezifische Appropriation einer Handlung zu Gott Vater, Gott Sohn oder Gott heiligem Geist theologisch entschieden werden kann.

§ 120 Gottes Handeln als Exegese seines Wesens

Jede Eigenschaft bzw. Relation Gottes läßt sich als Merkmal seiner Liebe betrachten, die sich im göttlichen Handeln manifestiert. Sie ist damit sowohl hinsichtlich ihrer Begründung im trinitarischen Leben des Vaters, des Sohnes und des Geistes als auch hinsichtlich ihrer Manifestation im Liebeshandeln Gottes, insbesondere in dessen Selbstexplikation in Jesus Christus zu spezifizieren. Denn das göttliche Handeln ist insgesamt nichts anderes als die Konkretisierung des Satzes ›Gott ist die Liebe‹. Was dieser Satz besagt, läßt sich nur verstehen, wenn man auf die Handlungen Gottes achtet, die ihm seinen Sinn verleihen; und er ist nicht eher ganz verstanden, als bis die Gesamtheit dieses Handelns als sein Interpretament beachtet und ausgewertet ist. Dabei ist zu berücksichtigen, daß der Satz ›Gott liebt‹ nicht so sehr selbst eine göttliche Handlung unter bzw. neben anderen aussagt, als vielmehr den im Wesen Gottes verankerten Handlungsgrund angibt, der alles Handeln Gottes leitet und bestimmt. Was immer von Gott wahrheitsgemäß ausgesagt werden kann, ist Konkretisierung seines Liebeshandelns und damit Auslegung seines Wesens: in seinem Handeln exegesiert sich Gott Vater, Sohn und heiliger Geist selbst als Liebe.

Um die Liebe, die Gott ist, zu verstehen, müssen wir uns an den Handlungen orientieren, in denen Gott sich selbst ausgelegt hat und auslegt. Diese Handlungen lassen sich nicht abstrakt identifizieren, benennen und aufzählen, sondern nur als konkrete Geschichten aufweisen und einsichtig machen. Als *Geschichten* werden sie einsichtig, wenn wir selbst uns durch dieses Handeln betroffen und tangiert begreifen. Denn Geschichten sind intrinsisch involvierend und beziehen Akteure und Betroffene in einen je spezifischen dramatischen Zusammenhang ein; und nur aus diesem Zusammenhang heraus und nicht von außerhalb desselben lassen sie sich richtig verstehen. Eben deshalb ist es unerläßlich, von der Schöpfung als der Schöpfungs*geschichte*, von der Versöhnung als der Versöhnungs*geschichte* und von der Erlösung als der Erlösungs*geschichte* zu sprechen. Denn jeder dieser Handlungszusammenhänge findet so im Horizont des ewigen Selbstverhältnisses Gottes statt, daß dieser sich selbst zusammen mit anderem, zu dem er sich in je spezifischer Weise ins Verhältnis setzt, in einen dramatischen Geschehenszusammenhang integriert. In diesem Sinn sind die Handlungen, durch die Gott sein Wesen erfahrbar zur Darstellung bringt, nicht distanziert beschreibbare Vorgänge, sondern konkrete Geschichten, die denjenigen, der dieses Geschehen als Handeln *Gottes* begreift, in einen dramatischen Zusammenhang mit Gott einbeziehen. Von einem Handeln Gottes vermögen wir daher überhaupt nicht zu reden, ohne von einem *gerade uns* betreffenden Geschehen zu sprechen. Daß Gott handelt, heißt immer zugleich, daß für und mit uns etwas geschieht.

Alles göttliche Handeln hat daher durchgängig den Charakter *relationalen* oder *gemeinsamen Handelns*. Relationales Handeln liegt immer dort vor, »where one person attempts to establish or succeeds in establishing a relation between himself and another person and the other person need not take any action himself for that relationship to be established«.[1] Von gemeinsamem Handeln hingegen kann man dann sprechen, wenn eine Handlung konstitutiv mehr als einen Handelnden involviert und wenn ein entsprechend mehrstelliges Handlungsprädikat wahrheitsgemäß auf jeden der Handelnden hinsichtlich seines individuellen Handelns zutrifft. Es ist von nicht zu unterschätzender Bedeutung, daß sich Gottes Handeln nicht nur relational und damit bezogen auf seine Geschöpfe in ihren raumzeitlichen Verhältnissen vollzieht, sondern in wesentlicher Hinsicht auch als gemeinsames Handeln und damit als ein eschatologischer Handlungsvollzug unter den Bedingungen von Raum und Zeit. Denn eben so handelt Gott ewig als Schöpfer *und* zeitlich im Horizont seiner Schöpfung, ohne daß sein Handeln dadurch mirakulösen Charakter annähme. Wer immer sich daher in eine Geschichte mit Gott verwickelt vorfindet, erkennt, daß alles göttliche

1 D. H. M. Brooks, Joint Action, *Mind* 90, 1981, S. 113–119, S. 113f.

Handeln, auch das prima facie gar nicht oder jedenfalls nicht ausschließlich auf ihn bezogene und gerichtete Handeln Gottes beispielsweise im Horizont von dessen Schöpfertätigkeit, relationalen Charakter trägt, weil es konstitutives Moment von dessen Bezugnahme *gerade auf ihn* ist. Und wer immer sich durch Gott relational in eine Geschichte mit Gott einbezogen erfährt, die alle Geschichten zwischen Geschöpfen überhaupt erst möglich macht, kann als so Einbezogener zu einem *co-operator* Gottes[2] werden und damit zusammen mit Gott an der Fortsetzung und Gestaltung dieser Geschichte mitwirken. Dabei ist allerdings streng zu beachten: In diese Geschichte mit Gott einbezogen zu werden, ist in keinem Sinn gemeinsames, sondern ausschließlich relationales Handeln, das Gott allein als Handelnden und den Menschen immer nur als Betroffenen kennt. Das gilt für die Schöpfungsgeschichte nicht weniger als für die Versöhnungs- und Erlösungsgeschichte. Erst für den, der so von Gott relational in eine Geschichte mit ihm einbezogen ist, gibt es dann auch gemeinsames Handeln mit Gott: als Geschöpf mit dem Schöpfer, als Versöhnter mit dem Versöhner, als Erlöster für seine wie er selbst durch Jesus Christus versöhnten Mitgeschöpfe. Sowohl Gottes relationales als auch gemeinsames Handeln ist somit Realisierung seiner Liebe und manifestiert sich in der sich in vielen einzelnen Geschichten vollziehenden einen Geschichte, in die er uns in Jesus Christus unwiderruflich und ein für allemal verwickelt hat. Was immer wir daher theologisch Gott an Eigenschaften und Relationen zuschreiben und damit als Merkmale seiner Liebe ausgeben, es trifft nur dann wahrheitsgemäß auf Gott zu, wenn es das begriffliche Kondensat dieser Geschichte ist, in der Gott selbst seine Liebe im Blick auf uns handelnd konkretisiert.

§ 121 Herkunft und Struktur der Merkmale göttlicher Liebe

Für den christlichen Glauben geschah dies in letztgültiger Form in Jesus Christus. In der Geschichte Jesu Christi hat Gott so unmißverständlich für uns gehandelt, daß der Charakter seiner Liebe samt all ihren Merkmalen endgültig und vollgültig manifest wurde. In Jesus Christus hat sich ein für allemal bestätigt, daß Gott Vater, Sohn und heiliger Geist als Liebe existiert. Nur in der Orientierung an dieser Geschichte, die Gott als Handelnden und uns als Betroffene in dem durch Jesus Christus markierten dramatischen Zusammenhang der Versöhnungsgeschichte verbindet, läßt sich der volle Sinn dessen erfassen, was ›Gott ist die Liebe‹ bedeutet. Denn nur ihr läßt sich entnehmen, wie Gott die seine Liebe definierenden Merkmale konkretisiert, präzisiert und mit Sinn erfüllt hat.

2 Vgl. M. Seils, *Der Gedanke vom Zusammenwirken Gottes und des Menschen in Luthers Theologie*, Gütersloh 1962; W. Joest, *Ontologie der Person bei Luther*, Göttingen 1967, S. 310ff.

Von diesem Handeln Gottes in Christus her betrachtet lassen sich die Merkmale der göttlichen Liebe strukturell alle als mehrstellige Relationen charakterisieren, die eine von Gott ausgehende und über Jesus Christus die Menschen betreffende Aktivität darstellen. Jede dieser Aktivitäten ist in dem Geschehen der Liebe zwischen Vater, Sohn und heiligem Geist begründet. Und jede von ihnen manifestiert auf ihre Weise das soteriologische Telos der göttlichen Pro-Existenz. So ist Gottes Freiheit derjenige Aspekt des Handelns Gottes in Jesus Christus, durch den er uns frei macht, seiner Liebe zu entsprechen; und dies ist begründet in der spontanen Liebe, in der sich Gott Vater, Sohn und heiliger Geist aufeinander beziehen und eben damit schon über sich hinausgehen. Entsprechend ist seine Universalität derjenige Aspekt des Handelns Gottes in Jesus Christus, durch den er seine Liebe ausnahmslos allen zugute kommen lassen will; und auch er ist begründet in der Totalität des göttlichen Liebes-Lebens von Vater, Sohn und Geist. Seine Gerechtigkeit ist derjenige Aspekt des Handelns Gottes in Jesus Christus, durch den Gott uns gerecht macht, so daß wir nicht nur liebenswerte Geschöpfe sind, sondern auch Gott und unseren Mitgeschöpfen in Liebe begegnen können; und wiederum ist dies in der Liebe zwischen Vater, Sohn und Geist begründet, die in ihrer Lebensgemeinschaft die Konformität der sich gegenseitig Liebenden realisieren. Und entsprechend läßt sich jede andere Eigenschaft und Relation Gottes an dem auf Entsprechung und Gleichförmigkeit ausgerichteten göttlichen Handeln konkretisieren. Dabei ist unübersehbar, daß sie alle hinsichtlich ihrer Fundierung im trinitarischen Leben tendenziell übereinkommen. Keine von ihnen kann in einer Handlung daher unter Absehung von den übrigen realisiert werden. Wann immer Gott handelt, handelt er vielmehr frei, universal, gerecht, beständig, unwiderstehlich; und da er unablässig handelnd seine Liebe konkretisiert, ist er frei, universal, gerecht und beständig. Jedes Liebes-Werk Gottes ist durch diese Aspekte ausgezeichnet. Und durch jedes Werk präzisiert er die Liebe, als die er sich in Jesus Christus erwies.

§ 122 Liebe und Kreuz

Daß Gott Liebe ist und wie weit Gott in seiner Liebe geht, hat sich für den christlichen Glauben unwiderruflich am Kreuz Jesu Christi erwiesen. Hier kam es zum Austrag des Streits zwischen konsequenter Pro-Existenz und der dabei scheinbar unvermeidbaren Konsequenz der Nicht-Existenz. Verlangt doch die Logik der Selbsthabe, daß sein Dasein verliert, wer ganz und nur für andere da ist, wer im Sein für andere aufgeht, und zwar nicht erst, wenn diese durch den Tod entrissen werden. Denn wie soll man für andere sein können, wenn man nicht unabhängig von diesem Bezug zunächst einmal selbst ist? Und wie soll man noch sein können, wenn man nur in diesem Bezug ist, und es das nicht mehr gibt, worauf man sich bezog? In beiderlei

Hinsicht scheint die Existenz der Relate Bedingung und Voraussetzung der Möglichkeit der Relation zu sein. Am Kreuz hat sich gezeigt, daß dies für Gottes Liebe nicht gilt. Gott liebt nicht nur, so daß er jenseits dieser Relation zu dem, was er liebt, noch ein anderer wäre oder als ein anderer bestimmt werden könnte. Er *ist* Liebe und daher nichts anderes als das, was er in dieser Relation ist, denn es ist unmöglich, daß Gott etwas ist oder tut, was er nicht als Liebe ist oder tut. Und diese Liebe, die Gott ist, ist nicht abhängig von der ihr vorgegebenen Existenz dessen, was sie liebt, sondern als Liebe Gottes ist sie die schöpferische Kraft, die das Geliebte nicht nur seinem Geliebtsein, sondern seinem Sein nach konstituiert und setzt. Was immer Gott liebt, hat sein Sein einzig durch diese Liebe und aufgrund derselben. Es besitzt deshalb seine höchste Auszeichnung sowohl im Hinblick auf sein Wesen (und damit im Blick auf das, was es ist) als auch hinsichtlich seiner Existenz (und damit im Blick auf das, daß es ist und nicht vielmehr nicht ist) in dem grundlegenden Tatbestand, *daß es von Gott geliebt wird*.

Diese ursprünglich lebenssetzende Macht der Liebe Gottes erwies das Kreuz Christi. Denn indem Gottes Liebe selbst um den Preis, sich in die Todesgemeinschaft mit diesem Menschen hineinziehen zu lassen und damit sich selbst aufs Spiel zu setzen, daran festhielt, Jesus Christus und durch ihn alles übrige in die Lebensgemeinschaft mit sich hineinzuziehen, erwies sie sich als stärker als ihr schärfster Gegensatz: der Tod. Auch durch den Tod ließ sich Gott nicht die fatale Alternative von Existenz oder Pro-Existenz aufzwingen, sondern enthüllte sie als falsche Alternative. Indem er auch im extremsten Gegensatz seiner selbst konsequent seinem Wesen der Liebe treu blieb, bewährte er nicht nur seine göttliche Existenz, sondern dokumentierte zugleich seine Treue und Wahrhaftigkeit. Gott blieb auch am Kreuz Jesu Christi sich selbst treu, indem er entschieden an dem festhielt, was er ist: die Liebe. Wer aber in seinem Sein und Handeln anerkennt und gelten läßt, was ist, der ist wahrhaftig. Gott erwies sich als wahrhaftig, insofern er sich auch in der Konfrontation mit dem Tod für sein Wesen und damit für das entschied, was er in Wahrheit ist, indem er nicht aufhörte zu lieben. Auch im Kreuzestod Jesu Christi entsprach Gott so sich selbst. Weil er sich so entsprach und damit gerade seine Pro-Existenz und nicht etwas von ihr Verschiedenes als Vollzug seines sich ursprünglich selbst erneuernden göttlichen Lebens als Vater, Sohn und heiliger Geist erwies, stellte er unter Beweis, daß das Leben der Liebe auch am Tod keine Grenze hat. Eben deshalb gilt für die durch ihn konstituierte Lebens-Gemeinschaft nicht nur grundsätzlich und bis zur äußersten Konsequenz: »Furcht ist nicht in der Liebe« (1Joh 4,18), da »weder Tod noch Leben, weder Engel noch Fürstentümer noch Gewalten, weder Gegenwärtiges noch Zukünftiges, weder Hohes noch Tiefes noch keine andere Kreatur kann uns scheiden von der Liebe Gottes, die in Jesus Christus ist, unserem Herrn« (Röm 8,38f), sondern auch umgekehrt: »Wer nicht liebt, der bleibt im Tode«, denn der kennt Gott nicht (1Joh 3,14; 4,8).

§ 123 Liebe und Handeln

Ist Gottes Gegenstandsart die Liebe, dann ist alles, was er tut oder läßt, Vollzug und Realisierung seines Wesens der Liebe. Es gibt nichts, was er vollzieht und was nicht Konkretion seiner Liebe wäre. Denn gäbe es das, hätte Gott aufgehört, Gott zu sein.

Überhaupt nicht begonnen, Gott zu sein, hätte er hingegen, würde er die Liebe, die er ist, nicht leben. Es ist sein Sein als Liebe, das Gottes Handeln nicht nur grundsätzlich als Liebeshandeln auszeichnet, sondern das Gott den schlechthin Handelnden sein läßt. Gott wäre nicht die Liebe, würde er nicht handeln; und er kann nicht anders handeln als zu lieben. Was immer er tut oder läßt, ist daher *Werk seiner Liebe* und hat darin seinen unauslöschlichen Charakter.[1] Und weil er Liebe ist, Liebe aber nach dem sie realisierenden Handeln verlangt, ist er uranfänglich und ohne Unterlaß am Werk seiner Liebe.

Weil Gott Liebe ist und damit immer schon am Werk der Liebe ist, ist er der *schlechthin Handelnde*. Als schlechthin Handelnder handelt Gott absichtlich auf eine bestimmte Weise und damit nicht so, wie er hätte auch handeln können (§ 115). Gott muß daher nicht nur ein *Wissen* um sein Handeln zugeschrieben werden, sondern auch ein *Wille*, sich für die eine und gegen andere mögliche Handlungsintentionen zu entscheiden. Gott weiß, was er tut und warum er es tut, und er will, was er tut. Das heißt nicht, daß seine Existenz temporaler Natur sein muß, da man nichts wissen oder wollen kann, ohne es irgendwann zu wissen oder zu wollen.[2] Dieser Grundsatz gilt nur für raumzeitliche Gegenstände. Gott aber ist kein raumzeitlicher Gegenstand. Wird ihm Wissen und Wollen zugeschrieben, dann wird dadurch nicht er im Horizont raumzeitlicher Gegenständlichkeit lokalisiert, sondern das Wissen und Wollen im Horizont seiner Gegenständlichkeit zu bestimmen aufgegeben. Was es heißt, daß Gott weiß, was er tut und warum er es tut, und daß er will, was er tut, wird erst dort verständlich. Man kann es dementsprechend auch nur von dort her verstehen, wo Gottes Gegenständlichkeit erfahrbar manifest wurde: am Kreuz Jesu Christi. Gerade dies aber belegt, daß Gott liebt; daß er liebt, weil er lieben will; und daß er wesensnotwendig liebt, weil er wahrhaftig liebt. Indem er so liebt, wie das Kreuz dokumentiert, entscheidet er sich aktiv gegen alles Handeln, das nicht Liebe in dieser kompromißlosen Konsequenz wäre. Zugleich aber wird dadurch deutlich, daß er nicht gezwungenermaßen liebt, sondern in freier Entscheidung für sein Wesen der Liebe. Gottes Lieben ist tatsächlich Konsequenz einer Entscheidung und nicht nur Ausfluß seines Wesens.[3]

1 Daraus folgt nicht, daß wir alles, was er tut, per se auch als Liebeswerk zu begreifen vermögen. Daß dies gerade nicht so ist, ist die Grundeinsicht der im sog. Theodizeeproblem artikulierten Erfahrung.

2 Vgl. Rohls, (§ 70 Anm. 2), S. 145.

3 Daß er zugleich wesensnotwendig und aus freier Entscheidung liebt, schließt sich also nicht

Denn am Kreuz vollzog sich das Drama, in dem Gott sich entschied, seinem Wesen auch angesichts des Todes treu zu bleiben (§ 122). Er hätte auch anders handeln können, wenn auch um den Preis, sich dann selbst auszulöschen. Im Geschehen am Kreuz stand daher durchaus Gottes Leben selbst auf dem Spiel. Indem er sich aber dafür entschied, sich selbst zu entsprechen, blieb er Gott und erwies sich stärker als der Tod. Erst vom Kreuz her kann der christliche Glaube daher zuversichtlich behaupten, daß Gott frei und wahrhaftig und deshalb wissentlich und willentlich Liebe ist.

§ 124 Liebe als Negation des Nichts

Ist Gott wissentlich und willentlich Liebe und damit immer schon handelnd am Werk der Liebe, dann wird für den christlichen Glauben einsichtig, warum überhaupt etwas ist und nicht vielmehr nichts. Denn diese Frage unterstellt nicht nur, daß etwas, das ist, auch anders oder nicht sein könnte, sondern insinuiert, daß überhaupt nichts sein könnte. Da aber etwas ist, wie die Erfahrung lehrt, kann diese Frage niemals durch die Angabe eines Kausalgrunds, sondern immer nur durch die Angabe eines Handlungsgrunds beantwortet werden. Denn ein Kausalgrund für p könnte immer nur angeben, daß p ist und unmöglich nicht sein könnte, weil q ist. Da sich aber im Blick auf q dieselbe Frage wiederholen ließe, ist deren Pointe durch eine derartige Antwort gerade verfehlt. Nur Handlungsgründe sind von der Art, daß sie einsichtig werden lassen, daß das durch die Warum-Frage problematisierte p auch anders oder nicht sein könnte. Denn Handeln heißt immer und konstitutiv, auch anders handeln können,[1] weil auch eine andere Absicht realisiert werden könnte. Jede Handlung steht damit von vornherein im Horizont möglicher Alternativen. Und der Grund, warum nicht die eine, sondern gerade die andere Handlungsmöglichkeit realisiert wird oder wurde, kann allein in der Handlungsintention des Handelnden gefunden werden, die nicht etwa einen Kausalgrund der Handlung darstellt, sondern den Entscheidungsgrund für die Wahl und den Vollzug der einen und damit gegen die Realisierung der anderen Handlung.

aus. Man kann handelnd durchaus *gegen* sein Wesen *verstoßen* und damit – z. B. als Mensch – ein *unmenschlicher* Mensch werden. Gerade die mit dem Handeln prinzipiell gesetzte Möglichkeit, auch anders handeln zu können, stellt vor die Grundforderung, in Entsprechung und nicht im Widerspruch zu sich selbst zu handeln. Der Mensch kommt dieser Forderung weder als Sünder noch als Gerechter zwangsläufig nach: als Sünder lebt er auch in dieser Hinsicht im Widerspruch und als Gerechter muß er diese Entsprechung immer wieder neu realisieren. Gott hingegen lebt auch hier in gänzlicher Entsprechung mit und zu sich selbst: er ist, was er tut, und er tut, was er ist.

1 Deshalb ist das Handlungsproblem identisch mit dem Freiheitsproblem. Vgl. etwa die klassische »Definitio libertatis« in den *Lucubratiuncula* des Philipp Melanchthon: »Est autem libertas posse agere aut non agere Posse sic aut aliter agere.« *Opera*, CR 21, Braunschweig 1854, Sp. 11–48, Sp. 13/14. Vgl. ders., *Loci Theologici* (1521), aaO., Sp. 81–230, Sp. 87, 15f.

Wird daher gefragt, warum überhaupt etwas ist und nicht vielmehr nichts, dann ist diese Frage entweder sinnlos (als Kausalfrage) oder es wird nach der Intention und dem Entscheidungsgrund eines Handelnden gefragt, der das, was ist, handelnd realisiert. Die inklusive Radikalität der Frage unterstellt dann aber, daß alles, was ist, als Handeln verstanden werden muß; und insofern überhaupt etwas ist und nicht vielmehr nichts, kann die Intention dieses Handelns zumindest dahingehend bestimmt werden, daß es will, daß etwas sei – wenn auch nicht unbedingt, daß es so sei, wie es ist. Denn obgleich man nichts intendieren kann, ohne es als etwas Bestimmtes zu intendieren, muß das mit einer Handlung Intendierte mit deren faktischem Resultat keineswegs identisch sein.

In dieser Radikalität alles, was war, ist und sein wird als Handeln zu verstehen und auf die Intention eines Handelnden zurückzuführen, der will, daß es ist, vermag nur der (christliche) Glaube. Denn zu wollen, daß etwas sei, und zwar so sei, daß es der Intention des Handelnden entspreche, ist in ausgezeichnetem Maße Merkmale des göttlichen Liebeshandelns. Nur die schöpferische Liebe Gottes zielt nicht nur auf das Sosein, sondern das Dasein des Geliebten. Sie allein ist daher auch der Grund dafür, daß es überhaupt etwas und nicht vielmehr nichts gibt. Mit Gottes Liebe-Sein ist das Nichts prinzipiell und seit dem Geschehen am Kreuz Christi auch irrevozierbar negiert. Daß Gott existiert, heißt deshalb unaufhebbar, daß auch anderes existiert. Und anderes existiert gerade deshalb, weil Gott existiert.

§ 125 Werke der Liebe

Gott existiert und ist eben deshalb unablässig am Werk seiner Liebe. Für den christlichen Glauben konkretisiert sich dieses Werk der göttlichen Liebe in den drei Grundwerken der *Schöpfung*, der *Versöhnung* und der *Erlösung*.[1] Sie alle sind in dem ursprünglichen Anredegeschehen begründet, das Gott der Vater, der Sohn und der heilige Geist ist. So wird Gott, der sich als Vater ursprünglich anredend an den Sohn wendet, zum *Schöpfer*, indem er diesem ermöglicht, ihm als Gott zu entsprechen. Gott, der als Sohn dem väterlichen Anspruch entspricht und nicht allein und für sich beim Vater bleibt, sondern sich seinerseits an die Schöpfung wendet, wird zum *Versöh-*

1 Die Erlösung als Vollzug des göttlichen Versöhnungswerkes *gerade an mir* ist in spezifischer Weise dem Geist zu appropriieren. Denn, wie M. Kähler, *Die Wissenschaft der christlichen Lehre vom evangelischen Grundartikel aus im Abrisse dargestellt*, Leipzig ³1905 = Neukirchen-Vluyn 1966 formuliert, die »erlösende Versöhnung in Christo hat sich ... in einer geschichtlichen Tat Gottes vermittelt; deshalb setzt ihr Verständnis die Erkenntnis Gottes als des Versöhners voraus, wird indes erst in der Einsicht vollständig, wie Gott diese Versöhnung fortgehend an den Erwählten vollzieht« (aaO., S. 316f). Dieser fortgehende Vollzug der Versöhnung an den Erwählten ist jedoch nichts anderes als die »Zueignung der Versöhnung durch den Geist Christi«. Denn das »Handeln Gottes, in welchem er die Versöhnung zueignet ..., vollzieht sich durch den heiligen Geist« (aaO., S. 381). Und eben das ist die Erlösung.

ner, indem er die Entsprechung, die das Geschöpf dem durch ihn vermittelten Anspruch Gottes verweigert, selbst vollbringt und sich damit als wahrer Mensch und wahrer Gott erweist. Und Gott wird als der vom Vater und vom Sohn zur Schöpfung hin ausgesprochene Geist zum *Erlöser*, indem er den Menschen im Bezug auf Jesus Christus an der vollbrachten Entsprechung teilgibt und ihnen so dazu verhilft, die Göttlichkeit des Vaters, des Sohnes und seiner selbst und ihre eigene Geschöpflichkeit, deren sündige Verfehlung und geschenkweise Neugestaltung nicht nur zu erkennen, sondern auch dieser Erkenntnis entsprechend zu leben.

Jedes dieser Werke ist dogmatisch anhand der konkreten Geschichte, in der es sich für den christlichen Glauben manifestiert, als Liebeshandeln Gottes zu entfalten. Durch jedes dieser Werke weiß sich der Glaubende dementsprechend in spezifischer Weise betroffen und in einen dramatischen Handlungszusammenhang mit Gott Vater, Sohn und heiligem Geist hineingenommen. Dieser Handlungszusammenhang ist immer eindeutig als von Gott ausgehendes Geschehen strukturiert, hat aber jeweils einen anderen Grundcharakter, der ihn dominiert. Entsprechend ist der christliche Glaube genötigt, von einer Schöpfungsgeschichte, Versöhnungsgeschichte oder Erlösungsgeschichte zu reden. In jeder dieser Geschichten kommen aufgrund des spezifischen Charakters des sie konstituierenden dramatischen Zusammenhangs Gott und Mensch in ihren jeweiligen Bezügen und Verhältnissen in unterschiedlicher Weise und unter anderen Aspekten in den Blick. In diesen Geschichten ist daher einerseits der theologische Grund zu suchen für die spezifische Appropriation des jeweiligen Werkes an den Vater, den Sohn oder den heiligen Geist. Andererseits kann keine dieser Appropriationen vollzogen werden, ohne daß auch der Mensch dabei schwerpunktmäßig unter dem Gesichtspunkt seines spezifischen Verhältnisses zum Vater, zum Sohn und zum heiligen Geist charakterisiert würde. Ich verdeutliche dies paradigmatisch durch einige Hinweise auf das Werk der Schöpfung.

§ 126 Schöpfung als Liebeswerk

Indem der Vater, der sich ursprünglich anredend an den Sohn wendet, diesem ermöglicht, ihm als Gott zu entsprechen, wird Gott zum *Schöpfer*. Er ist Schöpfer, indem er sich redend von seiner Schöpfung unterscheidet und diese damit als ein relativ selbständiges Gegenüber seiner selbst konstituiert; und er unterscheidet sich von seiner Schöpfung darum, weil nur im Bezug auf sie der Sohn dem Anspruch des Vaters, ihm als Gott zu entsprechen, zu genügen vermag. Die durch das Reden Gottes von ihm unterschiedene Schöpfung ist daher mit der väterlichen Anrede an den Sohn unabtrennbar gesetzt, weil sie zur Erfüllung von deren Intention unabdingbar ist.

Mit gutem Recht hat die theologische Tradition das Werk der Schöpfung daher dem Vater appropriiert. Denn das Geschehen, durch das sich Gott als Vater und Sohn durch den Geist selbstbezüglich unterscheidet, vollzieht sich Hand in Hand mit einem Geschehen, durch das sich Gott Vater, Sohn und Geist gemeinsam von etwas von ihnen als Gott Verschiedenem unterscheidet. Keines von beiden läßt sich theologisch ohne das andere wahrheitsgemäß thematisieren. Aber von beidem kann wahrheitsgemäß auch nur gesprochen werden, wenn beide klar unterschieden bleiben. Die den Sohn konstituierende Anrede des Vaters ist nicht identisch mit dem Schöpfungswort Gottes, sondern dessen Grund. Der Sohn ist kein Geschöpf, sondern vom Vater daraufhin angesprochen, ihm als Gott zu entsprechen. Das vermag er nur, indem er anderes auf Entsprechung zu ihm und damit zu Gott hin anspricht. Die göttliche Liebe von Vater und Sohn will daher ursprünglich immer schon das andere, die Schöpfung, an der sich diese Liebe und damit das Gottsein Gottes bewähren will.

Als Vollzug und Resultat des Redens Gottes ist die Schöpfung von der Anrede des Vaters an den Sohn klar unterschieden. Sie ist damit aber in einem Reden begründet, dessen Subjekt Gott Vater, Sohn und Geist ist. Dem Vater läßt sich die Schöpfung daher nicht appropriieren, ohne daß man auch von der *Schöpfermittlerschaft des Sohnes* und der *Schöpferkraft des heiligen Geistes* spricht. Durch den Sohn in der Kraft des heiligen Geistes redend ist Gott der Vater der Schöpfer.

Indem er durch den Sohn in der Kraft des Geistes nicht nur redet, sondern *anredet*, ist er insbesondere der Schöpfer des *Menschen*. Denn durch diese Anrede schafft er sich unter allen Geschöpfen dasjenige, das er dazu bestimmt und durch den Sohn daraufhin anspricht, ihm zu entsprechen. Eben das meint die Rede von der *Gottebenbildlichkeit* des Menschen. Im Zusammenhang der Schöpfungs-Geschichte kommt der Mensch spezifisch unter dem Gesichtspunkt seiner Bestimmung zur Gottebenbildlichkeit in den Blick. Wie die Anrede des Vaters durch den Geist den Sohn konstituiert, so konstituiert die Anrede Gottes des Vaters durch den Sohn im heiligen Geist im Horizont der Schöpfung den Menschen. Während aber der Sohn dazu bestimmt ist, dem Vater *als Gott* zu entsprechen, ist der Mensch dazu bestimmt, Gott *als Mensch* zu entsprechen.

Diese Bestimmung verfehlt der Mensch immer dann grundsätzlich, wenn er seine Geschöpflichkeit negiert und ignoriert. Denn dann versucht er faktisch, Gott *als Gott* zu entsprechen oder – was auf dasselbe hinausläuft – *ohne Gott* Mensch zu sein und damit die Fundamentaldifferenz zwischen Schöpfer und Geschöpf aufzuheben bzw. zu leugnen. Das er eben das immer schon tut, kennzeichnet ihn als *Sünder*. Als solcher steht er im Widerspruch nicht nur zu Gott, sondern auch zu seiner eigenen schöpfungsmäßigen Bestimmung als Gott zu entsprechender Mensch. Zwar existiert er, aber er existiert nicht als der gottebenbildliche Mensch, der er nach dem Willen Gottes des Vaters und der durch den heiligen Geist geäußerten Bitte

Gottes des Sohnes sein könnte und sein sollte. Er existiert damit gerade nicht als menschlicher Mensch. Das bleibt ihm als Sünder im Blick auf seine eigene Wirklichkeit allerdings notgedrungen verborgen. Welch ein Mensch er in Wahrheit sein könnte, wird ihm vielmehr erst an Jesus Christus deutlich, der selbst als Mensch an unserer Statt dem göttlichen Anspruch entspricht. Damit kommt er nicht nur als Gott dem Anspruch des Vaters an ihn als den Sohn nach, sondern bringt auch als Mensch in der Entsprechung zu Gottes Anspruch die Wahrheit menschlichen Lebens in der Lebensgemeinschaft mit Gott definitiv zur Geltung. Indem er selbst wahrer Mensch wird, wird er wahrer Gott und ermöglicht uns im Bezug auf ihn, wahre Menschen in der Gemeinschaft mit Gott zu werden. Dafür, daß dies nicht nur eine Möglichkeit bleibt, sorgt Gott der heilige Geist. Seinem Wirken ist es zu verdanken, daß Jesus Christus nicht der *einzige*, sondern der *erste* wahre Mensch ist, dem andere nachfolgen, indem sie im Glauben an ihn zu wahren Menschen und mit ihm zusammen in der Gemeinschaft Gottes zu immer menschlicheren Menschen werden.

§ 127 Gottes Gegenständlichkeit

Gott Vater, Sohn und heiliger Geist existiert als Liebe, indem er handelnd sein Wesen ins Werk setzt. Er wird durch dieses Liebeshandeln aber gerade nicht zu einem Gegenstand, der sich im Horizont raumzeitlicher Gegenständlichkeit vom Menschen lokalisieren ließe. Seine göttliche Pro-Existenz vollzieht sich vielmehr in der für ihn eigentümlichen *eschatologischen Gegenständlichkeit*. Diese läßt sich in der Orientierung an der Geschichte Jesu Christi intensional als Gottes *Herrlichkeit* bestimmen, so daß kategorisch gilt: *Gott, Vater, Sohn und heiliger Geist existiert als Liebe in Herrlichkeit*.

Was zeichnet diese nichtontische, eschatologische Gegenständlichkeit Gottes aus? Als *Gegenständlichkeit* ist sie das Identifikationssystem, in dessen Horizont sich die Gegenstände dieser Gegenständlichkeit eindeutig identifizieren und, wenn sie existieren, lokalisieren lassen (müssen). Sie markiert so die Sphäre der Möglichkeiten, welche den Gegenständen dieser Gegenständlichkeit gemäß der ihnen eigentümlichen Gegenstandsart in der passiven und aktiven Realisierung ihres Wesens und damit in ihren realen Beziehungen offenstehen. Als Gegenständlichkeit *Gottes* hat sie nicht nur dessen eindeutige Identifizierbarkeit zu garantieren, sondern darüber hinaus die aller anderen Gegenstände, deren Existenz der Glaube ontologisch vorauszusetzen und anzunehmen genötigt ist. Sie leistet das, indem sie all diese Gegenstände in ihrem spezifischen Bezug zu Gott zu lokalisieren ermöglicht und damit als das zu bestimmen erlaubt, was sie gemäß der ihnen eigentümlichen Gegenstandsart im Verhältnis zu Gott sind, sein können und sein sollen. Gegenständliches Sein im Horizont der Gegenständlichkeit Gottes wird so als ein komplexes *System von Relationen* der im Glauben ontologisch vorausgesetzten Gegenstände rekonstruierbar. Das *Ordnungsprinzip* dieses Relationensystems ist der *Bezug zu Gott*, seine Komplexität Folge der Mannifaltigkeit tatsächlicher und möglicher Bezüge zu Gott und deren Verhältnisse untereinander. Doch der Bezug zu Gott ist nur die eine Identifikationskoordinate für Gegenstände im Horizont dieser Gegenständlichkeit. Ihre Funktion als Identifikationssystem erfüllt diese nur und gerade deshalb, weil dieses auf Gott hin geordnete Relationensystem – und das ist die zweite und entscheidende Koordinate – *christologisch zentriert* ist, insofern es keinen Bezug zu Gott unter Absehung eines spezifischen Bezugs zu Jesus Christus gibt (und zwar auch keinen Bezug Gottes zu sich selbst!), vielmehr *alle* Bezüge über Jesus Christus verlaufen. Identifiziert ist ein Gegenstand im Horizont dieser Gegenständlichkeit infolgedessen genau dann, wenn sein spezifisches Verhältnis zu Gott als sein faktisches Verhältnis zu Jesus Christus dargetan ist. Das gilt nicht nur für Gott, sondern für alles, was es gibt und geben kann.

§ 128 Die ontologische Potenz der Gegenständlichkeit Gottes

Der christliche Glaube beansprucht, daß die eschatologische Gegenständlichkeit Gottes dasjenige Identifikationssystem sei, in dessen Horizont sich alle real möglichen Gegenstände in ihrer vollen Wahrheit konzeptualisieren lassen, weil sie genau so zur Darstellung kommen, wie Gott selbst sie sieht. Sofern wir sie in diesem Horizont zu bestimmen und zu charakterisieren suchen, denken und reden wir freilich nicht einfach im Horizont dieser Gegenständlichkeit, sondern unserer Konzeption dieser Gegenständlichkeit über sie. Auch theologisches Reden operiert daher nicht jenseits der ontologischen Fundamentaldifferenz von Gegenstand und Konstrukt, Gegenstandsart und Stereotyp, Wirklichkeit und Wirklichkeitskonzeption. Entsprechend sind theologische Äußerungen auch und gerade dann fallibel, wenn sie gemäß dem Anspruch des Glaubens die Wirklichkeit in ihrer vollen Wahrheit zu thematisieren beanspruchen. Unter diesem stets in Erinnerung zu behaltenden Vorbehalt besteht dann aber das in den §§ 11 und 35 formulierte Problem, die im Glauben implizierte eschatologische Ontologie theologisch zu rekonstruieren, genau darin, die Struktur dieses Gott-orientierten und Christus-zentrierten Systems von Relationen zwischen den vom Glauben und im Glauben ontologisch vorausgesetzten Gegenständen dogmatisch auszuarbeiten. In den §§ 142–154 wird dies für einen Teilbereich exemplarisch vorzuführen sein. Schon hier ist allerdings auf einen grundsätzlichen Gesichtspunkt von entscheidender ontologischer Relevanz hinzuweisen: Alle Gegenstände, die nicht Gott sind, sind im Horizont seiner Gegenständlichkeit in zweifacher Hinsicht auf ihn bezogen, da sie zu Jesus Christus faktisch entweder in der Relation des Glaubens oder in der des Unglaubens stehen (vgl. § 142ff). Sie lassen sich dementsprechend je nach dem, ob sie Gottes Verhältnis zu ihnen entsprechen oder nicht entsprechen, auf die eine und/oder andere Weise identifizieren. *Beide* Identifikationsweisen sind Lokalisierungen eines Gegenstands im Horizont der Gegenständlichkeit Gottes, auch wenn aufgrund des jeweils faktischen Verhältnisses zu Jesus Christus der sie identifizierende Bezug zu Gott ganz verschieden zu charakterisieren ist. Diese Verschiedenheit bedeutet konkret, daß im Horizont der Gegenständlichkeit Gottes nicht nur zwischen Gott und anderen Gegenständen verschiedener Gegenstandsart, sondern insbesondere auch zwischen der Gegenständlichkeit Gottes und der Gegenständlichkeit der Gegenstände, die im Horizont der Gegenständlichkeit Gottes lokalisiert werden, systematisch unterschieden werden muß. Das gilt auch dann, wenn sich diese Unterscheidung im konkreten Einzelfall als faktisch unnötig erweisen mag. Denn wie der christliche Glaube weiß, können im Horizont der Gegenständlichkeit Gottes Gegenstände auch so lokalisiert sein, daß der für sie konstitutive und identifizierende Bezug zu Gott nur gebrochen thematisch wird, insofern Gottes eschatologische Nähe zu ihnen *in ihrem Horizont* nur als seine faktische Verborgenheit und Ferne bestimmbar wird. Im Horizont ihrer Gegenständlichkeit ist Gott gerade nicht lokalisierbar, während sie samt ihrer Gegenständlichkeit im Horizont der Gegenständlichkeit Gottes lokalisiert werden können.

Aus dieser nicht nur möglichen, sondern gerade beim Menschen faktisch wirklichen Ungleichgewichtigkeit und Asymmetrie beider Gegenständlichkeiten folgt, daß die eschatologische Ontologie des Glaubens als *inhomogenes System* konzipiert werden muß. Diese Inhomogeneität ist aber nicht ein bloßes Nebeneinander zweier unterschiedlicher und nicht vermittelbarer ontologischer Gesamtkontexte. Vielmehr besteht ein unumkehrbares Ordnungsverhältnis zwischen ihnen, insofern Gottes Gegenständlichkeit das *potentere und umfassendere Identifikationssystem* ist. Erst unter seinem Gesichtspunkt erweist sich die raumzeitliche Gegenständlichkeit des Menschen, die an sich ohne positive oder negative theologische Implikationen ist, aufgrund ihres faktischen, sie verabsolutierenden Gebrauchs als die Sphäre der Welt und der Sünde, insofern in ihrem Horizont Gottes Schöpfer-Verhältnis nicht entsprochen wird. Sphäre der Gottesferne sind Raum und Zeit nicht von sich aus, sondern erst und allein aufgrund der Tatsache, daß sie das Identifikationssystem des *sündigen Menschen* sind, der darauf insistiert, sein Wesen im Widerspruch zu Gottes Anspruch und Angebot an ihn zu realisieren. Doch daß er eben das tut, wird nicht im Horizont von Raum und Zeit, sondern allein im Glauben und damit im Horizont der eschatologischen Gegenständlichkeit Gottes einsichtig. Denn wie in der Sündenfallgeschichte anschaulich vor Augen geführt wird, ist es menschliches und vom Menschen zu verantwortendes Handeln, das sich im Horizont der Gegenständlichkeit Gottes gegen Gottes Nähe und Maß auflehnt. Um selbst Maß zu sein und eben so zu sein wie Gott, pervertiert der Mensch seine eigene Gegenständlichkeit zum absoluten Maß, indem er ohne Berücksichtigung des für alle Gegenstände konstitutiven Bezugs zu Gott die Wirklichkeit auf das reduziert, was er im Horizont seines menschlichen Maßes, eben der mit seiner Geschöpflichkeit gegebenen Raumzeitlichkeit, in den Blick zu bekommen vermag: es beginnt – mythologisch geredet – die (scheinbar nur noch) menschliche Geschichte (Zeit!) außerhalb des Paradieses (Raum!), in der sämtliche realen Verhältnisse auf raumzeitliche Vollzüge reduziert scheinen und die Möglichkeiten aller Gegenstandsarten auf das beschränkt sind, was sich unter den Bedingungen von Raum und Zeit realisieren läßt. In dieser Geschichte scheint Gott keinen aktiven Part mehr zu spielen. Denn im raumzeitlichen Horizont der menschlichen Gegenständlichkeit ist Gott nur als Verborgener thematisierbar, obgleich diese menschliche Gegenständlichkeit ohne Gottes eschatologische Nähe gerade auch zum sündigen Menschen überhaupt keinen Bestand haben könnte. Denn so sehr die ontische Gegenständlichkeit des sündigen Menschen als Identifikationssystem vom Bezug des Menschen und aller übrigen Geschöpfe zu Gott absieht, so wenig gäbe es sie doch selbst, wenn es den sündigen Menschen nicht trotz seiner Sünde noch gebe und auch seine Gegenständlichkeit nicht selbst im Horizont der Gegenständlichkeit Gottes und damit im Verwirklichungsbereich seiner Liebe ihren Ort hätte. Als Gegenständlichkeit des Sünders zehrt sie damit selbst von dem was sie ignoriert, und bestätigt eben so die größere ontologische Potenz der Gegenständlichkeit Gottes.

§ 129 Herrlichkeit

Diese Hinweise auf die überlegene Potenz der Gegenständlichkeit Gottes lassen sich durch eine Überlegung im Anschluß an biblische Auskunft präzisieren. Denn fragt man nicht *wer* (nämlich der dreieine Gott) noch *was* (die Liebe), sondern *wo* Gott ist und *als was* er sich identifizieren läßt, dann ist im Sinne des Neuen Testaments darauf zu antworten: *Gott ist in seiner Herrlichkeit*. Vor allem (aber nicht nur[1]) johanneischem Zeugnis zufolge läßt sich der Charakter von Gottes Gegenständlichkeit, wie er in Jesus Christus erkennbar und erfahren wurde, in Aufnahme alttestamentlicher kabod-Terminologie als dessen *Doxa* bezeichnen. Diese Doxa ist weder identisch mit Gott selbst noch mit Gottes Wesen oder mit einem von dessen Merkmalen zu verwechseln noch ist sie eines der Geschöpfe Gottes. Denn der dreieine Gott, wie er in Jesus Christus erfahren wurde, ist nicht die Herrlichkeit, sondern der Herr der Herrlichkeit (1Kor 2,8; Jak 2,1); und das Wesen des dreieinen Gottes ist die Liebe und nicht die Herrlichkeit

1 *Doxa* ist, worauf G. Ebeling, *Dogmatik des christlichen Glaubens*, Bd. II, Tübingen 1979, S. 346 zu Recht aufmerksam macht, das häufigste Gottesprädikat im Neuen Testament.

(1Joh 4,16); und seine Herrlichkeit reicht sogar über den Himmel, die äußerste Grenze der Schöpfung Gottes, hinaus (Ps 113,4). Ist Gottes Herrlichkeit aber weder mit Gott identisch noch mit seinem Wesen noch mit einem seiner Geschöpfe und doch Gott nicht ohne seine Herrlichkeit identifizierbar, insofern diese »Gottes ganzes Sein, sowohl seine Weise zu sein wie den Gehalt seines Lebens, beides in seiner unlöslichen Einheit«[2] umfaßt, dann ist sie nichts anderes als der *Horizont, in dem Gott sein Wesen als Liebe verwirklicht und in dem er sich dementsprechend als Gott identifizieren läßt*. Nur in seiner Herrlichkeit ist Gott er selbst und wo immer Gott hinkommt, ist er in seiner Herrlichkeit. Wo Gott und seine Liebe erfahren werden, wird daher immer auch seine Herrlichkeit erfahren, so daß von ihm nicht adäquat die Rede ist, ohne von seiner Herrlichkeit zu reden.

Als Ort und Verwirklichungshorizont des Seins Gottes ist dessen Herrlichkeit freilich kein eigener Erfahrungsgegenstand neben Gott, vielmehr die Form der Gegenständlichkeit, in der Gott allein erfahren wird und erfahren werden kann. Seine Herrlichkeit ist somit ebensowenig eine Wesenseigenschaft Gottes wie die Raumzeitlichkeit eine Wesenseigenschaft des Menschen ist. Vielmehr ist Gott ebensosehr ein herrlicher Gegenstand (Gegenstand in Herrlichkeit), wie der Mensch ein raumzeitlicher Gegenstand (Gegenstand in Raum und Zeit) ist. Während aber Gott *Herr* seiner Gegenständlichkeit ist, ist der Mensch eben nicht Herr von Raum und Zeit. Er findet sich in raumzeitlicher Bezogenheit vor und hat damit den Verwirklichungshorizont seines Wesens vorgegeben. Gott hingegen setzt sich den Verwirklichungshorizont seines Wesens in seinem ewigen Selbstverhältnis und daraus hervorgehenden Fremdverhältnis selbst. Er ist in Herrlichkeit, weil er eben so seine Liebe realisiert, aber er realisiert seine Liebe nicht so und nicht anders, weil er den Bedingungen der Herrlichkeit unterworfen wäre. Gott bestimmt nicht nur sein Wesen selbst, er bestimmt auch den Ort und Horizont der Verwirklichung seines Wesens selbst. In diesem strengen Sinn ist er – und er allein – frei.[3] Der Ort, den Gott zur Verwirklichung seines Wesens als Liebe frei wählt, ist *Jesus Christus*: in ihm hat sich Gott verherrlicht (Joh 13,31f). In Jesus Christus ist erfahrbar geworden, daß Gott sein Wesen in Herrlichkeit verwirklicht, indem er sich eben dort selbst zur Erfahrung brachte und durch seinen Geist selbst erfahren ließ. In Jesus Christus, und zwar präzis im *Geschehen am Kreuz* (Joh 17,1–5), hat sich so die Herrlichkeit Gottes im Horizont der Gegenständlichkeit von Raum und Zeit eschatologisch gezeigt (Joh 2,11). Sie manifestierte sich dort als die eschatologische Gegenständlichkeit des Geschehens, in dem Gott selbst im Tod des Menschen Jesus den Gegensatz von Leben und Tod ertrug, ohne ihm zu erliegen. Damit wurde dieser Gegensatz ein für allemal

2 P. Althaus, *Die christliche Wahrheit. Lehrbuch der Dogmatik*. Zweiter Band, Gütersloh 1948, S. 37.

3 Vgl. M. Luther, *De servo arbitrio* (1525), WA 18, 636, 28–32: »liberum arbitrium esse plane divinum nomen, nec ulli posse competere quam soli divinae maiestati«.

als falsche Alternative demaskiert. Seit sich im Ertragen dieses Todes Gottes Liebe zu seinen Geschöpfen gegen den Widerspruch der Sünde und gegen den Letztgültigkeitsanspruch des Todes als potentere Macht durchgesetzt hat, lautet die Alternative nicht mehr *Leben oder Tod* mit der darin erfahrungsgemäß implizierten Vormachtstellung des Todes und der damit faktisch gesetzten Restriktion des Lebens auf ein Sterben in Raten, sondern *Leben trotz des Todes*. Das aber bedeutet nichts weniger als eine völlige qualitative Neubestimmung des Lebens: nicht mehr der Tod, sondern Gott selbst erweist sich als die Grenze, die das Leben definiert;[4] und nicht mehr Raum und Zeit, sondern die Herrlichkeit Gottes manifestiert sich als der eigentliche und umfassende Horizont, in dem sich dieses Leben verwirklicht.

§ 130 Jesus Christus

Erst im Horizont der sich so am Kreuz manifestierenden und das wirkliche in das wahre Leben transformierenden Herrlichkeit Gottes kann Jesus überhaupt *als Christus* und damit als die Verwirklichung der Liebe Gottes zu uns erfahren und identifiziert werden. Eben diese Erfahrung aber weist zugleich Gottes Herrlichkeit in präzisem Sinn als potentere Gegenständlichkeit gegenüber der Raumzeitlichkeit des Menschen aus. Denn als Christus wurde Jesus ja nicht etwa abgesehen von seinem Tod, sondern gerade erst aufgrund desselben erfahren. Sein Tod am Kreuz machte ihn allererst als Christus identifizierbar, weil er erwies, daß dieser gekreuzigte Jesus auch im Tod im Horizont der Herrlichkeit Gottes lokalisiert *blieb* und daher auch schon zu Lebzeiten in ihr lokalisiert *war*. Denn wer wie Jesus Christus trotz seines irdischen Todes und durch diesen hindurch im Horizont der Gegenständlichkeit Gottes lokalisiert ist und bleibt, der existiert auch dann, wenn er in unserem Identifikationshorizont von Raum und Zeit nicht mehr existiert, wenn auch nicht mehr als vergänglicher Gegenstand, sondern als unvergänglicher Gegenstand in der Herrlichkeit Gottes. Kann man aber im Horizont der Gegenständlichkeit Gottes auch dann noch existieren, wenn man im Horizont der Gegenständlichkeit des Menschen nicht mehr existiert, dann ist erstere von größerer Potenz: in ihr ist auch der noch lokalisiert, der sich von uns in Raum und Zeit nicht (mehr) lokalisieren läßt. Wenn aber nicht nur alles, was als von uns identifizierbarer Gegenstand unter den Bedingungen von Raum und Zeit existiert, im Horizont der Herrlichkeit Gottes lokalisiert ist, sondern darüber hinaus auch alles, was zwar kein von uns ontisch identifizierbarer Gegenstand ist, aber existiert, dann ist Gottes Gegenständlichkeit das ontologisch umfassendere und potentere Identifikationssystem.

Denkt man diese umfassendere Potenz nach dem eigentlich unange-

4 E. Jüngel, *Tod*, Stuttgart 1971, S. 152.171 u. ö.

brachten Modell der Raumzeitlichkeit, dann muß man – Raum und Zeit gleichsam selbst zu einem Gegenstand in Raum und Zeit machend – behaupten, daß es Gegenstände gibt, die vor, während und nach ihrem Sein in Raum und Zeit in der Herrlichkeit Gottes existieren. In diesem Sinn bestimmt Johannes die Doxa Gottes als den Ausgangspunkt und den Endpunkt des Seins Jesu Christi im Horizont von Raum und Zeit (Joh 17,1–5). Er ist aus Gottes Gegenständlichkeit in den Horizont der ontischen Gegenständlichkeit des Menschen gekommen, um in dieser Gottes Herrlichkeit so zum Zuge zu bringen, daß sie als der Horizont vollkommenen, wahren und ewigen Lebens in der Gemeinschaft mit Gott einsichtig und zugänglich wird. Dieses Denkmodell erweist sich freilich in doppelter Hinsicht als unzulänglich. Zum einen ist die Gefahr kaum zu vermeiden, das raumzeitliche Sein Jesu Christi nur als Nicht-Sein in der Herrlichkeit Gottes zu denken.[1] Doch die Existenz von Gegenständen in Raum und Zeit ist ja gerade *nicht* absoluter Gegensatz zur Existenz in der Herrlichkeit Gottes, da ja auch der sündige Mensch ontischer Gegenständlichkeit nur deshalb nicht nicht ist, weil ihn Gott auch noch als Sünder im Horizont seiner Herrlichkeit sein läßt. Zum andern aber zwingt dieses Denkmodell dazu, die Präexistenz und das Eschaton Jesu Christi als dessen Vor-Vergangenheit und Nach-Zukunft zu denken. Die Konsequenz dieser Temporalisierung einer nicht raumzeitlich strukturierten Größe ist nicht nur die falsche Alternative präsentischer und futurischer Eschatologie, sondern auch die Verkehrung der eschatologischen Nähe Gottes in seine raumzeitliche Ferne. Daß Gottes Herrlichkeit ›vor‹ Raum und Zeit schon war und auch ›nach‹ Raum und Zeit noch sein wird, ist ja nicht in raumzeitlichem Sinn zu verstehen, sondern als Ausdruck der größeren Potenz dieser Gegenständlichkeit, die gerade nicht zeitlich oder räumlich entfernt gedacht werden darf, sondern als schöpferische und erhaltende Anwesenheit Gottes bei allem, was ist. Die Gegenständlichkeit Gottes und die des Menschen sind Gegensätze, die sich nicht gegenseitig ausschließen, sondern bei denen der erste den zweiten einschließt.

§ 131 Verherrlichung

Wie sich Jesus nur als Christus bestimmen läßt, sofern er im Horizont der Herrlichkeit Gottes lokalisiert ist und entsprechend identifiziert wird, so

1 Sofern sich J. Calvin in dem am Ende der Auseinandersetzung mt dem Täufer Menno Simons 1559 in die *Institutio* eingefügten Satz: »Mirabiliter enim e caelo descendit Filius Dei, ut caelum tamen non relinqueret«, *Institutio Christianae Religionis* (1559), II 13, 4, *Opera Selecta*, hg. v. P. Barth/W. Niesel, Bd. 3, München [2]1957, S. 458, 9f gegen diese Gefahr wendet, ist ihm voll zuzustimmen: Wo immer Gott ist, ist er in seiner Herrlichkeit (§ 129). Und wo immer Jesus Christus als Gottes Anrede an uns und unsere Antwort an Gott ist, ist er im Horizont der Herrlichkeit Gottes.

lassen sich die Menschen nur als Glaubende bestimmen, sofern sie im Bezug auf Jesus in der eschatologischen Gegenständlichkeit der Doxa Gottes zu stehen kommen und aufgrund dieses Bezugs charakterisiert werden (Joh 11,40; 17,22; Röm 8,17.30; Kol 1,27; 3,4). Wo dies geschieht, kommt Jesus und kommen die Menschen nicht mehr nur in ihrer ontischen Wirklichkeit, sondern in ihrer eschatologischen Wahrheit und damit nicht mehr nur als raumzeitliche, sondern als *verherrlichte Wesen* in den Blick. Die Verherrlichung ist die *eschatologische Transformation des Menschen* aus seiner durch die Sünde bestimmten ontischen Wirklichkeiten in seine durch Gott bestimmte eschatologische Wahrheit.

Diese Verherrlichung, das wird gerade an Jesus Christus deutlich, würde gänzlich mißverstanden, wenn man sie im Sinn einer Glorifizierung abseits von Passion und Kreuz bestimmen wollte. Die Herrlichkeit, um die es hier geht, ist »nicht die eines irdischen Triumphes, sondern die der Passion«[1] – der Passion Jesu Christi. Passion freilich ist Jesu Leiden und Sterben nicht allein schon als menschliche Qual und Todespein. Damit würde er sich von nur allzuvielen unglücklichen Menschen noch nicht unterscheiden, deren Leiden sie ja nicht verherrlichen, sondern gräßlich entstellen. Zur Passion, die ihn verherrlicht, wird sein Leiden vielmehr erst und nur deshalb, weil Jesus hier bis zum Äußersten, bis zum Tod am Kreuz, dem Anspruch Gottes an ihn entspricht: ganz für andere da und ganz von Gott her zu sein (§§ 180ff). Es ist die Passion dessen, der sich bis in den Tod ganz Gottes Willen hingibt, indem er sich der Welt völlig preisgibt, damit diese im totbringenden Widerspruch zu Gottes Anspruch nicht verharren muß, sondern dessen Angebot göttlicher Lebens-Gemeinschaft entsprechen kann. Jesu Passion ist gerade deshalb seine Verherrlichung, weil er sich in ihr als der Gott ganz entsprechende Mensch auswies und eben so Gott als die seinen Geschöpfen ganz entgegenkommende Liebe erwies. Diese völlige wechselseitige Entsprechung ist zugleich die Verherrlichung Jesu Christi und die Verherrlichung Gottes (Joh 13,31). Denn beide sind dadurch gemeinsam im Horizont derselben Gegenständlichkeit, der Doxa Gottes lokalisiert.

Diese Einheit Gottes und Jesu im gemeinsamen Sein in der Herrlichkeit Gottes wäre nun aber nicht die Einheit Gottes mit Jesus *Christus*, wenn sie auf sich selbst beschränkt wäre. Denn Jesus Christus ist nicht nur derjenige, der ganz von Gott her lebt, sondern auch derjenige, der ganz für andere und ganz auf andere hin existiert. Im Horizont der Herrlichkeit Gottes existiert er daher nur, insofern er andere in diesen Horizont zu ziehen, Gottes Lebens-Gemeinschaft auch ihnen zugänglich zu machen sucht (Joh 17,22). Seine Verherrlichung verlangt danach, daß auch andere verherrlicht werden. Diese können verherrlicht werden, indem sie im Glauben in Gemein-

1 E. Haenchen, *Johannesevangelium. Ein Kommentar*, aus den nachgelassenen Manuskripten hg. v. U. Busse, Tübingen 1980, S. 468.

schaft mit ihm als Christus treten und ihm so konform werden, indem sie ihn mit sich und damit Gott mit ihnen konform sein lassen. So (und nur so) werden auch sie zu Gott entsprechenden Menschen.

Auch diese im Glauben an Jesus Christus vollzogene Verherrlichung ist aufgrund der in ihr wirksamen *conformitas Christi* nicht ohne Passion und Tod zu denken. Das wird erfahrbare Wirklichkeit in der *Taufe*. Durch sie sind wir nach Paulus mit Jesus Christus in seinen Tod hinein mitbegraben, um eben so an der sich in ihm manifestierenden Herrlichkeit seines Vaters Anteil zu bekommen (Röm 6,4f). Im Glauben an ihn leben wir so zusammen mit ihm im Horizont der Herrlichkeit Gottes das neue Leben der Geschöpfe in der Gemeinschaft mit dem Schöpfer.

Die Verherrlichung der Geschöpfe, wie sie im Glauben vollzogen und in der Taufe besiegelt wird, bedeutet also nicht etwa deren Vergottung und damit die Aufhebung der Differenz zwischen ihrer Gegenstandsart und der Gegenstandsart Gottes. Auch der verherrlichte Mensch ist Mensch und nicht etwa Gott. Sie bedeutet vielmehr die Aufhebung der trennenden Differenz zwischen der ontischen Gegenständlichkeit des (sündigen) Menschen, dessen Sünde ihn der Herrlichkeit Gottes verlustig gehen läßt (Röm 3,23), und der eschatologischen Gegenständlichkeit des rechtfertigenden Gottes durch den in Christus ermöglichten Eintritt der Geschöpfe in die Doxa des Schöpfers. Denn erst in der Nähe, Gemeinschaft und Gegenwart der Liebe Gottes sind sie das, was sie in Wahrheit sein sollen und sein können (Röm 8,18): wahre, weil Gottes Willen entsprechende Geschöpfe. Das aber heißt: *Verherrlichtes Sein ist geschöpfliches Sein im Horizont der Gegenständlichkeit Gottes*. Es ist verherrlicht, weil es, wie das Sein Jesu Christi manifest macht, unter dem Maßstab des göttlichen Seins steht, das sich im Horizont der Herrlichkeit Gottes als die den Tod überwindende Macht der Liebe realisiert (vgl. Joh 13,31–35).

§ 132 Sein in Christo

Verherrlicht ist ein Mensch dann, wenn er im Bezug auf Jesus Christus im Horizont der Herrlichkeit Gottes existiert. In diesem Bezug steht nur, wer an Jesus als den Christus *glaubt*. Wer nicht an ihn glaubt, ist Sünder und als solcher der Herrlichkeit Gottes verlustig (Röm 3,23). Wer aber an ihn glaubt, der hat ewiges Leben (Joh 3,15f; 36; 5,24), und d. h.: er lebt als Mensch in der Liebes-Gemeinschaft mit Gott und damit im Horizont der Herrlichkeit Gottes. Da Glaube aber nicht nur eine hinreichende, sondern eine notwendige, ja die einzige notwendige und hinreichende und damit die exklusive Bedingung[1] ist (sola fide), um in dieser Gemeinschaft leben zu können (Röm 3,24), existiert im Horizont der Herrlichkeit Gottes über-

1 Im logischen Sinn, nicht im moralischen Sinn einer zu erfüllenden Bedingung!

haupt nur der, der in Christus Jesus ist (Röm 6,11; 8,1). Eben deshalb gilt: *Verherrlichtes Sein ist nichts anderes als Sein in Christo und nur das Sein in Christo ist verherrlichtes Sein.*[2]

Dieses den Menschen verherrlichende Sein in Christo wird vom Glaubenden in der Verwirklichung des doppelten Liebesgebots sowohl eschatologisch gelebt als auch eschatisch erhofft. So wird es hier und jetzt unter den Bedingungen von Raum und Zeit eschatologisch als *Sein in der Kirche* und damit im Gegenzug zur Welt realisiert. Es würde so aber nicht realisiert werden, wäre es nicht mit der gewissen Hoffnung verbunden, daß dieser Gegensatz von Kirche und Welt letztendlich überwunden und das wahre Leben als eschatisches *Sein aller Geschöpfe in der christologischen Gemeinschaft mit dem Schöpfer* in einer nicht exklusiven, sondern inklusiven Totalität und Universalität gemeinsamer Existenz im Reich Gottes realisiert sein wird. Denn als Sein in Christo, der ganz von Gott her und ganz auf andere hin existiert, ist auch das im Glauben verherrlichte Sein des Menschen so beschaffen, daß es nicht für sich bleiben und nur in Abgrenzung gegen andere es selbst sein kann, sondern gerade umgekehrt so intensiv und vollständig für andere und mit anderen zu sein sucht, daß es in seinem Vollsinn erst zur Darstellung gekommen sein wird, wenn die ganze Schöpfung von der in der Sünde begründeten Knechtschaft der Vergänglichkeit befreit sein wird zur herrlichen Freiheit der Kinder Gottes (Röm 8,21).

Doch sowohl als echatologisches als auch als eschatisches Sein ist das den Menschen verherrlichende Sein in zweifacher Weise ausgezeichnet. In negativer Hinsicht steht das menschliche Sein in Christo *nicht mehr nur unter*

2 Man kann sich die Konsequenzen dieses Sachverhalts exemplarisch an der Auferstehungsproblematik klar machen. Alles Fragen nach der Möglichkeit und Wirklichkeit menschlicher Auferstehung geht fehl und produziert nur Pseudoprobleme, wenn es nicht grundsätzlich an der Glaubensrelation zu Jesus Christus orientiert ist. Geht man jedoch von dieser aus, dann zeigt sich, daß das Subjekt der Auferstehung in keiner Weise der Mensch, sondern in jeder Weise nur und ausschließlich *Jesus Christus* ist. Pointiert gesagt: Nicht *wir* stehen aufgrund irgendeines mirakulösen Geschehens wieder auf, sondern wir sind immer nur solche, die durch den realen Bezug zum Auferstandenen in und durch ihn dem Tod entrissen sind und am ewigen Leben in der Gemeinschaft mit Gott partizipieren. Eben deshalb gilt im strengsten und buchstäblichsten Sinn, daß *unsere* Auferstehung *Jesus Christus* ist, weil *sein* Leben als konsequente Proexistenz *unser* Leben ist. Erst wo das streng beachtet wird, wird die eigentliche Pointe der paulinischen Argumentation in 1Kor 15,12ff verständlich: wer die Auferstehung leugnet, leugnet nicht irgendetwas, sondern präzis und notwendig *Christi* Auferstehung; wer dessen Auferstehung aber leugnet, der leugnet de facto und notwendig auch seine eigene. Die wesentliche Verknüpfung dieser beiden Aspekte bringt der johanneische Christus präzis zum Ausdruck, wenn er sagt: »*Ich* bin die Auferstehung und das Leben. Wer an mich glaubt, wird leben, auch wenn er stirbt; und jeder, der lebt und an mich glaubt, wird in Ewigkeit nicht sterben« (Joh 11,25f). Das Problem unserer Identität, des Zusammenhangs zwischen unserem jetzigen Körper und dem verheißenen Auferstehungsleib und welche Frage auch sonst – sie alle werden erst präzis und verlieren ihren spekulativen Charakter, wenn sie konsequent im Horizont des realen Bezugs auf Jesus Christus bedacht werden. Daß sich von dieser konsequenten christologischen Orientierung bei ihm nichts finden läßt, ist der entscheidende Mangel von J. Hicks schon erwähnter Untersuchung (§ 75 Anm. 2).

den Bedingungen von Raum und Zeit. Die realen Relationen, in denen sich dieses eschatologische Sein vollzieht, beschränken sich nicht auf die raumzeitlich strukturierten Verhältnisse zwischen den Geschöpfen, welche Dinge und Ereignisse korrelieren und so die raumzeitlich (geschöpfliche) Wirklichkeit begrenzen. Wer in ihnen existiert und durch sie sein Wesen als Mensch realisiert, tut dies nicht mehr als Sünder in der vergänglichen Gemeinschaft mit anderen Sündern, sondern als von der Sünde und der aus ihr resultierenden Vergänglichkeit befreites Geschöpf in der ewigen Gemeinschaft mit dem Schöpfer und damit in der immerwährenden, aller isolierenden Vereinzelung abholden Gemeinschaft mit allen anderen Geschöpfen in der Gemeinschaft des Schöpfers. Er hört als Geschöpf zwar nicht auf, raumzeitlich auf seine Mitgeschöpfe bezogen zu sein,[3] aber da er diese Bezogenheit und Beziehungen nicht absolut setzt, sondern sie in der eschatologischen Bezogenheit Gottes in Christus zu ihm und allen anderen Geschöpfen begründet weiß, ist er in diesen Beziehungen nicht mehr der Vergänglichkeit unterworfen,[4] sondern existiert in diesen Beziehungen zusammen mit allem anderen im Horizont des ewigen Selbstverhältnisses Gottes. Für ihn gibt es keinen Tod mehr (1Kor 15,55f), keine Verdammnis (Röm 8,1), keine Trennung von der Liebe Gottes (Röm 8,38f). Er ist, als Mensch ohne Sünde (Röm 8,31–34), auch ohne die darin gegründete und sich in seiner Körperlichkeit manifestierende raumzeitliche Vereinzelung und Vergänglichkeit, die ihn von Gott, seinen Mitmenschen und von sich selbst trennt. Ihm kommt vielmehr als Geschöpf in der ewigen Gemeinschaft mit dem Schöpfer gerade in seinen raumzeitlichen Verhältnissen zu seinen Mitgeschöpfen *sempiternitas*, immerwährende Dauer zu.[5]

Wer so als Mensch existiert, lebt also nicht völlig undifferenziert und ohne Begrenztheit, sondern gerade in höchster, sein Wesen in Wahrheit definierender Bestimmtheit. Seine ihn letztgültig bestimmende Grenze ist freilich nicht mehr der Tod, sondern Gott und deshalb sein Mitmensch. Denn in positiver Hinsicht zeichnet sich das menschliche Sein in Christo dadurch aus, daß die eschatologischen Relationen, die es konstituieren, *den Unterschied und die Bezogenheit von Schöpfer und Geschöpf* wahren und damit

3 Gehört die Raumzeitlichkeit wesentlich zur Geschöpflichkeit, läßt sich unser eschatisches Sein in einer »total community which is one-in-many and many-in-one« nicht mit J. Hick, (§ 75 Anm. 2), S. 464 als Existenz »in a state which is probably not embodied and probably not in time« denken und beschreiben. Ganz abgesehen davon, daß hierbei die Differenz zwischen Körper und Leib unbedacht bleibt (vgl. § 89), wird in einer solchen Konzeption die Fundamentaldifferenz zwischen Schöpfer und Geschöpf verwischt. In Hicks Fall läßt sich der Grund dafür präzis angeben: er denkt das eschatische Sein nicht konsequent als *reales Sein in Christo*, weil Jesus Christus für ihn nur als Vorbild des »ideal relationship to Ultimate Reality« (ebd.) in den Blick kommt, aber gerade nicht als Mittel und Vollzug *unserer* eschatischen Existenz.

4 Vgl. J. Moltmann, Schöpfung als offenes System, in: ders., *Zukunft der Schöpfung*, München 1977, S. 123–139, S. 133f.

5 Sempiternitas ist also kein Gottesprädikat, sondern ein Prädikat der Schöpfung im Horizont der ewigen Gemeinschaft mit dem Schöpfer.

nicht nur Gott und Mensch, sondern ebenso Mensch und Mensch, und Mensch und alle übrigen Geschöpfe in angemessener Weise unterscheiden. Angemessen ist diese Unterscheidung, weil sie nicht trennt, sondern gerade die spezifische Bezogenheit der Geschöpflichkeit und Mit-Geschöpflichkeit des Menschen so zur Geltung bringen, daß jeder falschen Verabsolutierung des Menschen und seiner Raumzeitlichkeit gewehrt wird. Denn diese Unterscheidung geschieht als unverwechselbare und unumkehrbare relationale Strukturierung der in Christus realisierten Gemeinschaft von Gott und Mensch einerseits und Mensch und Mitmensch andererseits. Das Sein in Christo ist das eschatologische Zusammensein des Geschöpfs mit dem Schöpfer, eben so aber auch das dem Schöpfer entsprechende geschöpfliche Sein des Menschen in der Gemeinschaft mit seinen Mitmenschen und mit allen übrigen Geschöpfen (Röm 8,21). Es ist Sein im Reich Gottes, das gemäß des Seins Jesu Christi Mit-Gott-Sein und Für-andere-Sein, geschöpfliches Miteinandersein im Horizont der Herrlichkeit Gottes ist.

§ 133 Glaube, Hoffnung, Liebe

Dieses Sein im Reich Gottes ist als Lebensvollzug, der ganz aus dem unverfälschten Verhältnis von Schöpfer und Geschöpf entspringt, frei »von der Knechtschaft des vergänglichen Wesens« (Röm 8,21). Gerade so aber ist es alles andere als banale Ruhe, in der alles immer beim Gleichen bleibt. Die vita nova in der Gemeinschaft mit Gott ist vielmehr lebendige Dynamik und damit im Horizont der Schöpfung, die gegenüber der durch die Sünde bestimmten Wirklichkeit neu zu nennen ist, durchaus durch Zeitlichkeit und Räumlichkeit im geschöpflichen Miteinander ausgezeichnet. Ist es doch das Geschehen von Gemeinschaft, dessen Prinzip und Norm die *Liebe* ist, die sich im Handeln realisiert. Diese Liebe charakterisiert Gottes Verhältnis zu seinen Geschöpfen, das den raumzeitlichen Bedingungen der Geschöpflichkeit nicht unterworfen ist, sondern mit den Geschöpfen auch diese konstituiert. Sie charakterisiert aber nicht weniger das Verhältnis des Menschen zu Gott und zu seinen Mitmenschen und Mitgeschöpfen, in welchen dieser der Liebe des Schöpfers zu ihm zu entsprechen sucht.

Im Hinblick auf Gott realisiert sich diese Liebe im *Glauben* an Jesus Christus: Gott liebe ich genau dann über alles, wenn ich an Jesus Christus glaube und so Gottes Liebe zu mir akzeptiere und gelten lasse. Liebe zu Gott ist also nicht etwas über den Glauben an Jesus Christus Hinausgehendes, sondern besteht eben in diesem Glauben. Nur wer an Christus glaubt, liebt Gott.

Im Hinblick auf den Mitmenschen und damit auch im Verhältnis zu sich selbst realisiert sich diese Liebe in der *Hoffnung* auf Jesus Christus: den Nächsten liebe ich genau dann wie mich selbst, wenn ich darauf vertraue, daß Jesus Christus für ihn wie für mich Gottes Liebe zur Geltung brachte und in Geltung belassen wird.

Im Glauben an und in der Hoffnung auf Jesus Christus gestaltet sich das eschatologische Sein in Christo als Liebe. Wo in diesem Glauben und in dieser Hoffnung geliebt wird, ist die Absolutheit raumzeitlicher Gegenständlichkeit als Schein durchschaut und durchbrochen. Wer liebt, ist mehr als ein raumzeitliches Wesen, weil er als Gott entsprechendes Geschöpf lebt. Seine Verhältnisse vollziehen sich nicht mehr nur nach den Gesetzen des Nebeneinander und des Nacheinander, sondern werden in diesen Vollzügen zu geschöpflichen Gleichnissen der Liebe Gottes: wer liebt, entspricht Gott.

Solche Liebe vollzieht sich im Horizont raumzeitlicher Gegenständlichkeit schon jetzt in der *Kirche*, dem eschatologischen Sein in Christo.[1] In diesem Sinn markiert die Kirche die Präsenz der Herrlichkeit Gottes und seines Reiches in Raum und Zeit. Als Glaube und Hoffnung lebt sie jedoch davon, sich als eschatisches Sein in Christo nicht mehr nur im Gegensatz zur Welt, sondern als umfassendes und letztgültiges Sein aller (und nicht nur einiger) Menschen zusammen mit allen Geschöpfen in der Herrlichkeit des Reiches Gottes zu realisieren und eben so Gott alles in allem sein zu lassen.

1 Sie kommt in allen kirchlichen Vollzügen, am pointiertesten und konkretesten im *Verkündigungsdienst* zum Ausdruck, in dem *ganz von Gott her für den Nächsten gehandelt* wird. Die Kirche will nichts für sich, sondern alles für den anderen, weil sie ihn für Gott will.

Teil C Glaube

§ 134 ›Gott existiert‹ als Glaubensbekenntnis

Teil B zeigte, daß ›Gott existiert‹ gerade als Kurzformel der christlichen Lehre von Gott *christologische* und *anthropologische* Implikationen besitzt. Diese sind genauer zu explizieren. Dazu ist zunächst an zwei Gesichtspunkte zu erinnern, die sich daraus ergeben, daß diese Behauptung in dem erläuterten Sinn von ›Gott Vater, Sohn und heiliger Geist existiert als Liebe in Herrlichkeit‹ mit guten Gründen nur auf der Grundlage der in Teil A skizzierten christlichen Grunderfahrung gemacht werden kann.

Zum einen ist die Behauptung dieser Erfahrung und damit die Behauptung der Existenz Gottes etwas anderes als diese Erfahrung selbst. Während letztere dem Erfahrungssubjekt Gewißheit über die Existenz Gottes zu vermitteln vermag, ist mit der Behauptung der Existenz Gottes die Wahrheit dieser Behauptung nicht etwa erwiesen und damit gesichert, sondern als Wahrheits*anspruch* zur Debatte gestellt. Die christliche Grunderfahrung gibt zwar einen guten Grund zur Behauptung der Existenz Gottes an die Hand, taugt aber nicht zur Begründung der Wahrheit dieser Behauptung. Denn die Gewißheit, die aus der christlichen Grunderfahrung resultiert, ist etwas anderes als die Sicherheit, die Resultat des Aufweises ist, daß die Behauptung von Gottes Existenz wahr ist.[1] Erstere ist mit der christlichen Grunderfahrung im Glauben gegeben, letztere Gegenstand der christlichen Hoffnung auf unzweideutige eschatische Bewahrheitung dieses Glaubens.[2] Da aber dieser Glaube und nicht seine erhoffte Bewahrheitung Grundlage christlicher Rede von Gott ist, insofern diese sich gänzlich auf die christliche Grunderfahrung bezieht, kann ›Gott existiert‹ nur assertorisch und als Wahrheitsanspruch vertreten werden.

Doch – und das ist das andere – auch wenn Gottes Existenz Menschen unter den Bedingungen von Raum und Zeit nur als der von Menschen erhobene Wahrheitsanspruch christlicher Behauptungen zu begegnen vermag, behauptet der Christ mit ›Gott existiert‹ nicht nur das Bestehen einer ontologischen Relation zwischen sich und Gott, sondern bekennt zugleich seine Gewißheit (nicht Sicherheit!) der Wahrheit dieser Behauptung. Die christ-

1 Wo das nicht beachtet wird, wird nur allzu leicht der Fehlschluß begangen, vom Fehlen dieser Sicherheit, also von der faktischen Nichtbeweisbarkeit der Existenz Gottes her die Gewißheit des Glaubens in Zweifel zu ziehen, indem man etwa »den hypothetischen Charakter, den die wissenschaftlich-theologischen Sätze unbestreitbar haben, auch der Glaubenserfahrung selbst zuschreibt«, Bayer, (§ 9 Anm. 4), S. 96.

2 Nicht als inhaltliches Überbieten, sondern als universale Annahme dieses Glaubens. Vgl. E. Käsemann, (§ 34 Anm. 2), S. 27.

liche Behauptung der Existenz Gottes erhebt damit nicht nur einen spezifischen, wenn auch unausgewiesenen und ontisch unausweisbaren Wahrheitsanspruch, sondern sie besitzt zugleich grundsätzlichen *Bekenntnischarakter*. Dieser besteht darin, daß sie die Überzeugung von der Wahrheit zusammen mit der Hoffnung auf die Bewahrheitung dieser Wahrheit und damit die christologische Gewißheit und die eschatologische Hoffnung des christlichen Glaubens zum Ausdruck bringt. Auch die Behauptung der Existenz Gottes ist daher eine *Glaubensbehauptung* und nicht nur eine (faktische oder transzendentale) Voraussetzung von Glaubensbehauptungen.

§ 135 Christlicher Glaube

Nur wenn man sie als *Glaubensbehauptung* ernst nimmt, zeichnet sich ein Weg zur Überwindung der Aporie ab, wie der Mensch mit ›Gott existiert‹ bei der fundamentalen, in ihrer unterschiedlichen Gegenständlichkeit begründeten Verschiedenheit zwischen Gott und Mensch überhaupt eine ontologische Bezogenheit zwischen sich und Gott und damit eine ihnen gemeinsame nichtontische Gegenständlichkeit sinnvoll zu behaupten und unter Verweis auf die christliche Grunderfahrung diese Behauptung zu rechtfertigen vermag (§ 95). Denn diese Bezogenheit behauptet er dann zwischen sich *als Glaubendem*, und d. h. sich als dem Subjekt, das Jesus als die an ihn gerichtete Anrede Gottes erfahren hat, auf der einen Seite und Gott als dem Subjekt der an ihn in Jesus gerichteten und von ihm dort erfahrenen Anrede auf der anderen Seite. Von ontologischer Bezogenheit zwischen Gott und Mensch ist dann aber nicht willkürlich und grundlos, sondern auf der Grundlage einer *Glaubensrelation* zwischen diesen beiden fundamental verschiedenen Wesen die Rede. Das aber heißt: Gottes Existenz läßt sich vom Menschen gerade und nur deshalb behaupten, weil die Differenz ihrer Gegenständlichkeiten im Glauben so überwunden ist, daß sie beide im Horizont eines gemeinsamen Identifikationssystems in mehr als ontologischer und zugleich nichtontischer Bezogenheit stehen, durch welche die Differenz ihrer Gegenstandsarten (Wesensarten) als Gott und Mensch erst in ihrem wahren Wesen zur Geltung kommt.

Es liegt auf der Hand, daß diese Antwort nur dann befriedigen kann, wenn Glaube als *reale* Relation verstanden wird. Daß er gerade so und nicht anders zu verstehen ist, ist der Anspruch des christlichen Glaubens (Röm 3,22). Damit unterscheidet er sich prinzipiell vom Sinn des umgangssprachlichen ›glauben‹, das eine intentionale Relation zwischen dem Glaubenssubjekt und dem Glaubensgegenstand artikuliert; und es geht völlig am Kern und Selbstverständnis des christlichen Glaubens vorbei, wenn man in falsch verstandener Katholizität behauptet, er sei »ein Spezialfall dieses allgemeinen Glaubens, der mit unserer natürlichen Sprachkompetenz gegeben ist«.[1] Ebenso unzureichend ist der Versuch, die Differenz zwischen christlichem Glauben und dem Glauben als einer Spezies des Fürwahrhaltens dadurch auszudrücken, daß man ihn als ›glauben an‹ gegen ein ›glauben, daß‹ abgrenzt.[2] Damit wird zwar zu Recht der relationale Charakter des christlichen Glaubens im Unterschied zu einer bloßen propositionalen Einstellung gegenüber einem Sachverhalt hervorgehoben. Doch ganz abgesehen davon, daß ›glauben an‹ ebenso propositionale Einstellungen impliziert wie ›glauben, daß‹[3] und auch letzteres nicht ohne relationale Implikationen auskommt,[4] ist die eigentlich relevante Differenz zwischen glauben als intentionaler und Glaube als realer Relation damit noch gar nicht in den Blick gekommen. Können doch sowohl ›glauben an‹ als auch ›glauben, daß‹ rein intentionale Relationen sein, die auf die Existenz ihrer Relate nicht zu schließen erlauben. *Christlicher Glaube hingegen ist entweder eine reale Relation oder es gibt ihn überhaupt nicht.*

Die entscheidende Frage ist daher nicht, ob christlicher Glaube als reale Relation zu verstehen ist – davon ist vielmehr auszugehen, wenn man sich überhaupt mit christlichem und nicht irgendeinem anderen Glauben beschäftigen will. Die theologisch zu klärende Frage ist vielmehr, inwiefern er als reale Relation zwischen den Relaten dieses Glaubens verstanden werden kann und was ihn im Vergleich mit anderen (realen) Relationen distinktiv auszeichnet. Darauf sind zwei Dinge zu antworten. Zum einen: *Reale Relation ist er nur, insofern seine Relate existieren*. Zum andern: Von allen anderen (bislang betrachteten) realen Relationen unterscheidet er sich gerade dadurch, *daß sich seine Relate nicht unter den Bedingungen ontischer Gegenständlichkeit identifizierend lokalisieren lassen*.

§ 136 Glaube als reale Relation

Offenbar kann auch christlicher Glaube nur reale Relation sein, wenn beide seiner Relate existieren; und er läßt sich zu Recht nur so explizieren, wenn man Gründe hat, mit der Existenz seiner Relate zu rechnen.

1 A. Grabner-Haider, *Theorie der Theologie als Wissenschaft*, München 1974, S. 114. Das erhellt schon daraus, daß ›Glaube‹ im Unterschied zu ›glauben‹ keine intensionale, sondern eine extensionale Relation im Sinne der *Principia Mathematica* von B. Russell/A. N. Whitehead, aaO., (§ 48 Anm. 4), S. 73f ist. Sätze der Form ›Ich glaube, daß p‹ bringen niemals extensionale Relationen zum Ausdruck, da z. B. aus ›Ich glaube, daß Jesus der Christus ist‹ nicht folgt ›Ich glaube, daß Jesus der Sohn Gottes ist‹. Hingegen bringt ›Ich glaube an Jesus Christus‹ als Artikulation des christlichen Glaubens dessen Anspruch und Verständnis zufolge immer eine extensionale Relation zum Ausdruck. Denn ›Glaube‹ ist ein mindestens zweistelliger (– R –), mehreindeutiger (x-R-Jesus Christus) Relationsbegriff, der weder reflexiv ($\forall x \sim xRx$) noch transitiv ($\forall x \forall y \forall z (xRy \& yRz \rightarrow \sim xRz)$) ist und der nur dann zutrifft, wenn aus aRb sowohl die Existenz von a als auch die Existenz von b folgt. Vgl. unten § 143.

2 Vgl. H. H. Price, Faith and Belief, in: *Faith and the Philosophers*, hg. v. J. Hick, London 1964 = 1966, S. 3–25.

3 H. de Lubac, (§ 1 Anm. 1), S. 168f.

4 Vgl. E. Maclaren, *The Nature of Belief*, London 1976, S. 80.

Für die Theologie als explikative Glaubenshermeneutik ist der Hauptgrund dafür die *Existenz des Glaubens selbst*, dessen Selbstverständnis und Selbstgewißheit sie reflektierend zu entfalten und zu verstehen sucht. Dieser aber ist sich aufgrund der eigenen Existenz gewiß, daß seine Relate existieren, auch wenn er diese Gewißheit nur bekennend behaupten, unter den Bedingungen von Raum und Zeit aber nicht sicherstellen und als gesicherte Erkenntnis präsentieren kann. Kann dies der Glaube nicht, dann kann es noch weniger die Theologie. Ihre Aufgabe besteht nicht darin, dem Glauben Sicherheit zu verleihen, sondern darin, seine Gewißheit, deren Grund und Inhalt, ihm selbst und (allen) anderen verständlich und einsichtig zu machen. Das heißt konkret, daß sie unter Voraussetzung der nur assertorisch vertretbaren und nicht hier und jetzt verifizierbaren Existenz seiner Relate christlichen Glauben für jeden verständlich als eine ganz bestimmte Relation zu explizieren hat, die nicht anders als real sein kann, wenn ihre Relate existieren. Sie hat die vom Glauben behauptete Wahrheit im Horizont raumzeitlicher Gegenständlichkeit daher als Möglichkeit einsichtig zu machen, und zwar als diejenige kontrafaktische und kontrapossible Möglichkeit,[1] die gegenüber der Wirklichkeit raumzeitlicher Gegenständlichkeit und aller dadurch gesetzten und bedingten ontischen Möglichkeit aufgrund ihrer intrinsischen Struktur prinzipielle Priorität beansprucht.

Zu diesem Behufe haben wir in der Orientierung an der christlichen Grunderfahrung zu klären, was die christliche Glaubensrelation auszeichnet, wer oder was ihre Relate sind und inwiefern man behaupten kann, daß sie existieren. Wie immer die Antworten zu lauten haben, die Fragen selbst machen schon deutlich, daß christlicher Glaube, wenn er überhaupt als reale Relation verstanden werden kann, nicht mit der ontologischen Relation gleichzusetzen ist. Das Bestehen einer solchen zwischen den Relaten des Glaubens ist vielmehr Voraussetzung dafür, daß dieser zu Recht als reale Relation bestimmt werden kann. Ist die Glaubensrelation aber von der ontologischen Relation zu unterscheiden und zugleich als reale Relation zu explizieren, dann stellt sich die Frage, wie sie sich zu ontischer Bezogenheit

1 Kontrapossibel – daran sei erinnert – nenne ich diejenige logisch nicht unmögliche Möglichkeit, die einerseits nicht de dicto und damit nur begrifflich ist, andererseits aber auch keine de re Möglichkeit des betreffenden Gegenstands darstellt (vgl. oben § 100 Anm. 3). In diesem Sinn könnte etwa Reflexion unter bestimmten Umständen als eine kontrapossible Möglichkeit von Enten bezeichnet werden. Denn was wirklich und was real möglich ist, läßt sich nicht absolut, sondern immer nur relativ zu dem Strukturniveau bestimmen, auf dem eine Vergegenständlichungsoperation vollzogen und der betreffende Gegenstand samt der ihm eigenen Gegenstandsart konstituiert ist. Auf jeder Ebene besteht dabei ein nicht einzulösender Überschuß realer Möglichkeiten (§ 31), die durch die Gegenstandsart der jeweiligen Gegenstände bestimmt sind (§ 17). Möglich ist dann das, was nicht unmöglich und (noch) nicht wirklich ist. Will man aber von etwas reden, was weder auf dieser Ebene noch auf einer anderen Ebene der Hierarchie, zu der diese Ebene gehört, wirklich ist oder möglich sein könnte, weil es eine Dimension betrifft, die sich nicht als Eigenschaft des betreffenden Gegenstands explizieren läßt, dann bleibt *relativ zu dieser Ebene* nur die obige oder eine entsprechende Ausdrucksweise.

und ontischen Relationen verhält. Da sie auch von ihnen unterschieden werden muß, und zwar aufgrund der Art der Gegenständlichkeit und der Gegenstandsart ihrer Relate, ist die Theologie dazu genötigt, neben den beiden in Kapitel II betrachteten Arten realer Relationen, nämlich den ontischen (raumzeitlichen) und der ontologischen, eine dritte Art realer Relationen anzunehmen, die Existierendes – ob dieses nun als Gegenstand in Raum und Zeit existiert oder nicht – in nichtontische Beziehungen setzt und damit identifizierbar im Horizont einer nichtontischen Gegenständlichkeit lokalisiert. Sofern die Glaubensrelation diese dritte Art realer Relationen exemplarisch belegt, ist diese nichtontische Gegenständlichkeit präzise die Gegenständlichkeit Gottes oder göttliche Herrlichkeit (§ 129), so daß es im Glauben zur Überwindung der fundamentalen Differenz zwischen Gott und Mensch durch eine fundamentalere Gemeinschaft unter den Bedingungen der Herrlichkeit Gottes kommt.

§ 137 Glaube als ursprüngliches Geschehen

Daß es im Glauben *zur Überwindung* dieser Differenz *kommt*, ist im strengen Sinn so zu verstehen. Ist die Glaubensrelation doch eine durch und durch *dynamische Relation*, die nur besteht, insofern sie geschieht, und die nur geschieht, weil Gott sie wirkt.

Glaube ist damit identisch mit dem Geschehen des Glaubens und das ist als Wirken des Geistes im Menschen nichts anderes als die pneumatologisch begründete Konverse des Geschehens, durch das sich Gott in Jesus Christus anredend auf den Menschen bezieht. Dementsprechend ist derjenige ein Glaubender, der durch den Geist Jesus als die an ihn gerichtete Anrede Gottes vernimmt, durch die er aus der sündigen Selbstverblendung, sich selbst und seine geschöpfliche Gegenständlichkeit als Maß aller Wirklichkeit absolut zu setzen, befreit und zur Kommunikation mit Gott, seinem Schöpfer, ermächtigt wird. Er ist damit Adressat und Zielpunkt eines ganz spezifischen Geschehens, durch das Gott sich so auf ihn bezieht, daß er nicht der bleibt, der er ist, sondern zu einem solchen wird, der zu einem Leben in der Gemeinschaft und in gegenseitig guten Beziehungen mit Gott instand gesetzt ist. Christlicher Glaube ist somit die pneumatologische Kehrseite eines Geschehens mit einem ganz bestimmten *Ziel*: dem Menschen; einem ganz bestimmten *Zweck*: der Lebensgemeinschaft des Menschen mit Gott; und einer ganz bestimmten *Gestalt*: vollzogen in und durch Jesus Christus.

Dieses als *Anrede* charakterisierte und nur durch den Geist als Anrede *Gottes* vernommene Geschehen ist eindeutig gerichtet, indem es von Gott und niemand sonst ausgeht, sich nicht anders als über und durch Jesus vollzieht und dabei sein Telos nicht in Jesus selbst, sondern jenseits von Jesus in den Menschen hat, die zur personalen Gemeinschaft mit Gott berufen sind und dieser Berufung pneumatologisch entsprechen. Es ist damit ein formal und inhaltlich unverwechselbares *ursprüngliches Kommunikationsgeschehen*, und zwar *ursprünglich* in dem präzisen Sinn, daß der Gegenstand der anredenden Bezugnahme Gottes des Vaters, des Sohnes und des Geistes im Vollzug dieser Bezugnahme erst konstituiert wird und nicht vorher schon als dieser Gegenstand existiert. Das ist kurz zu erläutern.

Wer glaubt, ist von diesem Anredegeschehen immer nur betroffen, ohne es von sich aus beeinflussen oder gar inaugurieren zu können. Der in Jesus von Gott angeredete und durch den Geist diese Anrede vernehmende Mensch zeichnet sich durch völlige Passivität aus (Röm 3,28; 4,5), er ist von sich aus an seinem Glauben in keiner Weise beteiligt. Diese Passivität ist gerade nicht im Sinne der platonischen passiven Dynamis zu verstehen, also als das (menschliche) Vermögen, etwas von etwas oder von jemand zu erleiden.[1] Eine solche Passivität wäre nur die Kehrseite des menschlichen Wirkungsvermögens und damit eine Form aktiven Erleidenlassens des Menschen, nicht jedoch die menschliche Kehrseite des göttlichen Wirkens. Doch im Glaubensgeschehen ist der Mensch so ausschließlich betroffener Nutznießer, daß er von sich aus in keiner Weise, weder aktiv noch passiv an diesem Geschehen beteiligt ist. Allenfalls könnte man sagen, daß er beteiligt wird, insofern er durch das Kommen Christi und das Ankommen des Geistes Christi zum Teil (Moment) dieses Geschehens gemacht und damit in eine spezifische Geschichte mit dem dreieinigen Gott verwickelt wird. Ist dieses Geschehen doch nichts, was *er* als Mensch machte oder *an sich* geschehen ließe, sondern im strengen Sinn das Geschehen, das ihn überhaupt erst *zum* Menschen macht, und zwar so, daß es ihn zum *menschlichen Menschen* macht, indem es ihn pneumatologisch in Christus integriert und so christologisch vermittelt am göttlichen Leben partizipieren läßt. Denn wie er im Schöpfungsgeschehen Mensch und damit zum Wesen der Möglichkeiten wird, das er als Mensch ist, so wird er im Glaubensgeschehen zum menschlichen Menschen und damit zu dem Wesen, das die Möglichkeiten, die es als Menschen auszeichnen, auch wahrhaft und im Vollsinn im Kontext des göttlichen Lebens zu leben befähigt wird. Das Glaubensgeschehen gehört somit in keiner Weise zu der Geschichte, die der Mensch *als Mensch* aktiv gestalten kann oder passiv erdulden muß, sondern ganz und gar zu der dieser zugrundeliegenden Geschichte, die ihn *zum Menschen* macht und ihm dadurch überhaupt erst ermöglicht, als Mensch eine Geschichte haben zu können;[2] aber es gehört in der ganz präzisen Weise zu dieser Geschichte, daß hier einer zum Menschen gemacht wird, der ja schon Mensch war und ist, aber sein Menschsein unter (impliziter oder expliziter) Leugnung seiner Geschöpflichkeit und Bestimmung zur Gottebenbildlichkeit so vollzog, daß er sich in Mißachtung seines ihn doch fundierenden Gottesbezugs auf

1 Plato, *Sophistes* 247 df; ders., *Phaidon* 270 d.
2 Dalferth/Jüngel, (§ 39 Anm. 1), Teil II.

seine Verhältnisse zu seinen Mitgeschöpfen und zu sich selbst reduzierte, eben so aber als Sünder unfähig erwies, *menschlich*, d. h. in Gottes Absicht mit ihm voll entsprechender Weise Mensch zu sein (Röm 1,18ff). Insofern er jedoch im Glauben und durch den Glauben menschlicher Mensch wird, handelt es sich bei diesem Geschehen um ein *ursprüngliches* Kommunikationsgeschehen, da Gott im Vollzug seiner christologischen und pneumatologischen Bezugnahme als Gegenstand seiner Bezugnahme setzt, was es vor und unabhängig von dieser Bezugnahme gar nicht gibt und zu geben vermag. Das gilt für das Schöpfungsgeschehen nicht weniger als für das Glaubensgeschehen. Denn wie durch die Schöpfung der Mensch, so wird durch den Glauben – die neue Schöpfung! – der menschliche Mensch konstituiert.

§ 138 Glaube als interne Relation

Glaube ist dann aber nicht nur eine dynamische, sondern im strengen Sinn eine *interne Relation*. Interne Relationen unterscheiden sich von externen genau dadurch, daß sie ihre Relate allererst konstituieren und nicht zwischen schon konstituierten Relaten bestehen. Sie modifizieren daher nicht nur schon Bestehendes, sondern sie setzen Neues. Denn eine interne Relation liegt immer dann vor, wenn ohne die Relation die Relate weder das wären, was sie sind, noch so wären, wie sie sind; wenn sie ohne sie also überhaupt nicht die Gegenstände wären, die sie sind. Als Paradigma solcher Relationen könnte man auf das Verhältnis zwischen Autor und seinem Werk verweisen: die *Confessiones* wären weder das, was sie sind, noch so, wie sie sind, hätte nicht Augustin sie geschrieben. Dagegen ist das Verhältnis eines Lesers zu den *Confessiones* eine externe Relation, da es dieses Werk nicht konstituiert, sondern zu einem schon konstituierten Werk in Bezug tritt. Sind interne Relationen solche, die einen Gegenstand konstituieren, externe Relationen dagegen solche, die einen schon konstituierten Gegenstand allenfalls mehr oder weniger modifizieren, dann liegt auf der Hand, daß weder alle Relationen intern noch alle Relationen extern sind.[1] Man muß vielmehr immer mit beidem zugleich rechnen und eben deshalb zwischen den Relationen, die einen Gegenstand intern konstituieren, und denen, die ihn als Gegenstand extern modifizieren, unterscheiden.

Wendet man diese Unterscheidung auf den glaubenden Menschen an, dann ist der Glaube als ursprüngliches Kommunikationsgeschehen im er-

1 Vgl. F. Bradley, *Appearance and Reality. A Metaphysical Essay*, Oxford ²1897 = 1969, S. 21ff.512ff und aus der sich daran anschließenden Diskussion vor allem G. E. Moore, The Nature of Judgment, *Mind* 8, 1899, S. 176–193; ders., External and Internal Relations, in: ders., *Philosophical Studies*, London 1922, S. 276–309; B. Russell, The Monistic Theory of Truth, in: ders., *Philosophical Essays*, London ²1966 = 1976, S. 131–146. Eine kritische Darstellung der Debatte findet sich bei A. C. Ewing, *Idealism. A Critical Survey*, London 1974, Kap. 4.

läuterten Sinn unbestreitbar eine interne Relation: der Mensch wird durch ihn nicht nur modifiziert, sondern durch den Geist im Bezug auf Christus als menschlicher Mensch konstituiert; er muß deshalb auch nicht schon menschlicher Mensch sein, um in dieser Relation stehen zu können, sondern indem er in dieser Relation zu stehen kommt, wird er menschlicher Mensch. Der Mensch wäre nicht menschlicher Mensch und könnte kein menschlicher Mensch sein, stünde er nicht in der Relation des Glaubens. Er stünde aber nicht in ihr, wenn sie als dynamische Relation nicht geschähe, weil und indem Gott sie wirkt.

§ 139 Glaube als eschatologisches Geschehen

Als Werk und Wirkung Gottes ist der Glaube ein eschatologisches Geschehen (§ 156). Damit unterscheidet er sich grundsätzlich von allen ontischen Relationen zwischen raumzeitlichen Gegenständen. Das läßt sich beispielhaft an dem vom Glaubensgeschehen betroffenen Menschen zeigen. Als Relat der dynamischen und internen Glaubensrelation ist dieser nicht nur ein anderer, sondern ein – de re und nicht nur de dicto – *neuer* Mensch; er hat sich nicht nur verändert, sondern er ist *neu* geworden. Dieses Neu-Werden ist kein ontischer Vorgang am Menschen oder zwischen Menschen. Es wäre sonst ein Ereignis, das sich als Veränderungsprozeß an einem raumzeitlichen Gegenstand oder als Transformationsprozeß in einen raumzeitlichen Gegenstand vollzöge, damit aber auch wiederum nur einen (gegebenenfalls anderen) raumzeitlichen Gegenstand als Resultat haben könnte. Darüber hinaus hätte es als solch ein Prozeß zeitliche Teile und könnte infolgedessen in Phasen unterteilt und (prinzipiell zumindest) in seinem Vollzug analysiert werden.

Doch nichts von all dem ist der Fall. So ist nicht das Glaubensgeschehen, sondern nur das jeweilige Glaubensbekenntnis, das auf dieses Geschehen zu antworten beansprucht, ein raumzeitlich lokalisierbares Ereignis. Dieses Geschehen resultiert nicht in raumzeitlich identifizierbaren Gegenständen, sondern in Glaubenden, die sich unter den Bedingungen von Raum und Zeit von uns gerade nicht als solche identifizieren lassen, weil sie nicht mehr ἐκ τοῦ κόσμου (Joh 17,14.16) sind. Glaube ist auch nicht das Resultat eines rekonstruierbaren (etwa psychischen) Prozesses, sondern streng die Konverse der durch Christus vollzogenen und im Geist rezipierten göttlichen Anrede an den Sünder. Wäre diese Anrede ein ontisches Ereignis, dann wäre Gott als ein raumzeitlich nicht identifizierbarer Gegenstand auch in seiner Anrede nie ganz gegenwärtig, weil kein raumzeitliches Ereignis während seiner Dauer ganz gegenwärtig ist. Wäre Gott aber in seiner Anrede nie ganz gegenwärtig, dann bliebe er von ihr grundsätzlich unterschieden und würde damit in Jesus Christus vielleicht etwas von sich, aber gerade nicht sich selbst zur Erfahrung und zur Sprache bringen. Und wäre das Glaubensgeschehen schließlich ein akzidenteller Veränderungsprozeß oder auch ein substanzieller Transformationsprozeß im Horizont raumzeitlicher Gegenständlichkeit, dann müßte der von ihm betroffene Mensch entweder in diesem zeitverbrauchenden Geschehen wesentlich als derselbe identifizierbar bleiben oder es lägen zwei wesensmäßig verschiedene, prozessual ineinander überführte und in einem Menschen resultierende, aber nichtsdestoweniger raumzeitliche Gegenstände vor. Im einen Fall hätte man es nur mit einem veränderten und hoffentlich verbesserten, im anderen mit einem andern und zweifellos immer noch verbesserungsbedürftigen Menschen zu tun. Doch wer Relat der Glaubensrelation ist, der ist nicht nur ein *veränderter* und auch nicht einfach ein *anderer* Mensch als zuvor, sondern der ist – und das ist die Pointe dieses Geschehens – ein *neuer* Mensch und damit *anders* Mensch als zuvor. Dieses Anderssein ist weder das Sein eines anderen Menschen noch das Sein von etwas anderem als einem Menschen, weder das Sein eines besseren Menschen noch das Sein von etwas Besserem als einem Menschen. Der glaubende Mensch ist vielmehr *menschlicher* Mensch und damit weder von einer anderen Gegenstandsart noch von einer nur anderen Art der Realisierung seiner Gegenstandsart im Horizont raumzeitlicher Gegenständlichkeit, sondern Mensch derselben Gegenstandsart *im Horizont einer neuen Gegenständlichkeit*: der Gegenständlichkeit Gottes. Der Glaube bewirkt damit einen fundamentalen Wechsel des Identifikationssystems, in dem sich bestimmen läßt, *wer* der Mensch ist, und das bestimmt, *wie* er sein Menschsein realisieren kann. Eben deshalb ist das Glaubensgeschehen kein ontischer, sondern ein *eschatologischer* Vorgang.

Sowohl hinsichtlich des Geschehens selbst als auch hinsichtlich des anredenden Gottes als auch hinsichtlich des angeredeten Menschen läßt sich das Glaubensgeschehen nicht als ontisches Ereignis und damit als Geschehen bestimmen, das von raumzeitlich identifizierbaren Gegenständen ausgeht, an ihnen stattfindet oder in ihnen resultiert. Damit ist *nicht* gesagt, daß es kein ontischer Vorgang wäre, als Mensch Adressat dieser Anrede zu werden. Wohl aber ist behauptet, daß es ein eschatologischer und kein ontischer Vorgang ist, Adressat dieser Anrede zu sein und sich als solcher zu begreifen. Als Wesen in Raum und Zeit kann der Mensch die Anrede Gottes in Jesus Christus nicht anders als unter den Bedingungen von Raum und Zeit vernehmen, und er vernimmt sie hier konkret in der verbalen und sakramentalen Verkündigung der Kirche. Als Anrede *Gottes* aber und nicht nur als an ihn gerichtete Rede oder an und mit ihm vollzogene Handlung von Menschen vernimmt er sie nur, insofern er durch Gott den Geist selbst dazu gebracht wird, der die verblendete Verabsolutierung seiner raumzeitlichen Gegenständlichkeit dadurch revidiert, daß er ihn unmißverständlich in den ganz anderen Horizont seiner eigenen Gegenständlichkeit versetzt.

Ist es aber für uns Menschen unerläßliche Bedingung der Möglichkeit, daß wir, um *Gott* reden zu hören (und nicht nur von Gott reden zu hören), zwar noch ἐν τῷ κόσμῳ, aber nicht mehr ἐκ τοῦ κόσμου sind (Joh 17,11.14.16), dann handelt es sich bei der Dynamik der Glaubensrelation um ein Geschehen, das sich ganz und gar nicht als raumzeitliches Ereignis identifizieren, beschreiben oder gar verifizieren läßt, sondern das sich gänzlich einem Wirken Gottes verdankt, das nur als *Gnade* bezeichnet werden kann. Denn daß Gott den Menschen überhaupt anredet und daß er ihn als raumzeitliches Wesen so anredet, daß dieser ihn als Gott zu vernehmen vermag, ist Gnade. Läßt er den Menschen dadurch doch zu dem werden, was dieser von sich aus weder ist noch werden kann: menschliches Geschöpf im Horizont der Gegenständlichkeit Gottes. Aus der Perspektive des Menschen in Raum und Zeit ist dieses Werden ein nicht nur kontrafaktisches, sondern auch kontrapossibles, und d. h. ein ausschließlich *eschatologisches*, in Christus und durch den Geist vollzogenes Geschehen, da es sich als Übergang in eine ganz andere, ihm bislang verschlossene und unzugängliche Gegenständlichkeit vollzieht. Der Mensch erfährt sich dabei als einer, zu dem sich Gott in Jesus und damit unter den Bedingungen von Raum und Zeit so in Beziehung setzt, daß er ihn anredend als sein geliebtes Geschöpf identifiziert und so christologisch und pneumatologisch zum Gegenstand im Horizont seiner Herrlichkeit werden läßt, um mit ihm in unverstellter personaler Gemeinschaft kommunizieren zu können.

Für die ontische Gegenständlichkeit bedeutet dies, daß Raum und Zeit ihren faktischen, im Sündersein des Menschen begründeten und sich im absoluten Gebrauch dieses Identifikationssystems manifestierenden Charakter verlieren, nur die fundamentale Differenz zwischen Gott und Mensch zu markieren. Aufgrund des eschatologischen Geschehens in Jesus Christus und dem ihm entsprechenden Glaubensgeschehen erweisen sie sich vielmehr als das, was sie sein können: Horizont und Medium, in dem es zur Begegnung des Schöpfers mit seinem Geschöpf kommen kann. Jesus Christus belegt, daß Menschsein unter den Bedingungen von Raum und Zeit nicht bedeuten muß, im Horizont einer Gegenständlichkeit zu existieren, die einen fundamental von Gott scheidet. Vielmehr bedeutet es in dem Horizont zu existieren, in dem es zur Geschichte Gottes mit den Menschen kommt, die diesen ermöglicht, gerade als Geschöpfe in Raum und Zeit nicht mehr nur unter den Bedingungen von Raum und Zeit existieren zu müssen, sondern als Wesen, die im Horizont der Herrlichkeit Gottes existieren, diesem Sein auch ontisch entsprechen zu können.

Damit sind eine Vielzahl von Themen angeklungen, denen genauer nachzugehen ist. Wir beginnen, indem wir nochmals ganz elementar einsetzen.

§ 140 πίστις Ἰησοῦ Χριστοῦ

Orientiert man sich zur Charakterisierung der christlichen Glaubensrelation an der grundlegenden neutestamentlichen Bestimmung des christlichen Glaubens, wie sie von Paulus im Rahmen seiner Rechtfertigungstheologie formuliert wird, dann ist dieser konstitutiv als πίστις Ἰησοῦ Χριστοῦ (Röm 3,22) zu bestimmen.[1] Glaube ist damit ein ganz *spezifisches Verhältnis zwischen dem (glaubenden) Menschen und Jesus Christus*. Eben dieses Verhältnis, seine Implikationen, Voraussetzungen und Konsequenzen begrifflich zu explizieren, ist die vorrangige Aufgabe einer Theologie, die sich methodisch als Glaubenshermeneutik begreift und damit immer zugleich exegetisch *und* systematisch zu verfahren hat. Hier ist das Zentrum, von dem her sich das Ganze des christlichen Wahrheits- und Wirklichkeitsverständnisses systematisch zur Sprache bringen läßt. Hier hat daher auch die dogmatische Rekonstruktion der im Glauben implizierten eschatologischen Ontologie einzusetzen.

Wir haben uns dieser Problematik unter dem besonderen Gesichtspunkt der Frage nach der Existenz Gottes zugewandt. Im Zusammenhang dieser Frage ist vor allem die *Realität* des Glaubensverhältnisses zu klären. Dies aber kann gar nicht geschehen, ohne *Art und Charakter* dieses Verhältnisses wenigstens in Grundzügen zu bestimmen und zu erläutern. Denn ohne daß der Begriff des christlichen Glaubens inhaltlich konturiert wird, muß unbestimmt bleiben, nach der Realität welchen Verhältnisses eigentlich gefragt wird. Dabei ist nach den Überlegungen der vorangehenden §§ davon auszugehen, daß dessen Bestimmung als πίστις Ἰησοῦ Χριστοῦ nur dann recht verstanden wird, wenn der eschatologische Geschehenscharakter dieses Verhältnisses stets im Blick behalten wird. Ein Geschehen ist dieses Verhältnis in dem präzisen Sinn, daß es aus einem Geschehen resultiert und sich als Geschehen vollzieht. So ensteht die πίστις aus dem ῥῆμα τῆς πίστεως (Röm 10,8) und ist als Antwort auf diese Anrede die ὑπακοὴ πίστεως (Röm 1,5) in strenger Entsprechung zu der dort vernommenen ἀκοὴ πίστεως (Gal 3,2.5). Ihren sachlichen Grund trägt sie daher nicht in sich selbst, sondern in der sie hervorrufenden Anrede. Christlicher Glaube läßt sich daher nicht unter Absehung von seiner Genese verstehen. Wir fragen daher zunächst nach der die Glaubensrelation konstituierenden *Genese* (§ 141) ehe wir uns der Explikation ihrer *Struktur* (§§ 142ff) zuwenden.

1 Ein solcher genetivus obiectivus ist in Verbindung mit πίστις ohne Vorbild. Das ist ein sprachlicher Hinweis auf die fundamentale Differenz zwischen (christlichem) *Glaube* und *glauben*. Die Meinung K. Barths, Evangelium und Gesetz, in: *Gesetz und Evangelium. Beiträge zur gegenwärtigen theologischen Diskussion*, hg. v. E. Kinder/K. Haendler, Darmstadt 1968, S. 1–29, S. 4: »πίστις Ἰησοῦ Röm. 3,22; Gal 2,16 u. s. f. ist sicher als Gen. subj. zu verstehen« ist sicher falsch. Vgl. Käsemann, (§ 34 Anm. 2), S. 87.

§ 141 Zur Genese des Glaubens

Wie ensteht die πίστις Ἰησοῦ Χριστοῦ? Im Anschluß an die paradigmatische Analyse des Paulus ist darauf folgendermaßen zu antworten:

Glaube entsteht aus nichts anderem als aus Glauben. Es ist immer ein Geschehen ἐκ πίστεως εἰς πίστιν (Röm 1,17). Dieser Zirkel ist konstitutiv. Er bewahrt grundsätzlich davor, Glaube als Prozeß oder als Resultat eines Prozesses mißzuverstehen, der sich an raumzeitlich identifizierbaren Gegenständen festmachen läßt und abspielt. Glaube verwirklicht sich unter den Bedingungen von Raum und Zeit nicht als ein verifizierbarer und empirisch rekonstruierbarer Vorgang, sondern ausschließlich als eschatologisches Geschehen in seiner ihm eigenen Dimension: dem Horizont der Herrlichkeit Gottes. Wo immer Glaube geschieht, ist die raumzeitliche Gegenständlichkeit durch Gottes christologische und pneumatologische Nähe eschatologisch durchbrochen und damit etwas ontisch uneinholbar Neues geworden. Glaube läßt sich daher weder faktisch noch inhaltlich aus irgendetwas ableiten, was im Horizont der raumzeitlichen Wirklichkeit lokalisierbar ist. Er ist dieser in keiner Hinsicht konform, sondern geschieht gänzlich unter den Bedingungen der Gegenständlichkeit Gottes. Eben deshalb entsteht Glaube immer und nur aus Glauben. Wie aber vollzieht sich diese Genese des Glaubens aus dem Glauben unter den Bedingungen von Raum und Zeit?

Die Antwort lautet: *Glaube entsteht aus nichts anderem als aus der Predigt.* Er ist immer πίστις ἐξ ἀκοῆς (Röm 10,17). Denn Predigt ist als menschliche Rede das »Wort vom Glauben« (Röm 10,8). Entsteht der Glaube aber gerade deshalb aus nichts anderem als aus Glauben, weil er aus nichts anderem als aus der Predigt entsteht, ist die Predigt als Wort vom Glauben nicht nur Rede vom Glauben oder Bericht über den Glauben, sondern Anrede, die den Glauben so zur Sprache bringt, daß er neuen Glauben weckt. Eben so konstituiert sie als verbum invisibile und verbum visible die Kirche (§ 151). Sie vollbringt diese Konstitutionsleistung aber nicht von sich aus als menschliche Rede. Sie kann den Glauben vielmehr nur zur Sprache bringen, weil dieser sich selbst zur Sprache gebracht hat, und zwar im Bekenntnis: κύριος Ἰησοῦς (Röm 10,9f). Weil der Glaube im Bekenntnis antwortend zur Sprache kommt, kann er in der Predigt als antwortender Anrede zur Sprache gebracht werden, indem diese das Bekenntnis des Glaubens als Ruf zum Glauben propagiert. Deshalb gilt: *Die Predigt ist Verkündigung bekannten Glaubens* und damit *Verkündigung des erfahrenen Wortes Christi.* Gerade als solche belegt sie, daß sie dem sachlichen Grundprinzip ἐκ πίστεως εἰς πίστιν unterliegt. Eben deshalb ist sie aber auch nie nur Verkündigung bekannten Glaubens, sondern zielt eben damit auf neuen Glauben und erneutes Bekenntnis des Glaubens. Sie ist auf Gottes Anrede antwortende Anrede des Menschen, die so an andere Menschen gerichtet ist, daß diese sie als Anrede Gottes an sich vernehmen können, wenn Gottes Geist sie ihnen so vernehmbar macht. Notwendige (nicht hinreichende) Bedingung der Möglichkeit dafür ist einerseits, daß sie als solche antwortende Anrede *gehört* wird. Denn πῶς . . . πιστεύσωσιν οὗ οὐκ ἤκουσαν (Röm 10,14)? Andererseits aber auch, daß sie nicht auf eigene Verantwortung des Predigers und damit nur als menschliche Rede, sondern als durch menschliche Rede geschehende Anrede *Gottes* und damit »in der Kraft des Wortes Christi« (Röm 10,17) und im Vertrauen auf das Wirken des Geistes geschieht. Das ist nur dann der Fall, wenn der Prediger *gesandt* ist (Röm 10,15), also nicht in eigener Kompetenz, sondern im Auftrag Jesu Christi handelt. Glaube kann nur dann aus der Predigt entstehen, wenn diese das, worauf das Bekenntnis des Glaubens zu Jesus Christus zu antworten beansprucht, nicht nur als menschliche Rede, sondern als die allen Menschen geltende, in Christus ein für allemal geschehene Anrede Gottes verkündigt *und* wenn diese Verkündigung durch den Geist nicht nur als menschliche Rede, sondern als Anrede Gottes gerade an mich verstanden wird. Nur dann wird menschliche Predigt als *Wort Christi* vernommen (Röm 10,17), so daß es zum Glauben an Jesus Christus kommt.

Daß es zu diesem *Verkündigen* kommt, ist ausschließlich Werk dessen, der die Prediger in seinem Auftrag *sendet* (Röm 10,15); daß es zu diesem *Hören* kommt, ist ausschließlich Werk des heiligen Geistes (1Kor 12,3). Daraus folgt, daß Glaube genau daraus entsteht, daß mich *Gott der Geist* die menschliche Predigt von Jesus Christus als *Gott dem Sohn* als die Anrede *Gottes des Vaters* an mich hören läßt. Glaube an Jesus Christus ist dementsprechend in jeder Hinsicht und ausschließlich trinitarisches *opus Dei*, in keiner Hinsicht hingegen *opus hominis*. Der Mensch redet, aber Gott allein wirkt in seinem Reden. Als opus Dei ist der Glaube niemals etwas Geschehenes, sondern immer ein Geschehen, keine Handlung, sondern ein Handeln Gottes: Es ist das durch Gottes gnädiges Handeln sich vollziehende Geschehen eines unverwechselbaren Verhältnisses zwischen den Menschen und Jesus Christus.

Die Struktur dieses dynamischen Verhältnisses gilt es nunmehr zu explizieren. Dabei bemühen wir uns, an einigen Punkten exemplarisch vorzuführen, wie sich im Zuge systematisch verfahrender dogmatischer Rekonstruktion dieser Relation die relationale Ontologie des Glaubens präzis entwickeln läßt. Dazu ist die strikte Bezogenheit der dogmatischen Grundbegriffe auf dieses fundamentale Verhältnis auch begrifflich zu wahren. In der folgenden methodischen Explikation dieser Begriffe wird dies dadurch versucht, daß sie relationslogisch aus dem Begriff der Glaubensrelation entwickelt werden.[1]

1 Nur wenn man das tatsächlich in Angriff nimmt, wird die oft registrierte und geforderte, aber tatsächlich ja sowohl theologisch (Luther!) als auch philosophisch (Kant!) schon längst vollzogene Ablösung der »Substanzmetaphysik« durch eine »Ontologie der Relation« – Ebeling, (§ 1 Anm. 4), S. 215.219ff.348 – nicht nur Programm und methodisches Postulat bleiben. Die Fruchtbarkeit dieser Umorientierung zeigen nicht nur philosophische Untersuchungen

§ 142 Zur Struktur der Glaubensrelation

Beginnen wir mit einer formalen Bestimmung der Glaubensrelation. Extensional kann diese als die Menge der geordneten Paare definiert werden, für die der Relationsausdruck ›x glaubt an Jesus Christus‹ gilt. Vorderglied bzw. Vorbereich dieser Relation ist die Menge all derer, die an Jesus Christus glauben; Hinterglied bzw. Nachbereich Jesus Christus und sonst nichts. Wann immer der Versuch gemacht wird, diesen Nachbereich zu erweitern oder zu verändern, so daß etwas oder jemand anderes als Jesus Christus bzw. neben Jesus Christus Hinterglied der Relation ist, liegt kein Fall von Glauben, sondern von *Aberglauben* vor. Dieser Aberglaube wird zur *christologischen Häresie*, wo zwar nicht mehr und nichts anderes als Hinterglied der Glaubensrelation angenommen wird, dafür aber gleichsam zu wenig, insofern nicht streng beachtet wird, daß es sich um eine Relation zu *Jesus Christus* handelt, die sich weder auf eine Relation zu *Jesus* noch auf eine Relation zu *Christus* reduzieren läßt. Im ersten Fall könnte man mit Schleiermacher von einer *nazoräischen*, im zweiten von einer *doketischen* Häresie sprechen.[1]

Die Glaubensrelation ist demnach eine streng mehreindeutige Relation. Als solche ist sie eine Deskriptionsfunktion,[2] welche unter allen Gegenständen diejenigen zu bestimmen erlaubt, die *Glaubende* genannt zu werden verdienen: Zu den Glaubenden gehört jeder und nur der, der in der

wie etwa die Studie von Schulthess, (§ 66 Anm. 1), sondern auch theologische Entwürfe wie die Arbeit von Härle/Herms, (§ 1 Anm. 3) und vor allem Ebelings *Dogmatik des christlichen Glaubens*. Vgl. P. Selvatico, Theologie der Relation. Zum Neuansatz von G. Ebelings ›Dogmatik des christlichen Glaubens‹ beim Gebet, *Freiburger Zeitschrift für Philosophie und Theologie* 27, 1980, S. 265–275. Allerdings ist das von Ebeling praktizierte nur »beiläufige Aufgreifen des ontologischen Problems innerhalb der materialen Dogmatik« (Ebeling, aaO., S. 347) um so unbefriedigender, als »von seiten Ebelings keine ausführlichere systematische Darlegung dessen vor[liegt], was er unter Ontologie der Relation des genaueren versteht« (Selvatico, aaO., S. 269f). Indem er aber auf eine theoretische Ausarbeitung verzichtet, bleiben auch seine ontologischen Vorentscheidungen ungeklärt und partizipieren an der Vagheit seiner übrigen Grundbegriffe wie ›Leben‹, ›Erfahrung‹ oder ›Phänomen‹. Ebelings Begründung für diesen Verzicht, daß einer »ontologischen Besinnung nur sehr bedingt mit einer theoretischen Ausarbeitung gedient« sei (Ebeling, aaO., S. 347), ist jedenfalls dann zu bestreiten, wenn man das Wahrheitsproblem der Dogmatik nicht auf deren Erfahrungsevidenz reduzieren möchte. Denn ganz abgesehen davon, daß diese ohne theoretische Klarheit vage und damit fragwürdig bleibt, kann dogmatische Reflexion auf die »theoretische Ausarbeitung« gerade auch der im Glauben implizierten Ontologie schon deshalb nicht verzichten, weil sie sonst an der entscheidendsten Stelle davon absähe, fides quaerens intellectum, nach Einsicht in ihren eigenen Wahrheitsanspruch strebende Glaubensbemühung zu sein. Gerade wenn man mit Ebeling der Ansicht ist, daß relationsontologische Reflexion für die Theologie von erheblicher Bedeutung ist, kommt man nicht an der Feststellung vorbei, daß auch nach seiner *Dogmatik* die eigentliche begriffliche Arbeit weitgehend noch zu leisten ist.

1 F. D. E. Schleiermacher, *Der christliche Glaube, nach den Grundsätzen der evangelischen Kirche im Zusammenhange dargestellt*, hg. v. M. Redeker, Berlin [7]1960, Bd. 1, § 22.

2 Vgl. Russell/Whitehead, (§ 48 Anm. 4), S. 232.

Glaubensrelation zu Jesus Christus steht. Beschränkt man den Vorbereich dieser Relation auf die *glaubenden Menschen*, definiert diese Deskriptionsfunktion die *Christen*. Daß sie aber nicht nur so beschränkt zu verstehen ist, zeigen etwa 1Tim 3,16 und die Engellehre der kirchlichen Tradition.

§ 143 Formale Eigenschaften des Glaubens

Die formalen oder logischen Eigenschaften der Glaubensrelation bestehen darin, daß sie *nicht-transitiv, asymmetrisch, irreflexiv* und *nicht-konnex* ist. Sie ist nicht-konnex, da sie nicht ausnahmslos zwischen einem Element z. B. der Menge der Menschen und Jesus Christus gilt, so daß man nicht erwarten kann, daß ein beliebiger Mensch in der Relation des Glaubens zu Jesus Christus steht. – Sie ist irreflexiv, weil niemand zu sich selbst in der Relation des Glaubens stehen kann, sondern dies geradezu die pointierteste Form des Aberglaubens darstellte. Das gilt auch für Jesus Christus selbst, wie das Problem des Übergangs von Jesu Verkündigung zur Verkündigung Jesu Christi präzise belegt.[1] Jesus glaubte nicht an sich, sondern an Gott; er war nicht der erste Christ, sondern ermöglichte das Christsein der ersten und aller übrigen Christen, und zwar eben dadurch, daß er sich nicht auf sich, sondern ganz auf Gott bezog. – Sie ist asymmetrisch, weil mein Glaube an Jesus Christus nicht dessen Glauben an mich impliziert. – Und sie ist nicht-transitiv, weil weder Jesus Christus in der Relation des Glaubens zu sich selbst oder zu irgend etwas oder jemand anderem stehen kann, so daß der Glaube an ihn nicht Glaube an irgend etwas oder irgend jemand, zu dem er in der Relation des Glaubens stünde, beinhaltet, noch jemand in der Relation des Glaubens zu einem glaubenden Menschen und über diesen zu Jesus Christus zu stehen vermag, da dies immer eine Relation des Aberglaubens wäre. Das bedeutet zum einen, daß keiner stellvertretend für einen anderen glauben kann, zum anderen, daß kein Verhältnis zu Glaubenden selbst schon Glaube ist: *es gibt weder stellvertretenden noch indirekten christlichen Glauben*.

§ 144 Christus und Geist Christi

Die *Konverse* der Glaubensrelation ist aufgrund von deren Asymmetrie nicht selbst wieder Glaube, sondern das *Produkt der Christus-Relation und der Geist-Christi-Relation*: Wer in der Relation des Glaubens zu Jesus Christus steht, zu dem steht Jesus in der Relation des Christus *und* der existiert aufgrund des Wirkens des Geistes so, daß er Christi Relation zu ihm im

1 Vgl. E. Jüngel, *Paulus und Jesus. Eine Untersuchung zur Präzisierung der Frage nach dem Ursprung der Christologie*, Tübingen ³1967, S. 6.

Glauben an Jesus als den Christus entspricht. ›Christus‹ ist dabei nicht als Individuenname, sondern als Titel zu verstehen.[1] Dieser läßt sich genauer als ein dreistelliger Relationsausdruck explizieren, der für eine Relation steht, die als die Menge der geordneten Tripel definiert werden kann, für die der Relationsausdruck ›Gott redet in Jesus x an‹ gilt. Und entsprechend ist die durch ›Geist Christi‹ thematisierte Relation mittels des Relationsausdrucks ›Gott läßt x Jesus als seine Anrede an x verstehen‹ zu explizieren.[2] Wer in der Relation des Glaubens zu Christus steht, für den gilt daher, daß er in Jesus von Gott angeredet wird (Christus-Relation) und daß er Jesus als Gottes Anrede an sich vernimmt (Geist-Christi-Relation). Er kennt dementsprechend Jesus als Gottes Anrede an ihn und Gott als denjenigen, der ihn in Jesus anredet und Jesus als seine Anrede an ihn verstehen läßt.

Die Christus-Relation – die theologisch nur von der zwar stets und wesentlich auf sie bezogenen, aber im Unterschied zu ihr selbstexplikativen und damit immer schon epistemischen Geist-Christi-Relation her thematisierbar wird – ist somit eine Deskriptionsfunktion, welche sowohl Jesus als auch Gott unverwechselbar charakterisiert: ersterer ist die Anrede Gottes an uns, letzterer das Subjekt, das sich in Jesus anredend auf uns bezieht und sich uns als diese Anrede im Geist Christi verständlich macht. Die Formulierung ›Geist Christi‹ ist dabei funktional äquivalent zu jeder anderen Geist-Formel, die Gottes prinzipielles Sein mit uns aufgrund seines christologisch dokumentierten Seins für uns als seine pneumatologische Präsenz bei uns konkretisiert, ohne die es keinen Glauben und d. h. keine geschöpfliche Existenz in der christologisch vermittelten Präsenz des Schöpfers gibt. Entsprechend ist der Titel ›Christus‹ funktional äquivalent zu jedem anderen christologischen Hoheitstitel und jeder entsprechenden narrativen christologischen Aussage, die sich durch denselben Relationsausdruck als Menge geordneter Tripel explizieren lassen. Die intensionale Differenz und Vielfalt dieser funktional äquivalenten Hoheitstitel und Aussagen ist auf die Variabilität und Verschiedenheit des Erfahrungs- und Interpretationshorizonts des jeweiligen x zurückzuführen, das Jesus als die Anrede Gottes an sich erfährt.[3]

Ist ›Christus‹ durch ›Gott redet in Jesus x an‹ und ›Geist Christi‹ durch ›Gott läßt x Jesus als seine Anrede an x verstehen‹ adäquat expliziert, dann markiert der erste Titel eine Relation, in der sich nicht Jesus, sondern *Gott*

1 Vgl. N. Pike, (§ 97 Anm. 1), S. 29; J. Rachels, God and Human Attitudes, *Religious Studies* 7, 1971, S. 325–337, S. 333.

2 Aus der Differenz zwischen der universalen eschatologischen Geltung der Christus-Relation und der nicht universalen ontischen Faktizität der Erfahrung der Geist-Christi-Relation ergeben sich theologischer Reflexion Probleme wie das der Prädestination oder der Allversöhnung. Beide leben von der Vermischung ontischer und eschatologischer Gegenständlichkeit und werden sich ohne theologische Klarheit über deren Differenz und Bezogenheit nicht klären lassen.

3 Dalferth, (§ 37 Anm. 1), S. 68ff.

über Jesus zu allen Menschen in Beziehung setzt, der zweite Titel dagegen eine Relation, in der Gott selbst durch die Gabe seines Geistes seine Bezugnahme auf alle Menschen in Jesus Christus bei den Glaubenden an ihr Ziel kommen läßt. Das erlaubt es, die Christus-Relation, auf der die Geist-Christi-Relation aufbaut, in zwei sie konstituierende, je für sich aber ganz unselbständige Teilrelationen zu unterscheiden. Die eine ist die *christologische Relation* Gottes zu Jesus, die andere die *soteriologische Relation*, in der sich Gottes Relation zu Jesus über diesen zu den Menschen fortsetzt und die durch die *pneumatologische Relation*, in der Gott diese Fortsetzung durch die Gabe des Geistes Christi im Glauben rezipieren läßt, bei den Glaubenden ihr Ziel erreicht. Für die christologische wie für die soteriologische Teilrelation haben sich in der christlichen Sprachgemeinschaft Bezeichnungen eingebürgert, die nicht selten die Gefahr einer Isolierung der jeweiligen Teilrelation von der anderen mit sich bringen. So wurde erstere vor allem mit Hilfe der Ausdrücke ›Sohn Gottes‹, ›Logos‹ oder ›Wort Gottes‹ artikuliert, letztere durch Ausdrücke wie ›Christus‹, ›Heiland‹, ›Retter‹ usf. Doch ›Sohn Gottes‹, ›Logos‹ und ›Wort Gottes‹ sind alle in gleicher Weise Ausdruck für eine Bezugnahme Gottes auf Jesus, die sich nicht in sich selbst erschöpft, sondern konstitutiv über Jesus auf andere gerichtet ist; und entsprechend sind ›Christus‹, ›Heiland‹, ›Retter‹ usf. nicht nur Bezeichnungen einer Funktion Jesu Christi, die als sein ›Werk‹ von seiner ›Person‹ unterschieden werden könnte, sondern Ausdrücke, die das intrinsische Telos der Christus-Relation als deren anderen konstitutiven Aspekt ausdrücklich und besonders hervorheben. Denn Jesus ist nur insofern Gottes Anrede (christologische Relation), als er Gottes Anrede an je mich ist (soteriologische Relation): Die Christus-Relation läßt sich nicht anders als unter Berücksichtigung ihrer christologischen *und* soteriologischen Implikationen adäquat explizieren; und beides kann nicht geschehen, ohne daß sie als *Gottes* Bezugnahme auf uns über Jesus als seiner uns geltenden richtenden (Gesetz) und rettenden (Evangelium) Anrede entfaltet wird.

Ist die Christus-Relation eine dreistellige Relation, dann ist auch die Glaubensrelation eine Beziehung, die den Glaubenden nicht nur zu Jesus, sondern in diesem Bezug zu Gott ins Verhältnis setzt.[4] Eben das kommt zum Ausdruck, wenn das Hinterglied der Glaubensrelation von Paulus nicht nur als Jesus, sondern als Jesus *Christus* charakterisiert wird (Röm 3,22). Wer aufgrund von Gottes pneumatologischer Relation zu ihm an Jesus Christus glaubt, der steht nicht in einem (etwa historischen oder nur epistemischen) Verhältnis zu Jesus von Nazareth, sondern weiß sich durch den Geist im Bezug auf Jesus in ein Verhältnis zu Gott gesetzt, das ihn Jesus überhaupt erst als Christus und damit als Gottes Bezugnahme auf ihn erfah-

4 Das heißt nicht, daß auch diese durch den Glauben etablierte Beziehung zu Gott eine Glaubensrelation wäre. Wir glauben an Jesus Christus und leben aufgrund dieses Glaubens in der als Gerechtigkeit explizierbaren Gemeinschaft mit Gott (§ 145).

ren und damit Gott als den Vater, den Sohn und den Geist erkennen läßt. In diesem Sinn ist die Glaubensrelation als durch Gott den Geist begründetes Verhältnis des Menschen zu Jesus Christus und durch diesen zu Gott dem Vater die präzise Entsprechung der christologisch-soteriologisch vollzogenen und pneumatologisch mich involvierenden Relation Gottes zum Menschen in Jesus Christus.

§ 145 Glaubensgerechtigkeit

Wer in der Glaubensrelation zu Jesus Christus steht, ist – wie Paulus sagt – *gerecht* (Röm 1,17). Glaube und Gerechtigkeit sind dabei nicht identisch.[1] Die *Glaubensgerechtigkeit* läßt sich vielmehr präzis als das *relative Produkt* des Glaubens und der Christus-Relation bestimmen. Grundsätzlich ist das relative Produkt zweier Relationen R und S diejenige Relation, die zwischen x und y dann besteht, wenn es ein z gibt, zu dem x in der Relation R und das selbst in der Relation S zu y steht. Der Mensch steht demnach genau dann im Verhältnis der Gerechtigkeit zu Gott, wenn er in der Relation des Glaubens zu Jesus Christus und dieser in der Relation des Anrede-Gottes-an-uns-Seins zu Gott steht. Oder anders gesagt: weil Jesus Christus die Anrede Gottes an uns ist und wenn wir aufgrund konkreter Konfrontation mit dieser Anrede in der Verkündigung durch den Geist in der Relation des Glaubens an Jesus Christus zu stehen kommen (uns also in Jesus von Gott angeredet sein lassen), dann stehen wir im rechten Verhältnis zu Gott und sind infolgedessen gerecht.

Wodurch zeichnet sich dieses rechte Verhältnis zu Gott aus? Der weiteren Explikation vorgreifend ist zu antworten: eben dadurch, daß der Glaubende in seinem durch den Geist begründeten und durch Christus vermittelten Verhältnis zu Gott dessen durch Christus und den Geist Christi vollzogenem Verhältnis zu ihm menschlich entspricht, indem er um seine Bezogenheit auf Gott weiß und Gottes Sich-in-Beziehung-Setzen zu ihm in Jesus Christus und seinem Geist für sich gelten läßt. Er weiß dies aber und läßt es für sich gelten, wenn er durch die Gabe des Geistes sich als *Geschöpf* und Gott als seinen *Schöpfer* begreift, der sich unter die Bedingungen der Geschöpflichkeit begibt, um seinem ihn ignorierenden Geschöpf nicht nur nahe, sondern auch zugänglich zu sein. Wer in der Relation der Glaubensgerechtigkeit zu Gott steht, entspricht daher Gott dem Schöpfer als sein Geschöpf: er weiß sich als Geschöpf konstitutiv und gänzlich auf Gott seinen Schöpfer bezogen.

1 R. Bultmann, *Theologie des Neuen Testaments*, Tübingen ^{6}1968, S. 317.

§ 146 Unglaube

Das *Komplement* und damit die Negation der Glaubensrelation ist der *Unglaube*. Unglaube herrscht überall dort, wo Glaube an Jesus Christus nicht vorliegt und umgekehrt (Mt 12,30). Bedingung der Möglichkeit des Unglaubens ist das Bestehen der Christus-Relation: nur weil sich Gott in Jesus Christus auf uns alle bezieht, kann es Glauben und damit auch Unglauben geben. Grund der Wirklichkeit des Unglaubens dagegen ist das (faktische oder selbstverschuldete) Nichtbestehen der Geist-Christi-Relation: weil der Geist Gottes nicht überall, sondern nur durch menschliche Verkündigung des Evangeliums vermittelt wird (CA V), dergegenüber zudem unterschiedliche Einstellungsweisen des Hörers möglich sind, gibt es Unglauben. Glaube an Jesus Christus kann dann allerdings auf verschiedene Weise nicht vorliegen, so daß entsprechend verschiedene Arten des Unglaubens zu unterscheiden sind. Als Nichtglaube tritt der Unglaube entweder in Gestalt des faktischen *Nichtgläubigseins* oder der aktiven *Glaubensverweigerung* auf, weil Glaube an Jesus Christus entweder nicht möglich und damit a fortiori nicht wirklich ist, da dieser unbekannt ist, oder weil er verweigert wird, obgleich Jesus als Christus bekannt wird und dieses Bekenntnis nicht unbekannt ist. Aber auch der *Aberglaube* ist eine Spezies des Unglaubens, da er eine (und zwar nicht die christliche) Glaubensbeziehung zu einem anderen Hinterglied als Jesus Christus und damit nicht Glaube an Jesus Christus ist.

§ 147 Sünder

Wer immer in der Relation des Unglaubens steht, ist *Sünder*. ›Sünder‹ ist der Ausdruck für die Vorderglieder der Relation des Unglaubens und damit Bezeichnung eines jeden, der – aus welchen Gründen und in welcher Form auch immer – nicht an Jesus Christus glaubt und so Gottes Bezugnahme in Jesus Christus auf ihn nicht im Bezug auf Jesus Christus entspricht.

Wie ›Unglaube‹ nicht positiv, sondern nur negativ als Komplement des Glaubens eingeführt wurde, so ist auch das Sündersein ein Aspekt, der erst vom Glauben her und nicht aus sich selbst als solcher einsichtig wird. Sünder ist jeder, der Jesus nicht als Anrede Gottes an sich vernimmt, eben deshalb aber mit Gottes Wirklichkeit überhaupt nicht zu rechnen vermag, aber auch jeder, der nicht Jesus als Anrede Gottes an sich vernimmt, sondern etwas bzw. jemand anderes, damit aber für Gottes Wirklichkeit hält, was nicht Gottes Wirklichkeit ist. Das schließt nicht aus, daß er mannigfache Vorstellungen des Göttlichen hat oder sich auch intensiv mit Jesus beschäftigt. Solange er sich auf diesen aber überhaupt nicht oder eben nicht als Christus bezieht, hat er es allenfalls mit Jesus zu tun und damit immer nur mit einem Gegenstand, der nicht Gott ist. Hat es der Mensch aber nur mit

Gegenständen zu tun, die nicht Gott sind, dann ist er nicht in der Lage, seine eigene Geschöpflichkeit zu realisieren. Damit bleibt ihm die grundlegende, den eigentlichen sachlichen Unterschied zwischen Gott und Mensch konstituierende Differenz zwischen Schöpfer und Geschöpf verborgen, eine Differenz, die er ignorieren muß, solange er um Gottes Schöpfertum nicht weiß.

Daß er dieses Wissen nicht selbst produzieren kann und daher seiner Ignoranz samt ihren Konsequenzen aus eigenem Vermögen nicht zu entrinnen vermag, eben das ist die Verfallenheit unter die Macht der Sünde (Röm 2), die den Menschen keinen anderen Schöpfer als sich selbst erkennen und anerkennen und damit im Horizont seiner absolut gesetzten ontischen Gegenständlichkeit mit Gott ernsthaft überhaupt nicht rechnen läßt. In diesem Sinn ist Sünde die Ignoranz des Unglaubens um die eigene Geschöpflichkeit, die sich sowohl in der Bestreitung des Schöpfertums Gottes als auch in der Selbstüberschätzung eigener Schöpfermacht manifestiert.

§ 148 Geschöpflichkeit

Doch wie sind Schöpfung und Geschöpflichkeit von der Glaubensrelation her zu explizieren? Ist die *Summe* (Vereinigung) der Glaubensrelation zu Jesus Christus und ihres Komplements die Universalrelation, die zwischen beliebigen Gegenständen und Jesus Christus besteht, dann definiert eben diese die Relation der *Geschöpflichkeit*: Alles und nur das, was entweder in der Relation des Glaubens oder des Unglaubens zu Jesus Christus steht, ist nach der Auffassung des christlichen Glaubens Geschöpf. Das gilt sowohl für die Vorderglieder des Unglaubens, die eben als solche zur *alten* Schöpfung zählen, wie auch für die des Glaubens, die als Neuschöpfung bezeichnet werden können (2Kor 5,17; Gal 6,15).

Damit wird zum einen deutlich, daß der Schöpfungsbegriff im Bezug auf Jesus Christus seine Pointe hat und so der Wahrheit der dogmatischen Rede von Christi Schöpfermittlertum auch begrifflich zu ihrem Recht verholfen. Denn »alles ist durch ihn geworden und ohne ihn wurde nicht eins, was geworden ist« (Joh 1,3; vgl. Kol 1,16). Zum anderen aber stellt diese Bestimmung klar, daß nicht alles, was es gibt, pauschal als Geschöpf zu bezeichnen ist. Im Blick auf die Behauptung der Existenz Gottes läßt sich so von vornherein das metaphysische Scheinproblem der Herkunft der Existenz Gottes samt seiner Scheinantwort mittels des Theorems der causa sui vermeiden. Indem ›Geschöpf‹ als Vereinigungsrelation von Glaube und Unglaube definiert ist, kann Gott unter dieser Kategorie überhaupt nicht gedacht werden. Entsprechend ergibt sich daraus die für die Trinitätslehre und Christologie entscheidende Konsequenz, daß einerseits Jesus als Christus aufgrund der Irreflexivität der Glaubensrelation nicht Geschöpf genannt werden kann, daß er aber andererseits als Jesus zur Schöpfung gehört und Geschöpf genannt werden muß. Während sich Gott unter der Kategorie der Geschöpflichkeit überhaupt nicht bedenken läßt, gilt für Jesus Christus, daß er sowohl grundsätzlich unter sie fällt als auch grundsätzlich nicht unter sie fällt.[1] Wir werden auf dieses *christologische Zentralproblem* bei der Rekonstruktion des Hinterglieds der Glaubensrelation zurückkommen müssen (Teil E).

Schließlich ist das Verhältnis von alter und neuer Schöpfung kein bloßes Nebeneinander, sondern ein dynamisches Nacheinander. Während jeder Mensch immer schon Vorderglied des Unglaubens ist, weil er faktisch nichtgläubig als Sünder lebt, muß er Glaubender immer erst werden, ohne dies von sich aus doch werden zu können oder es selbst in der Hand zu haben, es auch zu bleiben. Zum Glauben kommt man nicht anders als aus dem Unglauben. Das heißt aber gerade nicht, daß der Glaube aus dem Unglauben entstünde. Er entsteht vielmehr aus der göttlichen Anrede, die den Menschen so in das Glaubensgeschehen hineinzieht, daß er seine Vergangenheit als Existenz im Unglauben durchschaut. Erst vom Glauben her erweist sich der Unglaube als das, was er ist: das falsche Verhältnis zu Gott.

Auch in diesem falschen Verhältnis und damit als Sünder aber ist und bleibt der Mensch Geschöpf Gottes. Denn Vorderglied des Unglaubens ist er nur, insofern er existiert. Daß er auch als Ungläubiger existiert und nicht vielmehr nicht existiert, erweist so den gnädigen Grundcharakter schon der Schöpfertätigkeit Gottes. Geschöpflichkeit in all ihren Formen ist Ausdruck des Liebeshandelns Gottes. Denn Existenz ist sowohl im falschen Gottesverhältnis des Ungläubigseins als auch im rechten Gottesverhältnis des Gläubigseins nur möglich aufgrund der Liebe Gottes, die ihn Schöpfer werden und trotz seiner Zurückweisung durch das Geschöpf dessen es liebender Schöpfer bleiben läßt.

§ 149 Schöpfer

Die Konverse der Vereinigungsrelation (Summe) von Glaubensrelation und deren Komplement ist die *Schöpferrelation*: Wer immer in der Relation des Glaubens *oder* des Unglaubens zu Jesus Christus und damit zu der ihm geltenden Anrede Gottes steht, zu dem steht Gott in der Relation des Schöpfers. ›Schöpfer‹ ist so Ausdruck für die Konverse der Vereinigung von Glaube und Unglaube. Daraus folgt, daß Gott weder zu Christus noch zu sich selbst in der Relation des Schöpfers steht, so daß das angebliche Problem der Schöpfung des Schöpfers als ein Scheinproblem entlarvt ist, das auf eine unchristliche (d. h. nicht dem christlichen Glauben entnommene)

1 Mit Recht betont Luther in der Disputation de divinitate et humanitate Christi (1540) im Blick auf Jesus Christus: »Ibi [d. h. in Christus] creator et creatura unus et idem est« WA 39/2 (92–121), 105, 6f.

Explikation des Schöpfer-Begriffs zurückzuführen ist. *Was christlich ›Schöpfung‹ genannt zu werden verdient, entscheidet sich am Verhältnis zu Jesus Christus und an sonst nichts.*

Daß diese Explikation dem Selbstverständnis des christlichen Glaubens entspricht, belegt eines seiner zentralen Bekenntnisse. Nicht von ungefähr unterscheidet das Symbolum Apostolicum zwischen der Bezeichnung Gottes als *Vaters* und als *Schöpfers*. Letzteres meint sein Verhältnis zu allem, was im Verhältnis des Glaubens oder Unglaubens zu Jesus Christus steht. Ersteres hingegen zielt einerseits primär auf sein Verhältnis zu Jesus Christus (christologische Relation, 2. Artikel) und eben damit auch auf uns (soteriologische Relation, 3. Artikel), andererseits gerade dadurch auch auf sein Verhältnis zu sich selbst: es ist nicht so, daß Gott Gott ist und daß er als solcher Vater und dann auch noch Schöpfer ist, sondern er ist überhaupt nicht anders Gott der Schöpfer denn als der Vater Jesu Christi. Wäre er nicht dieser Vater, gäbe es ihn nicht. Christen meinen mit ›Gott‹ daher das und nur dasjenige Wesen, das in der Vaterschaftsrelation (christologischen Relation) zu Jesus Christus steht *und eben dadurch* in der Schöpferrelation zu allem, was in der Relation des Glaubens oder Unglaubens zu Jesus Christus steht.

§ 150 Christsein

Auf eine ähnlich zentrale Problematik des christlichen Glaubens wie die Vereinigungsrelation verweist die Frage nach dem *Produkt* (dem Durchschnitt) der Glaubensrelation und ihres Komplements. Rein formal definiert dieses die Nullbeziehung, die kein Gegenstand zu irgendeinem anderen haben kann. Da es sich aber weder beim Glauben noch beim Unglauben um ein statisches Verhältnis handelt, sondern um ein dynamisches Geschehen pneumatologisch begründeter Entsprechung oder verstockter Nichtentsprechung zu Gottes christologisch-soteriologischer Anrede, definiert sie tatsächlich die Relation des *Christseins*, die durch das Zugleich des Glaubens an Jesus Christus (sofern man durch den Geist Glaubender ist) und des Unglaubens (sofern man von sich aus sündiger Mensch ist) gekennzeichnet ist. Diese ontisch unmögliche und nur eschatologisch realisierbare und realisierte Möglichkeit des Christseins hat Luther pointiert durch die Bestimmung zum Ausdruck gebracht, daß der Christ als *simul iustus et peccator* existiert. Das heißt weder, daß der Christ teils als Gerechter, teils aber auch als Sünder existiert, noch, daß er manchmal als Gerechter, manchmal aber auch als Sünder existiert, sondern ganz dezidiert, daß er – sofern er sowohl anthropologisch für sich als auch pneumatologisch als Hörer der göttlichen Anrede betrachtet werden kann und muß – zugleich Geschöpf der alten und der neuen Schöpfung ist und damit durch seine eine Existenz sein Wesen als Mensch in der doppelten Gegenständlichkeit einer zweifachen, *ontischen und eschatologischen Geschöpflichkeit* realisiert. Er existiert, so könnte man sagen, zugleich auf zwei ontologisch ganz verschiedenen Ebenen. Diese sind in ihrer Verschiedenheit aber gerade nicht konsistent, sondern liegen in einem – seit Jesus Christus schon entschiedenen – Streit um die ontologische Vorherrschaft als Gesamtrahmen aller möglichen Existenz und echten Wahrheitsansprüche. Dieser ontologische Streit spielt sich im und am Menschen ab – er ist der Ort, an dem sich der christologische Sieg eschatologisch zur Geltung bringen will. Wie die Summe von Glaubensrelation und deren Komplement auf das christologische, so verweist daher deren Produkt auf das *anthropologische Zentralproblem*. Darauf wird im Zusammenhang der Rekonstruktion des Vorderglieds der Glaubensrelation genauer zurückzukommen sein (Teil D).

§ 151 Kirche

Besteht das *Feld* einer Relation aus deren Vor- und Nachbereich zusammen, dann läßt sich der Begriff der *Kirche* präzis als das *Feld der Glaubensrelation* explizieren. Und da das Feld einer Relation mit dem Feld ihrer Konverse identisch ist, ist die Kirche damit zugleich als *Feld der Relation Christi und der seines Geistes* bestimmt: sie ist wesentlich ἐκκλησία τοῦ θεοῦ (Apg 20,28; 1Kor 1,2; 10,32; 11,22; 1Thess 2,14) und damit durch Christus und seinen Geist vollzogenes Werk Gottes, nicht Werk der in ihr versammelten Gläubigen.

Mit dieser Explikation des Kirchenbegriffs lassen sich eine ganze Reihe unsachlicher Verkürzungen in der Lehre von der Kirche vom Ansatz her vermeiden. Da das Feld der Glaubensrelation nie nur deren Vorbereich umfaßt, sind sämtliche Kirchenbegriffe unzulänglich, die diese als Zusammenschluß all derer darstellen, die an Jesus Christus glauben.[1] Das gilt sowohl für die engen Versionen, die sich an einem (institutionell wie auch immer gearteten) Zusammenschluß der jeweils existierenden Christen orientieren,[2] als auch für die weiter gefaßten Konzeptionen, die alle einschließen, die an Christus glaubten, glauben und glauben werden, selbst wenn sie sich dabei nicht nur auf Menschen beschränken.[3] Der dritte Artikel des

1 Mit Recht betont CA XIII im Hinblick auf die kirchenkonstituierenden Sakramente, daß sie wirksame »signa et testimonia voluntatis Dei erga nos« und nicht nur »notae professionis inter homines« seien. Die Kirche ist kein opus hominum, sondern opus Dei.

2 Die *congregatio sanctorum* ist also nicht individualistisch-kongregationalistisch mißzuverstehen, als ob die Kirche Ergebnis des Zusammenschlusses zuvor schon gläubiger Individuen wäre. Ebensowenig ist sie allerdings auch Heilsanstalt, die vermittelnd zwischen Gott und den Gläubigen stünde. Sie ist vielmehr das mit dem Glauben gesetzte und damit durch den Geist begründete reale In-Christus-Sein der so mit dem Schöpfer versöhnten und zur Gemeinschaft mit ihm erlösten Geschöpfe.

3 Vgl. z. B. zur Kirche der Engel als der ecclesia in caelo Augustinus, *Enchiridion de Fide, Spe et Caritate*, hg. v. J. Barbel, Düsseldorf 1960, S. 109ff (§ 56ff).

Apostolicum bekennt die Kirche nicht deshalb als eine Größe, die geglaubt wird, weil zu jedem Zeitpunkt des Bekenntnisses nicht mehr oder noch nicht alle existieren, die an Jesus Christus glauben, sondern weil zum Feld der Glaubensrelation und damit zur Kirche *Jesus Christus und sein Geist selbst* konstitutiv hinzugehören. An Jesus Christus und damit an Jesus als die uns geltende Anrede Gottes aber läßt sich unter den die Totalität von Vergangenheit, Gegenwart und Zukunft umfassenden Bedingungen von Raum und Zeit nur glauben, wenn ihn sein Geist so zur Erfahrung bringt. Kirche ist damit überall dort, wo Gott sich über Jesus Christus zu Menschen in Beziehung setzt und wo sich diese im Bezug auf Jesus Christus von Gott (dem Geist) zu Gott (dem Vater) in Beziehung setzen lassen. Sie ist so gesehen das Geschehen, in dem Gott selbst durch seinen Geist Menschen um Jesus Christus versammelt und so in seine Lebensgemeinschaft einbezieht. Dieses Geschehen vollzieht sich als Handeln Gottes und realisiert sich unter den Bedingungen von Raum und Zeit über spezifische, von Menschen ausgeführte Handlungsvollzüge, die durch das Wirken des heiligen Geistes kirchenkonstituierende Funktion erhalten. Diese ontischen Handlungsvollzüge von eschatologischer Qualität, in denen Menschen in Ausübung eines göttlichen Auftrags als cooperatores Dei fungieren, sind vor allem die *Predigt*, die *Taufe* und das *Herrenmahl*. Die Predigt ist dasjenige auf Gottes Anrede im Glauben antwortende menschliche Handeln, durch das Gott die Menschen richtend und rettend in Gesetz und Evangelium anredet und so Glauben wirkt. Die Taufe ist dasjenige auf Gottes Anrede im Glauben antwortende menschliche Handeln, durch das Gott den Menschen aufgrund seiner realen Beziehung zu Jesus Christus im Glauben in seine Lebensgemeinschaft aufnimmt. Das Herrenmahl ist dasjenige auf Gottes Anrede im Glauben antwortende menschliche Handeln, durch das Gott seine Lebensgemeinschaft mit den Menschen als Liebesgemeinschaft konkret vollzieht. Zusammengenommen sind sie die drei konstitutiven Vollzüge, durch die sich die eschatologische Lebensgemeinschaft von Schöpfer und Geschöpf unter den Bedingungen von Raum und Zeit als Kirche Jesu Christi realisiert.

§ 152 Christliches Handeln

Erst im Horizont dieser Explikation, welche die Kirche als *Feld* der Glaubens- und Christusrelation ernstnimmt und nicht verkürzend auf deren Vorbereich beschränkt, lassen sich auch die spezifischen Relationen der Glaubenden untereinander und mit ihrer Umwelt adäquat entfalten. Denn nur so werden sie davor bewahrt, mit Prozessen und Beziehungen unter den Gliedern des Vorbereichs oder der Glieder des Vorbereichs mit außerhalb dieses Bereichs Stehenden gleichgesetzt und damit von Gruppenprozessen beliebiger Art faktisch ununterscheidbar zu werden. Christliche und kirchliche Qualität erhalten Beziehungen nicht dadurch, daß Menschen, die Glaubende sind, in Beziehung zueinander und zu anderen stehen, sondern allein dadurch, daß sie gemeinsam in der Glaubensbeziehung zu Jesus Christus stehen und so Gottes Beziehung zu ihnen entsprechen, dieser Entsprechung dann aber auch in ihren Beziehungen untereinander und zu anderen zu entsprechen suchen.

Der Versuchscharakter dieser Entsprechungen, in denen Christen ihre im Glauben realisierte menschliche Entsprechung zu Gottes Verhalten zu ihnen, wie es in Jesus Christus für sie und alle anderen zum Ausdruck kommt, in ihren ontischen Lebensvollzügen zur Darstellung zu bringen suchen, ist dabei besonders zu betonen. Denn jede Beziehung unter Christen steht ebenso wie jede Beziehung von Christen zu Nichtchristen unter dem Doppelaspekt ihres Gerecht- und Sünderseins. Keine dieser Beziehungen ist daher reine ontische Darstellung ihres eschatologischen Glaubensverhältnisses, in dem sie Gottes Verhältnis zum Menschen entsprechen. Keine dieser Beziehungen kann auch in irgendeiner Weise an die Stelle jenes Glaubensverhältnisses treten oder dies erst bewirken oder mitgestalten wollen. Vielmehr können all diese Beziehungen überhaupt nur dann einen Entsprechungscharakter gewinnen, wenn das, dem sie zu entsprechen suchen, nämlich das Glaubensverhältnis, gegeben ist. Einzig im Glaubensverhältnis und damit in dem, was nicht er tut, sondern was er sich von Gott tun läßt, entspricht der Mensch Gottes Verhältnis zu ihm und realisiert eben so sein Menschsein in vollkommener Weise. In seinem Handeln hingegen versucht er nichts anderes, als diese Entsprechung, in der er als Glaubender steht, auch ontisch zur Darstellung zu bringen, indem er nicht etwa Gottes Verhältnis zu ihm, sondern seinem Glaubensverhältnis zu Gott in seinen ontischen Lebensvollzügen zu entsprechen sucht. Besteht kein Glaubensverhältnis, kann auch kein ontischer Vollzug einen solchen Entsprechungscharakter haben; umgekehrt gibt es aber auch keinen ontischen Vollzug, selbst wenn das Glaubensverhältnis besteht, der nicht in der Zweideutigkeit des Gerecht- und Sünderseins verbliebe und den Glauben eindeutig zur Darstellung brächte. Christliche Darstellungsversuche ihres Glaubensverhältnisses bleiben daher grundsätzlich in einer unauflöslichen Ambivalenz befangen und unterscheiden sich nicht klar und deutlich, sondern nur dadurch von entsprechenden nichtchristlichen Vollzügen, daß sie Versuche sind, den im Glauben realisierten Respekt vor Gottes Schöpfertum und der eigenen Geschöpflichkeit auch ontisch zur Geltung zu bringen, indem sie sich daran ausrichten und von dort her beurteilt sein wollen. Als Kirche und als christliche Gemeinschaft sind die (jeweils existierenden menschlichen) Glieder des Vorbereichs der Glaubensrelation daher nicht aufgrund ihrer Beziehungen untereinander oder zu anderen ausgezeichnet, sondern einzig dadurch, daß sie gemeinsam im Bezug auf Jesus Christus stehen. Dadurch aber sind sie ausgezeichnet und eben deshalb dem kategorischen Anspruch unterstellt, trotz aller unvermeidbaren Zweideutigkeit den Versuch zu unternehmen, ihr eschatologisches Sein auch ontisch, und d. h. immer auch im Verhältnis zu ihren Mitmenschen zur Darstellung zu bringen.[1]

§ 153 Welt

Wie die Kirche das Feld der Glaubensrelation, so ist die *Welt* das Feld der Relation des Unglaubens. Alles, was nicht im Feld des Glaubens seinen Ort hat, gehört zum Unglauben und damit zur Welt.

Auch der theologische Weltbegriff ist so strikt vom Begriff des christlichen Glaubens her zu entwickeln und nicht über einen vorgegebenen Kosmos-Begriff o. ä. in dessen Analyse einzutragen. Doch das heißt nicht, daß es sich dabei um eine ganz idiosynkratische Verwendung des Ausdrucks ›Welt‹ handelte, die mit dessen gewöhnlichem Verständnis nichts zu tun hätte. Ist doch die Welt als Feld des Unglaubens zugleich das der Sünde, damit aber derjenige Bereich, in dem die eigene Geschöpflichkeit nicht als solche realisiert ist und ohne nichtgeschöpfliche Hilfe auch nicht realisiert werden kann.

Seinen pointiertesten Ausdruck findet dieser intime Zusammenhang von Unglaube, Sünde und Welt in der Unfähigkeit des Menschen, von sich aus in ein Verhältnis zu Jesus als Christus zu treten. Als Wesen in Raum und Zeit, das diese geschöpflichen Dimensionen absolut setzt, ist der Mensch nicht in der Lage, Glied der Glaubensrelation zu werden. Seine Welt ist damit das Feld des Unglaubens. Sofern es aber *seine* Welt ist, gehört zu diesem Feld zugleich auch alles, was unter den Bedingungen seiner ontischen Gegenständlichkeit steht. In ihm und damit anthropologisch kommen daher der theologische und nichttheologische Weltbegriff überein, da sie beide in einem impliziten und zugleich wesentlichen Bezug auf den Menschen stehen, der eben als Sünder Wesen in Raum und Zeit und als Wesen, das Raum und Zeit absolut setzt, Sünder ist. Dieser Bezug ist dann keine anthropologische Engführung und Verkürzung, wenn mitbedacht wird, daß der Mensch dabei sowohl im Hinblick auf seine spezifische Gegenstandsart (Wesensart) als auch im Hinblick auf seine absolut gebrauchte und eben so mißbrauchte Gegenständlichkeit in den Blick kommt, damit aber nicht nur der Mensch im Unterschied zu allem übrigen, sondern mit dem Menschen alles übrige thematisiert ist, was ebenso wie er unter den Bedingungen seiner (mißbrauchten) Gegenständlichkeit steht.

Ist die Welt aber aufgrund des konstitutiven Bezugs ihres Begriffs auf den des Menschen wesentlich alles, was im Horizont und unter den Bedingungen der ontischen Gegenständlichkeit des sündigen Menschen lokalisiert und lokalisierbar ist, dann ist sie extensional identisch mit der Totalität der

1 Hier, im Rahmen der *Lehre von der Kirche*, hat demnach die *christliche Ethik* ihren Ort, wie die paränetischen Partien des Neuen Testaments lehren.

ontischen Sachverhalte. Damit aber schließt der theologische Weltbegriff den Begriff der durch Veränderung und Veränderlichkeit ausgezeichneten Wirklichkeit (§ 70) und damit den Begriff der Welt als Totalität der Sukzession und Kopräsenz raumzeitlicher Ereignisse bzw. Ereignissequenzen in sich ein, mit diesen aber auch – sofern diese Ereignissequenzen mit einem Telos gedacht werden, das selbst wieder als Teilziel in eine Teloshierarchie (oder auch in mehrere voneinander verschiedene Teloshierarchien) eingeordnet sein kann – den Minimalbegriff der Geschichte als eines Gewebes von Geschichten (Prozessen), die durch ein gemeinsames Telos aufeinander bezogen sind und so einen teleologischen Zusammenhang bilden.[1]

Doch obgleich der Begriff der Welt als das Feld des Unglaubens über seinen Bezug auf den Menschen den Begriff der Welt als Kosmos und Geschichte einschließt, ist er nicht mit diesen intensional identisch. Denn während der letztgenannte Weltbegriff innergeschichtlich-ontisch konzipiert ist, insofern das Telos der jeweils ins Auge gefaßten Ereignissequenzen (Prozesse) selbst als raumzeitliches Ereignis gedacht werden muß, ist der theologische Weltbegriff eschatologisch und damit in wesentlicher Hinsicht transgeschichtlich eingeführt und begründet. Das aber macht ihn zu einem stärkeren und erklärungskräftigeren Begriff, da er auch die Voraussetzungen des ontischen Weltbegriffs mitumfaßt. So setzt der Begriff der ontischen Welt als einer Mannigfaltigkeit von Geschichten, die als zielgerichtete Veränderungsprozesse in Raum und Zeit bestimmt sind, nicht nur den Begriff von Dingen im Unterschied zu Ereignissen voraus, an denen sich diese Veränderungen ereignen und in denen sie resultieren, sondern er macht es auch unmöglich, die Welt selbst als Prozeß und als Geschichte zu denken, da sie sich selbst gerade nicht als Gegenstand bestimmen läßt, an dem sich zielgerichtete Veränderungen in der Zeit abspielen, aber auch nicht als Veränderungsprozeß, der sich an einem raumzeitlichen Gegenstand abspielt. Sowohl die Welt als Ganze als auch die jeweils angenommenen Gegenstände, deren zielgerichtete Veränderung in der Zeit Geschichte konstituiert, lassen sich daher nicht bzw. nur zirkulär als Geschichte einsichtig machen, indem man ihr Werden im Rückgriff auf anderes Existierendes in Raum und Zeit (Materie) als gegenstandskonstituierende Geschichte dieses Gegenstands (und nicht nur an diesem Gegenstand) darzustellen sucht.[2] Wird aber dieser Weltbegriff in einen Begriff von Welt integriert, der die Totalität raumzeitlicher Veränderungsprozesse, seien diese zielgerichtet oder nicht und seien diese als Werden oder als Veränderung von Gegenständen zu bestimmen, in die Spannung zwischen einem eschatologischen Geschehen und dessen eschatischer Vollendung stellt und da-

1 Zum vollen Begriff der Geschichte gehört nicht nur das Moment eines teleologischen Prozeßzusammenhangs, sondern darüber hinaus vor allem das Moment anthropologischen Betroffenseins durch und Verwobenseins in diesen Prozeß (vgl. § 120). Geschichte ist wesentlich ein *anthropologischer* und erst von daher dann auch ein kosmologischer Begriff.

2 Vgl. Härle/Herms, (§ 1 Anm. 3), S. 174ff.

mit nicht nur auf ein alle innergeschichtliche Ziele übersteigendes Telos hin ausrichtet, sondern auch von einem alle innergeschichtliche Herkunft übersteigenden Ursprung herkommen läßt, dann hat das entscheidende Konsequenzen. Erst von hier aus und damit im Horizont des Glaubens läßt sich streng genommen sagen, (a) daß die Welt nicht nur ein Komplex von Geschichten, sondern *selbst* Geschichte ist, die auf ein bestimmtes, eschatologisch vorgezeichnetes und eschatisch erhofftes und erwartetes Ziel und Ende zugeht, (b) daß aber auch dasjenige, an dem die sie konstituierenden Prozesse ablaufen, nicht einfach da ist, sondern eine bestimmte, eschatologisch erhellte Herkunft hat. Erst von hier aus wird die Welt selbst als Geschichte – und zwar sowohl im Sinn des Werdens dessen, an dem sich die innergeschichtlichen Geschichtsprozesse abspielen (Schöpfung) als auch im Sinn des universalgeschichtlichen Zugehens auf ein gemeinsames, nicht mehr ontisch lokalisierbares und bestimmbares Ziel – thematisierbar, als eine Geschichte freilich, deren Telos in der Transformation der raumzeitlichen Welt als dem Feld des Unglaubens in ihren eigentlichen, von ihr ignorierten Charakter als Schöpfung in der unverstellten Gemeinschaft mit dem Schöpfer bestehen wird.

§ 154 Wirklichkeit

Aus dieser Explikation von ›Welt‹ ergibt sich unmittelbar, daß weder Gott noch Christus noch der Glaubende zur Welt gehören, da sie weder unter den Vorbereich noch den Nachbereich des Unglaubens zu rechnen sind. Daraus läßt sich nun aber nicht folgern, daß es sie nicht gibt. Sie gehören nach Auffassung des christlichen Glaubens vielmehr durchaus zur *Wirklichkeit*. Denn die Wirklichkeit ist mehr als die Welt, insofern die Felder von Glaube und Unglaube zusammen die Wirklichkeit konstituieren: die logische Summe von Kirche und Welt definiert die Wirklichkeit, insofern sie alles einschließt, was es gibt. Wirklich ist demnach alles, was entweder zur Welt oder zur Kirche oder zu beidem gehört; was aber weder zur Welt noch zur Kirche gehört, ist nicht wirklich. Die Wirklichkeit umfaßt dann aber nicht nur die alte und die neue Schöpfung, sondern *auch den Schöpfer*: Gott gehört zur Wirklichkeit.[1]

Gegen den ersten Anschein sind dann allerdings Kirche und Welt nicht nur negativ aufeinander bezogen als Felder komplementärer Relationen. Indem sie vielmehr gemeinsam als Momente der Wirklichkeit zu bestim-

1 G. Ebeling drückt das auf seine Weise so aus: »Das Sein Gottes ist nichts Getrenntes neben dem Sein der Welt, sondern ist das Zusammensein Gottes und der Welt, wie ebenso das Sein der Welt nichts Getrenntes, Abgesondertes meint neben dem Sein Gottes, sondern das Zusammensein von Welt und Gott ... Gemäß dem Verständnis von Sein als Zusammensein bilden Gott und Welt eine einzige Wirklichkeit, allerdings eine in sich selbst aufs tiefste und gewichtigste unterschiedene Wirklichkeit« (§ 1 Anm. 4), S. 222f.

men sind, zu der auch Gott gehört, kommen sie in ein Ordnungsverhältnis, das der Kirche gegenüber der Welt Priorität einräumt, da in dieser aufgrund der Christus- und Glaubensrelation positiv zum Zuge kommt, was in der Welt nur negativ als abwesend konstatiert werden kann: daß Gott der Schöpfer ist und in Beziehung zu seiner Schöpfung steht. In der Kirche ist das explizit, was der Welt implizit und eben deshalb nicht bewußt ist, vielmehr erst an ihrem eschatischen Telos universal klar werden wird. Luther hat diesen Sachverhalt durchaus angemessen mit der Zwei-Regimenten-Lehre als das Verhältnis des direkten Regimentes Gottes in der Kirche und seines indirekten Regimentes in der Welt zu entwickeln gesucht. Damit ist kein bloßes Nebeneinander, sondern ein eschatologisches Miteinander und Aufeinanderhin gemeint: in der Kirche ist das schon explizit, was in der Welt noch verborgen, wenn auch als das sie begründende Geheimnis schon immer in ihr wirksam ist.[2] In der hier vorgeschlagenen Explikation kommt dieses eschatologische Ordnungsverhältnis darin zum Ausdruck, daß zwar der Begriff der Kirche über den Glaubensbegriff positiv eingeführt werden kann, der Begriff der Welt hingegen nur negativ über das Komplement des Glaubens. Nicht von der Welt, sondern erst von der Kirche her kommt dann aber die Welt nur als Teilmoment und nicht (wie sie sich selbst versteht, ja verstehen muß) als Gesamtheit der Wirklichkeit in den Blick. Der christliche Glaube ist so der ausdrückliche Einspruch gegen eine stets drohende Verkürzung des Wirklichkeitsbegriffs auf den Weltbegriff, indem er diesem gegenüber im Horizont der Welt eine diese positiv überholende Wirklichkeit als Möglichkeit zur Sprache bringt. Umgekehrt wird eben dadurch auch die Kirche daran erinnert, daß auch sie keineswegs die ganze, sondern selbst nur Teilmoment der ganzen Wirklichkeit ist,[3] das Teilmoment freilich, in dessen Horizont aufgrund der Glaubensrelation um Gottes konstitutive, weil wirklichkeitskonstituierende Zugehörigkeit zur Wirklichkeit *gewußt* wird und eben damit sein Schöpfertum und die eigene Geschöpflichkeit als die fundamentale Wahrheit auch der weltlichen Wirklichkeit bewußt ist.

2 Das zu zeigen – wenn auch unter Voraussetzung eines anderen Begriffs von Welt – ist das Anliegen der schon genannten Studie von E. Jüngel, (§ 1 Anm. 2).

3 Da sie aufgrund des faktischen Charakters des Vorbereichs der sie definierenden Relation durch die gleiche Doppelstruktur wie das Christsein ausgezeichnet ist (§ 150), ist sie immer auch als Teilmoment der Welt bestimmbar, insofern sie von dieser aus als eine bestimmte gesellschaftliche Institution in den Blick kommt. Reduziert man allerdings das, was über die Kirche zu sagen ist, auf diese weltliche Perspektive, kommt deren Wesen noch gar nicht in den Blick und der mit ihr institutionalisierte eschatologische Einspruch gegen die Verkürzung des Wirklichkeitsbegriffs auf den Weltbegriff wird zwangsläufig übersehen.

§ 155 Die Realität der Glaubensrelation

Mit dieser Rekonstruktion der Glaubensrelation und einiger sich aus ihr ergebender zentraler theologischer Grundbegriffe ist freilich die uns vor allem beschäftigende Frage nach der *Realität* dieser Relation, der Bestimmung und Analyse ihrer Relate und dem Recht, ihre Existenz zu behaupten, noch nicht beantwortet. Ihr haben wir uns nunmehr zuzuwenden.

Um die Realität der Glaubensrelation zu erweisen, könnte man versucht sein, folgendermaßen zu argumentieren: Sofern das Vorderglied dieser Relation (bestimmte) Menschen sind, die existieren oder existiert haben, und das Hinterglied Jesus Christus ist, der als Jesus von Nazareth existiert hat, ist es zumindest nicht ausgeschlossen, von einer realen Relation zu sprechen. Beachtet man aber, daß die Existenz der Relate und nicht deren Existierthaben oder Existierenkönnen Bedingung der Möglichkeit realer Relationen ist, dann scheint die Tatsache, daß Jesus von Nazareth nicht mehr existiert, die Möglichkeit der Glaubensrelation zu ihm auf diejenigen Menschen zu beschränken, die gleichzeitig mit ihm existiert haben. Doch das widerspricht nicht nur der Tatsache, daß es Glauben nicht nur gab, sondern gegenwärtig gibt, sondern auch dem grundlegenden Sachverhalt, daß Jesu ontische Abwesenheit Bedingung der Möglichkeit des Glaubens an ihn ist[1]: Erst seit Jesus von Nazareth nicht mehr existiert, gibt es Glauben an Jesus Christus.[2]

1 Vgl. E. Jüngel, Thesen zur Grundlegung der Christologie, in: ders., *Unterwegs zur Sache. Theologische Bemerkungen*, München 1972, S. 274–295, S. 276 Nr. 4.ff.

2 Man darf diese zugespitzte Formulierung allerdings nicht mißverstehen. Mit der Feststellung, daß er im Horizont unserer Gegenständlichkeit nicht mehr ist, ist sein Sein im Horizont der Gegenständlichkeit Gottes gerade nicht bestritten. Seine ontische Abwesenheit und eschatologische Anwesenheit werden vom christlichen Glauben daher wesentlich zusammen behauptet. Nur weil Jesus Christus als solcher existiert und präsent ist, kann an ihn geglaubt werden. Denn Glaube ist nichts anderes als das durch Jesus Christus vermittelte und verwirklichte menschliche Sein im Horizont der Gegenständlichkeit Gottes (vgl. § 185). Die so verstandene Präsenz des abwesenden Jesus Christus steht dann aber im Gegensatz zu beiden Seiten des orthodoxen Streites um die *ubiquitas carnis Christi*. Beide verwickeln sich mit ihrer Betonung nur eines Teilaspekts in theologische und metaphysische Widersprüche. Daß er hier bei uns abwesend ist, läßt sich nicht damit erklären, daß er im Himmel zur Rechten des Vaters sitzt, solange der Himmel dabei als ein metaphysisches Anderswo verstanden wird. Und daß er hier anwesend ist, impliziert weder seine Omnipräsenz im Sinne eines gleichzeitigen Seins mit allem noch im Sinn eines Seins gleichzeitig mit allem. Denn im ersten Fall müßte er unendlich ausgedehnt sein, wäre damit aber nirgendwo ganz gegenwärtig. Im zweiten Fall hingegen wäre aufgrund der Transitivität von ›gleichzeitig‹ alles mit allem gleichzeitig. Die theologische Aufgabe besteht vielmehr genau darin, seine ontische Abwesenheit gerade so als notwendiges Moment seiner eschatologischen Präsenz einsichtig zu machen, daß solche an der Raumzeitlichkeit orientierten und damit zwangsläufig aporetischen metaphysischen Reflexionen gar nicht erst aufkommen können. Dazu ist sowohl die Art seiner Abwesenheit als auch die Art seiner Anwesenheit theologisch zu erläutern. Hinsichtlich seiner Abwesenheit ist zu betonen, daß Jesus nicht nur mit einem Teil seines Lebens, Redens und Handelns, sondern mit seiner *ganzen* Geschichte einschließlich seines Todes Christus und damit die geschöpfliche Präsenz des Schöpfers ist. Er kann daher auch nur zusammen mit seinem Tod und seiner damit gesetz-

Damit scheint sich die Aporie zu ergeben, daß entweder von einer realen Relation gesprochen werden kann, dann aber nicht mehr vom Glauben die Rede ist, oder aber der christliche Glaube relational nur als nichtreale Relation explizierbar ist. Tatsächlich unterstreicht diese scheinbare Aporie jedoch nur, daß die Glaubensrelation als Relation zwischen Menschen und Jesus unzureichend charakterisiert ist und daß es nicht genügt, auf die Existenz (bestimmter) Menschen und die Existenz Jesu von Nazareth zu verweisen, um die Realität der Glaubensrelation einsichtig machen zu können. Die Relate dieser Relation sind vielmehr ganz unterbestimmt und diese damit verzeichnet, solange man nicht die Menschen *als Glaubende* und Jesus *als Christus* bestimmt: deren Existenz (und d. h. die Existenz Glaubender und die Existenz Christi) ist die Bedingung der Möglichkeit, die Glaubensrelation als reale Relation bestimmen und zu Recht so explizieren zu können.

§ 156 Eschatologische Sachverhalte

Daß es Glaubende und daß es Christus gibt, sind nun aber überhaupt keine raumzeitlich aufweisbare und damit ontische, sondern streng *eschatologische* Sachverhalte. Was heißt das?

In negativer Hinsicht ist ›eschatologisch‹ Gegenbegriff sowohl zu ›ontologisch‹ als auch zu ›ontisch‹. In positiver Hinsicht hingegen fungiert dieser Ausdruck als Qualifikator, durch den Sachverhalte (und von da her dann auch Gegenstände und Prädikate bzw. Relationen als deren Konstituenten) dahingehend ausgezeichnet werden, *daß sie durch Gott und nur durch ihn konstituiert sind* und daher auch nicht ohne ausdrückliche Nennung Gottes angemessen expliziert werden können. Im Unterschied zu allen anderen Sachverhalten macht ihre Thematisierung Rede von Gott notwendig, da sie sonst weder identifiziert noch beschrieben noch verstanden werden können. Daß und was sie sind, läßt sich zureichend nur unter Bezugnahme auf Gott feststellen. Entsprechend bleibt ihr wahrer Charakter unerkannt oder doch ungeklärt, wenn der für sie konstitutive Bezug auf Gott (bzw. genauer: Gottes Bezug zu ihnen) nicht beachtet wird. Der Ausdruck ›eschatologisch‹ markiert somit die sprachliche und sachliche Nötigung, im Hinblick auf die zur Verhandlung stehende Angelegenheit *Gott* ins Spiel zu bringen.

ten ontischen Abwesenheit von uns als Christus erfahren werden. Hinsichtlich seiner Anwesenheit aber gilt, daß uns Jesus Christus gerade so eschatologisch präsent ist, daß er uns im Glauben in den Horizont der Gegenständlichkeit Gottes versetzt. Das eigentliche theologische Problem besteht dementsprechend gar nicht in der Frage seiner ontischen Gegenwart in unserer raumzeitlichen Gegenständlichkeit, sondern in der Möglichkeit unserer eschatologischen Gegenwart im Horizont der christologisch vermittelten Gegenständlichkeit Gottes. Christi Allgegenwart ist dann aber keine metaphysische Omnipräsenz, sondern seine Macht, uns Gott gegenwärtig zu machen, und zwar in dem doppelten Sinn, daß er uns vor Gott und Gott vor uns bringt.

Diese Minimalbestimmung muß nun allerdings insbesondere bezüglich der Art und Weise präzisiert werden, in der Gott ins Spiel und bei der Explikation zur Sprache zu bringen ist. Auf keinen Fall steht ein nur kontingenter Zusammenhang zur Debatte, so daß der Sachverhalt auch identisch thematisierbar bliebe, wenn nicht von Gott geredet würde. Entscheidend ist vielmehr, daß es um einen *konstitutiven* Bezug Gottes zu der als eschatologisch qualifizierten Sache geht. Konstitutiv ist dieser Bezug dann, wenn deren Sein und Wesen durch Gott konstituiert ist, so daß sie ohne Gottes schöpferische Nähe weder wäre noch das wäre, was sie ist, und daher auch nicht als das, was sie ist, erkannt und verstanden werden kann, wenn diese schöpferische Nähe Gottes nicht zur Kenntnis genommen und berücksichtigt wird.

Daß es nur so zu verstehende und damit eschatologische Sachverhalte gibt, besagt aber nicht, daß sich Gott nur auf eine Art schöpferisch auf etwas bezöge, so daß es nur eine Art eschatologischer Sachverhalte gäbe. Vielmehr belegen schon die beiden (keineswegs identischen) eschatologischen Sachverhalte der Existenz Christi und der Existenz von Christen, daß Gottes sie konstituierender Bezug jeweils verschieden sein muß, wenn wirklich ihr Sein und ihr Wesen auf ihn und nichts anderes sonst zurückzuführen sind. Denn die Differenz zwischen ihnen muß dann eben in diesem Bezug Gottes begründet sein. Ist das aber der Fall, dann ist Gott bei der Explikation eschatologischer Sachverhalte auf verschiedene Weisen zur Sprache zu bringen. Eine an diesen verschiedenen Weisen orientierte Präzisierung der angegebenen Minimalbestimmung führt daher zwangsläufig zu einem in sich differenzierten Eschatologiebegriff, der die verschiedenen Aspekte und Ausbildungen des schöpferischen, Sein und Wesen setzenden und erhaltenden »Ereignisses der Nähe Gottes zur Geschichte«[1] bzw. zur Wirklichkeit überhaupt nicht auf einen Gesichtspunkt reduziert, sondern in ihrer Verschiedenheit als die bestimmte und keineswegs beliebige Mannigfaltigkeit der schöpferischen Nähe Gottes integriert.

Der Eschatologiebegriff steht dann aber nicht auf einer Ebene mit den anderen theologischen Begriffen, wie sie in den vorangehenden §§ expliziert wurden, sondern hat einen theologisch umfassenden und grundlegenden Charakter. Dieser besteht darin, daß er von der pneumatologisch begründeten Erfahrung eines ganz bestimmten – nämlich des christologischen – Ereignisses der Nähe Gottes her, an der er gewonnen wurde, Gottes schöpferisch-konstituierenden Bezug zu allem so auf den Begriff bringt, daß dieser Bezug aufgrund der im Licht der christologischen Grunderfahrung gemachten Erfahrungen als Differenziertheit unterschiedlich charakterisierbarer Bezüge gedacht werden kann. In diesem Sinn ist er der systematische Grundbegriff, der das gesamte System der theologischen Begriffe organisiert und eben dadurch erst als theologisches Begriffssystem aus-

1 Jüngel, (§ 143 Anm. 1), S. 290.

zeichnet.[2] Der Ausdruck ›eschatologisch‹ markiert daher die schöpferische Nähe Gottes als die ontische Präsenz Gottes in seiner nichtontischen Gegenständlichkeit, die in Jesus Christus erfahren wurde und von der her sich nicht nur einzelne Gegenstände und Sachverhalte, sondern die gesamte raumzeitliche Gegenständlichkeit und alles, was unter ihren Bedingungen geschieht und erfahren wird, in Gottes Gegenständlichkeit fundiert erweist. Entsprechend ist ›eschatologisch‹ all das zu nennen, was durch Gottes schöpferische Nähe so konstituiert ist, daß es ohne diese weder wäre noch das wäre, was es ist, damit aber nicht nur im Horizont der Gegenständlichkeit Gottes existiert, sondern überhaupt erst in diesem Horizont sein wahres Wesen entfaltet, weil es hier genau so ist, wie Gott selbst es sieht.

§ 157 Eschaton

Aus eben diesem Grund ist ›eschatologisch‹ Gegenbegriff zu ›ontisch‹ und zu ›ontologisch‹. Sofern es nämlich um die konstitutive und etwas erst als das, was es in Wahrheit ist, konstituierende Nähe Gottes geht, wird das durch ›eschatologisch‹ zu Recht Qualifizierte dahingehend ausgezeichnet, daß es unter den nichtontischen Bedingungen der Gegenständlichkeit Gottes steht und eben deshalb nicht (mehr nur und ausschließlich) unter den ontischen Bedingungen raumzeitlicher Gegenständlichkeit. Seine Raumzeitlichkeit erweist sich als Moment seiner Geschöpflichkeit und verliert damit den ihr von uns Menschen gegebenen Charakter einer absoluten und totalen Bestimmung. In unserem Horizont von Raum und Zeit und damit in der Welt als dem Feld des Unglaubens können wir die Nähe Gottes und damit alles, was durch ihn konstituiert ist und im Horizont seiner Gegenständlichkeit steht, allenfalls negativ bzw. als irreale Möglichkeit thematisieren: ontisch vermögen wir mit Gottes eschatologischer Nähe nicht zu rechnen.

Überall hingegen, wo mit Gottes Nähe nicht nur gerechnet werden kann, sondern gerechnet werden muß, weil man nicht ignorieren kann, mit ihm konfrontiert und damit zu ihm in Beziehung gesetzt zu sein, ist das *Eschaton*. Dieses läßt sich dann aber in mindestens drei wesentlichen Hinsichten charakterisieren: Zum einen erweist es sich selbst als *relational strukturiert*, insofern es in Gottes Bezogenheit und Beziehung auf etwas anderes als ihn selbst besteht. Entscheidend ist dabei, daß es um eine Relation geht, die nicht nur die Existenz ihrer Relate impliziert und damit real zu sein beansprucht, sondern die vor allem *Gott* zum Relat hat, und zwar zu demjenigen

2 Darauf weist zu Recht G. Ebeling hin, wenn er die »eschatologische Bestimmung aller theologischen Aussagen« betont, die darin begründet ist, daß »durch die Christologie Theologie als solche Eschatologie« wird. Erwägungen zur Eschatologie, in: ders., *Wort und Glaube III*, Tübingen 1975, S. 428–447, S. 446.

Relat, das diese Relation erst setzt (konstituiert). Gott ist dieser Relation gegenüber also insofern zwar unabhängig, als er sie und nicht sie ihn setzt, faktisch und begrifflich aber ist er nur als Relat dieser Relation adäquat bestimmbar, so daß weder diese Relation ohne Gott noch Gott ohne diese Relation ist oder thematisiert werden kann. Wenn daher Christen von Gott als dem Schöpfer reden, legen sie nicht einem schon als Gott identifizierten Gegenstand das Prädikat ›Schöpfer‹ zu, um damit gewisse Sachverhalte erklärbar oder einsichtig zu machen, sondern sie sagen, auf wen sie mit dem Ausdruck ›Gott‹ Bezug nehmen: eben auf den Schöpfer. In epistemischer Hinsicht folgt daraus, daß man um Gott nur aufgrund seiner eschatologischen Relation(en) wissen kann, umgekehrt aber diese eschatologische(n) Relation(en) nicht anders zu wissen vermag, als daß man um Gott weiß. Da Gott aufgrund seiner ihm eigentümlichen Gegenständlichkeit aber ontisch nicht bestimmbar und lokalisierbar ist, kann das Eschaton unter den Bedingungen von Raum und Zeit nur als Aufhebung dieser Bedingungen erfahren werden, und zwar als Aufhebung im mehrfachen Sinn des Wortes: es erweist sich als Telos, und d. h. zugleich als Grund, Ende, Ziel und Jenseits des Ontischen.

Damit ist schon das andere angesprochen. Daß sich das Eschaton unter den Bedingungen von Raum und Zeit nur gegen diese zur Geltung zu bringen vermag, nötigt dazu, es als ein ganz spezifisches *Geschehen* zu charakterisieren: es ist nicht da, sondern es geschieht, es ist kein ontisch bestimmbares Sein, sondern ein (je und je neues) Werden, das ontisch immer erst nachträglich und nur aufgrund der sprachlichen Artikulation durch die Subjekte, die es erfahren haben, als geschehen registriert, nicht aber als ontisches Ereignis produziert oder gar reproduziert werden kann. Es ist überhaupt kein Ereignis im erläuterten Sinn, da die Differenz zwischen ›Ding‹ und ›Ereignis‹ noch ganz innerhalb des beiden Kategorien gemeinsamen Horizontes raumzeitlicher Gegenständlichkeit angesiedelt ist. Es ist vielmehr – von Gott her betrachtet – dasjenige Geschehen, in dem Gott sich unter den Bedingungen von Raum und Zeit so konkretisiert und zur Geltung bringt, daß seine schöpferische Nähe in nicht zu ignorierender Weise als eschatologische Präsenz seiner nicht-ontischen Gegenständlichkeit im Horizont ontischer Gegenständlichkeit erfahren wird, und damit – vom Menschen her formuliert – pneumatologische Widerfahrnis im strengen, kausal nicht erklärbaren Sinn. Der Geschehenscharakter des Eschaton besteht in dem von Menschen immer wieder bezeugten und von ihnen als unwiderstehliches Widerfahrnis erlittenen Einbruch Gottes und seiner Gegenständlichkeit in den Ding- und Ereigniszusammenhang raumzeitlicher Gegenständlichkeit, durch den deren Totalitäts- und Absolutheitsanspruch falsifiziert und sie ihrer beschränkten Allgemeinheit und prinzipiellen Geltung nur im Horizont der Geschöpflichkeit überführt wird. Ontisch läßt sich dieser Einbruch weder produzieren noch verifizieren, sondern nur als faktisch geschehen auf der Grundlage des durch den Geist gewirkten Glaubens homologisch behaupten und als Wahrheitsanspruch dieser Homologie zur Kenntnis nehmen. Gerade diese Tatsache aber, daß Gottes eschatologische Nähe unter den Bedingungen von Raum und Zeit nicht anders als aufgrund und im Medium menschlicher Homologie identifizierbar ist, begründet nicht nur die mißverständliche, aber unabänderliche Nähe des homologischen Wahrheitsanspruchs des Glaubens zur Fiktion, da er eben nur eine Möglichkeit zur Sprache zu bringen scheint, sondern belegt zugleich dessen definitive Differenz von jeder nur postulierten fiktionalen Möglichkeit, da sich diese Homologie auf die Erfahrung eines pneumatologischen Geschehens beruft, durch das Gott selbst sich zur Erfahrung brachte und immer wieder zur Erfahrung bringt.

Diese christliche Grunderfahrung ist nun aber als Widerfahrnis der Gegenwart Gottes im Horizont der Welt gerade *eschatologische*, nicht *eschatische* Erfahrung der Nähe Gottes. Sie erfährt die Wirklichkeit der Gegenständlichkeit Gottes als potentere, noch nicht aber als allein maßgebliche Gegenständlichkeit. Der christliche Glaube unterscheidet daher zwischen der vor der Welt verborgenen und von ihr ignorierten ontischen Präsenz des Eschaton, der er sich selbst verdankt und die sich in ihm manifestiert, und der vor aller Welt öffentlich vollzogenen eschatischen Transformation des Ontischen in seine berechtigte, aber nur relative Gültigkeit im Horizont der umfassenden Gegenständlichkeit Gottes, auf die er hofft. Während die eschatologische Erfahrung der Nähe Gottes den verblendeten Absolutheitsanspruch ontischer Gegenständlichkeit als zwar prinzipiell überwunden aber noch nicht generell überholt erweist, so daß der Glaube von dieser Erfahrung unter den Bedingungen von Raum und Zeit nur assertorisch zu sprechen vermag, wird in der erhofften eschatischen Nähe Gottes dessen Gegenständlichkeit so umfassend und in jeder Hinsicht zur Geltung gebracht sein, daß ihre Priorität gegenüber der ontischen Gegenständlichkeit und allem, was durch diese bestimmt ist, für jedermann offen zu Tage liegt. Von Gottes Nähe wird dann nicht mehr nur im mißverständlichen Modus der Möglichkeit, sondern im unmißverständlichen Modus der göttlichen Wirklichkeit die Rede sein, die alle Wirklichkeit und Möglichkeit raumzeitlicher Gegenständlichkeit ebenso wie die von Gottes eigener Gegenständlichkeit bestimmt und konstituiert. Indem der christliche Glaube diese modale und epistemische Differenz zwischen eschatologischem und eschatischem Eschaton beachtet, markiert er die widersprüchliche Spannung, die in der eschatologisch erfahrenen Differenz zwischen ontischer Gegenständlichkeit und der Gegenständlichkeit Gottes zu Tage tritt, als vorläufig und wahrt so die Hoffnung auf eine eschatische Gemeinschaft mit Gott, in der nicht etwa der Unterschied zwischen Gott und Mensch aufgehoben ist, sondern als tatsächlich realisiertes und nicht nur als ein als Möglichkeit postuliertes Verhältnis zwischen Schöpfer und Geschöpf unverstellt und entgültig in ihr Recht gesetzt sein wird.

§ 158 Eschatologische Relationen

Der umrissene Geschehens- bzw. Widerfahrnischarakter und die spezifische Relationalität des Eschaton erlauben es, diese zu den in Kapitel II thematisierten Arten realer Relationen sowohl in Beziehung zu setzen als auch von ihnen zu unterscheiden. Eschatologische Relationen – und nur auf sie ist hier einzugehen – sind als göttliche Handlungsvollzüge, die für uns ontische Wesen nur pneumatologisch und damit im Glauben erfahrbar werden, real oder es gibt sie überhaupt nicht. Sie lassen sich aber auf keinen Fall unter die realen Relationen ontologischer oder ontischer Art verrechnen. Denn im Unterschied zu diesen sind sie wesentlich dadurch ausgezeichnet, daß zu ihrer Bestimmung explizit von Gott gesprochen werden muß, und zwar als dem Relat, das diese Relationen durch sein Handeln selbst setzt. Eschatologisch ist eine Relation daher dann zu nennen, wenn sie (a) real ist (d. h. ihre Relate existieren), (b) unter den Bedingungen ontischer Gegenständlichkeit aber nur im Modus der Möglichkeit thematisiert werden kann, und zwar deshalb, weil sie (c) ein göttliches Handlungsgeschehen ist, das sich zwischen Gott auf der einen und einem Gegenstand, der nicht Gott ist, aber von Gott als Gegenstand seiner Bezugnahme gesetzt ist, auf der anderen Seite vollzieht, so daß (d) beide Relate trotz unterschiedlicher Gegenstandsart gemeinsam unter den Bedingungen der Gegenständlichkeit Gottes stehen, ohne daß dadurch allerdings die ebenfalls bestehende Differenz zwischen der nichtontischen Gegenständlichkeit Gottes und der ontischen Gegenständlichkeit des Menschen (und alles übrigen) einfach aufgehoben wäre.

Die zuletzt genannten Aspekte der Gemeinsamkeit trotz Differenz lassen sich theologisch präzis als ontischer Ausdruck des *Verhältnisses von Schöpfer und Geschöpf* bestimmen, von dem freilich gerade nicht abstrakt als solchem gesprochen werden kann, sondern immer nur hinsichtlich seiner zweifachen Konkretion als (a) Verhältnis des Schöpfers zu seinem Geschöpf, das sein Geschöpfsein ignoriert und seine spezifische geschöpfliche Bestimmung negiert und damit in der Sünde existiert; und als (b) Verhältnis des Schöpfers zu seinem Geschöpf, dem sein Geschöpfsein und seine spezifische geschöpfliche Bestimmung im Bezug auf Jesus Christus durch dessen Geist zu akzeptieren und zu realisieren ermöglicht wird und das damit in der Gnade existiert. Die Gesamtheit eschatologischer Relationen kann daher auch kurz als die logische Summe derjenigen realen Relationen charakterisiert werden, in denen das Verhältnis von Schöpfer und Geschöpf unter den Bedingungen von Raum und Zeit in seinen verschiedenen Konkretionen konstituiert ist und/oder bewußt gemacht wird. Nur weil Gottes eschatologisch manifestierte und eschatisch sich unverstellt einstellende Nähe und Bezogenheit zu allem, was nicht er ist, besteht, gibt es überhaupt etwas, gibt es das, was es gibt, und – das ist besonders zu betonen – gibt es unter diesem auch das noch, was Gottes schöpferische Nähe faktisch oder ausdrücklich negiert und ignoriert. Und nur weil er sich immer wieder in eschatologische Beziehungen zu uns setzt, obgleich wir seine schöpferische Nähe nicht wahr haben wollen, wird er uns schon unter den Bedingungen von Raum und Zeit als Schöpfer und wir uns als Geschöpfe, und zwar immer sogleich als sündige und der Rettung bedürftige Geschöpfe einsichtig. Erst damit aber werden uns auch die ontisch nur konstatierbaren ontologischen, ontischen und anthropologischen Urfakten und mit ihnen alles, was unter ihren Bedingungen steht, als Schöpfung Gottes durchsichtig.

Die eschatologische Relationalität hat damit aber sowohl sachliche als auch epistemische Priorität gegenüber den Relationen ontologischer und ontischer Art und deren rechter Erkenntnis. Nur weil Gott in eschatologischer Bezogenheit zu seiner Schöpfung steht, gibt es diese. Erkannt wird dieser Grund der Schöpfung (und damit diese selbst als Schöpfung) aber nur, weil Gott diese prinzipielle Bezogenheit in seiner spezifischen Beziehung zu Jesus Christus eschatologisch so manifestiert (hat), daß sie von uns ontischen Wesen im Bezug auf Jesus Christus erkannt werden kann und durch den Geist im Glauben auch erkannt wird. Weil Gott sich so immer wieder pneumatologisch in die spezifische, christologisch präformierte und soteriologisch auf uns zielende eschatologische Beziehung zum Menschen als seinem geschöpflichen Gegenüber setzt, erkennen wir im Glauben nicht nur unsere Geschöpflichkeit im Hinblick auf unser Wesen (Gegenstandsart) und unsere Existenz, sondern auch die unserer Geschöpflichkeit widersprechende Wirklichkeit unseres Menschseins (die faktische Realisierung unseres Wesens im Horizont ontischer Gegenständlichkeit) und die durch Christus realisierte Möglichkeit wahren Menschseins (die von Gott gewünschte und ermöglichte Realisierung unseres Wesens im Horizont der Gegenständlichkeit Gottes). Und mit unserer eigenen von uns verfehlten und von Christus realisierten Geschöpflichkeit erkennen wir zugleich auch die Geschöpflichkeit alles übrigen, was mit uns zusammen unter den Bedingungen unserer ontischen und der auch diese erst ermöglichenden eschatologischen Gegenständlichkeit existiert. Geschöpf-Sein und Sich-als-Geschöpf-Erkennen sind so beides Folgen von Gottes Sich-in-Beziehung-Setzen zu uns. Gerade deshalb aber sind sie keine ontisch in und an der Welt als dem Feld des Unglaubens auf- und ausweisbare Sachverhalte, sondern werden erst im Glauben epistemisch virulent. Insofern dieser allerdings nicht nur seine eigene Wirklichkeit und Möglichkeit eschatologisch durch Gottes Bezugnahme konstituiert erfährt, sondern damit zugleich auch die der Welt als Ganzer, beginnt er diese als von Gott inaugurierte Geschichte mit einem außergeschichtlichen Telos zu begreifen. Erst im Glauben werden wir uns der Geschöpflichkeit der Welt und unserer spezifischen Bestimmung als Gottes geschöpfliche Gegenüber bewußt. Aber wir können uns dessen nicht bewußt werden, ohne zugleich zu sehen, daß die ontische Ignoranz unserer Geschöpflichkeit und die Bestreitung unserer menschlichen Bestimmung zur Gottebenbildlichkeit gerade in ihrer Unvermeidlichkeit Sünde ist, da sie uns mit der Verabsolutierung von uns selbst und unserer eigenen Gegenständlichkeit Gottes Schöpfersein leugnen läßt und uns vorspiegelt, selbständig und damit selbst Schöpfer unserer selbst zu sein.

§ 159 Anthropologische und christologische Implikationen des Glaubens

Die eschatologisch manifestierte Bezogenheit Gottes zu uns und seine eschatologischen Beziehungen samt der durch sie konstituierten eschatologischen Sachverhalte können unter den Bedingungen von Raum und Zeit nur assertorisch als pneumatologisch gewirkte Erfahrungen und Einsichten des Glaubens bekannt werden. Sie lassen sich deshalb in der durch unsere raumzeitliche Gegenständlichkeit bestimmten Wirklichkeit nicht anders als in Gestalt von Behauptungen des christlichen Glaubens dingfest machen. Aus der Sicht unserer faktischen Wirklichkeit bringen diese Behauptungen nicht zum Ausdruck, was ist, sondern allenfalls, was (unter anderen Bedingungen) sein könnte. Sie bringen dies freilich mit dem Anspruch zur Sprache, daß diese hier nur kontrafaktisch und kontrapossibel artikulierbare Möglichkeit tatsächlich sachliche Priorität gegenüber der faktischen Wirklichkeit und den durch diese bestimmten Möglichkeiten besitzt, da sie diese eschatologisch überholt und damit auf den Rang vorläufiger und unvollendeter partikularer Wirklichkeit und ihrer Möglichkeiten verweist.[1]

Christlicher Glaube versteht sich daher selbst als eschatologische Größe, wenn er sich als reale Relation zwischen den Glaubenden und Christus bekennt, und er behauptet, indem er dies bekennt, daß es Menschen gibt, die Glaubende sind, und daß Jesus der Christus ist. Der theologische Versuch, diesen Glauben und sein Selbstverständnis zu explizieren, hat der eschatologischen Verfassung und dem dadurch bedingten unhintergehbar assertorischen Charakter der Artikulationen dieses Glaubens unter den Bedingungen von Raum und Zeit Rechnung zu tragen. Er hat deshalb christlichen Glauben nicht nur als Relation zu explizieren, die real wäre, wenn ihre Relate existierten. Er hat vielmehr die Implikationen der Assertionen des christlichen Glaubens hinsichtlich des Verhältnisses raumzeitlich verfaßter Wirklichkeit zu der in ihr nur kontrafaktisch und kontrapossibel behauptbaren eschatologischen Möglichkeit zu bedenken. Das aber bedeutet konkret, daß er christlichen Glauben nicht als reale Relation explizieren kann, ohne die *anthropologischen* und *christologischen* Implikationen dieses Ansatzes hinsichtlich der Relate dieser Relation zu entfalten. Denn wenn es Glauben als reale Relation nur gibt, insofern Menschen als Glaubende und Jesus als Christus existieren, dann ist hinsichtlich des Vorderglieds dieser Relation das Verhältnis des Menschen als eines Wesens in Raum und Zeit

1 Vgl. E. Jüngel, Die Welt als Möglichkeit und Wirklichkeit. Zum ontologischen Ansatz der Rechtfertigungslehre, in: ders., (§ 155 Anm. 1), S. 206–233.

zu seinem eschatologischen Sein als Glaubendem ebenso zu klären wie hinsichtlich des Hinterglieds das Verhältnis zwischen Jesus von Nazareth und seinem eschatologischen Sein als Christus. Die Relate des christlichen Glaubens erweisen sich damit selbst als Relationen zwischen raumzeitlich *und* eschatologisch verfaßten Relaten, so daß deren Existenz erst die Existenz der Relate des christlichen Glaubens begründet und diesen damit als (mögliche) reale Relation konstituiert. Das aber heißt: Christlicher Glaube ist nicht einfach eine Relation zwischen zwei unabhängig von ihm als Gegenständen existierenden und identifizierbaren Relaten, sondern eine ganz bestimmte Relation zwischen ganz bestimmten Relationen, die nur aufgrund der Glaubensrelation identifiziert werden können und nicht ohne diese, wenn auch nicht aufgrund derselben, existieren.

Teil D Mensch

§ 160 Der Mensch als Glaubender

Aus diesem intimen Zusammenhang zwischen dem Glaubensverhältnis und den Verhältnissen, die als seine Relate fungieren, folgt nicht nur, daß sich die Glaubensrelation nicht ohne Berücksichtigung der anthropologischen und christologischen Implikationen bezüglich ihrer Relate adäquat entfalten läßt, sondern auch, daß sich die anthropologischen Implikationen nicht ohne Berücksichtigung der christologischen Implikationen und umgekehrt explizieren lassen. Beide sind sachlich konstitutiv aufeinander bezogen und auch begrifflich nicht voneinander zu trennen.

So wird das *Vorderglied* der Glaubensrelation (Teil D) nur richtig bestimmbar, wenn berücksichtigt wird, daß es Vorderglied einer Beziehung zu *Jesus Christus* ist. In dieser Beziehung aber stehen nicht einfach Menschen, sondern *Glaubende*. Was aber zeichnet Menschen als Glaubende aus? Und mit welchem Recht kann man behaupten, daß es sie gibt?

Die Beantwortung dieser Fragen verlangt vorab eine Klärung dessen, was in dieser Gegenüberstellung mit ›Mensch‹ gemeint ist. Dieser Ausdruck bezeichnet hier wie auch schon bisher dasjenige raumzeitliche Wesen, das sich phänographisch als die dreifache, es unverwechselbar kennzeichnende Struktur eines *Selbstverhältnisses, Weltverhältnisses* und *Gottesverhältnisses* bestimmen läßt. Theologisch ist diese Bestimmung allerdings sofort dahingehend zu präzisieren, daß all diese Verhältnisse in einem unverwechselbaren *Verhältnis Gottes zum Menschen* fundiert sind, durch das dieser sich unter all seinen Geschöpfen ein persönliches Gegenüber konstituiert, an das er sich anredend wendet und das er zur Antwort und zur Gemeinschaft mit sich auffordert.[1] Geschöpfliches Gegenüber Gottes zu sein, das dazu bestimmt ist, dessen Anspruch zu entsprechen, zeichnet den Menschen als *Person* aus. Als Person ist der Mensch das Wesen der Möglichkeiten, die ihn im Unterschied zu allen anderen Geschöpfen als *Menschen* auszeichnen. Durch seine Personalität ist der Mensch im Unterschied zu allen anderen Geschöpfen dazu bestimmt, sein Menschsein Gott entsprechend zu gestalten und so geschöpfliches Ebenbild Gottes zu sein. Wie er sich daher durch sein Menschsein definitiv von Gott unterscheidet, so unterscheidet er sich durch sein Personsein definitiv von allen anderen Geschöpfen. Sein Personsein bedeutet für ihn aber nicht nur Auszeichnung, sondern zugleich auch Anspruch insofern es ihn zur Gottebenbildlichkeit zwar be-

1 Vgl. Dalferth/Jüngel, (§ 33 Anm. 1). Das *Gottesverhältnis des Menschen* (= Religion) ist also vom *Verhältnis Gottes zum Menschen* streng zu unterscheiden.

stimmt, aber nicht zwingt, sondern ihn in die Verantwortung der Freiheit zu einem menschlichen Leben im Widerspruch oder in der Entsprechung zu Gottes Anspruch stellt. Für den Menschen besteht daher eine ontologische Gleichursprünglichkeit von Sein und Sollen, die seinem Selbstverhältnis, Weltverhältnis und Gottesverhältnis einen unaufhebbar dynamischen Charakter verleiht. Kann er diese Verhältnisse doch niemals nur sein, sondern hat sie immer auch aktiv gestaltend zu vollziehen. So manifestiert sich sein Selbstverhältnis anthropologisch in seiner *Vernunft* und in seinem *Gewissen*, durch die er so auf das ihn bestimmende Sein und Sollen ausgerichtet ist, daß er sich selbst – wenn auch nicht anders als über andere und anderes (§ 90) – gegenüberzutreten und in Selbstbewußtsein und Selbstbestimmung auf sich zu beziehen vermag. Sein Weltverhältnis zeigt sich in seiner *Körperlichkeit*,[2] aufgrund derer er immer schon in räumlich und zeitlich strukturiertem Bezug zu anderem und anderen steht, bezüglich derer er in einem Prozeß wechselseitigen Bestimmtwerdens und Bestimmens seine Eigentümlichkeit und Individualität in Gestalt seiner ihn unverwechselbar charakterisierenden Geschichte gewinnt. Sein Gottesverhältnis schließlich äußert sich in dem spezifisch anthropologischen Phänomen seiner *Religiosität* bzw. ideologischen Ausrichtung seines geschichtlichen Seins und Handelns, welche konkreten Formen auch immer dies im einzelnen Fall annehmen mag.[3]

Daß es in diesem Sinn Menschen gab und gibt, die sich als Glaubende verstanden und verstehen, wird nicht nur durch die Existenz des Neuen Testaments, sondern durch jedes Bekenntnis des christlichen Glaubens belegt. Nur Menschen, die existieren, können bekennen. Ihr Bekenntnis ist zwar keineswegs auch schon der Erweis der Wahrheit des von ihnen Bekannten, sondern allenfalls ihrer Überzeugung und Gewißheit von dieser Wahrheit, so daß aus der Tatsache ihres Bekenntnisses nicht auf die Existenz von Glaubenden, sondern nur auf ihr Selbstverständnis als Glaubende geschlossen werden kann, das durchaus auch falsch sein könnte. Doch die Theologie, die dieses Selbstverständnis zu explizieren hat, hat ohne den Erweis der Unmöglichkeit der Existenz von Glaubenden oder den Nachweis des Irrtums oder der Täuschung der sich als Glaubende Bekennenden guten Grund, die Existenz Glaubender mit der Existenz von Menschen, die sich als Glaubende bekennen, für gegeben zu halten.[4] Soviel dürfte auch

2 Beachtet man die Differenz zwischen *Körperlichkeit* und *Leiblichkeit* (§ 89), dann gehört zum Menschen aufgrund seiner für ihn konstitutiven Leiblichkeit immer schon ein Bezug auf seine Mitgeschöpfe und insofern ein (nicht notwendig als Weltbezug im Sinne von § 153 sich realisierender) *Bezug zur Schöpfung*.

3 Es kennzeichnet den wesentlichen anthropologischen Charakter von Vernunft, Gewissen, Körperlichkeit und Religiosität, daß sie immer auch als *Unvernunft, Gewissenlosigkeit, Körperverachtung* und *Irreligiosität* auftreten. Der Mensch kann nicht ohne sie, und sei es in Form ihrer Negation, Mensch sein.

4 Das gilt es auch gegen den Einwand E. Troeltschs zu betonen, den er in seinem bekannten Aufsatz: Über historische und dogmatische Methode in der Theologie, in: *Theologie als Wis-*

außerhalb der Theologie kaum bestritten werden. Strittig hingegen ist, ob die Existenz Glaubender nur mit der Existenz von Menschen gegeben ist, die sich als Glaubende bekennen, ob mit dem Ende ihrer Existenz in der Welt auch ihre Existenz als Glaubende beendet ist und ob Glaubende nur als weltliche Wesen existieren. Der christliche Glaube verneint das. Wer glaubt, existiert ihm zufolge auch dann, wenn er als Mensch ontisch nicht mehr existiert, und er existiert, während er als raumzeitlich identifizierbarer und lokalisierbarer geschichtlicher Mensch in der Welt existiert, nicht nur als solcher. Gläubige Existenz ist nicht nur in bestimmter Weise qualifizierte ontische Existenz des Menschen, so daß der Glaube als Qualifikation menschlichen Lebens in dieser Welt mit diesem zum Ende käme. Denn Menschen, die ihren Glauben bekennen, bekennen damit nicht nur eine (propositionale) Einstellung, ein menschliches Verhalten, eine Überzeugung von bestimmten Wahrheiten o. ä., sondern den fundamentalen anthropologischen Sachverhalt, *daß sie nicht mehr nur als Menschen, sondern als Glaubende existieren*.

§ 161 Die zweifache Gegenständlichkeit des Glaubenden

Ist das wahr, dann existieren Menschen als Wesen in Raum und Zeit, die sich als Glaubende bekennen, zugleich als Menschen *und* als Glaubende. Ein und dieselbe menschliche Existenz realisiert dann aber eine zweifache, einerseits raumzeitliche, andererseits (nennen wir sie kurz:) eschatologische Gegenständlichkeit: *der glaubende Mensch existiert zugleich ontisch und eschatologisch*. Daß damit tatsächlich eine zweifache Gegenständlichkeit und nicht nur eine doppelte Weise, das Menschsein im Horizont raumzeitlicher Gegenständlichkeit konkret zu realisieren, gemeint ist, ist der tiefere Grund dafür, daß christlicher Glaube als durch den Geist begründete reale Relation zu Jesus Christus keine Qualifikation menschlichen Lebens, sondern *neues* Leben genannt werden muß. Jeder Versuch, Glaube in irgendeiner Form unter das ontisch realisierte oder realisierbare Mensch-

senschaft, hg. v. G. Sauter, München 1971, S. 105–127, S. 112 vorbringt: »Nicht vom isolierten Urteil und Anspruch der christlichen Gemeinde aus, wie viele Theologen uns immer wieder einreden wollen, sondern nur vom Gesamtzusammenhang aus kann ein Urteil über das Christentum gewonnen werden.« Zwar ist es sehr richtig, daß »weder die Selbstbeurteilung der Griechen noch die der Römer unser Urteil über ihren dauernden Beitrag zum menschlichen Geiste ohne Weiteres bestimmen kann«. Aber wir können uns über das Christentum überhaupt kein Urteil bilden, das nicht völlig oberflächlich bleiben will, ohne die Selbstbeurteilung des christlichen Glaubens zu berücksichtigen. Dieses ist, will man sich nicht an Peripherem aufhalten, geradezu das Grunddatum, von dem jede Beurteilung notwendig auszugehen hat. Das heißt nicht, daß der Historiker den Wahrheitsanspruch des christlichen Glaubens auch selbst akzeptieren bzw. hinnehmen müßte, wohl aber, daß er diesen Wahrheitsanspruch zur Kenntnis nehmen muß, wenn er überhaupt verstehen will, worum es dem christlichen Glauben geht.

sein zu subsumieren oder eine wie auch immer geartete Kontinuität zwischen ungläubigem bzw. vorgläubigem und gläubigem Dasein etablieren zu wollen, ist damit von vornherein als unmöglich ausgeschlossen.[1] Wer als Mensch glaubt, führt nicht mehr nur das ontische Leben des Menschen, sondern dazuhin und darüberhinaus das eschatologische Leben des Glaubenden. Er existiert mit der raumzeitlichen Wirklichkeit seines Menschseins zugleich die darin gar nicht realisierbare, sondern diese präzis transzendierende Möglichkeit eschatologischen Seins, welche das ontische Menschsein (negativ gesagt) zur Vorläufigkeit degradiert bzw. (positiv gesagt) eschatologisch in sein wahres, in Jesus Christus präformiertes Wesen als Schöpfung in personaler Gemeinschaft mit dem Schöpfer transformiert. Denn als Glaubender existiert er sein Menschsein nicht mehr im Widerspruch, sondern in Entsprechung zu Gottes Anspruch an ihn und damit in Übereinstimmung mit seiner sein Wesen als Mensch auszeichnenden *Geschöpflichkeit* und Bestimmung zur *Gottebenbildlichkeit*. Er realisiert seine menschliche Gegenstandsart in der ihr von Gott zugedachten Weise, indem er sich durch den Bezug auf Jesus Christus als geschöpfliches Gegenüber Gottes in das rechte Verhältnis zu Gott, damit aber auch zu sich selbst und zu seinen Mitmenschen und Mitgeschöpfen bringen läßt. Der Glaubende ist somit Mensch in der Gemeinschaft und damit im Horizont der Gegenständlichkeit Gottes. Er existiert eschatologisch – ohne als der geschichtliche Mensch, als welcher er seinen Glauben bekennt, aufgehört zu haben, ontisch zu existieren.

Diese eschatologische Existenz in der Gemeinschaft mit Gott wird neutestamentlich als *Sein in Christo* (Röm 8,10; 2Kor 13,5; Gal 4,19) charakterisiert (§ 132). In den Horizont der Gegenständlichkeit Gottes und damit zum Glauben kommt der Mensch nicht anders als durch den pneumatologisch realisierten Bezug auf Jesus Christus. Dieser Glaubensbezug ist nicht nur als reale Relation, sondern als so enges und intimes Verhältnis zu denken, daß Luther sagen kann, »quod per eam sic conglutineris Christo, ut ex te et ipso fiat quasi una persona quae non possit segregari«.[2] Durch den Glaubensbezug wird der Mensch Jesus Christus inkorporiert, wird er Glied am Leib Christi (Eph 5,30). Indem er so – im Wortsinn – *Christ* wird, existiert er im Horizont der eschatologischen Gegenständlichkeit Gottes und beginnt so sein menschliches Wesen in der Gemeinschaft mit Gott und damit in seiner Wahrheit zu realisieren. Menschliches Sein als eschatologi-

1 Ebenso ausgeschlossen ist, die zweifache Gegenständlichkeit des Christen als eine doppelte Gegenstandsart mißzuverstehen. Der Christ realisiert nicht zugleich zwei verschiedene Wesen. Er ist weder – wie in magischen Religionen – zugleich Mensch und Tier noch – wie in Mysterienreligionen – zugleich Mensch und Gott. Er ist vielmehr *Mensch* im Horizont der Gegenständlichkeit Gottes. Seinem Wesen (seiner Gegenstandsart) nach bleibt er durchaus verschieden von Gott, seiner Gegenständlichkeit als eschatologisches Geschöpf nach hingegen steht er in einer Gemeinschaft mit Gott, die nicht Wesensgemeinschaft ist, sondern das freie Beieinander und Miteinander von Schöpfer und Geschöpf.

2 WA 40/1, 285, 24f.

sches Leben des Glaubenden ist daher nicht anders als *christologisch vermittelt* zu realisieren. Durch den Glauben wird der Mensch so mit Christus eins, daß zwar nicht einfach der Unterschied zwischen dem glaubenden Menschen und Jesus Christus aufgehoben wird und jeder Glaubende damit Christus würde (er wird ja Christ und nicht Christus!), sondern daß er *von sich selbst unterschieden* wird und nicht nur der (alte) Mensch bleibt, sondern als Glaubender der (neue) Mensch wird, der die das menschliche Wesen auszeichnenden Möglichkeiten in der personalen, durch Jesus Christus vermittelten Gemeinschaft mit Gott im Vollsinn zu realisieren beginnt. Der Glaube setzt im glaubenden Menschen als dem Vorderglied der Glaubensrelation eine solche Differenz, daß dieser zugleich ontisch und eschatologisch und damit in zweifacher Gegenständlichkeit existiert. Nur indem er sich durch den Glauben wirkenden Geist so von sich selbst unterscheiden läßt, beginnt er, wahrer Mensch zu werden, der seiner Geschöpflichkeit und Bestimmung zur Gottebenbildlichkeit entspricht. In Christo sein heißt daher anthropologisch auf jeden Fall, nicht mehr nur bei sich selbst, sondern so bei einem ganz bestimmten anderen, nämlich Jesus Christus, zu sein, daß man wahrer Mensch wird, indem man nicht mehr nur ontisch, sondern (christologisch vermittelt) eschatologisch und eben damit im Horizont einer zweifachen Gegenständlichkeit existiert.

§ 162 Das Wesen des Menschen

Das Verhältnis von ontischer und eschatologischer Gegenständlichkeit, der »doppelten Totalität des Christen«,[1] wird damit aber zum entscheidenden Problem theologischer Anthropologie. Das betrifft insbesondere drei Problembereiche, die kurz exemplarisch zu bezeichnen sind (§ 162–164).

Der erste ist die Frage nach dem *Wesen des Menschen*. Darunter ist nicht wie bei Descartes die Frage nach der Identifizierbarkeit und damit Gegenständlichkeit, sondern in aristotelischem Sinne die Frage nach der Gegenstandsart (Wesensart) des Menschen zu verstehen. Sie fragt also nach dem, was den Menschen als Menschen in Wahrheit auszeichnet. Diese Frage kann unter Voraussetzung der Wahrheit der christlichen Glaubenserfahrung offensichtlich nicht mehr nur im Horizont raumzeitlicher Gegenständlichkeit und spezifisch menschlicher Gegenstandsart (im Unterschied zu anderen Arten raumzeitlicher Gegenstände) angemessen beantwortet werden. Insbesondere erweist sich jede am Vergleich verschiedener raumzeitlicher Gegenstände gewonnene philosophische Definition oder empirisch-anthropologische Charakterisierung des Menschen als prinzipiell unzureichend, da uns diese allenfalls eine mehr oder weniger zutreffende Konzep-

1 H. Deuser, Glaubenserfahrung und Anthropologie. Röm 7,14–25 und Luthers These: totum genus humanum carnem esse, *Evangelische Theologie* 39, 1979,S. 409-431, S. 430.

tion des Menschen im Vergleich mit anderen Lebewesen zu liefern vermag, nicht aber das, was er in Wahrheit ist.[2] Solche Konzeptionen sind Stereotype des Menschen, gebildet auf der Grundlage unserer jeweiligen Erfahrungen von Menschen, die uns allenfalls darüber Auskunft geben, was wir vom Menschen aufgrund unserer sich ständig verändernden Kenntnisse halten. Doch der Mensch geht nicht in dem auf, was wir von ihm erkannt zu haben glauben, und er ist auch mehr, als was er als Selbst-, Welt- und Gottesverhältnis ist und in diesen Bezügen von sich zu erkennen gibt. Um sein wahres Wesen zu bestimmen, ist vielmehr eine präzise theologische Bestimmung erforderlich, die sich nicht nur am Menschen als raumzeitliches Wesen im Kontext mit anderen raumzeitlichen Wesen orientiert, sondern die von der ihn als Menschen konstituierenden personalen Bezogenheit Gottes zu ihm ausgeht. Das aber ist nur so möglich, daß die im Glauben an Jesus Christus realisierte eschatologische Möglichkeit des Menschseins gegenüber der raumzeitlichen Wirklichkeit des Menschen als die letztlich entscheidende Bestimmung seines Wesens zur Geltung gebracht wird.[3] Denn erst im Horizont seiner eschatologischen Gegenständlichkeit und damit im Horizont seiner christologisch vermittelten Gemeinschaft mit Gott wird deutlich, daß er – auch als ontisches Wesen – mit all seinen Verhältnissen in Gottes Verhältnis zu ihm fundiert ist und was sein Menschsein damit tatsächlich auszeichnet. Das Wesen des Menschen läßt sich dann aber nicht bestimmen, ohne von Gott zu reden. Ohne Erkenntnis Gottes gibt es keine Erkenntnis dessen, was den Menschen in Wahrheit auszeichnet.[4] Erkenntnis Gottes aber gibt es nach Einsicht des christlichen Glaubens nicht ohne Erkenntnis Jesu Christi. In ihr koinzidieren Gotteserkenntnis und Menschenerkenntnis: als wahrer Mensch und wahrer Gott bringt Jesus Christus unwiderruflich zur Geltung, was Gott in Wahrheit ist und der Mensch in Wahrheit sein kann und sein soll. Gegenüber dieser seiner Bestimmung erweist sich die Wirklichkeit des Menschen allerdings als widersprüchlich: der wirkliche Mensch ist der »Mensch im Widerspruch«.[5] Diese Wirklichkeit muß von Gott allererst überwunden werden, wenn der *wahre* Mensch erkannt werden können soll. In diesem Sinn läßt sich der christliche Glaube pointiert bestimmen als durch Gottes Geist gewirkter Glaube an den in Jesus Christus den homo peccator (d. h. den Menschen im Widerspruch) rechtfertigenden (d. h. in das rechte Verhältnis sowohl zu Gott als auch zu sich selbst und zu seiner Welt bringenden) Gott. Orientiert am wahren Menschsein des neuen Menschen Jesus Christus behauptet der christliche Glaube

2 Luther, (§ 98 Anm. 2) bringt dies in der Gegenüberstellung zweier Thesenreihen zur philosophischen (prop. 1ff) und theologischen (prop. 20ff) Bestimmung des Menschen zum Ausdruck.

3 Vgl. Dalferth, (§ 17 Anm. 2).

4 G. Ebeling, Cognitio Dei et hominis, in: ders., *Lutherstudien I*, Tübingen 1971, S. 221–272.

5 E. Brunner, *Der Mensch im Widerspruch*, Zürich/Stuttgart [4]1965.

dementsprechend mit Luther im Anschluß an Paulus als Wesensbestimmung des menschlichen Menschen: *homo iustificatur fide*.[6]

Das den Menschen auszeichnende Wesen besteht demnach darin, in der durch Jesus Christus vermittelten Lebensgemeinschaft mit Gott als dessen Kommunikationspartner in Anrede und Antwort zu existieren. Denn Gott wird in dieser Wesensbestimmung als der Schöpfer zur Sprache gebracht, der den Menschen als sein Geschöpf selbst in ein rechtes und diesen unter allen anderen Geschöpfen auszeichnendes Verhältnis zu sich setzt. Der Mensch ist damit nicht nur wie alle anderen Geschöpfe von Gott unterschieden. Er ist vielmehr als dasjenige Geschöpf Gottes ausgezeichnet, um das sich Gott in besonderer Weise bemüht: Gott setzt sich so in Beziehung zum Menschen, daß dieser seiner Auszeichnung durch Gott entsprechen kann. Als einziges unter allen Geschöpfen ist der Mensch daher *Person*.

§ 163 Die Identität des Menschen

Der zweite Problembereich ist die Frage nach der *Identität des Menschen*. Alle Ansätze, die diese über die Identifizierbarkeit und Reidentifizierbarkeit des Menschen als eines raumzeitlichen Wesens zu beantworten suchen, sind offensichtlich unzureichend. Die Identität des glaubenden Menschen ist gerade nicht durch Rekurs auf seine raumzeitliche Kontinuität feststellbar, sondern nur unter Berücksichtigung der für ihn charakteristischen Diskontinuität ontischer und eschatologischer Gegenständlichkeit. Sie läßt sich daher auch nicht anders beantworten als über eine Bestimmung des Verhältnisses seines raumzeitlichen und eschatologischen Seins. Insofern letzteres die Endgestalt des wahren Menschseins ist, welche ersteres zur Vorläufigkeit degradiert, dabei aber nicht einfach negiert, sondern in seine ihm eigentlich zugedachte Verfassung transformiert, ist die Identität des Menschen von seiner eschatologischen Verfaßtheit und nicht von seiner raumzeitlichen Kontinuität her zu bestimmen. Sie besteht demnach nicht in der im Vollzug des menschlichen Lebens angestrebten und zu erreichenden Übereinstimmung seines Weltverhältnisses mit seinem Selbstverhältnis, da eine solche menschliche Identität noch gänzlich im Horizont raumzeitlicher Gegenständlichkeit angesiedelt wäre und das eigentliche Problem gar nicht berührte: selbst wo sie erreicht wird, ist sie für sich genommen und absolut gesetzt nicht die wahre menschliche Identität des Gott entsprechenden Menschen, sondern nur die mangelhafte und falsche Identität des Sünders. Seine wahre Identität besteht vielmehr in seiner *Person-Identität*, und d. h. in der Übereinstimmung seines menschlichen Seins in all seinen Verhältnissen mit seinem Sein als von Gott angesprochenem Du, das als geschöpfliches Gegenüber Gottes zu einer Geschichte kommunikativer Beziehungen

6 Vgl. Luther, (§ 98 Anm. 2), S. 22 (prop. 32).

mit Gott aufgefordert ist. Seine (angestrebte) Identität ist daher in keiner Weise in ihm selbst zu suchen, sondern streng extra se in seinem menschlichen Sein in der Gemeinschaft mit Gott, die im Glauben an Jesus Christus realisiert ist.

Hat der Mensch seine wahre Identität aber extra se, und d. h. außerhalb seines Verhältnisses zu sich selbst, zur Welt und zu Gott in seinem pneumatologischen Bezogensein auf Jesus Christus, dann ist – um ein aktuelles theologisches Problem der Identitätsproblematik beispielhaft aufzugreifen – die Frage nicht, inwiefern der Auferstehungsleib mit dem gegenwärtig identifizierbaren Körper bzw. der Auferstandene mit dem Menschen identisch sein kann, der in Raum und Zeit gelebt hat und gestorben ist, wenn zwischen beiden doch die durch den Tod markierte totale Diskontinuität herrscht. Die Frage ist vielmehr – und sie stellt sich nicht erst beim körperlichen Tod –, inwiefern der gegenwärtig existierende Mensch mit dem identisch ist und sein kann, der er eschatologisch ist. Denn liegt dort die eigentliche Bestimmung seines Wesens begründet, dann stellt sich das Identitätsproblem gerade im Blick auf sein raumzeitliches Sein und nicht etwa so, als ob dieses unproblematisch und nur jenes problematisch wäre. Es ist, wie der christliche Glaube aufgrund der von ihm behaupteten Priorität der eschatologischen gegenüber der ontischen Gegenständlichkeit weiß, gerade umgekehrt: nicht indem ich als Mensch ganz bei mir bin, sondern indem ich als Glaubender bei einem ganz bestimmten anderen, nämlich Jesus Christus bin, bin ich mit mir identisch. Denn erst wenn ich in all meinen Verhältnissen mit Gottes Verhältnis zu mir übereinstimme, werden sich auch mein Selbst-, Welt- und Gottesverhältnis in eine rechte, nämlich jenem Verhältnis entsprechende Übereinstimmung bringen lassen.

§ 164 Das rechte Handeln des Menschen

Der dritte Problembereich schließlich betrifft die Frage des *rechten Handelns des Menschen*. Offensichtlich sind alle Handlungsnormen, die nur an einer Konzeption des Menschen als eines raumzeitlichen Wesens orientiert sind, letztlich unzureichend, da sie der eigentlichen Wesensbestimmung des Menschen nicht gerecht werden. Denn recht und gut ist menschliches Handeln dann und nur dann, wenn der Handelnde darin der *Wahrheit* und nicht nur der Wirklichkeit seines Wesens entspricht. Das Handeln des sündigen Menschen ist dann aber selbst im günstigsten Fall nur Entsprechung zu dem Widerspruch, der ihn auszeichnet und den er faktisch lebt. Es ist selbstwidersprüchliches Handeln nicht etwa deshalb, weil der handelnde Mensch sich darin selbst widerspräche, sondern gerade deshalb, weil er sich darin sehr wohl und nur allzu gut entspricht, sich dabei aber gerade als der Mensch im Widerspruch ausweist, der er als Sünder ist. Sein Handeln mag moralisch gut sein, insofern es mit den die Freiheit des andern fördernden und wahrenden Normen und Werten menschlicher Gemeinschaft übereinstimmt, es mag darüber hinaus ethisch gut sein, insofern er in diesem Handeln mit sich selbst in Übereinstimmung steht, so daß sein Handeln ihm und er seinem Handeln entspricht – weder das eine noch das andere wird ihn davon befreien, auch und gerade in solchem Handeln Sünder zu sein.[1] Denn sein Sein und nicht erst sein Handeln ist durch den fundamentalen Widerspruch gekennzeichnet, daß er Gottes liebendem Anspruch an ihn und damit dem, was er als menschliche Person sein kann und sein soll, nicht entspricht. Und diesen Widerspruch in seinem Sein kann er durch sein Handeln – und zwar auch durch moralisch oder gar ethisch gutes Handeln – nur reproduzieren und unter Beweis stellen, auf keine Weise jedoch beseitigen und aufheben. Soll das gelingen, muß er ein anderer, ein *neuer* Mensch werden.

Dieses neue Sein ist nun allerdings nicht per se auch schon das rechte Handeln. Es enthebt den Menschen nicht davon, seinem Wesen entsprechend zu handeln; und dieses Handeln kann die intendierte Entsprechung moralisch und ethisch realisieren, aber eben auch verfehlen, wie das christliche Leben mannigfach belegt. Zwar macht das neue Sein des mit Christus verbundenen Menschen rechtes Handeln überhaupt erst möglich, aber es ist in solchem Handeln auch wirklich zur Darstellung zu bringen. Erst der glaubende Mensch vermag recht und gut im Vollsinn zu handeln. Aber er muß auch so handeln und kann sich mit seinem Glauben nicht begnügen, weil sein Glaube sich in guten Werken zu manifestieren drängt, ohne selbst ein solches gutes Werk des Menschen zu sein. Und gerade weil er so handeln muß und auch zu handeln vermag, sieht er mit einer Schärfe, die alle moralische und ethische Skrupulosität weit hinter sich läßt, wie selten er faktisch in einer seinem Sein entsprechenden Weise handelt und wie sehr er in all seinem Tun auf Hilfe und auf Vergebung angewiesen ist.

Das Handlungsproblem stellt sich also auch für den, der im Unterschied zum Sünder recht handeln kann. Das wird paradigmatisch deutlich am Christen. Steht dieser doch aufgrund seiner doppelten Gegenständlichkeit als Mensch, der zugleich Glaubender ist, in einer permanenten, existentiell als Anfechtung erfahrenen Identitätskrise, da er nicht mehr nur (sündiger) Mensch, aber auch nicht nur Glaubender ist, als Glaubender jedoch um die Vorläufigkeit und prinzipielle Überholtheit verabsolutierten raumzeitlichen Menschseins weiß, ohne sich aufgrund seines Verwobenseins in die sündige Menschheit der Tendenz zu solcher Verabsolutierung entziehen zu können, und eben deshalb daran leidet. Genau in diesem Dilemma ist der Ort christlicher Ethik. Geht es für den Christen doch darum, seiner in Christus realisierten Identität auch in seinen Verhältnissen zu sich, zur Welt und

1 Zur Differenz von ›moralisch gut‹ und ›ethisch gut‹ vgl. Fischer, (§ 5 Anm. 2). Zum Verhältnis von moralischem Fehlverhalten und Sünde vgl. B. Mitchell, How is the Concept of Sin related to the Concept of Moral Wrongdoing? und meine Replik unter demselben Titel, *Religious Studies*, 20, 1984.

zu Gott zu entsprechen. Er muß in seinem Leben als Mensch sein Sein als Glaubender handelnd zur Darstellung bringen und so ontisch auf menschliche Weise seinem eschatologischen Sein zu entsprechen suchen, indem er Gottes ihn ins rechte Verhältnis zu sich setzendem Verhalten zu ihm seinerseits in all seinen Verhältnissen menschlich entspricht. Das aber ist deshalb kein idiosynkratisches und für Nichtchristen irrelevantes Problem, weil der Christ weiß, daß er damit das in der Vorläufigkeit ontischen Seins darzustellen hat, was nicht nur ihn, sondern alle Menschen eschatologisch und damit im eigentlichen und letztgültigen Sinn auszeichnet.

§ 165 πίστις und γνῶσις

Wenn Menschen nur insofern Vorderglied der Glaubensrelation zu Jesus Christus sind, als sie Glaubende sind und damit nicht nur als Wesen ontischer Gegenständlichkeit, sondern zugleich als Wesen eschatologischer Gegenständlichkeit existieren, dann stellt sich nicht nur die Frage, worin ihre eschatologische Existenz besteht, sondern vor allem auch, wie ihr eschatologisches Sein in Christo unter den Bedingungen von Raum und Zeit zur Geltung kommt, was sie also als *Glaubende in Raum und Zeit* auszeichnet. Vier Dinge sind hier besonders hervorzuheben.
Zum einen: *Keiner ist Glaubender, der nicht weiß, daß er glaubt* (§ 165).
Zum anderen: *Keiner ist Glaubender, der seinem Glauben nicht handelnd zu entsprechen sucht* (§ 166).
Zum dritten: *Keiner ist Glaubender, der nicht weiß, daß er nicht von sich aus glaubt* (§ 167).
Schließlich: *Kein Glaubender glaubt für sich allein* (§ 168).

Christlicher Glaube als reale Relation zu Jesus Christus ist, was immer sonst von ihm zu sagen ist, von intrinsisch epistemischem Charakter. Wenn es ihn überhaupt gibt, dann gibt es ihn nur so, daß seine Relate *wissen*, daß sie in dieser Relation stehen. Denn glauben heißt auf jeden Fall, sich aufgrund der Erleuchtung durch den Geist in Jesus von Gott angeredet und dadurch gerichtet und gerettet wissen. Wirklich wissen und nicht nur zu wissen meinen kann man das nur, wenn man in Jesus tatsächlich von Gott angeredet *ist*. In der Relation des Glaubens zu Jesus Christus steht man folglich dann, wenn nicht nur man selbst und Jesus existiert und man in einer realen Beziehung zu ihm steht, sondern wenn einem in ihm Gott entgegentritt *und* wenn man dies weiß und sich dessen bewußt ist. Christlicher Glaube ist niemals ein nur unbewußtes Verhältnis zu Jesus Christus, in dem jemand stehen könnte, ohne es zu wissen und damit auch ohne zu wissen, daß er glaubt. ›Anonyme Glaubende‹ gibt es nicht, weil man Gottes Anrede in Jesus Christus nicht vernehmen kann, ohne zu wissen, daß man *Gottes* Anrede vernimmt, weil man sie überhaupt nur dann vernimmt, wenn sie uns Gottes Geist selbst so vernehmen läßt. Es gibt aber sehr wohl Menschen, denen die Anrede Gottes in Jesus zwar auch gilt, die diese aber – aus welchen Gründen auch immer – nicht vernehmen oder für sich gelten lassen und sich folglich nicht angeredet wissen. Während aber durch Gottes Gekommensein in Jesus Christus jeder Mensch Glaubender sein kann und nach dem Anspruch des christlichen Glaubens auch sein soll, ist jemand nur insofern tatsächlich auch Glaubender, als er nicht nur von Gott in Jesus Christus angeredet ist, sondern dies aufgrund des Wirkens des Geistes in ihm auch weiß und so durch seinen Glauben Gottes Anrede bewußt entspricht.[1]

Daß das Wissen um den Glauben konstitutiv zum christlichen Glauben gehört, zeigt das Neue Testament durch die Betonung des unaufhebbaren Zusammenhangs einerseits von πίστις und γνῶσις, andererseits von πίστις und ὁμολογία.[2] Der Glaubende *weiß* um sein Verhältnis zu Jesus Christus und bemüht sich, dessen Bedeutung und rettende Funktion für ihn immer besser zu verstehen; und er *bekennt* dieses Wissen, indem er von Gottes ihm darin zugute gekommener Gnadentat redet (Röm 10,9). Zu Recht kann er das allerdings nur wissen und bekennen, wenn er in Jesus von Gott tatsächlich angeredet ist. Die pneumatologisch begründete Gewißheit, daß dies so ist, gehört ebenso konstitutiv zum Selbstverständnis des christlichen Glaubens wie die Hoffnung auf eschatische Überführung dieser Gewißheit in epistemische Sicherheit. Mit diesem Selbstverständnis versteht sich der Glaube daher gänzlich und fundamental als Antwort und Reaktion (ὑπακοή) auf die ihm vorgängige und ihn erst ermöglichende und provozierende Anrede Gottes in Jesus (ἀκοή Röm 10,17).

§ 166 Glaube und Handeln

Daß christlicher Glaube nicht ist, ohne sich im Bekenntnis zu artikulieren, belegt den intrinsischen und unauflöslichen Zusammenhang von *Glaube und Handeln*. Denn wer seinen Glauben *bekennt*, gibt zu verstehen, daß er

1 Man kann also nicht, wie M. Kuitert, Is Belief a Condition for Understanding?, *Religious Studies* 17, 1981, S. 233–243 gegen K. Barth kritisch unterstellt, »*potential* believers« als solche bestimmen, »who do not yet know that they are« (aaO., S. 240). Würde Barth tatsächlich eine solche Ansicht vertreten, müßte man ihm nicht nur »a lack of respect for persons« (ebd.), sondern ein gründliches Mißverständnis des christlichen Glaubens vorwerfen. Dieser ist keine nur intentional-epistemische Relation, ebensowenig aber eine zwar reale, aber nichtepistemische Relation, sondern eine reale und als solche immer schon epistemische Relation. Potentiell Glaubender ist also nicht der, welcher zwar glaubt, dies aber nicht weiß, so daß er »unknowingly already belongs to the believers« (ebd.), sondern jeder, der als Vorderglied der Glaubensrelation zu Jesus Christus in Frage kommt – also jeder Mensch. – Vgl. dazu auch K. Rahner, Die anonymen Christen, in: ders., *Schriften zur Theologie*, Bd. 6, Einsiedeln/Köln/Zürich 1965, S. 545–554; E. Jüngel, Extra Christum nulla salus – als Grundsatz natürlicher Theologie? Evangelische Erwägungen zur ›Anonymität‹ des Christenmenschen, in: ders., (§ 1 Anm. 4), S. 178–192.

2 Vgl. R. Bultmann, (§ 145 Anm. 1), S. 318ff.

nicht nur glaubt, sondern glaubt, daß er glaubt, und zwar bewußt glaubt, daß er glaubt, und damit *glaubt, daß er glaubt, daß er glaubt*. Wer aber so glaubt, kann nicht umhin, auf der Grundlage seines Glaubens zu handeln. Das ist zu erläutern.

Christen lassen sich im Horizont von Raum und Zeit nur aufgrund eines einzigen Kriteriums als Glaubende identifizieren, nämlich daran, daß sie bekennen: κύριος Ἰησοῦς.[1] Sie sind damit nicht nur durch den eschatologischen Sachverhalt ausgezeichnet, daß sie an Jesus Christus *glauben*, sondern auch durch den epistemischen Sachverhalt, daß sie *bewußt glauben*, daß sie glauben. Und so wichtig es einerseits ist, ihr epistemisches Glauben von ihrem eschatologischen Glauben zu unterscheiden, so wichtig ist es auch andererseits, deren unauflösliche Zusammengehörigkeit zu beachten und zu reflektieren.

Nun ist bewußtes Glauben, wie D. H. Mellor[2] gezeigt hat, nichts anderes als (epistemisch) zu glauben, daß man (epistemisch) glaubt. Gerade solches Glauben aber ist eine notwendige Voraussetzung für sprachliches Handeln. Wer nur Ansichten (beliefs) hat, ohne auch Ansichten über seine Ansichten zu haben, vermag auf der Grundlage seiner Ansichten zwar in bestimmter Weise zu handeln, auf keinen Fall aber diese Grundlage seines Handelns (sprachlich) zu kommunizieren. Sprachliche Äußerungen jeder Art setzen ›second order beliefs‹ voraus, also Auffassungen über die eigenen Auffassungen. Denn ich kann von nichts reden, ohne zu wissen und mir dessen bewußt zu sein, wovon ich rede.

Dieses Bewußtsein ist als (epistemisches) Glauben, daß ich glaube, die *Disposition* zu sprachlichem Handeln. Denn wie F. P. Ramsey[3] und R. B. Braithwaite[4] gezeigt haben, ist epistemisches *Glauben* im Horizont eines handlungstheoretischen Ansatzes grundsätzlich als *Handlungsdisposition* explizierbar. Denn die Stärke und der Grad eines jeden derartigen Glaubens läßt sich danach bemessen, wie sehr derjenige, der diesen Glauben hat, auf seiner Grundlage zu handeln bereit ist.[5] Menschliches Handeln läßt sich so generell durch Rekurs auf die Glaubensauffassungen, und d. h. die Handlungsdispositionen des Handelnden erklären, obgleich keine Handlung nur auf einen bestimmten Glauben allein zurückgeführt werden kann, da das, was der Handelnde tatsächlich tut, immer auch von seinen Wünschen und sonstigen Glaubensansichten mitbestimmt ist. Daß Handlungen so durch *Glauben* erklärt werden können, heißt aber gerade nicht, daß man

1 Dalferth, (§ 3 Anm. 2).

2 D. H. Mellor, Conscious Belief, *Proceedings of the Aristotelian Society* 78, 1978, S. 87–101; ders., Consciousness and degrees of belief, in: *Prospects for Pragmatism. Essays in Memory of F. P. Ramsey*, hg. v. D. H. Mellor, Cambridge 1980, S. 139–173.

3 F. P. Ramsey, Wahrheit und Wahrscheinlichkeit (1926), in: ders., aaO., (§ 16 Anm. 1), S. 56–89, bes. S. 63ff.

4 R. B. Braithwaite, The Nature of Believing (1933), in: *Knowledge and Belief*, hg. v. A. Phillips Griffiths, London 1967, S. 28–40.

5 Ramsey, (Anm. 3), S. 68ff.

diese durch Rückgang auf das *bewußte* Glauben des Handelnden erklärte. »It is precisely because an action theory does not invoke conscious feelings of convictions that it can readily allow beliefs to explain actions done while the agent's conscious thought is miles away«.[6] Zwar liegt allem Handeln Glauben zugrunde, aber nur bestimmtem Handeln, wie etwa dem sprachlichen Handeln, bewußter Glauben.

Sofern Christen bekennen und damit sprachlich artikulieren, daß sie an Jesus Christus glauben, haben sie den epistemischen Glauben, daß sie glauben, daß sie (eschatologisch) glauben. Wer aber epistemisch bewußt glaubt, daß er eschatologisch glaubt, der hat nicht nur die Disposition zweiter Ordnung, von diesem Glauben zu sprechen, sondern auch die Handlungsdisposition erster Ordnung, auf der Grundlage dieses Glaubens diesem als wahr gewußten und geglaubten eschatologischen Sachverhalt entsprechend ontisch zu handeln. Daß sie solche Handlungsdispositionen haben, bekunden Christen durch das Bekenntnis ihres Glaubens. Daß diese Handlungsdispositionen in ihrem Handeln auch realisiert werden, folgt aus der sie als Menschen auszeichnenden Nötigung, auf Gottes sie als Person konstituierende Anrede antwortend zu reagieren und damit ihr Menschsein in der Entsprechung oder im Widerspruch zu diesem Anspruch zu realisieren. Als (eschatologisch) Glaubende *sind* sie aufgrund ihres realen Bezugs zu Jesus Christus Gott entsprechende Menschen. Die Nötigung, ihrem Personsein entsprechend zu handeln, bedeutet für sie daher die Aufgabe, die Wahrheit ihres Menschseins auch in ihrer menschlichen Wirklichkeit durch ihr Handeln zur Darstellung zu bringen. Eben deshalb können sie nicht (eschatologisch) glauben, ohne diesem Glauben entsprechend auch ontisch zu handeln. Und umgekehrt erleben sie das Mißlingen solchen Handelns als fundamentalen Lebenskonflikt, der christliches Leben – nach Luthers erster These[7] – ganz und gar Buße zu sein nötigt. Ihre sich in ihrem epistemischen Glauben manifestierende Disposition, auf der Grundlage ihres eschatologischen Glaubens zu handeln, drängt so infolge der mit dem Personsein des Menschen gesetzten Handlungsnötigung stets auch auf Realisierung. Eben deshalb gibt es keinen Glauben an Jesus Christus, der sich nicht in Werken der Liebe handelnd zur Darstellung und ontischen Wirkung zu bringen sucht, auch wenn der Versuch dazu keineswegs zwangsläufig zu einer adäquaten Darstellung des Glaubens im Handeln führt. So wenig der christliche Glaube daher ohne die ihn konstituierende Anrede Gottes sein könnte, so wenig ist er ohne die ihn manifestierenden menschlichen Werke, weil er nie nur als eschatologische πίστις, sondern immer auch als epistemische γνῶσις auftritt. *Gerade die Unauflöslichkeit von* πίστις *und* γνῶσις *manifestiert so die Unauflöslichkeit von* πίστις *und* ἔργα (vgl. Jak 2,14–26).

6 Mellor, (Anm. 2: 1980), S. 141.
7 WA 1, 530.

§ 167 Glaube als Gabe

Daß der Glaube nicht ohne Werke ist, heißt nun aber gerade nicht, daß der Glaube selbst ein Werk des Glaubens wäre. Und daß sich der Glaube als Antwort auf Gottes Anrede in Jesus Christus versteht, heißt nicht im geringsten, daß er sich als Wort des angeredeten Menschen verstünde und damit als »Organ des Menschen« mißverstanden werden dürfte: *gerade als Reaktion ist er keine Aktion des glaubenden Menschen*. Vielmehr ist der Glaube mit Paulus als »die den Menschen auf Jesus Christus *einstellende Gabe*« zu charakterisieren, die »mit Jesus Christus *zu* den Menschen *kommt* (Gal 3,23 u. 25)«[1] und durch seinen Geist bei ihnen ankommt. Kommt der Glaube zu den Menschen aber dadurch, daß ihnen Jesus als Christus und damit als die ihnen geltende Anrede Gottes entgegenkommt und ihnen im Geist begegnet, dann steht es nicht im Vermögen des Menschen, in eine Glaubensbeziehung zu Jesus als Christus zu treten. *Glaube ist nie und in keiner Weise Tat oder Ergebnis der Tat des Menschen* (Röm 4,5). Wie sollte auch der Mensch als raumzeitliches Wesen von sich aus Glaubender und damit zu einem mehr als raumzeitlichen, nämlich eschatologischen Wesen werden können? Was immer er als raumzeitliches Wesen tut, es geschieht unter den Bedingungen von Raum und Zeit und führt nicht über diese hinaus. Er bleibt, was er ist, und wird nicht zu einem Wesen, das in reale Beziehung zu Gott treten könnte, der kein Wesen in Raum und Zeit ist. Wie es daher zu den Grundvorfindlichkeiten des Menschen gehört, infolge seiner menschlichen Geburt als Gegenstand in Raum und Zeit zu existieren, so gehört es zu den Grundvorfindlichkeiten des Christen, infolge seiner geistgewirkten Geburt im Glauben und damit als Glaubender in der Beziehung zu Jesus Christus zu existieren. Er kann sich als Glaubender in dieser Beziehung ebenso nur vorfinden wie als Mensch in seiner raumzeitlichen Gegenständlichkeit und den dadurch gesetzten und ermöglichten Bezügen.

Die völlige Entzogenheit jeglicher menschlichen Verfügungsgewalt kennzeichnet demnach christlichen Glauben und menschliche Raumzeitlichkeit in gleicher Weise. Wie der Mensch als raumzeitliches Wesen seine Existenz ontisch vollzieht, ohne über seine Raumzeitlichkeit als Bedingung der Möglichkeit seiner ontischen Existenz entscheiden und verfügen zu können,[2] so kann und soll der Mensch als Glaubender seine Existenz im Glauben an Christus vollziehen, ohne über seinen Glauben als Bedingung der Möglichkeit seiner eschatologischen Glaubensexistenz entscheiden zu können. Und wie die ontische Gegenständlichkeit Voraussetzung und nicht

1 Jüngel, (§ 143 Anm. 1), S. 44.

2 Bezeichnenderweise kann der Mensch zwar seine Existenz selbst negieren und beenden, nicht aber seine Raumzeitlichkeit. Diese steht völlig außerhalb seiner Gewalt. Die These von der Selbsttötung als dem zuhöchst freien und autonomen Akt des Menschen ist daher zutiefst irreführend. Denn auch durch den Tod vermag der Mensch seiner Geschöpflichkeit nicht zu entfliehen.

etwa Folge ontischer Vollzüge ist, so ist die eschatologische Gegenständlichkeit Voraussetzung und nicht etwa Folge aller Vollzüge des Glaubens.

Beispielhaft deutlich wird dieses analoge Verhältnis in epistemischer Hinsicht. Wie Raum und Zeit für den Menschen nicht selbst Gegenstand möglicher Erfahrung sind, sondern die Bedingungen der Möglichkeit der Erfahrung raumzeitlicher Gegenstände, so ist auch der Glaube kein Gegenstand christlicher oder gar (allgemeiner) menschlicher Erfahrung, sondern die Bedingung der Möglichkeit der Erfahrung eschatologischer Gegenstände. Nur wer *im Glauben* (Gal 2,20) oder – wie Paulus auch sagt – *in Christus* lebt (Röm 8,10; 2Kor 13,5; Gal 4,19), vermag Glaubenserfahrungen zu machen. Nur er vermag beispielsweise zu erfahren und zu erkennen, daß und wer Gott ist, was Christus für ihn und alle anderen getan hat, daß er Sünder ist, die Welt geschaffen wurde und Raum und Zeit nicht die Totalität der Wirklichkeit dimensionieren. Nur als Glaubender und damit im Glauben vermag der Mensch Glaubenserfahrungen zu machen, der Glaube selbst aber ist kein Gegenstand dieser Erfahrungen, sondern – so könnte man sagen – deren (eschatologische) Form. Daß es diese Form neben und im Unterschied zu der alles menschliche Erfahren formenden Raumzeitlichkeit gibt, läßt sich im Horizont von Raum und Zeit nicht verifizieren, sondern nur assertorisch zur Geltung bringen. Dies geschieht in Gebet, Bekenntnis und Verkündigung, und nur über diese raumzeitlich lokalisierbaren Vorkommnisse bzw. Ereignisse kann das eschatologische Ereignis des christlichen Glaubens von uns identifiziert werden.

§ 168 Glaube und Verkündigung

Wenn es allerdings nur im Glauben möglich ist, Glaubenserfahrungen zu machen, wie ist es dann möglich, die den Glauben erst begründende Erfahrung des Glaubens selbst zu machen? Wie kann ich Jesus als die an mich gerichtete Anrede Gottes erfahren, wenn ich Jesus nur im Glauben als Christus erfahre und ihn damit als die mir geltende Anrede Gottes erfahren haben muß, um ihn so erfahren zu können?

Der sich andeutende Zirkel ist theologisch grundlegend und alles andere als ein Teufelskreis. Viel eher müßte man von einem Gotteskreis sprechen. So wird mittels der Zirkelfigur einerseits die menschliche *Fähigkeit* zum Glauben strikt negiert, andererseits das *Faktum* des christlichen Glaubens damit aber nicht etwa geleugnet, sondern gerade als ein Problem aufgewiesen, das sich nicht in den Schemata unserer Natur- und Handlungserklärungen verrechnen läßt: *Es gibt Glauben* – aber diese Tatsache läßt sich weder durch Rekurs auf ein allgemeines Naturgesetz noch als Vollzug bzw. Resultat menschlicher Handlungen verständlich machen. Zwar gibt es Glauben auch nicht ohne ganz bestimmte Handlungen, die theologisch als *Verkündigung des Evangeliums* zu thematisieren sind, doch sind diese als menschliche Vollzüge immer nur notwendige, niemals aber hinreichende Bedingungen des Glaubens. Das Faktum des Glaubens ist in keiner Weise kausales Resultat menschlichen Handelns (Verkündigens), das durch entsprechende Kompetenz vom Menschen in geeigneten Situationen bewirkt und hervorgebracht werden könnte. Vielmehr ist dieses Faktum eine eschatologische Tatsache, so daß der sie als Problem artikulierende Zirkel ganz auf die den Glauben einzig ermöglichende und verwirklichende Tat Gottes selbst verweist (Röm 3,21ff). Luther hat diesen Zirkel in prägnanter, das bekannte sokratische Diktum theologisch überbietender Weise formuliert: »Ich gläube, daß ich nicht aus eigener Vernunft noch Kraft an Jesum Christ, meinen Herrn, gläuben oder zu ihm kommen kann, sondern der heilige Geist hat mich durchs Evangelion berufen ...«:[1] Der Glaubende weiß, daß er nicht selbst und von sich aus glaubt, da nicht der Mensch zum Glauben, sondern der Glaube zum Menschen kommt. Er weiß, daß er sich nicht selbst ontisch hervorgebracht hat, sondern sich einem vom Geist am Menschen vollzogenen eschatologischen Handeln Gottes verdankt. Er weiß aber auch, daß dieses eschatologische Handeln Gottes als Berufung durchs Evangelium ontisch durch menschliches Handeln, durch menschliche Verkündigung unter den Bedingungen von Raum und Zeit bewerkstelligt wird und geschieht. Gott handelt nicht ohne menschliches Handeln. Er wirkt nicht mirakulös, sondern durch öffentliche Verkündigung. Er weckt Glauben nicht anonym im Herzen, sondern durch den von je konkret identifizierbaren Menschen vermittelten Ruf des Evangeliums in der (sichtbaren) Kirche. Denn Kirche ist gerade und überall da, wo Gottes Ruf zum Glauben, und d. h. zur personalen Gemeinschaft mit ihm durch Menschen so vermittelt wird, daß es zum Glauben an Jesus Christus zwar nicht kommen muß, aber kommen kann und durch das Wirken des Geistes tatsächlich auch immer wieder kommt. Und weil der Glaubende weiß, daß der Glaube durch menschliche Vermittlung und das Handeln der sichtbaren Kirche zu ihm kommt, daß er darauf angewiesen war und ist, von Jesus Christus und Gottes in ihm gerade auch an ihn gemachtes Angebot zu hören (auch wenn er das Gehörte nur aufgrund des Geistes Gottes nicht nur als menschliche Meinung, sondern als göttliche Wahrheit zu vernehmen vermag), deshalb weiß er sich immer schon als Glied der Kirche, durch deren Verkündigung ihm der Glaube vermittelt wurde und zu deren Glied er durch den Glauben selbst wurde. Im Glauben weiß er daher darum, daß er nicht für sich selbst glaubt – weder in dem Sinn, daß er als einziger glaubte: hat er doch den Glauben durch andere vermittelt bekommen, noch in dem Sinn, daß er seinen Glauben für sich behalten könnte: ist er doch als Glaubender wesentlich dazu bestimmt, seinen Glauben weiterzugeben und anderen die Möglichkeit zum Glauben zu eröffnen, indem er selbst durch sein Handeln dazu beiträgt, daß Kirche geschieht. Denn wie er als Mensch nicht nur in onti-

1 M. Luther, Der kleine Katechismus, BSLK, S. 501–541, S. 511f.

scher Bezogenheit steht, sondern diese immer in ontischen Beziehungen zu verwirklichen hat, so verdankt er seinen Glauben nicht nur Gott, sondern hat damit die Verpflichtung und Nötigung übernommen, seinen Glauben zu leben, indem er – als Kooperator Gottes – dazu beiträgt, auch anderen zum Glauben zu verhelfen und so ihre Beziehung zu Gott und zu ihren Mitmenschen in Entsprechung zu Gottes Beziehung zu ihnen zu gestalten. Eben das sind die guten Werke, die den Glauben nicht etwa hervorbringen, sondern zwangsläufig (besser: freiläufig!) aus ihm folgen.[2]

§ 169 Glaube als Grund trinitarischer Rede von Gott

Gerade an diesem Punkt jedoch endet die Analogie zwischen der Vorfindlichkeit, Unverfügbarkeit und Nötigung zur aktiven Gestaltung der ontischen Existenz raumzeitlicher Gegenständlichkeit einerseits und der eschatologischen Existenz im Glauben andererseits. Während der Mensch seine Existenz (und mit dieser Existenz überhaupt) nur konstatieren, nicht jedoch herleiten und erklären kann, zeigen die Bekenntnisse des christlichen Glaubens, daß er als Glaubender weiß, daß seine Bezogenheit auf Jesus Christus Folge der zurechtbringenden und ihn als Glaubenden überhaupt erst schaffenden eschatologischen Tat Gottes ist. Im Glauben kann man sich nur vorfinden – man kann sich nicht in ihn versetzen oder ihn herbeiführen. Wer sich aber im Glauben vorfindet, der *weiß*, daß er dies *Gott* und nur ihm verdankt.

Das menschliche Unvermögen zum Glauben und der den Glauben auf das alleinige Wirken Gottes verweisende Sachverhalt, daß nur derjenige, der glaubt, auch glauben kann, zeigt sich besonders deutlich bei der Frage nach der Möglichkeit der den Glauben begründenden christlichen Grunderfahrung. Nicht nur können wir aus eigener Vernunft und Kraft an Jesus Christus nicht glauben, sondern wir können ihn von uns aus nicht einmal als Christus, und d. h. als die uns geltende Anrede Gottes erfahren und erkennen. Daß Jesus als Christus erfahren, erkannt, geglaubt und bekannt wird, ist für den christlichen Glauben selbst schon Zeichen nicht nur dessen, daß Menschen Jesus als Anrede Gottes an sich vernommen haben, sondern vor allem dessen, daß Gott selbst sie dazu gebracht hat, Jesus als seine Anrede an sie zu vernehmen. Der christliche Glaube vermag seine eigene Existenz daher nicht anders als *trinitarisch* zu verstehen, indem er bekennt, daß (a) Gott der Geist im Menschen (b) sich selbst in Jesus Christus als Gott dem Sohn (c) als der dort dem Menschen entgegenkommende Gott der Vater zur Erfahrung bringt. Das trinitarisch strukturierte christliche Grundbe-

2 Vgl. WA 40/1, 345, 14ff. Inwiefern die Werke ›freiläufig‹ aus dem Glauben folgen, zeigen auf eindrückliche Weise Luthers Ausführungen im zweiten Teil des *Tractatus de libertate christiana* (1520), WA 7, 59ff (29ff).

kenntnis, wie es etwa im Apostolicum vorliegt, ist konsequenter Ausdruck des Glaubens an Jesus den Christus, der sich selbst und seine eigene Existenz zu verstehen sucht. Die christliche Theologie hat dies folgerichtig in der Trinitätslehre expliziert, auch wenn diese aufgrund ihrer unumgänglichen Diskursivität die Einheitlichkeit der christlichen Grunderfahrung in Einzelsätzen auslegen und damit mißverstehbar formulieren mußte.

Die den Glauben begründende christliche Grunderfahrung zu machen, ist nach dem Selbstverständnis des christlichen Glaubens somit gerade deshalb möglich, weil Gott sich selbst in Jesus nicht nur zur Erfahrung bringt, sondern im Geist zugleich von uns erfahrbar macht. Die Faktizität des Glaubens ist daher im Unterschied zur menschlichen Existenz und Raumzeitlichkeit ein nicht nur konstatierbarer, sondern vom Glaubenden immer schon als Wirken Gottes verstandener Sachverhalt. Das aber heißt für unser Problem: *Die Vorfindlichkeit des Glaubens, nicht aber die Vorfindlichkeit menschlicher Existenz und Raumzeitlichkeit nötigt dazu, von Gott zu reden*. Und sie nötigt dazu, von Gott nicht irgendwie, sondern auf ganz spezifische, nämlich trinitarische Weise zu reden. Da die Vorfindlichkeit des Glaubens aber die (behauptete!) Existenz eines eschatologischen Sachverhalts ist, dessen hermeneutische Ambivalenz zwischen Wahrheit und Illusion sich unter den Bedingungen von Raum und Zeit nicht eindeutig auflösen läßt, ist die Nötigung zur trinitarischen Rede von Gott immer nur *im* Glauben, niemals aber außerhalb desselben wirklich gegeben: der Glaube und nur er nötigt dazu, von Gott zu reden.

§ 170 Gottes dreifaches Kommen als Grund des Glaubens

Der christliche Glaube versteht sich als eine keineswegs notwendige, sondern gänzlich kontingente, gerade als solche aber nicht vom Menschen verursachte, sondern ihm als Möglichkeit erst zuwachsende Folge der von ihm nicht veranlaßten, sondern ihm sachlich und zeitlich vorgängigen Bezugnahme Gottes auf den Menschen. Er verweist so auf ein ihn erst begründendes ursprünglicheres Geschehen zurück, das in *Gottes Sich-in-Beziehung-Setzen zum Menschen in Jesus Christus* besteht.[1] Dieses freie, ungeschuldete, vom Menschen gänzlich unverdiente und unverdienbare, weil ihm in jeder Hinsicht vorausgehende, und daher durch und durch *gnädige* Sich-in-Beziehung-Setzen Gottes vollzieht sich in der dreifachen Weise von Gottes *Kommen zum Menschen überhaupt*, seinem *Gekommensein in Jesus Christus* und seinem *Ankommen bei uns*. Eben so konstituiert es die Bedingung der Möglichkeit, die Möglichkeit und die je konkrete Wirklichkeit des Glaubens.[2]

1 Vgl. W. Link, »Anknüpfung«, »Vorverständnis« und die Frage der »Theologischen Anthropologie« (1935), in: *Heidegger und die Theologie. Beginn und Fortgang der Diskussion*, hg. v. G. Noller 1967, S. 147–193, S. 149ff.
2 Zum ›Kommen Gottes‹ vgl. Jüngel, (§ 1 Anm. 1), bes. § 25.

Die theologische Explikation der vom Glauben bekannten grundsätzlichen und vollständigen Vorgängigkeit von Gottes gnädigem Sich-in-Beziehung-Setzen zu uns vor unserem eigenen In-Beziehung-Stehen zu Jesus Christus hat daher nicht nur zwischen der Verwirklichung des Glaubens und seiner Ermöglichung zu unterscheiden, sondern vor allem auch zwischen seiner Ermöglichung und der auch diese erst möglich machenden Ermöglichung seiner Möglichkeit. So ist es eine notwendige Bedingung der Möglichkeit von Glauben überhaupt, daß Gott sich so in Beziehung zum Menschen setzt, daß es diesen überhaupt gibt und zwischen ihm und Gott eine von diesem etablierte Bezogenheit besteht, durch die er nicht nur wie alles übrige, was wie er unter den Bedingungen raumzeitlicher Gegenständlichkeit steht, als *Geschöpf* geschaffen und erhalten wird, sondern darüber hinaus als zur Gemeinschaft mit Gott bestimmtes und berufenes geschöpfliches Gegenüber Gottes *Person* und eben als solche *Mensch* ist. Das Bestehen dieser den Menschen als geschöpfliche Person konstituierenden und zum freien Partner Gottes bestimmenden Bezogenheit allein ist aber keine Garantie, sondern nur die unerläßliche Voraussetzung für die Möglichkeit des Glaubens, da ohne sie Glaube zwar unmöglich, mit ihr allein aber noch nicht möglich ist. Denn diese personale Bezogenheit könnte bestehen und der Mensch doch nicht in der Lage sein, ihr zu entsprechen; ja es ist gerade der Glaube, der erkennt, daß sie besteht und der Mensch, der ohne sie überhaupt nicht wäre, ihr faktisch eben nicht entspricht und auch nicht entsprechen will und eben deshalb und dafür verurteilt und gerichtet zu werden verdient. Die Möglichkeit menschlicher Entsprechung zu Gottes gnädiger, seine Gemeinschaft anbietender und um die Annahme dieses Angebots bittender Bezogenheit zum Menschen wird vielmehr erst durch die Eröffnung der Möglichkeit des Glaubens etabliert. Diese zweite notwendige Bedingung der Möglichkeit des Glaubens ist nicht nur kontrafaktisch zu fordern, sondern faktisch gegeben. Das ist nach dem Zeugnis des christlichen Glaubens dadurch belegt, daß sich Gott zu einem ganz bestimmten Menschen, nämlich Jesus von Nazareth, über seine schöpferisch-personale Bezogenheit hinaus so in Beziehung gesetzt hat, daß jeder Mensch über die in der gemeinsamen raumzeitlichen Gegenständlichkeit begründete ontische Bezogenheit auf Jesus hinaus so in Beziehung zu diesem gebracht werden kann, daß er ihn als Christus, und d. h. als die gerade ihm geltende Anrede Gottes erfährt und damit im Bezug auf Jesus Christus Gottes Bezogenheit zu ihm im Glauben zu entsprechen vermag. Ohne Gottes Selbst-Bezogenheit zum Menschen (Kommen), wäre Glaube eine unmögliche Möglichkeit; durch Gottes Selbst-Beziehung zu Jesus Christus (Gekommensein) wird er eine potentiell allen Menschen offenstehende mögliche Möglichkeit; doch erst durch Gottes Selbst-Beziehung zum einzelnen Menschen (Ankommen) wird diese Möglichkeit realisiert und damit Gottes Bezugnahme und Bezogenheit im Glauben bewußt entsprochen. Nicht nur der allgemeine Sachverhalt, daß Gott *als Schöpfer* von sich aus immer schon in

Bezogenheit zum Menschen (und damit auch zu allem übrigen, was unter den Bedingungen raumzeitlicher Gegenständlichkeit existiert) steht, und auch nicht nur der geschichtliche Tatbestand, daß Gott *als Versöhner* sich über diese grundsätzliche Bezogenheit hinaus zu einem bestimmten Menschen in eine spezifische Beziehung gesetzt hat, sondern erst die konkrete und immer wieder neu bekannte Tatsache, daß Gott *als Erlöser* sich gerade zu mir in Beziehung setzt, indem er mich Jesus als Christus erkennen und in der Gemeinschaft mit anderen bekennen läßt, konstituiert den Menschen als Glaubenden.[3]

§ 171 Rechtfertigung

Relate der christlichen Glaubensrelation zu Jesus Christus sind Menschen daher nur als Glaubende, und d. h., insofern sie wissen und bekennen, daß sie durch Gottes Kommen, dessen Tatsächlichkeit sein Gekommensein in Jesus Christus bestätigt und sein Ankommen bei ihnen belegt, als Wesen zweifacher Gegenständlichkeit konstituiert und damit zum Relat dieser Relation geworden sind. Der Mensch ist nur *Glaubender*, weil und insofern er dazu gemacht wurde, und zwar nicht durch sich selbst, sondern durch das ihm unverfügbare und ungeschuldete Kommen, Gekommensein und Ankommen Gottes. Gerade als Glaubender aber weiß er, (a) daß er nur *Mensch* ist, weil und insofern er durch Gottes Kommen dazu gemacht wurde, (b) daß er sein solchermaßen verdanktes Menschsein aber im Widerspruch zum Anspruch dieses Kommens realisierte und daher *sündiger* Mensch ist und (c) daß er seinem Sündersein nicht aus eigenem Vermögen, sondern nur dadurch entgehen kann, daß Gott selbst in Jesus Christus gekommen ist und in seinem Geist eben bei ihm so ankommt, daß er aus der Fülle Jesu Christi Gnade um Gnade empfängt (Joh 1,16).

Paulus hat dieses komplexe Geschehen als die gerade uns geltende und in Jesus Christus in ihrer universalen Gültigkeit für alle und alles offenbar gewordene Gerechtigkeit Gottes entfaltet. Faßt man mit ihm die dreifache Weise von Gottes Sich-in-Beziehung-Setzen mit dem Begriff der *Rechtfertigung* zusammen, dann bringt dieser die Totalität der Aktion Gottes auf den Begriff, der mit der Reaktion des Glaubens in Gottes Anspruch menschlich entsprechender Weise entsprochen wird. So wenig Glaube als Qualifikation menschlichen Lebens oder als Moment ontischen Menschseins verstanden werden kann, so wenig ist dann aber Rechtfertigung nur Veränderung oder Verbesserung an etwas schon Bestehendem. Sie ist vielmehr der Vorgang, durch den sich Gott selbst Relate seiner Bezugnahme setzt, und zwar so, daß diese im rechten Verhältnis zu ihm und damit auch zu sich

3 Sachverhalt, Tatbestand und Tatsache ist dieses Geschehen allerdings nicht anders als in dezidiert *eschatologischem* Sinn.

selbst und untereinander stehen sollen (Schöpfung), stehen können (Versöhnung) und dann tatsächlich auch stehen (Erlösung). Ohne Rechtfertigung wären die Relate von Gottes Bezugnahme nicht nur nicht das, was sie nach dem Willen Gottes zu ihrem Bestehen sein sollen, doch in unverständigem Widerspruch nicht sein wollen, aufgrund von Gottes selbstloser Liebe aber dennoch sein können, zu sein aufgefordert und eingeladen bleiben und in Überwindung ihres Widerspruchs tatsächlich auch immer wieder zu sein beginnen, sondern sie wären überhaupt nicht – weder im Widerspruch noch in der Entsprechung.[1] Der Vorgang, den der Terminus ›Rechtfertigung‹ benennt, ist so nach dem Verständnis des christlichen Glaubens das fundamentale eschatologische Geschehen, durch das nicht nur das Sein im Horizont eschatologischer *und* ontischer Gegenständlichkeit ermöglicht und als der Zustand wahren und vorläufigen gegenständlichen Seins aufeinander bezogen wird, sondern das auch die Verwirklichung dieser Möglichkeit im Fall der einen wie der anderen Gegenständlichkeit sowohl ermöglicht als auch bewirkt, indem es die ontologische Fundamentaldifferenz zwischen Sein und Nichtsein so setzt (Röm 4,17), daß sie durch die eschatologische Fundamentaldifferenz zwischen altem und neuem Sein (2Kor 5,17), Sein im Widerspruch und Sein in der Entsprechung zu Gott, präzisiert wird. Rechtfertigung ist damit pointiert die Bedingung der Bedingung der Möglichkeit, der Möglichkeit und der Wirklichkeit des Glaubens: nur weil es Rechtfertigung gibt, gibt es überhaupt etwas, gibt es auch das (noch), was Gottes schöpferischem Anspruch widerspricht, kann es trotz dieses zum Nichtsein tendierenden Widerspruchs menschliches Sein geben, das Gottes Sich-in-Beziehung-Setzen entspricht, und gibt es das tatsächlich auch als Glaube.

§ 172 Glaube und Schöpfung

Sofern das Wissen um den Glauben konstitutiv zum Glauben gehört, weiß der Glaubende und bekennt, daß er nur ist und nur der ist, welcher er ist, weil Gott sich trinitarisch in Beziehung zu ihm gesetzt hat. Im Glauben begreift er damit, daß nicht nur sein Sein als Glaubender, sondern damit eben auch sein Wesen und sein Sein als Mensch durch Gottes immer schon vorausgehende Bezugnahme auf ihn konstituiert ist. Indem er sich so als Relat einer Bezogenheit und Beziehung Gottes zu ihm erfährt, ohne die er weder wäre noch der wäre, welcher er ist, noch so wäre, wie er ist, begreift er sich als dasjenige *Geschöpf Gottes* – und zwar sowohl (a) hinsichtlich seiner Wesensart als Mensch und seinen damit gesetzten Möglichkeiten als auch (b)

1 Die *Lehre* von der Rechtfertigung ist daher nicht nur Lehrstück, sondern das Fundament theologischer Lehre, welches als Schöpfungslehre, Lehre vom Menschen, Lehre von Jesus Christus, Lehre von der Kirche usf. entfaltet werden muß. Einen wichtigen Schritt in diese Richtung markiert Härle/Herms, (§ 1 Anm. 3).

hinsichtlich seines eschatologischen Seins als Glaubender und ontischen Seins als Mensch als auch (c) hinsichtlich seiner Existenz –, das als einziges unter allen Geschöpfen als Individuum und Gattung zur *personalen Gemeinschaft mit Gott* (Gottebenbildlichkeit) berufen und bestimmt ist und diese eschatologische Gemeinschaft im Glauben zu realisieren begonnen hat. Die Erfahrung seiner Geschöpflichkeit ist damit nicht nur total, insofern sie sowohl seine menschliche Wesensart (Gegenstandsart) als auch die Art seiner Gegenständlichkeit(en) und seine Existenz betrifft, sondern sie ist auch spezifisch, insofern sie ihm seine geschöpfliche Sonderstellung als personaler Partner Gottes zum Bewußtsein bringt. Indem er so seinen spezifischen anthropologischen Ort vor Gott dem Schöpfer einerseits und im Horizont der Schöpfung andererseits begreift und im Glauben dem damit gesetzten Anspruch sowohl gegenüber Gott als auch gegenüber seinen Mitgeschöpfen zu entsprechen beginnt, eröffnet sich ihm von hier aus alles, was mit ihm unter den Bedingungen raumzeitlicher Gegenständlichkeit und unter den Bedingungen der eschatologischen Gegenständlichkeit Gottes existiert, als Schöpfung. *Erst der Glaube befähigt nicht nur, sondern nötigt dazu, sich selbst und alles andere als Schöpfung zu begreifen. Gerade der Glaube manifestiert aber auch die geschöpfliche Sonderstellung des Menschen, der als Person zur Lebensgemeinschaft mit Gott berufen und bestimmt ist.* Erst vom Glauben und der aus ihm resultierenden Einsicht her eröffnet sich dann aber überhaupt die Möglichkeit, der Verpflichtung der geschöpflichen Sonderstellung des Menschen nachzukommen und im menschlichen Handeln die eigene Geschöpflichkeit und die alles anderen Ernst zu nehmen und verantwortlich in Rechnung zu stellen.

Glaubender zu sein ist damit zwar ein eschatologischer und als solcher mit dem ontischen Menschsein des Menschen und dessen Möglichkeiten ganz diskontinuierlich verbundener Sachverhalt, der im Blick auf dessen Verabsolutierung seines ontischen Seins theologisch angemessen nur als pneumatologische Neuschöpfung und creatio ex nihilo beschrieben werden kann (Röm 4,17). Indem der Glaubende aber um seine umfassende und totale Geschöpflichkeit weiß, weiß er, daß diese eschatologische Diskontinuität zwischen altem und neuem Sein keine Verhältnislosigkeit, sondern gerade ein Verhältnis, und zwar ein einzig durch Gottes Rede gesetztes und gewahrtes Verhältnis ist. Ist es doch dieselbe menschliche Person, die Sünder war und nun Glaubender ist. Und verdanken sich doch nicht nur deren Wesen und Existenz, sondern auch die ontische und eschatologische Gegenständlichkeit, in deren Horizont dieses menschliche Wesen durch seine Existenz jeweils realisiert ist, dem rechtfertigenden und damit aus dem Nichts schaffenden Sich-in-Beziehung-Setzen desselben Gottes (Röm 3,23). Erst der Glaube stellt klar, daß nicht nur das neue, sondern ebenso das alte Sein Schöpfung ist und sich gänzlich Gottes Gnade verdankt, der den Menschen trotz seines verblendeten Widerspruchs gegen seine ihm zugedachten Möglichkeiten auch als Sünder noch sein läßt. Auch der sündige

Mensch zehrt somit von der Treue Gottes, der er widerspricht. Erst der Glaube nötigt dann aber dazu, nicht nur im Hinblick auf sich selbst und das neue Sein in der Gemeinschaft mit Gott, sondern auch im Blick auf alles, was mit dem Menschen im Widerspruch unter den Bedingungen von Raum und Zeit steht, von *Gott* zu reden. Auch das menschliche Sein und alles übrige in Raum und Zeit verdankt sich Gott und ist durch des Menschen Widerspruch, nicht aber durch Gottes Abwendung oder Ablehnung von diesem geschieden (Röm 8,19ff).

Weil er somit auch im Hinblick auf seine *Existenz* und sein *ontisches Menschsein* von Gott zu reden genötigt und berechtigt ist, hat der glaubende Mensch guten Grund für die Gewißheit, (a) daß er trotz seines zugleich ontischen und eschatologischen Seins und damit seiner Existenz im Horizont einer zweifachen Gegenständlichkeit nicht in der letztlich existenzverunmöglichenden Zerrissenheit völliger Verhältnislosigkeit endet, daß aber auch (b) das eschatologische Sein, das er von sich bekennt, aufgrund angeblicher Unvereinbarkeit beider Gegenständlichkeiten einerseits und der Faktizität seiner Existenz als raumzeitliches Wesen andererseits nicht als illusionärer Irrtum erwiesen ist. Vielmehr weiß er (c), daß die Einheit seiner Person durch das von Gott selbst gesetzte und bewahrte Verhältnis beider Gegenständlichkeiten, in denen er sein von Gott geschaffenes Wesen aufgrund seiner ihm von Gott gegebenen Existenz realisiert, gesichert ist, damit aber ganz und in jeder Hinsicht auf Gott und in keiner Weise auf ihn selbst zurückzuführen ist. In eben diesem Sachverhalt gründet die Hoffnung des Glaubens auf die unverstellte und ungetrübte eschatische Gemeinschaft des Menschen mit Gott und seiner ganzen Schöpfung. Denn wenn das wahre Sein ganz und in jeder Hinsicht auf Gott zurückgeht, dann hat der Glaubende im Faktum seiner eigenen Existenz als ein nicht von ihm selbst erst noch zu begründendes und in eigener Verantwortung zu wahrendes Verhältnis Gottes zu ihm den gewissesten Grund für seine Hoffnung auf Unsterblichkeit. Denn unsterblich zu sein heißt nichts anderes, als von Gott *angeredet zu sein und angeredet zu bleiben*. Oder mit Luther formuliert: »Ubi . . . et cum quocunque loquitur Deus, sive in ira, sive in gratia loquitur, is certo est immortalis. Persona Dei loquentis et verbum significant nos tales creaturas esse, cum quibus velit loqui Deus usque in aeternum et immortaliter«.[1]

§ 173 Der Mensch als Verhältniswesen

Als Glaubender erkennt sich der Mensch damit in einem weit fundamentaleren Sinn als nur aufgrund seines handelnden Bezugnehmens auf sich selbst, auf andere Menschen und auf die sie und ihn selbst umgebende Um-

1 WA 43, 481, 32–35.

welt[1] als ein *Verhältniswesen*. Nicht erst aufgrund seiner ontischen Bezogenheit auf raumzeitliche Gegenstände überhaupt und der damit ermöglichten ontischen Relationen, aber auch nicht nur als raumzeitliches Wesen, das neben seinen ontischen Relationen zusätzlich auch noch einen eschatologischen Bezug zu Gott hat, ist der glaubende Mensch ein Verhältniswesen. Er ist es vielmehr schon als derjenige, der als Relat in diesen Bezügen steht oder in ihnen zu stehen kommt. Sein eigenes personales Selbst stellt sich ihm als ein allein von Gott garantiertes Verhältnis dar zwischen seinem eschatologischen Sein im Horizont der Gegenständlichkeit Gottes und seinem ontischen Sein im Horizont der Gegenständlichkeit von Raum und Zeit. Er erfährt damit an sich selbst, daß er als Glaubender in einem höchst spannungsreichen Verhältnis zu sich selbst als Mensch steht,[2] insofern er als ontisches Wesen von Gott als der gerechtfertigte Sünder angesprochen wird, der sein menschliches Sein in Raum und Zeit verabsolutiert und allein im Glauben durch Gottes Handeln in Christus und seinem Geist aus dieser Verblendung befreit ist.

Diese spannungsreiche Existenz als gerechtfertigter Sünder ist aber nicht deshalb, weil er es an sich selbst erfährt, nur das idiosynkratische Problem des Glaubenden. Gerade als Glaubender weiß er vielmehr, daß er bewußt einen Zustand lebt, der für alle Gültigkeit hat, auch wenn ihn nicht alle realisieren. In seiner individuellen Erfahrung manifestiert sich exemplarisch ein Sachverhalt von universaler Gültigkeit. Gilt doch für jeden Menschen: iustificatur fide, so daß wir alle in jener Spannung existieren, sei es als Sünder, für die gilt: simul creatura et peccator, sei es als gerechtfertigte Sünder, für die gilt: simul iustus et peccator. Eben deshalb erweist sich dem Glaubenden der gewöhnliche, im Horizont der raumzeitlichen Gegenständlichkeit des Menschseins konzipierte Begriff des sich handelnd seiner selbst bewußt werdenden Ich als entschieden verkürzt und daher gänzlich untauglich, das Personsein des Menschen inhaltlich zu bestimmen. Zugleich aber weiß er darum, daß diese Verkürzung nicht vom Menschen selbst aufzuheben und wettzumachen ist, da dieser sich immer nur als Subjekt, nicht aber als Person zu konstituieren vermag, insofern kein ontischer Prozeß – und nur solche sind dem Menschen als Wesen in Raum und Zeit möglich – ein eschatologisches Resultat zeitigen kann. Der Glaubende erfährt sich so selbst als Verhältnis zweier Gegenständlichkeiten, die er nicht gesetzt hat und nicht zu vermitteln vermag und in deren Horizont sein Wesen als Mensch durch seine eine Existenz zweifach, nämlich ontisch und eschatologisch realisiert ist. Damit begreift er nicht nur, daß seine ontische Subjektivität in keiner Weise identisch ist mit seinem Personsein, sondern diesem geradezu entgegenstehen kann. Er kommt vielmehr auch zu der Einsicht,

1 Vgl. M. Müller/W. Vossenkuhl, Person, *Handbuch philosophischer Grundbegriffe* II, München 1973, S. 1059–1070, S. 1060.

2 Augustin, *In Ioannis Evangelium tractatus* 29, 3 (zu Joh 7,16): »Quid tam tuum quam tu, quid tam non tuum quam tu ...«, CChr 36, 285.

daß die Einheit seiner Person und deren Identität in keiner Weise Resultat seiner eigenen Produktivität ist oder sein kann, sondern allein durch Gott gesetzt und garantiert ist. Weiß er doch seine personale Einheit nur gesichert, weil die beiden ihn zugleich auszeichnenden Gegenständlichkeiten, unter deren Bedingungen er sein menschliches Wesen zweifach existiert, tatsächlich in einem Verhältnis stehen, insofern er sich im Glauben von Gott gerade als der angeredet weiß, der als Sünder sein geschöpfliches Sein in Raum und Zeit verabsolutiert hat. Die Kluft zwischen dem alten und dem neuen Menschen in ihm ist so faktisch durch Gottes ihn als Sünder rechtfertigende Anrede überbrückt, ohne daß er sich diese Überbrückung selbst in irgendeiner Weise zurechnen könnte oder gar als zu lösende Aufgabe erst anzustreben hätte. Vielmehr wird er überhaupt erst dadurch, daß er so als menschliche Person konstituiert ist, als ontisches wie eschatologisches Ich handlungsfähig und ansprechbar. Er vermag daher sowohl ontisch (als sich seiner selbst bewußt werdender Mensch) als auch eschatologisch (als Glaubender) nur Ich zu sagen, insofern er darum weiß, daß seine Person durch Gott als Verhältnis gesetzt ist und weder der alte noch der neue Mensch als die dabei ins Verhältnis gesetzten Relate ohne Gott Bestand hätten. Erst aufgrund dieser personalen Einheit zweier Realisierungen seines menschlichen Wesens ist er somit sowohl von der Verhältnislosigkeit schizophrener Doppelexistenz als auch von einer verkürzenden Beschränkung auf sein raumzeitliches Dasein bewahrt, indem er sich als glaubender Mensch sowohl in seinem Menschsein als auch in seinem Sein als Glaubender als Geschöpf Gottes erkennt.

Es liegt von daher auf der Hand, daß vom christlichen Glauben jeder Versuch, personale Identität durch Rekurs auf eine wie auch immer bestimmte Substanzialität zu bestimmen, als ebenso unzureichend zurückzuweisen ist, wie die naiv relationalen Ansätze, welche sie durch einen dreifachen Bezug als Selbstbezug, Fremdbezug und Weltbezug zu explizieren suchen, um die Einheit der Person als Zugleich transzendentaler Subjektivität, reinen Weltverhältnisses als Erkenntnissubjekt und entsprechenden Fremdverhältnisses als Daseins-Partner eines Du zu entfalten.[3] All das entwickelt nach der Erkenntnis des Glaubens nur die eine Seite des Verhältnisses, als das sich der glaubende Mensch konstituiert weiß, und bekommt damit das eigentlich zentrale Problem personaler Identität noch gar nicht in den Blick (vgl. § 163). Man kann es andererseits aber auch gar nicht anders in den Blick bekommen, als im Zusammenhang der Einsicht, daß es ein immer schon gelöstes, und zwar durch Gott und nichts anderes gelöstes Problem ist, obgleich gerade dabei klar wird, daß es durchaus auch nicht gelöst sein könnte. Beides, die Gefahr der Verkürzung als auch die Gefahr der Verhältnislosigkeit des personalen Selbst kommt dem Glauben erst aus der Sicht dessen in den Blick, der um die Beseitigung der Gefahr durch Gott

3 Müller/Vossenkuhl, (Anm. 1), S. 1060f.

selbst weiß (Röm 7). Doch das mindert nicht etwa das Bewußtsein um die Gefährlichkeit dieser Gefahr, sondern öffnet die Augen für die Kontingenz ihrer Beseitigung und steigert so die Dankbarkeit gegenüber Gott, der sie ungeschuldet zu unseren Gunsten überwunden hat.

§ 174 Die Einheit der Person als reales Verhältnis

Als Relat der christlichen Glaubensrelation ist der Mensch als Glaubender damit selbst ein Verhältnis zwischen seinem ontischen und seinem eschatologischen Sein (seiner Existenz als menschliches Wesen in Raum und Zeit und als menschliches Wesen im Horizont der christologisch vermittelten und pneumatologisch realisierten Gegenständlichkeit Gottes), und er weiß, daß dieses Verhältnis nur durch Gott konstituiert und garantiert ist. Von ›Verhältnis‹ ist dabei keineswegs nur uneigentlich die Rede, vielmehr ist es, besteht es überhaupt, durchaus eine reale Relation. Denn es handelt sich ja gerade um ein Verhältnis zwischen dem ontischen Sein des (sündigen) Menschen im Horizont raumzeitlicher Gegenständlichkeit und dem nichtontischen Sein des Glaubenden im Horizont eschatologischer Gegenständlichkeit. Daß es beidesmal *dieselbe Existenz* ist, welche die menschliche Gegenstandsart (Wesensart) im Horizont der beiden verschiedenen Gegenständlichkeiten realisiert, ändert nichts daran, daß trotz bzw. gerade wegen der Einheit der Person mit Paulus und Luther davon geredet werden muß, daß dieselbe Person in zwei durchaus verschiedenen, sich gegenseitig ihr Sein streitig machenden Wesen ihr Menschsein realisiert,[1] nämlich als der seine Menschlichkeit verfehlende sündige Mensch und der seine Menschlichkeit zu realisieren beginnende gerechtfertigte Mensch. Die existientielle Realisierung einer Gegenstandsart ist niemals nur und abstrakt die Individuation einer Eigenschaft bzw. eines Bündels von Eigenschaften, sondern immer deren Individuation unter den Bedingungen und im Horizont einer bestimmten Gegenständlichkeit. Und beim Glauben handelt es sich gerade nicht um das Haben oder Besitzen einer Eigenschaft durch den Menschen, da der Glaube in keiner Weise zur Gegenstandsart und damit a fortiori auch nicht zum Menschsein im Horizont ontischer Gegenständlichkeit gehört. Bleibt das unbeachtet, dann wird das eschatologische Sein zu einem Moment des ontischen Seins verkehrt und nicht als ein diesem gegenüberstehendes und es übergreifendes, ein unter *ganz anderen Bedingungen realisiertes* Sein begriffen. Wenn das Vorderglied der Glaubensrelation daher als Verhältnis bezeichnet wird, dann ist das nicht nur relationale Rede-

1 »Sunt duo toti homines et unus totus homo«, WA 2, 586, 16f. Oder, wie Luther an anderer Stelle formuliert: »... vnus et idem homo simul seruit legi Dei et legi peccati, simul Iustus est et peccat! Non enim ait: Mens mea seruit legi Dei, Nec: Caro mea legi peccati, Sed: ego, inquit, totus homo, persona eadem, seruio vtranque seruitutem«, WA 56, 347, 3–6 (zu Röm 7,25).

weise, die sich auch durch eine nichtrelationale ersetzen ließe, die den gemeinten Sachverhalt ebenso gut zum Ausdruck brächte. Es ist vielmehr die unumgängliche Artikulation eines komplexen relationalen Sachverhalts: Wer als Mensch glaubt, steht nicht nur in einer pneumatologisch begründeten realen Relation zu Jesus Christus, sondern ist dadurch selbst ein relationales Verhältnis zwischen sich als (sündigem) Menschen und sich als Glaubendem, ohne deshalb aufzuhören, ein und dieselbe Person zu sein[2]: er existiert als gerechtfertigter Sünder. Indem er aber als solcher notwendig um seinen Glauben weiß, begreift der Glaubende sich selbst als durch Gott konstituiertes Verhältnis zwischen sich (als ontischem Wesen) und sich (als eschatologischem Wesen) und entspricht so Gottes Sich-in-Beziehung-Setzen, indem er sein eigenes Sein gänzlich als Gottes Schöpfung und damit sich als Geschöpf und Gott als Schöpfer zu begreifen und dankbar zu bekennen lernt.

2 Dieselbe Stelle (Röm 7,25) kommentiert Luther in seiner Schrift *Rationis Latomianae confutatio* (1521) folgendermaßen: »Unus est homo Paulus, qui utrunque de se confitetur, alio et alio respectu, sub gratia est spiritualis, sed sub lege carnalis, idem idem Paulus utrobique«, WA 8, 119, 14–16.

Teil E Jesus Christus

§ 175 Jesus Christus als Geglaubter

Wie der Mensch *als Glaubender* und nur so Vorderglied der christlichen Glaubensrelation ist, so ist auch deren *Hinterglied* nicht einfach Jesus, sondern Jesus *als Christus*. Wiederum beschränke ich mich auf einige wesentliche Punkte.

Daß es Jesus Christus gibt, ist keine historisch oder auch anders ausweisbare Feststellung, sondern eine Behauptung der Menschen, die Jesus als die Anrede Gottes an sich erfahren und ihn so bekannt haben. Ein und dieselbe Erfahrung, die sie zu Glaubenden machte, insofern sie sich in Jesus von Gott angeredet erfuhren, ließ sie Jesus als Christus und damit als Anrede Gottes an sie begreifen und bekennen. Und wie theologische Explikation die Behauptung, daß es Glaubende gibt, nur unter Verweis auf dieses Bekenntnis und das darin artikulierte Selbstverständnis des Glaubens zu rechtfertigen vermag, so kann sie auch die Behauptung, daß Jesus von Nazareth Christus ist, nur als Anspruch dieses Bekenntnisses vertreten und rechtfertigen. Sie tut dies – ontisch geurteilt – so lange mit gutem Recht, als weder die Unmöglichkeit erwiesen ist, daß Jesus der Christus sein kann, noch mit guten Gründen bewiesen oder wenigstens wahrscheinlich gemacht wird, daß das christliche Glaubensbekenntnis irrtümlich oder absichtlich andere und sich selbst täuscht.

Doch auch wenn man von dem Anspruch des Bekenntnisses ausgeht, hängt die Gültigkeit der dort bekannten Erfahrung und die Wahrheit dieses Bekenntnisses davon ab, ob Jesus tatsächlich die Anrede Gottes ist und ob er dies auch für diejenigen ist, die das behaupten. Gerade das aber läßt sich unter den Bedingungen von Raum und Zeit weder feststellen noch entscheiden. Stellt doch das Bekenntnis selbst klar, daß es sich dabei um einen *eschatologischen* Sachverhalt handelt, der sich historisch überhaupt nicht als wahr oder falsch entscheiden läßt. Alles historische Fragen findet statt unter den Bedingungen raumzeitlicher Gegenständlichkeit und kann sich damit prinzipiell nicht auf das erstrecken, was unter den Bedingungen der eschatologischen Präsenz der nichtontischen Gegenständlichkeit Gottes geschieht. Eben deshalb sind Glaubende im Horizont von Raum und Zeit prinzipiell nicht identifizierbar, sondern nur auf ihr Wort hin als solche – zu Recht oder zu Unrecht: Gott, nicht der Mensch sieht das Herz an! – zu bezeichnen. Entsprechend kann auch der Historiker allenfalls die Auskunft, Behauptungen und Erzählungen der Erfahrungssubjekte, die Jesus als Christus und sich als Glaubende bekennen, registrieren, Wahrscheinlichkeitsurteile über ihre Glaubwürdigkeit fällen und auf der Grundlage dieser

Selbstauskunft notwendige, wenn auch niemals hinreichende Bedingungen für das Glaubender-Sein zu formulieren versuchen, die ihm als Kriterien zur Auswahl seiner Daten dienen können. Ein Entscheid über die Wahrheit oder Falschheit des Behaupteten und Erzählten hingegen, der über die Feststellung einer Übereinstimmung oder Nichtübereinstimmung mit diesen Bedingungen hinausgeht, ist ihm nicht möglich, weil dieses als eschatologisches Geschehen unter den Bedingungen von Raum und Zeit nur im Modus der Möglichkeit artikuliert werden kann und damit von fiktionalen Texten nur aufgrund seines (eben nicht entscheidbaren) Wahrheits*anspruchs* unterscheidbar ist.

Aus demselben Grund würde man die christliche Grunderfahrung und die Bekenntnisse des christlichen Glaubens jedoch auch gründlich mißverstehen, wollte man sie aufgrund der faktischen Unentscheidbarkeit über den Wahrheitsanspruch der behaupteten Erfahrung und der zwangsläufig fiktional anmutenden Texthaftigkeit ihrer Behauptungen und Bekenntnisse auf einen historisch faßbaren psychologischen oder psychopathologischen Sachverhalt der christlichen Erfahrungssubjekte reduzieren. Der christliche Glaube läßt sich seinem eigenen Wahrheitsanspruch zufolge nicht auf diese Weise psychologisch verharmlosen. Und es ist zumindest auffällig, daß der Glaube, der sich auf Jesus als Christus bezieht, »von Pl (wie sonst im NT) nie als psychische Verfassung, sein Werden nie als psychischer Vorgang beschrieben« wird.[1] Natürlich schließt das nicht aus, daß er nicht doch oder doch auch ein solcher ist. Doch es hieße das Selbstverständnis des christlichen Glaubens bei seiner philosophischen Analyse und theologischen Explikation fahrlässig nicht zur Kenntnis nehmen, würde man ihn von vornherein darauf reduzieren.

Sofern theologische Explikation den Wahrheitsanspruch des Glaubens hermeneutisch entfaltet, hat sie zu konstatieren, daß der Glaube an Jesus Christus den Glaubenden nicht einfach in ein Verhältnis zu Jesus von Nazareth, sondern in ein Verhältnis zu Jesus als Christus setzt. Dessen ist sich der Glaube aufgrund seiner eigenen Existenz gewiß. ›Christus‹ als Jesus zugesprochener Titel meint nichts anderes, als daß dieser die uns geltende Anrede Gottes ist; und er wird ihm zugesprochen, weil Jesus als solche erfahren wurde und immer wieder erfahren wird. Eben dieser Anrede verdankt sich der Glaube gänzlich, da er nichts als eine Antwort auf diese Anrede zu sein beansprucht. Indem er Jesus bekennend als Christus und damit als die von ihm vernommene, aber nicht nur ihm, sondern allen Menschen geltende Anrede Gottes tituliert, artikuliert er sich als dasjenige eschatologische Verhältnis des Menschen, in dem dieser Gottes Bezogenheit und Beziehung zu ihm im Bezug auf Jesus Christus entspricht.

1 Bultmann, (§ 145 Anm. 1), S. 319.

§ 176 Das Wissen um Jesus Christus

Daß christlicher Glaube reale Relation zu *Jesus Christus* ist, zeigt sich auch an dem ihm eigenen Wissen. Insofern es um *Jesus* (und nicht irgendjemand anderes) geht, ist dieses zwar immer auch historisches Wissen um den γενόμενος ἐκ σπέρματος Δαυὶδ κατὰ σάρκα (Röm 1,3). Es ist dies aber niemals als bloße *notitia historica*, da es ihm um Jesus *als Christus* (und nicht irgendwie sonst) geht,[1] so daß es eben diesen Jesus κατὰ πνεῦμα als υἱὸς θεοῦ kennt und als κύριος ἡμῶν bekennt (Röm 1,4).

Um das zu betonen, charakterisierte die reformatorische Theologie dieses Glaubenswissens als die Gewißheit »quae assentitur promissioni« bzw. »quae accipit a Deo oblata beneficia«.[2] Damit sollte keineswegs nur gegenüber der bloßen nichtengagierenden propositionalen Dimension des Glaubenswissens die das Glaubenssubjekt involvierende Seite des *assensus* bzw. der *fiducia* in den Blick gerückt werden. Eine solche Interpretation verfehlte die entscheidende Pointe gerade, weil sie mit dieser Unterscheidung den Horizont einer bloßen Relation zu Jesus noch gar nicht verlassen hätte und nur auf die personale Qualität dieses Bezugs seitens des menschlichen Glaubenssubjekts abhöbe. Aber nicht die Bezugsweise des Glaubenssubjekts, sondern die *promissio Dei* bzw. die *beneficia a Deo oblata* sind das wesentliche Moment, das hier hervorzuheben ist. Das aber heißt, daß diese Relation auch als personales Verhältnis nicht hinreichend bestimmt ist, ja im Horizont raumzeitlicher Gegenständlichkeit überhaupt nicht zureichend bestimmt werden kann. Sie macht es vielmehr erforderlich, Gott und seine Gegenständlichkeit konstitutiv ins Spiel zu bringen. Eben das geschieht, wenn der Glaube als Relation zu Jesus *Christus* und damit als durch Jesus vermitteltes Verhältnis zu Gott charakterisiert wird. Das Wissen des Glaubens besteht dementsprechend eben darin, daß man es in Jesus mit Gott als dem richtenden und rettenden Schöpfer zu tun bekommt, so daß man Jesus überhaupt nicht eher zu verstehen beginnt, als man ihn als Menschen nicht nur im Horizont raumzeitlicher Gegenständlichkeit, sondern im Horizont der Gegenständlichkeit Gottes in seiner Differenz zu anderen Gegenständen in diesem Horizont zu bestimmen und zu begreifen lernt.

§ 177 κατὰ σάρκα und κατὰ πνεῦμα

In diesem Sinn bekannte der christliche Glaube von Anfang an Jesus Christus in der unauflöslichen und irreduziblen zweifachen Weise seines Seins κατὰ σάρκα und κατὰ πνεῦμα. Keines von beiden interessiert den Glauben

1 Vgl. WA 40/1, 285, 4–7.
2 Ph. Melanchthon, *Apologia Confessionis Augustanae*, BSLK, S. 141–404, S. 170.

abstrakt und für sich genommen.[1] Aber nichts interessiert ihn mehr als beides zusammen. Beides gehört auch unbedingt und unauflöslich zusammen, will man das Hinterglied der Glaubensrelation nicht nazoräisch oder doketisch verfehlen (§ 142). Nur wenn Jesus κατὰ σάρκα gekannt wird, kann er auch als Christus erkannt werden. Er wird aber als Jesus nicht wirklich gekannt, wenn er nicht κατὰ πνεῦμα erkannt ist.

Christlicher Glaube und seine theologische Explikation können daher nicht umhin, emphatisch von Jesus von Nazareth zu reden und ihn damit als Menschen im Horizont raumzeitlicher Gegenständlichkeit zu thematisieren. Das wird durch die neutestamentlichen Evangelien ebenso abundant und beispielhaft belegt wie durch den zentralen christologischen Hauptteil der klassischen und gegenwärtigen kirchlichen Glaubensbekenntnisse.[2] Denn so wenig die historische Erkenntnis Jesu den Glauben an ihn als Christus zu begründen vermag, so sehr steht und fällt die Haltbarkeit des christlichen Wahrheitsanspruchs mit der Wahrheit der Rede von diesem ganz bestimmten Menschen, der als unser Mitmensch unter den Bedingungen von Raum und Zeit in unverwechselbarer Weise gelebt hat. Hier liegt die Berechtigung und das Wahrheitsmoment der theologischen Bemühung um den geschichtlichen Jesus.[3] Könnte nämlich gezeigt werden, daß es Jesus von Nazareth nicht gegeben hat oder daß nichts von dem, was wir von ihm zu wissen glauben, wahrhaft von ihm ausgesagt und ihm zugeschrieben werden kann, könnte nicht mehr ernsthaft behauptet werden, christlicher Glaube sei keine intentionale, sondern reale Relation, weil sein Hinterglied kein Konstrukt und damit keine Setzung des Glaubenden ist, sondern ein für ihn – und ihn als Glaubenden überhaupt erst ermöglichendes – Gesetztes. Wäre Jesus aber nur konstruktiver Bezugsgegenstand einer intentionalen und keiner realen Relation, dann hätte er – um nur einen theologisch zentralen Punkt zu nennen – eine Funktion überhaupt nur für den, der so an ihn glaubt. Er wäre dann Jesus (und damit auch Christus) ausschließlich für die so Glaubenden und niemand sonst. Die nichtkonstruktive Wahrheit der Rede von Jesus ist daher nicht nur ein wesentliches Moment des *extra nos*, das die Realität des Glaubens garantiert, sondern auch Bedingung der Möglichkeit dafür, den christlichen Wahrheitsanspruch als *universal gültig* zu propagieren. Nur wenn wahrhaft und real von Jesus geredet werden kann, kann Jesus nicht nur der Christus der Glaubenden, sondern der aller Menschen sein. Nur dann ist das christlich bekannte *pro nobis* seines Lebens und Sterbens nicht exklusiv, weil nur für die Glaubenden gültig, son-

1 In diesem Sinn ist R. Bultmann durchaus zuzustimmen: »Der Χριστὸς κατὰ σάρκα geht uns nichts an«, Zur Frage der Christologie (1927), in: ders., *Glauben und Verstehen. Gesammelte Aufsätze*, Tübingen 1933, S. 85–113, S. 101.

2 Vgl. *Cubanisches Glaubensbekenntnis. Einführung-Text-Interpretation*, hg. v. K. Stock, München 1980.

3 Zur Differenz von geschichtlichem/historischem Jesus einerseits und geschichtlichem/historischem Christus andererseits vgl. Dalferth, (§ 2 Anm. 2), S. 474f.

dern wahrhaft inklusiv. Denn nur dann ist es ein Geschehen *pro toto mundo* und nicht etwa gegen, sondern gerade gemäß seiner eigentlichen Intention von der Kirche immer und wesentlich als Geschehen auch und gerade *pro vobis* zu propagieren.[4]

Weder das *extra nos* noch das *pro nobis* erschöpft sich allerdings in der Wahrheit der Rede von Jesus von Nazareth. Diese ist eine notwendige, keineswegs aber auch schon eine hinreichende Bedingung für das, was durch sie zum Ausdruck gebracht wird. Die unerläßliche historische Bemühung der Theologie um Jesus mißversteht sich daher selbst, wo sie die dogmatische Reflexion überflüssig machen zu können meint. Solange nur von Jesus von Nazareth geredet wird, ist er gerade noch nicht als der thematisch, der er in Wahrheit ist, da zwar sein ontisches Sein, nicht jedoch sein Sein im Horizont der Gegenständlichkeit Gottes im Blick ist. Erst beides zusammen aber konstituiert das wahre Sein Jesu Christi. Diese Wahrheit bleibt als eschatologisches Geschehen historischer Betrachtung prinzipiell entzogen. Diese vermag nur auf der einen Seite ein historisches Bild des geschichtlichen Jesus zu rekonstruieren und auf der anderen Seite zu konstatieren, daß und wie dieser Jesus immer wieder von Menschen als Christus bekannt wurde und wird. Aber sie ist weder in der Lage, die historische Differenz zwischen dem einen geschichtlichen Jesus und den vielen historischen Jesusbildern methodisch mehr als nur näherungsweise zu überwinden, noch die dogmatische Kluft zwischen der Mannigfaltigkeit historischer Jesusbilder und dem in ihnen thematischen geschichtlichen Jesus einerseits und der Vielfalt geschichtlicher Christusbekenntnisse und deren mehr als historischem Wahrheitsanspruch andererseits von sich aus auch nur annähernd zu überbrücken. Überbrückt und vermittelt ist diese Kluft einzig im christlichen Bekenntnis selbst, das gerade diesen Jesus von Nazareth κατὰ πνεῦμα als Christus behauptet und bekennt.

Das geschichtliche *extra nos* des vom Glaubenden verschiedenen Menschen Jesus wird damit aber bei weitem dadurch überboten, daß dessen Menschsein selbst im Handeln Gottes verankert und als Handeln Gottes bekannt wird. Nicht nur ein anderer Mensch, sondern *Gott selbst* ist der Bezugspunkt des Glaubens außerhalb seiner selbst. Im Glauben ist der Mensch nicht nur auf Jesus bezogen, der von ihm unterschieden als Mensch in Raum und Zeit existiert hat, sondern auf Jesus Christus, der ein von seinem eigenen Tun unterschiedenes eschatologisches Handeln Gottes ist, das nicht nur ihm, sondern mit ihm allen Menschen gilt. Indem er sich zu Jesus Christus bekennt, behauptet er, es in diesem Menschen mit Gott selbst zu tun zu haben.

Durch diese göttliche Pointe des *extra nos* Jesu Christi erweist sich dieses aber schon als solches als *pro nobis*: im Glauben an Jesus Christus ist der Mensch auf den extra se existierenden Gott bezogen, dessen Existenz gera-

4 Vgl. M. Trowitzsch, *Gott als »Gott für dich«*, München 1983.

de wesenhaft Pro-Existenz ist, insofern er in seinem Liebeshandeln immer schon auf uns hinzielt. Nicht allein die Rede von Jesus κατὰ σάρκα, sondern gerade das Bekenntnis zu ihm als Christus κατὰ πνεῦμα manifestiert unmißverständlich, daß das *extra nos* des eschatologischen Geschehens, das Jesus Christus als wahren Menschen und wahren Gott erweist, *zugleich* das *pro nobis* ist, da es sich ganz auf das sich *dort* ein für allemal und irrevozierbar *für uns* vollziehende *Liebenshandeln Gottes* bezieht.

§ 178 Das Kreuz Jesu Christi

Markantester Ausdruck dieser unauflöslichen Zusammengehörigkeit des Jesus Christus κατὰ σάρκα und κατὰ πνεῦμα für den christlichen Glauben und der damit beanspruchten Koinzidenz des *extra nos* und *pro nobis* dieses Geschehens ist das *Kreuz*. κατὰ σάρκα betrachtet ist es das Ende des Menschen Jesu, κατὰ πνεῦμα hingegen der Sieg Gottes über den Tod. κατὰ σάρκα betrachtet ist es zwar wie jeder Tod eines anderen Menschen ein Ereignis *extra nos*, das seine Spuren vielleicht im Leben einiger, keinesfalls aber im Leben aller Menschen hinterlassen hat. Als Geschehen *pro nobis* mit universalem Geltungsanspruch läßt es sich so allerdings gerade nicht einsichtig machen. κατὰ πνεῦμα betrachtet hingegen ist es das *extra nos* geschehende Handeln Gottes, das als Handeln des Schöpfers, Versöhners und Erlösers ein für allemal belegt, daß Gott Liebe ist und ganz und gar *pro nobis* handelt. Zwar kann man das Kreuz durchaus nur als den letzten Akt des Lebens Jesu von Nazareth und damit als ein vergangenes Ereignis in Raum und Zeit ohne alle christologischen und soteriologischen Implikationen betrachten. Man hat dann allerdings Jesus nicht als den in den Blick gefaßt, als den ihn der christliche Glaube bekennt. Man kann aber nicht umgekehrt an der christologischen und soteriologischen Bedeutsamkeit des mit diesem Menschen identischen Geschehens festhalten wollen, ohne von Jesus auch κατὰ σάρκα zu reden. Eben das belegt das Kreuz. Nicht von ungefähr waren die Evangelien genötigt, vom Passionsgeschehen her die ganze Geschichte Jesu in ihre Darstellung miteinzubeziehen. Sie mußten dies nicht nur tun, um die Identität des am Kreuz gestorbenen Jesus von Nazareth mit dem von Gott in seine unvergängliche Lebensgemeinschaft hineingenommenen Jesus Christus zu belegen. Sie mußten dies auch deshalb tun, um das Handeln Gottes nicht abstrakt und damit nichtssagend werden zu lassen: daß gerade dieses besondere menschliche Leben bis hin zu seinem Ende am Kreuz als das über unser Leben entscheidende Liebeshandeln Gottes für uns bestimmt wird, gibt diesem Handeln seinen unwiderruflichen Gehalt und der Liebe Gottes ihre unmißverständliche Eigenart. Durch das Kreuz wird konkret, wer und was Gott ist,[1] was er für uns tut und

1 WA 1, 362, 15: »... in Christo crucifixo est ... vera cognitio Dei«.

was er von uns erwartet. Gerade diese Konkretion läßt den Jesus κατὰ σάρκα als den Christus κατὰ πνεῦμα einsichtig werden. Denn eben der bis zum Tod am Kreuz Gottes Anspruch an ihn entsprechende Jesus Christus ist *der Gott entsprechende Mensch*. Eben als solcher aber ist er auch der *den Menschen ansprechende Gott*, insofern dieser sich so in die Todesgemeinschaft mit diesem Jesus κατὰ σάρκα hineinziehen ließ, daß er diesen als Christus κατὰ πνεῦμα ganz in seine ewige Lebensgemeinschaft hineinzog, auf daß durch ihn auch andere in seine Lebensgemeinschaft hineingezogen würden. Ist dieser Gott entsprechende Mensch aber identisch mit dem den Menschen ansprechenden Gott, dann ist sein Tod κατὰ σάρκα und sein ewiges Leben in der Gemeinschaft mit Gott κατὰ πνεῦμα nicht nur sein individuelles Geschick, sondern das sich in ihm und durch ihn für alle Menchen vollziehende Liebeshandeln Gottes des Vaters, des Sohnes und des Geistes, das jeden Menschen so betreffen will, daß dieser in die Geschichte Jesu Christi einbezogen wird und sich durch ihn so in die Lebensgemeinschaft Gottes integrieren läßt, daß er mit dessen lebensschaffender Liebe auch im Tod rechnen kann. Gerade das Kreuz markiert so, daß Jesus Christus nicht für sich, sondern für uns gestorben ist, weil dieser Tod nicht nur zu seiner individuellen Geschichte gehört, sondern als Höhepunkt des uns allen geltenden Liebeshandelns Gottes zur Geschichte eines jeden Menschen.

§ 179 Jesus als Christus

Jesus Christus als das Hinterglied der Glaubensrelation ist damit aber nicht weniger als deren Vorderglied selbst ein Verhältnis, und zwar zwischen der ontischen und eschatologischen Gegenständlichkeit, in deren Horizont der Mensch Jesus als Christus bzw. Christus als der Mensch Jesus existiert und eben deshalb als vere homo und vere deus erfahren wird.

Die theologische Tradition hat eben diesen Sachverhalt in der Lehre von den zwei Naturen in der einen Person Jesus Christus systematisch zu explizieren gesucht. Diese wird mißverstanden, wenn man sie als Antwort auf die Frage, *was* Jesus ist, und nicht auf die, *wer* Jesus ist, interpretiert. Denn dann würde sie behaupten, Jesus Christus sei von einer doppelten Gegenstands*art*, realisiere also (unter den Bedingungen von Raum und Zeit) durch seine eine Existenz zwei verschiedene Wesensarten. Damit aber bliebe man nicht nur in einem der christlichen Grunderfahrung inadäquaten, weil nur in einem äußerlichen Sinn relationalen Denkmodell befangen, das allenfalls selbst nicht-relational strukturierte Größen relational aufeinander bezogen zu denken erlaubte. Vielmehr wäre Jesus Christus entgegen der erklärten Intention dieser Lehre gerade nicht eine einheitliche, sondern eine gänzlich gespaltene Person, ja streng genommen zwei verschiedenartige Individuen, da durch seine Existenz zwei verschiedene Gegenstandsarten realisiert würden. Doch ganz abgesehen von der Unmöglichkeit, dies ohne unaufhebbare innere Widersprüchlichkeit behaupten zu können, reduzierte man die in Jesus erfahrene Gegenwart des anredenden Gottes damit auf eine göttliche Wesensart (Natur), die gerade dadurch ausgezeichnet wäre, sich ganz selbst zu genügen, und nicht intrinsisch auf anderes als sich selbst hin bezogen und ausgerichtet zu sein. Das aber wird weder der Göttlichkeit Gottes, dessen Wesen der christliche Glaube als Liebe zu bestimmen gelernt hat, noch der Menschlichkeit Jesu gerecht.

Wie die Zwei-Naturen-Lehre zu verstehen ist, wird vielmehr klar, wenn man ihre Präzisierung in der Lehre von der An- und Enhypostasie berücksichtigt. Diese interpretiert jene nicht nur streng relational, sondern sie tut das gerade so, daß sie mit der über die bloße Bestimmung des Verhältnisses der beiden Naturen hinausgehenden Frage nach dem personbildenden Moment das Problem der *Identität* Jesu Christi als das Grundproblem ins Zentrum rückt. Die Identität eines Gegenstands aber ist nicht gleichzusetzen mit seiner Identifikation oder Identifizierbarkeit. Obgleich daher Jesus Christus sowohl im Horizont der raumzeitlichen Gegenständlichkeit als auch im Horizont der eschatologischen Gegenständlichkeit Gottes auf je verschiedene Weise identifiziert und damit vergegenständlicht werden kann, besitzt er deshalb keineswegs auch zwei verschiedene Identitäten als Gott und als Mensch. Jesus ist nicht Gott und daneben noch etwas anderes. Vielmehr hat er gerade als derjenige, der im Horizont der Gegenständlichkeit Gottes als dessen Sohn zu identifizieren ist, seine Identität in seinem spezifischen Menschsein. Und Jesus ist nicht Mensch und daneben auch noch etwas anderes. Vielmehr hatte gerade derjenige, den wir anhand raumzeitlicher Kriterien als den Menschen Jesus identifizieren können, seine Identität nicht in der Kontinuität seines Seins in Raum und Zeit, sondern in seinem spezifischen Sein im Horizont der Gegenständlichkeit Gottes, um dessentwillen er Christus genannt wird. Sowohl nur als Mensch als auch nur als Gott ist Jesus Christus daher unterbestimmt und seine wahre Identität nicht getroffen. Aber auch eine bloße Addition beider Bestimmungen führt nicht weiter, da sie gerade das für ihn konstitutive Verhältnis beider ganz ungeklärt läßt. Doch Jesus wird nicht deshalb Christus genannt, weil er als Gottes Sohn mehr oder weniger wäre als ein Mensch oder als Mensch mehr oder weniger als Gottes Sohn, sondern weil er (a) als dieser ganz bestimmte Mensch gerade auch sein raumzeitliches Menschsein ganz im Horizont der Gegenständlichkeit Gottes realisierte und (b) eben so als Gottes Sohn in seinem ganz spezifischen Menschsein Gottes eschatologische Gegenständlichkeit unter den Bedingungen von Raum und Zeit unwiderruflich zur Geltung brachte. *Seine Identität bestand und besteht daher in nichts anderem als eben darin, Christus zu sein.* Als Christus (und nur so) ist Jesus die geschöpfliche Präsenz des Schöpfers (vere deus) und zugleich das Urbild des vollkommenen Menschen (vere homo). Denn einerseits konkretisiert er in seinem Menschsein Gottes Wesensart unter den Bedingungen von Raum und Zeit, andererseits realisiert er so die menschliche Wesensart ganz in der geschöpflichen Gemeinschaft mit dem Schöpfer und bringt sie damit als das zur Darstellung, was sie sein kann und sein soll. Beide Dimensionen sind mit seinem Christussein zugleich gesetzt. Beide aber sind nicht abstrakt und allgemein, sondern konkret durch diese höchst individuelle, von allen anderen Menschen auch eschatologisch unzweideutig unterschiedene Person Jesus von Nazareth realisiert.

›Christus‹ ist also nicht der Name einer besonderen göttlichen Natur,[1] sondern im explizierten Sinn streng als Titel zu verstehen, der zur Kennzeichnung der ganz besonderen, konstitutiv an Jesus von Nazareth gebundenen Weise von Gottes Sich-in-Beziehung-Setzen zu uns dient, durch das er selbst uns ermöglicht, uns auf ihn beziehen zu lassen, indem er so zu uns kommt, daß wir zu ihm kommen können. Der Christustitel ist in diesem Sinn ein Relationsausdruck, der Jesus nicht einfach als solchen, sondern als das unaustauschbare Mittelglied einer dreistelligen Relation zwischen Gott und Mensch charakterisiert. Indem er Jesus in dieser Gott zum Menschen und den Menschen zu Gott vermittelnden Position lokalisiert, stellt er unmißverständlich klar, wer dieser Jesus in Wahrheit ist.

§ 180 Die Pro-Existenz Jesu Christi

Sagt ›Christus‹, *wer* Jesus ist, dann ergibt sich unmittelbar, daß bei ihm zwischen Person und Werk, zwischen dem, was er ist, und dem, was er tut, im Hinblick auf das seine Identität konstituierende Christussein nicht unterschieden werden kann. Denn Jesus ist dann in Wahrheit nichts anderes als Christus, so daß sich seine Person nicht unabhängig von seinem Werk und sein Werk nicht unabhängig von seiner Person bestimmen läßt. Sein menschliches Sein ist als solches göttliches Liebeshandeln und damit intrinsisch soteriologisch strukturiert. Die historische Entwicklung zur Bildung des Doppelnamens ›Jesus Christus‹ hat daher auch systematisch ein gutes Recht.

Als Christus und damit als Mittelglied der erwähnten Relation kommt Jesus in zweifacher, streng aufeinander bezogener Weise in den Blick. Zum einen ist er Christus nur insofern, *als er dies nicht für sich, sondern konstitutiv für andere ist.* Zum anderen ist er Christus nur deshalb, *weil er es nicht von sich aus, sondern aufgrund von Gottes Beziehung zu ihm ist.* Beides gehört sachlich unauflöslich zusammen, auch wenn es sich analytisch differenzieren läßt. Das ist im Blick zu behalten, wenn wir im Folgenden zunächst nur den ersten Grundsatz für sich betrachten.

1 Wie sehr ein sprachlich falsches Verständnis des Ausdrucks ›Christus‹ auch sachlich in die Irre führen kann, belegt beispielhaft die These A. Müllers: »Der Name Christus bezeichnet die göttliche Wesenheit, die im menschlichen Leibe des Jesus von Nazareth drei Jahre lang, von der Taufe am Jordan bis zum Tod auf Golgatha, lebte und wirkte.« A. Müller/A. Suckan, *Werdestufen des christlichen Bekenntnisses*, Stuttgart 1974, S. 70.

Als Konverse der Glaubensrelation ist die Christusrelation ebenso irreflexiv wie diese, so daß Jesus diese Relation nicht zu sich selbst haben kann und daher nicht Christus für sich selbst, sondern eben nur Christus – und zwar für andere – ist. Er ist die *mir* und nicht sich selbst geltende Anrede Gottes; und er ist Gottes Wort an mich und kein sich selbst genügender und an niemand gerichteter Monolog Gottes. Seine menschliche Existenz ist daher schon als solche göttliche Pro-Existenz,[1] in der es der Intention des Handelns Gottes zufolge zum commercium zwischen Gott und mir kommen soll.

Zu diesem commercium kommt es, wenn ich im Glauben in ein commercium mit Jesus Christus trete, in dem dieser Gott in die Lebensgemeinschaft mit mir und mich in die Lebensgemeinschaft mit Gott hineinzieht. Als Gottes Anrede an mich, der ich im Glauben antwortend entspreche, ist Jesus Christus dabei zugleich meine Antwort an Gott, die ich im Glauben als meine aufgrund meiner eigenen Unfähigkeit von ihm für mich gegebene Antwort gelten lasse. In seinem individuellen Sein ist er so der Gott entsprechende, wahre Mensch und eben als solcher der mich ansprechende, wahre Gott, weil sein ganzes Sein als Jesus Christus Gottes mir geltendes Liebeshandeln ist. Durch sein mich in seinem Gott entsprechenden Menschsein ansprechendes Gottsein bringt er so Gott selbst im Horizont meines widersprüchlichen Menschseins zur Geltung. Durch sein gerade in seinem mich ansprechenden Gottsein Gott entsprechenden Menschsein hingegen handelt er so an meiner Stelle, daß ich durch ihn im Horizont der Gegenständlichkeit Gottes zu stehen komme.

Das in der Pro-Existenz Jesu Christi intendierte commercium zwischen Gott und Mensch hat viele Dimensionen und Aspekte. Die dogmatische Tradition hat diese in der Ämterlehre in zentralen (und keineswegs allen bedenkenswerten) Bereichen zu systematisieren gesucht, indem sie Jesus Christus unter dem Gesichtspunkt seiner Pro-Existenz vor allem als Prophet, Priester und König bestimmte. Gemeinsame Pointe dieser Bestimmungen ist es zu artikulieren, wie in Jesus Christus Gott auf den Menschen und der Mensch auf Gott bezogen werden. Sie sind daher jeweils unter dem doppelten Gesichtspunkt auszulegen, wie Jesus Christus Gott vor den Menschen zur Geltung bringt *und* wie er die Menschen Gott gegenüber vertritt.

In diesem Sinn markiert das *officium propheticum*, daß Jesus Christus den Menschen gegenüber den göttlichen Willen seines Vaters zur Geltung bringt und die Menschen Gott gegenüber als die der Rettung bedürftigen Sünder vertritt. Im *officium sacerdotale* erweist er Gott vor den Menschen als denjenigen, der die Rettung des sündigen Menschen dadurch selbst vollbringt, daß er sich in ihm selbst opfert (satisfactio). Und umgekehrt erweist er den Menschen vor Gott als denjenigen, der durch ihn dazu ermächtigt

1 W. Breuning, Aktive Proexistenz – Die Vermittlung Jesu durch Jesus selbst, in: ders., *Communio Christi. Zur Einheit von Christologie und Ekklesiologie*, Düsseldorf 1980, S. 48–69.

ist, sich in ihm an Gott als seinen Vater zu wenden (intercessio). Im *officium regium* schließlich bringt Jesus Christus Gott vor den Menschen zur Geltung als den durch ihn seine Macht ausübenden Herrn über die Welt (regnum potentiae), über die Kirche (regnum gratiae) und über das Leben in der unverstellten Gemeinschaft mit Gott in dessen Herrlichkeit (regnum gloriae), in dem die ontische Diastase zwischen Welt und Kirche, Unglaube und Glaube eschatisch endgültig überwunden sein wird. Und umgekehrt bringt er den Menschen vor Gott im Horizont dieser drei regna als das Wesen in den Blick, das in der Welt, in der Kirche und im kommenden Leben gänzlich und ausschließlich von der in ihm realisierten und durch ihn vermittelten Liebe Gottes abhängig ist.

§ 181 Das Sein Jesu Christi als enhypostatische Proexistenz

Jesus Christus vermag in dieser Pro-Existenz nun allerdings nur zu existieren und ist als Jesus allein deshalb der Christus, *weil er es nicht von sich aus, sondern aufgrund von Gottes Beziehung zu ihm ist.* Diese Beziehung ist nicht etwas, was sekundär zu ihm hinzuträte, so daß er auch (etwas) wäre, wenn diese Beziehung nicht bestünde. Vielmehr ist er nur durch diese Beziehung und er ist dadurch nichts anderes als Gottes Anrede an die Menschen: sein Sein besteht eben darin, als der κατὰ σάρκα ontisch lokalisierbare Mensch Jesus κατὰ πνεῦμα Gottes Anrede an die Menschen zu sein und damit Gottes nichtontische Gegenständlichkeit im Horizont der ontischen Gegenständlichkeit des Menschen eschatologisch zur Geltung zu bringen. Indem Gott sich in ihm in Beziehung zu mir setzt, komme ich im Bezug auf ihn in Beziehung zu Gott zu stehen und existiere damit schon jetzt im Horizont der Gegenständlichkeit Gottes. Umgekehrt existiert er als Gottes Bezugnahme auf mich immer schon im Horizont der Gegenständlichkeit Gottes, in der er seine Identität hat, und kommt nur als so Existierender auch unter den Bedingungen von Raum und Zeit zur Erfahrung.

Eben auf diese für Jesus Christus charakteristische und einzigartige Umkehr der Abfolge und Priorität der ontischen Gegenständlichkeit des Menschen und der nichtontischen Gegenständlichkeit Gottes hinzuweisen, ist der Sinn der biblischen Präexistenzaussagen: sie markieren keine zeitliche Ordnung, sondern kennzeichnen die sachliche Priorität des Bezugssystems, in dem Jesus Christus seine wahre Identität besitzt. Hat Jesus seine wahre Identität aber im Horizont der Gegenständlichkeit Gottes und damit genau darin, daß er Christus ist, dann bedeutet dies, daß er überhaupt nicht anders sein kann und nur deshalb ist, weil und insofern er *ganz von Gott her und ganz für andere ist.* Wäre er nicht so, dann wäre er nicht nur ein anderer, sondern überhaupt nicht: Jesus existiert als Christus ganz und gar – wie die Tradition sagte – enhypostatisch von Gott her und für die anderen, indem er in seinem Sein Gott gerade so vor uns bringt, daß er uns vor Gott bringt; und nur weil er so als Mittelglied der Christus-Relation existiert, und zwar nicht allein unter den Bedingungen von Raum und Zeit, sondern gerade im Horizont der Gegenständlichkeit Gottes, vermochte er sein Menschsein auch unter den Bedingungen von Raum und Zeit anhypostatisch zu realisieren und dabei seine nichtontisch strukturierte Gemeinschaft mit Gott im Horizont ontischer Gegenständlichkeit eschatologisch erfahrbar zur Darstellung zu bringen. In seinem Leben und Sterben brachte Jesus daher weder einfach Gott zur Darstellung noch entsprach er Gott auf menschliche Weise. Vielmehr entsprach er ganz seiner wahren Identität und damit sich selbst und seinem Sein als der uns geltenden menschlichen Anrede Gottes. Eben so machte er paradigmatisch deutlich, was es heißt, unter den Bedingungen von Raum und Zeit ganz von Gott her und ganz für andere zu existieren.

Weil er so *sich selbst* entsprach, ist es ausgeschlossen, als Christ sein Leben nachahmen und seinem Sein entsprechen zu wollen. Denn nicht seinem, sondern ihrem eigenen im Glaubensbezug auf Jesus Christus bestehenden eschatologischen Sein haben Christen ontisch zu entsprechen. Dazu sind sie offensichtlich überhaupt nur dann in der Lage, wenn sie tatsächlich in diesem Bezug zu Jesus Christus stehen; und das können sie nur, weil und insofern Jesus als Christus nicht nur ganz von Gott her, sondern ebenso konstitutiv ganz auf sie hin existiert. So wenig daher Jesus für sich selbst Christus zu sein vermochte und zu sein brauchte, so wenig können wir uns selbst Christus sein: das geordnete Tripel, das die Christus-Relation definiert, kann nicht verändert werden, ohne diese Relation und damit auch ihre Konverse, die Glaubensrelation, zu zerstören.

Die hermeneutische Konsequenz dieser Überlegungen bestätigt die These der vorangehenden §§, daß von Jesus theologisch nur dann adäquat gesprochen wird, wenn er als Christus thematisiert wird, daß von ihm als Christus aber nicht gesprochen werden kann, ohne (a) ausdrücklich von Jesus von Nazareth zu sprechen, zugleich aber auch (b) vom Menschen, der diesen Jesus als Anrede Gottes an sich vernimmt bzw. vernehmen soll, und (c) von Gott, der sich in ihm und durch ihn anredend an den Menschen wendet. Nur indem der anredende Gott und der angeredete Mensch so zugleich von Jesus unterschieden und unauflöslich auf ihn bezogen werden, kommt dieser als Christus und damit als der in den Blick, der er in Wahrheit ist.

§ 182 Die zweifache Einzigartigkeit Jesu Christi

Als Christus kommt Jesus allerdings nur richtig zur Sprache, wenn sein doppelter konstitutiver Bezug auf Gott und auf den Menschen so expliziert wird, daß der Glaubensbezug des Menschen zu Jesus Christus und damit sein Verhältnis als Geschöpf zu Gott nicht mit dem Christusbezug Gottes über Jesus zu uns gleichgesetzt, sondern streng als dessen Konverse entwikkelt wird. Das ist deshalb wichtig, weil es Folgen für die Bestimmung des distinktiven Verhältnisses hat, das Jesus Christus selbst ist.

Wie der glaubende Mensch existiert auch Jesus Christus zugleich im Horizont der ontischen und der eschatologischen Gegenständlichkeit. Doch im Unterschied zum Sein des Menschen als Glaubender ist die für das Sein Jesu als Christus konstitutive eschatologische Gegenständlichkeit nicht vermittelt erworben, sondern unmittelbar gegeben, nicht soteriologisches Resultat, sondern christologische Bedingung der Möglichkeit eines solchen Resultats bei anderen. Sie besteht nicht wie beim Glaubenden im Bezug auf Jesus Christus, da sie aufgrund der Irreflexivität der Christus-Relation darin nicht bestehen kann.[1] Sie ist vielmehr die diesen Glaubensbezug erst möglich machende Beziehung Gottes zu dem Menschen Jesus, welche diesen zu seiner Anrede an die Menschen macht und dadurch den Menschen die Möglichkeit eröffnet, im Bezug auf Jesus Christus Gottes Bezugnahme auf sie zu entsprechen. Gottes eschatologische Nähe zu Jesus unterscheidet sich dadurch von seiner Nähe zum Glaubenden, daß sie nicht über Jesus Christus vermittelt ist, sondern eben darin besteht, daß Jesus der Christus ist.

Die dogmatische Tradition hat diese Einzigartigkeit, die das Sein Jesu Christi gegenüber dem Sein des Glaubenden auszeichnet, dadurch zum Ausdruck gebracht, daß sie ihn als ›Sohn Gottes‹, und zwar nach Joh 1,18; 3,18 als ›einzigen‹ bzw. ›eingeborenen‹ Sohn Gottes bezeichnete. Als einziger Sohn Gottes ist er definitiv von allem anderen, auch den Glaubenden, unterschieden, da diese sich nur insofern als Kinder Gottes bezeichnen können, als sie Brüder und Schwestern Jesu Christi sind (Röm 8,29). Aber so sehr zu betonen ist, daß wir nur um seinetwillen und durch ihn in der Kindschaftsrelation zu Gott stehen, so wichtig ist es auch zu sehen, daß er nur um unseretwillen in der Sohnesrelation zu Gott steht: er wäre nicht der eingeborene Sohn Gottes, wenn nicht sein ganzes Sein darin bestünde, unser Bruder zu werden, damit wir Kinder Gottes werden können.[2]

Die Einzigartigkeit Jesu Christi ist damit aber unter dem doppelten Gesichtspunkt von Gottes Verhältnis durch ihn zu uns und unserem dadurch ermöglichten Verhältnis in ihm zu Gott zu bestimmen. Ist sein Sein doch durch den zweifachen eschatologischen Sachverhalt ausgezeichnet, daß allein durch ihn und in ihm Gott zu uns kommt, daß aber auch allein durch ihn und in ihm wir zu Gott kommen können. Eben deshalb ist er und nur er wahrer Mensch und wahrer Gott. Nur in seinem Sein wird Gott als unser Vater vor uns und wir als dessen Kinder vor Gott gebracht. Weil er als der Mensch Jesus, der im Horizont unserer Gegenständlichkeit existierte, Christus und damit Gottes Anrede an uns ist, ist Gott trotz seiner raumzeit-

1 Von Jesus Christus kann daher *nicht* gesagt werden: »Er hat ganz einfach *geglaubt*«, K. Barth, (§ 140 Anm. 1), S. 4.

2 Es ist – trinitarisch geredet – schon immer der λόγος ἔνσαρκος, den wir Christus nennen.

lichen Nichtgegenständlichkeit in ihm verborgen für uns erfahrbar und zugänglich. Und weil er als Gottes Wort, das im Horizont der Gegenständlichkeit Gottes existiert, Christus und damit als Gottes Anrede an uns zugleich unsere Antwort an Gott ist, existieren wir in der realen Glaubensbeziehung zu ihm trotz unserer raumzeitlichen Gegenständlichkeit in ihm auch eschatologisch im Horizont der Herrlichkeit Gottes. Eben deshalb ist er nicht nur wahrer Mensch oder nur wahrer Gott, sondern als wahrer Mensch wahrer Gott und als wahrer Gott wahrer Mensch und eben so Gottes Teilnahme an unserem ontischen Sein und unsere christologische Teilgabe an Gottes eschatologischem Sein.

Soteriologie, Christologie und eschatologische Anthropologie sind daher nicht kontingent, sondern untrennbar aufeinander bezogene Momente ein und desselben Vorgangs: Gottes Sich-in-Beziehung-Setzen zu Jesus, der als Christus nichts anderes als dieses Sich-in-Beziehung-Setzen Gottes zu uns und das Uns-in-Beziehung-Bringen zu Gott ist. In Jesus schuf sich Gott im Horizont unserer raumzeitlichen Gegenständlichkeit einen Ort seiner eschatologischen Gegenwart, ohne dadurch selbst zu einem ontischen Gegenstand zu werden. Indem er dort und nur dort verborgen, aber erfahrbar gegenwärtig ist, ermöglicht er uns Menschen, Jesus als Christus zu erfahren und so im Bezug auf Jesus Christus seiner Bezugnahme auf uns zu entsprechen, weil Jesus Christus selbst in Person Gottes Anrede an den Menschen und des Menschen (jedes Menschen!) Antwort an Gott ist. Im Glauben an Jesus Christus können wir daher schon jetzt, im Horizont unserer gegenwärtigen Gegenständlichkeit, unter den Bedingungen der Gegenständlichkeit Gottes als Geschöpfe in der durch Jesus Christus vermittelten und in ihm realisierten Gemeinschaft mit dem Schöpfer leben.

§ 183 Gott bei uns und wir bei Gott

Christus ist Jesus im Horizont der eschatologischen Gegenständlichkeit Gottes damit in der zweifachen Weise, daß sich in ihm Gott an uns wendet, um uns durch ihn in seine Lebensgemeinschaft zu ziehen, und daß wir uns in ihm an Gott wenden, weil er in der Gemeinschaft Gottes lebt. Wir als Glaubende haben unsere eschatologische Gegenständlichkeit dementsprechend genau darin, daß wir dieser liebenden Zuwendung Gottes zu uns im Bezug auf Jesus Christus (und d. h. im Glauben) entsprechen, indem wir seine menschliche Entsprechung zu Gottes Anspruch für uns in Anspruch nehmen und gelten lassen. Und wie nur Glaubende, nicht aber Jesus dies tun, zu tun vermögen und zu tun brauchen, so ist umgekehrt *nur Jesus und niemand sonst die Anrede, durch die sich Gott an uns wendet*, und *nur Jesus Christus und niemand sonst die Antwort, durch die wir uns an Gott wenden können*. Er allein ist nicht nur wahrer Mensch, sondern als solcher wahrer Gott. Als wahrer Mensch ist er der erste, aber nicht der einzige, der Mensch im Horizont der Gegenständlichkeit Gottes ist. Aber er ist der einzige, der auch unter den Bedingungen von Raum und Zeit als wahrer und nicht als sündiger Mensch existierte und eben so als wahrer Gott den Schöpfer in seiner gefallenen Schöpfung präsent und zugänglich macht: er ist derjenige, in dessen Person Gott bei uns und wir bei Gott sind.

Das eschatologische Sein des Glaubenden ist somit bedingt durch das ihm vorgängige und es erst möglich machende eschatologische Sein Jesu Christi: *nur weil in ihm Gott kommt, kann er bei uns ankommen; und nur weil er uns vor Gott bringt, können wir bei Gott sein*. Umgekehrt bezweckt sein eschatologisches Sein nichts anderes als eben das unsere: *nur damit Gott bei uns ankommen kann, kommt er in ihm; und nur damit wir bei Gott sein können, werden wir von ihm vor Gott gebracht*. Zwischen Gott und Jesus besteht daher zwar eine andere Beziehung als zwischen Gott und uns; doch bestehen beide nur um der jeweils anderen willen. Denn daß *er* und niemand sonst die Anrede Gottes an uns ist, kennzeichnet das spezifisch christologische Verhältnis Gottes zu Jesus; daß er die Anrede Gottes *an uns* ist, bringt die wesentlich soteriologische Intention dieses Verhältnisses zum Ausdruck; daß er gerade als solcher *unsere* Antwort an Gott ist, markiert unser durch ihn vermitteltes pisteologisches Verhältnis zu Gott; daß *er* und sonst niemand unsere Antwort an Gott ist, belegt den entschieden soteriologischen Charakter seines eschatologischen Menschseins; und daß all diese Aspekte untrennbar zusammengehören, ergibt sich aus der konstitutiven Dreistelligkeit und Asymmetrie der Relation, deren Mittelglied Jesus Christus ist, und die als Relation zwischen Gott, Jesus Christus und den Menschen bzw. zwischen den Glaubenden, Jesus Christus und Gott zwar in streng konversem Bezug aufeinander, aber intensional präzis unterschieden expliziert werden muß.

Die intrinsische Doppelstruktur des eschatologischen Seins Jesu Christi ist damit theologisch aber noch wesentlich unterbestimmt. Kommt es in Jesus Christus doch nicht nur zur Vermittlung zwischen Schöpfer und Geschöpf, sondern zur *Überwindung der Kluft zwischen ignoriertem Schöpfer und sündigem Geschöpf*. Nicht einfach der Mensch, sondern der Sünder vernimmt in Jesus Christus nicht einfach nur Gott, sondern seinen von ihm ignorierten und abgelehnten Schöpfer. Er ist daher dem Zorn Gottes konfrontiert, dem er nichts entgegenzusetzen hat, weil er ihn als berechtigt anerkennen muß. Gerade dieser Zorn aber wird ihm als Ausdruck der Liebe Gottes durchschaubar, wenn er auf den Ort achtet, in dem er als abgefallenes Geschöpf mit dem sich auch im Zorn um ihn bemühenden Schöpfer konfrontiert wird. Denn insofern Jesus Christus Gottes Anrede an ihn ist, wird ihm Gott überhaupt nur dadurch *als Schöpfer* einsichtig, daß er ihn *als Versöhner* begreift. Nur weil Gott in Jesus Christus kommt, ist sein Ankommen bei uns nicht nur Gericht, sondern Rettung, die wir nicht verdienen, sondern allein ihm zu verdanken haben. Denn dieser bringt uns so vor Gott, daß wir vor ihm bestehen können und als Sünder nicht vergehen müssen.

Dies geschieht so, daß sich Gott in ihm gerade dadurch als der erweist, der uns selbst mit sich versöhnt, daß er uns, die wir sein Schöpfersein und unsere eigene Geschöpflichkeit ignorieren und bestreiten, als Sünder nicht einfach vernichtet, sondern in und durch Jesus Christus so zwischen unserem Personsein und Sündersein, zwischen unserer Person und unseren Werken unterscheidet, daß dieser die Konsequenz unserer Sünde auf sich nimmt und uns die Konsequenzen seiner Sündlosigkeit und seines Gott entsprechenden Menschseins überläßt: er geht statt unser in den Tod und ermöglicht eben so uns, mit Gott zu leben. Nur weil Gott in ihm kommt, hat seine Ankunft bei uns nicht unseren Tod, sondern ewiges Leben zur Folge. Und nur weil Gott das Leben und nicht den Tod des Sünders will, ohne deshalb aufzuhören, die Sünde zu hassen, kommt er in Jesus Christus. Indem er so und nicht anders kommt, erweist er sich als die Liebe, die er ist, da er in ihm nicht nur selbst übernimmt, wofür wir nicht einzustehen vermögen, sondern uns zugleich übergibt, was wir von uns aus nicht zu erwerben vermögen: von der Sünde ungetrübte geschöpfliche Lebensgemeinschaft mit dem Schöpfer.

§ 184 Jesus Christus als Verhältniswesen

Aus all dem folgt, daß auch Jesus Christus in strengem Sinn ein *Verhältniswesen* ist, und zwar ein Verhältnis zwischen der eschatologischen Gegenständlichkeit, in der er Christus und damit gerade auch in seinem Menschsein nichts anderes als Gottes Anrede an uns ist, und der ontischen Gegenständlichkeit, in der er diese einzigartige (christologische) Weise seines Menschseins als Jesus realisiert. Sie ist einzigartig, weil die eschatologische Gegenständlichkeit, in deren Horizont sie verwirklicht ist, sich nicht erst in der Antwort auf Gottes Bezugnahme auf ihn manifestiert, sondern eben in dieser Bezugnahme auf uns besteht.

Von ihm (und nur von ihm) kann man daher im Unterschied zum Glaubenden nicht sagen, daß er in seinem Sein Gottes Sich-in-Beziehung-Setzen zu uns entspricht, da er eben diese Bezugnahme gerade auch unter den Bedingungen von Raum und Zeit ist. Vielmehr entspricht er seiner eigenen Identität, die darin besteht, daß er Christus ist, insofern er als Jesus – und d. h. als ein ganz bestimmter Mensch in Raum und Zeit – Gottes nichtontische Gegenständlichkeit unter den Bedingungen ontischer Gegenständlichkeit eschatologisch so zur Geltung bringt, daß wir im Bezug auf ihn als Christus im Horizont dieser göttlichen Gegenständlichkeit leben können. Weil er sie eschatologisch und nicht eschatisch zur Geltung bringt, ist die ontische Gegenständlichkeit nicht einfach negiert und beseitigt, sondern in einer ganz bestimmten Richtung durchbrochen und so ihrer beschränkten Vorläufigkeit überführt. Solange sie aber nur im Prinzip und noch nicht generell überwunden ist, kann von der mit Jesus Christus präsenten nichtontischen Gegenständlichkeit Gottes ontisch nur im Modus der nicht nur kontrafaktischen, sondern auch kontrapossiblen Möglichkeit geredet werden. Im Horizont raumzeitlicher Gegenständlichkeit kann man daher strenggenommen gar nicht sagen, daß Jesus der Christus *ist*, sondern nur, daß er es eschatologisch *wurde* und immer wieder *wird*, wenn er Glauben an sich als Christus findet. In Raum und Zeit ist Jesus nicht anders Christus, als daß er immer wieder Christus, und d.h. Gottes Anrede an die Menschen und menschliche Antwort an Gott *wird*. Geschähe das nicht mehr und würde er nicht mehr so erfahren und bekannt werden, hätte er nicht nur seine Identität als Christus, sondern eben damit auch sein Sein als dieser spezifische, Gott eschatologisch vermittelnde Mensch verloren: er wäre nicht nur ein anderer, sondern überhaupt nicht (mehr) und damit überhaupt noch nie gewesen.

Die Identität Jesu Christi als eines Verhältniswesens zwischen ontischer und eschatologischer Gegenständlichkeit ist somit allein dadurch konstituiert, daß Gott sich gerade in diesem Menschen an uns wendet und zugleich ihn allein als unsere antwortende Rückwendung zu ihm akzeptiert. Er läßt ihn damit im Horizont seiner Gegenständlichkeit so Mensch sein, daß er im Horizont unserer Gegenständlichkeit in seinem Menschsein Gottes Anrede an uns ist; und er läßt ihn im Horizont unserer Gegenständlichkeit so Gott sein, daß er im Horizont seiner Gegenständlichkeit in seinem Gottsein unsere Antwort an Gott ist. Unter den Bedingungen von Raum und Zeit bringt Jesus Christus so Gottes Gegenständlichkeit in der Weise zur Geltung, daß wir, indem wir ihn als Anrede Gottes an uns vernehmen und unsere Antwort an Gott sein lassen, trotz unserer ontischen Gegenständlichkeit schon hier und jetzt eschatologisch in der Gemeinschaft mit Gott existieren können.

Während daher die doppelte Gegenständlichkeit des glaubenden Menschen als dessen zweifache Geschöpflichkeit zu explizieren war, ist die doppelte Gegenständlichkeit Jesu Christi als die *geschöpfliche Präsenz des Schöpfers in der Welt* zu bestimmen: in Jesus Christus wendet sich der Schöpfer im Horizont der durch die Sünde bestimmten Wirklichkeit der Welt in einem ganz bestimmten Geschöpf so an uns, daß wir in diesem dem Schöpfer in der Welt begegnen und uns so unserer Geschöpflichkeit und des Schöpfers bewußt zu werden vermögen. Jesus Christus ist daher nicht einfach Geschöpf, sondern als menschliches Geschöpf die *Gegenwart des Schöpfers im Horizont der Geschöpflichkeit*, so daß mit Luther behauptet werden kann und muß: »Ibi creator et creatura unus et idem est«.[1] Diese Identität bekommt ihre wahre Pointe freilich erst dadurch, daß sie nicht einfach nur in der Schöpfung, sondern in der von Gott abgefallenen, sündigen Schöpfung gilt. Eben deshalb ist Jesus Christus als die Gegenwart des Schöpfers im Horizont der Schöpfung präziser als die *Gegenwart des Ver-*

1 WA 39/2, 105, 6f.

söhners im Horizont der Sünde zu bestimmen. Er ist Gottes Bezugnahme auf uns im Horizont der durch unsere sündige Wirklichkeit absolut gesetzten und so pervertierten Gegenständlichkeit von Raum und Zeit, durch welche deren ontische Totalität eschatologisch als Schein aufgedeckt und aufgehoben wird. Raum und Zeit werden damit als Relationen zwischen Gegenständen einsichtig, die sich selbst einer eschatologischen Setzung (Schöpfung) verdanken. Und es zeigt sich, daß ihr eigentlicher Zweck nicht die Trennung von Gott und Mensch, sondern die Ermöglichung der Begegnung und Beziehung von Gott und Mensch im Kontext einer gemeinsamen Geschichte ist. In Raum und Zeit kommt so durch Jesus Christus der Geschöpflichkeitscharakter dessen zum Ausdruck, was unter den Bedingungen von Raum und Zeit existiert, indem sich in ihm der eschatologische Charakter raumzeitlicher Verhältnisse als der Begegnungshorizont von Gott und Mensch manifestiert. Jesus Christus als Hinterglied der Glaubensrelation ist daher im Unterschied zu deren Vordergliedern dasjenige Verhältniswesen, das nicht durch Gottes Kommen konstituiert ist, sondern Gottes *geschöpfliches* (und nicht nur schöpferisches), eben so aber sein uns mit ihm *versöhnendes* Kommen ist.

§ 185 Die Gegenwärtigkeit Jesu Christi

Ist Jesus gerade insofern Christus, als er immer wieder Christus wird, und d. h. als Gottes Anrede an uns erfahren und von uns als unsere Antwort an Gott gelten gelassen wird, dann ist es erforderlich, daß er den sich ändernden und verschiedenen menschlichen Erfahrungssubjekten stets aufs neue so kopräsent wird, daß diese in einen Bezug zu ihm zu treten vermögen, in dem er sich ihnen als Christus zu erweisen vermag.

Auf keinen Fall kann dieser für den Glauben konstitutive Bezug zu Jesus Christus nur historischer Art sein, wenn Glaube nicht zu einer notitia historica depraviert werden soll.[1] Die Gegenwart einer bloß historischen Größe ist niemals die Gegenwärtigkeit Jesu Christi. Es genügt also weder ein historisches Wissen um Jesus von Nazareth und dessen Leben, Lehren und Sterben noch ein historisches Wissen um die mannigfach bezeugte Tatsache, daß dieser Jesus immer wieder von Menschen als der Christus bekannt wurde und wird. In beiden Fällen handelte es sich um keine reale, sondern um eine bloß intentionale Relation zu Jesus bzw. Jesus Christus, die gerade nicht mit seiner realen Gegenwärtigkeit rechnete. Diese läßt sich daher nicht auf der Basis intentionaler Verhältnisse zwischen heutigen Menschen und anderen, die Jesus einst als Christus bekannten oder gegenwärtig als Christus bekennen, einsichtig machen und explizieren. Es kann sich aber

1 Eine solche »historicam fidem de Christo ... etiam Diabolus et omnes impii habent«, WA 40/1, 285, 22f.

ebensowenig um einen Bezug handeln zwischen Jesus, der einst existiert hat, und dem Menschen, der jetzt existiert. Vielmehr hat Jesus Christus jedem stets aufs neue so präsent zu werden, daß einerseits seine Identität mit dem geschichtlichen Jesus, der existiert hat, gewährleistet ist, andererseits aber seine Kopräsenz mit dem jeweils existierenden Menschen gegeben ist, und zwar so, daß dieser im Bezug auf ihn Gottes in dieser Person an ihn gerichtete Anrede zu vernehmen und ihr im Glauben zu entsprechen vermag.

Dieser Zusatz ist entscheidend. Denn offensichtlich kann die geforderte Gegenwärtigkeit Jesu nicht so gedacht werden, als handle es sich um die kontinuierliche Existenz des geschichtlichen Jesus. Dagegen spricht zum einen die Tatsache, daß die von uns identifizierbaren Wesen ontischer Gegenständlichkeit und damit auch Jesus κατὰ σάρκα endlich und vergänglich sind. Wenn sie existieren, dann gab es eine Zeit, zu der sie noch nicht existierten, und dann wird es eine Zeit geben, zu der sie nicht mehr existieren. Gehört es aber zum Wesen raumzeitlicher Gegenstände, wie wir sie identifizieren können, endlich und vergänglich zu sein, dann ist die Länge der Zeitspanne ihrer Existenz relativ unerheblich, da selbst die nur kontrafaktisch denkbare dauernde Existenz eines solchen raumzeitlichen Gegenstands etwas prinzipiell anderes ist als die Existenz eines eschatologischen Gegenstands. Gerade letzteres aber, nämlich Existenz unter den Bedingungen der Gegenständlichkeit Gottes, meint der theologische Begriff der Ewigkeit. Er ist daher nicht im geringsten mit dem Begriff des Immer-Seins, Ohne-Ende-Seins o. ä. eines raumzeitlichen Gegenstands zu verwechseln. Sempiternitas ist vielmehr der spezifische Charakterzug, der die mit Gott versöhnte Schöpfung im Horizont der eschatologischen Gemeinschaft mit dem Schöpfer auszeichnet: geschöpfliches Sein im Horizont der Ewigkeit des Schöpfers ist immerwährendes Sein. Das Zweite ist, daß eine per impossibile angenommene kontinuierliche Existenz des geschichtlichen Jesus ihn noch keineswegs als Christus auszeichnete und als solche weder Anlaß noch Grund wäre, ihn als Christus zu erfahren und zu benennen. Er wäre dann zwar in gewissem Sinn mit allen kopräsent, die gleichzeitig bzw. zu irgendeiner Zeit mit ihm existierten, er wäre jedoch keinem von ihnen *ganz* und *vollständig* gegenwärtig, sondern immer nur mit der Spanne seines Lebens, die mit der Lebensspanne (d. h. der Existenz in der Zeit) eines anderen zusammenfiele. Doch selbst wenn man, das ist das Dritte, von dieser nur teilweisen Kopräsenz absieht, wäre auch die ganze Gegenwart des geschichtlichen Jesus nicht die Gegenwart des ganzen Jesus Christus, da wir es auch dann immer nur mit einem Wesen in Raum und Zeit zu tun hätten, dessen für sein Wesen und seine Identität konstitutive eschatologische Gegenständlichkeit ontisch nicht einmal als verborgen konstatiert werden könnte, so daß er gerade nicht als der präsent wäre, der er ist.

Jesus Christus wird vielmehr erst dann richtig und im Vollsinn als gegenwärtig gedacht, wenn er in der Totalität des ihn konstituierenden Verhältnisses ontischer und eschatologischer Gegenständlichkeit vergegenwärtigt wird. Das ist weder der Fall, wenn man sich historisierend an der ontischen Kopräsenz des geschichtlichen Jesus mit einem Menschen orientiert, noch dann, wenn man nur abstrakt die eschatologische Kopräsenz Gottes mit einem Menschen in seiner an ihn gerichteten Anrede ins Auge faßt. Denn im ersten Fall kommt Jesus nicht als Christus, im zweiten dagegen Christus nicht als Jesus in den Blick. Um die Gegenwärtigkeit Jesu Christi vielmehr konkret und damit so zu denken, daß sowohl die Identität des geschichtlichen Jesus mit dem verkündigten Christus als auch die Kopräsenz dieses Jesus Christus mit dem jeweiligen Menschen reale Wirklichkeit ist, ist sie als *Vergegenwärtigungsgeschehen* zu begreifen, in dem Jesus mir als Christus ontisch gegenwärtig wird und ich ihm als Glaubender eschatologisch gegenwärtig werde. Nur als diese doppelte Vergegenwärtigungsbewegung, die nicht nur Jesus Christus, sondern gleichermaßen auch mich betrifft, weil sie sich in beiden Fällen nicht als menschliches, sondern ausschließlich als göttliches Handeln vollzieht, wird die Gegenwärtigkeit Jesu Christi als nicht nur intentionales, sondern reales Geschehen explizierbar. Denn nur wenn es nicht nur darum geht, wie ich mir Jesus Christus vergegenwärtigen kann, so daß Jesus Christus zu mir kommt, sondern damit immer schon zugleich um die Frage, wie ich ihm vergegenwärtigt werde, so daß ich zu ihm komme, ist die für den christlichen Glauben konstitutive reale Gegenwärtigkeit Jesu Christi so thematisiert, daß sie nicht in die aporetische Frage mündet: »Christus est in coelis, tu in terris; qua ratione nunc venies ad eum?«[2] Die Gegenwärtigkeit Jesu Christi ist niemals nur Resultat seines Kommens zu mir oder meines Kommens zu ihm, sondern das Geschehen, in dem dieses beiderseitige Zusammenkommen in der Einheit eines göttlichen Handlungszusammenhangs mich Jesus Christus und Jesus Christus mir vergegenwärtigt.

§ 186 Christliche Verkündigung

Wie wird der mit dem geschichtlichen Jesus identische Jesus Christus mir hier und heute gegenwärtig? Die Antwort muß auf jeden Fall lauten: durch ein *Handeln Gottes*. Sie kann aber sogleich präzisiert werden: durch ein *gemeinsames Handeln* (§ 120), an dem Menschen als cooperatores Dei konstitutiv mitwirken. Denn Jesus Christus wird mir hier und heute nicht anders gegenwärtig, als daß einerseits in ontischer Hinsicht das in Jesu verborgene Sein als Christus sprachlich aufgedeckt und zum Verstehen gebracht wird, andererseits aber auch in eschatologischer Hinsicht das ontische Gewesensein Jesu sprachlich vergegenwärtigt wird. Allein so bleibt unter den Bedingungen menschlicher Gegenständlichkeit in Raum und Zeit gewahrt, daß es gerade dieser Mensch Jesus ist, der seine Identität als Christus hat. Unter

2 WA 40/1, 282, 24f.

diesen Bedingungen kann dies aber nicht anders gewahrt bleiben als durch menschliche Rede von Jesus Christus: daß Menschen von Jesus Christus *reden*, ist die unerläßliche Bedingung der Möglichkeit seiner Gegenwärtigkeit und zeichnet die so von ihm redenden Menschen als unverzichtbare cooperatores Dei aus. Denn erst dadurch, daß sowohl die ontische Verborgenheit des Seins Jesu Christi in der eschatologischen Gegenständlichkeit Gottes als auch die Vergangenheit seines Seins in der ontischen Gegenständlichkeit von uns Menschen *sprachlich* überwunden werden, wird die Identität Jesu Christi gewahrt und dieser als der vergegenwärtigt, der er in Wahrheit ist. Sowohl daß Jesus *Christus* ist als auch daß Christus *Jesus* ist, kann unter den Bedingungen von Raum und Zeit nur in der Sprache zur Darstellung kommen und zur Erfahrung gebracht werden. *Erst der als Christus vom Menschen zur Sprache gebrachte und als Jesus in der Sprache präsent gehaltene Jesus Christus bietet die Möglichkeit, ihn hier und jetzt als Gottes Anrede zu vernehmen und dieser Anrede im Glauben an ihn zu entsprechen.*[1]

Als Christus zur Sprache gebracht und als Jesus präsent gehalten wird Jesus Christus in der *christlichen Verkündigung*. Dieser obliegt es daher auch, sowohl die Identität des verkündigten Christus mit dem geschichtlichen Jesus zu garantieren als auch dessen Kopräsenz mit den jeweiligen Hörern immer wieder herzustellen. Das erste tut sie, indem sie ganz dezidiert *Jesus* und sonst nichts als Christus verkündigt. Durch stets neuen narrativen Rückgriff auf die biblischen Schriften als die diesen Jesus ursprünglich identifizierenden Dokumente stellt sie sicher, daß in der Kontinuität ihres Redens von Jesus mit diesem Namen immer wieder neu auf denselben Menschen Bezug genommen wird und damit die Identität ihres Bezugsgegenstandes trotz unterschiedlicher Bezugnahmen aufgrund der referenzwahrenden Tradition der an der Schrift normierten Verkündigung erhalten bleibt. Das Zweite tut sie, indem sie Jesus als Christus *verkündigt*, ihn so (a) immer wieder neu ihren Hörern vergegenwärtigt, und zwar (b) *als Christus* vergegenwärtigt, und auf diese Weise sein Sein mit dem ihren kopräsent macht.

Diese Vergegenwärtigung des Seins Jesu Christi in der und durch die Verkündigung ist weder ein bloß historisches Präsentieren des geschichtlichen Jesus (bzw. dessen, was historische Forschung von ihm in Erfahrung zu bringen vermag) noch etwa die tatsächliche – nur mirakulös zu nennende – Vergegenwärtigung des Jesus κατὰ σάρκα. Entsprechend ist ihr Resultat auch weder die (faktische) Kopräsenz Jesu noch die (nur verbale) Kopräsenz eines historischen Berichts von Jesus. Nicht nur das letzte, sondern

1 Das ist der eigentliche und tiefste Grund für die Bedeutung der *Sprache* für die Theologie. Eschatologische Sachverhalte lassen sich unter den Bedingungen von Raum und Zeit nur sprachlich aufdecken und vermitteln, da ihre Wahrheit die ontische Wirklichkeit prinzipiell überschreitet.

auch das erste wäre – ganz abgesehen von allen anderen damit sich stellenden Problemen – eine viel zu schwache Leistung der Verkündigung, da sie auch bei solch mirakulöser Überwindung der Zeitdifferenz zwischen Einst und Jetzt ganz im Horizont der Bedingungen raumzeitlicher Gegenständlichkeit befangen bliebe und allenfalls Jesus, nicht aber Jesus Christus vergegenwärtigen würde. Doch die Identität Jesu Christi ist nicht deckungsgleich mit der Identität Jesu, so daß seine tatsächliche Vergegenwärtigung κατὰ σάρκα nicht weniger unzulänglich bliebe als die Beschränkung auf einen bloßen historischen Bericht von ihm. Wäre damit doch – wie wir sahen – gerade nicht derjenige Gegenstand präsent, zu dem der Mensch in Beziehung treten muß, um Gottes Bezugnahme auf ihn zu entsprechen.[2]

Die von der Verkündigung propagierte Geschichte Jesu Christi ist vielmehr die sprachliche Präsentation des Verhältniswesens, das Jesus Christus ist, nicht nur (obgleich immer auch) hinsichtlich seiner ontischen, sondern auch hinsichtlich seiner eschatologischen Gegenständlichkeit, und zwar so, daß der eschatologische Vorgang sprachlich zur Darstellung und sachlich zum Ziel kommt, durch den sich Gott unter den Bedingungen von Raum und Zeit in einem ganz bestimmten Menschen auf uns bezieht und für uns erfahrbar macht. Von christlicher Verkündigung kann daher überhaupt erst dann gesprochen werden, wenn die Geschichte Jesu Christi κατὰ σάρκα und κατὰ πνεῦμα präsentiert wird, aber so, daß sie als Pointe *meiner eigenen Geschichte* zur Sprache kommt, indem das *extra nos* Jesu Christi als *pro nobis* des in ihm sich vollziehenden Liebeshandelns Gottes verkündigt wird. Erst die Erzählung dieser im Horizont von Raum und Zeit sich vollzogen (und diesen damit gewissermaßen von innen her transzendiert) habenden eschatologischen Geschichte als *das Handeln Gottes in meiner Geschichte* vergegenwärtigt Jesus Christus so, daß seine Kopräsenz mit dem Hörenden Glauben möglich macht. Die Verkündigung ist so gesehen der sprachliche Vorgang, durch den die eschatologische Geschichte von Gottes Sich-in-Beziehung-Setzen zu uns, die sich im Sein Jesu Christi als wahrer Mensch und wahrer Gott ontisch ereignete, unter den Bedingungen von Raum und Zeit explizit artikuliert und immer neu vergegenwärtigt wird; und dieser Sprachvorgang bekommt überall dort, wo auf diese Geschichte mit Glaube reagiert und die von ihr gebotene Möglichkeit eschatologischer Existenz realisiert wird, selbst eschatologische Qualität.

§ 187 Kopräsenz im Glauben

Nur wo die Verkündigung selbst eschatologische Qualität gewinnt, kommt sie an ihr Ziel. Sie hat diese Qualität nicht als menschliche Rede, da sie

2 WA 7, 58, 31–34: »... Non esse satis nec Christianum, si Christi opera, vitam et verba praedicemus historico more, ceu res quasdam gestas, quas nosse satis sit ad vitae formandae exemplum ...«.

wirksames Wort nicht von sich aus, sondern allein durch das Wirken des heiligen Geistes ist. Das von ihr intendierte Ziel ist damit von der Art, daß es der handelnde Mensch prinzipiell nicht zu realisieren vermag. Wer die Geschichte Jesu Christi verkündigt, vollzieht eine Handlung, die er allein überhaupt nicht durchzuführen vermag, sondern zu deren Durchführung er konstitutiv auf das Mit-Handeln Gottes angewiesen ist: ›verkündigen‹ ist ein Handlungsprädikat, das immer nur dann wahrheitsgemäß ausgesagt wird, wenn es zugleich auf Gott und einen Menschen angewendet werden muß. Christliche Verkündigung ist daher paradigmatischer Fall des gemeinsamen (und nicht nur relationalen) Handelns Gottes (§ 120). Nicht der Mensch, sondern der Mensch zusammen mit Gott ist das Subjekt des Verkündigens. Denn nicht die Überzeugungskraft des menschlichen Verkündigers, sondern allein der heilige Geist läßt menschliche Rede von Jesus Christus Gottes Anrede an mich und damit zur nicht nur verbalen, sondern realen Gegenwart Jesu Christi für den Hörenden werden.

Real und nicht nur verbal ist diese Kopräsenz Jesu Christi mit dem die Verkündigung glaubend Hörenden deshalb, weil nicht nur Jesus Christus verbal in seiner Gegenwart, sondern er real in dessen Gegenwart lokalisiert wird. Diese reale Lokalisierung ist keine Ortsbewegung des Hörenden an einen relativ entfernteren Ort in der Vergangenheit oder Zukunft, kein Hinaufsteigen in den Himmel, um Christus herabzuholen, und kein Hinabsteigen in die Tiefe, um Christus von den Toten heraufzuholen (Röm 10,6f). Wo immer er sich als Mensch hinbewegte, er bliebe im Horizont seiner ontischen Gegenständlichkeit und würde damit nicht Jesu Christi, sondern allenfalls des geschichtlichen oder des toten Jesus ansichtig. Indem er sich vielmehr an das ihm gegenwärtige und nahe Wort vom Glauben hält, das gepredigt wird (Röm 10,8), vollzieht er einen Übertritt in ein neues Identifikationssystem, in dessen Horizont er als neuer Mensch zu Jesus Christus so in Beziehung steht, wie er es als alter Mensch niemals kann. Wer der christlichen Verkündigung glaubt, hält nicht nur für wahr, was diese von Jesus Christus behauptet, sondern weiß sich durch das Wirken des heiligen Geistes in die Gegenwart dessen versetzt, von dem die Verkündigung spricht. Er vernimmt diese spezifische menschliche Rede im Glauben als Gottes gerade ihm geltende, ihn als Gesetz richtende und als Evangelium rettende Anrede, weil er durch das Wirken des heiligen Geistes nicht nur der Mensch bleibt, der im Horizont ontischer Gegenständlichkeit von Jesus Christus hört, sondern der Glaubende wird, der im Horizont der eschatologischen Gegenständlichkeit Gottes in realem Bezug zu Jesus Christus existiert.

In der Glauben findenden Verkündigung wird Jesus Christus daher verbal vor uns, wir aber real vor ihn gebracht. Nur in dieser Kopräsenz eines wechselseitigen, durch menschliches und göttliches Zusammenhandeln sich vollziehenden Vergegenwärtigungsgeschehens gibt es christlichen Glauben. Denn soll dieser kein Hirngespinst und keine Träumerei sein, dann »Opportet Christum et fidem omnino coniungi, opportet simpliciter nos in coeli versari et Christum esse, vivere et operari in nobis«.[1] Jeder Versuch, die Vergegenwärtigung Jesu Christi in der Verkündigung als ein ihn nur verbal in unserer Gegenwart lokalisierendes Geschehen verstehen zu wollen, geht an der eigentlichen Pointe dieses Geschehens vorbei, das als ein gemeinsam mit (anderen) Menschen vollzogenes, gerade uns betreffendes relationales Handeln Gottes unsere Gegenwart und uns selbst nicht unberührt läßt. Wer durch dieses Geschehen betroffen ist, wird nicht nur verändert, sondern ein anderer, ein neuer Mensch. Wäre dies nicht so, könnte man die nicht nur verbale, sondern reale Gegenwärtigkeit Jesu Christi in der Tat nur so bestimmen, daß man behauptet, »Christum spiritualiter, hoc est, speculative in nobis esse«. Aber die Konzeption einer solchen spiritualen Gegenwart Christi in uns ist nichts als die Folge einer einseitigen Konzentration auf nur einen Pol und Aspekt des Vergegenwärtigungsgeschehens der Verkündigung, als ob nur mit Jesus Christus, nicht aber auch mit uns etwas geschähe. Eben deshalb ist sie reine »Sectariorum speculatio«, die ganz unberücksichtigt läßt, daß ja gerade wir es sind, die sich in diesem Geschehen real verwandeln, da nicht nur Jesus Christus vor uns, sondern vor allem *wir vor ihn* gebracht werden. Denn nur und gerade insofern, als wir ganz in seine Gegenwart versetzt werden, indem Gott der heilige Geist uns im Glauben in die eschatologische (himmlische) Gegenwart Jesu Christi und damit real in den Horizont seiner eigenen Gegenständlichkeit versetzt, können wir sagen, daß Jesus Christus »vivit ... et operatur in nobis non speculative, sed realiter, praesentissime et efficacissime«. Verstanden als Bedingung der Möglichkeit einer spiritualen Gegenwart Jesu Christi bei uns ist das Verkündigungsgeschehen daher im Wesentlichsten gerade nicht begriffen. In seiner eigentlichen Bedeutung wird es vielmehr erst einsichtig, wenn es als das Geschehen gemeinsamen menschlichen und göttlichen Handelns expliziert wird, das uns Jesus Christus in der Sprache ontisch so vergegenwärtigt, daß wir ihm im Glauben eschatologisch vergegenwärtigt werden, indem wir durch das Wirken des heiligen Geistes die menschliche Rede von ihm als Gottes Anrede an uns vernehmen. Die Gegenwärtigkeit Jesu Christi ist daher streng und im eigentlichen Sinn *unsere durch Gott den heiligen Geist bewirkte Kopräsenz mit dem uns verkündigten Jesus Christus im Glauben*.

§ 188 Sakramentale Gegenwart

Die für den Glauben konstitutive Kopräsenz des Glaubenden mit Jesus Christus vollzieht sich in der unauflöslich zweifachen Weise, daß er uns verbal, wir ihm real vergegenwärtigt werden, und zwar so, daß wir ihm nur des-

1 Dieses Zitat und die folgenden: WA 40/1, 546, 24–28.

halb real vergegenwärtigt werden, weil er verbal vor uns gebracht wird (Röm 10,17). Ohne Verkündigung kein Glaube, ohne verbale Vergegenwärtigung Jesu Christi keine reale Kopräsenz mit Jesus Christus. Keines kann ohne das andere geschehen, ohne daß der Glaube zerstört wird. Bloß verbale Vergegenwärtigung Jesu Christi ist ohne Wirken des heiligen Geistes nichts als menschliche Rede, die keinen Glauben zu wirken vermag; ohne verbale Vergegenwärtigung Jesu Christi aber gibt es kein Wirken des heiligen Geistes und damit keine Glauben weckende Anrede Gottes. Erst aufgrund dieser Doppelstruktur verbaler und realer Kopräsenz ist das Vergegenwärtigungsgeschehen nicht nur ein Ereignis im Horizont der ontischen Gegenständlichkeit des Menschen oder nur ein Geschehen im Horizont der eschatologischen Gegenständlichkeit Gottes, sondern gerade die durch Gottes gemeinsames Handeln mit den Menschen geschehende Vermittlung zwischen beiden (vgl. § 120).

Mit dieser für sie konstitutiven Doppelstruktur eines gemeinsamen Handelns von Gott und Mensch hat sie aber einen ausgesprochen *sakramentalen Charakter*. Sakramente sind kirchliche Handlungsvollzüge und damit Handlungen der im Glauben mit Jesus Christus vereinigten Gemeinde, durch die sich deren eschatologisches Leben in der Gemeinschaft mit Gott unter den Bedingungen von Raum und Zeit vollzieht. Sie sind bestimmte ontische Handlungen, die eine von Menschen überhaupt nicht realisierbare Intention verfolgen: im Horizont unserer ontischen Gegenständlichkeit real mit dem in diesem Horizont nicht lokalisierbaren Gott Vater, Sohn und heiligen Geist zu kommunizieren. Zu dieser Kommunikation kommt es nicht allein durch die von Menschen, die sich als Glaubende bekennen, beobachtbar und beschreibbar ausgeführten Handlungen, es kommt aber auch nicht ohne sie zu ihr. Nur als menschliche Handlungen sind diese kirchlichen Handlungsvollzüge daher ganz unterbestimmt. Sie müssen vielmehr sofort dahingehend präzisiert werden, daß sie die für solches Kommunizieren unerläßlichen menschlichen Handlungsvollzüge eines *gemeinsamen Handelns Gottes für und mit uns* sind,[1] durch die wir uns Jesus Christus so vergegenwärtigen, daß wir uns selbst durch ihn in den eschatologischen Horizont der Gegenständlichkeit Gottes versetzen lassen. Sind die sakramentalen kirchlichen Handlungsvollzüge aber konstitutiv solches *gemeinsames Handeln*, dann haben sie nie nur ein menschliches (und sei es ein plurales!), sondern immer auch ein göttliches Handlungssubjekt. Ohne aktive Beteiligung Gottes lassen sie sich nicht ausführen. Während aber Gott von sich aus an ihnen teilnimmt, kann sich der Mensch gerade nicht von sich aus daran beteiligen. Er muß vielmehr durch Gott selbst dazu ermächtigt und

1 Das »Tun Gottes ist im Sakrament gerade dadurch charakterisiert, daß es *nicht ohne* eigentliche und wesentliche Mit-Beteiligung von menschlichen ›Akteuren‹ statthat.« R. Schulte, Mitarbeiter Gottes. Theologische Überlegungen zur Sakramentalität des kirchlichen Amtes, in: *Leiturgia, Koinonia, Diakonia. Festschrift für Kardinal Franz König zum 75. Geburtstag*, hg. v. R. Schulte, Wien/Freiburg/Basel 1980, S. 391–427, S. 405.

befugt werden. Ist er das nicht, sondern nimmt er von sich aus teil, vollzieht er nur die menschlichen Handlungen mit, ohne daß es dabei zu einem gemeinsamen Handeln mit Gott käme. Was er tut, hat damit keinerlei sakramentalen Charakter. Als gemeinsames Handeln der glaubenden Menschen mit Gott sind sakramentale Handlungen nur deshalb möglich, weil sie sich einem ausschließlich und uneingeschränkt *relationalen Handeln* Gottes verdanken, in dem dieser ohne jegliches Zutun unsererseits eine Beziehung zwischen uns und ihm herstellt, die es uns überhaupt erst ermöglicht, mit ihm gemeinsam zu handeln und so mit ihm zu kommunizieren. Eben diese konstitutive Fundierung des in den Sakramenten gemeinsam vollzogenen Handelns in dem nur von Gott vollzogenen relationalen Handeln im Blick auf uns kommt in den kirchlichen Sakramenten in der unaufhebbaren Bindung der menschlichen Handlungsvollzüge an das göttliche Einsetzungs- und Verheißungswort zum Ausdruck: nur weil Gott ohne unser Zutun so im Hinblick auf uns handelt, daß wir Glaubende werden, können wir als Glaubende in der realen Gemeinschaft mit Jesus Christus gemeinsam mit Gott so handeln, daß es zu realer Kommunikation zwischen uns und ihm kommt. So manifestiert sich im Herrenmahl im unauflöslichen Beieinander von verbum visibile und verbum invisibile nicht nur die Identität des verkündigten Christus mit dem gekreuzigten Jesus, sondern vor allem auch die allein durch Gottes Handeln selbst ermöglichte reale Teilnahme der Glaubenden an dem durch Jesus Christus vermittelten und sich daher für jeden im Nachvollzug von Kreuz und Auferstehung vollziehenden Leben in der Liebesgemeinschaft Gottes. Jesus Christus wird in ihm also nicht nur wie in der Predigt verbal so vergegenwärtigt, daß es durch das Wirken des heiligen Geistes zu unserer realen Kopräsenz mit ihm im Glauben kommt, sondern diese reale Kopräsenz und Gemeinschaft mit ihm wird im Vollzug der kirchlichen Mahlgemeinschaft unter den Bedingungen von Raum und Zeit sichtbar zur Darstellung gebracht. Handelnd wird so manifestiert, daß Jesus Christus nicht nur verbal oder spiritual, sondern real gegenwärtig ist und so der ganze Mensch als Geschöpf die durch ihn vermittelte Lebensgemeinschaft mit dem Schöpfer schon hier und jetzt vollziehen kann.

Die sowohl verbale als auch reale Kopräsenz Jesu Christi mit dem Glaubenden und des Glaubenden mit ihm drängt so von sich aus danach, sich sakramental zu manifestieren und so nicht nur eschatologisches Geschehen, sondern ontisch zur Darstellung kommendes eschatologisches Geschehen zu sein. Wer glaubt, steht nicht nur in realem Bezug zu Jesus Christus, weil Jesus Christus verbal vor ihn gebracht wurde und er diese menschliche Rede durch den heiligen Geist als gerade ihm geltende Anrede Gottes vernimmt, sondern er will und muß diesen realen Bezug auch in seinem menschlichen Leben in Raum und Zeit zur Darstellung und damit sich selbst in seinem Handeln in Entsprechung zu seinem Sein bringen. Er tut dies einmal, indem er der Liebe, an der er teilhat, in seinem Handeln zu entsprechen sucht; er tut dies aber auch dadurch, daß er die Liebesgemeinschaft, in die er hineingenommen ist, aktiv mitvollzieht. Er handelt daher nicht nur in menschlicher *Entsprechung* zu Gottes Handeln an ihm, sondern auch *gemeinsam* mit Gott und entspricht eben so dem Doppelgebot der Liebe. Weder das eine noch das andere aber könnte er, ohne das seinem Handeln in jeder Hinsicht zuvorkommende und ihn durch Jesus Christus in eine gemeinsame Geschichte mit sich hineinnehmende Handeln Gottes an ihm. Und da er von dieser Geschichte, an der er teilhat, nicht anders erfährt als durch die Verkündigung, ist das Verkündigen der Geschichte Jesu Christi als das über die Geschichte eines jeden Menschen entscheidende Geschehen dasjenige gemeinsame Handeln Gottes mit dem Menschen und des Menschen mit Gott, an dessen Mitvollzug jeder Glaubende kraft seines Glaubens notwendig beteiligt ist.[2]

§ 189 Jesus Christus als Verkündiger

Die menschliche Verkündigung der Geschichte Jesu Christi ist notwendige Bedingung der Möglichkeit realer Kopräsenz des Glaubenden mit Jesus Christus. Ohne sie gibt es keinen christlichen Glauben, sondern allenfalls ein historisches Glauben. Denn ohne sie ist vielleicht ein historisches Jesusbild oder ein historisches Bekenntnis zu ihm als Christus, nicht aber Jesus Christus selbst gegenwärtig.

Diese eschatologische Bedeutsamkeit des ontischen Sprachgeschehens der Verkündigung sowohl zur Vergegenwärtigung der Geschichte Jesu als auch zur Aufdeckung ihrer eschatologischen Qualität als Geschichte Christi und damit als Gottes menschlicher Geschichte mit mir zeigt sich beispielhaft daran, daß es zum Glauben an Jesus Christus nicht von ungefähr erst nach dem Tod Jesu und nicht vor Pfingsten, d. h. dem Zeitpunkt kam, zu dem Jesu Geschichte als die des Christus zu verkündigen begonnen wurde. Erst damit wurde nicht nur das menschliche Sein Jesu Christi der mit dem Tod Jesu eingetretenen Vergangenheit strittig gemacht, sondern auch die zu seinen Lebzeiten unter seiner ontischen Gegenständlichkeit verborgene Identität und eschatologische Gegenständlichkeit explizit zur Sprache gebracht. Erst damit aber kam für uns Menschen in Raum und Zeit sein Sein als Ganzes in den Blick, war er in der Sprache ganz vergegenwärtigt und konnte daher als Christus erfahren, geglaubt und bekannt werden. Die ontische Abwesenheit Jesu ist so Voraussetzung seiner sprachlichen Vergegenwärtigung in der Verkündigung und der realen Kopräsenz der Glaubenden mit ihm, die immer mehr ist als nur ein reales Verhältnis zu Jesus von Nazareth. Denn jedes derartige Verhältnis hätte es nur mit einem Teil(aspekt) des Lebens Jesu zu tun und damit weder mit dem ganzen Jesus noch mit demjenigen, der Jesus in Wahrheit ist. Seine ontische Abwesenheit ge-

2 Eben aus diesem Sachverhalt leitet sich das Priestertum aller Gläubigen her.

hört so konstitutiv zu seiner eschatologischen Präsenz als Jesus Christus, da erst mit seinem Tod sein ganzes ontisches Sein als die eschatologische Anrede Gottes an die Menschen und damit er als Ganzer in seiner ontischen und eschatologischen Gegenständlichkeit zur Sprache kommen konnte. Erst jetzt konnte seine individuelle Geschichte in ihrer universalen Bedeutsamkeit erkannt und als das entscheidende Moment der Geschichte eines jeden Menschen verkündigt werden. Denn kein Mensch kann den tödlichen Konsequenzen seines eigenen Handelns anders entgehen, als daß er sich im Glauben real an diese Geschichte Jesu Christi anschließen läßt. Erst jetzt konnte es damit zur Kopräsenz des Glaubenden mit Jesus Christus kommen.

In diesem Sinn ist die bekennende Erzählung der eschatologischen Geschichte Jesu Christi, die sich ontisch ereignet hat, die einzige Weise, in der dieser durch unser menschliches Handeln den variablen Adressaten dieser Verkündigung so kopräsent gemacht werden kann, daß er sich ihnen als Christus zu erweisen vermag. Denn erst in der von ihm *als Christus* erzählenden Geschichte läßt sich unter den Bedingungen von Raum und Zeit die eschatologische Nähe Gottes zu uns überhaupt als Möglichkeit in den Blick rücken; aber nur indem *von ihm* als Christus erzählt wird, wird diese abstrakte, weil sowohl kontrafaktische als auch kontrapossible Möglichkeit ontisch konkretisiert und als konstitutives Moment des Lebens und Sterbens eben dieses Jesus von Nazareth zur Sprache gebracht. Erst in der Verkündigung Jesu als des Christus wird daher dessen in seinem ontischen Sein verborgenes eschatologisches Sein ontisch explizit und als nicht nur gegen alles Faktische und faktisch Mögliche postulierte, sondern schon realisierte Möglichkeit bekannt. Erst als Verkündigter ist Jesus Christus daher ganz er selbst.

§ 190 Fiktionalität und christliche Verkündigung

Geradezu unumgänglich trägt diese Geschichte dann aber fiktionale Züge, da sie erst in ihrer sprachlichen Artikulation ihre ganze Wahrheit enthüllt. Das, von dem sie handelt, ist unter den Bedingungen von Raum und Zeit nur in dem, was sie sagt, ganz da: ihre eschatologische Thematik überholt alle ontische Wirklichkeit *und* Möglichkeit und bleibt ihnen gegenüber eine prinzipiell unausweisbare Möglichkeit. Sie ist daher durchaus etwas anderes als konkrete, am raumzeitlich Möglichen orientierte Utopie. Aber sie ist auch etwas ganz anderes als bloße Fiktion. Unterscheidet sie sich von letzterer durch ihren Wahrheitsanspruch,[1] so von ersterer aufgrund des so-

1 Das bestätigt Sir Philip Sydney mit folgenden Worten: »Now for the poet, he nothing affirms, and therefore never lieth. For, as I take it, to lie is to affirm that to be true which is false ... But the poet (as I said before) never affirmeth ... And therefore, though he recount things

wohl kontrafaktischen wie kontrapossiblen Charakters ihres Wahrheitsanspruchs. Christliche Verkündigung erhebt den Wahrheitsanspruch, daß die von ihr artikulierte Möglichkeit eschatologischen Seins (eines Seins in der Gemeinschaft mit Gott) nicht erst realisiert werden muß und von uns ontisch auch gar nicht realisiert werden kann, sondern in Jesus Christus schon realisiert ist und die vorhandene Wirklichkeit der Welt tatsächlich eschatologisch überholt hat. Dieses schon realisierte eschatologische Sein wird nicht nur möglich, sondern wirklich für uns im Bezug auf Jesus Christus, ohne deshalb zu einer unserer Möglichkeiten zu werden: wir haben es immer und überhaupt nur in diesem Bezug, der als eschatologisches Geschehen Gottes Handeln ist und eben deshalb nie zu unserer ontischen Verfügung steht. Eben deshalb vermögen wir dieses Sein unter den Bedingungen raumzeitlicher Wirklichkeit nicht zu verifizieren, sondern nur assertorisch zur Geltung zu bringen, ohne es dadurch freilich im Horizont der Welt von Fiktion eindeutig unterscheiden und andere von seiner Wahrheit überzeugen zu können: der Welt klingt es wie Torheit, und wer diese Torheit als Wahrheit erkennt, der weiß, daß er dies nicht der Welt und nicht sich selbst, sondern einzig Gott verdankt (1Kor 1). Doch eben deshalb muß es in der Welt als Torheit zur Sprache kommen, damit Gott uns diese Torheit als Wahrheit erkennen lassen kann. Das allein ist die ratio essendi der christlichen Verkündigung, der »Torheit der Predigt«, wie Paulus sagt (1Kor 1,21). Christliche Verkündigung ist daher gerade aufgrund ihrer Unfähigkeit, als menschliche Rede von sich aus zu überzeugen oder ihre eigenen Behauptungen zu verifizieren, konstitutiv auf die Sprache angewiesen, die eben dadurch, daß sie mehr zu sagen vermag als das, was wirklich und ontisch möglich ist, im Horizont ontischer Gegenständlichkeit als einzige in der Lage ist,[2] gegen die durch diese bestimmte Wirklichkeit der Welt eine deren Wirklichkeit und Möglichkeit zugleich überholende *Wahrheit* – wenn auch nicht anders als im eigentlich unmöglichen Modus einer als wahr behaupteten Fiktion – zur Geltung zu bringen.

not true, yet because he telleth them not for true, he lieth not – without we will say that Nathan lied in his speech before-alleged to David; which as a wicked man durst scarce say, so think I none so simple would say that Aesop lied in the tales of his beasts; for who thinks that Aesop writ for actually true were well worthy to have his name chronicled among the beasts he writeth of.« *Apology for Poetry*, zitiert nach A. Plantinga, *The Nature of Necessity*, Oxford 1974, S. 161f.

2 Deshalb ist alle bildliche Darstellung, die den Möglichkeitshorizont ontischer Wirklichkeit nicht zu verlassen vermag, fragwürdig.

Teil F Gott existiert

§ 191 ›Gott existiert‹ als eschatologische Behauptung

Die Überlegungen der vorangehenden Teile zur theologischen Explikation der christlichen Behauptung der Existenz Gottes haben zu folgenden Einsichten geführt:

Christen behaupten die Existenz Gottes und damit das Bestehen einer ontologischen Relation zwischen Gott und sich nicht willkürlich, sondern auf der Grundlage ihrer Glaubensrelation zu Jesus Christus. Zu Recht tun sie das allerdings nur dann, wenn diese Relation besteht und wenn sie real ist. Unsere Überlegungen zur Realität der von den Christen in Anspruch genommenen Glaubensrelation ergaben, daß sowohl im Hinblick auf den glaubenden Menschen als deren Vorderglied als auch im Hinblick auf Jesus Christus als deren Hinterglied ein Verhältnis zwischen ontischer und eschatologischer Gegenständlichkeit ins Auge zu fassen ist, das unter den Bedingungen von Raum und Zeit nur als eine Möglichkeit zur Sprache gebracht werden kann, die Wirklichkeit *und* Möglichkeit der Welt prinzipiell transzendiert. Damit haben wir die Bedingungen der Möglichkeit der Realität des Glaubens erhellt; von einem Aufweis der Realität dieser Relation hingegen kann keine Rede sein. Ein solcher ist aufgrund der Art derselben sogar strikt ausgeschlossen. Denn daß es Glaubende und daß es Jesus Christus gibt, sind vom Glauben selbst vertretene und nicht unabhängig von ihm ausweisbare *eschatologische* Sachverhalte. Sie bestehen überhaupt nur dort, wo Gott sie durch seine Nähe konstituiert, und sie werden nur dann erfahren, wenn Gott seine konstituierende Nähe durch seine pneumatologische Nähe selbst zur Erfahrung bringt. Das aber bedeutet, daß auch die Glaubensbehauptung der Existenz Gottes auf der Grundlage einer durch den Geist gewirkten eschatologischen Erfahrung einen eschatologischen Sachverhalt artikuliert: ›Gott existiert‹ als ontologische Grundbehauptung christlicher Rede ist eine wesentlich *eschatologische Behauptung*, die ontisch nicht und daher auch vom Menschen in keiner Weise als wahr ausgewiesen werden kann, sondern sich nur als wahr erweist, wenn sie von Gott selbst eschatologisch so erwiesen wird.

§ 192 Homo mensura – Mensura hominis

Christen behaupten Gottes Existenz angesichts der unbestreitbaren ontischen Differenz zwischen sich und Gott nicht nur ausschließlich auf der Grundlage des Glaubens an Jesus Christus, sondern sie beanspruchen damit zugleich, daß sie sich *nur* auf dieser Grundlage behaupten läßt, wenn wirklich von Gott und nicht von irgendetwas anderem als Gott und damit einem Abgott oder einem Götzen die Rede sein soll. Ohne diesen Glauben wüßte man nicht, von wessen Existenz die Rede ist und ob überhaupt die Existenz von irgendetwas und nicht vielmehr nichts behaupet wird. Nur wenn es Glauben gibt, kann Gottes Existenz mit Gründen behauptet werden; weil es ihn aber gibt, muß sie behauptet werden. Gäbe es diesen Glauben nicht, hätten Christen weder Anlaß noch Grund, die Existenz eines Gegenstands zu behaupten, der nicht nur von anderer Gegenstandsart, sondern von gänzlich anderer Gegenständlichkeit ist als der Mensch gemäß der Erfahrung des Menschen. Denn wird mit singulären Existenzbehauptungen das Bestehen einer ontologischen Relation zwischen dem Sprecher und dem thematisierten Gegenstand behauptet und ist eine solche Relation nur möglich (und damit ernsthaft behauptbar), wenn sowohl der Sprecher als auch dieser Gegenstand in einem gemeinsamen Identifikationssystem ihren Ort haben (können) und damit von gleicher Gegenständlichkeit sind, dann stellt der Mensch in all den Fällen eine berechtigte (wenn auch möglicherweise falsche) Existenzbehauptung auf, in denen der zu existieren behauptete Gegenstand von seiner Gegenständlichkeit und damit prinzipiell in Raum und Zeit lokalisierbar ist. Die Gegenständlichkeit des Menschen ist so das Maß, das über die Möglichkeit[1] der Existenz behaupteter Gegenstände entscheidet, so daß sich der Mensch in strengem Sinn als Maß aller Dinge erweist. Alles, was existiert, existiert im Horizont gemeinsamer Gegenständlichkeit mit dem Menschen, so daß in diesem Sinn uneingeschränkt gilt: *homo mensura omnium*.[2]

Daß alles im Horizont gemeinsamer Gegenständlichkeit mit dem Menschen existiert, heißt nicht, daß alles, was existiert, anthropomorph ist oder sein müßte. Das zeigt sich gerade an der Existenz Gottes. Zwar ist die uneingeschränkte Geltung des homo-mensura-Prinzips auch im Fall der Behauptung der Existenz Gottes nicht aufgehoben, aber nicht deshalb, weil Gott anthropomorph, sondern weil der Mensch theomorph existiert. Gerade weil der Mensch nur in der ihn selbst auszeichnenden Gegenständlichkeit Maßstab und Kriterium zur Beurteilung der Möglichkeit von Existenzbehauptungen hat, gilt die Alternative: Bringt er (a) seine ontische Gegenständlichkeit als absoluten Maßstab in Anschlag und urteilt in diesem Sinn anthropomorph, dann kann er gar nicht anders entscheiden, als daß Gott, der von ganz anderer Gegenständlichkeit ist als er selbst, so nicht existiert

1 Wohlgemerkt: die *Möglichkeit* ihrer Existenz, nicht über ihre Existenz!

2 Maß ist der Mensch also *weder* als Individuum *noch* als Gattung – im Horizont dieser Alternative bewegt sich die Debatte um den Homo-mensura-Satz des Protagoras, vgl. Ch. Grawe, Art. ›Homo-mensura-Satz‹, *Historisches Wörterbuch der Philosophie*, Bd. 3, Sp. 1175f und Chr. Janowski, *Der Mensch als Maß. Untersuchungen zum Grundgedanken und zur Struktur von Ludwig Feuerbachs Werk*, Gütersloh 1980, S. 14f.287 –, sondern hinsichtlich der ihm eigenen, aber eben nicht nur für ihn gültigen *Gegenständlichkeit*.

und seine Existenz ernsthaft zu behaupten unmöglich ist; kann er aber (b) nicht umhin, Gottes Existenz ernsthaft zu behaupten, dann muß er unterstellen, daß er selbst nicht nur im Horizont seiner ontischen, sondern auch im Horizont der nichtontischen Gegenständlichkeit Gottes existiert und damit selbst (auch) theomorph zu beurteilen ist, so beurteilt aber gerade in den Stand gesetzt ist, nicht nur seine ontische, sondern auch seine nichtontische Gegenständlichkeit als Maß in Anschlag zu bringen. Eben das aber kann er nicht qua Mensch, sondern nur qua Glaubender, der sich eschatologisch unter die Bedingungen der Gegenständlichkeit Gottes gestellt weiß. Nur als Glaubender kann der Mensch daher ›Gott existiert‹ mit Recht assertorisch und nicht bloß problematisch behaupten, ohne deshalb die prinzipielle ontische Differenz zwischen sich und Gott zu negieren.

Das impliziert freilich, daß die Möglichkeit des Glaubens selbst nichtontischer Art ist. Ist sie doch in keiner Weise mit dem ontischen Menschsein des Menschen gegeben und läßt sich weder aktuell noch potentiell aus dem Wesen des Menschen, wie es im Vergleich mit anderen Lebewesen von uns bestimmt werden kann, oder überhaupt aus dem, was unter den Bedingungen von Raum und Zeit wirklich und daher auch möglich ist, ableiten. Die Möglichkeit, als Mensch zu glauben und damit als ontisches Wesen im Horizont der nichtontischen Gegenständlichkeit Gottes zu existieren, ist vielmehr eine sowohl kontrafaktische als auch kontrapossible *eschatologische Potenz*. Wir »erlangen sie nur geschenkweise durch Gottes Gnade kraft der Erlösung, die in Jesus Christus geschehen ist« (Röm 3,24). Denn sie wird als Möglichkeit allein durch Gottes Sich-in-Beziehung-Setzen in Jesus zu uns konstituiert und überall und nur dort realisiert, wo Menschen in der Relation des Glaubens zu Jesus Christus zu stehen kommen, indem sie durch Gott selbst zur Erkenntnis Jesu als des Christus gebracht werden.

Durch diese Transposition in den Horizont der Gegenständlichkeit Gottes hören sie nicht etwa auf, Mensch zu sein. Vielmehr gewinnen sie als Menschen die Potenz, ihr Menschsein vollkommen, d. h. als Geschöpfe in der personalen Gemeinschaft mit dem Schöpfer und untereinander zu entfalten. Die Differenz zwischen Gott und Mensch bleibt in diesem dem Menschen von sich aus unzugänglichen gemeinsamen Identifikationssystem mit Gott genau dadurch gewahrt, daß der Mensch und Gott in einer jeweils anderen Beziehung zu Jesus Christus stehen: Gott wird in ihm eschatologisch als Schöpfer identifizierbar, der die Gemeinschaft gerade des Menschen will, der Mensch hingegen als Geschöpf, das als einziges unter allen Geschöpfen zur Gottebenbildlichkeit und damit zur personalen Gemeinschaft mit Gott bestimmt und berufen ist. Wenn Christen daher Gottes Existenz behaupten, dann behaupten sie damit ipso facto (a) Gottes Schöpfertum und ihre eigene Geschöpflichkeit und Bestimmung zur personalen Gemeinschaft mit dem Schöpfer, bekennen zugleich (b) sowohl ihre bisherige ignorante Mißachtung dieses Sachverhalts und seiner vielfältigen Konsequenzen als auch (c) ihre auch jetzt noch bestehende Unfähigkeit, als Menschen ganz ihrer Geschöpflichkeit und Bestimmung zur Gottebenbildlichkeit gemäß zu leben, und artikulieren (d) die Hoffnung, dies in eschatischer Gemeinschaft mit Gott mit dessen Hilfe auch untereinander und mit allen anderen tun zu können. Das aber bedeutet, daß sie aufgrund ihres Glaubensbezugs zu Jesus Christus den Horizont ihrer raumzeitlichen Gegenständlichkeit so transzendieren, daß sie die uneingeschränkte Geltung des *homo mensura omnium* durch das ihnen in Christus erschlossene *deus mensura hominum* geschöpflich präzisiert und so in seiner eigentlichen Wahrheit bestimmt wissen.

§ 193 ›Gott existiert‹ als Kurzformel christlicher Anthropologie und Theologie

Mit der Behauptung der Existenz Gottes bekennen Christen damit aber ein Mehrfaches, das sich inhaltlich sowohl im Blick auf Gott, dessen Existenz behauptet wird, als auch im Blick auf sie, die Gottes Existenz behaupten, differenzieren und spezifizieren läßt, und zwar so, daß sich diese Differenzierungen und Spezifizierungen gegenseitig bedingen und qualifizieren. Luther hat die Komplexität des mit dieser Behauptung Bekannten in die prägnante, die vielschichtigen Beziehungen theologisch auf den Begriff bringende Formel gefaßt, daß hier Behauptender und Behaupteter als *homo reus et perditus et deus iustificans vel salvator* zur Sprache gebracht und bekannt würden. Denn wer Gottes Existenz aufgrund der christlichen Glaubenserfahrung zu bekennen genötigt ist, gibt, indem er das Bestehen einer ontologischen Relation zwischen sich und Gott behauptet, definitiv Auskunft über das, wer und was er und wer und was Gott ist. Auf dem Hintergrund der vorangehenden Analyse läßt sich diese definitive Auskunft in thesenhaft konzentrierter Form folgendermaßen zusammenfassen:

A. *Im Hinblick auf Gott sagt aus, wer dessen Existenz bekennt*:[1] Gott ist mein *Schöpfer*, mein *Richter* und mein *Retter*. Allerdings wüßte ich ohne den Glauben an Jesus Christus weder daß noch wer noch was Gott ist. Denn erst im Glauben an Jesus Christus läßt mich Gott der Heilige Geist erkennen, daß Gott selbst sich als *Gott der Vater* in Jesus Christus als *Gott dem Sohn* durch *Gott den Heiligen Geist* geschöpflich zur Erfahrung bringt.

1 Die Ich-Form der folgenden Ausführungen fordert zur Lektüre in der Wir-Form heraus und ist als solche theologisch unumgänglich. Sie kann nicht ohne weiteres und ohne hermeneutischen Verlust in Er-Aussagen bzw. Aussagen über den Menschen übersetzt werden. Als Explikation von Glaubensrede kann theologische Rede nicht verallgemeinernd, sondern nur universalisierend sprechen. Sie kann das ganz bestimmte Besondere nicht ins Allgemeine aufzuheben suchen, sondern muß es *als* ganz bestimmtes Besonderes in seiner universalen Gültigkeit für jeden zur Geltung bringen. Das universalisierende Pendant zur Ich-Form christlicher Glaubensrede aber ist die ihr korrespondierende inklusive Wir-Form christlicher Bekenntnisrede, nicht die vom Sprecher und seiner Situation (scheinbar) abstrahierende Er- oder Sie-Form traditioneller dogmatischer Rede.

Eben so gibt er sich mir als derjenige zu erkennen, dessen Wesen *Liebe* genannt werden muß, weil er als der eine Gott Vater, Sohn und Heilige Geist mein Schöpfer, Richter und Retter ist.

So erkenne ich im Glauben an Jesus Christus, (a) daß dieser dreieinige Gott mein *Schöpfer* ist, und zwar nicht nur meiner, sondern auch der all dessen, was von derselben Gegenständlichkeit ist wie ich: er hat mich zusammen mit allem, was im Kontext gleicher Gegenständlichkeit mit mir steht, geschaffen; (b) daß dieser Schöpfer aber gerade mich unter allen Geschöpfen in besonderer Weise angesprochen und als *geschöpfliche Person* in seine Lebensgemeinschaft berufen hat, und zwar nicht nur mich, sondern alle, die von derselben Gegenstandsart sind wie ich: sein grundloses Interesse an mir als Person zeichnet mich als Menschen (und damit nicht nur mich als Individuum, sondern meine Gattung) im Kontext der Geschöpfe nicht nur aus, sondern verpflichtet mich auch dazu, dieser Auszeichnung zusammen mit allen anderen Menschen zu entsprechen.

Da ich im faktischen Vollzug meines Menschseins dieses Interesse des Schöpfers aber ignoriere, seinem Anspruch widerspreche und meine Berufung als geschöpfliche Person in seine Gemeinschaft leugne, ist Gott mein *Richter*, und zwar nicht allein meiner, sondern der aller, die wie ich ihr Menschsein im Widerspruch zur Bestimmung ihres Personseins vollziehen: sein richtendes Urteil gilt allen Menschen, die sich wie ich seinem Anspruch, ohne den wir doch weder wären noch Menschen wären, entziehen und widersetzen. Doch obgleich sein Urteil mich und alle anderen Menschen anklagt und richtet, hält Gott an seinem ewigen Entschluß zur Gemeinschaft mit mir (uns) unabänderlich fest. Er will als mein Schöpfer nicht mein Richter bleiben, sondern mein *Retter* werden, und zwar nicht nur meiner oder einiger weniger, sondern der aller Menschen, wie er in seiner Menschwerdung in Jesus Christus unter Beweis stellt: seine Bereitschaft zur Gemeinschaft mit uns Menschen ist stärker als unser verblendetes Bestreben, sich ihr zu entziehen.

Daß er aber in Jesus Christus nicht nur die Absicht kundtut, mein Retter werden zu wollen, sondern diese Absicht tatsächlich auch ausführt und mein Retter wird, zeigt sich am immer wieder sich vollziehenden *Ereignis des Glaubens an Jesus Christus*, in dem Gott selbst sich als mein Retter zur Geltung und Wirkung bringt, indem er mich ihn als Retter akzeptieren läßt und so dafür gewinnt, in seiner Gemeinschaft zu leben und mich dafür einzusetzen, daß auch anderen Menschen der Glaube an Jesus Christus und damit der Vollzug der Gemeinschaft mit Gott möglich wird.

Als Schöpfer, Richter und Retter erweist Gott so sein Wesen als Liebe, insofern er von Anfang an auf die Gemeinschaft mit dem Geschöpf aus ist und sich auch durch den Widerspruch des Menschen nicht davon abbringen läßt, diese Gemeinschaft zum Wohl seiner Schöpfung zu realisieren.

B. *Im Hinblick auf sich selbst sagt aus, wer Gottes Existenz bekennt*: Ich bin Gottes zu personaler Gemeinschaft mit ihm berufenes *Geschöpf*. Im

Glauben an Jesus Christus habe ich durch Gott den Schöpfer Heiligen Geist erkannt, daß ich (a) Gottes Geschöpf bin, und zwar nicht allein, sondern zusammen mit allem, was von derselben Gegenständlichkeit ist wie ich: ich stehe im Kontext der gesamten Schöpfung; daß ich aber (b) zugleich Gottes ganz besonderes Geschöpf bin, insofern ich als Mensch und damit zusammen mit allen anderen derselben Gegenstandsart als einziges unter allen Geschöpfen zur personalen Gemeinschaft mit Gott berufen und bestimmt bin: ich bin in der gesamten Schöpfung als das von Gott angesprochene geschöpfliche Gegenüber Gottes ausgezeichnet. Weil ich mich dieser Auszeichnung gegenüber im Vollzug meines Menschseins verschließe, bin ich aber *Sünder*, und zwar nicht allein, sondern zusammen mit allen, die wie ich ihre Gegenständlichkeit verabsolutieren und so die Möglichkeit ihrer Gegenstandsart nicht etwa fördern, sondern gerade reduzieren: ich stehe in der Solidarität des Sünders mit allen Menschen, die ihre Geschöpflichkeit und Bestimmung zur personalen Gemeinschaft mit Gott ignorieren und verfehlen. Doch ich weiß, daß ich als von Gott *gerechtfertigter Sünder* nicht Sünder bleiben muß, und zwar nicht nur ich, sondern ebensowenig irgend jemand sonst: zusammen mit allen übrigen Sündern gilt mir die mich mit Gott versöhnende Solidarität Jesu Christi. Ich kann diese aber nur für mich gelten lassen und muß damit nicht Sünder bleiben, weil Gott mich als Menschen von mir als Sünder unterscheidet und mich so, indem er die Sünde von mir isoliert, als sein Geschöpf in seiner Gemeinschaft leben läßt: Gott hat sich mit mir als seinem geschöpflichen Gegenüber zu meinen Gunsten gegen die Sünde solidarisiert.

§ 194 Schöpfer-Geschöpf

Diese Thesen bedürfen wenigstens einer kurzen Erläuterung (§ 194–196).

Gott ist mein *Schöpfer* und ich bin sein einzigartiges *Geschöpf*, weil ich weder wäre noch das wäre, was ich bin, sein kann und sein soll, wenn mich Gott nicht ohne jeden mir selbst zuschreibbaren Grund (aus reiner Gnade) als Gegenstand seiner personalen Bezugnahme erwählt, mit den Möglichkeiten meiner menschlichen Gegenstandsart ausgestattet und mit den Verwirklichungshorizonten meiner Gegenständlichkeit geschaffen hätte. Als Geschöpf kann ich folglich nur um den Preis eines fundamentalen Selbstwiderspruchs so leben, als ob ich nicht Geschöpf wäre: ich stehe unter dem Anspruch meiner personalen Geschöpflichkeit, in der der Anspruch des Schöpfers auf volle Gemeinschaft mit mir als seinem Geschöpf zur Geltung kommt. Tatsächlich aber ignoriere ich meine Geschöpflichkeit und Bestimmung zur personalen Gemeinschaft mit Gott und lebe genau so, als ob ich nicht personales geschöpfliches Gegenüber Gottes wäre. Damit mißverstehe ich allerdings nicht nur mich selbst, sondern mißachte auch meinen Schöpfer, da ich seinem Anspruch an mich nicht nur nicht entspreche, sondern ihn überhaupt nicht zur Kenntnis nehme. Doch auch ein Anspruch, der nicht zur Kenntnis genommen wird, hört nicht auf, ein Anspruch zu sein. Indem ich aber den Anspruch des Schöpfers an mich ignoriere, obgleich dieser mir auch weiterhin gilt, nehme ich nicht nur meine Geschöpflichkeit nicht wahr, sondern pervertiere deren an mich gerichteten fremden Anspruch zu meinem eigenen Anspruch als Geschöpf: ich erhebe eigenmächtige Ansprüche, statt den mir geltenden Ansprüchen zu entsprechen. Doch eigenmächtige Ansprüche des Geschöpfs, das seinen Schöpfer ignoriert, führen dazu, daß es seinen spezifischen Ort einerseits vor Gott und andererseits im Horizont der Schöpfung zu Lasten seiner Mitgeschöpfe und zum eigenen Schaden realitätsblind verkennt. Damit gehe ich in meinem Verhältnis zu mir selbst, zu meinen Mitgeschöpfen und zu Gott von falschen Voraussetzungen aus und bin daher in all diesen Verhältnissen nicht das, was ich als geschöpfliches Gegenüber Gottes sein könnte und sein sollte.

Nun läßt sich der Anspruch der eigenen Geschöpflichkeit für sich genommen allerdings überhaupt nicht zur Kenntnis nehmen, wenn er nicht als Anspruch des Schöpfers wahrgenommen wird. Ohne Kennntnis des Schöpfers bleibt dem Menschen seine Geschöpflichkeit epistemisch verschlossen. Doch auch bloße Kenntnis des Schöpfers allein führt noch nicht zu einem adäquaten und vollständigen Verständnis der eigenen Geschöpflichkeit. Denn wer Gott nur als Schöpfer kennt und den Anspruch des Schöpfers nur als den Anspruch seiner eigenen Geschöpflichkeit zur Kenntnis nimmt, der nimmt diesen Anspruch nur als die Forderung (Gesetz) wahr, dem zu entsprechen, was er ist und daher in seinen Lebensvollzügen auch sein soll: Gottes geschöpfliches Gegenüber. Der Anspruch der eigenen Geschöpflichkeit für sich genommen ist so nichts anderes als Gottes mir geltender Anspruch in Gestalt des Gesetzes. Doch obgleich er das für sich genommen ist, läßt er sich als solcher für sich genommen nicht zur Kenntnis nehmen. Wahrgenommen und erkannt wird die eigene Geschöpflichkeit erst im Glauben an Jesus Christus. Erst der Glaube deckt auf, daß Gott mein Schöpfer ist und daß ich sein zur Gemeinschaft mit ihm berufenes Geschöpf bin und damit unter dem Gesetz Gottes stehe. Er macht damit freilich zugleich klar, daß ich infolge der Blindheit gegenüber diesem Sachverhalt dem Anspruch meiner Geschöpflichkeit und meiner Berufung zur personalen Gemeinschaft mit Gott nicht entspreche und deshalb durch das Gesetz Gottes als Sünder zu verurteilen bin. Sündenerkenntnis ist daher nicht etwa eine Voraussetzung, sondern ein Teilmoment und eine notwendige Folge des Glaubens. Sie ist aber nicht das Ganze der Glaubenserkenntnis. Denn wird die eigene Geschöpflichkeit und deren Anspruch auch erst im Glauben wahrgenommen, so wird sie in demselben doch nicht nur als solche, sondern als Werk des Schöpfers und dessen Anspruch an mich zur Kenntnis genommen. Den Anspruch des Schöpfers im Glauben an Jesus Christus zur Kenntnis zu nehmen heißt aber, diesen Anspruch als Zuspruch (Evangelium) zu erfahren, der mich dem, was ich als geschöpfliches Gegenüber Gottes bin und daher in meinen Lebensvollzügen auch sein soll, tatsächlich entsprechen läßt. Wie Gottes Anspruch an mich unter dem Gesichtspunkt meiner Geschöpflichkeit als Forderung (Gesetz) zur Geltung kommt, so kommt er in Jesus Christus als Zuspruch (Evangelium) zur Wirkung. Beide lassen sich nicht für sich genommen und isoliert voneinander erfahren und erkennen, sondern sind zwei Seiten desselben göttlichen Anspruchs an mich. Erst Gottes Anspruch als Zuspruch deckt diesen dann aber auch als (immer schon geltende) Forderung an mich auf. Und erst Gottes Anspruch als Forderung an mich stellt klar, daß sein Zuspruch gerade mir gilt und von mir benötigt wird.[1] Der Zuspruch des Evangeliums deckt so Gottes Anspruch an mich als Forderung auf, der ich mich nicht entziehen kann, der ich aber ohne diesen Zuspruch überhaupt nicht zu genügen vermag. Lasse ich diesen Zuspruch für mich gelten, dann entspreche ich Gottes forderndem Anspruch aufgrund seines Zuspruchs. Das Evangelium erweist das Gesetz daher nicht als überholt, weil ungültig, sondern gerade als gültig, aber erfüllt.

Der Anspruch meiner Geschöpflichkeit und besonderen Stellung unter den Geschöpfen wird somit im Glauben an Jesus Christus als geltender, aber schon erfüllter Anspruch Gottes an mich zur Kenntnis genommen, dessen Erfüllung ich im Glauben für mich in Anspruch nehme und dem ich eben so entspreche. Unter den Bedingungen von Raum und Zeit läßt sich allerdings dieser Anspruch und meine Entsprechung gleichermaßen nur kontrafaktisch und kontrapossibel behaupten, nicht aber als Anspruch ontisch aufweisen oder als Entsprechung ontisch realisieren. Ontisch zu realisieren ist ja nicht etwa diese Entsprechung, da sie im Glauben schon verwirklicht ist und nur dort verwirklicht werden kann. Für den Glaubenden geht es vielmehr in seinem raumzeitlichen Menschsein darum, seine im Glauben realisierte Geschöpflichkeit und eschatologische Gemeinschaft mit Gott auch ontisch zur Darstellung zu bringen. Eine solche Darstellung ist überhaupt nur deshalb möglich und ein Darstellungsversuch dementsprechend sinnvoll, wenn und weil es Glauben gibt, in dem der Mensch dem Anspruch Gottes an ihn eschatologisch entspricht. Alle ontischen Darstellungsversuche dieser eschatologischen Entsprechung bleiben freilich zweideutig. Sie bringen als Handlungsvollzüge, die immer auch anders sein könnten, den Vollzug der Gemeinschaft des Schöpfers mit seinem Geschöpf nie unmißverständlich, sondern immer nur gebrochen zum Ausdruck. Die Bemühung um immer wieder neue und bessere Darstellungsformen, in denen sich der im Glauben aufgrund von Gottes Zuspruch erfüllte Anspruch Gottes so im Horizont von Raum und Zeit zur Darstellung brin-

1 Vgl. H. J. Iwand, *Nachgelassene Werke. Bd. 4: Gesetz und Evangelium*, München 1964, S. 49: »Das Gesetz bringt dem Glauben an Jesus Christus die Beziehung auf mich; durch das Gesetz kommt in den Glauben dies eine Moment hinein: ›tua res agitur‹.«

gen läßt, daß er als Gottes hilfreiche Nähe (Liebe) zu allem erfahrbar wird, bleibt daher ständige Aufgabe der Christen.

§ 195 Sünder – Richter

Weil ich zu Gottes personaler Gemeinschaft bestimmtes Geschöpf bin, aber als Geschöpf dieser Bestimmung gemäß weder lebe noch aus eigenem Vermögen zu leben vermag, bin ich ganz und gar *Sünder* und weiß gerade als Glaubender, daß ich Sünder bin und Gott mein *Richter* ist. Als Sünder lebe ich angesichts des Anspruchs Gottes so, als ob Gott mich nicht anspräche, obgleich ich doch überhaupt nicht wäre, wenn er mich nicht ansprechen würde. Damit ignoriere ich nicht nur das Angebot zur Gemeinschaft mit ihm, sondern bin von mir aus sowohl unfähig als auch unwillig, auf dieses Angebot einzugehen. Diese Unfähigkeit und Unwilligkeit zur Gemeinschaft mit Gott und der daraus resultierende Widerspruch zu meiner eigentlichen Bestimmung hat die Konsequenz, daß ich Gottes Gericht und aufgrund von dessen unbezweifelbarem Spruch unentrinnbar dem Tod verfallen bin.

Dieses Wissen des Sünders um Gottes Gericht und seine unentrinnbare Todesverfallenheit ist etwas anderes als das menschliche Wissen um die Unausweichlichkeit des Todes. Der Sünder weiß, daß der Tod seine Geschöpflichkeit und göttliche Bestimmung zur Lebensgemeinschaft mit Gott weder aufhebt noch irrelevant macht, sondern daß gerade umgekehrt seine Geschöpflichkeit und Bestimmung zur Gemeinschaft mit Gott dem Tod über alle Faktizität des Sterbenmüssens hinaus die absurde Dimension verleiht, daß mit seinem Tod Gottes Leben auf dem Spiel steht. Denn der Tod beendet ja nicht nur sein Leben als Mensch in Raum und Zeit, sondern besiegelt den Widerspruch zu seiner eigentlichen, mit seiner Geschöpflichkeit gesetzten Bestimmung zur Gemeinschaft mit Gott als letztgültigen Sachverhalt und macht so das Sterben zu einem unmenschlichen und den Tod zu einem geschöpflichkeitswidrigen Tatbestand. Damit aber markiert der Tod nicht nur mein Ende, sondern das Nicht-zum-Ziel-Kommen der Absicht des Schöpfers, in Gemeinschaft mit seiner Schöpfung und damit auch mit mir zu leben. Kommt aber der Schöpfer durch meinen Tod und den eines jeden anderen mit seiner Absicht nicht zum Ziel, dann bedeutet dies einen Widerspruch in Gott selbst, der sich in seiner Allmacht als ohnmächtig erweist und damit selbst nihiliert: der Tod ist nicht nur ein (äußerer) Gegensatz zu Gott, sondern ein (innerer) Widerspruch in diesem selbst und eben deshalb nicht nur der Tod des Geschöpfs, sondern der Tod des Schöpfers.

Doch der Tod ist nicht die Bestimmung und das geschöpfliche Ziel des Menschen, sondern der Sünde Sold (Röm 6,23). Daß es den Tod gibt, wäre folglich nur dann Beleg für den Tod Gottes, wenn der Tod des Sünders den Tod des Menschen, der seiner geschöpflichen Bestimmung zur Gemeinschaft mit Gott nicht entspricht, implizierte. Doch diese Implikation besteht nicht, und zwar deshalb, weil Gott zwischen Sündersein und Menschsein zu unterscheiden weiß und unterschieden hat, um seinen ewigen Entschluß zur Gemeinschaft mit dem Menschen auch gegen dessen Widerspruch zur Geltung und Wirkung zu bringen. Indem Gott so unterscheidet, solidarisiert er sich mit seinem Geschöpf gegen die Sünde, überläßt diese als Richter dem Tod und damit den Tod sich selbst.

Die den sündigen Menschen vom Tod errettende Unterscheidung zwischen Sündersein und Menschsein vollzieht Gott so, daß er die fundamentale Differenz zwischen dem Menschen als Person und als Werk setzt. Während der Sünder mit seinen Werken identisch und damit das ist, was er aus sich gemacht hat, ist der Mensch das gerade nicht. Er ist als geschöpfliches Gegenüber Gottes Person und als solche von vornherein immer schon mehr als das, was er aus sich macht und machen kann. Der Sünder hingegen ist genau das, was er aus sich gemacht hat. Als Person hat der Mensch dementsprechend eine andere Zukunft denn als Produzent und Produkt seiner Werke. Letztere führen beim sündigen Menschen in den Tod, erstere ist auch beim Sünder zur Gemeinschaft mit Gott bestimmt. Zwar gibt es keine Person ohne Werke und keine Werke ohne Person. Doch indem Gott am Sünder zwischen Person und Werk unterscheidet, eröffnet er ihm als Mensch die Möglichkeit, aus dem Widerspruch, in dem er nur Werke der Sünde zu vollbringen imstande ist, durch den Glauben an Jesus Christus in die Entsprechung zu seiner personalen Bestimmung zu kommen, die ihm in der eschatologischen Gemeinschaft mit Gott Werke des Glaubens zu tun ermöglicht.

§ 196 Retter – Gerechter

Im Glauben nimmt der sündige Mensch die göttliche Unterscheidung zwischen seinem Sündersein und seinem Menschsein und damit zwischen sich als seinem eigenen Werk und sich als Person für sich in Anspruch und wird dadurch *gerecht*, indem er Gott seinen *Retter* sein läßt. Seine Gerechtigkeit besteht in seinem rechten Verhältnis zu Gott und seinem daraus sich ergebenden rechten Verhältnis auch zu sich selbst und zu seinen Mitgeschöpfen. Dieses rechte Verhältnis zu Gott erweist sich darin, daß er seine Geschöpflichkeit ernst nimmt und seiner ihn unter allen Geschöpfen auszeichnenden Bestimmung zur personalen Gemeinschaft mit Gott entspricht. Diese Entsprechung vollzieht er im Glauben und damit als Mensch im eschatologischen Horizont der Gegenständlichkeit Gottes, in die er durch den realen Bezug auf Jesus Christus eintritt. Denn Jesus Christus, an dessen Sein der Mensch durch den Glauben Anteil bekommt, ist der Beweis dafür, daß die Todesverfallenheit des Menschen in Raum und Zeit kein Beleg für den Tod Gottes ist, weil der Mensch nicht unrevidierbar im Widerspruch und damit als Sünder leben muß, sondern sein Menschsein seiner Bestimmung zur personalen Gemeinschaft mit Gott gemäß und damit in Entsprechung zu dessen Anspruch realisieren kann. Ist doch im Sein Jesu als Christus wahre menschliche Geschöpflichkeit unter den Bedingungen von Raum und Zeit schon realisiert, so daß die ontisch unmögliche Möglichkeit, als ontisches Wesen im Horizont der nichtontischen Gegenständlichkeit Gottes zu existieren, durch die Wirklichkeit seiner Existenz definitiv überholt ist. In ihm ist die eschatologische Möglichkeit wahren Menschseins in der Gemeinschaft mit Gott Wirklichkeit geworden. Unter den Bedingungen von Raum und Zeit wurde so die raumzeitliche Wirklichkeit eschatologisch überholt und damit begonnen, sie durch Auflösung ihrer Absolutsetzung in ihr wahres Wesen als Schöpfung in der Gemeinschaft mit dem Schöpfer zu transformieren. Am Prozeß dieser Transformation bekommt der Mensch dadurch Anteil, daß er sich durch den Geist im Glauben auf Jesus Christus beziehen läßt und damit, von sich selbst als Sünder unterschieden, nicht mehr nur im Horizont ontischer Gegenständlichkeit lebt, sondern sein menschliches Wesen seiner Bestimmung gemäß im Horizont der eschatologischen Gegenständlichkeit Gottes zu realisieren beginnt. Dieses im Glauben erworbene eschatologische Sein befähigt ihn nicht nur, auch in seinem ontischen Menschsein diejenige Liebe zum Maßstab seines Handelns und seiner Werke zu nehmen, der er sein eigenes eigentliches Sein verdankt, sondern auch darauf zu hoffen, daß sein zweifaches, ontisches und eschatologisches Menschsein letztendlich in das eine einheitliche Sein geschöpflichen Lebens in der eschatischen Gemeinschaft mit Gott und dessen gesamter Schöpfung einmünden wird.

§ 197 Christus mensura absoluta

In diesem Glauben, Liebe und Hoffnung einschließenden Sinn hat die homologische Behauptung ›Gott existiert‹ dann aber ausgesprochen *doxologischen* Charakter. Sie artikuliert – zusammen mit allen, die in dieses Bekenntnis miteinstimmen, und stellvertretend für alle, die in es miteinstimmen sollen – den Dank des Geschöpfs an den Schöpfer, zu sein und nicht nicht zu sein, und zwar so zu sein, daß man in der durch Jesus Christus vermittelten Gemeinschaft mit dem Schöpfer all das zu werden anhebt, was man als menschliches Geschöpf sein kann und sein soll.

Wer Gottes Existenz behauptet, bekennt sich eben deshalb mit dieser Behauptung zur vollkommenen und wahren Menschlichkeit des Menschen. Diese beginnt dadurch realisiert zu werden, daß der Mensch durch den Glauben gerechtfertigt wird. Kommt es doch durch seine von dem dreieinigen Gott ermöglichte und bewirkte reale Beziehung zu Jesus Christus zu der göttlichen Unterscheidung des Menschen von sich selbst als Sünder, die ihn als Gottes zur personalen Gemeinschaft mit ihm berufenes Geschöpf in ein rechtes Verhältnis zu seinem Schöpfer setzt und ihn damit in ein rechtes Verhältnis zu sich selbst und zu seinen Mitgeschöpfen zu treten überhaupt erst ermöglicht. Denn im Glauben wird der Mensch so von sich als Sünder unterschieden, daß einerseits er als Mensch Anteil am eschatologischen Sein Jesu Christi bekommt, während andererseits dieser als Christus am Sündersein des Menschen Anteil nimmt. Er tut dies als Christus, der die Konsequenzen des Gott widersprechenden Menschseins des sündigen Menschen bis hin zum Tod auf sich nimmt und den Menschen eben so zur Gemeinschaft mit Gott befreit. Indem Jesus Christus so in seinem individuellen Menschsein Gottes Anspruch an ihn, ganz für uns da zu sein, ganz entspricht, ist er der *Gott entsprechende Mensch*. Gerade als solcher aber ist er und erweist er sich immer wieder als *Gott für uns*, insofern er in seinem Sein zur Darstellung und im Glauben an ihn zur Wirkung bringt, daß Gottes Liebe potenter ist als aller menschliche Widerspruch. Denn indem er selbst bis zum Tod Gottes Anspruch an ihn ganz entsprach, hat er als einziger Gottes lebenschaffende Gemeinschaft nie verlassen und war deshalb als erster gerade auch im Tod in ihr geblieben. Damit erwies er ein für allemal, daß man auch im Tod in der Lebens-Gemeinschaft mit Gott bleiben kann, und beraubte ebenso den Tod seines gefährlichsten Stachels (1Kor 15,55): die Scheidung des Menschen von Gott endgültig zu machen. Im Tod Jesu Christi kommt so am klarsten zum Ausdruck, was Gott in Wahrheit ist und was der Mensch in Wahrheit sein soll und sein kann: Gottes geliebtes Geschöpf in der unverbrüchlichen Gemeinschaft mit dem Schöpfer. Indem Jesus als Christus beides realisiert, ist er wahrer Mensch und wahrer Gott.

In Jesus Christus als dem wahren Menschen und dem wahren Gott koinzidieren dann aber das *homo mensura omnium* und das *deus mensura hominum* in der Einheit des *Christus mensura absoluta*. Absolut ist dieses Maß, weil es nicht nur für die Schöpfung, sondern auch für den Schöpfer verbindlich ist, insofern dieser seine Existenz, sein Wesen (seine Gegenstandsart) und seine Gegenständlichkeit gerade von dem her gemessen und beurteilt haben will, was von ihm in der in Jesus Christus erstmals und letztgültig realisierten vollkommenen Gemeinschaft des Schöpfers mit seinem geschöpflichen Gegenüber zur Darstellung und Wirkung kommt. Jesus Christus ist daher als geschöpfliche Präsenz des Schöpfers letztgültiges Maß des Schöpfers wie der Schöpfung, und zwar so, daß sich an ihm nicht nur das, was ist und was nicht ist, sondern auch das, was sein kann und nicht sein kann, damit vor allem aber auch das, was sein soll und letztendlich sein wird, nicht erst entscheidet, sondern immer schon entschieden hat. An *seiner Existenz* ist dementsprechend der Wahrheitsanspruch der Behauptung von Gottes Existenz zu messen, an *seinem Menschsein* der Wirklichkeitsanspruch wahren Menschseins im Horizont der eschatologischen Gegenständlichkeit Gottes, an *seinem Gottsein* der Möglichkeitsanspruch einer nicht nur fiktiven, sondern wirklichen und wirksamen eschatologischen Gegenständlichkeit und schließlich an *seiner Geschichte* der Zukunftsanspruch einer prinzipiellen und letztgültigen Priorität und Prävalenz der nichtontischen Gegenständlichkeit Gottes über die durch Verabsolutierung pervertierte ontische Gegenständlichkeit raumzeitlichen Menschseins.

Alle Fragen, die sich theologischer Explikation im Zusammenhang der christlichen Behauptung der Existenz Gottes stellen, konzentrieren sich daher in der Grundfrage nach dem Inhalt, der Wahrheit und der Berechtigung des grundlegenden Bekenntnisses des christlichen Glaubens: *Jesus ist der Christus*. Hier entscheidet sich alles – ontologisch, epistemologisch und soteriologisch. Denn – um es am Leitfaden der uns beschäftigenden Frage zu präzisieren – ›Gott existiert‹ ist wahr dann und nur dann, wenn es unmöglich ist, daß Jesus Christus existiert und Gott nicht existiert. ›Jesus Christus existiert‹ hingegen ist wahr dann und nur dann, wenn es unmöglich ist, daß es die christliche Grunderfahrung und damit Glauben gibt und Jesus Christus nicht existiert. Daß es aber christlichen Glauben gibt, Jesus Christus damit existiert und Gottes Existenz zu Recht bekannt wird, läßt sich unter den Bedingungen von Raum und Zeit nicht erweisen, sondern nur aufgrund des raumzeitlich aufweisbaren menschlichen Bekennens dieses Glaubens zu Gehör bringen und zur Debatte stellen. Nicht, weil dem Glauben selbst die eigene Existenz und damit die Existenz Jesu Christi und Gottes nicht gewiß wäre – sie ist ihm gewisser als irgend etwas sonst in der Welt. Aber aufgrund der Fehlbarkeit der diesen Glauben bekennenden Menschen kann aus der Tatsache des Glaubensbekenntnisses nicht auf die Existenz des Glaubens, sondern nur auf die Überzeugung der Bekennenden von seiner Existenz geschlossen werden. Gerade weil der Glaube ontisch nur im Bekenntnis der Glaubenden greifbar ist, bleibt er prinzipiell hinterfragbar, ja – bedenkt man, was er beinhaltet – provoziert er als weltlich inakzeptables Ärgernis geradezu, in Frage gestellt, zur Torheit erklärt, ins Fiktionale oder nur Psychologische abgedrängt und so, seines Wahrheitsanspruchs beraubt, verharmlost zu werden. Diese Verharmlosungsstrategie gilt aufgrund des aufgezeigten Zusammenhangs nicht nur für den Glauben, sondern ebenso für die Rede von Jesus Christus, von Gott und von jedem anderen Gegenstand des christlichen Glaubens. Der Glaube hat dieser Strategie prinzipiell nichts anderes entgegenzusetzen als seine bekennende Verkündigung, seine eschatologische Hoffnung und seine praktische Liebe, in denen sein Vertrauen auf die Überzeugungskraft des Geistes Gottes und auf Gottes unverbrüchliche Wahrhaftigkeit zum Ausdruck kommt. Das aber heißt, daß auch die theologische Reflexion und Rekonstruktion dieses Glaubens darüber nicht hinausgehen kann, um entweder ausgehend vom Glauben argumentativ das leisten zu wollen, was der Glaube selbst nicht zu leisten vermag: eine Begründung seines Wahrheitsanspruchs, oder unter Absehung vom Glauben das einsichtig und akzeptabel zu machen, wovon der Glaube redet und was er behauptet. In beiden Fällen würde sie von etwas anderem und nicht mehr nur anders reden als der Glaube. Nur wenn die Theologie dies ständig vor Augen hat, wird sie sachgemäß bleiben und die Möglichkeiten ihrer wissenschaftlichen Bemühung nicht apologetisch oder fundamentaltheologisch überstrapazieren, sondern richtig einzuschätzen wissen.

BEITRÄGE ZUR EVANGELISCHEN THEOLOGIE

37. *Günter Klein. Theologie des Wortes Gottes und die Hypothese der Universalgeschichte.*
39. *Martin Honecker / Lothar Steiger (Hg.). Auf dem Wege zu schriftgemäßer Verkündigung.*
41. *Helmut Flender. Heil und Geschichte in der Theologie des Lukas.*
42. *Klaus Schwarzwäller. Theologie oder Phänomenologie.*
43. *Gottfried Schille. Anfänge der Kirche.*
45. *Harminus-Martinus Kuitert. Gott in Menschengestalt.*
46. *Friedrich Mildenberger. Die halbe Wahrheit oder die ganze Schrift.*
47. *Niklaus Gäumann. Taufe und Ethik.*
48. *Günter Bornkamm. Geschichte und Glaube.* Erster Teil.
50. *Günter Klein. Rekonstruktion und Interpretation.*
51. *Hermann Dembowski. Grundfragen der Christologie.*
53. *Günter Bornkamm. Geschichte und Glaube.* Zweiter Teil.
54. *Erhardt Güttgemanns. Offene Fragen zur Formgeschichte des Evangeliums.*
56. *Knud Lögstrup / Ernst Wolf (Hg.). Dem Menschen zugute.*
57. *Dan Otto Via. Die Gleichnisse Jesu.*
58. *Henning Graf Reventlow. Rechtfertigung im Horizont des Alten Testaments.*
59. *Horst R. Balz. Heilsvertrauen und Welterfahrung.*
60. *Erhardt Güttgemanns. studia linguistica neotestamentica.*
62. *Jochen Tolk. Predigtarbeit zwischen Text und Situation.*
63. *Wolf-Dieter Hauschild. Gottes Geist und der Mensch.*
64. *Hartmut Gese. Vom Sinai zum Zion.*
65. *Hans Conzelmann. Theologie als Schriftauslegung.*
66. *Ingolf Ulrich Dalferth (Hg.). Sprachlogik des Glaubens.*
67. *Maurice Boutin. Relationalität als Verstehensprinzip bei Rudolf Bultmann.*
68. *Hans Günther Ulrich. Anthropologie und Ethik bei Friedrich Nietzsche.* Interpretationen zu Grundproblemen theologischer Ethik.
69. *Lothar Vosberg. Studien zum Reden vom Schöpfer in den Psalmen.*
70. *Louis Marin. Semiotik der Passionsgeschichte.* Die Zeichensprache der Ortsangaben und Personennamen. Bearbeitet und mit einem Nachwort versehen von Erhard Güttgemanns. Aus dem Französischen.
71. *Ole Jensen. Theologie zwischen Illusion und Restriktion.* Analyse und Kritik der existenz-kritizistischen Theologie bei dem jungen Wilhelm Hermann und bei Rudolf Bultmann. Aus dem Dänischen.

CHR. KAISER VERLAG

72. *Wilfried Groll. Ernst Troeltsch und Karl Barth – Kontinuität im Widerspruch.*
73. *Christian Link. Die Welt als Gleichnis.* Studien zum Problem der natürlichen Theologie.
74. *Walter Dietrich. Jesaja und die Politik.*
75. *Michael Trowitzsch. Zeit zur Ewigkeit.* Beiträge zum Zeitverständnis in der »Glaubenslehre« Schleiermachers.
76. *Walter Jaeschke. Die Suche nach den eschatologischen Wurzeln der Geschichtsphilosophie.* Eine historische Kritik der Säkularisierungsthese.
77. *Ulrich von den Steinen. Agitation für das Reich Gottes.* Zur religiös-sozialen Predigtpraxis und homiletischen Theorie bei Leonhard Ragaz.
78. *Hartmut Gese. Zur biblischen Theologie.* Alttestamentliche Vorträge.
79. *Christof Hardmeier. Texttheorie und Biblische Exegese.* Zur rhetorischen Funktion der Trauermetaphorik in der Prophetie.
80. *Siegfried Wagner. Franz Delitzsch. Leben und Werk.*
81. *Edgar Thaidigsmann. Falsche Versöhnung.* Religion und Ideologiekritik beim jungen Marx.
82. *Eberhard Busch. Karl Barth und die Pietisten.*
83. *Hans-Richard Reuter. Die Einheit der Dialektik Friedrich Schleiermachers.*
84. *Godwin Lämmermann. Kritische Theologie und Theologiekritik.*
85. *Dietrich Korsch. Der Grund der Freiheit.*
86. *Konrad Stock. Anthropologie der Verheißung.*
87. *Ingolf Ulrich Dalferth. Religiöse Rede von Gott.*
88. *Eberhard Jüngel. Entsprechungen: Gott – Wahrheit – Mensch.*
89. *Jobst Christian Ebel. Wort und Geist bei den Verfassern der Konkordienformel.*
90. *Dieter Clausert. Theologischer Zeitbegriff und politisches Zeitbewußtsein in Karl Barths Dogmatik dargestellt am Beispiel der Prolegomena.*
91. *Peter Widmann. Thetische Theologie.* Zur Wahrheit der Rede von Gott.
92. *Michael Trowitzsch. Gott als »Gott für dich«.* Eine Verabschiedung des Heilsegoismus.

CHR. KAISER VERLAG